UGO ENRICO PAOLI

DAS LEBEN IM ALTEN ROM

UGO ENRICO PAOLI

DAS·LEBEN IM·ALTEN·ROM

DRITTE AUFLAGE
MIT 55 ABBILDUNGEN UND 128 TAFELN

FRANCKE VERLAG BERN
UND MÜNCHEN

TITEL DER ORIGINALAUSGABE: VITA ROMANA
[FELICE LE MONNIER, FIRENZE]

INS DEUTSCHE ÜBERTRAGEN VON GERHARD OTTO
FÜR DIE ZWEITE DEUTSCHE AUFLAGE IST DIE ÜBERSETZUNG
VON LISA RÜDIGER DURCHGESEHEN UND NACH DER ACHTEN
ITALIENISCHEN AUFLAGE [1958] ERGÄNZT WORDEN

©

A. FRANCKE AG · VERLAG · BERN · 1948
DRITTE AUFLAGE 1979
ALLE RECHTE DER DEUTSCHEN AUSGABE BEFINDEN SICH BEIM VERLAG
ISBN 3-7720-1436-4

DEN KOLLEGEN G. A. ALFERO UND R. CIASCA
ZUM ANDENKEN AN UNSERE ALTE FREUNDSCHAFT
UND UNSERE GEMEINSAME LIEBE
ZUR STADT GENUA

VORWORT

IN diesem Bande, in welchem (siehe *Bibliographische Bemerkungen*, S. 13 f.), wie bereits in der spanischen und holländischen sowie in der ersten Auflage der deutschen Übersetzung, zwei zuvor selbständige Bücher mit verschiedenen Titeln zu einem einzigen vereinigt wurden, habe ich mir die Aufgabe gestellt, die verschiedenen Aspekte des römischen Alltagslebens zu erforschen und ins richtige Licht zu setzen. An einem solchen Thema sind die meisten Gebildeten lebhaft interessiert. Wer in der einen oder anderen Weise Veranlassung hat, sich mit der römischen Welt zu befassen – sei es, daß er eine Ruine betrachtet, ein Gedicht liest, ein Museum besucht oder sich eine geschichtliche Begebenheit ins Gedächtnis ruft –, kann sie sich nicht anders vorstellen als der unseren in vielem ähnlich, mit den Erfordernissen, Gewohnheiten und alltäglichen Lebensbedingungen, die den Menschen zu allen Zeiten auferlegt sind. Wir möchten gern wissen, wie wohl die alten Römer aßen, wie sie ihre Wohnungen ausstatteten, wie sie sich kleideten und in welcher Weise sie ihre Abende verbrachten; zu welcher Zeit die Kinder zur Schule gingen und ob sie ihr Frühstück mitnahmen; in welcher Weise eine Verlobung gefeiert wurde und was für Beleuchtungsmittel und Heizmaterial vorhanden waren; ob man Todesanzeigen versandte und ob es einen Postdienst gab; ob die Häuser eine Nummer trugen und, wenn es keine gab (wie es der Fall war), wie man die Wohnung einer Person ausfindig machen konnte. Manches weiß man, anderes wiederum nicht; über einige Dinge herrschen Zweifel. Denn wenn man auch oft über die römische Kultur spricht, so tut man es doch meist nach dem Hörensagen, und dieses Wissen aus zweiter Hand ist meist nicht ganz verläßlich. War es so oder anders? Dürfen wir einer Nachricht Glauben schenken? Und wer sich die ehrwürdige römische Antike recht lebendig vergegenwärtigen möchte, dem bleibt sie bruchstückhaft und nicht recht faßbar: rätselhaft wie eine Sphinx.

Ist es wahr, daß die Römer die Pilze mit Honig kochten und die Fische mit Aprikosen und Pfirsichmus? (Es klingt unwahrscheinlich, ist aber wahr – s. S. 110 f.) Stimmt es, daß die römischen Damen ohne Hut ausgingen, aber Sonnenschirm und Fächer benutzten und eine Handtasche trugen (s. S. 129)? Entspricht es der Wahrheit, daß die zu einem Gastmahl Geladenen die Reste des Essens mit nach Hause nahmen, indem sie sie in eine Serviette packten (s. S. 117)? Und bei den vielen, die auf diesem Gebiete nur wenig bewandert sind, aber nach mehr Wissen Verlangen tragen, wächst die Liste der Zweifel ins Unendliche. Man soll damals die Schuhe ausgezogen haben, wenn man das Haus anderer Leute betrat. Wer gibt uns aber den Beweis hierfür? (Man mußte sich tatsächlich der Schuhe entledigen: s. S. 128.) Und auch in den besten Familien aß man mit den Fingern und warf die Abfälle auf den Fußboden (ganz gewiß! Fischgräten, Knochen, Schalen, Abfälle und anderes mehr – zur großen Freude der Mäuse: s. S. 118 und Taf. LI). Auch war in jeder Villa ein kleines Feuerwehrarsenal vorhanden (s. S. 101), und im Zentrum der Stadt war der Wagenverkehr verboten, damit der Fußgänger seines Lebens sicher sein konnte (s. S. 68 und S. 258 f.) – wie haben sich die Zeiten geändert! Haben sie sich wirklich geändert?

Doch hierin erschöpft sich nicht die Aufgabe des Referenten; er muß noch eine andere, gewagtere auf sich nehmen. Er muß eine Gesamtschau des städtischen Lebens im alten Rom vermitteln. Ein Buch wie das vorliegende berücksichtigt die verschiedensten Gesichtspunkte und verarbeitet umfangreichen Stoff. Es befaßt sich in erster Linie mit der Entwicklung der Bauten und Denkmäler der riesigen Metropole; sodann mit den Lebensgewohnheiten im Hause und mit dem täglichen Leben in der Gemeinschaft. Auf der einen Seite begegnen wir dem großartigen Gesamtbilde der Stadt Rom; auf der anderen Seite den Stätten des Familienlebens oder den arbeitenden Massen, die ihr Schicksal dazu verdammt hat, vom Morgen bis zum Abend mit tausend Beschäftigungen ihr Leben zu fristen und sich womöglich hin und wieder auch ein Vergnügen zu gönnen. Und wenn schließlich, als trauriger Epilog, infolge der Ereignisse, welche das Ende dieser großen Epoche der Weltgeschichte bezeichnen, die herrliche Szenerie in Trümmer geht und die großen Menschenmassen sich verlieren und verelenden, sollten wir da nicht noch die Geschichte dieses Verfalls, dieses Zusammenbruches erzählen?

Einen Überblick über das Leben im alten Rom zu geben, ist trotz der gebotenen Beschränkung, die alles ausschließt, was zum öffentlichen Leben gehört – politische, verwaltungstechnische und militärische Fragen –, ein umfassendes und verantwortungsreiches Unterfangen. Auch ist es voller Risiken; denn die Aufgabe, eine untergegangene Welt auf Grund fragmentarischer Zeugnisse und oft nur vereinzelter, dunkler oder tendenziöser Andeutungen harmonisch zu rekonstruieren, verlangt vom Verfasser nicht nur Fleiß, eine Masse trockener Daten zu sammeln und die Glaubwürdigkeit jedes einzelnen zu prüfen, sondern auch – und das ist das Schwierige –, ihnen einen menschlichen Wert zu geben und hinter jeder einzelnen Nachricht Spuren des vergangenen Lebens zu entdecken, und zwar im weitesten Sinne des Wortes. Die gelehrte Forschung bemächtigt sich der Überlieferung und unterzieht sie der Kritik. Man würde sich allerdings die Arbeit zu einfach machen, wollte man es dabei bewenden lassen. Um eine Tatsache wirklich zu erhellen, um sie aktuell und lebendig zu machen, muß die Phantasie in Tätigkeit treten. Wenn nämlich die aus einzelnen Zeugnissen gesammelten Kenntnisse miteinander verschmelzen und auf diese Weise ein anschauliches Bild antiken Lebens ersteht, so nähert sich uns die weit zurückliegende Welt, nimmt Gestalt an, beginnt sich zu bewegen und wird uns wieder vertraut. Es drängt sich der Wunsch auf, diese Welt mit der unseren zu vergleichen. An Stelle rein antiquarischer Neugier tritt leidenschaftliche Wißbegier, die von der täglichen Lebenserfahrung des modernen Menschen angeregt wird; wir sind versucht, Unterschiede und Vergleiche anzustellen und an die Antike unseren Maßstab anzulegen. Aus der methodischen Erfassung von Bruchstücken einer versunkenen Welt erstehen lebendige Gestalten. Man vergißt die vielen vergangenen Jahrhunderte; man vergißt auch den Tod, der eine Generation nach der andern ins Nichts versinken läßt. Und die Toten, die die menschliche Leidenschaft des Archäologen zu neuem Leben erweckte, befehlen uns, ihnen mannhaft ins Angesicht zu blicken, ohne kritiklose Bewunderung, aber auch ohne böswillige Voreingenommenheit. Auch sie waren Menschen wie wir selbst; sie wollen, daß wir uns mit ihnen vergleichen, daß wir ihre Triebe, Leidenschaften und Gebrechen mit dem gleichen Maße wie unsere eigenen Triebe, Leidenschaften und Gebrechen messen; und nicht anders die Tugenden, wenn solche vorhanden sind. Wenn wir dann die Summe ziehen, werden wir mit Staunen feststellen, daß wir in vielen Dingen anders und in vieler Hinsicht doch wieder gleich sind.

Die Ernsthaftigkeit unserer Beweggründe wird die Kühnheit des Unternehmens rechtfertigen; denn wenn unser Vorhaben schön ist, so ist es doch auch voller Gefahren. Wenn der Altertumsforscher als moderner Mensch die antiken Texte auf Spuren gelebten Lebens überprüft, so vermag er sich selbst doch nicht auszuschalten und legt unwillkürlich etwas von seiner Persönlichkeit in den Gegenstand. Er wird immer darauf gefaßt sein müssen, daß ein argwöhnischer Leser den Text hier und da mit Fragezeichen versieht und des öfteren die Frage stellt: Ist diese Welt, die du mir da vorführst, nun wirklich eine objektive historische Rekonstruktion, oder ist sie ein Erzeugnis deines eigenen Geistes?

Es ist daher etwas mehr als bloße Verpflichtung zu Ehrlichkeit und Genauigkeit, wenn jede Behauptung durch eine Quellenangabe belegt wird; es bedeutet vielmehr eine wesentliche Erleichterung der eigenen Verantwortlichkeit. Leider bringt es als weniger erfreuliche Folge mit sich, daß die

Fußnoten in einer Weise anwachsen, wie es bei einem Buche wie diesem, das sich nur die bescheidene Aufgabe der Verbreitung von Forschungsergebnissen in einem weiteren Kreis gestellt hat, eigentlich nicht der Fall sein sollte. Da aber dem Leser auf diese Weise eine Nachprüfung ermöglicht wird, kann er dem Buch entweder überzeugter und vertrauensvoller zustimmen oder es mit besseren Gründen ablehnen. Wer es liest, soll den Eindruck gewinnen, daß der Verfasser nicht mit leerer Einbildungskraft arbeitet, sondern aus reichem Beweismaterial schöpft. War es ihm auch unmöglich, von seinen persönlichen Eindrücken abzusehen, so wäre er doch der erste, der dieses Buch als schlimmes Elaborat ansähe, wenn es, ich sage nicht die Absicht, doch auch nur Spuren romanhafter Darstellung zeigte und nicht vielmehr auf seine Weise zu den Handbüchern des römischen Altertums zählte. Wie ist es nun eigentlich entstanden? Ein Liebhaber der Antike schlug den langen, doch unterhaltsamen Weg durch seine Aufzeichnungen und Zettel ein, wobei er sich von seinem Sinn für das Aktuelle und von einer gewissen Freude an der Kombination leiten ließ. Wer dieses Buch mit anderen seiner Art vergleicht, wird feststellen, daß mancherlei beigesteuert wird, was bisher unbeachtet geblieben ist und den ihm gebührenden Platz nicht gefunden hat.

In Italien gab es bisher kein Buch dieser Art. Aber ein solches war notwendig, und wäre es auch nur als Reaktion gegen jene romantische Vorstellung vom alten Rom, bei der vom wahren antiken Rom allzu wenig übrigblieb. Dieses Bild findet noch immer seine Verteidiger, und sie sind um so aufrechter, über je weniger Sachkenntnis sie verfügen. Wie sah der römische Alltag in Wirklichkeit aus? Diese Frage wollen wir uns hier stellen; wer darauf eine offene Antwort ohne rhetorische Floskeln zu erhalten wünscht, dem werden die Angaben in unseren Aufzeichnungen von Nutzen sein. Und wenn es sich auch nur um kleine Bruchstücke gelehrter Bildung handelt, so dienen sie doch der Rekonstruktion der historischen Wirklichkeit und der Rechtfertigung dieses Buches.

Bei der Auswahl der Abbildungen schöpfte ich aus einem Material, welches allen, die nicht vom Fache sind, etwas Neues zu bieten hat. Für das römische Privatleben habe ich mich in weitem Maße der in Pompeii aufgefundenen Gegenstände bedient. Für die Geschichte der römischen Denkmäler habe ich aus einem unermeßlich reichen Material mit Umsicht auswählen müssen; von großem Nutzen war die Sammlung archäologischer Dokumente, die Giulio Quirino Giglioli für die Mostra Augustea zusammengestellt hat. Wer es mir zum Vorwurf machen wollte, daß unter den Bildtafeln eine schöne Reproduktion des Colosseums oder der Thermen des Caracalla fehle, der würde damit beweisen, daß er die Grundsätze, von denen ich mich bei der Auswahl leiten ließ, nicht erfaßt hat. Es war keineswegs meine Absicht, den Verkäufern von Ansichtskarten ins Handwerk zu pfuschen; was allen schon längst bekannt ist, braucht nicht mehr bekanntgemacht zu werden. Dagegen hielt ich es für angebracht, dem Leser auch von jenen berühmten Denkmälern eine Ansicht zu vermitteln, die heute entweder gänzlich verschwunden oder in spätere Bauwerke eingebaut und dadurch unkenntlich geworden sind oder die nur noch als Ruinen bestehen. Dies war nur durch die Wiedergabe römischer Münzen möglich, auf welchen sie dargestellt sind, zum Beispiel der Ianustempel, der Tempel des Iupiter Capitolinus, das grandiose Templum Urbis et Veneris usw.

Einige Abbildungen bieten mehr generelle Erläuterungen zum behandelten Thema als eine wirkliche Dokumentation. Ihre Aufgabe ist es, den Text zu ergänzen: Gewisse Jagd- und Fischereiszenen, Darstellungen der Kinder- und Erwachsenenspiele, ferner Wirtshausszenen sind traditionelle Motive, die die römische Kunst von der griechischen übernommen hat und die zum Teil schon in die etruskische Kunst eingedrungen waren. Wenn sie auch außerhalb der behandelten Epoche stehen, so sind sie doch keineswegs anachronistisch in einer Zeit, die sich diese Motive angeeignet hatte, weil sie Gewohnheiten widerspiegelten, die den eigenen vollkommen entsprachen. Es sind Zeugnisse nicht nur des römischen, sondern des antiken Lebens überhaupt – jener Antike, die nach Zeiten und Völkern so vielfältig war, doch in ihrer Gesamtheit für uns stets von einem Schimmer des Archaischen überzogen ist, durch den Vergangenheit zum Märchen und Geschichte zur Poesie wird.

UGO ENRICO PAOLI

BIBLIOGRAPHISCHE BEMERKUNGEN

Wie bereits im Vorwort erwähnt, ist dieses Buch aus den beiden früher getrennt erschienenen Büchern *Vita Romana* und *Urbs* hervorgegangen, denen ich einige Zusätze und neue Illustrationen beigefügt habe. Das erste der beiden Bücher, das in drei aufeinander folgenden Ausgaben (Dezember 1940, November 1941, Oktober 1942) erschien, entspricht zum großen Teil in seinem Inhalt dem Texte eines anderen von mir veröffentlichten Werks, *Lar familiaris*. Im Jahre 1929 erschienen (Florenz, Le Monnier) und seitdem ohne Neuauflage, war *Lar familiaris* ein eigentümliches Schicksal beschieden. Mit seinen kommentierten lateinischen Texten war es dazu bestimmt, den italienischen Schulen zu dienen; aus unvorhergesehenen Gründen konnte es aber seiner Bestimmung nicht zugeführt werden. Wenn es trotzdem rasch vergriffen war, so verdankte es dies dem Umstande, daß es von einer amerikanischen Universität in Kalifornien eingeführt worden war. Es erschien später in neuer Fassung und unter neuem Titel, unter Ausschluß der Texte, nach verschiedenen Gesichtspunkten überarbeitet und mit zahlreichen Illustrationen ausgestattet. Diesmal fand es eine glücklichere Aufnahme. Gleich danach ergab sich jedoch die Notwendigkeit, die einleitende Skizze zu vervollständigen, da man nicht zu Unrecht meinte, daß ein Band mit dem Titel *Vita Romana* mehr versprach, als der Inhalt hielt, und manche berechtigte Wißbegier unbefriedigt ließ. Diese Kritik erschien mir so gerechtfertigt, daß im Verlaufe von etwas mehr als einem Jahre mit der zweiten Auflage der *Vita Romana* ein neues Buch unter dem Titel *Urbs* (1. Auflage Januar 1942, 2. Auflage September 1942) erschien; diese beiden nach Inhalt und Titel verschiedenen Bände gehörten in Wirklichkeit zusammen, denn der zweite ergänzte den ersten. Als die letzte Auflage der beiden Bände noch nicht vergriffen war, traten zwei ausländische Verlagshäuser mit der Bitte an mich heran, eine spanische und eine deutsche Ausgabe bringen und die beiden Bücher in einem geschlossenen Bande vereinigen zu dürfen; ich stimmte diesen Vorschlägen erfreut zu. Dadurch wurden jedoch verschiedene Änderungen und die Hinzufügung neuer Kapitel S. 163–178 und 321–363) und mit diesen neuen Kapiteln auch neue Illustrationen (Taf. XCIII–CXXVIII) erforderlich. Und da jetzt auch eine italienische Neuauflage der beiden Bände notwendig wurde, folgte der italienische Verlag dem Beispiele der ausländischen Verleger. Das Werk hat nach seinem schrittweisen, ein wenig abenteuerlichen, letzten Endes aber doch notwendigen Anwachsen nunmehr seine endgültige Fassung erhalten. Das Ergebnis: ein einziger Band, einige neue Kapitel, vierundzwanzig Tafeln mehr und ein Titel weniger. Denn Bücher sind wie Flüsse, die bei ihrer Vereinigung einen Namen opfern müssen.

Dem Leser, der den Wunsch hat, sich mit den einzelnen Gegenständen näher zu befassen, führe ich folgende grundlegenden Werke an: BECKER (*Gallus*, bearbeitet von GÖLL, Berlin 1880), BLÜMNER (*Die römischen Privataltertümer*, München 1911), FRIEDLÄNDER (*Darstellungen aus der Sittengeschichte Roms*, 10. Auflage, Leipzig 1921-23) sowie die verschiedenen Abschnitte in der *Realenzyklopädie* von PAULY-WISSOWA und des *Dictionnaire des antiquités grecques et romaines* von DAREMBERG-SAGLIO, dazu die Stichwörter über Gegenstände der Altertumswissenschaft in der *Enciclopedia italiana*, denen reichhaltige bibliographische Angaben beigefügt sind.

Die wichtigsten Werke über die römische Topographie zur Vervollständigung der im ersten Kapitel dieses Buches enthaltenen Angaben sind in der Anmerkung auf S. 20 angegeben. Grundlegend für eine vertiefte Kenntnis Pompeiis, dessen Ausgrabungsfunde uns die zuverlässigsten archäologischen Zeugnisse über das Leben im alten Rom bieten, sind folgende Werke: OVERBECK, *Pompeji*, 4. Auflage, Leipzig 1884; MAU, *Pompeji, Leben und Kunst*, 2. Auflage, Leipzig 1908, und MAIURI, *Pompei*, Novara 1928.

Die Geschichte der baulichen Entwicklung Roms, soweit man sie aus alten Stichen und Zeichnungen erschließen kann, besonders zahlreich von der Mitte des fünfzehnten Jahrhunderts bis zu den ersten Jahrzehnten des siebzehnten Jahrhunderts[1], wird mit reichem Bildmaterial und zahlreichen Erläuterungen sowie bibliographischen Angaben in dem in seiner Art einzigartigen Bande von ALFONSO BARTOLI, *Cento vedute di Roma antica*, Florenz

---

[1] Die Künstler und die Bildsammlungen, denen wir die Vorlagen für unsere Abbildungen entnommen haben, sind folgende: ANTONIO SALAMANCA (geb. Rom ca. 1500, gest. daselbst 1562); die Zuschreibung des auf Taf. XCVI, 3 wiedergegebenen Stiches ist ungewiß (BARTOLI, S. 43); HIERONYMUS COCK (geb. Antwerpen ca. 1510, gest. daselbst 1570): *Praecipua aliquot Romanae antiquitatis monumenta*, Antwerpen, 1551; GIOVANNI ANTONIO DOSIO (geb. Florenz 1533, gest. daselbst um 1570), Florenz, Uffizien, 2567; ETIENNE DU PÉRAC (geb. Paris um 1540, gest. daselbst 1604): *I vestigi dell'antichità di Roma*, Rom, 1575; ALÒ GIOVANNOLI (geb. Civita Castellana zweite Hälfte 16. Jahrhundert, gest. erste Hälfte 17. Jahrhundert): *Roma Antica*, Rom, 1615-19; GIOVAN BATTISTA PIRANESI (geb. Mogliano [Mestre] 1720, gest. Rom 1778): *Antichità Romane;* GASPARE VAN WITTEL (geb. Utrecht 1647, gest. Rom 1736), Rom, Gabinetto Nazionale delle Stampe, 125243; AGOSTINO PENNA (erste Hälfte 19. Jahrhundert), Stich von 1815.

1911, dargestellt, einem Werk mit wissenschaftlich wertvollem Material und in prächtiger typographischer Ausführung.

Einige Jahre nach Veröffentlichung meines Buches *Lar familiaris*, aus dem später *Vita Romana* wurde, und gleichzeitig mit der Abfassung von *Urbs* erschien in Frankreich das ausgezeichnete Werk von CARCOPINO, *La vie quotidienne à Rome à l'apogée de l'Empire* (Paris 1938). Von der Kritik sind unsere Bände mehrfach zusammen genannt worden, die zwar von verschiedenen Gesichtspunkten geleitet, doch von der gleichen Leidenschaft beseelt sind, das Altertum wieder lebendig werden zu lassen. Sie haben beide eine günstige Aufnahme gefunden, und sie ergänzen sich gerade wegen der in ihnen enthaltenen Unterschiede aufs glücklichste. Ich weise die Leser, die das Werk meines französischen Kollegen noch nicht kennen, nachdrücklich darauf hin; wenn sie die Seiten dieses Buches mit Interesse verfolgt haben, werden sie mir für meinen Ratschlag dankbar sein.

◁ URBS ▷

URBS

1. Von Romulus zu Konstantin. – 2. Von der Roma Quadrata zu den vierzehn Stadtteilen des augusteischen Rom und zum Rom Aurelians. – 3. Das Zentrum des vergrößerten Rom. – 4. Das Forum. – 5. Die Kaiserforen. – 6. Das Leben auf dem Forum. – 7. Die Volksviertel. Die Läden auf dem Forum. Die Subura. – 8. Die monumentale Zone Roms. – 9. Der Circus Maximus. Der Aventin. – 10. Die großen Märkte am Tiber. Die Zone der großen Lagerhäuser und des Überseehandels. – 11. Der Palatin von den Anfängen Roms bis zu Nero. – 12. Die Domus Aurea Neros. – 13. Der Palatin von der flavischen bis zum Ende der Kaiserzeit. – 14. Das Capitol. – 15. Das erweiterte Zentrum Roms. Caelius. Quirinal und Viminal. Der Pincius, *collis hortorum*. – 16. Der Campus Martius (Marsfeld). – 17. Der Esquilin. – 18. Mauern und Tore. – 19. *Trans Tiberim*. – 20. Das Leben in den Straßen Roms. – 21. Rom bei Nacht.

1.

Aus einem kleinen Dorf auf dem Palatin wurde Rom zur größten Metropole des Altertums. Seine ersten Bewohner weideten ihre Herden und begruben ihre Toten in dem feuchten und engen Tal, in dem später das Forum erstand; als zehn Jahrhunderte später Konstantin die Hauptstadt des Imperiums nach Byzanz verlegte, wies Rom einen Umfang von fast zwanzig Kilometern und eine zahlreiche, dichte Bevölkerung auf. Die Ufer des Tibers von der Porta Trigemina bis über die Hänge des Aventins nach Süden hinaus waren durch Hafenbauten befestigt, so daß die reichliche und regelmäßige Versorgung mit allem Notwendigen gesichert war. Elf Aquädukte lieferten reichlich Wasser, das man auf täglich ungefähr eineinhalb Milliarden Liter geschätzt hat.

Im vierten Jahrhundert n. Chr.[1] waren in der Stadt 11 Thermen und 856 Privatbäder vorhanden; man zählte 37 Tore und 423 Stadtteile *(vici)*; 29 große

---

[1] Diese Angaben sind zum größten Teil einer Beschreibung des konstantinischen Rom entnommen, die uns in zwei Ausgaben überliefert worden ist, eine unter dem Titel *Notitia* (354 n. Chr.), die andere mit der Bezeichnung *Curiosum* (356 n. Chr.).
Andere Elemente, die es uns ermöglichen, den Text dieser außerordentlich wichtigen Dokumente zu prüfen, zu vervollständigen und zu verbessern und die topographische und bauliche Struktur Roms im allgemeinen zu rekonstruieren, sind außer durch die eigentlichen archäologischen Zeugnisse (erhalten gebliebene Monumente, Ergebnisse der Ausgrabungen usw.) durch folgende dokumentarische Quellen gegeben: 1. Die Marmorfragmente eines Stadtplanes von Rom, der unter den Kaisern Severus und Caracalla ausgeführt und an der Nordwand des Templum Pacis, das später in die Kirche

Straßen *(viae)* führten vom Stadtinnern zur Peripherie, wozu noch eine große Zahl von Nebenstraßen und Gäßchen sowie Plätze *(areae)* hinzukommen, SS. Cosma e Damiano umgebaut wurde, öffentlich ausgestellt war. 2. Die Beschreibung des servianischen Rom, die in den Aufzeichnungen Varros *De lingua Latina* enthalten ist. 3. Die Angaben Plinius' des Älteren (iii, 66/67), der uns die von Vespasian ausgeführten Vermessungen überliefert hat. 4. Die Inschriften mit topographischen Daten und Angaben über die römischen Monumente, insbesondere das *Monumentum Ancyranum* und die sogenannte Capitolinische Basis. [Die erste dieser beiden Inschriften ist eine in Stein gemeißelte Kopie des *Index rerum gestarum*, den Augustus im Jahre 14 n. Chr. schrieb und der auf seinen Wunsch auf zwei Bronzetafeln an seinem von ihm selbst erbauten Mausoleum auf dem Marsfeld angebracht worden war. Diese Kopie wurde im Jahre 1555 in Ankyra, dem heutigen Ankara in Kleinasien, entdeckt. Das *Monumentum Ancyranum* ist in Lateinisch und in Griechisch geschrieben. Fragmente der griechischen Kopie des *Index* sind zu wiederholten Malen in Apollonia in Pisidien ausgegraben worden; noch bedeutendere Bruchstücke der lateinischen Kopie wurden bei Antiochia, *Monumentum Antiochenum*, gefunden; sie wurden im Jahre 1927 veröffentlicht und gestatten, den Text des *Ancyranum* mit größter Sicherheit zu vervollständigen. Die andere Inschrift (CIL, VI, 975), die aus dem Jahre 136 n. Chr. stammt, enthält die Bezeichnung der *vici* der Regionen I, X, XII, XIII, XIV.] 5. Die Münzen und die Reliefs mit Wiedergabe der Tempel (Taf. III) und die Angaben, die wir auf den Ziegeln der Gebäude und dem Blei der Wasserleitungen vorgefunden haben (vgl. Text auf Seite 49).

Gelegentliche Informationen sind in Form von genauen Angaben oder einfachen Andeutungen bei den antiken Schriftstellern jeder Epoche zu finden. Nützliche Notizen über das antike Rom entnehmen wir auch verschiedenen Quellen des Mittelalters; insbesondere sind diese in einem *Itinerarium* enthalten (dem sogenannten *Einsiedlense*, in einem Einsiedler Codex aus dem achten Jahrhundert), in dem sieben Straßen beschrieben werden, die aus dem Inneren Roms zu den Toren führten; es war ein Führer für die Pilger, die sich nach der Heiligen Stadt begaben. Aus einer vollständigen Beschreibung Roms, die im zwölften Jahrhundert zusammengestellt wurde, stammen verschiedene Legenden und die *Mirabilia Romae*, die einige nützliche Angaben enthalten.

Ich gebe hier einige Angaben über die grundlegenden Werke der Topographie Roms: H. JORDAN, *Topographie der Stadt Rom im Altertum*, Berlin 1871–1885; O. RICHTER, *Topographie der Stadt Rom*, München 1901; S. B. PLATNER, TH. ASHBY, *A Topographical Dictionary of Ancient Rome*, Oxford–London 1929; G. LUGLI, *I monumenti antichi di Roma e suburbio*, Bd. I–III, Rom 1931–1938, mit dem später erschienenen Supplement, Rom 1940; *Roma antica, il centro monumentale*, Rom 1946.

Zu den topographischen Problemen Roms gehört auch die Bevölkerungszahl der Stadt zur Zeit ihrer größten Entwicklung. Welches war ungefähr die Zahl der Einwohner Roms? BELOCH, *Die Bevölkerung der griechisch-römischen Welt*, 1886, hat als erster auf Grund von systematischen Forschungen die Bevölkerungszahl mit 800 000 angegeben; U. KAHRSTEDT (in FRIEDLÄNDER, *Darstellungen aus der Sittengeschichte Roms*, 10. Auflage, IV, S. 11 ff.) läßt die Einwohnerzahl Roms zur Zeit seiner größten Ausdehnung auf über eine Million ansteigen. CARCOPINO, *La vie quotidienne à Rome à l'apogée de l'Empire*, Paris 1938, schätzt sie auf knapp 1 700 000 Menschen. Die neuesten Studien zu diesem Thema sind: G. LUGLI, *I monumenti antichi di Roma e suburbio*, Suppl. 1940, II, S. 71 ff., und A. v.

die an verschiedenen Stellen der Stadt das Gewirr der Straßen erweiterten. Man zählte ferner 25 Vorstadtstraßen, 8 Brücken, 2 Capitole[1], 190 Kornhäuser, 2 große Märkte *(macella)*, 254 Mühlen, 8 große Plätze unbebaut gebliebener Flächen, 11 Foren, 10 Basiliken, 36 Marmorbögen, 1152 Brunnen, 28 Bibliotheken, 2 Circusse, 2 Amphitheater, 3 Theater, 2 *naumachiae*, in denen Wasserschlachten dargestellt wurden, und 4 Kasernen der Gladiatoren *(ludi)*.

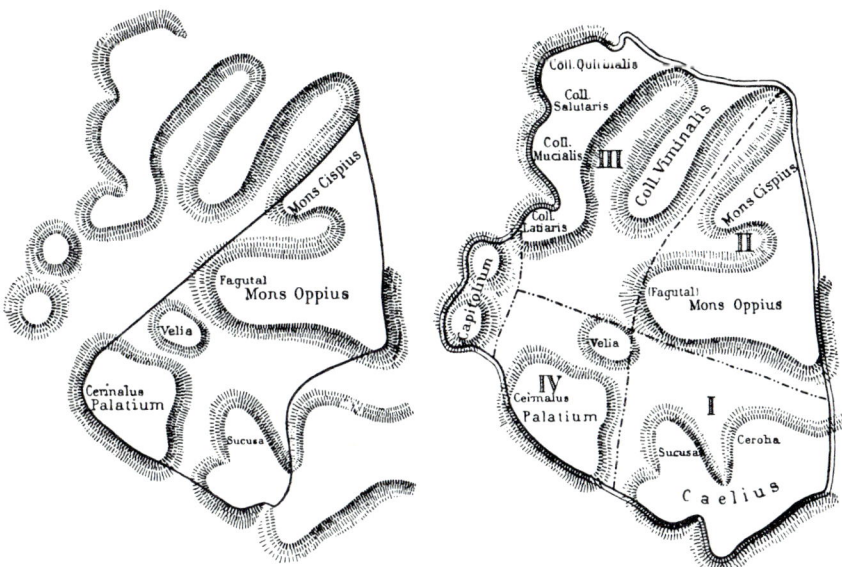

Abb. 1. Das Septimontium.   Abb. 2. Die Stadt *quattuor regionum*.

2. Seit den ältesten Zeiten nahm die Bevölkerung Roms ständig zu, zunächst durch die Einverleibung der umliegenden Stämme, die ihren Sitz in die Stadt verlegten, später als Folge der ständig wachsenden Macht Roms.

GERKAN, *Die Einwohnerzahl in der Kaiserzeit* (in *Mitteilungen des Deutschen Archäol. Instituts*, 55, 1940); *Weiteres zur Einwohnerzahl Roms in der Kaiserzeit* (ibid., 58, 1943); G. CALZA, *La popolazione di Roma antica* (Boll. della Comm. archeol. di Roma, 69, 1941); F. LOT, *Capitales antiques, capitales modernes* (Annales d'histoire sociale, VIII, Paris 1945); Lugli gibt die Bevölkerungszahl Roms mit ca. zwei Millionen an, v. Gerkan senkt sie hingegen auf höchstens 600000 Menschen, indem er zu beweisen versucht, daß für eine größere Anzahl Menschen kein Platz gewesen wäre (s. Karte auf S. 23); nach Lot hätte die Bevölkerung des antiken Rom 200000 Einwohner nicht überschritten.

[1] Capitolium im allgemeinen Sinne ist ein der capitolinischen Trias – Iupiter, Iuno und Minerva – geweihter Tempel. Auch außerhalb Roms wurde der Platz, an dem sich

Die Stadt vergrößerte sich nach und nach, und in bestimmten Abständen wurde das Gebiet einer neuen Bauplanung unterworfen, die mit den veränderten Bedürfnissen der Stadt und der wachsenden Bevölkerung in Einklang gebracht wurde.

Die verschiedenen Etappen der progressiven Entwicklung Roms, die seine materielle Geschichte darstellen, ergeben sich aus den ständigen Vergrößerungen, wodurch aus der Roma Quadrata auf dem Palatin das Septimontium wurde (Abb. 1.)[1], später die Stadt *quattuor regionum* (Abb. 2)[2], die Stadt des Servius, dann das augusteische Rom und schließlich das Rom Aurelians. Die Bevölkerungsdichte wechselte mit den Zeiten; sie erreichte ihren Höhepunkt im zweiten Jahrhundert n. Chr.; aber auch zu jener Zeit blieb ein Teil der Stadt unbebaut (Abb. 3).

Der schon seit den letzten Jahren der Republik sehr ausgedehnten Stadt gab Augustus eine verwaltungsmäßige Gliederung, die für die ganze Kaiserzeit grundlegend blieb. Das Stadtgebiet wurde von ihm mit einem Zollgürtel umgeben[3] und in vierzehn Regionen, dreizehn auf dem linken und eine auf dem rechten Ufer (Trastevere), eingeteilt[4]. Die Regionen des Au-

der Tempel der capitolinischen Trias erhob, mit Capitolium bezeichnet; so zum Beispiel der an der Nordseite des pompejanischen Forums. Der älteste dieser Tempel in Rom stand auf dem Quirinal und wurde daher Capitolium Vetus oder Capitolium Antiquum genannt.

[1] *Montes* nannten die Römer auch ihre sieben Hügel; hier handelt es sich aber nicht um diese, denn das Septimontium umfaßte nur den Palatin und einen Teil des Esquilins. Nach einer alten Überlieferung (FESTUS, S. 341 MÜLLER) gehörten zu dem Septimontium: Palatium, Velia, Cermalus, Oppius, Cispius, Fagutal und Subura. Die antike Einheit des Septimontiums wurde auch in späteren Zeiten, als Rom schon groß war, von den Bewohnern dieser Stadtteile als gemeinsames Fest gefeiert. Nicht sicher ist die Lage des Fagutals und die genaue Bestimmung der Subura (s. S. 36 f.), die als *mons* bezeichnet wird, da Zweifel bestehen, ob es sich um den gleichen Ort handelt, der uns unter diesem Namen bekannt ist, oder ob der überlieferte Name nicht genau ist.

[2] Die Stadt der «Vier Regionen» bildete sich unter Einschluß des Caelius, des Viminals und des Quirinals sowie des Capitol-Felsens. Das neue Pomerium der Stadt blieb bis zu den Zeiten Sullas unverändert. Die vier Regionen waren: die Suburana (I), Esquilina (II), Collina (III) und Palatina (IV). Das Fest der Argei erinnerte am 16. und 17. März mit einer großartigen Prozession an die Gründung der neuen Umfassungsmauern des erweiterten Rom.

[3] Vespasian nahm in der von Augustus gegebenen Umgrenzung einige Abänderungen vor, mit neuen Abmessungen der Regionen und einer Zollgrenze (PLINIUS D. Ä., iii, 66/67); diese Zollgrenze wurde später durch die Kaiser Marc Aurel und Commodus (CIL, VI, 1016) erweitert.

[4] Siehe die Karte auf Seite 23. Die vierzehn Regionen waren: I. Porta Capena, II. Mons Caelius, III. Isis et Serapis, IV. Templum Pacis, V. Esquiliae, VI. Alta Semita,

gustus sind verwaltungstechnisch begrenzte Gebiete, die mit Ausnahme des Capitols und Palatins in der Regel nicht mit den topographischen, baulichen und geschichtlichen Grenzen der Stadt übereinstimmen[1]. Den einzelnen Re-

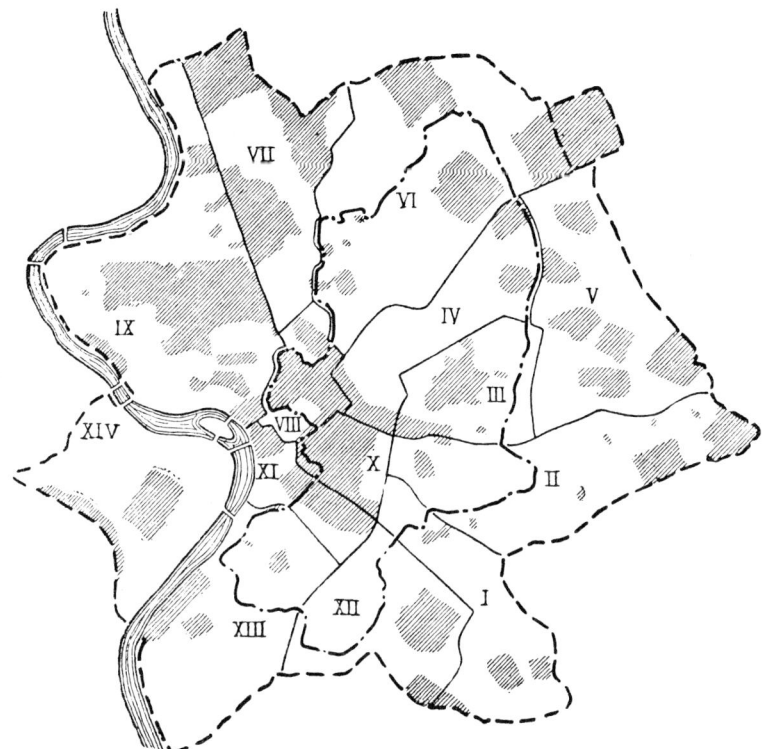

Abb. 3. Bewohnte und unbewohnte Teile des kaiserlichen Rom.
(Nach den Berechnungen von A. von Gerkan.)

☐ unbewohnte Flächen
▨ bewohnte Flächen

– – – – – die aurelianische Mauer
·—·—·—· die servianische Mauer
———— Grenzen der augusteischen Regionen

VII. Via Lata, VIII. Forum Romanum, IX. Circus Flaminius, X. Palatium, XI. Circus Maximus, XII. Piscina Publica, XIII. Aventinus, XIV. Trans Tiberim. Die Namen der Regionen wurden nicht von Augustus festgelegt, der sie nur mit fortlaufenden Nummern bezeichnete; die Region IV. z. B. ist Templum Pacis benannt, das jedoch erst von Vespasian erbaut wurde.

[1] Das Marsfeld (Campus Martius), das eine topographische Einheit darstellte, wurde unter die Regionen VII und IX aufgeteilt, deren jede einen Teil des Pincius umfaßte;

gionen stand ein auf ein Jahr gewählter Magistrat vor; in jeder Region befand sich eine Kaserne *(excubitorium)*, in der die *vigiles*[1], ein vorwiegend als Feuerlöschtruppe ausgebildetes Polizeicorps, stationiert waren[2]. Als im vierten Jahrhundert n. Chr. Bezirksärzte eingesetzt wurden, erhielt jede Region einen Arzt zugeteilt[3]. Die augusteische Region umfaßte eine Anzahl kleinerer Bezirke, die sogenannten *vici*[4], an deren Spitze *magistri* oder *vicomagistri* standen (achtundvierzig für jede Region); sie wurden von den betreffenden Bürgern gewählt. Der äußere Ring der Stadt wurde im dritten Jahrhundert n. Chr. durch die aurelianische Mauer befestigt, die ungefähr der Zollgrenze Vespasians und des Titus entsprach.

Die augusteische und kaiserliche Stadt wies die größte Ausdehnung auf, aus der auch die bedeutendste Anzahl von monumentalen Bauwerken erhalten geblieben ist.

3. Auch als Rom sich mit seinen Häusern weit hinauszog und von der alten «Scholle des Romulus» entfernte, verschob sich das Zentrum des römischen Lebens nicht. Das Herz Roms verblieb am Orte seines Ursprungs. In der Senkung zu Füßen des Capitols und des Palatins pulsierte das eigentliche Leben Roms: Die Politik, die Geschäfte, die Justizverwaltung, die öffentlichen Aufzüge, ja selbst der tägliche Handel und Wandel hatten ihr Hauptzentrum auf dem Forum und in dessen unmittelbarer Nähe. Außer dem Forum gehörte daher die Gegend um den Circus Maximus, zwischen dem Palatin und dem Aventin, zum Zentrum Roms; ferner auf der Tiberseite gegenüber dem Palatin und dem Capitol das Gebiet des Velabrums und

auch die Vorstadt von Porta Capena wurde zwei Regionen, der I. und XII., zugeteilt. Die Region XII, die seit dem dritten Jahrhundert durch die Thermen des Caracalla (Thermae Antoninianae) besondere Bedeutung hatte, verdankte ihren Namen einem öffentlichen Bad, das schon vor der Zeit des Augustus verschwunden (Festus, S. 213 M.) und einst in der Nähe der Porta Capena gelegen war, gemäß dem italischen Brauch, die Bäder in die Nähe der Tore zu legen. Der wichtigste und am dichtesten bevölkerte Teil des Esquilins befand sich außerhalb der Region Esquiliae (V) und war in der III. Region (Isis et Serapis) inbegriffen. Diese Region leitete ihren Namen nicht von dem Haupttempel der Isis und des Serapis her, der im Campus Martius (Region IX) lag, sondern von einem kleinen Heiligtum, das an den Südhängen des Esquilins errichtet war.

[1] Die *vigiles* bildeten insgesamt sieben Cohorten und unterstanden einem *praefectus vigilum*.

[2] Sueton, *Aug.*, 30. [3] s. S. 238.

[4] Unter dem lateinischen Wort *vicus* kann man verstehen: 1. eine Ansiedlung, 2. die Unterteilung einer *regio*, d.h. ein Wohnviertel, 3. eine der großen Straßen, die Rom durchliefen.

des Forum Boarium zwischen dem Capitol, Palatin, dem Aventin und dem Fluß; auf der entgegengesetzten Seite das Quartier Argiletum und die Subura, die sich an den Hängen des Esquilins hinzog.

4. Das Forum[1] war zur Zeit der Gründung Roms eine sumpfige und unbewohnte Ebene; sehr bald aber hatte die Wiege Roms, der Palatin, kein Gelände mehr, um die rasch wachsende Bevölkerung aufzunehmen; man legte daher das sumpfige Tal zu Füßen des Hügels trocken, baute die ersten Häuser und schuf gut gepflasterte Straßen, wie zum Beispiel die Via Sacra. Unter den ersten Tempeln, die man errichtete, ist der Ianus-Tempel der berühmteste, dessen Tore nur in Friedenszeiten geschlossen blieben; sie waren jahrhundertelang bis zu den Zeiten des Augustus geöffnet. Von diesem Tempel sind keinerlei Spuren erhalten geblieben, aber einige Münzen aus der Zeit Neros zeigen sein Bild (Abb. 41). Sehr alt ist auch der Vesta-Tempel (Abb. 46), der des öftern durch Feuersbrunst vernichtet und immer wieder aufgebaut wurde.

Das Forum wurde der Länge nach von der Cloaca Maxima[2] durchzogen, die dann das Velabrum durchquerte und im Tiber mündete. Es veränderte mehrfach sein Aussehen, blieb jedoch immer der Brennpunkt des römischen Lebens. In den ersten Jahrhunderten spielte sich das politische Leben im nördlichen Teil des Forums, im sogenannten Comitium, ab; die Geschäftsleute trafen sich in der Basilica Porcia[3]; den übrigen Teil des Platzes beherrschte der städtische Markt. Einige Verse des Plautus überliefern uns, daß zu seiner Zeit (2. Jh. v. Chr.) das Forum noch immer, außer dem Mittelpunkt des öffentlichen Lebens, der große Marktplatz war.

[1] Das eigentliche Forum wurde nur vom westlichen Teil des Tales gebildet und durch das Capitol begrenzt. Später wurde die Bezeichnung Forum nach Osten hin ausgedehnt bis zu dem Punkt, an dem heute der Triumphbogen des Titus steht. Nach dem Bau der Kaiserforen (s. S. 30 und Abb. 5) wurde das Forum als Forum Romanum oder Forum Magnum bezeichnet; man nannte es aber auch weiterhin einfach Forum.
[2] Der Bau der Cloaca Maxima wird Tarquinius Priscus (T. Livius, i, 38, 6) zugeschrieben. Anfangs war es ein offener Abflußkanal, später ein großer unterirdischer Tunnel; während des überstürzten Wiederaufbaus der Stadt nach der gallischen Feuersbrunst erbaute man Häuser auch auf dem Gewölbe, unter dem die Wasser der Cloaca liefen (T. Livius, v, 55, 5). In Rom gab es noch andere Kloaken, von denen einige offen waren (Sueton, Nero, 26; vgl. S. 70).
[3] Die Basilica Porcia wurde von M. Porcius Cato 184 v. Chr., im Jahre seiner Censur, erbaut; heute finden wir keine Spuren mehr von ihr. Desgleichen sind die Basilica Sempronia (170 v. Chr.) und die Basilica Opimia (121 v. Chr.) verschwunden.

> «Wer einen haben will,
> Der falsch geschworen hat, geh' ins Komitium –
> Wer Lügner, Prahler will, geh' zur Cloacina –
> Verschwenderische, Protzen, Ehemänner sind
> Am Börsenplatz zu finden und dort auch das Heer
> Der ausgedienten Dirnen und der Kupplerschaft.
> Am Fischmarkt Leute, die zu Festeschmausereien
> Teilnehmer werben ...[1]»

Im Jahre 179 v. Chr.[2] wurden die größten Läden des Forums in einem großen Macellum vereint (Markt für jedwede Art von Ware; dies ist der Sinn des lateinischen Wortes *macellum*, im Unterschied zum italienischen *macello* = Schlachthaus)[3].

Im letzten Jahrhundert der Republik und zu Beginn der Kaiserzeit überwogen aber die regen politischen Interessen den Handel und täglichen Lebensbedarf. Die ursprünglich vorhandenen Läden verschwanden: die Tabernae Novae (die diesen Namen führten, nachdem sie im Jahre 210 v. Chr.[4] nach einer Feuersbrunst wieder aufgebaut worden waren) im Nordteil des Forums und die Tabernae Veteres im Südteil. Es verschwand auch das Macellum, um dem Bau der Foren Caesars und des Augustus Platz zu machen; es wurde durch das Macellum Liviae auf dem Esquilin ersetzt[5]. Das gesamte Forum wurde mit Tempeln und öffentlichen Gebäuden bebaut; unzählige Läden etablierten sich in den umliegenden Straßen.

Das Forum (Abb. 4) veränderte sich; es gewann immer mehr jene monumentale Pracht, deren Zeuge noch heute die bedeutenden Überreste sind. Die glanzvollste Periode des Forums begann zu Caesars Zeiten, der die Ba-

---

[1] *Curculio*, 470 ff.; Übersetzung von L. GURLITT.
[2] VARRO, *De l. L.*, 147: *Haec omnia, posteaquam contracta in unum locum quae ad victum pertinebant, et aedificatus locus, appellatum Macellum.*
[3] Die plautinischen Personen begeben sich zum Macellum, um all das einzukaufen, was zum Bankett erforderlich ist (*Aul.*, 264). Man weiß von Martial, daß das Macellum die Tafel der Reichen mit allen Leckerbissen versah (x, 37, 19; 59, 3), einschließlich der Fische (*ibid.*, xiii, 85); in den Kellerräumen des Macellums von Pompeii hat man eine große Anzahl von Fischgräten gefunden.
[4] T. LIVIUS, xxvi, 27, 2: *Eodem tempore septem tabernae, quae postea quinque, et argentariae, quae nunc novae appellantur, arsere.*
[5] Außer dem neuen Macellum auf dem Esquilin wurde gegen Mitte des ersten Jahrhunderts v. Chr. ein weiteres Macellum auf dem Caelius, in beträchtlicher Entfernung vom ersten, erbaut.

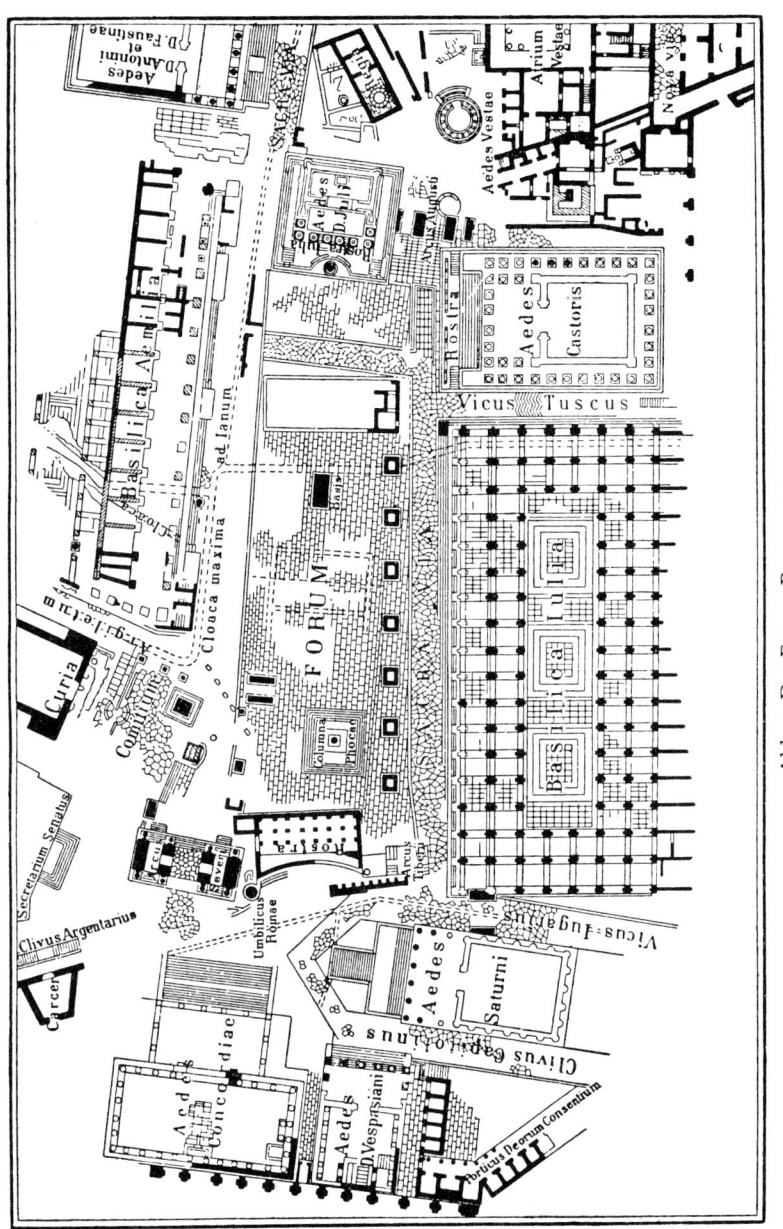

Abb. 4. Das Forum Romanum.

silica Iulia und die Rostra¹ errichten ließ. Ein Getreuer des verstorbenen Dictators, Munatius Plancus, stellte im Jahre 42 das Templum Saturni wieder her. Jeder Herrscher trug dann dazu bei, die Pracht des Forums zu erhöhen. Augustus schuf das Templum Divi Iulii, Tiberius baute das Templum Concordiae am Osthange des Capitolhügels wieder auf und den Castor-Pollux-Tempel zu Füßen des Palatins. Zu Zeiten des Titus erstand das Templum Vespasiani. Domitian wünschte, daß auf dem Forum sein großes Reiterstandbild aufgestellt wurde; Statius besang es in der ersten seiner *Silvae*²; heute haben wir nur noch die Erinnerung in dem recht langweiligen Gedicht³. Traian werden die beiden großartigen *plutei* bei den Rostra *(anaglypha Traiani)* zugeschrieben, die noch gut erhalten sind. Antoninus Pius errichtete einen Tempel zu Ehren seiner Gattin Faustina, der nach seinem Tode vom Senat mit dem Namen Templum Antonini et Faustinae geweiht wurde. Septimius Severus schuf an den Hängen des Capitolhügels einen neuen großen Triumphbogen, auf der dem Titusbogen gegenüberliegenden Seite. Konstantin führte den von Maxentius begonnenen Bau einer neuen Basilika zu Ende und ließ dort ein Reiterstandbild errichten *(equus Constantini),* von dem nur noch der Sockel erhalten ist⁴. Auch in byzantinischer Zeit (602 n. Chr.) errichtete Kaiser Phokas innitten des Forums eine Säule, die von seinem Standbild überragt wurde⁵.

Als das Forum seine größte Entfaltung erreicht hatte, verblieben trotz allem einige Monumente und Bauten aus früheren Zeiten; die bedeutendsten unter diesen Bauwerken sind die Basilica Aemilia und an den Hängen des Capitolhügels das Tabularium und die Curia, wo für gewöhnlich der Senat zusammentrat: Das Neue vernichtete das Alte nicht gänzlich.

---

¹ Die alten Rostra befanden sich zwischen dem Comitium und dem Forum gegenüber der Curia; es waren die Plätze, auf denen die Redner sprachen. Die Bezeichnung Rostra (= Schiffsbug) ist darauf zurückzuführen, daß im Jahre 338 v. Chr. die Rednertribüne mit den Schiffsschnäbeln geschmückt wurde, die man den Schiffen der in der Seeschlacht besiegten Bewohner von Antium abgenommen hatte. Caesar erbaute gegenüber dem Concordia-Tempel neue Rostra, für die er teilweise das Material der alten verwandte, die abgerissen wurden.

² I, 1: *Equus maximus Domitiani imperatoris.*

³ Als Domitian ermordet wurde, verfügte der Senat, daß alle seine Bilder und Statuen niedergerissen und sein Name aus den Gedenktafeln entfernt wurde (SUETON, *Domit.*, 23); der *equus Domitiani* wurde sicherlich auch ein Opfer dieser Bilderstürmerei.

⁴ Man war lange Zeit der Ansicht, daß eine Reiterstatue Marc Aurels (s. S. 49) Konstantin darstelle.

⁵ Es ist wahrscheinlich, daß Kaiser Phokas sein Standbild auf eine bereits vorhandene Säule setzen ließ.

In der Nähe der Rostra befand sich der Mittelpunkt der Stadt, von dem alle Straßen strahlenförmig aus der Enge des Forums sich zu breiten und regelmäßigen Verkehrsadern nach den äußern Stadtteilen entwickelten; sie führten bis zu den Toren; von dort liefen sie in gut erhaltenem Zustande gerade weiter, mündeten in immer entferntere Straßen ein und zogen sich bis zu den Grenzen des Imperiums hin. Augustus kennzeichnete den Mittelpunkt mit einem *miliarium aureum*, einem mit vergoldeter Bronze umkleideten Meilenstein, und Konstantin gab ihm die Bezeichnung *umbilicus Romae*. Die Hauptstraße und gleichzeitig auch die älteste Straße des Forums war die Via Sacra; von ihr zweigten die beiden wichtigen Verkehrsadern Vicus Iugarius[1] und Vicus Tuscus ab[2]. Die Via Sacra[3] ging vom Sacellum Streniae aus, das auf dem Platze stand, wo sich heute das Colosseum befindet, und führte über die Velia[4] zum Forum.

Auf der einen Seite der Via Sacra erbaute Caesar auf dem Forum die Basilica Iulia (Abb. 4). Längs dieser Straße außerhalb des Forums reihten sich Privathäuser, die zumeist den vornehmsten römischen Familien gehörten, sowie eine beträchtliche Anzahl von Läden.

5. Mit der ständig wachsenden Größe des Imperiums wuchs auch die Bevölkerung Roms, so daß das Forum zu eng wurde und sich mit den

---

[1] Der Vicus Iugarius verlief, vom Forum ausgehend (Abb. 4), zwischen dem Templum Saturni und der Basilica Iulia; dem Fuße des Capitolhügels folgend, führte er zur Porta Carmentalis und dann wahrscheinlich zum Tiber (Porta Flumentana). Im Altertum erklärte man den Namen Vicus Iugarius damit (FESTUS, S. 104 M.), daß sich dort ein Altar der Iuno Iuga *(quam putabant matrimonia iungere)* befand; es ist auch möglich, daß der Name den gleichen Ursprung hat wie Vicus Unguentarius, Vicus Vitrarius, Vicus Sandaliarius (s. S. 64) und die Straße darum Vicus Iugarius hieß, weil sich in ihr viele Läden befanden, in denen Joche hergestellt wurden.

[2] Der Vicus Tuscus, kurz und schmal, verlief zwischen der Basilica Iulia und dem Tempel des Castor; es war eine jener engen Straßen im antiken Stadtinnern, in der sich Läden und Leute jedweder Art befanden (PLAUTUS, *Curc.*, 482: *In Tusco vico ibi sunt homines qui ipsi sese venditant;* vgl. HORAZ, *Sat.*, ii, 3, 228). Der Name wird von den einzelnen Autoren verschieden erklärt, jedoch stets in bezug auf die etruskische Einwanderung in Rom.

[3] Die Bezeichnung Via Sacra ist wohl auf die Sanktuarien zurückzuführen, die sich längs dieser Straße befanden und zu den am meisten verehrten Roms gehörten: der Vesta-Tempel (auf dem Forum), der Larentempel in der Nähe des Platzes, wo später der Triumphbogen des Titus errichtet wurde, und der Tempel der Di Penates auf der Velia.

[4] Die Velia war eine Erhebung zwischen den Carinae, einem Ausläufer des Esquilins, und dem Palatin; dort erhob sich der Tempel der Di Penates Roms, der von Augustus wiederaufgebaut wurde *(Mon. Ancyr.*, iv, 9: *Aedem Larum in Summa Sacra Via, aedem deum Penatium in Velia ... feci).*

Kaiserforen außerhalb seiner ursprünglichen Grenzen auszudehnen begann (Abb. 5). Das Forum Iulium (von Caesar begonnen und von Augustus zu Ende geführt) einschließlich des Tempels der Venus Genetrix und des Forum Augusti mit dem Mars-Tempel zog sich nach dem freien Gelände zwischen Capitol- und Quirinalhügel hin.

Östlich des Forum Augusti erbaute Vespasian einen Tempel, der später den Namen Forum Vespasiani erhielt. Auf dem zwischen den Foren Caesars und Augustus' verbleibenden Zwischenraum führte Nerva den von Domitian begonnenen Bau zu Ende, der dann den Namen Forum Nervae erhielt; da dieses Forum dem Durchgangsverkehr diente, wurde es auch als Forum Transitorium bezeichnet. Traian erweiterte die Enge zwischen dem Capitol und dem Quirinal[1], setzte den Bau des Forum Augusti mit dem Forum Traiani und der Basilica Ulpia fort und errichtete die hohe, mit historischen Reliefs geschmückte Säule.

6. Das Zentrum Roms war nicht auf das Forum beschränkt; dies war nur das «Zentrum des Zentrums», der Tummelplatz des größten Teiles der Bevölkerung, die sich hier bis zur Mittagsstunde aufhielt. Im Lebensrhythmus bestand ein großer Unterschied zwischen dem Vor- und Nachmittag. Das Leben auf dem Forum erreichte seinen Höhepunkt zur fünften Stunde[2], ungefähr elf Uhr vormittags nach unserer Zeitrechnung; er dehnte sich jedoch bis zur sechsten und siebenten Stunde aus. Von Sonnenaufgang bis zur zehnten Stunde war der Verkehr von Fahrzeugen untersagt; im Stadtzentrum bewegten sich nur Fußgänger und Sänftenträger, aber die Menschenmenge war außerordentlich groß.

Während dieser Stunden zirkulierte dort ein großer Teil der Bevölkerung Roms; in den Amtsräumen wurden Staatsgeschäfte erledigt, und an andern Orten, wie in der Basilika neben der Marsyas-Statue[3], kamen die Leute der

---

[1] CIL, VI, 960.

[2] MARTIAL, iv, 8, 3/4. *In quintam varios extendit Roma labores,*
Sexta quies lassis, septima finis erit.
Über die Art, wie die Römer die Tagesstunden einteilten, s. S. 106.

[3] HORAZ, Sat., i, 6, 120/121: *Obeundus Marsya, qui se vultum ferre negat Noviorum posse minoris* (vgl. PORPHYRIUS: *Duo Novii fratres illo tempore fuerunt, quorum minor tumultuosus fenerator fuisse traditur*). Die sogenannte Marsyas-Statue (in Wirklichkeit ein dickbäuchiger Silen mit einem Schlauch, der aus einer griechischen Stadt stammte, wo er ursprünglich einen Brunnen geziert hatte) befand sich in der Nähe des Tribunals des Praetors, gegenüber den Tabernae Argentariae des Forums, und war der Treffpunkt der schlimmsten Wucherer Roms. Sie ist dargestellt (unter einem Feigenbaum) auf den zwei *plutei* des Forums, nahe den Rostra (s. S. 28).

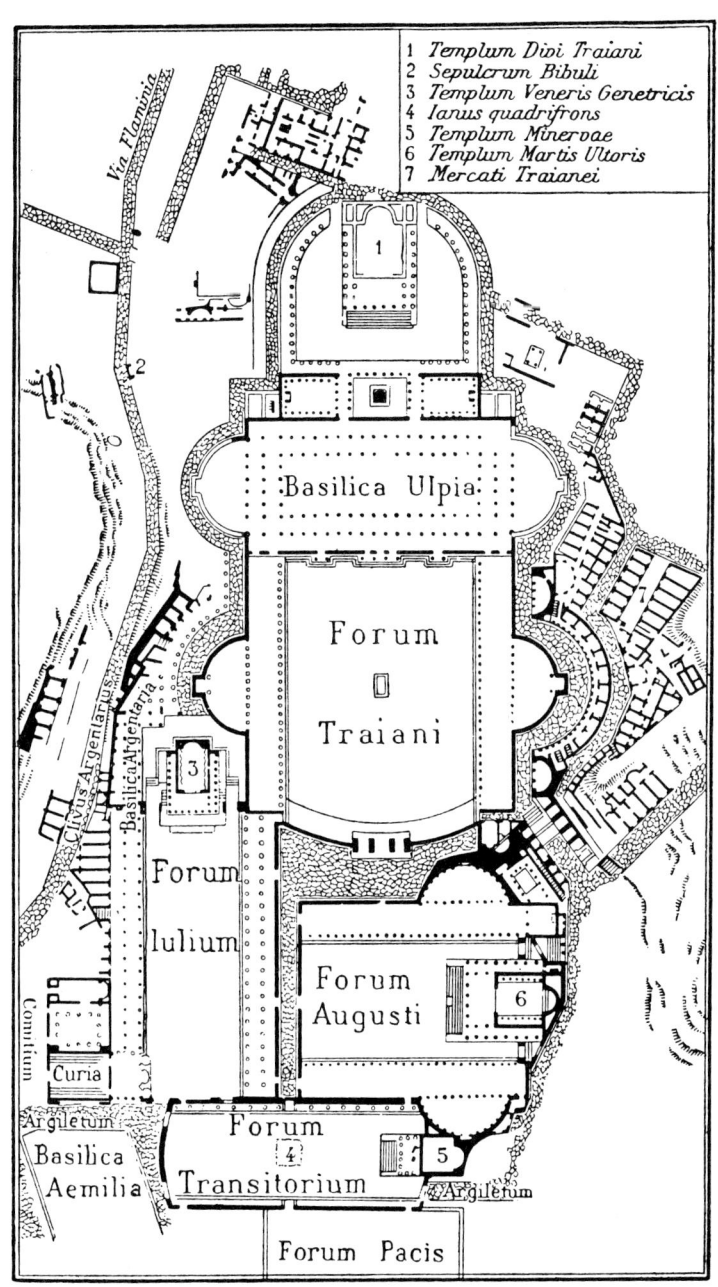

Abb. 5. Die Kaiserforen.

Hochfinanz zusammen und betreiben dort ihre dunklen Geschäfte und betrügerischen Machenschaften. In dieser Gegend befanden sich auch die Geldwechsler: sie warteten auf die Kundschaft (Taf. LXIII, 1) und ließen unterdessen die großen Haufen ihrer Münzen klingend über den Tisch rollen[1], damit alles hörte, daß sie da waren und zu jeder Art von Geldgeschäft bereit. Aus der Gegend des Castor- und Vesta-Tempels in der Nähe des Puteal Libonis[2], wo das Tribunal des Praetors stand, hörte man schon von weitem das Lärmen der Menge und das Stimmengewirr der Advokaten, die sich ereiferten, um ihre Klienten zu verteidigen. Ab und zu vernahm man das Geschrei und Gezänk der sich streitenden Parteien als Vorspiel zu den Gerichtsverhandlungen (s. S. 224). Wenn ein vornehmer Mann gestorben war, wurde er in prächtigem Trauergeleit langsam über das Forum geführt (Taf. II); die Anweisungen der Zugordner, das Murmeln der Menge, die sich neugierig zusammendrängte, das Weinen der Angehörigen, das Klagen der *praeficae* und der Schall der Hörner[3] machten einen derartigen Lärm, daß Seneca sagt[4], selbst der Tote hätte ihn vernehmen können. Horaz bezeichnete die Leichenbegängnisse als die lautesten Veranstaltungen Roms[5]; seit den Anfängen der Republik versuchten die Gesetze dem Schreien der Weiber Einhalt zu gebieten. Die Zwölf Tafeln verordneten: *mulieres genas ne radunto, neve lessum funeris ergo habento*[6], «daß die Frauen bei den Trauerzügen sich nicht die Wangen zerkratzten und schrien». Trotz allem fuhren sie aber fort, sich zu kratzen und zu schreien[7].

Das ständige Wachsen des Kaiserreichs brachte es mit sich, daß das Gedränge auf dem Forum zu bestimmten Stunden immer dichter wurde. Hier spielte sich am Vormittag auf eng zusammengedrängtem Raume das viel-

---

[1] MARTIAL, xii, 57, 7/8: *Hinc otiosus sordidam quatit mensam
Neroniana nummularius massa.*

[2] Die durch Blitz getroffenen Stellen wurden für heilig gehalten und mit einer Steinbegrenzung *(puteal)* umgeben. Außer dem Puteal Libonis, dem bekanntesten (HORAZ, *Epist.*, i, 19, 8), das auch als Scribonianum (FESTUS, S. 333 M.) oder einfach Puteal (CICERO, *Pro Sest.*, 8, 18; HORAZ, *Sat.*, ii, 6, 35; PERSIUS, 4, 49) bezeichnet wurde, befand sich auf dem Forum auch das Puteal Iuturnae, das zu einem Brunnen des Fons Iuturnae unweit des ersteren gestaltet war (östlich des Castor-Tempels), sowie das Puteal des Comitiums in der Nähe der Statue des Attus Navius und des heiligen Feigenbaumes (DIONYS VON HALIKARNASS, iii, 71, 5).

[3] PERSIUS, 3, 103.

[4] SENECA, *Ludus*, 12, 1: *Tibicinum, cornicinum, omnis generis aeneatorum tanta turba, tantus concentus, ut etiam Claudius* (der Kaiser, dessen Funeralien man beging) *audire posset.*

[5] HORAZ, *Sat.*, i, 6, 42/43; *Epist.*, ii, 2, 74.

[6] BRUNS, X, 4 = CICERO, *De leg.*, ii, 25, 64.   [7] OVID, *Fasti*, vi, 148; PETRONIUS, 3.

seitigste, kontrastreichste Leben Roms ab. In anderen Teilen der Stadt trat dies weniger in Erscheinung, vielmehr hatte jeder Stadtteil seine besondere Physiognomie, je nach der Art der Menschen, die dort wohnten oder tätig waren; es gab die Straßen der Reichen und der Armen, die prunkhaften Viertel und die schmutzigen Winkel. Die vornehmen Leute trafen sich in der Nähe des Diana-Tempels[1] auf dem Aventin, dem bevorzugten Ziel für die Spaziergänge der Römer, oder in der Nähe der Saepta (s. S. 37) auf dem Marsfeld, wo sich die Luxusgeschäfte befanden, aber nicht im Velabrum (s. S. 41) oder in der Subura (s. S. 36f.). Torbögen, Sackgassen[2] und die Winkelgassen unterhalb der Mauern (s. S. 58) waren überall verrufen und unsicher. Die elegante Halbwelt gab sich in der Nähe des Isis- und Serapistempels ihr Stelldichein[3]; auf den Ladeplätzen am Tiber werkten Hafenarbeiter und Träger, so daß dort ein rauher Ton vorherrschte[4]; und überall gab es gewinnsüchtige Leute, die ihr Geld gut anzulegen wußten; an den Toren warteten die Kutscher auf Kundschaft, und auf den Brücken[5] und ansteigenden Straßen[6] standen Bettler, die auf die Gutmütigkeit ihrer Mitmenschen spekulierten. Das antike Rom zeigte das gleiche Bild wie unsere modernen Großstädte, wo auch oft von einer Straße zur anderen das Stadtbild einen gänzlich verschiedenen Charakter zeigt. In den Nachmittagsstunden drängte dann ganz Rom zum Forum. An dieser Völkerschar zeigte sich Roms Mannigfaltigkeit von Gesichtern.

Jeder Stand, jede Nationalität, jedes Interesse und jeder Ehrgeiz hatte hier seine Vertreter. Es genügte ein Blick auf das Forum, um zu begreifen, wie groß und verschieden die Bevölkerung Roms war. Zwischen Magistratsbeamten und einflußreichen Bürgern in der Toga, zwischen Klienten der großen Herren, gleichfalls mit der Toga bekleidet, sah man in der Menge, die sich um das Tribunal des Praetors drängte, auch Männer des Volkes in Tunica[7], Sklaven mit kahlgeschorenem Kopf und Orientalen griechischer Sprache, die sich überall ein wenig zu schaffen machten.

Die Orientalen waren für viele ein Stein des Anstoßes: Durch ihre Schlauheit, Klatschsucht und Geschäftigkeit wußten sie sich unentbehrlich zu machen; niemand sah sie gern, aber keiner konnte auf ihre Dienste verzichten. «Diese Stadt ist mir unerträglich geworden», sagt Iuvenal[8]. «Schon seit län-

---

[1] MARTIAL, vii, 73, 1; xii, 18, 3.   [2] CATULL, 58, 4/5; PROPERZ, iv, 7, 19/20.
[3] CATULL, 10, 26; PROPERZ, ii, 33; OVID, Amores, ii, 2, 25.   [4] MARTIAL, iv, 64, 21 ff.
[5] IUVENAL, 4, 116: *Caecus adulator dirusque, a ponte satelles.*
[6] Ibid., 117: *Dignus Aricinos qui mendicaret ad axes.*
[7] s. S. 123 f.; vgl. HORAZ, Epist., i, 7, 65.   [8] 3, 60 ff.

gerer Zeit hat sich der Orontes in den Tiber ergossen und hat die Sprache und die Gebräuche jener Leute mit sich gebracht; auch Flötenspieler, Zithern mit schräg liegenden Saiten, Pauken, ihre Nationalinstrumente, sowie recht aufgeweckte Mädchen. Diese Griechen! Sie kommen aus allen Gegenden: von Andros und Samos, von Tralles und Alabanda; kaum eingetroffen, begeben sie sich zum Esquilin und Quirinal, um in kürzester Zeit die Seele vornehmster Familien zu werden und sie zu beherrschen. Sie sind schlagfertig, maßlos unverschämt und führen ein leichtes Mundwerk. Kannst du mir wohl sagen, wer diese Leute sind? Sie sind alles, was du nur willst: Literaten und Redner, Geometer, Maler, Masseure und Wahrsager, Seiltänzer, Ärzte und Zauberer. Dieses verhungerte Griechenvolk versteht sich auf alles. Sag ihnen, sie sollen in den Himmel steigen, und sie werden es tun.» Zu den Hauptzeiten des Verkehrs liefen die Orientalen jedermann in die Quere, bereit, jedweden Dienst zu leisten.

Ab und zu kam ein kleiner, sich recht anmaßend gebärdender Zug vorüber; ausgestreckt in ihrer Sänfte ließen sich die großen Herren von orientalischen[1], germanischen[2] oder dalmatinischen[3] Sklaven von stattlichem Körperwuchs[4] und in prunkvollen Gewändern über das Forum tragen, gefolgt von einem Schwarm von Klienten in der Toga[5]. Viele kehrten in herausfordernder Weise die Überlegenheit der Reichen hervor, nahmen nachlässige Haltung an[6], lehnten ihren Arm heraus, um ihre Ringe zu zeigen[7], führten seltene und kostbare Tiere mit sich, so zum Beispiel Paviane[8]; manch einer las, schrieb oder schlief[9]. Die Menge trat respektvoll zurück und ließ den glanzvollen Zug passieren. Zuweilen schritt feierlich ein Vater vorüber, der, wie es der Brauch wollte, seinen Sohn, welcher an diesem Tage mit der Toga bekleidet worden war, zum ersten Male offiziell auf das Forum führte[10].

Es gab um diese Tageszeit Leute, die nicht aus noch ein wußten vor Arbeit[11], andere, die müßig die Nase in die Luft steckten; und man traf dort ernsthafte Leute und Schwätzer; aber auch Pärchen, die sich schon einig

---

[1] MARTIAL, vi, 77, 4; ix, 2, 11; 22, 9.
[2] IUVENAL, 7, 132; 9, 143; TERTULLIAN, Ad uxores, i, 6.
[3] IUVENAL, 3, 240.   [4] CATULL, 10, 14 ff.   [5] MARTIAL, ii, 57, 5; ix, 22, 10.
[6] IUVENAL, 1, 32/33 und 65/66.
[7] s. S. 129; über die Art, wie man mit den Ringen prahlte, vgl. IUVENAL, 1, 28.
[8] CICERO, Ad Att., vi, 1, 25; Cicero spricht hier von einem gewissen Vedius, den er in der Provinz getroffen hat; ähnliche Prahlereien mochten aber auch in Rom üblich sein.
[9] IUVENAL, 3, 241/242.   [10] SENECA, Epist., 4, 2.
[11] CICERO, Ad Qu. fr., iii, 1, 3, 7: Romae respirandi non est locus.

waren, und andere, bei denen die Liebe eben erst keimte. «Wer hätte dies wohl geglaubt?» sagt Ovid; aber man kann es sich leicht vorstellen[1]:

> *Et fora conveniunt, quis credere possit? Amori,*
> *Flammaque in arguto saepe reperta foro.*

Nicht immer hatten die Sänften, die die Matronen trugen, die Vorhänge herabgelassen, wie dies Anstand und strenge Sitte vorschrieben[2]. Wer will es aber einer jungen und schönen Frau – auch wenn sie sich diese Vorzüge nur einbildet – verbieten, neugierig zu sein oder ihre Reize zur Schau zu stellen?

Auf dem Forum trieb sich aber auch allerhand zweifelhaftes Volk herum: all jene Parasiten, die in den großen Städten auf Kosten der Reichen leben und die Horaz in zwei Versen so treffend gekennzeichnet hat[3]:

> *Ambubaiarum collegia, pharmacopolae,*
> *Mendici, mimae, balatrones –*

«Der Flötenspielerinnen saubere Zunft, Quacksalber, Bettelpriester, Mimen, Possenreißer.»

Gegen zwei Uhr (die achte Stunde) war die Tätigkeit der Ämter beendet[4]. Dann stürmte eine Schar von Müßiggängern auf das Forum und erging sich stundenlang zwischen den schönen Bauwerken, um sich an ihnen zu erfreuen und sich auf diese Weise die Zeit zu vertreiben. Das Forum war nicht wiederzuerkennen, ja nahm fast Provinzcharakter an; manch einem gefiel es aber gerade darum. Horaz zum Beispiel ging das geschäftige Treiben am Vormittag derart auf die Nerven, daß er erst gegen Abend seinen Spaziergang machte; hie und da blieb er stehen, um neugierig den Wahrsagerinnen zuzuhören, die den Leichtgläubigen die Zukunft weissagten[5]. Es gab nichts, was seinen Appetit besser förderte.

7. Wir haben erzählt, daß der Markt infolge der Vergrößerung des Forums verlegt werden mußte. Vom Forum vertrieben, suchte sich das Geschäftsleben andere Zentren, aber im allgemeinen nistete es sich in unmittelbarer Nähe ein, indem es sich in zwei entgegengesetzten Richtungen verteilte: auf der einen Seite nach dem Tiber, auf der anderen bis an die Hänge des Esquilins. In der Nähe des Tibers nahm das Marktleben gewaltigen Umfang an; der Vicus Tuscus, von dem Horaz uns berichtet, daß dort Gewürze und Pfeffer verkauft wurden[6], und der Vicus Iugarius (s. S. 29) mün-

---

[1] *Ars am.*, i, 79/80.   [2] SENECA, *De benef.*, i, 9.   [3] *Sat.*, i, 2, 1/2.
[4] HORAZ, *Epist.*, i, 7, 46 ff.; MARTIAL, iv, 8, 4.   [5] HORAZ, *Sat.*, i, 6, 113/114.
[6] *Ibid.*, *Epist.*, ii, 1, 269/270.

deten in die Region des Velabrums; diese zog sich in der Ebene gen Süden bis über den Aventin hinaus, wo sich das größte Geschäftsviertel Roms entwickelte (s. S. 40ff.). Auf der entgegengesetzten Seite ging das Argiletum, die Straße der Buchhändler und Schuster (s. S. 64), in das volkreiche Viertel der Subura über – der stinkenden und lärmenden Subura[1], in der ständig ein reges Leben und Treiben herrschte[2] und wo das niedere Volk und die Sklaven, die für die Vorräte zu sorgen hatten, ihre Einkäufe tätigten[3]. An den von Menschen wimmelnden Straßen lagen die Läden der Barbiere und Schuster, Wollhändler und Leinenweber, Schmiede[4] und Friseure, die Perücken anfertigten, aber auch verschiedene andere Gewerbe ausübten[5]. In diesem Durcheinander war alles für alle zu finden. Es war ein Stadtteil für Arbeiter und Lieferanten: arbeitsam, aber mit einem pöbelhaften Anstrich. Besonders im Zentrum des Viertels *(media Subura)* gab es auch allerhand zweifelhafte Existenzen. Das kleine Volk fand hier Eier und Hühner, Kohl und Rüben zu mäßigen Preisen, konnte sich hier für wenig Geld den Bart stutzen oder die Schuhe flicken lassen; hier kam es aber oft auch zu Raufereien zwischen jungen Burschen[6]; dabei herrschte ein derart rüder Ton und man konnte so unerfreuliche Szenen erleben, daß man besser daran tat, die Gegend zu meiden. Man hielt es für ratsam, die Jünglinge nicht dorthin zu schicken, bevor sie mit der Toga bekleidet waren[7]. Doch handelte es sich nicht um ein rein plebejisches Elendsviertel; denn wie in unsern modernen Städten in den volkreichen Stadtteilen schöne Häuser und Kirchen stehen, so fand man auch in der Subura Sanktuarien und herrschaftliche Wohnungen. Absolute Gleichförmigkeit kann in einem großen Stadtteil zwar künstlich erreicht werden – wie wir dies leider Gottes in einigen modernen Städten vorfinden –, aber es wird niemals die spontane und geschichtlich bedingte Bauweise einer Stadt sein.

Caesar bewohnte, bis er zum Pontifex Maximus[8] erwählt wurde, ein bescheidenes Haus in der Subura. Im vorderen Teil der Subura öffnete das rei-

---

[1] MARTIAL, xii, 18, 2: *Clamosa ... in Subura.*

[2] IUVENAL, 11, 51: *Esquilias a ferventi migrare Subura.*   [3] MARTIAL, vii, 31; x, 94.

[4] CIL, VI, 9284: *crepidarius de Subura;* 9399: *ferrarius de Subura;* 9491: *lanarius de Subura;* 9526: *in Subura maiore ... lintearius* usw.

[5] MARTIAL, ix, 38, 1; ii, 17.

[6] T. LIVIUS, iii, 13, 2: *Se ... in iuventutem grassantem in Subura incidisse; ibi rixam natam esse fratremque suum ... pugno ictum ... cecidisse; semianimem inter manus domum ablatum.*

[7] PERSIUS, 5, 30ff.

[8] SUETON, *Divus Iulius*, 46: *Habitavit primo in Subura modicis aedibus; post autem pontificatum maximum in Sacra via domo publica.*

che Haus des L. Arruntius Stella[1] – einer berühmten Persönlichkeit zur Zeit der Flavier, eines fein gebildeten Mannes, Dichters und Consuls im Jahre 101 n. Chr. – seine gastlichen Tore. Trotz allem war es nicht ratsam, sich in gewisse schmutzige und finstere Winkel hineinzuwagen, wo man leicht an verdächtige Gestalten geraten konnte und wo aus niederen Fenstern[2] liederliche Frauenzimmer den Vorübergehenden durch Zeichen anzulocken versuchten:

Famae non nimium bonae puellam
Quales in media sedent Subura[3],

sagt Martial. Die Frauen dieser Gegend waren weder Beispiele guter Erziehung noch Spiegelbilder der Tugend.

Die vornehmen Geschäfte befanden sich in einer ganz anderen Gegend; unweit des Forums, in einer ein wenig außerhalb liegenden, luftigen Umgebung, am vorderen Marsfelde in der Nähe der Saepta[4]. Zur Kaiserzeit wurde die Gegend um die Saepta der Treffpunkt der reichen Leute, denen es nicht auf die Höhe des Preises ankam, und der eleganten Welt, die dort promenierte, um gesehen zu werden[5]. Es war der geeignete Ort, um kostbarste Nippsachen, teure Stoffe und Luxussklaven zu kaufen[6].

8. Die Senke, die, nur unterbrochen von den bescheidenen Erhebungen der Velia, die Ebene des Forums zu Füßen des Palatins und im vorderen Teil zwischen Esquilin und Caelius, gegen Süden zwischen Caelius und Palatin fortsetzte, war die Zone, in der die monumentale Pracht Roms ihren stärksten Ausdruck fand. Hier erhoben sich die Domus Aurea (s. S. 46) und der Colossus (s. S. 178); ferner das flavische Amphitheater, der Titusbogen, die Thermen des Traian[7], das Templum Urbis und der Konstantinsbogen.

Das Templum Urbis et Veneris ist der großartigste und reichste Tempel Roms. Er wurde auf einem sehr weiten Gelände (110 × 53 m) an der Stelle errichtet, an der früher das Atrium der Domus Aurea gestanden war. Wie

---

[1] MARTIAL, xii, 3, 9/12. [2] Ibid., xi, 61, 3/4. [3] Ibid., vi, 66, 1/2.

[4] Die Saepta Iulia waren von Caesar begonnen und von Agrippa beendet worden und dienten der Abhaltung von Volksversammlungen; unter den Arkaden der benachbarten Gebäude waren die kostbarsten Waren ausgestellt. Vgl. MARTIAL, x, 80, 4: *Tota miser coëmat Saepta feratque domum*, um zu sagen, «er kaufe alles, was es an feinsten Sachen gibt», entsprechend dem Wort des HORAZ, Sat., ii, 3, 229/30; auf Seite 41, Anm. 4 angeführt.

[5] MARTIAL, ii, 57; ix, 59. [6] Ibid., ix, 59, 3/6; x, 80, 3/4.

[7] Von den imposanten Ruinen, die noch im sechzehnten Jahrhundert zu sehen waren (Taf. CXIX), sind heute nur wenige Spuren übrig.

Cassius Dion[1] berichtet, entwarf Hadrian selbst den Bauplan. Er wollte etwas Neues, Prächtiges schaffen, etwas, was alle in Erstaunen setzen sollte; er geizte daher auch nicht mit den Mitteln. Der Fußboden schimmerte von seltenem und kostbarem Marmor; hundertfünfzig Säulen aus Granit trugen die Arkaden, die den Tempel umgaben; weitere große Säulen schmückten die beiden Atrien, durch die man von Osten und Westen in den Doppeltempel eintrat; vergoldete Bronzeziegel deckten das Dach. Es war der Tempel Roms und seiner Schutzgöttin, die mit ihrer Liebe Rom auf seinem Weg zum Imperium geführt hatte. Hadrian wollte etwas Grandioses schaffen und alles andere in den Schatten stellen: ein Flammenzeichen, ein Denkmal von Roms nie verlöschendem Ruhm. Gewaltige Vorbereitungen wurden getroffen, um das Gelände freizulegen. Dem Architekten Decrianus[2] gelang es, den Colossus abzutragen und an anderer Stelle neu aufzurichten; vierundzwanzig Elefanten transportierten den riesigen Block in vertikaler Lage, ohne daß er den Erdboden berührte: ein Wunder der Ingenieurskunst. Hadrian, der diesen Tempel geplant und gewollt hatte, sah ihn als sein Werk an. Den Fachleuten bot er freilich vom Technischen aus Anlaß zur Kritik. Die Statuen der Venus und der Roma waren nämlich in ihren riesigen Ausmaßen der Größe des Bauwerkes keineswegs angepaßt. Apollodoros, der größte Baumeister seiner Zeit, hatte die Kühnheit, auf die Mängel des dilettantischen Projektes hinzuweisen. Nach seiner Bemerkung hätten die beiden sitzenden Göttinnen, wenn sie sich aufgerichtet hätten, das Dach zertrümmert und unmöglich durch die Tür schreiten können. Er hatte recht damit; doch mußte er sein offenes Urteil mit dem Leben bezahlen. Es ist heikel und gefährlich, an einem Machthaber Kritik zu üben, der sich auf seine Kunst etwas einbildet.

Die Mängel der architektonischen Grundsätze konnten die Ausführung nicht verhindern; im Kampf mit den Jahrhunderten war das Templum Urbis aber nicht vom Glück begleitet. Im Jahre 307 durch Feuer zerstört, wurde es von Maxentius wieder aufgebaut. Später verfiel es; seine Pracht forderte zum Plündern heraus. Der kostbare Marmor des Fußbodenbelages wurde verstreut, und nur wenig blieb übrig; die vergoldeten Dachziegel wurden verwendet, um die Basilika von St. Peter neu zu decken; Säulenstümpfe, die erst vor kurzem freigelegt und gehoben wurden, sind die einzigen Zeugen der gewaltigen Säulengänge. Von den beiden Apsiden ist die eine zum großen Teil zusammengestürzt, während die andere dem Mauerwerk der Kirche Santa Francesca Romana einverleibt worden ist. Trotz allem können

---

[1] ixix, 4. [2] AELIUS SPARTIANUS, *Hadr.*, 19, 12.

wir uns auf Grund von einigen Reliefs und an Hand von Münzen Hadrians und des Antoninus Pius, die den Tempel darstellen, ungefähr einen Begriff von der Gestalt des Baues machen (Taf. III, 7).

Nach dieser Gegend, die mit den Foren, dem Palatin und dem Capitol die prächtigste Zone des kaiserlichen Rom bildete, war das Marsfeld – Campus Martius – (s. S. 50) am reichsten mit monumentalen Bauwerken geziert. In den letzten Jahrhunderten des Imperiums wurden auch in den Außenbezirken Roms gewaltige Bauten ausgeführt, so die Thermen des Caracalla in der Region I (Abb. 6) und die Thermen des Diocletian in der Region VI.

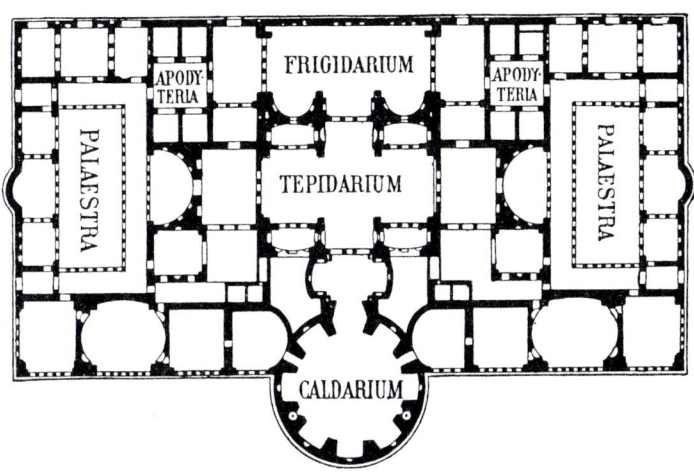

Abb. 6. Grundriß der Caracalla-Thermen.

9. Zum Zentrum Roms gehörte auch die Region des Circus Maximus in der Vallis Murcia zwischen Palatin und Aventin. Sie bildete den Versammlungsplatz der Plebejer in der Zeit der Kämpfe mit den Patriziern und war zu allen Zeiten belebt. Auch sie hatte ihren baulichen Schmuck. Der Circus folgte in seiner langgestreckten Form den absteigenden Hängen des Palatins; in seiner Nähe erhoben sich öffentliche Gebäude und Tempel. Die Volksaedilen hatten hier ihren Sitz. Wenn diese Region auch zum zentralen Stadtteil gehörte, war sie doch nicht so belebt wie das Forum; man konnte hier das städtische Leben in vollen Zügen genießen, ohne jeden Augenblick von den Leuten gestoßen und geschoben zu werden.

Die Region des Circus Maximus grenzte im Süden an den Aventin. Für lange Zeit bildete der Aventin einen bewaldeten und wenig bewohnten Hügel[1], und ein sumpfiger Streifen trennte ihn vom übrigen Rom[2]. Diese Gegend war ein wichtiger Stützpunkt der servianischen Mauern, aber bis zu den Zeiten des Claudius blieb sie außerhalb des Pomeriums[3]. Während der Sezession der Plebejer und der Unruhen der Gracchen wurde sie zum vorübergehenden Sitz der Rebellen. Das städtische Leben des Forums griff bald auch auf das angrenzende Gebiet des Circus Maximus über; lange Zeit hindurch machte es dort halt, und als es später die Gegend des Aventins einbezog, wurde vor allem die nördliche, zum Circus Maximus gerichtete Seite betroffen, wo schon seit den letzten Jahrzehnten des dritten Jahrhunderts v. Chr.[4] der Clivus Publicius[5] gepflastert worden war. Später bevölkerte er sich, und zur Kaiserzeit scheint er einer der meistbewohnten Hügel der Stadt gewesen zu sein. Viele Anzeichen lassen darauf schließen, daß die Nordseite einen ganz anderen Charakter als die Südseite und der innere Teil hatte. Die Nordseite öffnete sich gegen das Zentrum Roms; der Clivus Publicius, der zum Tempel der Diana führte, war in der Kaiserzeit eine der elegantesten Promenaden, wo sich zahlreiche herrschaftliche Häuser aneinanderreihten[6]. Der Südteil, der durch die servianische Mauer abgeschlossen wurde und mit dem Geschäftsviertel Roms in Verbindung stand, in das vom Aventin aus drei Tore hineinführten, muß ein volkstümliches Wohn- und Geschäftsviertel gewesen sein (s. S. 54).

10. Ganz besonders charakteristisch in ihrer baulichen Struktur und Lebensweise war die Ebene, die sich vom Forum direkt zum Tiber hinzog. Wenn wir bereits berichteten, daß der Kleinhandel sein Zentrum vorwiegend in den Verlängerungen der Forumstraßen hatte (Via Sacra, Vicus Tuscus, Vicus Iugarius) und auf der anderen Seite im Argiletum und in der Subura, so wurde in dieser an den Tiber grenzenden Zone der Großhandel betrieben. Man baute hier die ersten Flußhafenanlagen der Stadt. Von Ostia, dem Seehafen Roms, wo die Waren aus aller Herren Länder eintrafen, wurden sie, auf kleinere Schiffe umgeladen (Taf. I), den Tiber hinauf zur Stadt gebracht. Hier wurden die Güter von den raffinierten Bedürfnissen und dem täglichen

---

[1] Dionys von Halikarnass, iii, 43, 1; x, 31, 2.
[2] Varro, De l. L., v, 43: *Olim paludibus mons erat ab reliquis disclusus.*
[3] Aulus Gellius, xiii, 14, 7.   [4] Varro, De l. L., v, 158.
[5] Ovid, Fasti, v, 293/94:   qui tunc erat ardua rupes;
                                 Utile nunc iter est, Publiciumque vocant.
[6] Martial, vi, 64, 13; x, 56, 1/2.

Appetit einer zahlreichen Bevölkerung und der noch größeren Geldgier eines Heeres von Händlern und Geschäftsleuten erwartet. Hier auch befanden sich die großen Salzlager *(salinae)*, die großen Märkte des Velabrums (Großmarkt), des Forum Boarium (Fleischmarkt) und des Forum Holitorium (Gemüsemarkt); das Forum Cuppedinis oder der Luxuswaren wird von den Schriftstellern als Wonne aller Feinschmecker bezeichnet. Im Velabrum waren riesige Mengen von Öl[1], Lebensmitteln, Wein[2] und Käse[3] aufgespeichert.

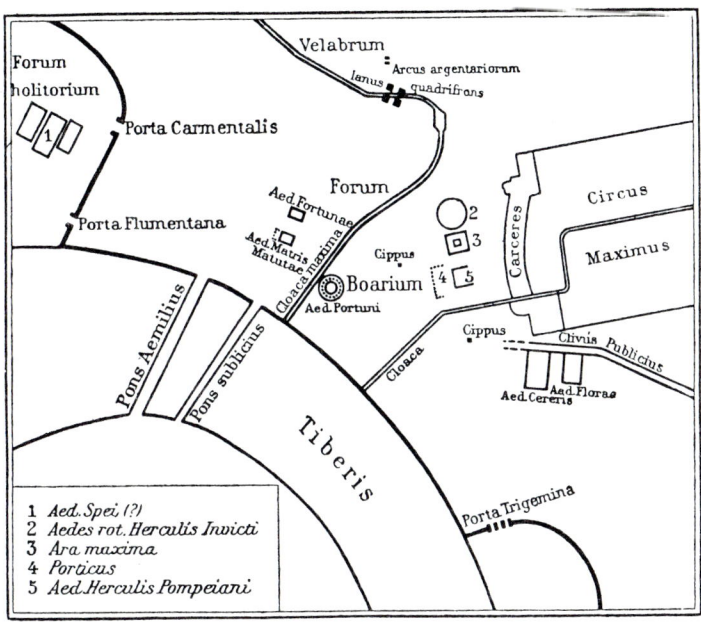

Abb. 7. Die Zone der großen Märkte.

Das Velabrum ist für Horaz[4] «der Magen Roms», so wie «les Halles» der «Bauch von Paris» sind. Der anhaltende rege Warenverkehr löste einen großen Geldumlauf aus, der Gelegenheit zu den kühnsten finanziellen Spekulationen bot. Zu Zeiten Konstantins wurde als Symbol und Sitz aller Geldgeschäfte der Ianusbogen oder *quadrifrons* erbaut, der Treffpunkt aller Händler und Bankiers; mit einem modernen Wort ausgedrückt: die Börse Roms.

[1] PLAUTUS, Capt., 480. [2] CIL, VI, 9671: *negotiator penoris et vinorum de Velabro*.
[3] MARTIAL, xi, 52, 10; xiii, 32.
[4] HORAZ, Sat., ii, 3, 229/30: *Cum Velabro omne macellum mane domum veniant*.

Während der Kaiserzeit vergrößerte sich dieser Stadtteil immer mehr, bis er außer der engen Zone zwischen den Westhängen des Aventins und dem Fluß auch die weite Ebene südlich des Aventins bedeckte, wo die bedeutendsten Hafenanlagen am Tiber und ausgedehnte Lagerhäuser für Getreide *(horrea)*, Öl, Wein, *garum*[1] usw. angelegt wurden. Im Emporium häuften sich die Waren aller Art, die übers Meer gekommen waren. Aus dem Abladeplatz für Scherben zerbrochener Krüge bildete sich nach und nach ein Hügel, der Mons Testaceus, so wie heute in Belgien, in der Nähe von Charleroi, und im holländischen Limburg aus den Schlacken der Eisenhütten hohe schwarze Hügel entstanden sind.

11. Palatin und Capitol beherrschten von ihren Höhen aus das Zentrum Roms, so wie sie noch heute mit ihren grandiosen Ruinen die Ebene des Forums beherrschen. Der Besucher des Forums oder des Circus Maximus, der seinen Blick nach dem Palatin richtet, bemerkt eine übereinanderliegende Folge von Gewölben, Reste weitläufiger, prächtiger Bauten, starke Bogenreihen und unter den Bogen leere, finstere Gewölbe, die uns wie Augenhöhlen riesiger Totenschädel erscheinen (Taf. IV). Die Zeit hat diese Gebäude ihres Marmors entkleidet und nach dem Abbröckeln der Oberschicht die Grundmauern und Gerippe bloßgelegt. Was übrigbleibt, gehört der kaiserlichen Residenz der letzten Jahrhunderte an. Mehr als alle andern Hügel ist der Palatin in seinen verschiedenen Phasen der Geschichte Roms gefolgt; mit der wachsenden Größe des Imperiums ist er gewachsen und hat sein Gesicht des öftern gewechselt; was wir heute noch sehen, sind die gewaltigen Überreste der letzten Gestaltung. Mit dem äußeren Anblick wechselte nach und nach auch die Bedeutung: Aus dem ursprünglichen Zentrum Roms, der Roma Quadrata des Romulus, wurde der Sitz der Herrscher; der Name selbst paßte sich den Zeiten an; aus dem Palatinus wurde das Palatium der Kaiser. Die imposanten Mauern des Kaiserpalastes waren Zeugen, wie die Etikette am kaiserlichen Hofe im Laufe der Jahrhunderte immer komplizierter und strenger wurde; sie waren die stummen Zeugen aller Intrigen des Hofes, aller Verschwörungen, allen Prunkes und aller Knechterei, aller dunklen Familiendramen und politischen Taten, durch die Rom seine Geschichte mit Ruhm und Blut bedeckte.

Architektonisch gesehen, beginnt die Geschichte Roms auf dem Palatin und findet im Palatin ihre Krönung. In der *Aeneis*[2] stellt Vergil den Palatin in der Zeit vor Romulus als *rara domorum tecta*, den Sitz Evandrus', des Kö-

[1] s. S. 113 f. [2] viii, 89 ff.

nigs der Hirten, dar. Auf diesem Hügel entstand aus dem Hirtendorf in den von Romulus gezeichneten Mauern die Stadt. An den Ecken der Stadt, innerhalb der Grenzen des ursprünglichen Pomeriums[1], entstanden die ersten Sanktuarien, unter ihnen die Ara Maxima des Hercules. In die Mauern wurden die ersten Tore eingebaut; auf den Landstraßen, die vom Pomerium in die Ebene führten, verehrten die alten Römer das Lupercal, wo die Wölfin die Zwillinge genährt hatte, die Casa Romuli auf dem Cermalus, einer Erhebung des Palatins, das Tugurium Faustuli, die Hütte, in der Romulus und Remus ihre wilde Kindheit verbracht hatten. Auf dem Palatin entstanden die Curia Saliorum, der Tempel der Victoria, den die Legende auf die Zeit Evandrus' zurückführte, der Tempel der Magna Mater und in späteren Zeiten auch die Sanktuarien der verschiedenen Gottheiten: des Iupiter Propugnator, der Iuno Sospita, des Bacchus, der Kybele und Venus; und aus ältesten Zeiten die Sanktuarien des Mondes – Luna Noctiluca – und dann, mit Heliogabal, der Sonne; außerdem die der Treue (Fides), der Fortuna (Fortuna Respiciens), an die man sich um Beistand wandte, des Fiebers (Febris), zu dem man betete, damit es fern bleibe, und schließlich der Göttin Viriplaca[2], die man vorsorglich in Ehestreitigkeiten zu Rate zog. Die Überlieferung berichtet uns hierzu: Wenn zwischen Mann und Frau eine jener Streitigkeiten begann, bei denen jeder unbedingt recht behalten und es nicht zulassen will, daß der andere zu Wort kommt, und die Gemüter sich immer mehr ereiferten, dann begaben sich die beiden, bevor großer Streit und nicht enden wollende Verstimmung entstand, zum Tempelchen der Göttin, wo sie verpflichtet waren, einzeln zu sprechen; indem jeder mit Ruhe die eigenen Gründe vortrug, überzeugten sie sich gegenseitig, und auf diese Weise kehrte der häusliche Friede zurück.

Im Umkreis dieser Heiligtümer hatten viele römische Notabeln ihre Häuser. Der Palatin war zu Zeiten der Republik das Wohnviertel der Politiker;

---

[1] Das Pomerium war die heilige Linie, die die ideale Grenze der Stadt bezeichnete. Der Name (*pone* [= *post*] und *moerum*, «hinter der Mauer») bedeutet wörtlich die Respektzone zu beiden Seiten der Grenzmauer; die Geschichte des Pomeriums Roms ist unabhängig von der materiellen Geschichte der Erbauung der Stadt. Das älteste Pomerium lag außerhalb der Mauern der Roma Quadrata auf dem Palatin; später wurde die Zone erweitert, bezeichnete dann die Grenzen der Stadt der Vier Regionen (Abb. 2) und blieb bis zur Zeit Sullas unverändert (AULUS GELLIUS, xiii, 14, 4); demzufolge blieb der Aventin, der innerhalb der servianischen Mauer lag, für lange Zeit außerhalb des Pomeriums. Nach Sulla wurde das Pomerium noch von Caesar, Claudius, von den Flaviern (Vespasian und Titus) und Hadrian erweitert.

[2] VALERIUS MAXIMUS, ii, 1, 6.

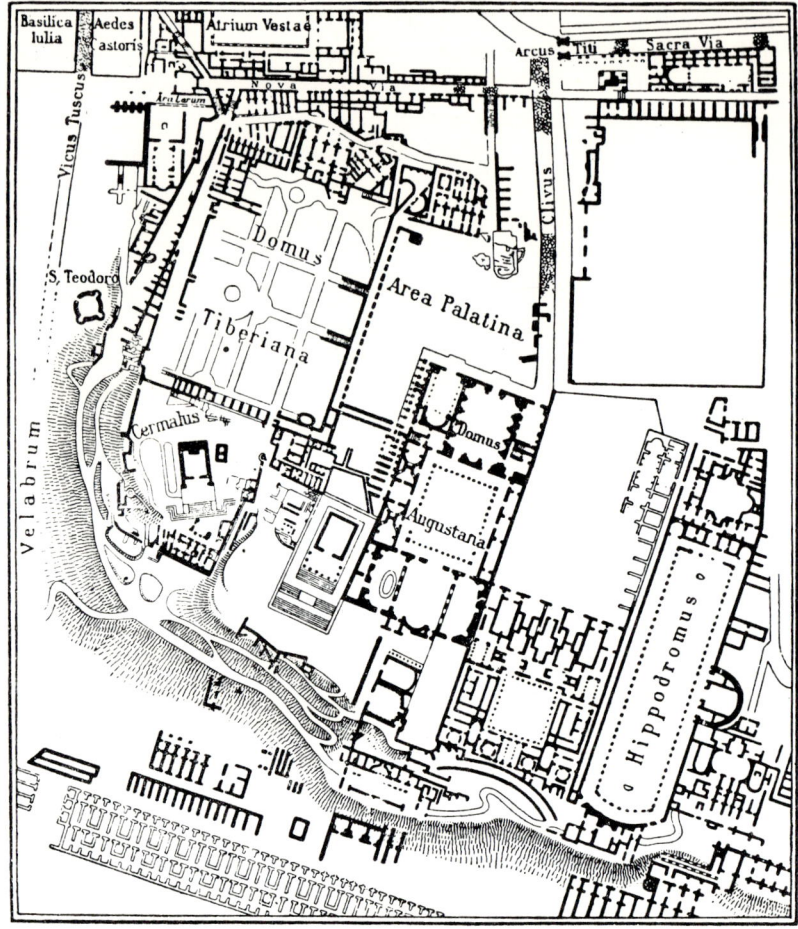

Abb. 8. Der Palatin.

wenn dann die Politik die Gemüter entflammte, wandte sich die entfesselte Volkswut gegen irgendeins dieser Häuser, demolierte es und steckte es in Brand. So wurde zum Beispiel das Haus eines Verräters, des M. Vitruvius Vaccus[1], im Jahre 331 v. Chr. und zu Zeiten der Gracchen das Haus des Fulvius Flaccus vernichtet[2]; ebenso Ciceros Haus während der durch Clodius

---

[1] CICERO, *De domo sua*, 38, 101; vgl. T. LIVIUS, viii, 19, 4 (331 v. Chr.): *Aedes fuere in Palatio eius, quae Vacci prata, diruto aedificio publicatoque solo, appellata.*

[2] CICERO, *ibid.*, 38, 102; diese Rede überliefert auch die anderen Angaben des Textes.

hervorgerufenen Unruhen. Cicero gelang es, sein Haus wieder instand zu setzen, obwohl dies nicht leicht war, denn auch nachdem ihm das Recht zuerkannt worden war, es wieder aufzubauen[1], mußte er gegen eine aufrührerische Menge ankämpfen, die die Arbeiten zu verhindern suchte, indem sie die Arbeiter bedrohte und Steine und brennende Fackeln in den Neubau warf[2]. Auf dem Gelände des Vaccus hingegen wuchs für Jahrhunderte nur Gras (Vacci Prata); auf der Flur des Fulvius Flaccus, die für einige Jahrzehnte leer gestanden hatte, wurde später von Q. Lutatius Catulus, dem Sieger über die Cimbern und erst Feind, dann Opfer der Volkspartei, eine Porticus erbaut. Aber auch die Porticus wurde vom Volke zerstört, das an dieser Stelle einen Tempel der Freiheit errichtete. Schließlich wurde auch dieser Tempel niedergerissen, da ein Beschluß des Senats den Wiederaufbau der Porticus des Catulus anordnete. Der Lauf der Dinge war immer schon der gleiche!

Auf dem Palatin wohnte der Redner Crassus, dessen Haus als das glänzendste Roms bezeichnet wurde; der Dichter und berühmte Advokat Licinius Calvus, ein Freund Catulls; der Redner Hortensius; Milo, der Mörder des Clodius; Cicero in dem oben erwähnten Haus des Crassus, neben ihm sein Bruder Quintus; ferner Marcus Antonius, der Triumvir, und zu Zeiten des Augustus Agrippa und Messala; noch heute steht das Haus des Tiberius Nero, des Gatten der Livia und Vaters von Kaiser Tiberius (Domus Liviae).

Auf dem Palatin wurde Augustus geboren, der nach der Schlacht von Actium wieder dorthin zog (Domus Augustana); auf dem Palatin wurde ihm später von Caligula ein Tempel errichtet (Abb. 48). Der Hügel der großen Römer aus der republikanischen Zeit wurde zum Sitz der Herrscher; in dem einfachen Haus, das Augustus auch weiterhin als Wohnung diente, obwohl er in seinen Händen alle Macht vereinte, lebte er *ut unus e populo*[3]; als sich nach und nach das Principat zur absoluten Monarchie entwickelte, wurde es zum Kaiserpalast erhoben. Tiberius errichtete ein neues, grandioses Gebäude in der Nähe von Augustus' Haus (Domus Tiberiana), Caligula erweiterte den Bau (Domus Gaiana), so daß er sich längs des Abhangs erstreckte und mit seiner Vorhalle an den Tempel des Castor und Pollux auf dem Forum stieß. Manchmal stellte er sich dann zwischen den beiden Gottheiten auf, um sich von den Besuchern huldigen zu lassen – eine seiner vielen Verrücktheiten[4].

---

[1] Bei dieser Gelegenheit hielt er die Reden *De domo sua* und *De haruspicum responso*, im Jahre 57 v. Chr.
[2] CICERO, *Ad Att.*, iv, 3, 2–3.   [3] SUETON, *Aug.*, 56.
[4] *Ibid., Cal.*, 22: *Consistens saepe inter fratres deos, medium adorandum se adeuntibus exhibebat.*

12. Der wahnsinnigen Prunksucht Neros erschien der Palatin zu eng; dieser Phantast errichtete seinen Sitz in der Ebene zwischen dem Palatin, dem Caelius und Esquilin (Domus Transitoria). Nachdem der berüchtigte Brand im Jahre 64 einen Teil der Stadt zerstört hatte und man die Gelegenheit wahrnahm, um aus den Trümmern ein schöneres Rom aufzubauen, errichtete Nero auf den Ruinen seines Wohnsitzes die Domus Aurea. Es war kein einfaches Haus, sondern ein harmonisches Gefüge von Gebäuden jeder Art mit langen Säulengängen; ein großer See, um den sich Häuser *ad urbium speciem* erhoben, Wiesen, Weinberge, Wald und bebaute Felder[1]. «Endlich eine menschliche Wohnung!» sagte er[2]; aber die Römer murrten, daß für die andern kein Platz mehr sei, und die Mauern wurden wieder mit den alten Schmähschriften bedeckt. Unter anderem las man dort: «Rom wird zu einem einzigen großen Haus werden; Mitbürger, zieht hinaus nach Veii, es sei denn, daß dieses Haus bis nach Veii reichen wird[3].»

Nero ließ die Leute reden, denn trotz seinen vielen Fehlern war er wenigstens nicht übelnehmerisch[4].

13. Die Flavier verlegten den Kaisersitz wieder auf den Palatin; auf dem Areal der Domus Neros erbauten sie öffentliche Gebäude für das Volk, einschließlich des Amphitheatrum Flavium (des heutigen Colosseums)[5], das an Stelle des Sees der Domus Aurea erstand, der trockengelegt wurde. Es war nicht nur eine Schmeichelei, wenn Martial[6] von Titus sagte, daß er Rom den Römern zurückgegeben habe:

> *Reddita Roma sibi est et sunt, te praeside, Caesar,*
> *Deliciae populi, quae fuerant domini.*

Domitian baute mit großer Pracht die Domus Augustana wieder auf; so entstand die viel größere Domus Flaviana, an deren einer Seite ein großer Garten lag; wegen seiner länglich-gebogenen Form wurde er Hippodromus[7] genannt.

Ungefähr ein Jahrhundert später vervollständigte Septimius Severus das Werk, umgab den Hippodromus mit Arkaden und errichtete einen mächti-

---

[1] SUETON, *Nero*, 31.

[2] *Ibid.*: *Eiusmodi domum ... hactenus comprobavit, ut se diceret quasi hominem tandem habitare coepisse.*

[3] *Ibid.*, 39 (vgl. Seite 296 ff.):
> *Roma domus fiet: Veios migrate, Quirites,*
> *Si non et Veios occupat ista domus.*

[4] *Ibid.*: *Nihil eum patientius quam maledicta et convicia hominum tulisse.*

[5] s. S. 178.   [6] *Lib. de spect.*, 2, 11/12.   [7] s. S. 97.

gen Bau (Septizonium) an der Südseite des Hügels (Domus Severiana). Mit Septimius Severus ist das Principat schon zur absoluten Monarchie geworden; unter ihm wurde auch die Privatwohnung des Augustus zum großartigsten Kaiserpalast der Welt. Wir erleben es täglich, daß die Geschichte der Bauten hinter der Geschichte der Menschen herläuft und daß die Steine die Taten besiegeln.

14. Von den Hügeln Roms war der Capitolshügel mit seinen beiden Höhen, dem Capitolium und der Arx, der kleinste, aber auch der am meisten verehrte und gefürchtete. Wenn an seinen Hängen auch Privathäuser erbaut worden waren, so herrschte doch der sakrale Charakter vor. Mehr als irgendwo anders fühlte man sich hier den Gottheiten Roms nahe[1].
Die Spitze des Capitoliums war vom capitolinischen Iupitertempel eingenommen, seiner kultischen Bedeutung nach der erste unter den Tempeln Roms; auf der Arx erhob sich der Tempel der Iuno Moneta, mit der daran anschließenden Münze; weiter unten, auf dem Sattel zwischen den beiden Höhen, befand sich das Archiv (Tabularium); zu Füßen des Hügels, am äußersten Ende des Forums, standen der Tempel des Saturn mit der Staatsschatzkammer (Aerarium) und die Arkaden der Dii Consentes (der zwölf Hauptgottheiten, die am Rate des Iupiter teilnahmen). Der Südabhang fiel mit dem Tarpeischen Fels steil zur Tiefe ab; hier wurden die Verräter hinuntergestürzt. Zu Füßen des Felsens lag ein fürchterliches Gefängnis, das Tullianum, eine ehemalige etruskische Zisterne, feucht und finster, in dem die Staatsgefangenen Hungers starben oder erdrosselt wurden. In der Nähe des Gefängnisses wurden die Körper der Gerichteten über die Scalae Gemoniae geschleift.
Das Capitol war die Trutzburg Roms, die äußerste Verteidigung in den Anfängen seiner Geschichte; dann aber wiederum sichtbares Zeichen der Herrschaft und Ziel allen Triumphes; der geheiligte Ort, wo die Hauptgottheit Roms verehrt wurde, Iupiter Optimus Maximus. An den hohen Feiertagen begab sich eine Vestalin mit dem Oberpriester zum Capitol, um für die ewige Größe Roms zu beten[2]; «und wenn die Götter diese Gebete nicht erhörten, könnte der Staat auch nicht gerettet werden», sagt Cicero[3]. Als höchste Ehrung wurden hier die Statuen der Großen errichtet. Inschriften in Marmor oder Bronze kündeten den Wortlaut der Verträge mit fremden

[1] VERGIL, *Aen.*, viii, 351/54.   [2] HORAZ, *Od.*, iii, 30, 8/9.
[3] CICERO, *Pro Fonteio*, 21, 48: *Virgo Vestalis ... cuius preces si di aspernarentur, haec salva esse non possent.*

Völkern. Das Capitol war das Symbol der Treue Roms zum gegebenen Wort, seiner strengen Religion, der Dankbarkeit gegenüber den Erwähltesten seiner Söhne und unerbittlicher Strenge gegen die Unwürdigen. Rom besaß nichts Heiligeres als das Capitol.

15. Das Forum Romanum mit den beherrschenden Hügeln, mit der anschließenden Ebene des Circus Maximus und zu Füßen des Esquilins, war also der Mittelpunkt Roms. Rom hatte sich aber nach und nach auch über die Grenzen dieses lärmenden Zentrums hinaus verbreitet. Auf den bisher unbewohnten oder nur wenig besiedelten Hügeln erstanden immer neue Häuser, Paläste, öffentliche Gebäude, Gärten und Brunnen. In dem engen Straßennetz befanden sich wie im Stadtinneren Plätze *(areae)* und Kreuzungen *(trivia)*. Bei Tage waren diese Plätze und Straßenkreuzungen der Treffpunkt[1] für Zusammenkünfte[2]; die Stutzer hielten sich hier stundenlang auf, um die vorübergehenden Frauen mit ihren Blicken zu verfolgen; sie unterhielten sich geziert[3] und spielten die Geistreichen und Galanten. Bei Nacht häufte sich der Unrat[4], und es trugen sich allerhand finstere Angelegenheiten zu[5].

Rom dehnte sich nach Osten aus. Als die Stadt sich auszubreiten begann, mußte der Caelius den städtischen Erfordernissen seinen schönen Eichenwald opfern[6], der ihm in alten Zeiten den Namen Mons Querquetulanus gegeben hatte, woran noch eines der Tore – Porta Querquetulana – erinnert. Die günstige Lage zwischen dem Palatin im Westen und den weiten sonnigen Höhen im Osten hatte die bauliche Entwicklung gefördert. Es gab dort nicht viele öffentliche Baudenkmäler, aber zahlreiche herrschaftliche Häuser und Volkswohnungen. Auf dem Caelius wohnte die Familie der Mamurra, die zu Zeiten Caesars durch ihre Anhänglichkeit an den Dictator nicht minder bekannt waren als durch die raffinierten Neuerungen, mit denen sie ihr wundervolles Haus verschönten[7]. Zur Kaiserzeit wurde der Caelius die bevorzugte Wohngegend der im öffentlichen Blickfeld stehenden Männer und trat zum Teil an die Stelle des Palatins (s. S.43ff). Auf diesem Hügel erhoben sich die *limina potentiorum*[8], und mehr als anderswo sah man hier Klienten in der Toga zur *salutatio matutina* eilen.

---

[1] IUVENAL, 6, 412.   [2] HORAZ, *Od.*, i, 9, 18.   [3] *Ibid.*, *Ars poet.*, 245/246.
[4] PHAEDRUS, v, 6, usw.   [5] PROPERZ, iv, 7, 19/20, usw.   [6] TACITUS, *Ann.*, iv, 65, 1.
[7] Vgl. PLINIUS D. Ä. (xxxvi, 48): Die Mamurra waren die ersten, die die Gepflogenheit einführten, die Wände mit Marmortafeln zu verkleiden.
[8] MARTIAL, xii, 18, 4/6.

Domitian, der sich als erster damit befaßte, das Haus des Augustus auf dem Palatin in eine kaiserliche Residenz zu verwandeln, erbaute auf dem Caelius auch einen kleinen Pavillon, den er als Mica Aurea[1] («Goldkrümchen») bezeichnete, um hier im engsten Freundeskreise tafeln zu können. Konstantin nahm auf dem Caelius Wohnung, in den *egregiae Lateranorum aedes*[2], die seit den Zeiten Neros Besitz der Herrscher geworden waren[3]. Auf dem Caelius war Marc Aurel geboren und aufgewachsen[4]; bis zum Jahre 1538 konnte man hier das Reiterstandbild des kaiserlichen Philosophen bewundern, das später auf dem Capitol aufgestellt und für lange Zeit als ein Denkmal Konstantins angesehen wurde.

Auch Quirinal und Viminal hatten während der Kaiserzeit eine grandiose bauliche Entwicklung zu verzeichnen. Fast vom Mittelpunkt ausgehend, wo im vierten Jahrhundert n. Chr. die Thermae Constantinianae erstanden, zog sich längs der Höhe des Quirinals bis zur Porta Collina eine breite, gerade und sonnige Straße, die Alta Semita, hin[5]. Während der Ausgrabungsarbeiten, die das heutige Rom in den höher gelegenen Stadtteilen ausgeführt hat, sind viele Stücke von Bleirohren gefunden worden, die damals als Wasserleitungen in den Häusern Verwendung gefunden hatten. Da in diesen Bleirohren der Name der Hausbesitzer eingeprägt ist, beweisen uns die antiken Fundstücke, daß ein großer Teil berühmter römischer Familien in bequemen und reichen Häusern auf dem Quirinal wohnte. Zur Zeit Ciceros wohnte hier T. Pomponius Atticus[6] und zur Kaiserzeit die Flavier, solange sie als Privatleute lebten[7]. Es fehlten auch nicht hohe Mietshäuser[8], die Bienenstöcke der armen Leute; in einem dieser Häuser wohnte der Dichter Martial. Während die Mitte und der südliche Teil des Hügels ein herrschaftliches Aussehen hatten, verkrochen sich die untersten Schichten und verrufenes Volk in die engen Behausungen der von den Mauern begrenzten Winkel.

Auf dem Viminal herrschte das elegante und feine Leben vor, und auch dort war naturgemäß ein reges Kommen und Gehen von unterwürfigen Klienten. «Sich zum Viminal begeben» heißt für Iuvenal, sich unter die

---

[1] Martial, ii, 59.   [2] Iuvenal, 10, 17.

[3] Tacitus, *Ann.*, xv, 49, 2 und 60, 1. Plautius Lateranus war im Jahre 65 zum Consul bestimmt worden, als er ein Opfer Neros wurde, da er in die Verschwörung der Pisonen verwickelt war. Auf dem Platz, wo der Lateranpalast stand, der unter Konstantin kaiserliche Residenz geworden war und später Sitz der Päpste wurde, erbaute man die Basilika von S. Giovanni in Laterano.

[4] Iulius Capitolinus, *M. Antoninus*, 1, 5.

[5] Entspricht der heutigen Via XX Settembre.

[6] Cicero, *De leg.*, i, 1, 3; *Ad Att.*, xii, 45, 2, usw.   [7] Sueton, *Domit.*, 1.   [8] s. S. 78 ff.

großen Herren mengen¹. Das Haus, das C. Aquilius in den letzten Zeiten der Republik dort errichtete², stellte die Häuser des Crassus und des Catulus auf dem Palatin in den Schatten (s. S. 45). Diocletian verlieh dem glanzvollen Hügel noch größere Pracht, indem er dort seine Thermen erbaute, deren großartige Überreste wir noch heute in unmittelbarer Nähe des Hauptbahnhofes Rom bewundern können.

Der Pincius, *collis hortorum*, war und blieb auch in der Folgezeit ein einziger Garten. Gegen den Quirinal zu öffneten sich die prächtigen Horti Sallustiani, eine der herrlichsten Parkanlagen Roms. Zur Verschönerung dieses Parkes verwandte der Geschichtsschreiber Sallust die Geldmittel, die er während der Verwaltung Numidiens auf nicht ganz saubere Weise angehäuft hatte. Inmitten dieses Grüns, das den Blick über ganz Rom freigab, saß er und schrieb treffliche Worte voll Entrüstung gegen Luxus, Bestechlichkeit und Habgier. Vielleicht war er nicht gerade der Berufenste für solche Ergüsse; doch der Fall ist schon öfter dagewesen.

16. Die beiden Regionen, die ihr Bild zu Beginn der Kaiserzeit am stärksten verwandelten, waren das Marsfeld (Campus Martius) und der Esquilin.

Von den Grenzen des Forums dehnte sich bis zum Tiberknie die grüne Ebene des Marsfeldes, die heute vom Corso Vittorio Emanuele durchschnitten wird (Abb. 10 und 11). Hier verlief auch noch ein Streifen Sumpfland, den jedoch Agrippa als Aedil im Jahre 36 v. Chr. trockenlegen ließ.

Aus der Enge der schmalen und dunklen Straßen und aus dem fieberhaften Getriebe des Forums trat man fast plötzlich ins freie Licht und in die Sonne. Man atmete auf; man genoß die Freude an der Weite der offenen Landschaft, die dem Müden so wohltut, und auch die Römer fühlten sich von den grünen Fluren unwiderstehlich angezogen. Die männliche Jugend betätigte sich hier in sportlichen Übungen³; aber auch die weibliche Jugend begab sich gern in diese Gegend. Alles strömte her, um die frische Luft zu genießen, sich zu erwärmen und zu erfreuen. Der Spaziergang nach dem Campus Martius war das gesittetste und angenehmste Vergnügen, das die Großstadt ihren Bewohnern bieten konnte.

Dieser große freie Platz übte aber auch auf die Stadt selbst eine Anziehungskraft aus, sich nach dieser Richtung hin auszudehnen. Man begann,

---

[1] IUVENAL, 3, 71: *Dictumque petunt a vimine collem.*   [2] PLINIUS D. Ä., xvii, 2.
[3] STRABON, v, 236: «Großartig ist die Weite dieser Ebene, die den Wagen und Reitern freien Lauf läßt sowie den zahlreichen Jünglingen, die sich hier mit dem Ball, dem Diskus und im Ringkampf üben.» Vgl. HORAZ, *Od.*, i, 8, 4.

einzelne Häusergruppen zu bauen. In der dem Capitol am nächsten gelegenen Zone erstanden die Saepta (s. S. 37), die Porticus Octavia und das Theater des Marcellus; etwas weiter entfernt die Ara Pacis, die Thermen und das Pantheon des Agrippa, der Isis- und Serapis-Tempel und das Mausoleum des Augustus. Nero erbaute auf dem Marsfeld seine überaus prunkvollen Thermen, Domitian das Stadion und das Odeon, Hadrian die Basiliken der Marciana und der Matidia, Antoninus Pius den Hadrianstempel; Marc Aurel errichtete eine große, mit Reliefs aus der römischen Geschichte verzierte Säule, ein Gegenstück zur Traianssäule (Taf. V und VI).

Das moderne Rom hat schon lange von dem Gebiet des früheren Campus Martius vollkommen Besitz ergriffen, indem es seinen Stadtkern vom alten Forum gegen das Tiberknie verlagerte. Der heutige Corso Umberto, der der antiken Via Lata folgt (der erste Teil, innerhalb der Mauern, der Via Flaminia), durchschneidet eine geschlossene Reihe von Gebäuden, die nur von schönen Plätzen, den herrlichsten der Welt, unterbrochen wird.

Über den Resten der Ara Pacis erhebt sich heute der Palast Ottobuoni-Fiano; die Grundmauern des antiken Monumentes verschmelzen mit den Mauern des Kellers. Das Pantheon des Agrippa erstickt heute in der Enge der Straßen und Häuser, die es von drei Seiten einengen und die es nur mit Mühe durch die Wucht seines Rundbaus in respektvollem Abstand halten kann; die modernen Römer bezeichnen es mit wenig Ehrerbietung als *la Rotonda*. Der Tempel des Hadrian auf der Piazza di Pietra, von dem nur die frontale Säulenreihe übriggeblieben ist, stellt seine prächtigen korinthischen Säulen wie eine Antikensammlung zur Schau, als ob er ein Plätzchen in einer Welt erbetteln wolle, die nicht mehr die seine ist. Das Mausoleum des Augustus verschwand mit seiner Außenseite vollkommen hinter den Fassaden moderner Häuser; als man jüngst daran ging, es freizulegen, kamen nur noch kümmerliche Ruinen zum Vorschein. Der Campus Martius war so schön in seiner grünen Pracht, aber das moderne Rom hat ihn restlos überschwemmt.

Die großen Städte sind beutegierig und verfolgen rücksichtslos ihren Weg; sie kennen kein Hindernis. Das kühne und stolze Genua hat den Berg gesprengt; Venedig erdrückt mit seinem großen Platz die Lagune; Amsterdam hat einen großen Teil seiner Kanäle verschlungen. Das Zentrum von Paris erinnert mit den Namen seiner Straßen an Wiesen, Mühlen und Hirten; auch in anderen Städten leben Täler und Gärten, Wäldchen und Holzbrücken nur noch in der Erinnerung seiner Straßen und Plätze. Die Stadt behauptet sich überall; sie unterdrückt die weiten Fluren, begräbt die Wasserläufe und zerwühlt den Boden mit Kanalisationen und Untergrundbahnen, verlegt Flußbetten und zwingt sie zu geregeltem Lauf, ja drängt selbst das Meer zurück. Das Neue verdrängt das Alte, und wo es die Vergangenheit nicht vernichtet, verunstaltet und erdrosselt es sie. Die Städte sind wirklich furchterregende Dämonen – die Steine nicht minder als die Menschen!

Schon seit Jahrhunderten ist das schöne Marsfeld nicht mehr vorhanden, und die Ufer des Tibers sind nicht mehr grün. Wie eine Stimme aus ferner Vergangenheit dringt Martials getragener Vers mit sehnsüchtigem Klang an unser Ohr, in dem er die Freuden eines geruhsamen Lebens besingt[1]:

Campus, porticus, umbra, Virgo, thermae.

Zuerst erwähnt er den Campus. Den Campus mit seiner strahlenden Sonne, mit seinen zum Ausruhen einladenden Plätzen, eine immerwährende Aufforderung für den, der in Ruhe und Beschaulichkeit die Freuden des Lebens genießen will. Du tüchtiger Poet aus Bilbilis, getreuer Verehrer der Stadt Rom: die Welt hat sich unterdessen verändert, und an deinem Campus können wir modernen Menschen uns nicht mehr erfreuen!

17. Auch der Esquilin änderte in den ersten Jahren des Kaiserreiches fast plötzlich sein Gesicht. Es war eine überraschende Wandlung. Bis zu den Zeiten des Augustus war der Esquilin eine unbewohnte, ungesunde und düstere Gegend, die als Friedhof der Armen und der Sklaven diente[2]; hier wurden die Todesstrafen vollzogen und die Gerichteten begraben[3]. Viele Köpfe rollten über diese Schollen, und zahllose Kreuze wurden für die Sklaven errichtet[4]. Die «schwarzen Esquilien»[5], sagt Horaz; die «traurigen» Esquilien, «das Feld, das von Gebeinen weiß war»[6]; bei Tage ein verlassener Ort, bei Nacht furchterregend; zwischen den hungrigen Hunden schlichen bei Dunkelheit die Wahrsagerinnen umher, um ihre Zaubersprüche zu murmeln (s. S. 318 f.). Die Abergläubischen mieden die Gegend. Der Hügel bot ein schauriges Bild dar: einsame Gärten, Grabhügel und Spuren frischen Blutes. Aus dem Tale hörte man das dumpfe Gurgeln der Subura.

[1] v, 20, 9.
[2] HORAZ, *Sat.*, i, 8, 8/11. Aus CICERO, *Phil. IX*, 7, 17, entnehmen wir, daß sich in einigen Teilen des Esquilins auch Gräber von Männern aus der besseren Gesellschaft befanden.
[3] SUETON, *Claud.*, 25.
[4] PLAUTUS, *Cas.*, 354; *Mil. gl.*, 359; *Pseud.*, 331. Plautus bedient sich immer des Ausdrucks *extra portam*, womit bestimmt die Porta Esquilina gemeint ist (vgl. TACITUS, *Ann.*, ii, 32, 4: *Extra portam Esquilinam ... more prisco advertere*).
[5] *Sat.*, ii, 6, 32/33.   [6] *Ibid.*, i, 8, 15/16.

In wenigen Jahren verwandelte sich aber der Esquilin; er wurde zu einem der schönsten und vornehmsten Viertel Roms[1]. Maecenas schuf hier einen großen Park (Horti Maecenatis); Tempel wurden errichtet, Villen, Paläste[2] und Brunnen. Nero trug seine Domus Aurea (s. S. 46) bis an den Esquilin heran.

18. Jedermann weiß, daß die Hauptverkehrsadern einer Stadt, der verschiedene Charakter und die unterschiedliche Bevölkerungsdichte in den einzelnen Vierteln im wesentlichen von ihrer materiellen Struktur abhängen. Im alten Rom war es nicht anders; freilich mit der Besonderheit, daß die Stadt, nachdem sie einschließlich der Vororte einen Umfang von 20 km erreicht hatte, den einzigartigen Anblick einer Siedlung bot, die eine zweite Stadt beherbergte. In der offenen Stadt lag eine in sich abgeschlossene Stadt, denn der innere Teil war von der servianischen Mauer umgeben; diese war zwar an verschiedenen Stellen niedergerissen, um einen Durchgang freizugeben, oder in neuere Gebäude einbezogen worden, blieb jedoch auf lange Strecken hin erhalten. Als dann im dritten Jahrhundert n. Chr. die aurelianische Mauer erbaut wurde, zeigte sich Rom als eine große geschlossene Stadt, in deren Herz eine gleichfalls geschlossene, kleinere Stadt lag. In diesem Zustand trat Rom in das Mittelalter ein, um seiner neuen baulichen Entwicklung entgegenzugehen. Die äußere Zone, die einst offen war, wurde zu einem großen Ring zwischen zwei Mauern; wer, vom Mittelpunkt der Stadt ausgehend, Rom verlassen wollte, mußte durch zwei Tore hindurch gehen, entweder durch die Porta Capena der servianischen Mauer und dann durch die Porta Appia der aurelianischen oder durch die Porta Collina und dann durch die Porta Salaria oder die Porta Nomentana.

Die servianischen Tore[3], die zu verschiedenen Zeiten restauriert und verschönert wurden, öffneten sich in der Ringmauer, deren Konstruktion Servius Tullius zugeschrieben wurde, die aber der Zeit unmittelbar nach dem

---

[1] MARTIAL (V, 22, 2) und IUVENAL (3, 71; 5, 77) erwähnen den Esquilin als einen von den großen Herren bewohnten Hügel.

[2] Aus einem der Paläste des Esquilins stammen einige der schönsten Fresken der römischen Zeit (Taf. VII und VIII).

[3] Die Tore der servianischen Mauer waren: Porta Trigemina (zwischen Aventin und Fluß); Porta Flumentana und Porta Carmentalis (zwischen den Zonen des Forums und der großen Märkte und dem Marsfeld); Porta Fontinalis (zwischen Capitol und Marsfeld); Porta Sanqualis, Salutaris und Quirinalis (zwischen Quirinal und Pincius); Porta Collina (zwischen Quirinal und Castra Praetoria); Porta Viminalis (zwischen Viminal und Castra Praetoria); Porta Querquetulana (zwischen Caelius und der östlichen Ver-

gallischen Brand entstammt. Besonders stabil waren die Mauern des nordöstlichen Teiles, eines mächtigen Walles *(agger)*, der von einem dreifachen Befestigungssystem gebildet wurde. Aus den servianischen Toren trat man «aus der Stadt», um doch in der Stadt zu verbleiben. Es war zwar nicht mehr die Urbs, doch es war überall noch Rom[1]. Der Strom der Fußgänger, der sich durch die Tore ergießen mußte, hatte an jedem Tor seinen besonderen Charakter, je nach den Tagesstunden und der Gegend, und zwar nicht nur in bezug auf seine Intensität, sondern auch im Hinblick auf die Menschenart, die sich hindurchzwängte.

Durch die Tore Flumentana, Carmentalis und Trigemina, die das Zentrum Roms mit der Zone der großen Märkte verbanden, bewegte sich ein ununterbrochener Strom von Arbeitern und Geschäftsleuten. Das gleiche gilt für die drei Südtore des Aventins, die in die Gegend der Kornspeicher und Lagerhäuser führten. Ein ganz anderes Bild boten die Tore, die sich von den Stadtteilen des Quirinals und Viminals zu den Gärten des Pincius öffneten; dies waren gewissermaßen die Tore der Spaziergänger. Die Tore Collina und Esquilina, die zu den Castra Praetoria führten, dienten wiederum zum großen Teil den Soldaten. Ein ganz anderes Schauspiel bot die Porta Capena, durch die Fußgänger und Fahrzeuge fluteten, um die an das Tor anschließende Via Appia zu erreichen. Reisende, die in die Campania[2] zogen, große Herren, die auf dem Lande südlich der Stadt ihre Villen hatten[3], Snobs mit schönen Pferden, die sich nicht enthalten konnten, die Via Appia

längerung des Hügels); Porta Capena (am Anfang der Via Appia, s. oben), Porta Naevia, Porta Raudusculana, Porta Lavernalis (im Südring des Aventins). Die Tore der aurelianischen Mauer öffneten sich in gleichen Abständen; da sie nach den Vororten und aufs offene Land führten, war der Andrang der Menge geringer als an den Toren der servianischen Mauer. In der in Trastevere liegenden aurelianischen Mauer befanden sich die Porta Portuensis, Porta Aurelia und Porta Septimiana; weiter nördlich des Pons Aelius (Taf. XCVI) ein weiteres Tor, dessen Name nicht sicher ist. Im nördlichen Abschnitt öffneten sich die Porta Flaminia (Porta del Popolo) und in östlicher Richtung die Porta Pinciana, Salaria, Nomentana. Südlich der Castra Praetoria befand sich noch ein Tor, dessen Name nicht überliefert ist. Im östlichen Teil waren die Porta Tiburtina (Porta San Lorenzo), Praenestina (Porta Maggiore), Asinaria, Metrovia und Latina. Am äußersten Südrand befand sich die Porta Appia und nach dem Fluß zu die Porta Ardeatina und Ostiensis (Porta San Paolo).

[1] Urbs ist nur der von der Mauer umgebene Teil, Rom dagegen überall dort, wo sich Häuser befinden. Vgl. PAULUS, *Ad Edictum*, I (= D, L, 16, 2 pr.): *Urbis appellatio muris, Romae autem continentibus aedificiis finitur, quod latius patet;* MARCELLUS, *Lib. xii Digestorum* (= D, L, 16, 87): *Ut Alfenus ait, urbs est Roma quae muris cingeretur, Roma est etiam, qua continentia aedificia essent.*

[2] HORAZ, *Sat.*, i, 5, 1/6. [3] MARTIAL, iii, 47.

auf- und abzujagen, um sich selbst und ihre Wagen zur Schau zu stellen[1]: all diese Leute nahmen ihren Weg durch die Porta Capena. Am Tore warteten stets viele *cisiarii*, Droschkenkutscher, die hier mehr als andern Orts

[1] HORAZ, *Epod.*, 4, 14.

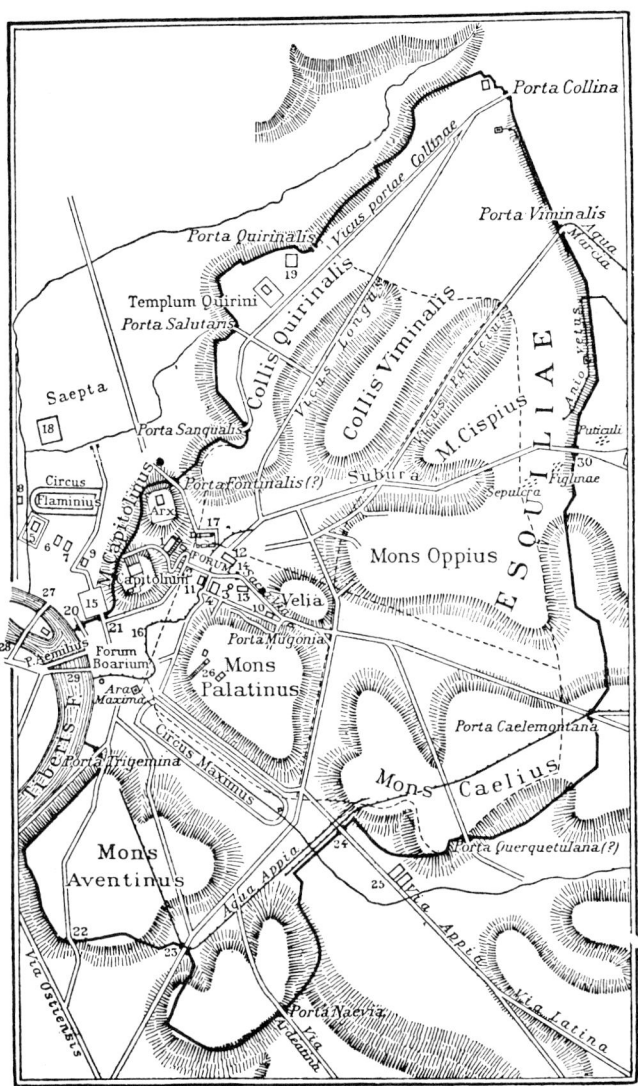

Abb. 9. Der Umkreis der servianischen Mauer.

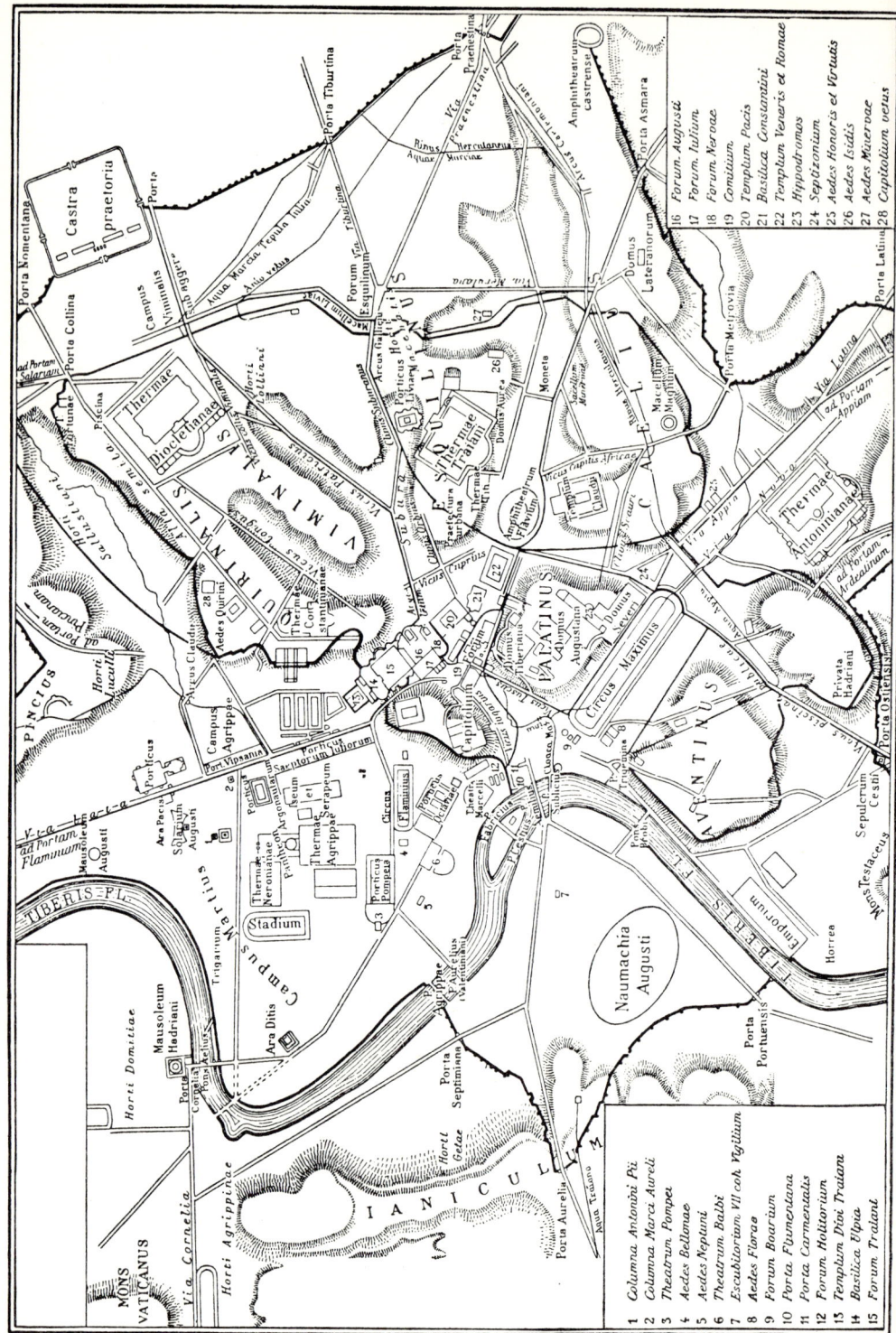

Abb. 10. *Roma Vetus*.

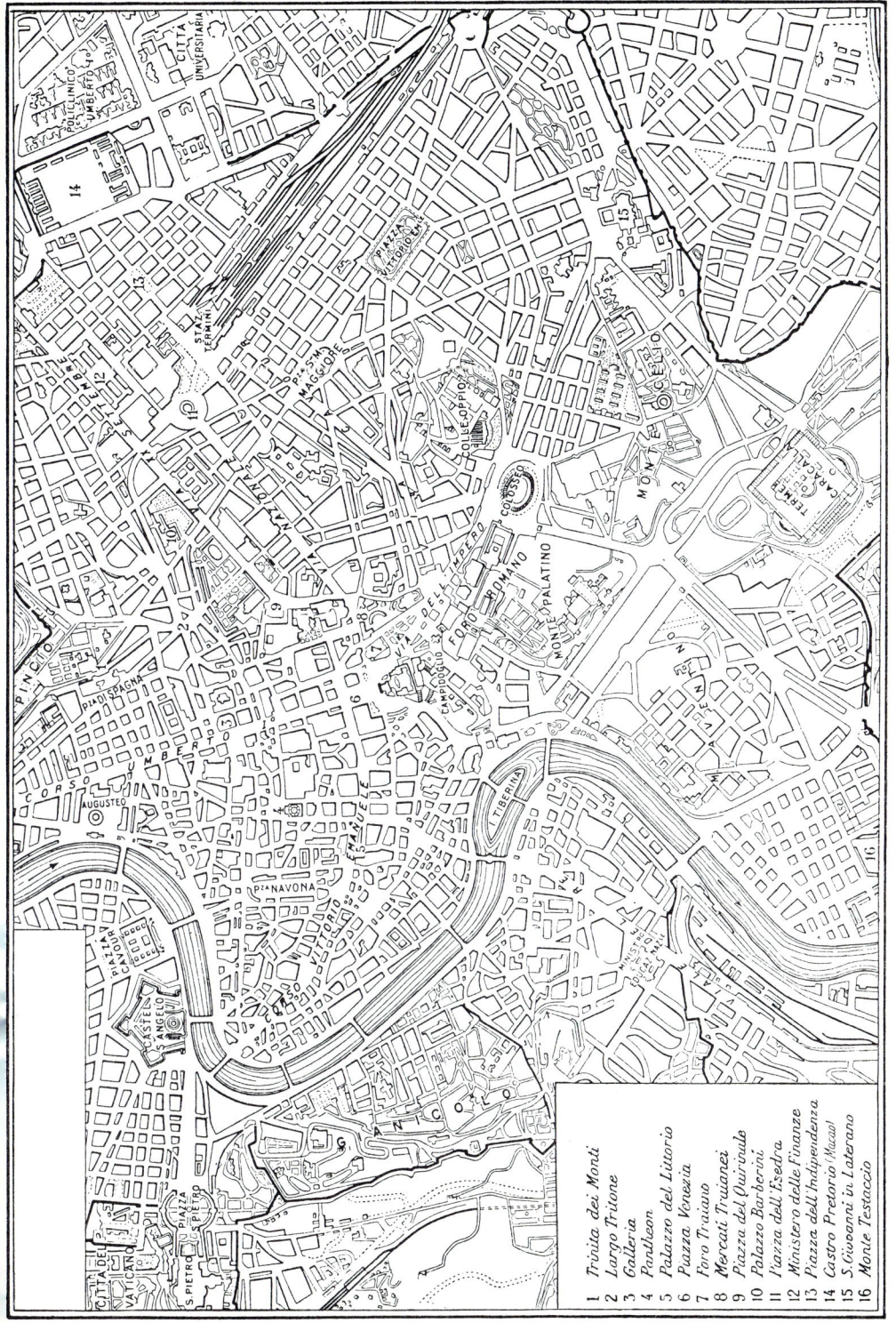

Abb. 11. Das heutige Rom.

benötigt wurden. Auf einem Platz in der Nähe des Tores, Area Carruces genannt[1], befand sich tagsüber der Standplatz der Reisewagen, die nur in den späten Abendstunden oder bei Nacht Rom durchqueren durften; zwischen Deichseln und Rädern verbrachten dort die Kutscher die Zeit des Wartens. Die Porta Capena war das Tor der Reisenden, der Leute, die aufs Land wollten, und all derer, die wenig zu tun hatten und sich nur dort wohl fühlten, wo viel Lärm war und es viel Menschen zu sehen gab. Sie drängten und schoben sich durch das Tor, versuchten den Wagen auszuweichen, die der Via Appia zustrebten, ohne sich um die Wassertropfen zu kümmern, die in großer Menge von der Torwölbung auf die Passanten niederrieselten, da der Aquädukt der Aqua Marcia über das Tor führte[2]. Der erste Teil der Straße *(via tecta)*[3] außerhalb der Capena war von Bogengängen flankiert, die den Fußgängern eine gewisse Sicherheit vor den Gefahren des Durcheinanders gewährten.

Zwischen den einzelnen Toren sperrten Mauern den Verkehr, insbesondere im Ostteil der Stadt. Dies war das Summoenium, die verkehrsarme Zone Roms. Zu Füßen dieser mächtigen Mauern, die Luft und Licht abschnitten, befanden sich die Elendsviertel der Stadt: schmutzige Gäßchen und verdächtige Ecken, verkümmerte Häuser, Nester des Verbrechertums und des Lasters[4]. Die Bezeichnung «Frau aus dem Summoenium» war wahrlich kein Kompliment[5].

19. Das antike Rom war niemals, wie die heutige Metropole oder Paris und Florenz, von einem Flusse durchquert. Der städtische Verkehr beschränkte sich allein auf das linke Ufer des Tibers; für das alte Rom war der Fluß nicht die Achse, sondern bildete seine westliche Grenze. Erst in der letzten Phase seiner Erweiterung überschritt Rom den Tiber, und auf dem rechten Ufer erstanden Hütten, Häuserblocks, Gebäude, Villen und Speicher; aber auch dann bildete Trastevere nur ein Anhängsel des eigentlichen Rom. Dies erklärt auch den Umstand, warum die Anzahl der Brücken so gering war; heute zählt man zweiundzwanzig Brücken; das antike Rom innerhalb des aurelianischen Gürtels zählte deren nur acht oder neun, wenn man den Pons Milvius im Nordabschnitt des Tibers außerhalb der Mauern hinzurechnet; die meisten von ihnen sind erst spät erbaut worden[6].

---

[1] In der *Notitia* und im *Curiosum* erwähnt; s. S. 19, Anm. 1.
[2] MARTIAL, iii, 47, 1; IUVENAL, 3, 11.   [3] OVID, *Fasti*, vi, 192.
[4] MARTIAL, i, 34, 6; xi, 61, 2.   [5] *Ibid.*, iii, 82, 2; xii, 32, 22.
[6] Von Süden nach Norden, tiberaufwärts: Pons Probi, gegenüber dem Aventin (von

Wenn man zu Zeiten der Republik, also bis zum zweiten Jahrhundert v. Chr., den Tiber im Boot oder über eine der wenigen Brücken überquert hatte, befand man sich auf dem Lande, zwischen Feldern und Wiesen, ländlichen Häusern, Kühen und Bauern. Das war Trastevere. Auf der langgestreckten Ebene, deren Abschluß der Ianiculus und die Ausläufer dieses Hügels bildeten, befand sich einst der Besitz (Prata Quinctia)[1], den Cincinnatus mit seinen Ochsen bearbeitete, als die Boten des Senates ihn über den Pflug gebeugt antrafen, um ihm mitzuteilen, daß er zum Dictator erwählt worden sei. Hier lag auch der kleine Landbesitz (Prata Mucia)[2], den Rom Mucius Scaevola als Preis für seine Seelenstärke und Entgelt für den verlorenen Arm zuteilte. Es vergingen aber noch viele Jahrhunderte, bis sich auf dem rechten Ufer des Flusses ein Vorort bildete. Als erster bevölkerte sich der Teil gegenüber dem Palatin und Capitol. Der starke Verkehr in der Gegend des Hafens und der großen Märkte (s. S. 40 ff.) zwang Rom dazu, den Sprung über den Fluß zu wagen. Auf der rechten Seite des Flusses entstand langsam ein Arbeiterviertel. Hier wohnten Handwerker, Fischer und arme Leute. Man errichtete dann Speicher, um die auf dem linken Ufer liegenden Lagerhäuser zu ergänzen, die den wachsenden Bedürfnissen nicht mehr entsprachen. Von hier ausgehend, entwickelte sich Trastevere nach Norden, gegenüber dem Marsfeld, und südlich, gegenüber dem Emporium, ohne sich jedoch zu weit vom Ufer zu entfernen. Viele Strecken blieben unbebaut und wurden nur von Landgütern eingenommen, die durch die Nähe der Stadt als besonders vorteilhaft galten[3]. Wer aus der bewohnten Zone rechts des Tibers in Richtung auf den Ianiculus das enge Geschäfts- und Arbeiterviertel durchschritten hatte, befand sich rasch im Freien. Und es war ein wundervolles Stück Erde: im Westen die lieblichen Hügel der Montes Vaticani[4],

Theodosius in Marmor neu errichtet); Pons Sublicius, Pons Aemilius (für den, der vom Forum oder vom Marktzentrum kam; sie verliefen in Verlängerung des Forums in Richtung auf den Tiber); Pons Fabricius, Pons Cestius (gegenüber dem Theater des Marcellus; sie folgten einander und ermöglichten den Weg über die Tiberinsel); Pons Aurelius, Pons Agrippae (gegenüber dem Marsfeld); Pons Aelius (der den Tiber zwischen dem Marsfeld und dem Mausoleum des Hadrian überquerte). Außerhalb der aurelianischen Mauer befand sich noch der Pons Milvius (die nördlichste und am weitesten vom Zentrum gelegene Brücke). Wahrscheinlich verband in der späten Kaiserzeit südlich des Pons Aelius eine weitere Brücke die Bögen des Valentinian und des Theodosius links des Flusses mit den Bögen des Theodosius und des Arcadius auf der rechten Seite (*Pons Neronianus*).

[1] T. Livius, iii, 26, 9; Plinius d. Ä., xviii, 20.
[2] T. Livius, ii, 13, 5.   [3] Cicero, *Pro Sex. Roscius Amer.*, 7, 20.
[4] Das ganze Gebiet rechts des Flusses, einschließlich des Ianiculus und seiner nördli-

auf der andern Seite der Blick auf Rom jenseits des Flusses. Die Römer besaßen eine geniale Fähigkeit, die schönsten Flecken für ihre Landhäuser auszuwählen. Sie begriffen sehr bald, daß sich die Flußufer besonders für den Bau schöner Villen eigneten, und errichteten eine Reihe anmutiger Landsitze: *villaque flavus quam Tiberis lavit*, sagt Horaz[1], um ein hübsches Heim zu bezeichnen, das das Leben angenehm gestaltet und von dem sich der Eigentümer sterbend genau so schwer trennt wie von einer reizenden Gattin. Auf der rechten Seite des Flusses besaß Manius Aquilius Regulus eine luxuriöse Villa, jener berühmte Advokat, den Martial[2] mit Komplimenten überhäufte, da er ihn als reichen und freigebigen Mann schätzte, während ihn Plinius der Jüngere[3] wegen seiner schmutzigen Geldgier und weil er ein Denunziant war von Herzen verachtete. Es war ein herrliches Landhaus[4] mit weitläufigen Säulengängen und einem riesigen Park; am Flußufer erhob sich eine Reihe von Statuen. Regulus war ein verrufener Politiker, besaß aber viel Geld und feinen Geschmack.

Auch an den Hängen des Ianiculus entstanden prachtvolle Landhäuser; der Ausblick von hier oben war aber auch – in diesem Fall sei mir der abgegriffene Ausdruck erlaubt – einzigartig. Man befand sich auf dem Lande und hatte trotzdem die Großstadt in unmittelbarer Nähe; man atmete die frische Höhenluft, ohne sich deswegen gänzlich außerhalb des Lebens der Stadt fühlen zu müssen; denn die Stadt lag in rasch erreichbarer Nähe. Man genoß Rom, ohne dessen Opfer zu sein; man sah die menschenüberfüllten Straßen, den mit Schiffen und Booten bedeckten Strom, aber man vernahm weder das Geschrei der geschäftigen Menge noch den Lärm der Fahrzeuge. «Man sieht die Lastträger, aber man hört nicht den Lärm der Wagen», sagt Martial[5]:

Gestator patet essedo tacente.

Was konnte man sich Angenehmeres wünschen? Das Auge erfaßte alle sieben Hügel Roms:

---

chen Ausläufer – also auch des Monte Mario –, wurde allgemein als Mons Vaticanus bezeichnet. Der Ianiculus selbst wird hin und wieder von den Schriftstellern mit dem Sammelbegriff Mons Vaticanus bezeichnet (Horaz, *Od.*, i, 20, 7/8; Iuvenal, 6, 344) oder mit Montes Vaticani (Cicero, *Ad Att.*, xiii, 33, 4). Genau genommen sind die Montes Vaticani die Verlängerung des Ianiculus. Der Name Vaticanus wurde dann auf die Ebene des Trastevere zu Füßen des Ianiculus beschränkt, die der Mittelpunkt der Christenheit geworden ist.

[1] *Od.*, ii, 3, 18.   [2] i, 12; 82; iii und weitere Stellen.   [3] i, 5; ii, 20; iv, 2.
[4] Plinius D. J., iv, 2, 5: *Tenet se trans Tiberim in hortis, in quibus latissimum solum porticibus immensis, ripam statuis suis occupavit.*   [5] iv, 64, 19.

Hinc septem dominos videre montes
Et totam licet aestimare Romam;

und in der Ferne die Albaner Berge und die Hügel von Tusculum, gleichfalls von prächtigen Villen belebt, die aus dem Grün der Wälder und Gärten hervorlugten[1], auch die alten Ortschaften Fidenae und Rubrae. Eine Villa auf dem Ianiculus! Hatte der Dichter etwa unrecht, wenn er behauptete, daß selbst die Gärten der Hesperiden nicht solche Wunder bieten konnten?

Aus der weiten Ebene zwischen dem Fluß, dem Ianiculus und den Montes Vaticani wollte Caesar ein großes Sportfeld machen, als Gegenstück zum Marsfeld, jedoch noch weitläufiger[2]; Augustus erbaute dort eine Naumachia, eine für Wasserschlachten geeignete Arena; ebenso Domitian; Hadrian errichtete hier sein Mausoleum (heute die Engelsburg) und verband dieses mit dem Marsfeld durch eine Brücke, den Pons Aelius. Hie und da dehnten sich Gärten und Parks, die zu den größten Roms zählten. Der Leser wird sich wohl denken können, daß sich hier auch die Liebespärchen ergingen; auch die Texte sprechen davon; wir werden dieses delikate Thema später behandeln (s. S. 268).

Von all diesem Grün verblieb bis zur Einnahme Roms durch die italienischen Truppen (1870) nichts als die kleine Oase von Wiesen und Gemüsegärten der Prati di Castello. Aber heute ist auch von diesen nur der Name erhalten. Die Prati sind jetzt ganz von Häusern bebaut; am Tiber hat man ein enormes Bauwerk errichtet, wuchtig, weiß schimmernd, mit vielen Statuen und weiten Treppen, von einer Quadriga gekrönt – aber schön gewiß nicht.

20. Rom war eine Riesenstadt mit den warmen Farben des Südens, die sich ihrer imperialen Macht bewußt war. Doch wir müssen uns hüten, diese gedrängte Lebensfülle mit falschem Pathos zu betrachten und dabei zu vergessen, daß Menschen nur Menschen und Städte nichts anderes als Städte sind.

Es gibt keine Metropole, die nicht auch große Gegensätze in sich birgt. In Rom, wo die vom Schicksal Begünstigten ungeheure Summen für die Zubereitung eines Festmahles oder für die Ausschmückung des Hauses mit seltenen und kostbaren Gegenständen ausgaben und wo man für einen Zwerg hohe Preise zahlte[3], gab es aber auch viele Menschen, die des Nachts unter den Brücken schliefen[4]. Der Aufwand der Reichen spiegelte sich auf

---

[1] STRABON, v, 12. [2] CICERO, *Ad Att.*, xiii, 33, 4. [3] s. S. 122.
[4] MARTIAL, xii, 32, 25; IUVENAL, 5, 8.

einem Hintergrund von Demütigungen und Elend: *mendici, mimae, balatrones*, sagt Horaz in seinen schon erwähnten Versen. Das Volk verlangte *panem et circenses*[1]; und wenn das Brot nicht von oben als mildtätige Gabe kam – und alle Tage konnte es nicht kommen –, war die Masse gezwungen, es sich auf die verschiedenste Art und Weise zu verdienen. Zwischen kostbarem Marmor nisteten kümmerliche Hütten[2], und in den Hütten hauste der Hunger. Im Winter zitterten viele vor Kälte[3]. In den Mietshäusern waren die Zimmer klein, eiskalt[4] und dunkel[5]. Auch die Zwischengeschosse der Läden waren bewohnt[6]; oftmals waren diese Räume noch unter mehrere Familien aufgeteilt[7]; in diesen Mauselöchern waren wenig Licht, wenig Luft, aber viele Wanzen[8] und Betten, die aus den Fugen gingen[9]; wer kein Bett besaß, schlief auf Strohmatten[10]. Nicht alles war Prunk und Üppigkeit und kaiserlicher Glanz. Das antike Rom, das wirkliche und lebendige Rom, ist nicht nur das glänzende Rom der Salonbilder und des Filmes. In seinen Gegensätzen ist es viel menschlicher und uns viel näher. Ja, nur so ist es uns nahe und gewinnt unsere Sympathie, was auch immer die Verfechter einer professoralen Rhetorik sagen mögen.

Das Leben in den einzelnen Stadtteilen und ihr Äußeres war von diesen Gegensätzen bestimmt. Die Volksviertel hatten einen fast ländlichen Charakter, den auch der mächtige Rhythmus der Metropole nicht beseitigen konnte, wie er ihn auch anderswo niemals auszulöschen vermochte. In bestimmten Teilen der Stadt und zu gewissen Stunden pulsierte ein richtiges Jahrmarktstreiben. Zahllose fahrende Händler trieben ihr Gewerbe: sie verkauften Schwefelfäden[11] oder tauschten sie gegen zerbrochene Glassachen[12]; sie kauften und verkauften alte Schuhe[13]; Marktschreier, von einem Tunica tragenden Völkchen umgeben, versteigerten wertlosen Schund[14]; die *libelliones*[15] boten gebrauchte Bücher an. Die Inhaber der *popinae*[16], der Garküchen, und die Wursthändler *(salarii)* ließen auf den Straßen oder in den Thermen

---

[1] Dieses geflügelte Wort stammt von IUVENAL, 10, 81.
[2] CICERO, *Ad Att.*, xiv, 9, 1; MARTIAL, xi, 32; 56; xii, 32 und weitere Stellen.
[3] PERSIUS, 1, 54; IUVENAL, 1, 92/93. [4] MARTIAL, viii, 14, 5/6.
[5] *Ibid.*, iii, 30, 3; IUVENAL, 3, 225. [6] s. S. 89.
[7] ULPIAN, *Lib. xxiii ad Edictum* (= Digesten, ix, 3, 5, pr.): *Si ... plures diviso inter se cenaculo habitent ...;* vgl. § 1: *Si quis cenaculariam exercens modicum sibi hospitium retinuerit, residuum locaverit pluribus ...*
[8] MARTIAL, xi, 32, 1; 56, 5. [9] *Ibid.*, xii, 32, 11.
[10] *Ibid.*, xi, 32, 2.; IUVENAL, 5, 8. [11] MARTIAL, xii, 57, 14.
[12] *Ibid.*, i, 41, 4/5. [13] QUINTILIAN, vi, 3, 74.
[14] HORAZ, *Epist.*, i, 7, 61. [15] STATIUS, iv, 9, 21/22. [16] MARTIAL, i, 41, 8-10.

heiße Würstchen und andere Eßwaren durch ihre Laufjungen feilbieten; diese suchten (wie noch heute gewisse Verkäufer in Neapel) die Aufmerksamkeit des Publikums durch ihr Geschrei auf sich zu lenken[1]. Die Römer aßen mit großer Vorliebe Erbskuchen[2]; wer sie zu verkaufen hatte, machte glänzende Geschäfte[3]. Und es gab auch damals schon die mit Strohmatten und Teppichen herumziehenden Hausierer, die zu einem bestimmten Preise anboten und dann doch mit sich reden ließen[4]. Aber der Käufer mußte erst ein wenig mit ihnen feilschen und handeln.

Manch einer schlug sich auch mit den brotlosen Künsten jener hoffnungslosen Existenzen durch, die ohne Witz und Besitz immer wieder Gutgläubige finden, denen sie das Geld aus der Tasche ziehen können. Häufig sah man in Rom Schlangenbändiger[5], die mit ihren gefährlichen Tieren vor dem neugierigen Volk ihre Künste zeigten, Degenschlucker[6] oder Affenbändiger[7] mit der Peitsche in der Hand. Sie hatten das Tier, das einen runden Schild am Arm und einen Helm auf dem Kopfe trug, abgerichtet, mit einem Wurfspieß nach der Scheibe zu zielen. Anderswo improvisierte einer Gedichte, von einem Liebhaberpublikum umgeben[8], oder irgendein Scharlatan bot seine Wundermittel an. «Alle hören ihm zu», sagte Cato[9], «aber niemand vertraut ihm die eigene Haut an, wenn er krank ist.» Die Dummköpfe werden natürlich doch gekauft haben – und Gesindel fühlte sich in Rom seit eh und je zu Hause. Leute aus den ärmlichsten Gassen und besonders der Pöbel, der an der Stadtmauer wohnte *(in aggere)*[10], bot diesen Gauklern ein schaulustiges Publikum.

Die Zahl der Läden war unabsehbar; große Luxusgeschäfte wechselten mit dunklen Löchern, in denen Handwerker auf Bestellung arbeiteten. Wie in unseren alten Stadtvierteln gab es in manchen Straßen Geschäfte, welche die selben Waren verkauften. Cicero nennt zum Beispiel eine Sichelschmiedestraße *(inter falcarios)*[11]; es gab einen Vicus Unguentarius der Parfümver-

---

[1] SENECA, *Epist.*, 56, 2.   [2] HORAZ, *Ars poet.*, 249.   [3] MARTIAL, i, 41, 6.
[4] IUVENAL, 7, 220-21:
   Et patere inde aliquid decrescere, non aliter quam
    Institor hibernae tegetis niveique cadurci.
[5] MARTIAL, i, 41, 7.
[6] APULEIUS, *Met.*, i, 4. Apuleius verlegt die Szene seiner Erzählung in die Provinz, auf einen Platz in Athen; es ist aber bekannt, daß Artisten aller Art die Gunst des römischen Volkes genossen, und in Rom fehlten zweifellos auch die Degenschlucker nicht.
[7] IUVENAL, 5, 154-55.   [8] MARTIAL, i, 41, 11.
[9] Bei AULUS GELLIUS, i, 15, 9; vgl. PHAEDRUS, i, 14.
[10] IUVENAL, 6, 588.   [11] CICERO, *Cat. I*, 4, 8: *Dico te venisse ... inter falcarios.*

käufer; den Vicus Vitrarius der Glaser[1]; in der Nähe des Floratempels gab es eine Straße der *tonsores*. Wie wir sehen werden (s. S. 174 f.), hatte diese Besonderheit insofern auch praktische Bedeutung, als sich auf diese Weise die Ortsteile von Rom und ihre Einwohnerschaft mit ziemlicher Sicherheit feststellen ließen. Im Argiletum beherrschten Schuhmacher und Buchhändler[2] das Straßenbild, und die Literaten mußten sich zwischen dem Gestank von Leder und Pech bewegen, um sich über die Neuerscheinungen in den Regalen der *tabernae librariae* oder – wie es auch üblich war – durch Anschläge an den Säulen der Nachbargebäude zu informieren[3]; auch die Tür-

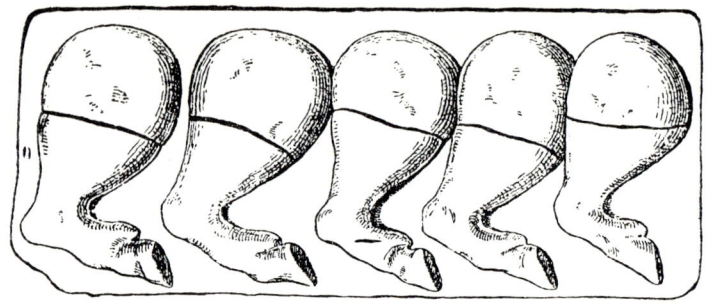

Abb. 12. Firmenschild eines Schlächters.
(Aus Blümner, *Die römischen Privataltertümer*)

pfosten der Buchläden waren ganz mit Anzeigen bedeckt[4]. Sogar in einer Gasse, die in das Argiletum mündete und nach den dort arbeitenden Flickschustern, die Sandaletten herstellten oder reparierten, Vicus Sandaliarius[5] genannt wurde, befanden sich noch Buchhandlungen. Dies brüderliche Zusammenleben von Büchern und Schuhen mag uns, die wir ein wenig mit Literatur zu tun haben, nicht eben begeistern; da es aber tatsächlich so war, haben wir keinen Grund, es zu verheimlichen. Man kann wohl auch eine Erklärung darin finden, daß beide, Buchhändler und Schuhmacher, mit gegerbtem Fell zu tun hatten.

[1] In der *Notitia* und im *Curiosum* erwähnt; s. S. 19, Anm. 1.

[2] MARTIAL, ii, 17, 3: *Argique letum multus obsidet sutor;* hingegen sind im Epigramm i, 3, 1 die *tabernae librariae* des Argiletum *(Argiletanas ... tabernas)* erwähnt und im Epigramm i, 117, 9ff. der Laden des Buchhändlers Atrectus, der sich gleichfalls im Argiletum befand.

[3] HORAZ, *Ars. poet.*, 372/73: *Mediocribus esse poetis non homines, non di, non concessere columnae.*

[4] MARTIAL, i, 117, 10–11.   [5] AULUS GELLIUS, xviii, 4, 1.

Der Beruf des Händlers brachte sehr viel Geld ein; und wer gleich mehrere *tabernae* unterhielt, gelangte rasch zu einem ansehnlichen Vermögen[1]. Reklame machte jeder auf eigene Art, entweder mit Inschriften, die in die Mauer eingelassen waren, oder mit dem Symbol seines Handwerkes oder Ladens: Die Friseure hingen Spiegel und Schere hinaus[2], die Messerschmiede Klingen, die über dem Laden in langer Reihe aufgehängt wurden (Taf. LXII, 2); die Weinhändler stellten Krüge, Schalen und Amphoren zur Schau (Taf. IX, 2); die Schlächter verwandten Basreliefs, die Schweinskeulen darstellten (Abb. 12); die Geflügelhändler hingen Hühner und Gänse an Haken auf, mit den Köpfen nach unten (Taf. X); die Kneipen malten Zecher mit dem Glas in der Hand (Taf. XIV, 2). Auch andere zeigten in anschaulich gemalten oder skulpierten Abbildungen ihr Handwerk an. Man sah den Fleischer, der das Schwein zerteilte (Taf. XII), die Stoffwalker (s. S. 189 f.), die ihrer Arbeit nachgingen: Wollkämmer, die am Arbeitstisch saßen, Färber, die am Kocher beschäftigt waren, und den Inhaber, der die fertige Ware zeigte (Taf. XIV, 1). Die Inschriften, die es mit der Grammatik nicht immer genau nahmen[3], ermunterten die Kundschaft zum Kauf[4]; Handwerker versprachen saubere Arbeit, die Bäder eine komfortable Behandlung.

In ganz Rom herrschte ein Lärmen und Treiben, das schier die Besinnung raubte; in den Straßen schob und drängte sich die Menge, die nur mit Mühe weiterkam:

Luctandum in turba et facienda iniuria tardis[5].

Man verschaffte sich Platz, indem man sich seiner Ellbogen bediente. «Wo bist du denn mit deinen Gedanken? Bei Maecenas?»[6] rief einer wütend

---

[1] IUVENAL, I, 105/106: *Sed quinque tabernae quadringenta parant*.

[2] Dieser in der antiken griechischen und italischen Welt für die römische Zeit (ALKIPHRON, iii, 30; LUKIAN, πρὸς τὸν ἀπαιδ., 29) bezeugte und wahrscheinlich ziemlich alte Brauch muß von den Griechen nach Rom gebracht worden sein, die die Haarschneidekunst in Rom einführten (s. S. 132).

[3] Zum Beispiel diese (deren sich PASCOLI für seine *Ecloga XI, sive ovis peculiaris* bediente; vgl. v. 22): IN HIS PRAEDIS AVRELIAE FAVSTINIANAE BALINEVS LAVAT MORE VRBICO ET OMNIS HVMANITAS PRAESTATVR (CIL, XIV, 4015). Man beachte *balineus* statt *balineum*. Vgl. CIL, X, 7296 (= DESSAU 7680), wo sowohl lateinische wie griechische Sprachfehler vorkommen.

[4] Ein Marmorhändler und Bildhauer in Rom lud seine Kundschaft folgendermaßen ein (CIL, VI, 9556 = DESSAU 7679): TITULOS SCRIBENDOS VEL SI QUID OPERIS MARMORARI OPUS FUERIT HIC HABES.

[5] HORAZ, *Sat.*, ii, 6, 28. [6] *Ibid.*, 29/31.

Horaz zu, der sich verängstigt durch die Menge drängte und unbeholfen, wie er war, den anderen recht unsanft angerannt hatte. Sich in Rom fortzubewegen, war nicht ohne Gefahren. «Der eine versetzt dir einen Stoß mit den Ellbogen oder rennt dich mit einem Brett an; und dann begreifst du erst, wie hart es ist; ein anderer überholt dich mit einem dicken Balken oder einem großen Kübel und stößt dir damit an den Kopf[1].» Bei dem dauernden Bauen mußte man aufpassen, daß nicht ein Kran, der schwere Steine und Balken emporzog, einem den Schädel einschlug[2]. Das Gesetz, das während der Tagesstunden den Verkehr der Wagen untersagte (s. S. 58), sah ausdrücklich eine Ausnahme für die Lastwagen vor, die Baumaterial für die Tempel und öffentlichen Bauten heranschafften oder Schutt abführen[3]; und diese schweren Lastwagen waren überall anzutreffen, sie versperrten alle Straßen und Plätze und sogar das Forum. Und dazwischen trotteten die Lastesel und die unter ihren schweren Körben gekrümmten Träger[4]. Alle hatten es eilig und schimpften. Irgend jemand rief auch von weitem oder erinnerte einen Bekannten mit lauter Stimme an irgendeine Angelegenheit; es kam wohl auch ab und zu vor, daß irgendein ganz Verrückter in großer Eile dahergerannt kam und die andern über den Haufen warf[5] oder daß ein wütender Hund oder ein entlaufenes Schwein jemandem zwischen die Beine lief[6]. Es war wahrlich kein Vergnügen.

In all diesem Durcheinander gab es manche, die wie von einem Rausch ergriffen waren; verhungerte Klienten, die sich für ein Mittagessen jede Geschichte aus den Fingern gesogen hätten, nur um sich jemandem nützlich zu erweisen. Sie schienen von einem Wahn ergriffen zu sein, geschäftig zu tun um der Geschäftigkeit willen, zu hasten, zu rennen; sie rasten wie die Wilden umher. Leute, die sich fast zerrissen: «Sie treiben sich bei den Häusern, Theatern, Foren herum», sagt Seneca[7], «immer bereit, sich der Geschäfte anderer anzunehmen, stets mit der Miene des Vielgeplagten … Sie wenden sich bald hier, bald da hin, ohne irgendeinen Zweck; sie tun nicht, was sie sich eigentlich vorgenommen haben, sondern was ihnen gerade unter die Hände kommt. Manch einer kann nur dein Bedauern erregen: man sieht ihn rennen, als ob er einen Brand löschen wollte, und stoßen und

---

[1] IUVENAL, 3, 245/46. [2] HORAZ, *Epist.*, ii, 2, 73.
[3] Vgl. CIL, I, 206 = DESSAU 6085 *(Lex Iulia Municipalis)*, ll. 56.
[4] HORAZ, *Epist.*, ii, 2, 72; MARTIAL, v, 22, 7/8.
[5] SENECA, *De tranq. an.*, 12, 4: *Impellunt obvios et se aliosque praecipitant.*
[6] HORAZ, *Epist.*, ii, 2, 75: *Hac rabiosa fugit canis, hac lutulenta ruit sus.*
[7] SENECA, *De tranq. an.*, 12, 2/4.

schieben, was ihm in den Weg kommt. Sie laufen, um irgend jemanden zu begrüßen, der ihren Gruß gar nicht erwidert; folgen dem Begräbnis eines Unbekannten oder nehmen am Prozeß eines Mannes teil, der die Prozeßwut hat, oder wohnen der Hochzeit einer Frau bei, die sich alle Augenblicke verheiratet. Sie begegnen einer Tragbahre; und schon schließen sie sich dem Zuge an und ergreifen schließlich die Stangen, um selber tragen zu helfen.»

Im Zentrum Roms hatten sich die lärmendsten Berufe zusammengefunden. «Sie lassen dich nicht ruhig leben», protestiert Martial[1], «am Morgen die Schullehrer, des Nachts die Bäcker und zu jeder Tagesstunde die Kesselschmiede mit ihren Hämmern. Auf der einen Seite befindet sich ein Wechsler, der, da er sonst nichts zu tun hat, die Münzen auf den schmutzigen Tischen klimpern läßt; auf der anderen Seite arbeitet ein Goldschmied, der mit einem Schlegel auf einen glänzenden Stein hämmert. Ununterbrochen stoßen die dem Kult der Kriegsgöttin geweihten Jünger Schreie aus, wenn der Geist sie überkommt. Immer wieder erzählt der Schiffbrüchige, ein Holzstück um den Hals, seine Geschichte; immer wieder bettelt der Judenjunge, von der Mutter dazu angehalten, schluchzend um Almosen, und der triefäugige Trödler bietet dir Schwefelfäden zum Verkauf an. Und wenn die Frauen mit ihren Liebesbeschwörungen den Mond verdunkeln, hat jeder ein Stück Kupfer zur Hand und schlägt wild darauf los[2].» Und so war es überall. In der Nähe der Thermen herrschte ein wahres Getümmel, und man konnte nur die bedauern, die dort wohnten. Überall Getöse, Stimmengewirr, Krach, bei Tage und bei Nacht.

Lärmendes Rom! Welch herrliche Stadt, aber welch eine Marter! Wohl dem, der sich die Ohren verstopfen und fliehen konnte. Wer die Möglichkeit hatte, zog sich in seine Villa zurück:

O rus, quando ego te aspiciam[3]?

Denn den Landaufenthalt liebt der Städter mehr als der Bauer, weil das eiserne Leben der Großstadt in ihm die Sehnsucht nach dem beglückenden Frieden der Felder wachruft; der Wunsch entsteht, aus der Enge des täglichen Lebens zu entfliehen, das dir die Kehle zuschnürt und dich schier zu erdrücken scheint. Im Altertum hat es wohl kein Volk gegeben, das wie die

---

[1] xii, 57.
[2] Um die Mondfinsternis zu beenden, die man für ein schlechtes Vorzeichen hielt, bediente man sich dieses Mittels sowie des Schalles der Trompeten; vgl. TACITUS, *Ann.*, i, 28, 3. [3] HORAZ, *Sat.*, ii, 6, 60.

Römer, obwohl gewohnt, in der Großstadt zu leben, doch so stark die Poesie der Natur und den Zauber des Landlebens empfunden hat. Die Kultur, der wir das Colosseum verdanken, hat uns auch die Verse Vergils geschenkt.

21. Des Nachts waren die Straßen stockdunkel. Wer nicht Gefahr laufen wollte, sich ein Bein zu brechen oder eine unangenehme Begegnung zu machen, ließ sich von einem Diener mit der Fackel begleiten. Die fackeltragenden Sklaven begleiteten die Herren zum Festmahl und verharrten dann stundenlang auf den Treppen des Vorraumes, während die Herren tranken und sich unterhielten. Auch die unternehmungslustigen Jünglinge, die auf Liebesabenteuer ausgingen, ließen sich von Sklaven vorausleuchten[1].

Ab und zu vernahm man den festen Schritt der Polizeistreife, die, mit Äxten und Eimern ausgerüstet, die Runde machte, um notfalls einen Brand zu löschen oder irgendwelche verdächtigen Elemente festzunehmen. Wer kein reines Gewissen hatte, suchte ihr auszuweichen.

Durch das Dunkel der Nacht wurde der Verkehr, der in der Großstadt niemals ganz aufhört, nur zum Teil eingeschränkt. Der Lärm schwächte ab, aber erstarb nie. In Rom lebte man *inter strepitus nocturnos atque diurnos*[2]. Bei Sonnenuntergang begann von neuem der Wagenverkehr, der tagsüber untersagt war. Quietschend und knarrend bewegten sich lange Kolonnen von schweren Lastwagen *(plaustra)*, mit Salz und Lebensmitteln beladen, mit all den Waren, die Rom in seinen Speichern am Tiber anhäufte, um sie dann von hier auf die nördlichen Provinzen zu verteilen. Die ganze Welt belieferte Rom, und Rom versorgte wiederum Italien. Von der Porta Trigemina in der Gegend der Märkte am Fluß bis zur Porta Collina, wo die Via Salaria, die nach Norden führende Straße, begann, wälzte sich die ganze Nacht ein Strom von *plaustra*, die mit ihrem dröhnenden Knarren auf dem Pflaster das Schweigen der Nacht unterbrachen. Auch die Reisewagen, die während der Tagesstunden an den Toren anhalten mußten (s. S. 58), durchfuhren in allen Richtungen die Straßen Roms; ihnen eilte ein *servus praelucens*[3] voraus, der vor den Pferden herschritt, um mit einer Fackel den Weg zu beleuchten; es gab elegante und leichte Kaleschen, aber auch bequeme und robuste Reisewagen, in denen eine ganze Familie schlief[4]. Sie fuhren in

---

[1] HORAZ, *Od.*, iii, 26, 6ff.   [2] *Ibid.*, *Epist.*, ii, 2, 79.   [3] SUETON, *Aug.*, 29.

[4] IUVENAL, 3, 10. Auf der Reise führten viele umfangreiches Gepäck, Diener und ein zahlreiches Gefolge mit sich (CICERO, *Pro Milone*, 10, 28.: ... qui ..., *cum uxore veheretur in raeda, paenulatus, magno et impedito et muliebri ac delicato ancillarum puerorumque comitatu...*; vgl. *Ad Att.*, vi, 1, 25; SUETON, *Nero*, 30).

schnellem Tempo durch die Stadt, rasten bald durch breite, bald durch enge Straßen, von den Flüchen der Leute verfolgt, die Gefahr liefen, überfahren zu werden, während das Rollen der Räder sich in der Ferne verlor[1].

Die Nacht dient zum Schlafen, aber nicht alle schliefen in Rom. Wer in seine Studien vertieft war, setzte sie auch des Nachts bei Lampenschein fort[2]: *At te nocturnis iuvat impallescere chartis,* sagt Persius[3]. Die Feinschmecker tafelten. Die Bäcker arbeiteten[4], damit die Frühaufsteher beim Erwachen frisches Brot und die Schüler ihr Frühstück für die Pause hatten[5]. Die Regierung tagte bis zu später Nachtstunde. Die Sorgen um das Imperium ließen keinen langen Schlaf zu. Caligula ließ sogar des Nachts die Todesurteile vollziehen, und der Scharfrichter köpfte beim Lichte der Fackeln[6].

Die wenigen Passanten stießen des Nachts auf armes Volk, das im Freien nächtigte[7], oder auf Trunkene, die bis zum Morgengrauen zechten und durch die Straßen torkelten. Dies passierte sogar dem trefflichen Cato Uticensis[8], dem der Wein nur zu gut schmeckte. Lustige Gesellen zogen vorüber, und das rote Licht ihrer Fackeln verlor sich in der Nacht. In den Sackgassen blühte das Laster[9]. Verbrechergesindel[10] und händelsüchtige Betrunkene waren unterwegs[11]; unverbesserliche Nachtbummler suchten die noch zu später Stunde offenen Schenken auf[12]. Dort trank man in Gesellschaft leichtfertiger Frauen, versuchte sich im Glücksspiel, und nur zu oft kam es zum Streit (Taf. XV, 2 und 3).

Damen, die in später Stunde vom Festmahl heimkehrten, konnten niemals sicher sein, daß sie nicht irgendein Flegel belästigte. Die Dunkelheit lud dazu ein, und mancher Kühne, wie der Wüstling Caelius[13] oder der wahnsinnige Nero[14], nahm die Gelegenheit wahr. Dies gab natürlich Anlaß zu Redereien und, wenn der Ehemann davon Wind bekam, zu nächtlichen Schlägereien.

Die Halbstarken, die auch in den besten Familien nicht fehlten, benutzten die Dunkelheit, um sich den wüstesten Exzessen hinzugeben. Gegen ihre Freundinnen betrugen sie sich stets höchst brutal[15]; und wehe, wenn sie ein-

---

[1] IUVENAL, 3, 236/37. [2] HORAZ, *Epist.*, i, 2, 35; *Ars poet.*, 268/69. [3] v, 62.
[4] MARTIAL, xii, 57, 5.
[5] Ibid., xiv, 223, 1: *Surgite: iam vendit pueris ientacula pistor*
  Cristataeque sonant undique lucis aves.
[6] SENECA, *De ira*, iii, 18, 4. [7] IUVENAL, 5, 8. [8] PLINIUS, *Epist.*, iii, 12, 2.
[9] CATULL, 58, 4-5; PROPERZ, iv, 7, 19-20. [10] IUVENAL, 3, 302 ff.; 5, 54/55.
[11] Ibid., 3, 278 ff. [12] Ibid., 8, 158 ff.
[13] CICERO, *Pro Caelio*, 8, 20; vgl. OVID, *Amores*, i, 3, 55 ff.
[14] SUETON, *Nero*, 26. [15] HORAZ, *Od.*, i, 17, 25/28 usw.

mal die Tür verschlossen fanden: Die Tür einschlagen, das Haus anzünden, den Pförtner verprügeln war eine Kleinigkeit[1]. Beim Lichte der Fackeln (s. S. 68 f.) schleppten sie zu diesem Zweck Brecheisen und Hebewerkzeuge herbei, ja offenbar sogar Waffen[2], um ihrer Anmaßung Nachdruck zu verleihen. Und nicht immer bot ein Liebesabenteuer den Vorwand; weit schlimmer betrieben sie ihr Spiel zum Zeitvertreib. Kaiser Nero tat sich ebenfalls in diesem nächtlichen Sport hervor[3]. Um sich ungezwungener bewegen zu können, setzte er sich eine Mütze auf, die das Gesicht verdeckte, oder einen alten Bauernhut. Er vergnügte sich damit, die zu nächtlicher Stunde Heimkehrenden zu verprügeln; und wenn sie sich zur Wehr setzten, warf er sie in die Kloaken[4]. Er schlug die Türen der Läden ein und stahl, was ihm unter die Finger kam, um diese ruhmvolle Beute dann unter seinen Kumpanen zu versteigern. Natürlich kam es bisweilen zu Schlägereien, und mehr als einmal lief der kaiserliche Strolch Gefahr, die Haut dabei zu lassen.

Mit dem einzelnen Passanten trieb man zuweilen auch den Scherz, der unter Soldaten üblich war und mit *sagatio* bezeichnet wurde[5]. Man zwang ihn, sich auf einen Mantel zu legen, hielt diesen an den Zipfeln fest und schleuderte den Unglücklichen in die Luft, bis man des Spieles müde war und dem armen Opfer alle Knochen schmerzten. Die Polizei paßte auf, konnte aber nicht überall sein.

Und wie war es zu vermeiden, daß den Passanten irgendein Gegenstand auf den Kopf fiel, wenn die Straße so eng war und jedes offene Fenster eine Gefahr bedeutete? Der Pöbel nutzte die Dunkelheit aus, um sich des Abfalles zu entledigen; aus allen Fenstern wurden Scherben, Kehricht oder sonstiger Unrat auf die Straße befördert, und wer gerade vorüberschritt, konnte schon von Glück reden, wenn er nur beschmutzt oder mit ein paar Beulen davonkam. Manchmal flogen aber wahre Geschosse aus

---

[1] TERENZ, *Eun.*, 771 ff.; TIBULL, i, 10, 53/54; PROPERZ, ii, 5, 21/24; OVID, *Amores*, i, 9, 20; *Ars. am.*, iii, 567 usw. Szenen dieser Gewalttätigkeiten, die uns von Terenz berichtet werden (*Adelph.*, 155 ff.), stammen aus griechischer Quelle; in Rom verloren sie jedoch nicht an Aktualität. Auch Seneca (*Nat. quaest.*, iv, praef., 6) betrachtet es als eine durchaus normale Angelegenheit, daß ein Mädchen, wenn es die Türe ihres Liebhabers verschlossen findet, diese einschlägt: *quemadmodum (ostium) opponi amicae solet: quae si impulit grata est; gratior si effregit.* Und wenn die Mädchen so handelten, mit wieviel weniger Skrupel mögen wohl die Jünglinge vorgegangen sein.

[2] HORAZ, iii, 26, 6/8.   [3] SUETON, *Nero*, 26.   [4] s. S. 25, Anm. 2.

[5] SUETON, *Otho*, 2: *Ferebatur ... vagari noctibus solitus, atque invalidum quemque obviorum, vel potulentum corripere ac distento sago impositum in sublime iactare;* vgl. MARTIAL, i, 3, 8.

den Fenstern. «Bedenke», sagt Iuvenal[1], «aus welcher Höhe Scherben herabfliegen, um dir den Schädel einzuschlagen, und wie oft es geschieht, daß aus den Fenstern zersprungene oder zerbrochene Krüge geworfen werden, schwere Gegenstände, die sogar auf dem Pflaster ihre Spuren hinterlassen. Du bist wahrlich sehr nachlässig und unvorsichtig, wenn du zu einem Abendessen ausgehst, ohne vorher dein Testament gemacht zu haben.» Man darf aber nicht glauben, daß der Staat nicht mit strengen Verboten eingeschritten wäre. Eine Verfügung des Praetors[2] bestimmte, daß alle Mitbewohner eines Hauses verantwortlich seien für die Schäden, die den Passanten durch das Herabwerfen von Flüssigkeiten *(effusum)* oder harten Gegenständen *(deiectum)* aus den Fenstern entstehen könnten. Und die Juristen der Kaiserzeit erklärten[3], es liege im öffentlichen Interesse, daß der Büger *sine metu et periculo* spazieren gehen könne. Wenn aber jemandem der Schädel eingeschlagen war, gab es keine Verfügung oder Rechtswissenschaft, die ihn wieder zusammenflicken konnte; und wenn der Betreffende an den Verletzungen starb, blieb den Erben nichts weiter übrig, als von den Verantwortlichen eine Entschädigung von fünfzig *aurei*[4] zu verlangen, die vom Praetor im voraus festgelegt waren. Soviel galt das Leben eines römischen Bürgers.

Öffentliche Beleuchtung gab es nicht; für das Licht hatte jeder selbst zu sorgen. Wer keinen Begleiter hatte, der ihm auf dem Weg leuchten konnte, mußte sich mit einer bescheidenen Kerze begnügen und konnte sich nur mit Angst und Bangen auf die Straße wagen[5]. Einige Versuche öffentlicher Beleuchtung wurden zu besonderen Feierlichkeiten und in bestimmten Gegenden gemacht. Nächtliche Jagden und Gladiatorenkämpfe wurden beim Schein großer Leuchter veranstaltet[6]. Domitian hatte auch die grandiose Idee, den Circus durch einen großen Kronleuchter aus Fackeln zu illuminieren, der in der Höhe aufgehängt wurde[7]. Vor ihm hatte schon Caligula[8] gelegentlich eines nächtlichen Theaterspieles ganz Rom erleuchtet. Auch Nero schaffte sich eine nächtliche Beleuchtung seiner Gärten, indem er die

---

[1] 3, 267 ff. [2] *Digesten*, ix, 3, 1, pr.
[3] ULPIAN, *Lib. xxiii ad Edictum* (= *Digesten*, ix, 3, 1, § 1): *Publice enim utile est sine metu et periculo per itinera commeari.*
[4] *Ibid.: Si eo ictu homo liber perisse dicetur, quinquaginta aureorum iudicium dabo.* Der *aureus* galt hundert Sesterzen und hatte ungefähr das Gewicht des heutigen Pfund Sterling. Die reguläre Prägung begann unter Iulius Caesar (49 v. Chr.).
[5] IUVENAL, 3, 286 ff. [6] SUETON, *Domit.*, 4. [7] STATIUS, *Silv.*, i, 6, 85 ff.
[8] SUETON, *Cal.*, 18: *Scaenicos ludos fecit ... quondam et nocturnos, accensis tota urbe luminibus.*

Christen bei lebendigem Leibe verbrannte, nachdem er sie vorher sorgfältig mit Pech hatte bestreichen lassen[1]. Dies waren aber Ausnahmen; normalerweise war Rom nachts in tiefe Finsternis gehüllt, die allerhand unangenehme Überraschungen und Gefahren in sich barg. Wer nicht gezwungen war auszugehen und Vorsicht walten lassen wollte, blieb lieber zu Hause.

[1] TACITUS, *Ann.*, xv, 44, 7/8.

VITA·ROMANA·I

I. DAS RÖMISCHE HAUS

1. Die beiden Grundtypen des römischen Hauses. – 2. Das vornehme römische Haus (pompejanischer Typus). – 3. Das Mietshaus (Typus von Ostia). – 4. Die Grundmerkmale des herrschaftlichen Hauses; die verschiedenen Teile: *vestibulum* und *fauces*, die Tür, *posticum, atrium, tablinum, alae, andron, peristylium, exhedra, oecus*, die Schlafzimmer, *triclinium*, die Küche, die Kammern für die Sklaven, *tabernae*, zusätzliche Räume, Wandmalereien, Stukkaturarbeiten, Mosaiken. – 5. Grundrisse des pompejanischen Hauses.

1.

DAS römische Haus, wie Vitruv es beschreibt und wie wir es in den Ruinen von Pompeii noch heute vor Augen haben, bestand aus zwei Teilen: dem ersten, dessen Mittelpunkt das *atrium* bildete, und dem zweiten, der sich um das *peristylium* gruppierte (Abb. 13 und 15).

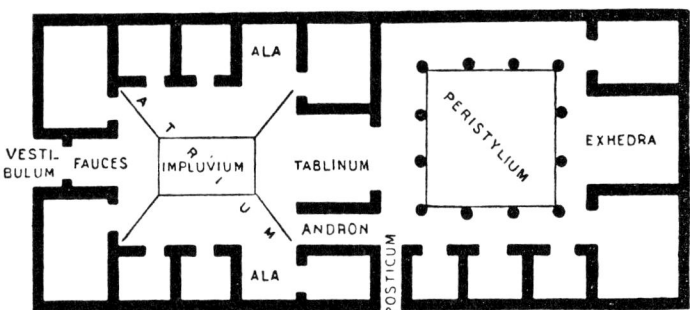

Abb. 13. Das typische römische Haus (Grundriß).

Das antike italische Haus bestand nur aus dem Atrium und den umliegenden Räumen und in den meisten Fällen aus einem dahinter liegenden Garten. Ein Beispiel für diesen ursprünglichen Haustyp stellt das sogenannte Haus des Chirurgen (Abb. 14) in Pompeii dar. Aus dem kleinen Garten, der an die Hinterseite des Hauses anschloß, entwickelte sich im Laufe der Zeit das *peristylium*, ein von Säulengängen umgebener Garten, auf den sich von allen Seiten Räume verschiedener Größe öffneten: die größten und schönsten im rückwärtigen Teil, der sich am weitesten entfernt vom Atrium befand. Das *peristylium* entsprach in der Anlage und in der Benennung der

Räume den Wohnräumen für Männer im griechischen Hause. Während die Bezeichnungen der Vorderräume des römischen Hauses italischen Ursprungs sind *(atrium, fauces, alae, tablinum)*, sind die des hinteren Teiles griechisch *(peristylium, triclinium, oecus, exhedra)*.

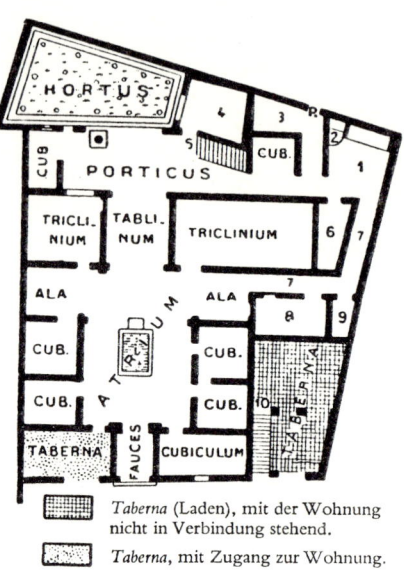

Abb. 14.
Das «Haus des Chirurgen» in Pompeii.
CUB. = *cubiculum;* i. = *impluvium, compluvium;* P. = *posticum.*
1. Küche; 2, 3. Aborte; 4. Zimmer unbekannter Bestimmung (vielleicht Sommer*triclinium*); 5. Treppen zum oberen Stockwerk; 6. Vorratsraum; 7. Gang für Dienerschaft; 8. Dunkles Zimmer (vielleicht Abstellraum); 9. Kleiner offener Hof; 10. Zugangstreppe zu einer *pergula.*

Taberna (Laden), mit der Wohnung nicht in Verbindung stehend.
Taberna, mit Zugang zur Wohnung.

So sieht das typische römische Haus aus, das in seiner Gesamtanlage dem pompejanischen Hause und den Beschreibungen des herrschaftlichen Hauses entspricht, die uns von den Autoren überliefert werden. Die jüngsten Ausgrabungen in Ostia und verschiedene Angaben, die wir literarischen Texten der Kaiserzeit entnehmen (Iuvenal, Martial, die *Digesten*), ermöglichen es uns, diesem Typus des römischen Hauses den der großen Mietshäuser gegenüberzustellen, mit dem man in den bedeutenden Zentren, und insbesondere in Rom, das beängstigende Wohnungsproblem zu lösen versuchte: menschliche Bienenstöcke; dem Aussehen und der Verteilung der Räume nach unseren modernen Wohnstätten sehr ähnlich. Diese beiden Arten müssen gesondert behandelt werden.

2. Das typische römische Haus ist in der Regel nur von einer einzigen Familie bewohnt und unterscheidet sich vom modernen Haus durch folgende Merkmale:

DAS RÖMISCHE HAUS

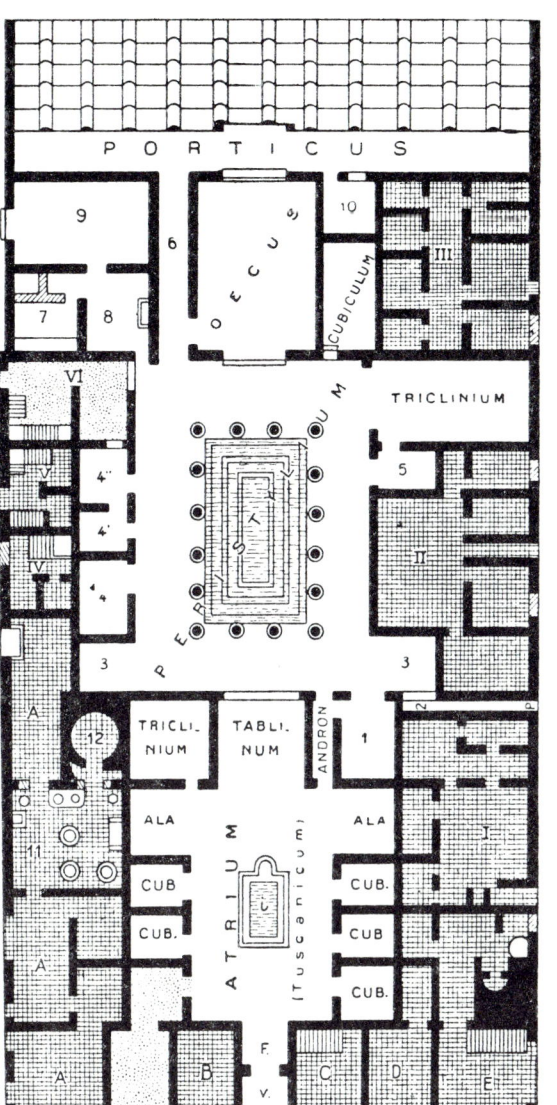

Abb. 15. Das «Haus des Pansa» in Pompeii.

CUB. = *cubiculum*; F. = *fauces*; P. = *posticum*; V. = *vestibulum*. – 1. Offenes Zimmer, auf das Peristyl gehend. 2. Gang, zum *posticum* führend; 3 und 3'. Zimmer, die nach dem Peristyl zu offen liegen. 4, 4' und 4''. An der einen Seite des Peristyls gelegene Räume. 5. Durchgangszimmer vom *triclinium* zum *peristylium*. 6. Gang. 7. Ställe. 8. Küche. 9. Wagenschuppen. 10. Kammer. – A, A, A. Bäckerladen (11. Mahlraum, 12. Der Backofen). B. *taberna* (Laden). C. *taberna* mit Treppe, die zur *pergula* (Halbgeschoß) führt. D. *taberna* mit Hinterraum. E. *taberna* mit Verbindung zu einer kleinen darüberliegenden Wohnung; I, II, III. Kleine Mietswohnungen; IV, V. Kleine Mietswohnungen mit darüberliegenden Zimmern; VI. Kleine Wohnung mit darüberliegenden Räumen, mit der Hauptwohnung in Verbindung stehend.

 Wohnungen und Läden, die mit der Hauptwohnung in Verbindung stehen.

 Wohnungen und Läden, die nicht mit der Hauptwohnung in Verbindung stehen.

☐ die große Hauptwohnung.

a. Es ist nach innen ausgerichtet, nicht wie unser modernes Haus nach außen. Luft und Licht dringen durch die beiden Innenhöfe ein, um die sich die anderen Räume gruppieren; also durch das Atrium, dessen mittlerer Teil unbedacht ist, so daß die daran grenzenden Räume Luft und Licht von ihm empfangen, und durch den Garten des Peristyls, der noch lichtreicher als das Atrium ist, da er offener und meist größer ist.

b. Es fehlt ihm eine Außenfassade. Nach außen gehende Fenster sind selten, unregelmäßig verteilt und nur von geringen Ausmaßen, sehr oft fehlen sie überhaupt; auch wenn vorhanden, mangelt ihnen ein äußerer Rahmen. Deshalb wirkt die rauhe, düstere Außenfront im Gegensatz zum prächtigen Inneren mit den vielen geschmackvoll und kostbar ausgestatteten Räumen auf den heutigen Wanderer durch Pompeii mehr wie ein Gefängnis oder Kloster als wie ein vornehmes Haus.

c. Es ist normalerweise nur einstöckig; auch wenn mehr als ein Stock vorhanden ist, sind die Bauten der oberen Etagen auf eine gewisse Zahl von Nebenräumen beschränkt; ein Beweis dafür, daß man nur aus Gründen des Familienzuwachses höher gebaut hat und nicht nach einer organischen architektonischen Idee.

d. Die einzelnen Räume dienen nur einem bestimmten Zweck; das *cubiculum* ist zum Beispiel ein Schlafzimmer, das *triclinium* ein Speisezimmer, das *tablinum* ein Gesellschaftszimmer usw.

3. Das große Miethaus hingegen, wie wir es in den Ausgrabungen in Ostia vorgefunden haben (Taf. XVI–XVIII), gibt uns die Mietwohnung und die Behausung des kleinen römischen Bürgers wieder und ist gewissermaßen der Vorbote des modernen Hauses, und zwar in folgendem:

a. Es ist höher als das pompejanische Haus, da es bis zu drei und vier Stockwerke hoch sein kann (ca. 18 m).

b. Die äußeren Mauern weisen zahlreiche Fenster und Balkone auf (Taf. XVIII). Da diese Häuser möglichst wirtschaftlich gebaut wurden, um so viel wie möglich vom Innenraum für Zimmer verwenden zu können, führte man Luft und Licht von der Außenseite her ein.

c. Die äußeren Mauern bilden eine Fassade.

d. Die einzelnen Räume sind nicht für einen bestimmten Zweck vorgesehen (wie zum Beispiel das *tablinum*, der *oecus* usw. des pompejanischen Hauses); sie haben weder im Bau noch in der Anordnung ein besonderes Charakteristikum; der Mieter benutzt sie je nach den Bedürfnissen der Familie.

DAS RÖMISCHE HAUS

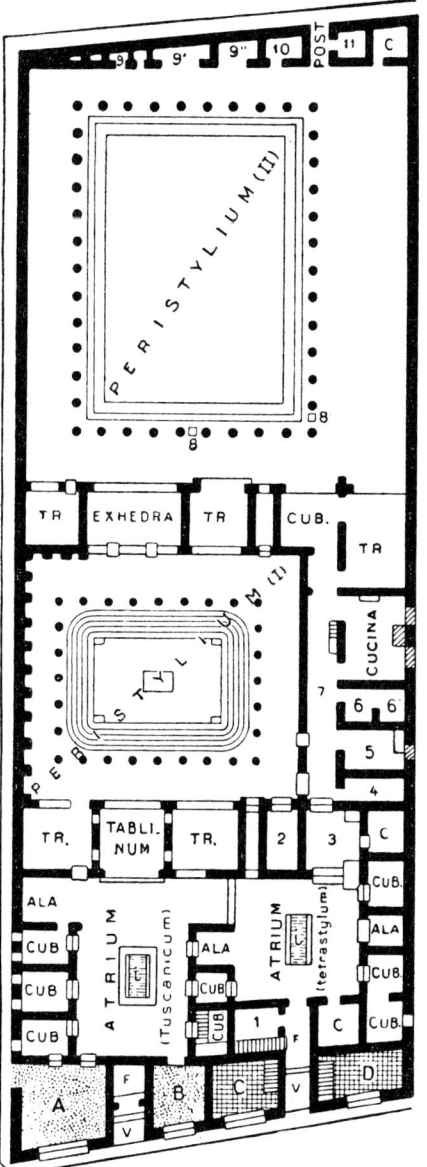

Abb. 16. Das «Haus des Faunes» in Pompeii.

C. = *cella* (Kammer); CUB. = *cubiculum*; F. = *fauces*; i. = *impluvium-compluvium*; Post. = *posticum*; TR. = *triclinium*; V. = *vestibulum*. – A, B = *tabernae*, in Verbindung mit der Wohnung. C, D = *tabernae*, nicht in Verbindung mit der Wohnung, jede mit einer Verbindungstreppe zur *pergula*. 1. Pförtnerraum (*ostiarius*) mit Durchgangstreppe zum oberen Stockwerk; 2. Nach dem Peristyl zu geöffnetes Zimmer; 3. Durchgang zu den Wirtschaftsräumen; 4. 5. Ställe; 6. 6'. Badezimmer; 7. Gang mit Fenstern zum Peristyl; 8. 8'. Zisternenöffnungen; 9. 9'. 9''. Nischen mit hohem Sockel zum Aufstellen von Statuen; 10. Vorratsraum; 11. Raum für den Pförtner beim *posticum*.

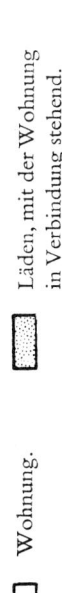

☐ Wohnung.

▨ Läden, mit der Wohnung in Verbindung stehend.

▦ Läden, die mit der Wohnung nicht in Verbindung stehen.

Es besteht kein Zweifel, daß die Mietshäuser Roms von der gleichen Bauart gewesen sind; die Autoren erzählen uns von endlosen Treppen bis zu den höchsten Stockwerken[1], von Fenstern, die so nahe nebeneinanderlagen, daß die Nachbarn sich die Hände reichen konnten[2]. Enge, unbequeme und gefährliche Häuser, die im allgemeinen ohne Wasserleitungen im Inneren[3] und obendrein der Feuersgefahr und dem Zusammensturz ausgesetzt waren. Iuvenal sagt[4]: «Wir wohnen in einer Stadt, die zum großen Teil durch Stützen gehalten wird, welche die Zerbrechlichkeit von Schilfrohr haben. Es ist wahrlich eine wunderbare Erfindung des Verwalters, wenn ein Haus einzustürzen droht; nachdem er die Sprünge, die sich seit langer Zeit gebildet haben, weiß übertüncht hat, sagt er dir: ‚Nun kannst du ruhig schlafen!' Unterdessen droht dir das Haus über dem Kopf zusammenzustürzen.» Und er übertreibt durchaus nicht; in einem Briefe an Atticus gibt Cicero[5] dem Freunde Nachricht von dem traurigen Zustande eines seiner Mietshäuser: «Mir sind zwei *tabernae* eingestürzt; in den anderen sind die Mauern alle gesprungen: nicht nur die Mieter reißen aus, sondern auch die Mäuse» (kluge Voraussicht der Mäuse!).

In diese eng aneinander gereihten Wohnungen, deren Fenster auf die Straße gingen, drang der Lärm von überall her ein. Seneca (vgl. S. 254 f.) beklagt sich, daß unter ihm ein Bad sei; Martial[6], daß sich eine Schule unter ihm befinde; Iuvenal[7], daß von der Straße unter seinen Fenstern der ganze Lärm zu ihm heraufdringe. Nur die vornehmen Häuser waren durch ihre Bauweise vor Außenlärm geschützt; unter vielen sozialen Ungerechtigkeiten war auch die, daß der ruhige Schlaf ein Privileg der Reichen war[8]. «Um in Rom schlafen zu können», sagt Iuvenal, «muß man viel Geld haben» *(magnis opibus dormitur in urbe)*. Im Inneren der Häuser befand sich eine Flucht von Zimmern mit wenig Licht; überall hatte man das Gefühl der Enge und des Eingeschlossenseins. Die armen Leute, die den Vornehmen ihr Peristyl neideten, versuchten den trübseligen Eindruck zu beleben, indem sie ein paar Blumen auf dem Fenstersims züchteten[9]. Man weiß, daß sich die Natur «nicht mit der Mistgabel vertreiben läßt[10]»; und in Ermangelung von etwas Besserem hat man es immer so gehalten.

---

[1] MARTIAL, i, 117, 7; vii, 20, 20.   [2] Ibid., i, 86, 1, 2.   [3] Ibid., ix, 18.
[4] 3, 193/196.   [5] *Ad Att.*, xiv, 9, 1.   [6] ix, 68.   [7] 3, 234 ff.
[8] Vgl. MARTIAL, xii, 57 mit der lebendigsten Beschreibung des römischen Straßenlärms.
[9] MARTIAL, xi, 18, 2: *Sed rus est mihi maius in fenestra.*
[10] HORAZ, *Epist.*, i, 10, 24.

4. Das Haus, welches die Ansprüche und das häusliche Leben der italischen Bevölkerung aus der Zeit, als die aus Griechenland eingeführte Kultur sich schon voll entfaltet hatte, am reinsten widerspiegelt, kann als das typisch römische gelten. In seiner letzten Entwicklung hat es herrschaftlichen Charakter; es ist ein bequemes, geräumiges und schönes Haus, wie es sich nur die vermögenden römischen Bürger leisten konnten oder die Einwohner des reichen Pompeii, und aus diesem Typus entwickelten sich dann die Wohnbauten, die den Bedürfnissen einer dicht zusammengepferchten Bevölkerung entsprachen. Diese Bauweise fordert zu einem Leben im Freien auf, ja, zwingt eigentlich dazu; es ist die Behausung einer südländischen Bevölkerung; als die Römer ihre Paläste in Oberitalien und in den Provinzen Nordeuropas erbauten, wandten sie ein vollendetes Heizungssystem an, das die Wärme durch innen hohle Doppelwände trieb und in der Verteilung der Wärme an unsere modernen Zentralheizungen erinnert (vgl. S. 255 f.). Im römischen, nach pompejanischem Muster erbauten Hause kommt man ständig mit der von außen eindringenden Luft in Berührung; sie dringt durch das *impluvium*, verteilt sich vom Garten aus und zirkuliert durch Gänge und Zimmer. Die das Atrium und das Peristyl umgebenden Zimmer sind dunkel und ohne Luft; wer gesund ist, meidet sie so viel als möglich: wenn das Wetter schön und nicht zu kalt ist, nimmt die Familie das Essen im Garten ein.

Während das Ostienser Haus aus einer Folge von Zimmern und Gängen besteht mit einem ganzen System von Innen- und Außentreppen, das sich von Mietshaus zu Mietshaus unterscheidet, und, wie gesagt, dem modernen Hause auch aus Mangel an jeder Eigenart ähnelt, hat im pompejanischen Haus jeder Raum seine besondere Bestimmung und Bezeichnung. Es ist daher notwendig, sie kennenzulernen, und wäre es nur, um die zahlreichen Anspielungen der Schriftsteller verstehen zu können.

Vestibulum und fauces: In das römische Haus trat man nicht wie beim modernen Haus durch eine Tür ein, die unmittelbar an der Straße liegt. Vielmehr befand sich die Tür nach der üblichen Bauweise inmitten des Ganges, der von außen in das Atrium führte. Dieser Gang zerfiel also in zwei Teile: 1. das *vestibulum* vor der Eingangstür; 2. die *fauces* hinter der Tür.

Der Teil des Korridors zwischen Tür und Atrium wurde als *fauces* bezeichnet. Im allgemeinen sind diese *fauces* eine einfache Fortsetzung des *vestibulum*, mit dem sie einen einzigen, nur durch die Tür unterbrochenen Gang bilden; das *vestibulum* konnte aber auch schmaler als die *fauces* sein;

das Haus des Epidius Rufus in Pompeii ist ein Beispiel für diese Sonderheit. Wir wissen, obwohl der archäologische Beweis fehlt, daß zwei aneinandergrenzende Häuser ein gemeinsames *vestibulum* haben konnten[1].

Das *vestibulum* der römischen Patrizierhäuser sah dagegen anders aus; es gehörte nicht zum eigentlichen Bau, sondern befand sich zwischen Straße und Haustüre[2]. Gewöhnlich war es etwas über dem Boden erhöht, so daß man durch einige Stufen zu ihm gelangte[3]. Das *vestibulum* war mit Standbildern, Quadrigen und Kolonnaden geschmückt, die aus herrlichen Säulen bestanden. Hier pflegten sich die Klienten in Erwartung der *salutatio matutina* zu versammeln[4].

Die Tür; posticum: Die Tür *(ianua)* im weitesten Sinne setzte sich aus drei Hauptteilen zusammen:

a. *limen:* Die Schwelle *(limen inferum)*, die sich über dem Boden des *vestibulum* ein wenig erhob, und der Türbalken *(limen superum)*; im allgemeinen waren die Schwelle und oft auch der Türbalken aus Marmor[5].

b. *postes:* Die Türpfosten *(postes)*, die aus den beiden Seitenwänden des *vestibulum* herausragten, waren mit Holz verkleidet *(antepagmenta)* oder auch mit Stuck oder Marmor. Auf den Türschwellen der pompejanischen Häuser kann man noch die Löcher feststellen, in denen diese Verkleidung befestigt war.

c. *fores:* Die eigentliche Tür *(fores)* bestand für gewöhnlich aus zwei oder mehr Flügeln (Taf. XIX). Diese Flügel *(valvae)* hingen nicht in Scharnieren an den Pfosten wie unsere modernen Türen, sondern in Türangeln aus Holz, die mit Eisen oder Bronze überzogen waren. Beim Öffnen knarrten sie[6].

Außer dem Haupteingang gab es einen Nebeneingang für die Dienerschaft, das *posticum*. Nach dem, was man mit einer gewissen Regelmäßigkeit in Pompeii beobachten kann, befand sich dieser Nebeneingang nicht am entgegengesetzten Ende des Gebäudes, wie man aus dem Namen schließen könnte, sondern öffnete sich in einer der Seitenwände des Hauses und führte auf eine enge Gasse. Die Sklaven, das niedere Volk und die Boten der Lieferanten, die die Küche versorgten, benutzten diesen Nebeneingang; wohl auch manchmal der Herr selbst, wenn er sich den Blicken lästiger Beobachter entziehen wollte: *atria servantem postico falle clientem*[7].

---

[1] PAULUS, *Lib. vi ad Sabinum (Dig.*, x, 3, 19, § 1).   [2] AULUS GELLIUS, xv, 5, 3–9.
[3] SENECA, *Epist.*, 84, 12: *Praeteri istos gradus divitum et magno adgestu suspensa vestibula.*
[4] *Ibid., Ad Marciam*, 10, 1; *Ad Polyb.*, 4, 2; SUETON, *Tib.*, 32; IUVENAL, I, 132.
[5] HORAZ, *Epist.*, i, 18, 73: *Intra marmoreum venerandi limen amici.*
[6] LUCREZ, ii, 450: *aeraque quae claustris restantia vociferantur.*   [7] HORAZ, *Epist.*, i, 5, 31.

Atrium: Wie wir gesehen haben, bildet es den Mittelpunkt des vorderen Teiles des römischen Hauses. Um das Atrium gruppieren sich die kleineren Räume. Gegenüber dem Eingang stand der *lectus genialis*[1], der aus der Zeit stammte, in der das Atrium für die Familienmutter Arbeits-, Empfangszimmer und Ehegemach zugleich vorstellte. Das Atrium ist ein großer Raum mit einer weiten Öffnung in der Decke, unter der im Fußboden ein ebenso großes rechteckiges Becken eingelassen ist[2] (Taf. XX, 1), dessen Wände reich verziert sind. Es ist dazu bestimmt, das Regenwasser aus der darüberliegenden Öffnung zu sammeln. Ein im oberen Beckenrand angebrachter Abfluß, der von einem zylindrischen *puteal* (Taf. XX, 2) umgeben ist, steht mit einer unterirdischen Zisterne in Verbindung.

Vitruv[3] beschreibt fünf verschiedene Typen des Atriums.

a. *Tuscanicum*, ohne Säulen, bei dem das Gewicht des Daches nur durch Dachbalken gehalten wird.

b. *tetrastylum*, mit einer Säule in jeder der vier Ecken des *impluvium* (ein herrliches Beispiel hierfür ist das «Haus der silbernen Hochzeit» in Pompeii[4], Taf. XX, 1).

c. *Corinthium*, ähnlich dem vorhergehenden, jedoch mit einer größeren Anzahl von Säulen und einer größeren Lichtöffnung.

d. *displuviatum*. Hierfür fehlt ein sicherer archäologischer Nachweis; bei dieser Bauweise fiel das Dach nach den Seitenwänden zu ab. Das Wasser auf dem Dach wurde von Rinnen in den Ecken aufgefangen und weitergeleitet.

e. *testudinatum*, ein bedecktes Atrium, von dem nur seltene Beispiele in kleinen, unbedeutenden Häusern zu finden sind.

Das *atrium Tuscanicum* scheint der normale Typus des römischen Atriums gewesen zu sein, obwohl es im Bau und in der Instandhaltung auf Grund seiner starken Dachbalkenkonstruktion kostspieliger als die anderen war. Diesen Schluß darf man aus dem zahlenmäßigen Überwiegen dieses Atrium-Typus in Pompeii ziehen. Hierbei dürften außer dem starken traditionellen Einfluß, der für die Beibehaltung der ursprünglichen Form des italischen Hauses maßgebend war, noch praktische und ästhetische Gründe eine Rolle

---

[1] HORAZ, *Epist.*, i, 1, 87. Er wird auch *lectus adversus* genannt.

[2] Die Bezeichnung für die Öffnung und das darunter befindliche Becken ist schwankend. Es scheint (VARRO, *De l. L.*, v, 161; FESTUS, 108, 14), daß der Fachausdruck für die Öffnung *compluvium* und für das Becken *impluvium* ist; andere Schriftsteller brauchen die beiden Bezeichnungen in umgekehrter Bedeutung. [3] vi, 3, 1 ff.

[4] So benannt, da die Ausgrabungen in Gegenwart des Königspaares im Jahre 1893, dem Jahre seiner silbernen Hochzeit, erfolgten.

gespielt haben; denn das tuskische Atrium, das keine Säulen aufweist, gestattet es dem Besucher, seinen Blick vom Eingang aus durch das Atrium und *tablinum* ungehindert bis zum lichtumfluteten Peristyl schweifen zu lassen, das reich an Grün und Kunstwerken ist.

Einst hatte im Atrium, im Mittelpunkt des ursprünglichen Hauses, der häusliche Herd gebrannt; während des Tages versammelten sich hier Herrschaft und Dienerschaft; das gesamte Familienleben spielte sich hier ab. Mit der Entwicklung aber, den der hintere Teil des Hauses mit der Zeit nahm, verlagerte sich das Familienleben ins Innere, das heißt nach dem *tablinum* und dem Peristyl. Das Atrium blieb eine großartige Vorhalle, die luxuriös eingerichtet war; außer bei besonderen Anlässen oder in Familien, in denen absichtlich die alten Bräuche beibehalten wurden, hörte es aber auf, Mittelpunkt des häuslichen Lebens zu sein. Daher kommt es, daß wir im pompejanischen Atrium vergebens den häuslichen Herd suchen, den wir aus den literarischen Quellen als wesentliches Element dieses Teiles des römischen Hauses anzusehen gewohnt sind und von dem die Benennung herzukommen scheint[1]. Eine Erinnerung an die einstmalige Herdstelle ist das Marmortischchen (*cartibulum*, Taf. XX, 1), das innerhalb des *compluvium*, und zwar an seiner Innenseite, aufgestellt ist. Ein allgemein üblicher Schmuck des Atriums waren eine kleine Kapelle für die Laren, die Hausheiligen *(lararium)*, ein Geldschrank (*arca*, Tafel XXXVIII, 1), manchmal auch eine Herme mit dem Marmorbildnis des Hausherrn.

Tablinum: Es war ein großes Zimmer, das sich in seiner ganzen Breite an die Wand des Atriums anschloß, die der Tür gegenüberlag. Die Wandecken des Eingangs zum *tablinum* wurden von Pilastern gebildet, die der inneren Raumgestaltung ein vornehmes Aussehen verliehen; der Eingang selbst wurde durch keine Tür abgeschlossen, sondern durch einen Vorhang, worauf die prächtigen Bronzehalter, die man in verschiedenen pompejanischen Häusern vorgefunden hat, schließen lassen. Mit einer Bretterwand oder mit einer Tür war hingegen ein zweiter, nach dem Peristyl führender Ausgang verschlossen, der sich in der Innenwand befand. Während der schönen Jahreszeit, wenn die Bretterwand entfernt wurde, öffnete sich dem Auge vom Atrium aus durch das *tablinum* der Blick auf das Peristyl. Das *tablinum* war in den ältesten Zeiten dem *paterfamilias* vorbehalten.

Alae: So wurden die beiden Räume benannt, die, sich gegenüberliegend, zu beiden Seiten des Atriums lagen, für gewöhnlich am Ende desselben,

---

[1] Isidor, XV, 3, 1.

manchmal aber auch in der Mitte. Ihr Verwendungszweck ist ungewiß. Es ist durchaus möglich, daß sie bei der allgemeinen Einteilung der Räumlichkeiten keinen bestimmten Zweck erfüllten, sondern die Überbleibsel einer früheren Bauweise darstellen; man nimmt nämlich an, daß im älteren italischen Haus das Atrium überdeckt war und die *alae* der Zufuhr von Luft und Licht dienten und durch Fenster oder Tür eine Verbindung zur Außenwelt herstellten.

Andere Räumlichkeiten, die um das Atrium gelegen sind: Die übrigen um das Atrium gelegenen Räume sind nach ihrer Lage zu unterscheiden:
a. zu Seiten des Einganges; diese Räume gingen zumeist nach der Straße und dienten als *tabernae* (s. S. 88 f.). Wenn sie sich jedoch nach innen öffneten, waren sie für die Bedienung, als Schlafzimmer oder als einfachere Speisezimmer bestimmt;
b. zu beiden Seiten des Atriums; Schlafzimmer *(cubicula)*, die nur eine Öffnung nach dem Atrium aufwiesen;
c. am äußersten Ende des Atriums neben dem *tablinum*; diese Zimmer waren für gewöhnlich nach dem Peristyl zu geöffnet, obwohl sie manchmal auch direkte Verbindung mit dem Atrium hatten.

Andron: Durch den Korridor (Taf. XX, 2), den man nach einem griechischen Wort willkürlich als *andron*[1] bezeichnete, gelangte man vom Atrium nach dem Peristyl.

Peristylium, exhedra, oecus: Das Peristyl, der innerste Teil des römischen Hauses, war ein Garten, auf allen Seiten von Bogengängen umgeben, die meist zweistöckig waren und von Säulen getragen wurden. Dies ist das typische Peristyl; in Wirklichkeit gab es viele Abweichungen und Anpassungen, die von den Erfordernissen des Raumes oder den persönlichen Launen seiner Erbauer oder Besitzer abhängig waren; in Pompeii ist es zum Beispiel nicht selten, daß der Bogengang nur an einigen Seiten des Peristyls verläuft oder auch vollkommen fehlt, so daß es sich uns nur als einfacher Garten zeigt. Verteilung und Gestaltung der Räume, die um das Peristyl liegen (Schlafzimmer, *triclinia* und Empfangszimmer), zeichnen sich durch größere Mannigfaltigkeit aus als die Gestaltung der Gemächer rings um das Atrium.

[1] *Andron*, griechisch ἀνδρών, ist die Wohnung der Männer. Wie VITRUV (vi, 7, 5) ausdrücklich bemerkt, haben viele andere griechische Wörter, die von den Römern für die Bezeichnung von Teilen oder Gegenständen ihrer Wohnungen verwandt wurden, ihren ursprünglichen Sinn verloren.

Einige größere und reicher ausgestattete Zimmer führten besondere Namen; es sind dies das Empfangszimmer *(exhedra)*, ein geräumiger Saal, der sich in seiner ganzen Breite am äußersten Ende des Peristyls gegenüber dem *tablinum* auf den Säulengang öffnete; ferner der *oecus* (aus dem griechischen οἶκος, «Haus» und «Zimmer»), der wahrscheinlich ein größeres *triclinium* darstellte; wenn er im Inneren mit Säulen ausgestattet war, bezeichnete man ihn mit *oecus Corinthius*.

Der in sich abgeschlossene, gegen Wind und die Blicke der Neugierigen geschützte Garten wurde wie ein Salon mit peinlichster Sorgfalt gepflegt. In symmetrischer Ordnung wurden Rasen- und Blumenbeete angepflanzt: mit besonderer Vorliebe züchtete man Rosen, Veilchen und Lilien. Überall waren kleine Kunstwerke, Tischchen, Statuetten, Säulchen und feine Reliefs (Taf. XXII) aufgestellt. Marmorwerke zierten die Wege; aus den Büschen lugten sie hervor; eines stand nahe dem anderen, in regelmäßigen Abständen voneinander entfernt, oder sie hingen vom Dache des Säulenganges herab. Das sieht zwar schön aus, würde uns aber nicht ganz gefallen, denn es wirkt ein wenig pretiös und minutiös. Es scheint, als ob die Kunst sich zu viele Rechte über die Natur herausnähme, als ob all diese kostbaren Kleinodien, die eine besondere Beachtung erheischen, die Freude an der frischen Luft und am Grün des Gartens beeinträchtigten.

Oft befand sich inmitten des Gartens ein Wasserbecken; wenn der Garten groß genug war, durchzog ihn ein in Mauerwerk gefaßter Kanal, der *euripus* (Taf. XXIII, 2). Zahlreiche Wasserkünste erhöhten die Lieblichkeit des Ortes; und wo die Geräumigkeit der Anlage es zuließ, war im Freien ein *triclinium* aus Stein errichtet.

Das Schlafzimmer: Wir haben schon davon gesprochen, daß in den Häusern des pompejanischen Typus die Räume eine feste Bestimmung hatten; aus diesem Grund war es auch nicht möglich, daß der gleiche Raum wie bei den Ostienser oder den modernen Häusern verschiedenen Zwecken diente, je nach dem Eigentümer oder den Erfordernissen der Familie. In Pompeii kann man daher feststellen, daß im *cubiculum* der Platz, wo sich das Bett befand, besondere Merkmale aufweist:

a. Das Mosaik des Fußbodens an dem für das Bett bestimmten Platz ist weiß und durch eine besondere Verzierung abgegrenzt.

b. Die Wandmalereien unterscheiden sich sowohl in der Farbe als im Stil.

c. Die Decke ist über dem Bett niedriger als im übrigen *cubiculum* und immer gewölbt.

Das Bett stand daher wie in einer Nische. Die um das Atrium gelegenen Schlafzimmer unterscheiden sich grundsätzlich von den ans Peristyl grenzenden Schlafräumen: Jene sind weniger geräumig, aber höher, und man gelangt zu ihnen durch einen einzigen engen Raum; die Schlafzimmer am Peristyl sind dagegen in der Regel niedriger, dafür aber breiter, öffnen sich fast ganz oder doch zum großen Teil auf die *porticus* des Peristyls und haben in einer der Seitenwände einen Nebenzugang.

Vor dem Schlafzimmer befindet sich oft ein Vorraum (*procoeton*, προκοιτών), in dem der Leibdiener schlief (*cubicularius* oder *servus a cubiculo*).

Triclinium: Erst mit der Entwicklung einer raffinierteren Kultur begannen die Römer in ihren Häusern *triclinia* zu erbauen, das heißt Räumlichkeiten, die nur als Speisesaal dienten. Dies kam auf, als man in Rom die Gewohnheit der Griechen zu übernehmen begann, im Liegen zu essen (vgl. S. 117). Vorher hatte man im Atrium oder im *tablinum* gespeist oder in einem über dem *tablinum* gelegenen Raum (*cenaculum*, im ursprünglichen Sinne; Taf. XXI, 1)[1]. Die *triclinia* der pompejanischen Häuser können uns nur eine schwache Vorstellung von den luxuriösen *triclinia* der vornehmen römischen Häuser geben, riesige Säle, die geeignet waren, eine große Anzahl von Tischgästen aufzunehmen. Die pompejanischen *triclinia* sind verhältnismäßig klein; die drei Ruhebänke fanden kaum an den Wänden Platz, so daß für die servierenden Sklaven nur wenig Raum verblieb. Größere Bequemlichkeiten bot der *oecus Corinthius* (s. S. 86), der sehr wahrscheinlich als *triclinium* diente; die Ruhelager dieses *triclinium* waren zwischen den einzelnen Säulen bereitet und ließen zwischen diesen und der Wand einen Gang frei.

Die Küche: Seneca schrieb hierüber[2]: *adspice culinas nostras et concursantes inter tot ignes coquos.* Wir denken dabei unwillkürlich an einen großen Raum, in dem viele eingebaute und bewegliche Feuerstätten Platz finden, um die Köche, Nebenköche und Gehilfen, ja ein ganzes Heer unter Leitung des Oberkoches *(archimagirus)*, des höchsten Hierarchen der Küche, hantieren. Die Vielfalt und Großartigkeit des römischen Gastmahles lassen notwendigerweise auf eine geräumige Küche schließen, die mit Hausrat reich versehen und voll dienstbarer Geister war. Es steht jedoch fest, daß diese Art von Küche eine Ausnahme, und zwar eine sehr seltene Ausnahme in den reichen Häusern bildete; die Regel war eine sehr bescheidene Küche,

---

[1] Da das *cenaculum* ein Obergeschoß des *tablinum* war, wandte man das Wort später für «Dachgeschoß» an. [2] *Epist.*, 114, 26.

wie wir sie in Pompeii (Taf. XXV, 1), Ostia und der Domus Liviae auf dem Palatin finden: ein kleines Loch, das zum größten Teil von dem in Mauerwerk errichteten Herd eingenommen wurde und in dem sich die Köche, falls es ihrer mehrere waren, nur mit Mühe bewegen konnten, ohne sich gegenseitig lästig zu werden. Der Raum war klein und düster. Der Rauch entwich durch das Fenster oder eine in der Decke befindliche Öffnung; er suchte sich selbst den Weg, denn nur selten finden wir einen eigentlichen Kamin oder auf dem Dache einen Schornstein[1]. Es fehlt also auch der Rauchfang, was natürlich unbequem und gefährlich ist. Die Szene des Küchenbrandes, die uns Horaz[2] in einer seiner Satiren beschreibt, mußte sich wohl sehr häufig wiederholen:

> *Nam vaga per veterem dilapso flamma culinam*
> *Volcano summum properabat lambere tectum.*

Außer dem Herd waren ein kleiner Backofen für das Brot und ein Ausguß *(confluvium, fusorium)* für den Abfluß des Wassers vorhanden.

Man kann wohl sagen, daß die Küche das Aschenbrödel des römischen Hauses war; im Grundriß des römischen Haustypus war kein bestimmter Platz für die Küche vorgesehen; man findet sie bald da, bald dort, wo gerade ein wenig Platz vorhanden war, dem allgemeinen Bauplan angepaßt. Das darf uns nicht wundern, denn schon das Vorhandensein eines besonderen Raumes für Küchenzwecke bedeutete einen Luxus und Fortschritt. Die alten Römer besaßen keine Küche; sie bereiteten ihr Mahl im Atrium oder, wenn sie hierzu Gelegenheit hatten, im Freien, darin den homerischen Helden ähnlich, die in prächtigen Palästen lebten, aber keine Küchen hatten[3]. Gleich neben der Küche befanden sich Abtritt und Bad!

Die Kammern für die Sklaven: Auch die Kammern für die Sklaven *(cellae servorum, cellae familiares* oder *familiaricae)* haben keinen bestimmten Platz im Bauplan; nur das Zimmer des Pförtners *(ostiarius)* befindet sich natürlich neben dem Tor.

Tabernae: In der gewöhnlichen Anordnung des römischen Hauses zählen die *tabernae* zu den Räumlichkeiten, die das Atrium umgeben, und teilen

---

[1] Auf verschiedenen pompejanischen Fresken ist das Äußere eines Hauses einschließlich des Daches dargestellt; auf den Dächern befinden sich jedoch keine Schornsteine. Dieses Fehlen der Schornsteine wird durch die Bauweise des Kamins in der Küche der Domus Liviae auf dem Palatin bestätigt.
[2] *Sat.*, i, 5, 73/74.   [3] G. FINSLER, *Homer*, Leipzig 1914, S. 121.

deren Eigenheit, hoch und schmal zu sein; nur daß sie nach der Straße zu offen sind. In der Regel befindet sich am Eingang ein gemauerter Ladentisch, der zur Auslage der verkäuflichen Ware dient (Taf. XXIV, 1). Im Inneren sind ein oder mehrere Ladenräume eingebaut, die durch Zwischenwände getrennt sind; normalerweise teilt ein in halber Höhe gelegenes Zwischengeschoß die *taberna* in zwei untereinander gelegene Räume; der obere Teil der *taberna*, zu dem man aus dem Inneren des Ladens oder unmittelbar von der Straße durch eine Leiter gelangt, wird als *pergula* bezeichnet. Dieses Halbgeschoß diente für gewöhnlich als Wohnraum für die ärmste Bevölkerung. Daher kommt es, daß im Lateinischen *taberna*, *pergula* auch «erbärmliche Räumlichkeit» bedeutet, wie zum Beispiel in dem Sprichwort: *qui in pergula natus est aedes non somniatur*[1]; auch Horaz meint mit *tabernae* in zwei berühmten Versen[2] elende Räume: *Pallida mors aeque pulsat pede pauperum tabernas regumque turres*.

Zusätzliche Räume: Als zusätzliche Räume des römischen Hauses sind das Bad zu nennen, das nur von den Familienangehörigen benutzt wird (Taf. XXV, 2), und nach außen hin der Balkon (Taf. XXVI); in manchen Häusern war ein Außenteil des Gebäudes als Mühle eingerichtet (Taf. XXIV, 2) und an einen Bäcker vermietet.

Wandmalereien, Stukkaturarbeiten, Mosaiken: Das Innere der Zimmer war je nach ihrer Bestimmung verschiedenartig gestaltet. In den schönsten Zimmern, wo man die Gäste empfing, hatten geschickte Künstler Fußböden, Decken und Wände geschmückt. Die Wände waren mit quadratischen Fresken (Taf. XXVII, XXVIII, XXXI, 1) bedeckt, die in lebhaften Farben architektonische Motive, Blumenmuster, Jagdszenen oder vielbeschäftigte Liebesgötter darstellten. Einige waren Nachahmungen berühmter Werke älterer Maler; diesen indirekten Zeugen verdanken wir die Kenntnis verlorengegangener Meisterwerke.

Die Decke war vielfach als Kassettendecke *(lacunar)* mit Intarsien gearbeitet, in reicher ausgestatteten Palästen auch in Elfenbein und Gold[3], oder aber – besonders bei gewölbter Decke – mit Stuck verziert (Taf. XXIX). Die Stuckarbeiten wurden teils durch Schablonen, teils mit dem Stichel hergestellt, wobei sie manchmal durch einen leichten Druck mit dem Fingernagel korrigiert wurden. Das Bemühen um Abwechslung in den dargestellten Motiven verriet fast übertriebenen Eifer, daneben aber auch geniale

---

[1] PETRONIUS, 74. *Somniatur* ist volkstümliches Latein = *somniat*.   [2] *Od.*, i, 4, 13/14.
[3] Vgl. HORAZ, *Od.*, ii, 18, 1/2: *Non ebur neque aureum mea renidet in domo lacunar.*

Phantasie: ländliche Arbeiten, Opferszenen im Freien, mythologische oder unrealistische Szenen von großer Wirkungskraft sowie ornamentale Motive jeder Art: Rosetten, Friese, bärtige Häupter, geflügelte Siegesgöttinnen, Greifen, feingegliederte Kandelaber usw. Wenn bei den Arbeiten auch meist nicht allzuviel Sorgfalt auf die Einzelheiten verwandt ist, so zeigen sie doch einen offenen Sinn des Künstlers für Gesamtwirkung und eine große Einfühlungsgabe in das Spiel von Licht und Schatten.

Herrlich war das Mosaik der Fußböden, allein schon wegen des Materials, das die Begütertsten dafür auswählten. Sie verwandten wertvolle Steine wie Onyx, seltenen Marmor, Kristalle und sogar kleine Stückchen echten Goldes. Die Ausführung der uns verbliebenen Mosaiken ist von verschiedenem Wert; viele stellen einfache Handwerkskunst dar; andere wiederum zählen zu den erlesensten Kunstwerken der Antike, kleine Mosaikarbeiten wie die Tauben im Kapitolinischen Museum[1] (Taf. XXXIII) oder das große Mosaik mit der Schlacht von Issos. Auch die Mosaiken zeigen eine reiche Auswahl von Motiven. Die Tendenz geht dahin, das Motiv der Bestimmung des Raumes anzupassen: In den Thermen reproduziert man Fische, Meeresgötter, Flußszenen; im Vorraum den Wachhund; im *triclinium* ein Stilleben oder Motive, die sich auf das Gastmahl beziehen (vgl. S. 120 und 118, Anm. 2).

5. Wir empfehlen, die beigefügten Grundrisse aufmerksam zu studieren. Der erste (Abb. 13) entspricht nicht einem wirklichen Hause, veranschaulicht aber den Standardtyp des pompejanischen Hauses. Nach diesem Schema, wenn auch großartiger, umfangreicher und mit einigen Abweichungen in den Einzelheiten, war das herrschaftliche römische Haus erbaut. Der zweite Grundriß (Abb. 14) stellt das «Haus des Chirurgen» in Pompeii dar, so benannt, weil man dort verschiedene chirurgische Instrumente vorfand (heute im Nationalmuseum zu Neapel). Dieses Haus bietet ein Beispiel für das Überleben des ursprünglich italischen Haustyps, der im wesentlichen aus dem Atrium und den umliegenden Räumen bestand; es ist ohne Peristyl, mit einem Gärtchen im hinteren Teile, der im allgemeinen Grundriß des Hauses nur wie eine Erweiterung wirkt. Der dritte Grundriß (Abb. 15) zeigt das sogenannte Haus des Pansa in Pompeii. Die Seitenflügel werden von kleinen Wohnungen und Läden eingenommen; im Inneren ist es aber eins der Häuser, das dem idealen Grundtyp am nächsten kommt. Der vierte

---

[1] Eine nicht ganz vollkommene Kopie eines berühmten Mosaiks des Sosos (vgl. PLINIUS D. Ä., xxxvi, 184).

Grundriß (Abb. 16) betrifft das «Haus des Faunes». Es verdankt seinen Namen einer kleinen Bronzestatue, die einen tanzenden Faun darstellt und das *compluvium* schmückte. Es wird auch das «Haus des großen Mosaiks» genannt; denn den Fußboden der *exhedra* schmückte das berühmte Mosaik, das Dareios und Alexander in der Schlacht von Issos darstellt – das schönste Mosaik, das wir besitzen und das sich jetzt im Nationalmuseum in Neapel befindet. Dieses wunderschöne Haus ist ein Beispiel dafür, wie ausbau- und entwicklungsfähig der Grundtyp des Hauses mit Atrium und Peristyl war. Wir haben hier nämlich zwei Atrien, eines neben dem anderen, und zwei Peristylien, die hintereinander liegen. Von den Atrien waren das *Tuscanicum* und die daran grenzenden Zimmer von der Familie des Besitzers bewohnt; das *tetrastylum* hingegen sowie die angrenzenden Räumlichkeiten befanden sich in dem weniger vornehmen Teile des Hauses und beherbergten die Dienerschaft. Von den beiden Peristylien dient das zurückliegende seinen Bewohnern nur zur freien Bewegung an frischer Luft; ganz besonders prächtig ist hingegen das Peristylium, das auf das *atrium Tuscanicum* folgt; auf dieses öffneten sich geräumige Zimmer, darunter als Pendant zum *tablinum* die *exhedra* mit ihrem großen Fußbodenmosaik. Wenn wir uns das tuskische Atrium und das erste der beiden Peristylien vom übrigen Teil des Hauses getrennt denken, so haben wir den Grundtyp des römischen Hauses vor uns. Auf die Idee eines derartigen Hausschemas war man offensichtlich durch die Tatsache gekommen, daß man den ursprünglichen Kern, den die traditionelle Gruppierung der Räume um das Atrium und Peristyl bildete, nach allen Seiten weiter ausbaute.

II. DIE RÖMISCHE VILLA

1. Ländliche und städtische Villa. – 2. Grundschema der ländlichen Villa. Die ländliche Villa von Boscoreale bei Pompeii. – 3. Die städtische Villa. Die Villen des Plinius. – 4. Die Umgebung der Villa.

1.

AUF ihren ländlichen Besitzungen verfügten die Römer zumeist über zwei Gebäude, die *villa rustica*, die für die Bediensteten bestimmt war, die den landwirtschaftlichen Arbeiten nachgingen und unter der Obhut des *vilicus* standen (eines Vertrauenssklaven, der der *familia rustica* gewissermaßen als Verwalter vorstand); und die *villa urbana* oder *pseudourbana*, die den Eigentümer beherbergte, wenn er sich auf dem Lande aufhielt. Beim Bau der einen hielt man sich nur an die praktischen Notwendigkeiten des landwirtschaftlichen Betriebes; die andere lag an einem malerischen, luftigen Platz und bot alle Bequemlichkeiten, an die man durch das Stadtleben gewöhnt war. Es ist jedoch durchaus nicht gesagt, daß auf allen Besitzungen die *villa urbana* vorhanden sein mußte; wenn dem Besitzer keine großen Mittel zur Verfügung standen, wird er sich in der *villa rustica* eine Wohnung eingerichtet oder sich höchstens ein bescheidenes Häuschen erbaut haben. Ganz besonders prächtige *villae urbanae* besaßen Cicero und Plinius; nicht dagegen Horaz, der auf seinem Landsitz in der Sabina mit seinem Verwalter und den Dienern zusammen wohnte.

2. In der *villa rustica* gab es zwei Höfe *(cortes)*, einen inneren und einen äußeren, und in jedem befand sich ein Wasserbecken *(piscina)*; das Wasserbecken des Innenhofes diente als Tränke für die Tiere, das zweite für landwirtschaftliche Zwecke, zum Beispiel für das Einweichen des Leders, der Lupinen usw. Um den ersten Hof gruppierten sich die verschiedenen Gebäude und bildeten gemeinsam die eigentliche *villa rustica*, das heißt den Teil des Gehöftes, den die Diener bewohnten. Mittelpunkt war eine große Küche *(culina)*, denn auf dem Gehöft war die Küche nicht nur wie in der Stadt der Raum, in dem die Köche ihrer Kunst nachgingen, sondern auch der Gemeinschafts- und Arbeitsraum.

In der Nähe der Küche, um an ihrer Wärme teilzuhaben, befanden sich die Badezimmer der Dienerschaft, der Keller und die Kuh- und Pferdeställe *(bubilia* und *equilia)*; wenn genügend Platz vorhanden war, hatte man

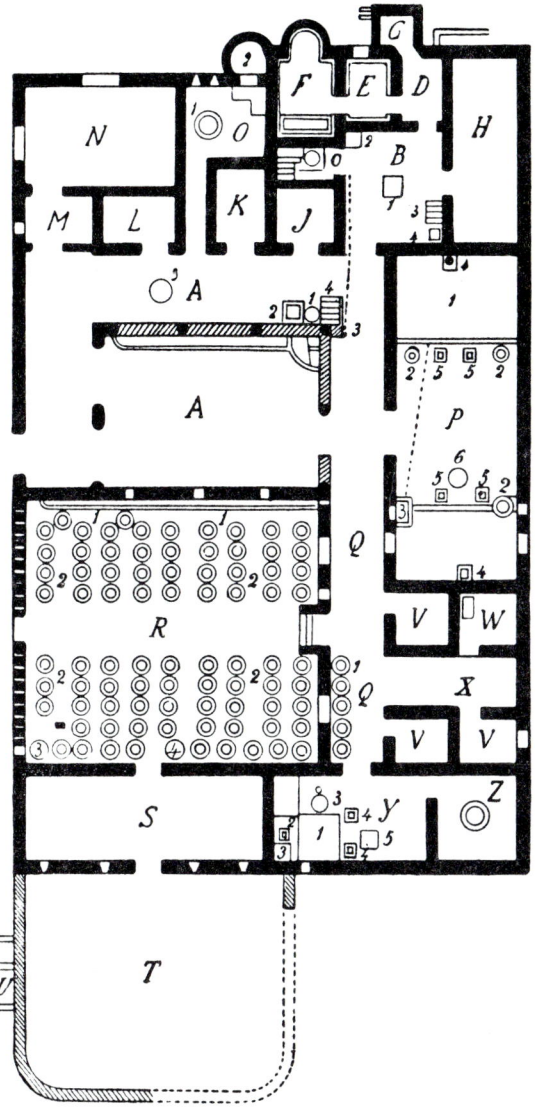

A Hof (1. und 5. Zisternen; 2. gemauerter Brunnen; 3. Bleibassin [zur Aufspeicherung des Badewassers]; 4. Treppe).
B Küche (1. Herd; 2. Bleibehälter; 3. Treppe [führt zu dem über DEF erbauten Stockwerk]; 4. Grube).
C–G Das Bad (C. Ofen mit Wasserkessel; D. *Apodyterium* [Auskleideraum]; E. *Tepidarium* [temperierter Raum]; F. *Caldarium* [Warmbad]; G. Latrine). Vgl. Abb. 18.
H Ställe.
J Aufbewahrungsraum für die landwirtschaftlichen Geräte.
K–L *Cubicula* = Schlafzimmer.
M Durchgang.
N Speisezimmer.
O Backraum (1. Mühle; 2. Backofen).
P Kelterraum (1. Platz für die Weinpresse; 2. Steingutkrüge zur Aufbewahrung des Mostes; 3. Zisterne für den Wein aus den Trestern; 4. 5. 6. Öffnungen im Boden [für die Presse]).
Q Gang (1. In das Erdreich versenkte Krüge, der Rand zu ebener Erde).
R *Cella vinaria* (1. Graben, durch den der aus P kommende Most fließt; 2. Krüge; 3. Bleigefäß mit Herd [wahrscheinlich um das *defrutum* oder die *sapa* durch Kochen des Mostes zu erhalten]; 4. Zisterne).
S Heuschober oder *nubilarium*.
T Tenne.
U Brunnen, in dem sich das von der Tenne abfließende Regenwasser sammelt.
V *Cubicula* = Schlafzimmer.
W Raum für eine Weinpresse.
X Raum mit Handmühle.
Y Olivenpresse (1. Platz für die Presse; 2. und 4. Löcher und kleine Gräben; 3. Krüge zur Aufbewahrung von Öl; 5. Grube).
Z Raum für die Presse.

Abb. 17. Die *villa rustica* von Boscoreale.
(Aus Blümner, *Die römischen Privataltertümer*, S. 74.)

dort auch den Hühnerhof eingerichtet, und zwar weil man annahm, daß der Rauch die Gesundheit der Hühner fördere. Von der Küche entfernt und möglichst nach Norden lagen die Räume, die gemäß ihrer Bestimmung eine trockene Lage benötigten, wie die Kornkammern *(granaria)*, die Trockenräume *(horrea)* und die Räumlichkeiten, in denen das Obst verwahrt wurde *(oporothecae)*. Die Lagerräume, die einer größeren Feuersgefahr ausgesetzt waren, wurden oftmals in einem besonderen Gebäude *(villa fructuaria)* abseits von der *villa rustica* untergebracht. Unmittelbar neben ihr befand sich die Tenne und nicht weit davon standen mehrere Schuppen, wie der Schuppen für die landwirtschaftlichen Fahrzeuge *(plaustra)* oder das *nubilarium*, in dem das Getreide im Falle eines plötzlichen Regens verstaut wurde.

Es steht nicht genau fest, wo die Diener wohnten; wir wissen jedoch, daß es Schlafzimmer gab *(cellae familiares)*, das *ergastulum*, eine Art Gefängnis, in dem die Sklaven für irgendein Vergehen zu den härtesten Arbeiten herangezogen wurden, und das *valetudinarium* für die erkrankten Sklaven. Wo keine *villa urbana* vorhanden war, werden die besten Zimmer für den Besitzer reserviert worden sein.

Ein Beispiel für die römische *villa rustica* bietet die Villa von Boscoreale bei Pompeii, die außer ihrer großen Bedeutung als Ruine wegen des dort gefundenen silbernen Tafelgeschirrs (Taf. XLVII–XLIX) berühmt geworden ist, das sich heute im Louvre-Museum in Paris befindet. Man betrachte hierzu den Grundriß (Abb. 17).

3. Die *villa urbana* errichtete man an einem Platze, der eine weite Aussicht auf das Land oder das Meer bot. Da sie nicht wie der Gutshof praktischen Zwecken diente oder eine nützliche Aufgabe erfüllte, sondern einen reinen Luxusbau darstellte, waren Gestaltung und Pracht ihrer Räume ein lebendiger Beweis für Geschmack und Wohlstand ihres Erbauers. Es gab Villen, die nicht mit einem Gutshof verbunden waren, sondern sich auf einem mehr oder weniger eng begrenzten Terrain erhoben, inmitten von Wald, Park oder Gärten; die Zahl dieser Landsitze, die von den Schriftstellern auch *praetoria* genannt werden, wuchs in der Kaiserzeit ins Unermeßliche. In Italien, Frankreich, in der Schweiz, in Südwestdeutschland und England sowie in Nordafrika finden wir noch heute die Reste dieser Landsitze. Der praktische Geist der Römer, die die Bequemlichkeiten des Lebens wohl zu schätzen wußten, ließ die römische Villa überall dort entstehen, wohin ihre Waffen und ihre Kultur vorgedrungen waren; große und bequeme Villen, die im Sommer gut zu lüften und im Winter leicht zu heizen waren.

Diese Villen zeigen die verschiedensten Bauarten. Die antiken Schriftsteller heben als Sonderheit der *villa urbana* hervor, daß man vom Vorraum unmittelbar in ein Peristyl trat und nicht, wie bei der Stadtwohnung, in das Atrium. Man kann aber nicht behaupten, daß dies ein feststehendes Charakteristikum gewesen sei. In der laurentinischen Villa des Plinius[1] zum Beispiel kam nach dem *vestibulum* ein Atrium: *cuius in prima parte atrium frugi nec tamen sordidum*. Die Zimmer waren auf die verschiedenste Art in Gebäudegruppen zusammengefaßt, die gesondert voneinander standen *(conclavia, diaetae)*, jedoch durch gedeckte, oft mit Fenstern versehene Gänge *(cryptoporticus;* Taf. XI, LXXVII, 2) miteinander verbunden waren. Die wichtigsten Teile der Villa waren folgende:

a. Die *triclinia, cenationes:* Es gab deren mehrere, für den Sommer und den Winter, für große Empfänge und für den kleinen Freundeskreis; aus großen Fenstern schweifte der Blick der Tafelgäste auf die umliegende Landschaft.

b. Die *cubicula*, und zwar nicht nur die für den nächtlichen Schlaf bestimmten, sondern auch die *cubicula diurna*, in denen man am Tage ruhen oder sich den Studien hingeben konnte. Vor dem *cubiculum* befand sich zuweilen ein Vorraum *(procoeton)*.

c. Die Arbeitszimmer, wie die Bibliothek *(bibliotheca)* oder die *zotheca;* darunter verstand man ein als Salon eingerichtetes *cubiculum:* In der Nische, in der normalerweise das Bett stand, waren Statuen aufgestellt, woher der Raum seinen Namen hatte.

d. Das Bad (Abb. 18), das wie die großen Thermen erbaut war (vgl. S. 250ff.) und deren wesentliche Räume alle besaß: *apodyterium, caldarium, tepidarium, frigidarium,* also Auskleideraum, Warmbad, temperierten Warteraum und Kaltbad sowie die Anbauten wie die *piscina*, das Schwimmbecken im Freien, und einen Platz für die Gymnastik nach dem Bade *(gymnasium, sphaeristerium)*.

e. Die Bogengänge: Sie waren überall verteilt, von langen Reihen von Säulen getragen; manche dienten dazu, um sich bei schlechtem Wetter im Freien ergehen zu können *(ambulationes)*, andere wiederum, die breiter und länger gebaut waren, konnten zu Pferde oder im Tragsessel durchquert werden *(gestationes)*[2].

In zwei Episteln beschreibt uns Plinius[3] in allen Einzelheiten seine Villen in der Toscana und bei Laurentum. Diese Episteln sind ein wertvolles Dokument zur Erläuterung und Ergänzung der Ruinen römischer Villen, von

[1] ii, 17, 4. [2] MARTIAL, i, 12. [3] v, 6; ii, 17.

denen eine große Anzahl in Italien und außerhalb Italiens freigelegt ist. Leider ist Plinius ein Schriftsteller, der sich zu sehr in Einzelheiten verliert. Zwar beschreibt er haargenau, kümmert sich aber nie um die Leser, die gern wissen möchten, in welchem Verhältnis diese Einzelheiten zueinander

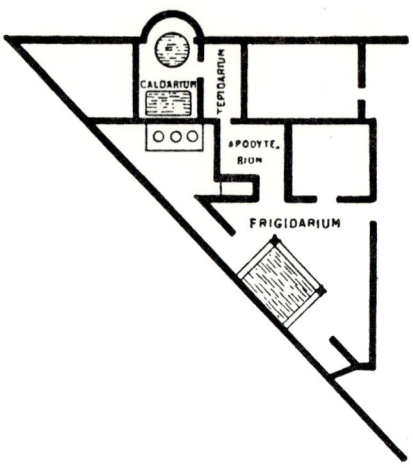

Abb. 18. Bad in der Villa des Diomedes (Pompeii). Vgl. C–G der Abb. 17.

stehen, um sich ein Gesamtbild machen zu können. Den Plan dieser Villen zu rekonstruieren, bildet seit Jahrhunderten ein archäologisches Problem[1]; dies beweist allein die Reihe derjenigen, die sich mit dieser schwierigen Aufgabe befaßt haben. Die Rekonstruktionen sind untereinander so ver-

---

[1] Zahlreiche Archäologen haben versucht, nach den Angaben des Plinius die Pläne zu rekonstruieren: SCAMOZZI (1615), FELIBIEN DES AVAUX (1707), CASTALL (1728), MARQUEZ (1796), MAZOIS (1825), HIRT (1827), WINNEFELD (im *Archäolog. Jahrbuch*, VI [1891], S. 201 ff.: *Tusci und Laurentinum des jüngeren Plinius*), TANZER, *The villas of Pliny the Younger*, New York 1924 (vgl. SCHUSTER, *Zu Plinius' Beschreibung seines Landgutes bei Laurentum*, in *Comment. Vindob.*, I, 1935). Im Text ist der Grundriß nach Winnefeld wiedergegeben. Hierzu sei bemerkt, daß in der *Epist.* ii, 17, §§ 12 und 13, die *turres* offensichtlich *übereinander* und nicht *nebeneinander* liegen, wie Winnefeld annimmt. (*Hic turris erigitur, sub qua diaetae duae, totidem in ipsa, praeterea cenatio, quae latissimum mare, longissimum litus, villas amoenissimas prospicit. Est et alia turris. In hac cubiculum, in quo sol nascitur conditurque; lata post apotheca et horreum, sub hoc triclinium, quod turbati maris non nisi fragorem et sonum patitur eumque iam languidum ac desinentem; hortum et gestationem videt, qua hortus includitur.*) In § 11 (*unctorium hypocauston*) verstehe ich mit MAU *hypocauston* als Adjektiv: es handelt sich um nur ein Zimmer und nicht um zwei (*Adiacet unctorium hypocauston, adiacet propnigeon balinei, mox duae cellae magis elegantes quam sumptuosae*). In

schieden, daß man beim Vergleich daran zweifeln könnte, daß es sich stets um die selbe Villa handelt. Die Schuld daran trägt Plinius, der in seinen Aufzeichnungen etwas klarer hätte sein können. In den beiden beigefügten Grundrissen geben wir die Rekonstruktion Winnefelds wieder (Abb. 19 und 20).

4. Auch wenn die Villa nicht inmitten eines Gutshofes lag, war sie stets von Feldern umgeben; ein Teil war als Gemüsegarten hergerichtet *(hortus rusticus)*; im verbleibenden Teil, *xystus* benannt, wechselten Wäldchen *(nemora)* mit Zierpflanzen, Lorbeer, Platanen, Pinien und Gärten mit Myrtenhecken, die zu geometrischen Figuren geschnitten waren, sowie Blumenbeete einander ab. Überall liefen kleine offene Pfade quer durch die Beete und rings um die Anlagen; Statuen, Wasserspiele und Bänke sorgten für Abwechslung in diesem kunstvollen Garten, der mit peinlicher Sorgfalt gepflegt wurde, aber von einem Geschmack zeugt, der mit unserem nichts gemein hat.

Das Gebiet, das die Villa umgab, war durchkreuzt oder umgeben von breiten Wegen, die als *gestationes* bezeichnet wurden, da man sich auf ihnen in der Sänfte herumtragen lassen konnte.

Einen besonderen Teil des Parkes stellte der *hippodromus* dar; er wird im allgemeinen nur selten erwähnt, denn für Reitübungen konnten auch die *gestationes* dienen; sein Name rührt von seiner länglichen Form her; als Beispiel dient uns der *hippodromus* der Domus Flaviana auf dem Palatin, der, von Domitian (81-96) erbaut, wahrscheinlich von Septimius Severus (193-221) mit Säulengängen umgeben wurde. In der Villa des Plinius in der Toscana[1] wird der *hippodromus* als ein Teil des Parkes mit hohem Baumwerk, Myrtenhecken und Blumenbeeten beschrieben: es handelt sich also um einen Park. Man nimmt natürlich auch an, daß die langen Wege des Hippodroms als Reitbahn dienten, wie man einem Epigramm des Martial entnimmt[2]: *Pulvereumque fugax hippodromon ungula plaudit.*

der *Epist.* v, 6, §§ 29/30 scheint es nicht richtig, das *cubiculum* (Nr. 22) an die *cryptoporticus* (Nr. 17) anzulehnen. *In fine cubiculum, cui non minus iucundum prospectum cryptoporticus ipsa quam vineae praebent;* nach *in fine* ergänze ich *triclinii* und nicht *cryptoporticus*. Jedenfalls mußte die *diaeta V* eine größere Ausdehnung haben und von der *cryptoporticus* (Nr. 17) bis zum *hippodromus* reichen. Die *aestiva cryptoporticus*, das *triclinium*, die Treppen und das *cubiculum* sind keine von der *diaeta V* getrennten Elemente, sondern Teile derselben. Von Winnefeld unterscheiden sich die von H. H. TANZER vorgeschlagenen Grundrisse *(The villas of Pliny the younger*, New York 1924, reproduziert von R. CAGNAT im *Journal des Savants*, Febr. 1926). Vgl. auch M. SCHUSTER, *Zu Plinius' Beschreibung seines Landgutes bei Laurentum* (Comment. Vindob., I, 1935).   [1] v, 6, 32.   [2] xii, 50, 5.

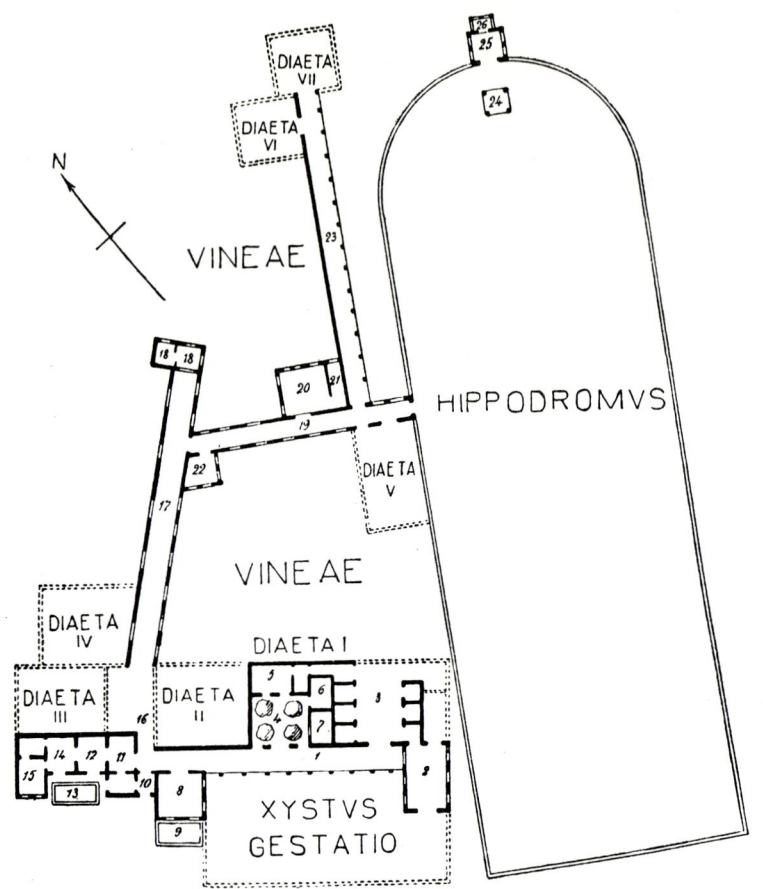

Abb. 19. Die Villa des Plinius in der Toscana (*Epist.*, v, 6).
(Rekonstruktion von Winnefeld.)

Xystus (§ 16); *Gestatio* (§ 17); *Vineae* (§ 28–30); *Hippodromus* (§ 19); *Diaeta I* (§ 20); *Diaeta II* (§ 27); *Diaeta III* (§ 27); *Diaeta IV* (§ 27); *Diaeta V* (§ 28); *Diaeta VI* (§ 31); *Diaeta VII* (§ 31).

1. *Porticus* (§ 16); 2. *Triclinium* (§ 19); 3. *Atrium* (§ 15); 4. *Areola* (§ 20); 5. *Cotidiana cenatio* (§ 21); 6. *Dormitorium cubiculum* (§ 21); 7. *Cubiculum* mit Brunnen (§ 22/23); 8. *Cubiculum* (§ 23/24); 9. *Piscina* (§ 23); 10. *Hypocauston* (§ 25); 11. *Apodyterium* (§ 25); *superimpositum sphaeristerium* (§ 27); 12. *Frigidaria cella* (§ 25); 13. *Piscina* (§ 25); 14. *Cella media* (§ 26); 15. *Caldaria cella* (§ 26); 16. *Scalae* (§ 27); 17. *Cryptoporticus* (§ 27 ff.); 18. *Cubicula* (§ 28); 19. *Aestiva cryptoporticus* (§ 29); 20. *Triclinium* (§ 29); 21. *Scalae* (§ 30); 22. *Cubiculum* (§ 30); 23. *Porticus* (§ 31); 24. *Stibadium*, um im Freien zu speisen (§ 36); 25. *Cubiculum* (§ 37); 26. *Zothecula* (§ 38).

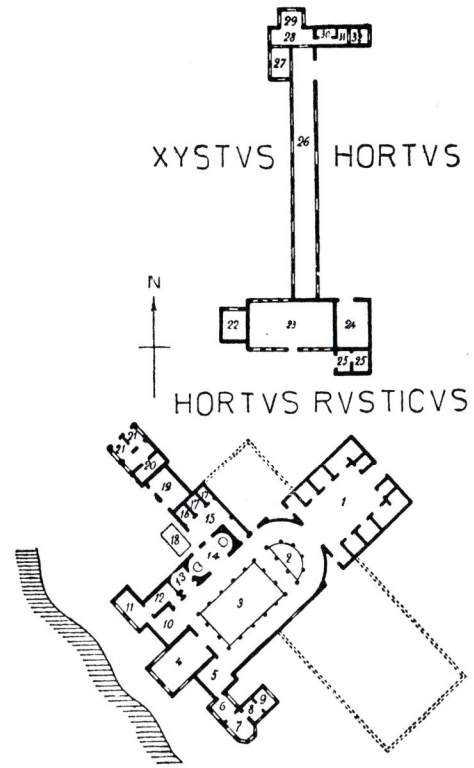

Abb. 20. Die Villa des Plinius in Laurentum (*Epist.*, ii, 17).
(Rekonstruktion von Winnefeld.)
Hortus rusticus (§ 15); *Xystus* (§ 17–20); *Hortus* (§ 13–15).

1. *Atrium* (§ 4); 2. *Area* (§ 4); 3. *Cavaedium* (§ 5); 4. *Triclinium* (§ 5); 5. *Cubiculum amplius* (§ 6); 6. *Cubiculum minus* (§ 6); 7. *Cubiculum in hapsida curvatum* (§ 8); 8. *Transitus* (§ 9); 9. *Dormitorium membrum* (§ 9); 10. *Cubiculum politissimum* (§ 10); 11. *Cubiculum grande* (§ 10); 12. *Cubiculum cum procoetone* (§ 10); 13. *Cella frigidaria* (§ 11); 14. *Unctorium* (§ 11); 15. *Hypocauston* (§ 11; nach einer besseren Interpretation ist *unctorium hypocauston* ein einziger Raum; vgl. Fußnote S. 96); 16. *Propnigeon* (§ 11); 17. *Cellae* (§ 11); 18. *Piscina* (§ 11); 19. *Sphaeristerium* (§ 12); 20. *Turris* (§ 12); 21. *Diaetae duo* (§ 12); 22. *Turris* (§ 13); 23. *Apotheca* (§ 13); 24. *Triclinium* (§ 13); 25. *Diaetae duo* (§ 15); 26. *Cryptoporticus* (§ 16); 27. *Heliocaminus* (§ 20); 28. *Cubiculum* (§ 20); 29. *Zotheca* (§ 21); 30. *Cubiculum noctis* (§ 22); 31. *Hypocauston* (§ 23); 32. *Procoeton et cubiculum* (§ 23).

III. DIE EINRICHTUNG DES HAUSES

1. Der Unterschied zwischen den römischen und den modernen Möbeln. – 2. *Instrumentum* und *supellex*. – 3. Die Einrichtungsgegenstände des römischen Hauses: Bett, Stühle, Tische, Schränke, Lampen. – 4. Spiegel und Uhren.

1.

DIE Zimmer des römischen Hauses waren nicht so mit Möbeln angefüllt wie die unseren. Mit Ausnahme des Atriums und des *tablinum*, die dazu bestimmt waren, die versammelte Familie aufzunehmen, sowie der *triclinia* und der *exhedra*, die sich den Gästen an den Empfangstagen öffneten, waren die einzelnen Räume sehr eng. Dies können wir deutlich in Pompeii beobachten; das *cubiculum*, auch wenn es mit feinster Malerei und Mosaiken geschmückt ist, bleibt stets ein kleiner Raum, in dem es unmöglich wäre, sich umzudrehen, wenn wir auch nur das bescheidenste Mobiliar unserer Zimmer hineinstellen würden. Zur Aufbewahrung von Gegenständen und Kleidungsstücken dienten mehr noch als Schränke, Schachteln, Truhen, Schreine usw. *(armaria, capsae, cistae, scrinia)* eigens für diesen Zweck hergerichtete Zimmer. Diesen altertümlichen Brauch würde die moderne Auffassung nicht dulden und die Hygiene verwerfen. Auf uns wirken die Kammern und Wandschränke in alten Häusern jedenfalls wie ein Überbleibsel aus vergangenen Zeiten; unsere Vorfahren betrachteten sie als Bequemlichkeiten des Hauses, wir bedienen uns ihrer nur noch wenig. Diese Einrichtungen aber, die das moderne Haus beseitigt hat, waren bei den Römern weitgehend im Gebrauch, von den Wandnischen, in die man in der Bibliothek die Bücher stellte, bis zu den zahlreichen *cellae*, die als Vorrats-, Kleiderkammern und Lagerräume dienten. Eine Folge davon ist die verhältnismäßig geringe Anzahl von Möbeln. Den Römern würden unsere Zimmer wie Möbellager vorkommen.

Aber nicht nur darin besteht der Unterschied. Außer anderen Formen, die auf längst vergangenen Geschmack schließen lassen, und der Verschiedenheit der Arten, die auf einen anderen Verwendungszweck hindeutet, bestehen zwischen unseren modernen Möbeln und denen des römischen Altertums zwei grundlegende Unterschiede, die man sich gegenwärtig halten muß:

a. In der Konstruktion der modernen Möbel hat das Holz als Baumaterial den unbedingten Vorzug vor anderen Materialien (Marmor, Metallen usw.), denen wir nur schmückende oder zusätzliche Funktionen zuerken-

DIE EINRICHTUNG DES HAUSES

nen; bei den Römern war dies anders. Wir verdanken diesem Umstande die Erhaltung von Einrichtungsgegenständen, die, wären sie aus Holz hergestellt gewesen, der Vernichtung anheim gefallen sein würden.

b. Im Altertum unterschied man nicht, wie wir dies tun, zwischen reiner Kunst und Kunsthandwerk; wohl gab es oberflächliche und sorgfältige Ausführungen; aber ein entscheidender Unterschied zwischen Kunstwerk und Industrieprodukt bestand nicht. Auch dieser Umstand war vorteilhaft; denn unter den in antiken Häusern gefundenen Einrichtungsgegenständen haben sich hervorragende Kunstwerke erhalten. Aber auch von vernichteten Möbeln hat man noch fein gearbeitete Beschläge und Griffe aufgefunden (Taf. XXXV).

2. Alles, was zur Einrichtung des Hauses diente, wurde mit dem Sammelbegriff *supellex* (Hausgerät) bezeichnet. Bei *supellex* unterschieden die Römer das *instrumentum domus*, das *ad tutelam domus* und nicht wie der Hausrat *ad voluptatem* oder zum persönlichen Gebrauch der Familie diente.

Instrumentum: Zum *instrumentum* rechnete man die *vela Cilicia*, eine Art Bedachung, die man zum Schutz gegen das Unwetter auf die Dächer legte; die Reserve an Dachziegeln und Balken für eilige Instandsetzungen; das kleine Arsenal an Feuerlöschgerät (Leitern, Eimer, Wasserschläuche), mit dem jeder vorsorgliche *paterfamilias* ausgerüstet war usw. Dabei darf nicht vergessen werden, daß ein großer Teil der Obliegenheiten, die heute an die Großindustrie oder die öffentlichen Dienste übergegangen sind, im antiken Wirtschaftsleben einen Teil der häuslichen Pflichten ausmachten. Noch vielseitiger und bedeutender ist das *instrumentum* der *villa rustica*; zu ihm gehören nicht nur die Werkzeuge, sondern auch die Haustiere und die Sklaven, denen ein bestimmtes Aufgabengebiet im landwirtschaftlichen Betrieb zugeteilt ist.

Supellex: Zur Einrichtung gehörte: 1. Alles, was zur Ausschmückung des Hauses diente (Bilder, Baldachine, die Bänder, die man um die Säulen legte usw.), sowie alles, was das Haus freundlicher und wohnlicher gestaltete, wie die Marienglasplättchen *(lapis specularis)*, die man an den Fenstern anbrachte und die die Aufgabe unserer Glasscheiben hatten, oder die Vorhänge *(velaria)*, die man zum Schutz gegen die Sonne im Freien anbrachte *(hypaethri)*; 2. das Hausgerät im engeren Sinne, wie Möbel, Geschirr, Waagen (Tafel XXXVI), Leuchter (Tafel XL–XLII), Kohlenbecken (Tafel XXXVIII, 2) usw.

3. Die wichtigsten Gegenstände der römischen Einrichtung waren folgende:

Das Bett (lectus, κλίνη): Obwohl das römische Haus nicht so reich mit Möbeln ausgestattet war wie das unsere, verfügte es über mehr Betten: Zum Schlafbett *(lectus cubicularis)* und zu den Betten, die als Sofa dienten wie zum Beispiel die Ruhestätte im Arbeitszimmer *(lectus lucubratorius),* kamen die Speisezimmerbetten, die durch den Brauch bedingt waren, im Liegen zu essen. Der *lectus cubicularis* war höher als unsere Betten, und man konnte nur mittels Tritt oder Schemel hineinsteigen; dagegen war das Tricliniumlager niedriger und auch reicher ausgestattet (Taf. XXXVII, 1).

Der Unterbau des Bettes bestand aus einem rechteckigen Holzrahmen *(sponda),* der von vier Füßen getragen wurde (nur selten von sechs); auf diesem Unterbau war eine Rücklehne auf der der Wand zugekehrten Seite *(pluteus)* und eine Kopfstütze auf der Vorderseite *(fulcrum)* befestigt. Die kostbarsten Ruhebetten bestanden aus feinstem Holz mit Einlegearbeit aus Elfenbein, Schildpatt und Gold. Sehr einfach war das Bett der ärmeren Bevölkerung *(grabatus, scimpodium),* dem wahrscheinlich die Lehne und Kopfstütze fehlten.

Auf dem Holzrahmen waren Bänder aufgespannt *(institae, fasciae, lora),* auf denen die Matratze *(torus, culcita)* und verschiedene Kissen (*pulvini,* auch *cervicalia* genannt, wenn sie als Kopfkissen dienten) lagen. Auf die Matratze und die Kissen legte man Decken *(stramenta, stragula, peristromata)* und auf diese Decken, oder ringsherum, wie einen Saum, eine Leinendecke *(toral, plagula).*

Stühle: Im allgemeinen unterschied man drei Arten von Stühlen: den Schemel *(scamnum, subsellium),* ein einfaches, von vier Beinen getragenes Brett; den Stuhl *(sella)* mit Armstützen, aber ohne Rückenlehne; die *cathedra* mit weiter und gewölbter Rückenlehne. Diese ist der Stuhl für die Frauen. Für Martial[1] bedeutet *inter cathedras* leben soviel wie: sich unter Frauen aufhalten; und *cathedralicii* sind jugendliche Sklaven von zarter, mädchenhafter Schönheit; in Ausnahmefällen bedienen sich aber auch Männer der *cathedra* im Schlaf- und im Empfangszimmer, den Räumen also, wo auch in unseren Wohnungen weichere, weniger praktische und formvollendetere Stühle stehen. Von der *cathedra* für Frauen oder *supina* unterscheidet sich die *cathedra* des Lehrers mit gerader Rückenlehne, wie sie in Wandmalereien und Reliefs häufig wiedergegeben ist.

[1] iii, 63, 7; x, 13, 1.

Auf die Stühle waren immer Kissen aufgelegt, da man den Gebrauch von Möbeln mit eingearbeiteter Polsterung nicht kannte.

Tische: Verwendungszweck, Form und Wert der Tische waren verschieden. Im Hinblick auf die Verwendung unterscheidet man Tische *(abaci)*, die zum Aufstellen des Geschirres *(argentum escarium* und *potorium)* während der Mahlzeiten dienten, und Tische, die an das Speiseruhebett gestellt wurden *(mensae)*, damit die Gäste das Geschirr dort abstellen und die Speisen dem *repositorium* (s. S. 116) entnehmen konnten. Im Hinblick auf die Form gab es ein-, drei- und vierbeinige Tische (Taf. XXXVII, 2). Die einbeinigen, die *monopodia*, galten als besonders wertvoll; die *mensa tripes* dagegen gehört zu den bescheidensten Möbelstücken. *Sit mihi mensa tripes*, läßt Horaz[1] einen sprechen, der sich mit wenigem zufrieden gibt; und Martial[2] bemerkt, daß der Tisch aus dem wackeligen Mobiliar eines armen Teufels, der seine Wohnung räumt, *bipes* und das Bett *tripes* sei; beim einen wie beim andern fehlt also ein Bein. Es gab aber auch einen dreifüßigen Tisch als Luxuseinrichtungsgegenstand (Taf. XXXIX), die *Delphica*, zur Erinnerung an den Dreifuß *(cortina)* von Delphoi. Im Hinblick auf den Wert kann man wohl sagen, daß kein anderes Möbelstück im römischen Haus so unterschiedlich war wie der Tisch, angefangen beim ungehobelten Tisch aus gewöhnlichem Holz bis zu den kostbarsten Tischen, von denen ein einziger ein Vermögen kostete: Kunstwerke aus wertvollem Material und mit reichem Schmuck. Der herrschaftliche Speisetisch bestand aus zwei getrennten Teilen: der Mittelstütze *(trapezophorus)* und der darauf ruhenden Tischplatte *(orbis)*. Der *trapezophorus* war aus Metall oder feingearbeitetem Elfenbein, manchmal in Form eines Menschen oder Tieres (zum Beispiel eines trunkenen Silens – Taf. XLIII, 2 – oder einer Sphinx); die Tischplatte *(orbis)* war aus Edelholz gearbeitet; am wertvollsten war das Tujaholz *(citrus)*, von einem Baum aus der Familie der Zypressen, der in der Gegend des Atlas (im heutigen Marokko) wuchs. Da bei den Römern der Brauch, im Freien zu essen, sehr verbreitet war, stand in dem Raum zwischen den steinernen *triclinia* ein Marmor- oder Steintisch oder auch nur ein Sockel, auf den bei den Vorbereitungen zum Gastmahle eine Tischplatte gelegt wurde.

Schränke und Geldschränke: Die schweren, auf dem Erdboden ruhenden Schränke hatten die Form unserer heutigen Schränke, wie uns ein in Boscoreale bei Pompeii gefundenes Exemplar lehrt. (Das Holz ist vernichtet; man hat jedoch einen Abguß hergestellt, das heißt man hat die Form wieder

---

[1] *Sat.*, i, 3, 13.   [2] xii, 32, 11.

nachgebildet, indem man flüssigen Gips in die bei den Ausgrabungen vorgefundenen Hohlräume gegossen hat, die in der erstarrten Asche nach der Verkohlung des Holzes entstanden waren.) Andere kleinere Schränke waren an den Wänden angebracht; man nimmt an, daß es sich hier um die Schränkchen handelte, die man in den *alae* aufstellte und die dazu dienten, die *imagines* der Ahnen aufzubewahren. Alle waren so gearbeitet, daß man sie zuschließen und versiegeln konnte.

Wertgegenstände und wichtige Dokumente waren in einem niedrigen, schweren Geldschrank *(arca)* untergebracht, der mit Beschlägen und Bronzereliefs verziert war (Taf. XXXVIII, 1).

Lampen: Die Beleuchtungsmittel, deren sich die Römer bedienten, kann man in drei Arten zusammenfassen: Fackeln *(taedae, faces),* Kerzen *(candelae)* und Öllampen *(lucernae).* Die Fackeln wurden nur bei besonderen Anlässen verwandt, so bei Hochzeiten und Begräbnissen; es ist durchaus möglich, daß man sie auch auf dem Lande benutzte (so wie heute noch Bauern sich im Freien der Fackeln oder brennender Strohgarben bedienen). Für die Hausbeleuchtung verwandte man Kerzen und Öllampen. Die Verwendung von Kerzen, die den Griechen unbekannt war, ist bei den Römern ein uralter Brauch und war schon vor der Anpflanzung des Olivenbaumes in Italien bekannt. Die Kerzen wurden folgendermaßen hergestellt: Man umwickelte einen aus Sumpfpflanzen *(papyrus)* hergestellten Docht mit Wachs oder Talg; zusammengedreht bildeten diese Kerzen große Fackeln, die wie Seile aussahen und daher *funalia* (oder *funales cerei* oder einfach *cerei*) hießen. Diese Fackeln wurden entweder von einem Sklaven getragen (z. B. wenn er den Herrn am späten Abend nach Hause begleitete) oder in besondere Fackelhalter gesteckt, von denen prächtige Exemplare in verschiedener Größe erhalten sind (von 75 cm bis zu 1,50 m groß). Noch verbreiteter als die Kerzen und Fackeln waren die Öllampen (Taf. XLI, 2), die die Ausgrabungen zu Tausenden ans Tageslicht gefördert haben. Die Form dieser Lämpchen ist allgemein bekannt; sie bestehen aus einem länglichen, flachgedrückten Behälter, der auf der hinteren Seite einen Henkel, auf der vorderen eine Tülle *(rostrum, myxa)* hat, aus der der Docht hervorragt. Die Lämpchen konnten auch mehr als eine Tülle haben *(lucerna dimyxos, trimyxos, polymyxos).* In der Mitte der Lampe befand sich eine Öffnung, durch die man mittels eines Hakens den Docht anheben oder die Lampe mit frischem Öl versorgen konnte, während sie brannte. Außer den tragbaren Lampen gab es auch Hängelampen, an denen Ketten angebracht wa-

DIE EINRICHTUNG DES HAUSES

ren, die in einem Haken endeten. Die einen stellte man natürlich erhöht auf (Taf. XLI, 1, 3; XLII, 1), die andern hängte man an Ständer (Taf. XL; XLII, 3; *lychnuchi*), die in Form und Höhe verschieden waren. Auch an der Decke waren Haken angebracht, an denen man die Lampen aufhängen konnte. Wer zum Beispiel des Nachts arbeiten mußte, bediente sich eines niederen Dreifußes, um die Lampe auf den Tisch stellen zu können. Die Lampen wurden überall verwendet, im *triclinium* und in den Zimmern, in den Arbeitsräumen und im Bade; um die Dunkelheit zu vertreiben, benötigte man natürlich viele Leuchter; bevor man jedoch den Römern ihren vielbesungenen Luxus neidet, vergegenwärtige man sich, daß auf ihren nächtlichen Gelagen eine dicke, ölige Luft lastete, die mit dem Ruß und Gestank des schwelenden Dochtes geschwängert war.

Sehr verbreitet war auch die *lanterna* (Abb. 21), die in ihrer Form unserer Laterne ähnelt. Sie war nach außen durch transparente Horntafeln *(lanterna cornea)*, Schweinsblasen *(lanterna de vesica)* und später durch Glas abgeschirmt.

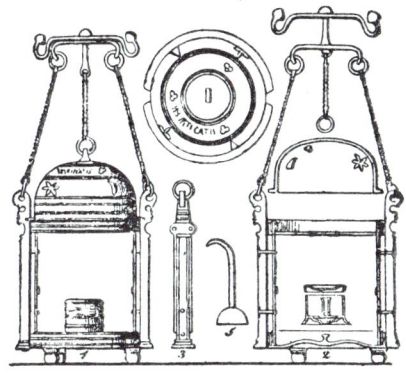

Abb. 21. Laternen. (Aus Overbeck, *Pompeji*, S. 248.)
1. Geschlossene Laterne; 2. Querschnitt; 3. Seitliche Stütze; 4. Deckel; 5. Auslöscher.

4. Auf das Eßgeschirr, das wegen seiner Güte, Mannigfaltigkeit und Kostbarkeit den ersten Platz unter dem römischen Geschirr einnimmt, kommen wir später zurück. Hier seien nur noch zwei Gegenstände erwähnt, die in einem gut eingerichteten Hause vorhanden waren: Spiegel und Uhr. Und zwar weniger ihrer Bedeutung wegen, als weil es interessant ist, sie mit den entsprechenden Gegenständen von heute zu vergleichen.

Der Spiegel: Bei den Römern – und mehr noch bei den Griechen – stellt der Spiegel einen Gegenstand zum persönlichen Gebrauch der Frau dar, obwohl während der Kaiserzeit sein Gebrauch auch unter den Männern Eingang fand und es neben den Handspiegeln auch Wandspiegel gab. Da er vornehmlich als weiblicher Toilettegegenstand diente und nicht dazu bestimmt war, als Schaustück zu wirken, ist er klein und handlich (Taf. XLIV, 1), eine runde oder ovale Scheibe aus glänzendem Metall, die in einem fein gearbeiteten Griff endet. Obwohl sich das Glas in römischer Zeit, wenn auch langsam, so doch stetig für den häuslichen Gebrauch einbürgerte, ersetzte es noch nicht das Spiegelmetall.

Die Uhr: Die Römer kannten nicht die Äquinoktialstunde, das heißt die Stunden zu sechzig Minuten, die den astronomischen Tag in vierundzwanzig gleiche Teile scheidet. Der Tag, also die Zeit zwischen Sonnenauf- und -untergang, war in zwölf gleiche Stunden *(horae)* geteilt, so daß die Stunden des Sommers länger waren als die des Winters. Die sechste Stunde war die Mittagszeit. Außer den Himmelsbeobachtungen, soweit dies die meteorologischen Bedingungen zuließen, hatte man als normales Mittel zur Zeitbestimmung zwei Arten von Uhren, die in der Antike so selten waren, wie sie bei uns üblich sind: die Sonnenuhr *(solarium)* und die Wasseruhr *(clepsydra).* Die Pendel- und Federuhren, die beide auf dem charakteristischen Spiel der Zahnräder beruhen, kamen erst gegen Ende des Mittelalters auf; die Römer mußten sich mit primitiven und wenig exakten Systemen begnügen, um die Stundenzeit ungefähr feststellen zu können. Uns modernen Menschen, die wir gewohnt sind, die Zeit in Bruchteile von Minuten und Sekunden einzuteilen, um aus der Uhr den unentbehrlichen Begleiter unseres fieberhaften Tempos zu machen, erscheint es fast unmöglich, daß die Menschen der griechischen und römischen Antike in einer glücklichen Ungewißheit der dahineilenden Zeit lebten, wie selbst unsere Bauern sie nicht mehr kennen. Vielleicht hat auch unsere Uhr dem Leben einen Teil seiner Poesie genommen; sie hat die Einheit des Tages, der eigentlich eine Einheit von Licht und Sonne darstellt, zerstückelt und zermahlen; an Stelle des *carpe diem* ist der Drang nach Erfassung des flüchtigen Augenblickes getreten. Das Ticktack der Uhren ist ein wenig in unsere Herzen gedrungen, hat den menschlichen Geist zu einem automatischen Rhythmus gezwungen, der auf die Starre des Stahles und die Einförmigkeit der Maschine abgestellt ist. Wir wollen daher die Römer nicht bemitleiden, wenn sie keine genauen Uhren hatten und die Bestimmung der Zeit ein so ernstes

Problem war, daß ein Philosoph wie Seneca[1] ausruft: «Es ist leichter, die Philosophen in Übereinstimmung zu bringen als die Uhren.» – Und das will viel heißen!

Abb. 22. Sonnenuhr aus den Stabianer Thermen in Pompeii.
(Aus Overbeck, *Pompeji*, S. 460.)

Am Sockel eine oskische Inschrift: MR. ATINIIS MR. KVAISSTUR EITIUVAD / MULTASIKAD KUMBENNIEIS TANGI (NUD) / AAMANAFFED = *Mr. Atinius Mr. (filius) quaestor pecunia / multaticia conventus sententia / locavit.* (Mr. = Maras = oskischer Vorname; *pecunia multaticia* = das aus der Bezahlung von Geldstrafen stammende Geld; *conventus* = die Versammlung; *locavit* = ließ erbauen.) – Im Original sind die Buchstaben von rechts nach links zu lesen.

Nach einer Nachricht des großen römischen Altertumsforschers Varro, die Plinius der Ältere[2] überliefert, wurde die erste den Römern bekannte Sonnenuhr im Jahre 263 v. Chr. während des Ersten Punischen Krieges durch den Consul Manius Valerius Messala von Catania nach Rom gebracht. Da diese Sonnenuhr, nachdem sie ihren Standort gewechselt hatte, die Stunden natürlich nicht mehr richtig anzeigte, ließ der Censor Q. Marcius Philippus im Jahre 164 v. Chr. eine der römischen Zeit angepaßte Sonnenuhr konstruieren; seit dieser Zeit wurde die Überwachung der öffentlichen Sonnenuhren, deren Gebrauch sich immer mehr verbreitete, den Censoren übertragen. Der Form nach waren sie unseren Sonnenuhren ähnlich (Abb. 22). Ein Zeiger aus Eisen *(gnomon,* aus dem griechischen γνώμων*)* warf den Schatten auf eine halbrunde Marmortafel, die in Felder eingeteilt war, so daß man die Stunden berechnen konnte. Da die Sonnenuhr die verbrei-

---

[1] *Ludus*, 2, 3: *Facilius inter philosophos quam inter horologia conveniet.*   [2] vii, 214.

tetste Art der Uhren war (und nicht, wie bei uns, eine Reliquie vergangener Zeiten ohne praktischen Wert), war sie mit größter Sorgfalt und Genauigkeit konstruiert; man baute auch transportable Sonnenuhren, deren man sich auf der Reise bedienen konnte, und solche, die auch die äquinoktiale Zeit anzeigten.

Die erste *clepsydra* wurde in Rom im Jahre 159 v. Chr. eingeführt. Von diesen Wasseruhren kannte man zwei Arten:

a. Diejenigen, die nur einen bestimmten Zeitabschnitt messen konnten, nämlich die Zeitspanne, in der das Wasser aus dem oberen Behälter in den unteren floß.

b. Diejenigen, die sich in vierundzwanzig Stunden entleerten. Durch eine am unteren Behälter angebrachte Skala konnte man mit Genauigkeit die abgelaufenen Stunden ermitteln. Von dieser zweiten Art, deren Erfindung Platon und deren Vervollkommnung Ktesibios von Alexandrien zugeschrieben wird, gab es zwei verschiedene Typen: die Wasseruhr, welche die Äquinoktialstunde anzeigte, und den Typus, der mittels eines komplizierten Systems von Skalen oder besonderer Regulierung des Verbindungskanals die wirkliche Stunde anzeigte, die von einem Tag zum andern und vom Tag zur Nacht variierte.

IV. DIE SPEISEN

1. Unterschied des Geschmackes zwischen den Römern und uns. – 2. Die wichtigsten römischen Speisen. – 3. *Garum* und *allec*.

1.

Die Römer waren ursprünglich äußerst mäßig, aber ihre Nachkommen, insbesondere während der Kaiserzeit, hegten für den gepflegten Tisch eine Vorliebe, die es weder an Sorgfalt noch Aufwand fehlen ließ. Die Freuden des Gastmahles wurden mit allen Regeln der Kunst und weiser Überlegung vorbereitet. In den *villae* züchtete man nach rationellen Erwägungen Fische, Wild und Geflügel, es gab *piscinae, aviaria, leporaria* usw. Man hatte Methoden erfunden, nach denen man nicht nur Geflügel *(altilia)*, Hasen und Haselmäuse, sondern sogar Austern mästen konnte. Wo die eigene Produktion nicht ausreichte, trat der Handel an ihre Stelle; aus allen Teilen der damals bekannten Welt kamen die köstlichsten Weine und Leckerbissen nach Rom. Hätten wir freilich an einem derartigen Gelage teilnehmen müssen, so wäre wahrscheinlich ein verdorbener Magen die Folge gewesen. Die raffiniertesten Leckerbissen, auf deren Zubereitung hochbezahlte Köche ihre ganze Erfindungsgabe verwandten, wobei sie kostspielige Zutaten benutzten, hätten wir für ungenießbar gehalten.

Der menschliche Geschmack ist nicht, wie man meinen möchte, überall gleich, sondern unterscheidet sich wesentlich von Volk zu Volk und von einem Zeitalter zum andern. Von den Tataren berichtet uns Marco Polo[1]: «Sie essen auch Pharaonenmäuse, die im Sommer in jenen Gegenden im Übermaß vorhanden sind. Sie essen auch Pferde- und Hundefleisch, ja überhaupt alle Arten Fleisch.» (Wer keinen festen Magen hat, tut gut, sich über dieses «überhaupt alle Arten» nicht zu sehr der Phantasie hinzugeben.) Die Ethnologen unserer Zeit haben in dieser Hinsicht weitgehende Forschungen angestellt, deren Ergebnisse zuweilen aufs äußerste in Erstaunen setzen. Die Chinesen zum Beispiel essen außer den berühmten Schwalbennestern auch Hunde, Katzen und Mäuse. «Der erste Eindruck, den der Reisende in sich aufnimmt, sind die Girlanden von Mäusen, die am Schwanze an den Dächern der Häuser aufgehängt sind, so wie in Italien die Maiskolben und im Norden Europas die Zwiebeln. Maulwurfsuppe ist für die Chinesen

---

[1] Übers. nach L. F. BENEDETTO, Mailand 1932, S. 85–86.

eine Götterspeise¹.» Die Japaner hingegen betrachten einen Salat aus Chrysanthemen, mit Essig, Salzlake von Fischen und Zucker zubereitet, als einen besonderen Leckerbissen. Von den asiatischen Völkern zum Beispiel essen die Bewohner der Kamtschatka rohen Fisch, den sie in Gruben zur Verwesung bringen; wenn er nicht richtig verfault ist, mögen sie ihn nicht essen. Die Neuseeländer ernähren sich von Insekten, Hunden und im Ofen gebackenen Farrenkrautstengeln; dazu trinken sie ranziges Öl. Die Kaffern sind versessen auf rohes Gedärm von Ziegen und Ochsen und essen überhaupt alles, auch Ameisen. Bei vielen Völkern zählen die Reptilien, einschließlich der Schlangen, zu den bevorzugten Leckerbissen; wenn dies nicht allgemein bekannt wäre, würde man zögern, es zu glauben. Andrerseits erscheint es uns unerklärlich, daß es Völker in allen Teilen der Erde gibt, die keine Miene bei Speisen verziehen, die uns Ekel erregen, während sie Käse und Butter ablehnen. Auch bei den Zutaten können wir die verschiedensten Geschmäcker feststellen; Palmöl, Meerwasser, Menschenfett (bei den Niam-Niam) und andere Delikatessen finden Verwendung!

Dies vorausgesetzt, darf uns auch der große Unterschied im Geschmack zwischen den alten Römern und uns nicht verwundern. Obwohl es gefährlich ist, auf diesem Gebiet bestimmte Angaben zu machen, da man nicht immer mit Sicherheit die Speisen und die Zutaten identifizieren kann, will es uns doch als Vergeudung der Gottesgaben erscheinen, wenn wir nach dem Rat der Rezepte des Apicius² die Tauben in einem Gemisch von Pfeffer, Datteln, Honig, Essig, Wein, Öl und Senf kochen würden, außer andern Zutaten, die wir nicht kennen, die aber durchaus kein Vertrauen erwecken. Oder wenn man Vögel, statt sie am Spieß zu rösten, in einer aus Essig, Honig, Öl, getrockneten Trauben (oder Rosinen aus Damaskus, die den gleichen Zweck erfüllen), Wein, Pfefferminz, Pfeffer und aus einer mit zahllosen anderen scharfen Kräutern bereiteten Sauce kocht³. Hier kommt uns der Chrysanthemensalat der Japaner in den Sinn!

Der Unterschied im Geschmack zwischen uns und den Römern ist größer, als es den Anschein hat, wenn wir uns nicht durch gewisse äußerliche Übereinstimmungen täuschen lassen. Wie wir, waren auch die Römer erpicht auf Pilze; aber sie kochten sie mit Honig⁴; sie schätzten die schönen Pfirsiche, aber sie bereiteten sie ungefähr so zu wie wir marinierten Aal⁵; sie hatten

---

[1] Diese und die folgenden Angaben sind dem Buche von A. COUGNET, *Il ventre dei popoli*, Turin 1905, entnommen.
[2] APICIUS (Sammlung von Kochrezepten aus der Kaiserzeit), vi, 4, 2, (224).
[3] *Ibid.*, v, 1 (227).   [4] *Ibid.*, vii, 15, 5 (318).   [5] *Ibid.*, i, 12, 11 (26).

eine Vorliebe für mancherlei Fische, die auch wir noch gern auf der Tafel sehen; nur bereiteten sie sie mit einem undefinierbaren Gemisch von Zutaten, zu denen beispielsweise Pflaumen, zerquetschte Aprikosen und Quittenmus gehörten, so daß es auf uns – ich möchte sagen – fast beängstigend wirkt. Wenn jemand den Mund verzieht, so hat er unrecht. Er sollte bedenken, daß, während die Römer den frischen Käse vorzogen, wir uns an Gorgonzola begeistern, obwohl wir zugeben müssen, daß er stinkt: ein Käse, der verdorben ist und um so mehr im Preise steigt, je mehr er absichtlich verdorben worden ist. Die Römer verzogen die Nase, wenn das Wildschweinfleisch anfing zu riechen; wir glauben es zu vergeuden, wenn wir es frisch essen, und kochen es erst, wenn es seinen *haut goût* hat und nach verwestem Fleisch riecht. «Es schmeckt nach Wild», würden wir sagen; «nein, es stinkt nach Aas», würde ein Römer erwidern. Unter vielen Sprichwörtern ist wohl das wahrste und weiseste dasjenige, das da besagt, daß jeder seinen eigenen Geschmack hat und daß sich über den Geschmack nicht streiten läßt.

Man kann hinzufügen, daß der Geschmack der modernen Europäer vielen Getränken und Speisen den Vorzug gibt, die man im Altertum gar nicht kannte. Man weiß, daß es zu Zeiten der Römer weder Kaffee noch Tee, weder Zucker noch Likör, weder Trüffeln noch Kartoffeln noch Bohnen gab; Tomaten waren unbekannt, Südfrüchte selten und in Italien nicht beheimatet. Süßspeisen bereitete man mit Honig und gekochtem Most, manchmal mit Honig und Käse, wie zum Beispiel die *placenta*. Das einzige anregende Getränk war der Wein; auch in den Bars *(thermopolia)*, die, nach ihrer Zahl in Pompeii zu urteilen, ebenso zahlreich vorhanden waren wie bei uns, trank man warmen Wein. Ja sogar die Technik des Koches war verschieden. Unter anderm wußte man noch gar nicht oder jedenfalls nur in beschränktem Maße, wie wichtig das Ei als Bindemittel der mit verschiedenen Zutaten angerichteten Speisen war. Da die Römer eine Vorliebe für gemischte Gerichte und alle Arten von Gewürzen hegten, hatten sie sich ein besonderes System ausgedacht: Sie steckten die Fleischstücke und das nach den Regeln der Kochkunst auf tausenderlei Arten zubereitete Ragout in einen Schweinedarm. Die Geschicklichkeit des Koches zeigte sich vor allem in der Zubereitung von *botella* und *farcimina*. Mehr als grundsätzlichen Geschmacksunterschieden wird man es den Launen der Mode zuschreiben müssen, daß auch für die Römer die von den Autoren oft hervorgehobene Tatsache gilt, daß je nach den Zeiten ein Gericht mehr oder weniger bevorzugt wurde.

2. Wir wollen jetzt eine kurze Zusammenfassung der bei den Römern üblichen Speisen und Getränke geben. Die Verwendung des Brotes scheint erst zu Beginn des zweiten Jahrhunderts v. Chr. allgemein üblich geworden zu sein. In den ersten Jahrhunderten diente das Korn dazu, die *puls* zu bereiten (einen Brei aus Getreide, den die Autoren von der *polenta* unterscheiden, der μᾶζα der Griechen, die aus gerösteter und gemahlener Gerste hergestellt wurde). Außer einigen besonderen Sorten, wie dem Gerstenbrot, Speltbrot usw., unterschied man drei Arten: 1. das Schwarzbrot, aus grob gesiebtem Mehl bereitet *(panis acerosus, plebeius, rusticus, castrensis, sordidus* usw.); 2. *panis secundarius*, weißer, aber nicht sehr fein; 3. das Luxusbrot *(panis candidus, mundus)*. Auch Hundebrot wird erwähnt *(panis furfureus)*. Das Brot wurde im Backofen gebacken oder in besonderen Gefäßen wie dem *clibanus (panis clibanicus)*.

Von den Hülsenfrüchten waren Saubohnen, Linsen und Erbsen die gebräuchlichsten, von den Gemüsen Lattich, Kohl und Lauch; groß war der Verbrauch an verdauungfördernden Gemüsen (Malven, Mangold usw.). Spargel und Artischocken *(carduus)* waren seltener als bei uns und erschienen nur auf der Tafel der Reichen. Sehr beliebt waren bei den Römern die Pilze, insbesondere die *boleti* (wahrscheinlich Morcheln), worauf zahlreiche Andeutungen der Schriftsteller schließen lassen, besonders bei Martial. Weit höheres Ansehen als auf unserer Tafel genoß die Olive, die unter den Vorspeisen nie fehlen durfte.

Das Obst war im allgemeinen das gleiche wie bei uns, mit Ausnahme der Südfrüchte, die aus dem Orient eingeführt und erst im vierten Jahrhundert n. Chr. in Italien angebaut wurden: Äpfel *(mala)*, Birnen *(pira)*, Kirschen *(cerasa)*, Pflaumen *(pruna)*, Weintrauben *(uva;* frisch oder getrocknet, oder auch in irdenen Gefäßen aufbewahrt = *uvae ollares)*, Nüsse, Mandeln *(nux amygdala)*, Kastanien. Der Anbau der Kirschen wurde während der Mithridatischen Kriege aus dem Pontos eingeführt; in den ersten Jahrhunderten kannte man nur eine wilde Kirsche, genannt *cornum*. Unter dem Kernobst war besonders die Quitte *(malum Cydonium)* bekannt, aus der man schon damals Marmelade herstellte. Aus Armenien war die Aprikose *(malum Armeniacum* oder *praecox)* gekommen und bildete bald eine beliebte Zutat bei der Zusammenstellung bestimmter Gerichte, wie zum Beispiel bei Frikassee aus Schweinebrust[1]. Allgemein verbreitet scheinen die Datteln gewesen zu sein *(dactyli, palmae, caryotae)*, die aus den heißen Ländern eingeführt wurden.

[1] Apicius, iv, 3, 6 (176).

Die Tierwelt trug mit ihrem Fleisch mehr zur römischen Tafel bei als heute bei uns. Außer Ochsen- und Schweinefleisch, das sehr begehrt war, aß man Hirsch, Wildesel *(onager)* und Haselmaus. Auf die Zucht der Haselmäuse in den *gliraria* verwandte man größte Sorgfalt. Auch das Wild, das dem bescheidenen Huhn, welches man bei den Römern nur gering schätzte, entschieden vorgezogen wurde, züchtete man wie Haustiere, obwohl dieser Brauch den Geschmack doch wohl beeinträchtigt hat. Tiere, die heute von unserer Tafel verschwunden sind, aber damals in Ehren standen, waren die Flamingos, deren Zunge als besonderer Leckerbissen galt, der Storch, der Kranich und der Wellensittich. Das Pfauenfleisch, eine für uns ungewöhnliche Speise, gehörte bei den Römern zu den begehrtesten Delikatessen.

Allen anderen Gerichten zogen die Römer den feinen Fisch vor. Im allgemeinen wurde in Rom viel Fisch gegessen; von den kleinen, in Salzlake konservierten Fischen (*gerres, maenae* usw.), die als billige Volksnahrung verkauft wurden, bis zu den erlesensten wie Flunder, Rotbarsch, besonders wenn er sehr groß war, Seebrasse (als *cerebrum Iovis paene supremi* bezeichnet ihn Ennius), Stör usw. Eine Aufzählung wäre zwecklos, da sie bei der Schwierigkeit der Identifizierung ohnehin nicht sicher wäre. Es sei noch bemerkt, daß zwei Fischarten – ganz abgesehen von der Art der Zubereitung – dem wechselnden Geschmack und der Mode nicht unterworfen waren und den Vorzug genossen, immer gleich hochgeschätzt zu werden: Rotbarsch und Scholle.

3. Mehr noch als in den Hauptgerichten tritt der Unterschied des Geschmackes zwischen uns und den Römern bei den Zutaten in Erscheinung. Wir haben schon gesehen, daß es bei ihnen üblich war, scharfe und süßliche Gewürze miteinander zu vermischen, so daß man zum gleichen Gericht neben Essig und Minze auch Honig, gekochten Most *(defrutum)* und Fruchtmus verwandte. Das besondere Merkmal der römischen Küche besteht aber in der ausgiebigen Verwendung einiger Fischsaucen, die nicht im Augenblick des Gebrauches zubereitet, sondern in einem langwierigen Prozeß hergestellt und in Krügen im Keller aufbewahrt wurden. Es gab wohl nur wenige Gerichte, an die nicht wenigstens eine Dosis dieser Saucen gegossen wurde. Dafür hatte man verschiedene Namen: *garum, oxygarum, liquamen, muria, allec.* Man stellte sie in tausenderlei Weise her. Der verschiedene Geschmack rührte teils von der unterschiedlichen Zubereitungsart, teils von der Qualität der verwendeten Fische her. Aus einem genauen Rezept, das in einem griechischen landwirtschaftlichen Buch[1] enthalten ist, erfahren

---

[1] *Geoponica,* XX, 46, 1.

wir, daß als erstes das *liquamen* zubereitet wurde: man tat in ein Gefäß die Eingeweide des Fisches und mischte sie mit kleinen Fischstückchen oder kleinen Fischen; dann verrührte man alles zu einem gleichartigen Brei. Dieser Brei wurde der Sonne ausgesetzt, oft umgerührt und geschlagen, so daß er in Gärung geriet. Wenn der flüssige Teil in der Sonne zusammengetrocknet war, tauchte man ein Körbchen in das mit *liquamen* gefüllte Gefäß. Die durch das Körbchen sich langsam filtrierende Flüssigkeit war das *garum*, der bevorzugte Teil; der Satz vom *garum* war das *allec* (ἅλιξ). *Muria* in seiner allgemeinen Bedeutung bezeichnet eine Salzlake, später auch eine besondere Art von *garum*.

Der gute Geschmack der Speisen hing zum großen Teil von der Fähigkeit des Koches ab, das *garum* in richtigen Mengen zu verwenden. Manchmal genügte schon ein sehr kleines Quantum; zwei Eier und ein paar Tröpfchen guten Garums[1] waren schon ein einfaches, aber schmackhaftes Essen.

Die Zubereitung des *garum* erforderte Sorgfalt, Mühe und Kosten. Es war daher sehr teuer. Man verwandte es trotzdem in so großen Mengen, daß sich auch außerhalb Roms Produktionszentren gebildet hatten.

Die Garum-Industrie florierte zum Beispiel auch im arbeitsamen Pompeii. Das feinste *garum* kam aus Spanien. Welchen Geschmack es gehabt hat, läßt sich nicht mit Gewißheit sagen: Nach der Art der Zubereitung zu schließen, muß es einen sauren, scharfen und widerlichen Geschmack gehabt haben. Dies bestätigt ein Epigramm Martials[2]: *Unguentum fuerat quod onyx modo parva gerebat: olfecit postquam Papilus, ecce, garum est.* (Der Dichter will sagen, daß Papilus ein Mann ist, dessen Odem fürchterlich stinkt; ein Hauch dieses Pestgeruches genügte, um eine parfümierte Salbe in – *garum* zu verwandeln. Damit ist wohl alles gesagt!) Es ist durchaus möglich, daß eine mit *garum* zubereitete Speise unserem Magen nicht zuträglich wäre.

[1] MARTIAL, xiii, 40.   [2] vii, 94.

V. DAS GASTMAHL

1. Die Tagesmahlzeiten. – 2. Der Verlauf des Gastmahles.

1.

DAS erste Frühstück oder das zweite Frühstück, das der Knabe mit zur Schule nahm, hieß *ientaculum*, die Mahlzeit zu Mittag *prandium*. Bei gewissen Gelegenheiten wurde auch das *prandium* im *triclinium* serviert, aber im allgemeinen nahm man nur in Eile ein paar Bissen zu sich (kalte Kost, meistens irgendwelche Reste des vorangegangenen Tages), ohne sich auch nur zu setzen: *sine mensa prandium, post quod non sunt lavandae manus*[1]. Die Hauptmahlzeit wird am Abend eingenommen. Die Römer der Frühzeit aßen im Atrium zu Abend, später auch in einem über dem *tablinum* gelegenen Obergeschoß (*cenaculum*, vgl. S. 87). In der Zeit jedoch, die wir hier behandeln, in der die griechische Gepflogenheit, im Liegen zu essen, allgemeine Verbreitung gefunden hatte, war der Abendmahlzeit ein besonderer Raum vorbehalten, das *triclinium*. Es gab Speiseräume für den Sommer und für den Winter; der Unterschied bestand nur in der Lage. Allgemein üblich war das *triclinium* im Freien, von dem auch Plinius spricht (s. S. 98), und die aus Stein gebauten *triclinia*, die in einigen Gärten von Pompeii zu sehen sind (Taf. XXI, 2).

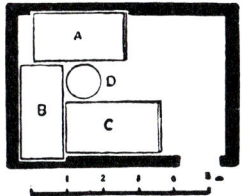

Abb. 23. *Triclinium* in Pompeii.
A. *Lectus summus*;
B. *Lectus medius*; C. *Lectus imus*;
D. *Mensa*.

Die Verteilung der Ruhebetten im Speiseraum geht aus der Abbildung 23 hervor, die einen pompejanischen Speiseraum darstellt. Die drei Ruhebetten, von rechts nach links gesehen, hießen *summus, medius, imus*, und die drei üblichen Plätze dieser Ruhebetten nannte man – in der gleichen Reihenfolge – *locus summus, locus medius* und *locus imus*. Über den Ehrenplatz bestehen einige Zweifel; offenbar war es der *imus in medio*, der sogenannte

---

[1] SENECA, *Epist.*, 83, 6.

locus consularis, also der Platz, der es ermöglichte, von der Außenseite des Ruhebettes Mitteilungen zu empfangen. Man muß jedoch berücksichtigen, daß im *triclinium* für gewöhnlich sehr wenig Platz vorhanden war, so daß es kaum einen von außen her zugänglichen Platz gab, da die Ruhebetten unmittelbar an die Wände stießen. Es ist auch bemerkenswert, daß bei dem Abendmahl im Hause des Eutrapelus, von dem uns Cicero[1] erzählt, der Redner als die bedeutendste Persönlichkeit unter den Gästen nicht den *imus in medio*, sondern den *medius in medio* einnahm. Bei dem Gastmahl des Nasidienus[2] hingegen ist dieser Platz von einer *umbra* besetzt, einer nebensächlichen Persönlichkeit, vielleicht gar von einem Parasiten. Es ist durchaus möglich, daß der Brauch verschieden gehandhabt wurde oder daß man unter Freunden keinen Wert auf Rangordnung legte. Der Platz des Hausherrn ist der *locus summus in imo*; selbstverständlich saß er neben der Respektsperson. Aber auch hierin gab es keine feste Regel. In der Satire des Horaz sitzt Nasidienus nicht neben Maecenas.

An Stelle der drei Ruhebetten im *triclinium*, die im rechten Winkel zueinander aufgestellt waren, bürgerte sich während der Kaiserzeit die Mode des halbkreisförmigen Ruhebettes ein, auf dem sechs, sieben und auch acht Gäste Platz fanden *(hexaclinon, heptaclinon, octoclinon)* und das den Namen *sigma* führte, da es dem mondsichelförmigen griechischen Sigma (C) ähnelte, oder auch *stibadium* oder *accubitum* hieß. Der Ehrenplatz befand sich an den beiden Enden des Ruhebettes, wo man die Unbequemlichkeit der Enge weniger empfand.

Über die Tische als die schönsten Möbelstücke des Hauses, auf welche die Männer ebenso stolz waren wie die Frauen auf den Schmuck, haben wir bereits in einem vorangehenden Kapitel gesprochen (vgl. S. 103). Der Tisch, der den auf den Ruhebetten liegenden Gästen diente, war rund. Auf die Tischplatte wurden die Speisen und der Weinkrug *(lagoena)* gestellt, so daß sich die Gäste nach eigenem Belieben bedienen konnten. Auch das Salzfäßchen *(salinum,* Taf. XLVIII, 2) und ein Fläschchen Essig *(acetabulum)* standen stets zu ihrer Verfügung. Für das Abstellen der Schüsseln mit den Speisen gab es ein besonderes Möbel, das sogenannte *repositorium*. Dieses Verfahren war sehr bequem, konnte aber zu Meinungsverschiedenheiten führen, wenn es den Gästen beim Zulangen an Zurückhaltung fehlte. Bei den großen Festgelagen, wenn es eine Fülle von Gängen und eine zahlreiche Dienerschaft gab, wurden die Speisen rasch aufgetragen; man nimmt sogar an, sie seien nur angeboten worden, ohne auf dem *repositorium* abgestellt zu werden.

---

[1] *Ad. fam.*, ix, 26. [2] Horaz, *Sat.*, ii, 8, 20ff.

Das Tischtuch *(mantele)* hält seinen Einzug im ersten Jahrhundert n. Chr. Das Mundtuch *(mappa)* wurde vom Gastgeber gereicht, manche brachten freilich ihr eigenes mit, um die Reste des Mahles einzupacken; ein häßlicher Brauch, den man aber in der römischen Gesellschaft duldete.

Die Gäste aßen in schräg liegender Stellung, den Ellenbogen des linken Armes auf ein Kissen gestützt und die Füße nach rechts ausgestreckt. Die einzelnen Plätze waren durch Kissen getrennt, die höchstwahrscheinlich nicht auf, sondern unter den Decken des Ruhebettes lagen. Der Teller *(patina, patella,* oder für den tiefen Teller *catinus)* wurde mit der linken Hand gehalten; die Speisen nahm man mit den Fingern zu sich, da man zu jener Zeit den Gebrauch der Gabel noch nicht kannte. Als besonders vornehm galt es, mit den Fingerspitzen zu essen, ohne sich Gesicht und Hände zu beschmieren. *Carpe cibos digitis, est quiddam gestus edendi; ora nec immunda tota perunge manu,* lehrt Ovid[1]. Bevor man die Speisen herumreichte, wurden sie von einem Sklaven *(scissor, carptor, structor)* hergerichtet, der sie in kleine Portionen *(pulmenta)* zerteilte. Das Tranchieren machte auch das Messer fast überflüssig, obwohl wir es auf Abbildungen von Festgelagen in den Händen einiger Gäste erblicken. Gebräuchlicher war der Löffel *(cochlear* oder *ligula),* der je nach seinem Verwendungszweck die Form wechselte (Abb. 24).

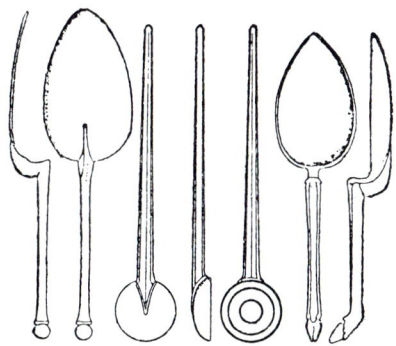

Abb. 24. Löffel. (Aus Blümner, *Die römischen Privataltertümer,* S. 395.)

Überaus kostbar war das Geschirr. Während die ärmere Bevölkerung Tongeschirr *(vasa Saguntina)* benutzte, waren die Teller und Schüsseln der großen Gastmähler aus Silber *(argentum escarium* und *potorium;* Taf. XLIV,

[1] *Ars am.,* iii, 755/56.

2; XLVII–XLIX); die Pokale *(pocula)* waren aus Kristall, Electrum[1], Gold, *murra* (die *murrina*), einem undurchsichtigen, ungewöhnlich teuren Stein, der angeblich die Blume des Weins erhöhte. Diese Kelche waren nur selten glatt *(pura)*, sondern meist mit Reliefs geschmückt, die massiv gearbeitet und aufgetragen wurden, oder sie waren mit Gemmen *(pocula gemmata)* verziert. Auch die Form war verschieden: weit und ohne Henkel und Fuß *(paterae)*; hoch und mit Fuß und Henkel, der bei einigen Arten über den oberen Rand hinausragte *(calices)*; in Form eines Bootes *(cymbium, scaphium)* oder eines Hornes *(rhytion)* u. a.

Da die Römer die Gewohnheit hatten, warm zu trinken und den Wein zu verdünnen – der unverdünnte Wein wurde nur für die rituellen Trinkopfer gereicht –, befanden sich im *triclinium* ein Gefäß für den Wein *(oenophorus)*, eines für das warme Wasser *(caldarium*; Tafel XLV) und ein Krater *(creterra,* Taf. XLVI). Dieser war ein großes Gefäß, in dem man in einem bestimmten Verhältnis den Wein mit Wasser mischte; mit einem kleinen Behälter an einem langen Stiel *(cyathus)* schöpfte man die Flüssigkeit aus dem Mischkrug und goß sie in die Kelche. Üblich war auch der Filter *(sacculus, colum)*, da es den Römern in Ermangelung technischer Mittel nie gelang, völlig klaren Wein herzustellen; das Wort *liquare*, «filtern», wird daher von den Dichtern als Synonym für «mischen» gebraucht.

Die Tischgenossen waren mit einem enganliegenden Wams *(synthesis,* s. S. 126) gekleidet und trugen Sandalen *(soleae,* s. S. 128).

Die Sklaven hatten je nach Geschicklichkeit und Anmut ihre besonderen Aufgaben zu erfüllen. Die schönsten Sklaven kredenzten den Wein *(ministri, pueri a cyatho)* oder zerlegten die Speisen, wobei sie darauf achteten, mit graziösen Bewegungen ihres Amtes zu walten. Sie waren in verschiedene und lebhafte Farben gekleidet und trugen langes, gelocktes Haar. Dagegen trugen die für gröbere Nebenarbeiten bestimmten Sklaven, die gleichfalls im *triclinium* tätig waren, kurzgeschorenes Haar und grobes Zeug. Hierzu gehörten die mit dem Aufkehren betrauten Sklaven *(scoparii*; sie wurden später durch die *analectae* ersetzt), die die von den Gästen unter den Tisch geworfenen Reste – denn so wollte es der Brauch[2] – zusammenlesen und entfernen mußten (Taf. LI). Es erscheint uns unglaubhaft, wieviel lockerer

---

[1] Das *electrum* war eine Legierung aus Edelmetallen und ist nicht mit Bernstein *(sucinum)* zu verwechseln.

[2] In der Antike verfuhr man immer so; in alexandrinischer Zeit hatte ein Künstler – Sosos – den Einfall, einen mit Abfällen besäten Fußboden in Mosaik darzustellen, das sogenannte «ungefegte Zimmer» (ἀσάρωτος οἶκος); vgl. PLINIUS D. Ä., xxxvi, 184.

DAS GASTMAHL 119

die Tischsitten bei den Alten im Vergleich zu den unseren waren! Jeder Gast brachte sich seinen Vertrauenssklaven mit *(puer ad pedes)*, den wir uns jung und schön vorstellen müssen und der dem Gastmahl in ständiger Erwartung der Befehle seines Herrn beiwohnte. Oft mußte er ihm auch demütigende, unangenehme Dienste leisten, wenn dieser, wie es oft geschah, zuviel gegessen hatte. Der *tricliniarcha*, eine Art Haushofmeister, war vom Hausherrn damit beauftragt, den Verlauf des Gastmahles zu überwachen.

2. Nachdem sich die Gäste auf ihren Plätzen niedergelassen hatten, reichten die Sklaven Wasser zum Händewaschen, und das Mahl begann. Die *cena* verlief stets in der gleichen geregelten Form. Es gab drei Hauptgänge:

a. *gustus* oder *gustatio*, die Vorspeise, aus leichten, appetitanregenden Gerichten zusammengesetzt; hierzu trank man das *mulsum*, ein Getränk aus Wein und Honig. Unumgänglich waren die Eier; der Ausspruch des Horaz ist berühmt: *ab ovo usque ad mala*[1], um zu sagen: «von Anfang bis zu Ende des Mahles».

b. *cena*, die eigentliche Mahlzeit (aus verschiedenen Gängen bestehend, deren jeder einzelne als *ferculum* oder *cena* bezeichnet wurde, also *prima, secunda, tertia cena*); hierzu trank man Wein.

c. *secundae mensae*, das Dessert (das bei den großen Banketten zum Symposion wurde, zu der sogenannten *comissatio)*: Man aß pikante Speisen oder getrocknetes Obst, um den Durst anzuregen, und trank ausgiebig. Zwischen *cena* und *secundae mensae* wurden die Statuetten der Laren herbeigetragen und auf die Tafel gestellt; man veranstaltete nunmehr ein Trankopfer und brachte seine guten Wünsche dar.

Der wichtigste Teil des Festmahls war also die *cena*, bei der die köstlichsten und rarsten Gänge einander ablösten. Man betrieb einen wahren Kult mit der Kochkunst, indem man sich etwa Überraschungsplatten ausdachte, die unter Vortäuschung eines bestimmten Gerichtes ein anderes verbargen. Die Gäste aßen *aves, conchylia, pisces, longe dissimilem noto celantia sucum*[2]. Bei dem Gastmahl des Trimalchio[3] ist eine gemästete Gans, die von Fischen und Vögeln umgeben ist, ganz aus Schweinefleisch. «Mein Koch ist ein ganz großer Künstler», sagt der Gastgeber[4], «auf Verlangen macht er aus einem Saueuter einen Fisch, aus Pökelspeck eine Waldtaube, aus Schinken eine Turteltaube und ein Huhn aus Pastetenteig.» Macrobius[5] erzählt uns von Tieren, die mit anderen Tieren gefüllt und gekocht wurden. Trimal-

---

[1] *Sat.*, i, 3, 6–7; «*ab ovo* beginnen» stammt hingegen aus *Ars poet.*, 147.
[2] HORAZ, *Sat.*, ii, 8, 27/28.   [3] PETRONIUS, 69.   [4] *Ibid.*, 70.   [5] iii, 13, 13.

chio[1] läßt Pfaueneier in gepfefferter Sauce, gefüllt mit Singvögeln, oder gekochtes Wildschwein, gefüllt mit lebenden Drosseln, servieren. Mag auch manches übertrieben sein, es entsprach auf jeden Fall dem Stil der Zeit.

Während der *comissatio* bekränzten sich die Gäste mit Blumen und rieben sich ausgiebig mit wohlriechenden Salben ein. Ein *rex convivii (magister,* auch *arbiter bibendi)* bestimmte das Verhältnis, in dem der Wein mit Wasser zu mischen war, und den Zeitpunkt zum Trinken. Der Brauch war griechisch *(Graeco more bibere),* aber so alt, daß Cicero[2] ihn als eine Einrichtung der Vorfahren betrachtet: *magisteria ... a maioribus instituta.* Während der *comissatio* brachte man verschiedene Trinksprüche aus: auf einen der Gäste, auf die Abwesenden, die Freundinnen; in der Kaiserzeit auch auf den Kaiser und das Heer. Der übliche Modus, einen Trinkspruch auf einen Anwesenden auszubringen, war folgender: Man füllte einen Pokal mit Wein, leerte ihn auf einen Zug auf das Wohl des Geehrten und ließ ihm den erneut mit Wein gefüllten Pokal reichen, damit er seinerseits ihn leere.

In diesem Lebensrausch an den unausweichlichen Tod zu denken, bedeutete Mahnung und Aufforderung zum Genuß zugleich[3]. Und so trank man in heiterer Stimmung aus silbernen Pokalen (Taf. XLIX), die der Stichel eines geübten Künstlers mit einer bewegten Gruppe von Skeletten verziert hatte. Diese makabren Darstellungen gaben dem Wein den rechten Geschmack. Beim Gastmahl des Trimalchio[4] wird nach der *gustatio* ein silbernes Skelett gezeigt, das bewegliche Glieder hat, sich verneigt und verschiedene Posen einnimmt, während der Gastgeber philosophische Reden hält. Den Mosaikfußboden eines römischen *triclinium* schmückt ein großer Totenschädel mit leeren Augenhöhlen; ein anderer Fußboden (Taf. XXXII, 1) stellt ein Skelett dar, das sich auf einem gezähnten Rost windet. «Erkenne dich selbst» (γνῶθι σαυτόν), ist darunter geschrieben. All diese Vorkehrungen gaben gewiß Anlaß zu ernsten Gesprächen; aber den Appetit scheinen sie nicht verdorben zu haben.

In der republikanischen Zeit versuchten Senatsbeschlüsse und Gesetze *(leges sumptuariae)* dem Luxus der Gastmähler eine Grenze zu setzen, indem die entsprechenden Ausgaben, die Art der Speisen oder auch die Annahme

---

[1] PETRONIUS, 33 und 40. [2] *De sen.*, 14, 46.

[3] Der Brauch ist uralt. HERODOT erzählt (ii, 78), daß man bei den ägyptischen Gastmählern unter den Gästen eine kleine Holzskulptur herumgehen ließ, die einen Toten im Sarg darstellte. Diese Skulptur trug folgende Inschrift: «Indem du ihn betrachtest, trink und vergnüge dich; denn wenn du tot bist, gleichst du ihm.»

[4] PETRONIUS, 34.

von Einladungen seitens hoher Beamter[1] eingeschränkt wurden; aber das letzte dieser Gesetze wurde unter Augustus erlassen, und bald kamen sie ganz außer Gebrauch. In der Kaiserzeit nahm der Aufwand der Festmähler zu; die großen Herren waren von einem Schwarm von Klienten umgeben, die die Aussicht auf ein gutes Essen zu den unterwürfigsten Diensten und lächerlichsten Schmeicheleien veranlaßte: Mit maßloser Verschwendungssucht prunkten vor allem die reichgewordenen Freigelassenen. Für viele bedeutete die Einladung zu einem Festgelage einen Akt der Wohltätigkeit, eine großzügigere Form von Schenkung als der kümmerliche Geldbetrag, die *sportula*, die man den Klienten gab. Die Ärmeren unter den Gästen ließ man den Unterschied fühlen; es war durchaus üblich, nicht alle in gleicher Weise zu behandeln. Die Leute mit gutem Geschmack verabscheuten jedoch dieses Verhalten. Plinius[2] schreibt: «Ich lade meine Gäste zum Essen ein und nicht, um ihnen eine Kränkung anzutun!»

Das Festmahl dauerte bei den alten Römern viele Stunden, etwa von drei Uhr nachmittags *(hora nona)* an bis in die späte Nacht. Es war die üblichste und angenehmste Art der Geselligkeit. Will heute jemand abends seine Freunde treffen, so sucht er sie im Club oder Café auf; wer seinen Abend angenehm verbringen will, geht je nach Geschmack ins Theater, ins Konzertcafé oder ins Kino. Jede Art Theaterdarbietung gehört heute zum gewöhnlichen Zeitvertreib; sie hat ihre Feierlichkeit verloren und ist ein Teil unseres Alltags geworden. Während in der Antike das Theater eine periodisch wiederkehrende Veranstaltung war, ist es jetzt eine tägliche geworden, hat die vielfältigsten Formen angenommen und sich den verschiedenen Bedürfnissen unseres Kulturlebens angepaßt, welches alles, selbst die Vergnügungen, organisiert hat. In der Antike war dem aber nicht so. Wenn man tagsüber schwätzen oder die Zeit mit den Freunden verbringen wollte, ging man in die großen Thermen oder in die Barbierstube; wenn man aber den Abend in fröhlicher Gesellschaft verbringen wollte, gab es keine andere Möglichkeit, als sich mit den Freunden zum Gastmahl zu vereinen.

Natürlich darf man nicht glauben, daß man während des ganzen Abends nichts weiter tat als essen und trinken. Außer Unterhaltung und Diskussion, die für gebildete Leute seit je ihren Reiz gehabt haben, kannte man alle möglichen Arten von Kurzweil und Zeitvertreib, angefangen mit den von Plinius als «ehrbar» und von Martial als «langweilig» bezeichneten Zerstreu-

---

[1] Aulus Gellius, ii, 24; Macrobius, iii, 17.

[2] ii, 6, 3: *Eadem omnibus pono; ad cenam enim, non ad notam invito cunctisque rebus exaequo quos mensa et toro aequavi.*

ungen wie dem Vorlesen von Dichtungen, das ein Sklave *(lector, anagnostes)* besorgte, oder den Rezitationen, die der *comoedus* mit viel Gesten und lauter Stimme vortrug, oder musikalischen Vorträgen. Leierspieler *(lyristae)* oder Sänger *(choraules)* gaben gegen reichen Entgelt Proben ihrer Künste. Aber nicht alle fanden an dieser Art Unterhaltung Gefallen, und die Lebemänner zogen die Gastmähler vor, bei denen Hazard gespielt wurde oder wo die Possen und Unverschämtheiten der Spaßmacher *(derisores)* die Gesellschaft zum Lachen brachten; man wohnte auch Vorführungen bei, die heutzutage eigentlich nur im Variété zu sehen sind: den geschmeidigen Tänzen der *Gaditanae* (von denen niemand behaupten will, daß sie wirklich alle aus Cadix stammten) oder Kastagnettenspielerinnen *(crotalistriae)*, den effeminierten Tänzern *(cinaedi)*, den Künsten der Akrobaten *(petauristarii)* u. a.

Ferner gab es die von den *moriones* gebotenen Belustigungen, halbidiotischen zwerghaften Geschöpfen, die mit ihrem Stumpfsinn zur Heiterkeit der Gäste beitrugen. Martial[1] stellt uns einen vor, «der einen Spitzkopf und lange Ohren hat, die er wie die Esel bewegt». Zur Kaiserzeit kamen sie sehr in Mode und erregten großes Aufsehen, wenn auch würdige Personen Anstoß daran nahmen[2]. Je mehr sie verblödet waren, um so höher standen sie im Preise; ja, man kann wohl annehmen[3], daß sie manchmal nicht ganz so dumm waren, wie sie sich stellten. Denn das hat es seit je gegeben: Sich blöde zu stellen, ohne es wirklich zu sein, ist eine der vielen Arten, um die Welt zu betrügen.

Bei den ganz reichen Gastmählern verteilte man *apophoreta*, das heißt Geschenke durch Lotterien. Die Geschenke waren von sehr verschiedenem Wert, was das Interesse an der Auslosung noch erhöhte. Daß man während eines Festessens auch Gladiatoren auftreten ließ, die sich bekämpften und töteten, ist eine der vielen Behauptungen, die als allgemein üblich das hinstellen, was eine seltene Ausnahme war. Wohl haben einige Kaiser zu solchen Darbietungen gegriffen, um etwas Neues zu bieten; aber es ist nicht wahr, daß die Römer eine Vorliebe für Gastmähler hatten, bei denen Wein und Blut flossen.

[1] vi, 39, 15-16. [2] Plinius d. J., *Epist.*, ix, 17. [3] Martial, viii, 13.

VI. KLEIDUNG, SCHUHE UND SCHMUCK

1. Von der römischen Kleidung im allgemeinen. – 2. Die *tunica*. – 3. Die *toga*. – 4. Der Mantel. – 5. Die weibliche Kleidung. – 6. Schuhe und Kopfbedeckung. – 7. Der Schmuck.

1.

Das offizielle Kleidungsstück der Römer war die *toga*; in frühesten Zeiten trug man unter der Toga ein einfaches Gewand (*subligar* oder *subligaculum, campestre, cinctus*), das dazu diente, den Unterleib zu bedecken; die Toga wurde daher zum größten Teil auf nacktem Leib getragen. Das *subligar*, das später nur von Familien getragen wurde, die den alten Gewohnheiten treu geblieben waren (die *cinctuti Cethegi*, sagt Horaz[1], um Leute alten Stiles zu bezeichnen), wurde in aufgeschlosseneren Zeiten nur noch von Arbeitern bei der Arbeit oder von Sporttreibenden auf dem Campus Martius getragen, woher auch seine gewöhnliche Bezeichnung *campestre* kommt. In seiner Eigenschaft als Unterkleid der Toga wurde es von der *tunica* ersetzt. Um sich vor Kälte zu schützen, trug man über der Toga oder aber statt der Toga über der Tunica Mäntel verschiedener Art (*laena, lacerna, abolla* u. a.). Die Frauen warfen über die Tunica, die dem weiblichen Schamgefühl zuliebe länger und vollständiger war als die männliche Tunica, einen weiten Umhang, die *stola*. Falls erforderlich, zogen sie über die *stola* noch Frauenmäntel (*ricinium, palla*). Die Kleidungsstücke der Römer kann man also wie folgt zusammenfassen: für die Männer: *tunica, toga* (Taf. LVIII, 1) und Mantel; für die Frauen: *tunica, stola* (Taf. LVIII, 2) und Überkleid.

2. Die Tunica im eigentlichen Sinne, die man nicht mit dem Leinenhemd verwechseln darf, der *tunica interior* oder *subucula* oder *strictoria*, war ein Wollkleid; es bestand aus zwei Stücken Stoff (*plagulae*), die derart zusammengenäht waren, daß das vordere Stück bis unter die Knie und das hintere bis zu den Waden reichte; ein Gürtel um die Taille schnürte es zusammen. Es widersprach dem guten Geschmack, die Tunica zu lang zu tragen oder *discincti* zu gehen, das heißt ohne Gürtel. Erst im dritten Jahrhundert n. Chr. wurde die Tunica mit langen, bis zum Handgelenk reichenden Ärmeln Mode, die vorher als weibisch gegolten hatte: *talares et manicatas tunicas*

[1] *Ars poet.*, 50.

habere apud Romanos veteres flagitium («eine skandalöse Angelegenheit») *erat; nunc autem honesto loco natis, cum tunicati sunt, non eas habere flagitium est*[1]. Die reichste Art dieser Tunica war die *Delmatica* (aus Leinen, Wolle oder Seide), die von vielen an Stelle der Toga getragen wurde; von der *Delmatica* gab es wiederum eine besondere Form ohne Ärmel, *colobium* benannt. Talarartige Tuniken mit Ärmeln wurden übrigens auch beim Mithraskult und beim alten christlichen Ritus getragen: eine orientalische Mode. Zur gleichen Zeit verbreitete sich der Brauch von langen, enganliegenden Hosen.

Der gebräuchlichste Schmuck der Tunica war der *clavus*, ein purpurner Streifen, der auch dazu diente, die Zugehörigkeit zu einem bestimmten Stande zu kennzeichnen: die Senatoren zum Beispiel trugen den *latus clavus* (oder *laticlavium*), die Ritter den *angustus clavus*. Die *tunica palmata* war hingegen ein Kleidungsstück, das man nur ausnahmsweise anlegte, kein Alltagsgewand, wie oft behauptet wird. Sie war mit Palmen bestickt und wurde vom Triumphator während des Siegeszuges getragen.

3. In der Provinz und auf dem Lande sowie zu Hause trug der Römer die Tunica. War es kalt, so zog er einen Mantel darüber oder mehrere Tuniken übereinander (wie zum Beispiel Augustus, der Erkältungen sehr fürchtete und außer mehreren Unterhemden vier Tuniken trug)[2]; die Toga hingegen, die zwar sehr würdevoll und schön, aber unpraktisch war, legte der Römer ab, sowie er sich im eigenen Hause oder außerhalb der offiziellen Welt befand. Wenn er aber ein öffentliches Amt ausübte, war die Toga die Amtskleidung; in Rom mußte sich jeder in der Toga zeigen, der nicht für einen Sklaven oder Taglöhner gehalten werden wollte. Die Herren, die den Ehrgeiz hatten, ein großes Gefolge von Klienten zu besitzen, verlangten natürlich, daß auch diese das offizielle römische Kleid trugen. Auf diese Weise wurde die Toga als Symbol der Magistratsherrschaft, der Würde des Staatsmannes und der nationalen Überlegenheit des zur Herrschaft berufenen Volkes (Vergil[3] sagt: *Romanos rerum dominos gentemque togatam*) beim Klienten, so traurig es klingt, zur Livree. Die Dienstfertigkeit der Klienten bezeichnete man als *opera togata*[4].

Die Toga bestand aus schwerem weißem Wollstoff, in einem Stück gearbeitet und in Form einer Ellipse geschnitten. Das Anlegen war eine komplizierte Angelegenheit, und die Hilfe des *vestiplicus*, eines Sklaven, der schon am vorhergehenden Abend die Falten ordnete, wurde daher sehr

---

[1] Augustin, *De doctr. Christ.*, iii, 20.   [2] Sueton, *Aug.*, 82.   [3] *Aen.*, i, 282.
[4] Martial, iii, 46, 1: *Exigis a nobis operam sine fine togatam.*

geschätzt. Manche brauchten viel Zeit, um sie anzulegen, anderen, wie Horaz[1], gelang es nie, richtig damit fertigzuwerden. Wie die Toga zu tragen war, entnimmt man mit einiger Mühe, wobei immer noch Einzelheiten unklar bleiben, einem langen, berühmten Passus Quintilians[2] sowie den zahlreichen mit der Toga bekleideten Statuen, von denen die Museen voll sind. Zunächst wurde der Stoff der Länge nach in zwei ungleiche Hälften gefaltet; von der linken Schulter fiel vorn ein Ende bis zu den Füßen herab (ungefähr ein Drittel der Länge); den andern Teil des Stoffes ließ man gedoppelt hinten über die Schulter fallen und zog ihn dann unter den rechten Arm; den übrigen Teil warf man über die linke Schulter zurück. Das Mittelstück des Gewandes, das durch seinen bauschigen Faltenwurf charakteristisch war, auf den die eleganten Männer die peinlichste Sorgfalt verwandten, hieß *sinus*; da das Tuch der Toga doppelt gelegt war, mußte der obere Rand des *sinus* unter die Achselhöhle zu liegen kommen, während der untere Rand bis zur Mitte des Beines herabhing. Nachdem der *sinus* zurechtgerückt und das letzte Stück der Toga über die linke Schulter geworfen worden war, zog man unter dem *sinus* das vordere Ende hervor, zog es breit und ließ es unten vorschauen. Auf diese Weise bildete sich ein *nodus* oder *umbo*, der dem ganzen Kleidungsstück einen gewissen Halt gab.

Im Kriege kleidete man sich nur mit dem *sagum militare*; nach glaubhaften Berichten sollen jedoch in den ältesten Zeiten auf dem Schlachtfelde verschiedene sakrale Handlungen in der Toga stattgefunden haben; in diesem Falle wurde die Toga unter dem rechten Arm hindurchgezogen und dann wie ein Gürtel um die Brust gewickelt, so daß die Arme frei waren (*cinctus Gabinus*).

In den meisten Fällen war die Toga *pura*, das heißt ohne Verzierungen. Die mit einem purpurroten Streifen geschmückte Toga wurde als *praetexta* bezeichnet und war die Kleidung der Knaben (die Toga wurde erst mit 17 Jahren angelegt), der höchsten Magistratspersonen und einiger Priester; *toga picta* hieß die während des Triumphzuges getragene Toga und *trabea* die buntfarbene, die die Auguren und andere Priester während der feierlichen Handlungen trugen.

4. Namentlich zur Kaiserzeit ersetzte man die Toga durch praktischere Kleidungsstücke: das *pallium*, die *lacerna*, die *paenula* u. a., die man teils über der Toga, meist aber an ihrer Stelle trug. Das *pallium* (ἱμάτιον) trug man

---

[1] *Sat.*, i, 3, 31/32: *Rideri possit, eo quod rusticius tonso toga defluit; Epist.*, i, 1, 96: *Si toga dissidet impar.* [2] xi, 3, 139/41.

über der Tunica, etwa so wie die Toga; da es aber kürzer und nicht doppelt war, hinderte es nicht so sehr die Freiheit der Bewegungen.

Die *lacerna* war ursprünglich ein Soldatenmantel, ähnlich der griechischen Chlamys (χλαμύς); während der Kaiserzeit verwandelte sie sich allmählich in eine bürgerliche Tracht und fand sehr schnell allgemeine Verbreitung. Je nach Feinheit des Stoffes und der Färbung hatte man verschiedene Arten. Das Volk trug die *lacerna* unbearbeitet, da dies sparsamer war; wer aber auf Eleganz hielt, prunkte mit allen möglichen auffallenden Farben.

Die *paenula*, ein sehr einfacher Mantel, diente hauptsächlich gegen Kälte und schlechtes Wetter; durch eine Öffnung in der Mitte zog man sie über den Kopf, so daß sie ohne Spange auf den Schultern ruhte. Für gewöhnlich war sie mit einer Kapuze versehen. Je nach der Verwendung hatte man wasserundurchlässige Mäntel (*paenula scortea* «aus Leder») oder dicke Mäntel (*paenula gausapina* «aus Filz»). Auf der Reise trugen diesen Mantel auch die Matronen.

Ein runder Umhang aus schwerem Stoff, ähnlich dem *sagum* der Soldaten, war die *laena*, auch *duplex* genannt, sei es wegen der Dicke des Stoffes oder, wie andere vermuten, weil man sie auf den Schultern doppelt trug. Kurz und aus grobem Zeug war die *laena* der armen Leute, von prächtigen Farben dagegen die *laena*, die auf einem Festmahl getragen wurde, um die Schultern in der kalten Jahreszeit zu bedecken. Der als *abolla* bezeichnete Umhang scheint in Form und Verwendung nicht sehr verschieden von der *laena* gewesen zu sein.

Dicke Mäntel mit Kapuze waren der *cucullus* (wörtlich «Kapuze») oder *bardocucullus*, der *birrus* und die *caracalla*; der bis zu den Füßen reichenden *caracalla talaris* verdankt bekanntlich Kaiser M. Aurelius Antoninus seinen Beinamen, weil er sie für gewöhnlich trug und auch für die Soldaten einführte (daher der Name *caracalla Antoniniana*). Von diesem langen Mantel mit Kapuze muß wohl die *caracalla* für Frauen unterschieden werden, die aus leichtem Leinen und ohne Ärmel war.

Eine höchst elegante, enganliegende Jacke mit kunstvoller Verzierung war die *synthesis* (oder *vestis cenatoria* oder auch *cenatorium*), die man bei den Gastmählern trug oder auch in der Stadt während der Saturnalien, wenn alle, auch die hohen Magistratspersonen, die Toga ablegten.

Mit dem Namen eines griechischen Schuhes (*endromis* oder *endromida*) bezeichnete man einen festen Mantel, der namentlich bei starken Regengüssen angezogen wurde oder den man sich nach den gymnastischen Übungen umwarf, wenn der Körper schweißbedeckt war.

5. In der weiblichen Bekleidung unterscheidet man: a. die *tunica*, b. die *stola*, die für die Matronen das nationale Kleidungsstück ist wie für die erwachsenen Männer die Toga, und c. die Überkleider.

a. Auf dem bloßen Körper trugen die Römerinnen ein Hemd *(tunica interior, subucula, interula)*; unter oder über dem Hemd eine *fascia pectoralis* oder *mamillare* (oder auch, mit dem griechischen Wort, *strophium* oder *taenia*) als Büstenhalter. Sie trugen auch das *subligar* (s. S. 123), aber offenbar nur während des Bades.

b. In den ältesten Zeiten gingen die Römerinnen in der Toga; Männer und Frauen kleideten sich in gleicher Weise: *olim toga fuit commune vestimentum et diurnum et nocturnum et muliebre et virile*[1]. Sehr bald aber unterschied sich die weibliche Kleidung von der männlichen, und die Frau mußte die Toga nur noch als Zeichen ihrer Unkeuschheit tragen, wenn sie die Ehe gebrochen oder ein leichtes Leben geführt hatte; die Matronen kleideten sich mit der Stola, einem bis zu den Füßen reichenden Kleide, das in den Hüften durch einen Gürtel gehalten wurde. Am äußeren Rande der Stola nähte man einen Purpurstreifen auf *(instita)*. Aus Mangel an archäologischen Beweisen (man hat an den Statuen mit Stola keine *instita* entdecken können) müssen wir uns damit abfinden, daß wir nicht genau sagen können, wie sich die Sache verhält: ob nämlich die Schriftsteller recht haben, die von einer *tenuissima fasciola* – einem ganz schmalen Streifen – sprechen oder die anderen, die ihn als *longa* bezeichnen. Ebensowenig läßt sich mit Sicherheit sagen, worin der Unterschied zwischen der Stola der Matrone, die das *ius trium liberorum* erlangt hatte, und den andern bestand. Daß ein Unterschied vorhanden war, ist sicher. Im dritten Jahrhundert n. Chr. wird die *stola matronalis*, wie die Toga bei den Männern, von der *Delmatica* oder vom *colobium* ersetzt (vgl. S. 124).

c. Als Überkleid zum Ausgehen verwandten die Römerinnen in den ersten Jahrhunderten der Republik das *ricinium*, einen einfachen, viereckigen Mantel, der die Schultern und, wie man annimmt, vielleicht auch den Kopf bedeckte. In den letzten Jahrhunderten der Republik und in der Kaiserzeit wurde das *ricinium* jedoch durch die *palla* ersetzt, ein viel weiteres Gewand, das man wie das griechische ἱμάτιον trug.

6. Das Schuhwerk kann man in drei Hauptarten zusammenfassen:

a. Die Sandalen *(soleae, sandalia)*, die durch schmale Lederriemen festgehalten wurden *(habenae, amenta, obstragula)*, die man zwischen den Zehen

---

[1] Varro bei Nonius, 541, 2/4.

hindurchführte. In der Öffentlichkeit in Sandalen zu erscheinen und nicht, wie es der gute Ton wollte, in *calcei*, war ein schwerer Verstoß gegen den Anstand. Cicero beschreibt in Verres einen Mann, der seine Würde als Magistrat und Bürger vergaß[1]: *stetit soleatus praetor populi Romani cum pallio purpureo tunicaque talari* – «ein Praetor des römischen Volkes! und zeigte sich in Sandalen, mit einem Purpurpallium und einer Tunica, die bis zu den Füßen reichte». Also etwas ganz Ungeheuerliches. Andrerseits war es auch eine Ungehörigkeit, die *calcei* in einem fremden Hause zu tragen, wenn man für einen längeren Besuch geladen war; der häusliche Fußboden hatte genau so seine Gesetze wie das Pflaster der Straße. Wer zu einem Festmahl geladen war, befahl seinem Sklaven, die *soleae* in das Haus des Gastgebers zu tragen, damit er sie vor dem Betreten des *triclinium* anziehen könne; wenn er ein armer Teufel war und über keinen Diener verfügte, nahm er sie selbst in einem Bündel mit, wie der *conviva tribulis* des Horaz[2], der sich mit den Sandalen unterm Arm zum Gastmahl begibt.

b. Die Pantoffeln *(socci)*.

c. Die *calcei*, die eigentliche Fußbekleidung des römischen Bürgers, die zur Toga, zum Nationalkostüm, getragen wurde. Vom gewöhnlichen *calceus* unterscheiden sich der *calceus patricius* und der *calceus senatorius*. Jener war ursprünglich rot und wurde mit vier Lederriemen *(corrigiae)* befestigt und durch eine Lederzunge *(ligula)* geschlossen, die mit einer halbmondförmigen Schnalle aus Elfenbein *(lunula)* geschmückt war; zur Kaiserzeit hörte die *lunula* jedoch auf, ein Privileg der Patrizier zu sein, und diente nur noch als Schmuck für elegantes Schuhwerk. Der *calceus senatorius* glich in der Form dem Patrizierschuh, war jedoch aus schwarzem Leder gefertigt.

Andere, gröbere Schuhe waren: der *pero*, ein ungegerbtes Fell, das man um die Füße wickelte; die *caliga*, eine Sandale für Soldaten; die *sculponea*, eine Art Pantinen mit Holzsohlen, die für Sklaven und Bauern bestimmt waren.

Es ist bemerkenswert, daß bei den Römern keinerlei Unterschied zwischen der männlichen und weiblichen Fußbekleidung bestand; auch die Frauen trugen *soleae*, *socci* und *calcei*; das Schuhwerk der Frauen unterschied sich nur durch weicheres Leder, lebhaftere Farben (besonders beliebt waren rote und vergoldete Schuhe) und die reiche Verwendung von Schmuck, darunter manchmal kostbaren Perlen u.a.

Auch außerhalb ihrer Wohnungen gingen die Römer ohne Kopfbedeckung; allenfalls wenn es regnete, setzten sie eine Kapuze auf *(cucullus)*; oder

---

[1] *Act. II in Verrem*, v, 33, 86.   [2] *Epist.*, i, 13, 15.

wenn sie während des Sommers verreisen oder im Theater stundenlang in der Sonne sitzen mußten, trugen sie einen breitkrempigen Hut *(petasus, causia)*. Während der Saturnalien, wenn die Toga durch die elegant anliegende *synthesis* ersetzt wurde, trugen selbst die Vornehmsten eine Mütze *(pilleus)*[1].

An den anderen Tagen kennzeichnete das Tragen einer Mütze den Freigelassenen. Während des Gastmahls des Trimalchio setzt sich ein Sklave, der gerade freigelassen worden ist, die Mütze auf[2]. Und Trimalchio, nicht nur mit dem Munde, sondern auch in der Tat ein unermüdlicher Witzbold, läßt ein gekochtes Schwein mit Mütze servieren, das am Abend vorher von den Gästen, da es zum Schluß serviert wurde, *dimissus* worden war (unberührt in die Küche «entlassen»; doch das Wort kann auch «freigelassen» bedeuten)[3]. Auf die verschiedenen Typen priesterlicher Kopfbedeckungen, später Zeugen der antiken Tracht, können wir hier nicht näher eingehen.

Der Damenhut war bei den Römern unbekannt; die Mädchen gingen zu Hause und im Freien mit bloßem Kopf, während die Frauen das Haupt zum Zeichen ihrer Würde mit einem Zipfel der *palla* bedeckten, die sie beim Ausgang anlegten.

Gegenstände, die nur dem schwachen Geschlecht zugestanden wurden, waren die Handtasche (Taf. LIII, 1), der Fächer *(flabellum)* und der Sonnenschirm *(umbrella* oder *umbraculum*, Taf. LII). Schirm und Fächer wurden gewöhnlich von der Sklavin getragen, welche die Herrin begleitete.

7. *Schmuck:* Der einzige männliche Schmuck war der Ring. Während der Republik war nur ein Ring statthaft, der meistens am Ringfinger der linken Hand getragen wurde und gleichzeitig als Siegel diente. Wie uns ein antiker Jurist berichtet, durfte der Ring nur von den Freien getragen werden[4]. *Veteres non ornatus sed signandi causa anulum secum circumferebant ... Nec cuiquam nisi libero, quos solos fides deceret quae signaculo continetur (habere licebat).* Der Abdruck des Ringes ersetzte in der Antike die Unterschrift; er beglaubigte die Verpflichtung und die Bürgschaft. Petronius zerbrach vor seinem Tode den Ring, damit niemand sein Siegel zum Schaden anderer ausnutzen könne[5]. Zur Kaiserzeit wurden außer dem Siegelring aus Eitelkeit auch viele andere Ringe getragen; manch einer hatte alle Finger voll. Die mit Edelsteinen besetzten Ringe waren zum Teil sehr wertvoll und

---

[1] MARTIAL, xiv, 1, 2: *Dumque decent nostrum pillea sumpta Iovem.*
[2] PETRONIUS, 41. [3] *Ibid.*, 40. [4] ATEIUS CAPITO, bei MACROBIUS, vii, 13, 12.
[5] TACITUS, *Ann.*, xvi, 19.

wurden daher in einem besonderen Schrein, der *dactyliotheca*, aufbewahrt. Bemerkenswert ist jedoch, daß die männliche Eitelkeit nicht so sehr durch persönlichen Schmuck als durch auserlesene Kleidung und luxuriöse Einrichtung der Wohnung zum Ausdruck kam, die offenbar den Frauen nicht so sehr am Herzen lag wie den Männern. Dies ist ein wesentlicher Unterschied zwischen dem Römer und dem modernen Manne.

Dagegen gab es eine große Auswahl an weiblichem Schmuck (Taf. LVII). Die Frauen trugen außer Ringen, die sich von denen der Männer durch feinere Arbeit und durch den Brauch unterschieden, daß in die Gemmen eine glückverheißende Formel eingraviert wurde, auch Spangen *(fibulae)*, Haarnadeln *(acus crinales* oder *comatoriae)*, golddurchwirkte und mit Edelsteinen verzierte Bänder, die in die Haartracht eingeflochten wurden *(vittae, mitrae)*, Ohrringe *(inaures)*, Armbänder *(armillae)*, Ketten *(monilia;* da diese Bezeichnung mit der Zeit für jede Art weiblichen Schmucks verwandt wurde, erlangte sie im Italienischen die Bedeutung «Armband»); ferner Halsketten, große Reifen an den Fesseln usw. – überall Gold! Ein Gesetz versuchte, die Verschwendungssucht der Frauen zu zügeln, die *lex Oppia* aus dem Jahre 215 v.Chr., verursachte aber große Unzufriedenheit, obwohl die Niederlage von Cannae erst kurze Zeit zurücklag, und geriet bald wieder in Vergessenheit. Die römischen Frauen trugen ein Vermögen mit sich herum (ein Ausspruch Senecas)[1], namentlich an den Ohren. Vor allem erreichten die Ohrringe phantastische Werte; nicht nur, daß die Frauen gleichzeitig mehrere anlegten (die wegen des leisen Geklingels, das sie verursachten, *crotalia* hießen), was unserem Geschmack doch recht fragwürdig erscheint; sie trugen dazu übergroße Perlen *(elenchi, uniones)* und große Edelsteine (außer dem Diamanten, der, obwohl besonders geschätzt, nur als Ringschmuck Verwendung fand). Kurz, die römische Matrone fand nichts Seltsames darin, als wandelnder Juwelierladen aufzutreten. Es wird daher keine Übertreibung sein, wenn Plinius der Ältere[2] schreibt, daß Lollia Paulina, die Gattin Caligulas, mit Juwelen im Werte von ungefähr vierzig Millionen Sesterzen behängt war.

---

[1] *De. benef.*, vii, 9, 4. [2] ix, 117.

VII. BART UND HAAR

1. Der Bart. – 2. Die Haare.

1.

Bei den alten Römern scheint sich die merkwürdige Sitte nicht eingebürgert zu haben, die bei den Griechen der archaischen Zeit und den Etruskern gang und gäbe war, nämlich um das ganze Gesicht einen Rund- oder Spitzbart zu tragen, sich dagegen den Schnurrbart sorgfältig auszurasieren. Diese Mode war auch bei den homerischen Helden üblich, so daß wir uns den schönen Achill mit nackter Oberlippe und einem Haarkranz um das Gesicht vorstellen müssen, der selbst dem reizvollsten Antlitz ein leicht affenartiges Aussehen verleiht.

Die Römer ließen Haare, Kinn- und Schnurrbart nach Belieben wachsen; sie sahen stattlich und furchterregend aus: *illo austero more ac modo ...*, sagt Cicero[1]: *illa horrida (barba) quam in statuis antiquis atque imaginibus videmus.* Erst im zweiten Jahrhundert v. Chr. verbreitete sich die Sitte des Frisierens und Rasierens. Varro überliefert eine Nachricht, die einem Dokument aus Ardea entnommen ist, nach der die ersten Barbiere im Jahre 300 v. Chr. aus Sizilien nach Italien gekommen seien[2]. Die Mitteilung darf wohl als richtig angenommen werden, nur muß man ihre Bedeutung nicht übertreiben und mit Varro glauben, daß die Verwendung der Scheren und des Rasiermessers den Römern vor dem Jahre 300 v. Chr. unbekannt gewesen sei. Das Rasiermesser erscheint schon sehr früh unter den archäologischen Funden und stellt ein Dokument der ältesten italischen Kultur dar; auch ist die Legende[3] des Attus Navius bekannt, der unter Tarquinius Priscus mit dem Rasiermesser den Schleifstein zerschnitt. Diese Tatsachen widersprechen den allzu rigorosen Folgerungen, die man aus der Bemerkung Varros ziehen wollte. Demnach dürften die erwähnten *tonsores* nach Italien gekommen sein, um hier öffentliche Betriebe – *tonstrina* – zu eröffnen, was wiederum nicht den Beginn des Rasierens, sondern seine allgemeine Verbrei-

---

[1] *Pro Cael.*, 14, 33.
[2] *De re rust.*, ii, 11, 10: *Omnino tonsores in Italiam primum venisse ex Sicilia dicuntur post Romam conditam anno CCCCLIII, ut scriptum in publico. Ardeae in litteris exstant, eosque adduxisse P. Titinium Menam. Olim tonsores non fuisse adsignificant antiquorum statuae, quod pleraeque habent capillum et barbam magnam.*
[3] T. Livius, i, 36, 4.

tung beweisen würde; die wenigen, die sich vor dieser Zeit rasierten, werden sich eines entsprechenden Sklaven bedient haben, wie dies auch später bei den wohlhabenden Familien der Fall war. Es steht jedoch fest, daß das dritte Jahrhundert v. Chr. (das Jahrhundert der Punischen Kriege) den Triumph des Rasiermessers bedeutete. Scipio Africanus[1], der allen Neuerungen zugänglich war, eröffnete die Mode, sich täglich rasieren zu lassen, und Claudius Marcellus, der Eroberer von Syrakus, ist der erste große Römer, der auf den Münzen rasiert dargestellt ist. Man darf nicht vergessen, daß gerade in den letzten Jahrzehnten des dritten Jahrhunderts v. Chr. die griechische Kultur in Rom Eingang fand, und zwar nicht nur in der Literatur und aller höheren geistigen Betätigung, sondern auch in Sitten und Gepflogenheiten. Nahezu ausschließlich aber wurden die Formen und Eigenarten der hellenistischen Zeit übernommen. Die Änderung in der Mode, durch die bei den Griechen zur Zeit Alexanders der früher ganz seltene und verpönte Brauch des Rasierens eingeführt wurde, machte in Rom nur langsam Fortschritte und erreichte ihren Höhepunkt im Zweiten Punischen Krieg. Es handelt sich um eine unbedeutende Einzelheit der männlichen Toilette, die aber mit in den großen Rahmen der hellenistischen Einflüsse auf Rom gehört. Der Hauptweg dieses Einflusses führt immer über Großgriechenland; und wie wir bereits gesehen haben (S. 131), kamen die ersten Barbiere von dort unter die Italiker und nach Rom.

Vom Ende des dritten Jahrhunderts v. Chr. bis zu Beginn des zweiten Jahrhunderts n. Chr. befolgte man diese Mode (natürlich stand es jedem frei, sich nicht nach der Mode zu richten und sein Gesicht zu pflegen, wie es ihm am besten gefiel). Die Jünglinge rasierten den ersten Flaum nicht ab, sondern warteten so lange, bis der Haarwuchs ihre Wangen wie ein Bart beschattete; dann wurde dieser erste Bart abgeschnitten und für gewöhnlich einer Gottheit geweiht *(depositio barbae)*; dieses Ereignis wurde in der Familie festlich begangen, und man veranstaltete, wie bei den Griechen, eine große Feier. Nach Abnehmen des ersten Bartes ließ man sich ein Bärtchen *(barbula)* stehen, auf dessen Pflege die eleganten Jünglinge die größte Sorgfalt verwandten. Dieses Bärtchen wurde bis zu vierzig Jahren getragen, bis zu dem Alter also, in dem die ersten weißen Haare auftauchen. Beim Auftreten dieser melancholischen Vorboten des beginnenden Alters versuchte man, sie mittels einer Pinzette *(volsellae)* zu entfernen; aber dann ging man zum einfacheren System des Rasierens über. Die Römer verbanden daher die Idee der *barbula* mit der Jugend; mit Rasieren beginnen[2] be-

[1] PLINIUS D. Ä., vii, 211; vgl. BLÜMNER, S. 269, Anm. 5.   [2] IUVENAL, 6, 105.

deutete daher «altern»; *barbatuli iuvenes* ist bei Cicero[1] gleichbedeutend mit «Jünglinge». Der berühmte Vers Dantes[2] «Wann du schon weh vom Hören dich fühlst, erheb den Bart», hätte für die Römer also keinen Sinn gehabt.

Diese Gepflogenheit währte lange Zeit, änderte sich jedoch unter Kaiser Hadrian. Der Kaiser hatte ein entstelltes Gesicht und ließ sich den Bart wachsen; der Bart gelangte daher erneut zu Ehren, bis unter Konstantin wieder die Mode aufkam, sich rasieren zu lassen. Außer Julian, dem Philosophen, ließen sich alle Kaiser nach Konstantin den Bart rasieren. Nach der Mode der Barttracht bei den Römern kann man also fünf Zeitabschnitte unterscheiden:

a. Bis zum dritten Jahrhundert v. Chr. kannten die Römer keine Bartpflege;

b. im dritten Jahrhundert begann sich die Gewohnheit des Rasierens zu verbreiten;

c. vom Zweiten Punischen Krieg (Ende des dritten Jahrhunderts v. Chr.) bis zu den Zeiten Hadrians (erste Hälfte des zweiten Jahrhunderts n. Chr.) wurde das Rasieren allgemein üblich, aber erst ab vierzig Jahren;

d. von Hadrian bis Konstantin (erste Jahrzehnte des vierten Jahrhunderts) wurde der Bart erneut Mode;

e. man kehrte zu dem vorhergehenden Zustand zurück.

Wer in Trauer war, pflegte sich nicht; er trug dann langen Bart und langes Haar *(barbam demittere, promittere, submittere)*. Ebenso wer sich einem Strafprozeß zu unterziehen hatte; er trat mit wirrem Haar und unrasiert vor den Richter, überdies schmutzig und schlecht gekleidet *(sordidatus)*. Auch die Philosophen, insbesondere die Kyniker und Stoiker, trugen einen mächtigen Vollbart. Diese Eigenheit ist eine griechische Sitte der hellenistischen Zeit, als alle anfingen, sich zu rasieren, und nur die Philosophen die alte Tracht des langen Bartes beibehielten; der Bart wurde also für seine Träger ein berufliches Kennzeichen und eine Weltanschauung, für die anderen ein Gegenstand des Spottes. Es gibt hierüber eine ganze Literatur, und auch wir sagen noch: der Bart macht noch nicht den Philosophen.

2. Nur die freien Jünglinge und die Sklaven, die zur Luxusdienerschaft gehörten, trugen langes Haar. Die Arbeitssklaven waren kurz geschoren; die erwachsenen Freien ließen sich das Haar bis zu einer bestimmten Länge schneiden *(per pectinem)* oder ganz kurz über der Haut (ἐν χρῷ, *strictim*).

---

[1] *Ad. Att.*, i, 14, 5; 16, 11.
[2] *Purg.*, xxxi, 68; deutsch von Wilhelm G. Hertz.

Die Gecken ließen sich Locken brennen *(calamistrum)*, parfümierten sich übermäßig und verweilten stundenlang beim Friseur. Vom zweiten Jahrhundert n. Chr. an, zur Zeit Marc Aurels, kam auch die Mode auf, sich den Kopf rasieren zu lassen. Die ersten Christen trugen Spitzbart und kurz geschnittenes Haar.

Die Berichte über die Haartracht der Frauen stimmen darin überein, daß bei den Römerinnen die Mode der kurzen Haare niemals Anklang gefunden hat. Die jungen Mädchen frisierten sich sehr einfach. Sie trugen einen Knoten im Nacken oder Zöpfe, die sie oben auf dem Kopf in einem schneckenförmigen Kranz zusammenwanden. Komplizierter und abwechslungsreicher war die Haartracht der verheirateten Frauen, die sich je nach Mode und persönlichem Geschmack richtete. Jede Frau wählte die Haartracht, die sie am besten kleidete[1]. Eine von den Etruskern stammende törichte Mode bestand darin, alle Haare oben auf dem Kopf mit Bändern eng zusammenzuhalten *(tutulus)*; sie scheint aber zum Glück rasch wieder verschwunden zu sein und sich nur als Vorrecht einiger Priesterinnen erhalten zu haben. Die Zeit der Flavier ist die Epoche der mehrstöckigen Hochfrisur[2]; die Haare wurden halbkreisförmig aufgeschichtet *(orbis)* und in lauter kleine Löckchen *(anuli)* gedreht, deren jedes einzelne von einer großen Nadel *(acus)* gehalten wurde. Diese Haartracht erforderte geübte Friseusen und die Unterlage künstlicher Knoten sowie ein Netz, das den äußerst schwierigen, kunstvollen Aufbau zusammenhielt (Taf. LV). Sie wurde allerdings vornehmlich bei Hofe getragen und bildete somit höchstwahrscheinlich die Haartracht eleganter Frauen bei großen Empfängen; weibliche Statuen, die nachweislich in jene Zeit gehören, beweisen, daß diese Mode nicht allgemein und überhaupt nicht so verbreitet war, wie man gemeinhin annimmt[3].

Falsche Haare, Perücken, gefärbtes Haar, ja sogar Öl in der Farbe des Haares waren gang und gäbe; hiervon machten nicht nur die Frauen, sondern sehr häufig auch die Männer Gebrauch.

[1] OVID, *Ars. am.*, iii, 135 ff.
[2] Vgl. MARTIAL, ii, 66:
Unus de toto peccaverat orbe comarum
Anulus, incerta non bene fixus acu;
und IUVENAL, 6, 502/3:
Tot premit ordinibus, tot adhuc compagibus altum
Aedificat caput.
[3] Vgl. E. STRONG, *La scultura romana da Augusto a Costantino* (ital. Übersetzung von G. GIANNELLI), Florenz, 1926, II, S. 380.

Eine ausschließlich weibliche Eitelkeit bestand darin, blond erscheinen zu wollen, obwohl die Naturfarbe, wie normalerweise bei allen Frauen des Südens, dunkel war. Um diesen Effekt zu erreichen, verwandte man Farbmittel (*sapo, spuma Batava* oder *Chattica, pilae Mattiacae*), die die Haare in ein flammendes Rot verwandelten, und ergänzte die Frisur mit künstlichen Knoten aus dem Haar nordischer Frauen. Die Haare der Barbaren wurden der Ehrgeiz der römischen Frauen und der Gegenstand eines sehr regen Handels.

VIII. DIE FRAU IN DER RÖMISCHEN FAMILIE

1. Die Erziehung der römischen Frau. – 2. Die Eheschließung. – 3. Die Hochzeit.

1.

Zum Unterschied von den Griechen, die ihre Frauen im Hause einschlossen und ihre freie Zeit nicht in der Familie verbrachten, sondern ständig unterwegs waren und in den Läden herumschwätzten[1], fühlten sich die Römer zum häuslichen Leben hingezogen. Es ist dies einer der charakteristischsten Züge ihrer Kultur, durch die sich die Römer in ihren Gebräuchen und Gefühlen unserer Zeit nähern. Die Gattin erscheint zu allen Zeiten als Gefährtin und Mitarbeiterin des römischen Mannes; sie nimmt an den Empfängen und Gelagen teil, was ein Grieche geradezu als skandalös empfunden hätte[2]; sie teilt mit ihm die Gewalt über Kinder und Dienerschaft und nimmt auch Anteil an den Würden, die der Gatte im öffentlichen Leben genießt. *Quem enim Romanorum pudet uxorem ducere in convivium? Aut cuius non materfamilias primum locum tenet aedium atque in celebritate versatur*[3]*?* Diese Bewegungsfreiheit schloß jedoch eine gewisse Strenge und Zurückhaltung nicht aus, insbesondere in republikanischer Zeit. Zwar nahm die römische Frau am Gastmahl teil, aber sitzend und nicht liegend[4]; sie verzichtete auf die *comissatio* (vgl. S. 119) und trank keinen Wein, sondern *mulsum*. Das Verbot, Wein zu trinken, scheint in den frühesten Zeiten sehr streng gewesen zu sein; es lockerte sich mit der fortschreitenden Zivilisation. Wenn man von einigen Ausfällen des sehr bissigen Iuvenal[5] und den bizarren Karikaturen in den Epigrammen eines Martial absehen will (zum Beispiel die Epigramme v, 4 und i, 87), haben wir allen Grund anzunehmen, daß die römische Frau nicht solche Neigung zum Wein hatte, wie sie Aristophanes so oft den athenischen Frauen vorwirft.

Auch die weibliche Erziehung vollzog sich nach den Grundsätzen einer wohlbedachten Großzügigkeit; im kindlichen Alter wuchsen Knaben und Mädchen unter den gleichen Lebensbedingungen und bei gemeinsamen

---

[1] Lysias, *Rede gegen den Antrag auf Einziehung einer einem Gebrechlichen gewährten Unterstützung*, 20.
[2] An einem Gastmahl der Männer teilzunehmen, wäre den Griechen als Zeichen eines leichtfertigen Lebenswandels erschienen (Isaios, *Über des Pyrrhos Erbschaft*, 13 ff.).
[3] Cornelius Nepos, *Praef.*, 6.
[4] Valerius Maximus, ii, 1, 2: *Feminae cum viris cubantibus sedentes cenitabant.*
[5] 6, 425 ff.

Spielen zusammen auf. Die Elementarschulen, in denen Lesen und Schreiben, Rechnen und Stenographie gelehrt wurde, fanden für beide Geschlechter gemeinschaftlich statt. In einem Epigramm des Martial[1] wird ein Schulmeister *(ludi magister)* als «unerträglich für die Knaben und Mädchen» bezeichnet *(invisum pueris virginibusque caput)*. Nach Beendigung des Elementarunterrichtes setzten die Mädchen aus guter Familie ihre Studien privat unter der Leitung von *praeceptores* fort, die sie mit der lateinischen und griechischen Literatur vertraut machten; gleichzeitig lernten sie die Zither spielen, singen und tanzen.

Diese intellektuell ausgerichtete Erziehung, die am Ende der Republik und während der Kaiserzeit in den wohlhabenden Familien üblich war, hinderte die Frauen nicht, sich auch mit weiblichen Arbeiten zu beschäftigen. Sie beaufsichtigten und leiteten die Sklaven und betätigten sich selbst in den feinsten Arbeiten; wie die griechische Frau sich aufs Weben verstand, so hatte die römische Frau eine ausgesprochene Vorliebe fürs Sticken *(acu pingere)*. In älterer Zeit spann die Matrone mit den Mägden, doch deutet alles darauf hin, daß es sich um einen alten Brauch handelt. Berühmt geworden ist die Grabschrift[2], die das Weben als eine der römischen Frau eigene Tugend hinstellt: *casta fuit, domum servavit, lanam fecit.*

Der römische Brauch, die Töchter sehr jung zu verheiraten, legte den heranwachsenden Mädchen ein sehr zurückhaltendes Leben auf; wenn sie in einem gewissen Alter die Puppen den Laren dargebracht hatten, warteten sie darauf, daß der Vater ihnen einen Bräutigam suche. In der guten römischen Gesellschaft muß der Flirt, wie wir ihn verstehen, sehr selten gewesen sein; unter anderem fehlte auch die Gelegenheit hierzu. Die Verbindung der Kinder hing fast ausschließlich von den Vätern ab.

Mit der Heirat gewann die römische Frau jedoch eine gewisse Lebens- und Bewegungsfreiheit. Auch hierin war sie der griechischen Frau des klassischen Zeitalters überlegen, die nach der Heirat die Abgeschlossenheit des väterlichen Hauses nur verließ, um im Hause des Gatten erneut eingesperrt zu werden: Herrin der Sklaven, aber letzten Endes auch selbst nur Sklavin. Die römische Matrone genoß das Vertrauen des Gatten, und niemand zwang sie, in Klausur zu leben: sie ging aus, machte und empfing Besuche und wanderte von Laden zu Laden, um ihre Einkäufe zu tätigen. Am Abend begleitete sie den Gatten zum Gastmahl und kehrte zu später Stunde heim[3].

[1] ix, 68, 2.   [2] CIL, I, 1007.
[3] CICERO, *Pro Caelio*, 8, 20; OVID, *Amores*, i, 3, 55 ff.; SUETON, *Nero*, 26.

2. Betrachtungen über die römische Eheschließung und die damit verbundenen Formalitäten gehören der Geschichte des Rechtes an und gehören nur indirekt zur Sittengeschichte. Es genügt hier, die beiden Formen der Eheschließung zu erwähnen, die nacheinander in Kraft waren:

a. Die Eheschließung mit der *conventio in manum*. Es war dies die älteste Form, durch die die Frau in die Familie des Gatten aufgenommen und der ehelichen Gewalt *(manus)* unterworfen wurde, und zwar ebenso, wie die Kinder der *patria potestas* unterstanden. Auch die Frau nahm also in bezug auf die Familien- und Erbgesetzgebung die Stellung einer Tochter ein *(loco filiae)*. Diese Bindung wurde auf dreierlei Art vollzogen, die folgende Bezeichnungen hatten: *confarreatio* (ein sakraler Brauch, der ursprünglich nur den Patriziern vorbehalten war; der Name rührt von dem Weizenkuchen her, dem *libum farreum*, den das Brautpaar während der Hochzeitsfeierlichkeiten gemeinsam aß; in den Priesterfamilien hielt sich diese Sitte auch noch in späteren Zeiten); *coëmptio* (ein Verkauf der Braut, *mancipatio*, ursprünglich effektiv durchgeführt, später nur symbolisch, durch den die väterliche Gewalt über die Tochter rechtmäßig auf den Bräutigam überging); *usus* (das ununterbrochene Zusammenleben der Ehegatten auf ein Jahr: eine Art, die *manus* zu erwerben, die bald wieder abgeschafft wurde).

b. Die Eheschließung *sine manu* oder freie Eheschließung. Die Ehefrau gehörte weiterhin der väterlichen Familie an, unterstand der *potestas* des Vaters und behielt die Erbrechte der eigenen Familie bei. Diese Eheschließung war nicht formell wie die ältere Form *cum manu* oder wie die unsere; sie fußte auf dem Zusammenleben der Brautleute und ihrer anhaltenden gemeinsamen Willensäußerung, sich als Mann und Frau zu betrachten *(affectio maritalis)*; demzufolge genügte die einfache Trennung der Ehegatten, um diese Form der Eheschließung aufzulösen; es genügte zum Beispiel, daß der Mann der Frau persönlich, durch einen Brief oder durch einen Sklaven (durch einen Freigelassenen während der Kaiserzeit) die Aufforderung zukommen ließ: «Nimm Dir wieder, was Dir gehört» *(tuas tibi res habeto)*; es bedurfte dann keiner weiteren Formalitäten.

Während der ganzen klassischen Zeit bis zu den letzten Tagen der Republik ist die Eheschließung *sine manu* in Kraft. Es wäre jedoch falsch, aus der Leichtigkeit, mit der die Ehe aufgehoben werden konnte, schließen zu wollen, daß sich die Römer der Wichtigkeit der Bindung nicht genügend bewußt gewesen wären. Sie begriffen vielmehr als erste, daß die Ehe auf sozialer, religiöser und seelischer Grundlage beruht und dem Gesetz nichts weiter zu tun bleibt, als ein paar grundlegende Bestimmungen festzulegen.

Nuptiae sunt coniunctio maris et feminae et consortium omnis vitae, divini et humani iuris communicatio[1]. Dem *repudium*, obwohl äußerst einfach in seiner Form, wie wir gesehen haben, wurde dennoch außergewöhnliche Bedeutung beigemessen. Die zweite Heirat der Frau, auch wenn sie Witwe war, fand nicht die Billigung der öffentlichen Meinung; nur einen einzigen Ehemann besessen zu haben, galt als weibliche Tugend, und der Beiname *univira* war ein Ehrentitel, den man auf den Grabsteinen der verheirateten Frauen las. Schweren Strafen war die Frau unterworfen, die es mit der ehelichen Treue nicht genau nahm. Das *connubium* wurde daher bei den Römern als eine in jeder Hinsicht ernst zu nehmende Bindung gewertet, da ja auf der Unantastbarkeit der Familie eine tausendjährige imperiale Kultur aufgebaut war.

3. Eine formelle Hochzeitsfeier war für die gesetzliche Schließung der Ehe nicht notwendig; die Tradition jedoch, der die Hochzeit als heilige Handlung galt, gestaltete sie zu dem bedeutendsten Ereignis des Familienlebens.

Der Hochzeitstag mußte mit Sorgfalt aus der Unmenge von Tagen und Monaten ausgewählt werden, die unter schlechten Vorzeichen standen und die der Aberglaube der Römer mehr mied als wir vielleicht den Freitag. Unmöglich war es zum Beispiel, im Mai zu heiraten! Die beste Zeit zum Heiraten unter einem glücklichen Stern war die zweite Hälfte des Monats Juni.

Am Vorabend der Hochzeit weihte die Braut ihre Kinderspielsachen einer Gottheit; an Stelle der *praetexta*, der Mädchenkleidung, legte sie schon am Vorabend das Hochzeitsgewand an und setzte ein orangefarbenes Häubchen auf; so bekleidet ging sie zur Ruhe. Am Hochzeitstage war das Haus festlich geschmückt; von den Türen und Pfosten hingen Blumenkränze, immergrüne Zweige wie Myrte und Lorbeer und farbige Bänder herab; am Eingang breitete man Teppiche aus. Wie zu hohen Festtagen, öffnete man in den Häusern der Patrizier die Schränke, die die in Wachs gegossenen Abbilder der Ahnen enthielten. Die größte Sorgfalt wurde natürlich der Braut gewidmet, die sich für die Zeremonie herausputzte. Zur bräutlichen Toilette gehörten vor allem die Frisur und das Kleid mit Schleier. Zum ersten Male schmückte die Braut ihr Haar mit Bändern *(vittae)* und wurde auf eine besondere Art, die sogenannte *sex crines*, frisiert, durch die das Haar in verschiedene Stränge zerlegt wurde; für die Brautfrisur bediente man sich eines Eisens, das wohl eine Lanzenspitze war[2], *hasta caelibaris* hieß und ausschließlich für diesen Zweck bestimmt war. Das Brautkleid war die

---

[1] Digesten, xxxiii, 2, § 1. [2] PLUTARCH, *Quaest. Rom.*, 87.

tunica recta oder *regilla*, im Schnitt der Stola der Matronen gleich, bis zu den Füßen reichend, schlicht und weiß; ein Gürtel *(cingulum)*, dessen Enden in einem besonderen Knoten verschlungen waren *(nodus Herculeus)*, schnürte das Gewand in der Taille ein; vom Kopf der Braut fiel ein Schleier herunter, der das Gesicht bedeckte (das *flammeum*) und den wir uns orangefarben vorstellen müssen, um die Bezeichnungen *sanguineum* (rot) und *luteum* (gelb), die man ihm beilegte, zu erklären. Infolge dieses Brauchs bedeutete *nubere* (wörtlich: den Kopf mit dem Schleier bedecken) im Laufe der Zeit «sich verheiraten». Es liegt im Wesen der Plastik, wenn sie im Gegensatz zu den eindeutigen und zahlreichen literarischen Beweisen die Braut bei Hochzeitsszenen auf Reliefs mit bloßem Gesicht darstellt.

Bei allen Handlungen des Ritus wurde die Braut von der *pronuba* assistiert, einer Matrone, die, um dieses Amtes für würdig befunden zu werden, nur einen einzigen Gatten gehabt haben durfte *(univira)*. Der Ritus begann mit einem Auguralopfer, das der Deutung der guten oder schlechten Vorzeichen diente. Der normale Verlauf des Opfers galt als Zeichen, daß die Götter gegen die Verbindung nichts einzuwenden hatten.

War das Opfer beendet, folgte in der Regel die Unterzeichnung der *tabulae nuptiales*, des Heiratskontraktes, die im Beisein von zehn Zeugen vollzogen wurde; dann ergriff die *pronuba* die rechten Hände der Brautleute und legte sie ineinander. Es war dies die *dextrarum iunctio* (Taf. LVIII, 1), der feierlichste Augenblick der Zeremonie, das stillschweigende Treuegelöbnis der jungen Brautleute, das gegenseitige Versprechen, zusammenleben zu wollen. Zahlreiche Sarkophage stellen diese Szene dar; diese symbolische Handlung ist auch von der Kirche beim Hochzeitsritus beibehalten worden und hat heute noch Sinn und Gültigkeit.

Wenn die Ehe mittels der *confarreatio* geschlossen wurde, ließ man das Brautpaar mit verschleierten Häuptern auf zwei nebeneinander stehenden Stühlen Platz nehmen, über die man das Fell des geopferten Tieres gebreitet hatte. Das Brautpaar umschritt dann den Altar, unter Vorantritt eines Dieners *(camillus)*, der einen Korb *(cumerus)* mit sakralen Geräten trug. Wie bereits gesagt, fand dieser Ritus im klassischen Zeitalter nur in Ausnahmefällen statt.

Nachdem alle Förmlichkeiten beendet waren, fand das Hochzeitsmahl *(cena nuptialis)* statt. Nach dem Gastmahl wurde die zeremonielle Begleitung der Braut ins Haus ihres Gatten vorbereitet, die *deductio*. Sie begann mit einem Raubversuch; der Bräutigam schien plötzlich die junge, erschrockene und sich widersetzende Braut den Armen der Mutter oder deren

Stellvertreterin entreißen zu wollen; eine bloße Förmlichkeit, in der die Erinnerung an den Raub der Sabinerinnen weiterlebte. Darauf bildete sich ein Zug, der sich nach dem Hause des Gatten in Bewegung setzte. Die Braut schritt voran, Spindel und Spinnrocken tragend, die Zeichen ihrer neuen Tätigkeit als Familienmutter; sie wurde von drei Kindern begleitet, deren Väter und Mütter noch lebten (*patrimi* und *matrimi*); zwei führte sie an den Händen, während das dritte vorausging und eine Weißdornfackel *(spina alba)* schwenkte, die am Herd der Braut entzündet worden war. Die verkohlten Reste dieser Fackel wurden als Zeichen guter Vorbedeutung unter die Hochzeitsgäste verteilt. (Wir tun das gleiche mit den Orangeblüten, nur mit dem Unterschied, daß diese nicht die Hände beschmutzen.) Dem Zuge folgte eine freudig lärmende Menge, die den Hochzeitsruf *talasse* oder *talassio* (der Sinn dieses Wortes ist nicht sicher) ertönen ließ und gewagte Witze von sich gab. Hier ließen die Römer ihrem scharfen, sprühenden Geiste die Zügel schießen.

Vor dem Hause des Gatten angekommen, schmückte die Braut die Schwelle mit Wollbändern und fettete sie mit Schweinespeck und Öl ein; weswegen die etymologische Phantasie einiger antiker Autoren[1] nicht davor zurückschreckte, *uxores* (die Gattinnen) von *unxores* (die Salbenden) abzuleiten! Die Eintrittszeremonie spielte sich dann auf folgende Weise ab: Der Bräutigam, der der Braut vorangeschritten war, fragte auf der Schwelle des Hauses, wie sie heiße, worauf sie liebenswürdig antwortete: *ubi tu Gaius ego Gaia*; daraufhin hoben sie ihre Begleiter über die Schwelle, damit sie diese nicht berühre, und ließen sie in das Haus eintreten[2]. Der Gatte empfing sie mit einer heiligen Handlung, die sich *aqua et igni accipere* nannte. Danach ließ die *pronuba* die Braut auf dem *lectus genialis* gegenüber der Tür Platz nehmen, wo sie die vorschriftsmäßigen Gebete an die Götter des neuen Hauses richtete. Damit nahm das Fest ein Ende; der Hochzeitszug löste sich auf, und die Gäste kehrten in ihre Wohnungen zurück.

Am Tage nach der Hochzeit opferte die Braut, die zum erstenmal im Matronenkleid erschien, den Laren und Penaten und empfing Geschenke von ihrem Gatten; dann fand ein Festmahl im kleinen Kreise statt, an dem die Verwandten der Brautleute teilnahmen *(repotia)*.

---

[1] Servius, *Aen.*, iv, 458; Isidorus, ix, 7, 12.
[2] Dieser Brauch wurde von den Römern in verschiedener Weise gedeutet; wahrscheinlich hängt er mit der abergläubischen Furcht zusammen, daß die Braut straucheln könnte, und dies gerade am ersten Tage! Es wäre ein schlechtes Omen gewesen.

IX. DIE SKLAVEREI IN ROM

1. Vom Sklavenhandel im allgemeinen. – 2. Die Anzahl der Sklaven in den römischen Familien. – 3. *Familia rustica* und *familia urbana*. Industrielle Spekulation mit der Arbeit der Sklaven. – 4. Die juristische Stellung der Sklaven. Ihre Behandlung in der römischen Familie. – 5. *Peculium; contubernium;* Strafen der Dienerschaft. – 6. *Manumissio.*

1.

DER Wohlstand, dessen sich die Römer seit den letzten Jahrhunderten der Republik erfreuten, und der feste Grund ihrer wirtschaftlichen Stellung waren zum großen Teil das Ergebnis einer weisen Organisation der Sklavenarbeit. Im Laufe der Jahre und mit der Verfeinerung der Kultur stieg die Zahl der Sklaven ständig weiter an, und gleichzeitig vervollkommnete sich ihre Einordnung und Verwendung in den verschiedensten Aufgaben im Hause und außerhalb des Hauses.

In der alten Welt fehlte es nicht an Sklaven. Zu den zahlreichen Kindern der Dienerschaft, die als Sklaven geboren wurden, kam die nicht geringe Anzahl der Freien hinzu, die aus verschiedenen Gründen in Abhängigkeit gerieten: die Kriegsgefangenen, die in Besitz des feindlichen Staates übergegangen waren und die dieser an Privatpersonen versteigerte; die von Piraten und Briganten geraubten und großgezogenen Kinder, die dann verkauft wurden; und ferner alle diejenigen, die von ihren Vätern verkauft oder ausgesetzt worden waren; die auf Grund einer Strafe ihre persönliche Freiheit eingebüßt hatten oder durch unmenschliche Gesetze, welche streng die Interessen der Gläubiger wahrten, in deren Besitz übergingen. Sie alle trugen zum Anwachsen des Sklavenheeres bei und belieferten den Weltmarkt mit menschlicher Ware.

Die wachsende Macht Roms hatte zur Folge, daß sich aus allen Teilen der Welt und von allen Märkten ein Strom von Sklaven beiderlei Geschlechts, jeder Nationalität und verschiedenster Begabung in die Großstadt ergoß. Da waren die riesigen *lecticarii* (Sänftenträger), die nach ihrer gleichen Größe und körperlichen Beschaffenheit sorgfältig ausgewählt und in Serien verkauft wurden; hübsche und graziöse Jünglinge, die zu Mundschenken bestimmt waren; geschickte Köche; die gelehrten *Graeculi;* Musiker, Architekten, Dienerinnen, Tänzerinnen, Zwerge usw. Unter der Aufsicht der Aedilen übten die Sklavenhändler (*mangones* oder *venalicii*) – die man sich ohne weiteres als durchtriebene, skrupellose Menschen vorstellen darf, dafür bekannt, daß sie ihre Mitmenschen täuschten (*mangonicare* bedeutet im Lateinischen eine Sache für besser ausgeben, als sie wirklich ist) – in aller Öffentlichkeit ihren Handel aus, im Freien auf dem Forum oder in Läden. Die zu verkaufenden Sklaven standen auf einem drehbaren Podium (*catasta*); die erst vor kurzem aus Übersee eingetroffenen Sklaven hatten einen mit Gips geweißten Fuß (*gypsati*). Jeder trug am Halse einen Zettel (*titulus*), der alle für den Käufer wichtigen Angaben enthielt: Nationalität, Fähigkeiten, Vorzüge und Mängel. Die besseren Sklaven erstand man in den Saepta in der Nähe des Forums, wo sich die Luxusläden befanden, der Treffpunkt der eleganten Welt.

Die Preise wechselten je nach Alter und Fähigkeiten des Sklaven. Die vorhandenen Quellen sprechen sowohl von phantastischen Summen wie von niedrigsten Preisen. Für einen Grammatiker zum Beispiel wurden 700000 Sesterzen[1] bezahlt, das heißt ein Vermögen. Wenn man heute die Professoren auf gleiche Art und Weise wie damals die Grammatiker, ihre antiken und rechtmäßigen Kollegen, verkaufen würde, so weiß ich nicht, ob man Leute finden würde, die bereit wären, so teuer zu bezahlen. Man stelle sich ferner die Pflege vor, die man so hochbezahlten Sklaven angedeihen lassen mußte, damit nicht etwa ein gemeiner Schnupfen einen Mann ins Grab brachte, der mehr als ein Landgut wert war! Es läßt einen wahrlich für die Menschheit hoffen, daß es von allen Gaben gerade Intelligenz und Gelehrsamkeit waren, die die Preise der Sklaven in die Höhe trieben. Es folgten dann in der Bewertung die Schönheit, die Fähigkeiten zu bestimmten Arbeiten, ferner auch gewisse eigentümliche und besondere Eigenschaften, so zum Beispiel blödsinnig (s. S. 122) oder zwerghaft oder von schamloser Frechheit zu sein. Ein übertrieben hoher Preis ist jedoch stets eine Ausnahme, die von besonderen Ansprüchen an das Äußere oder an die Bildung oder von der Laune des Käufers abhing. Im Durchschnitt war ein guter Sklave ungefähr zwölfmal soviel wert wie ein unbrauchbarer.

2. Die Römer begnügten sich ursprünglich mit einer bescheidenen Dienerschaft; aber während der Kaiserzeit wuchsen die Reihen der Sklaven ins Unermeßliche und wurden zu wahren Heeren. Nach den Angaben des Athenaios[2], der seine Quellen sehr gewissenhaft angibt, besaßen viele Römer zehn- bis zwanzigtausend Sklaven. Beim Bewerten dieser Ziffern muß man Vorsicht walten lassen, denn es ist nicht gesagt, daß so viele Menschen nur zur persönlichen Bedienung des Herrn eingestellt waren. Die Bebauung

---

[1] PLINIUS D. Ä., vii, 128 ff. [2] vi, 272 d.

der großen Güter und die Industrie, die für die Römer unmittelbar mit der Landwirtschaft verbunden war (wie die Gerberei, die Herstellung der Ziegel und Tonkrüge usw.), sowie jede andere industrielle Betätigung oder Spekulation, für die die Sklaven unbedingt erforderlich waren wie in der modernen Industrie die Maschine, boten ein unbegrenztes Feld für deren Verwendung. Auch die Erfordernisse der Familie erheischten mehr Handreichungen als bei uns, denn die Entwicklung der Industrie war noch nicht so weit gediehen, um die häusliche Tätigkeit in vielen nebensächlichen Dingen zu entlasten. Die Pflege der Kleider, des Körpers, der Beleuchtung usw. bedingen im modernen Haushalt nicht mehr die Arbeit, die die Römer darauf verwenden mußten, als die gröberen Stoffe noch im Hause gefertigt und verarbeitet wurden und man im Hause wusch und plättete (ein Brauch, der außerhalb Italiens immer seltener wird). Das Bad des Herrn erforderte die Hilfe von mehr als einem Sklaven; allein die lästige Beschäftigung, Dutzende und aber Dutzende von Lampen herzurichten und die Wände und Decken von dem Ruß zu säubern, der sie schwärzte, erforderte viel Zeit, nur um das künstliche Licht zu erhalten, das wir uns durch das einfache Drehen eines Schalters verschaffen können. Abgesehen davon ließen sich die Römer, auch wenn sie in bescheidenen Verhältnissen lebten, gern bedienen. Horaz[1], der einfach lebte, hatte beim Abendmahl drei Diener zu seiner Verfügung; von dem extravaganten Tigellius sagt er, daß dieser manchmal zweihundert Sklaven hielt, manchmal aber auch nur zehn, also entweder zuviel oder zuwenig. Um ein Kind zur Schule zu begleiten[2], mobilisierte man einen Teil der Dienerschaft. Zum Bad führten auch die Bescheidensten wenigstens drei Sklaven mit sich[3]; keinen Sklaven zu besitzen, war das Zeichen allergrößter Armut[4]. Wenn die Anzahl der Sklaven sehr groß war – also in allen wohlhabenden Familien –, wurden sie in Decurien eingeteilt, deren jede unter dem Befehl eines Aufsehers stand.

3. Einen grundlegenden Unterschied machten die Römer zwischen der *familia rustica* und der *familia urbana*. Das Haupt der *familia rustica* war der Verwalter *(vilicus)*, der von seiner Frau *(vilica)* unterstützt wurde und dem manchmal ein Rechnungsführer *(actor)* unterstand; in der Regel nahm allerdings der Verwalter die Geschäfte des *actor* selbst wahr und kümmerte sich um die Buchführung. Dem *vilicus* unterstanden die *magistri officiorum* oder *operum*, die die Sklaven *(operae)* leiteten und überwachten, welche der

---

[1] *Sat.*, i, 6, 116; 3, 11/12. [2] HORAZ, *Sat.*, i, 6, 78. [3] MARTIAL, xii, 70.
[4] CATULL, 23, 1.

Landarbeit zugeteilt waren. Diesen Männern dienten wieder andere Sklaven, die für das Essen zu sorgen hatten, die Bekleidung in Stand hielten, das Amt eines *tonsor* versahen und auf den großen Landgütern sogar den Arzt ersetzten. Die auf dem Lande tätigen Sklaven waren gut untergebracht und reichlich ernährt; wir haben gesehen, daß sich in jeder *villa rustica* ein Bad befand (s. S. 92). Doch waren sie einer strengen Disziplin unterworfen und hatten harte Landarbeit zu verrichten, wodurch sie ein schweres Dasein führten. Die Versetzung der *familia urbana* auf das Land wurde als eine Bestrafung angesehen: Horaz droht beispielsweise einem seiner Sklaven, der ein zu großes Mundwerk führt, diese Strafe an: *ocius hinc te ni rapis, accedes opera agro nona Sabino*[1]. Die Stadtdienerschaft, die *familia urbana*, unterstand unmittelbar dem Herrn oder einem Sklaven (oder Freigelassenen), der an der Spitze der Gesamtverwaltung stand, der *procurator* (oder in früheren Zeiten der *atriensis*). Je nach ihren Fähigkeiten hatten sie Aufgaben verschiedenster Art und Bedeutung zu erledigen: einige von ihnen waren der Verwaltung zugeteilt, wie der *dispensator*, der mit der Buchführung beauftragt war, der *arcarius*, der Schatzmeister, der *sumptuarius*, ein Buchhalter; andere wieder waren mit der Reinigung des Hauses und der Einrichtung beauftragt oder arbeiteten in den Stallungen und bei den Pferden; andere wiederum standen zur persönlichen Verfügung des Herrn oder der Herrin, insbesondere beim Ankleiden und Baden, oder mußten beim Gastmahl bedienen. Wo Kinder im Hause waren, beschäftigte man einen Teil der Dienerschaft mit deren Pflege. Hinzu kommt das Küchenpersonal: Köche und Hilfsköche, die dem *archimagirus* unterstanden, der alle befehligte. Für die Korrespondenz waren die *amanuenses* zuständig, die die Briefe abschrieben, und die *tabellarii*, gute und rasche Läufer, denen die Bestellung der Post oblag.

Die Verschiedenheit der Aufgaben brachte Unterschiede unter den einzelnen Sklaven mit sich; es ist selbstverständlich, daß der am teuersten bezahlte Sklave auch mit größerer Rücksichtnahme behandelt wurde. Auch eine hierarchische Gliederung war vorhanden. Die Sklaven unterschieden sich in *ordinarii*, die für ein bestimmtes Aufgabengebiet spezialisiert waren, und Arbeitssklaven *(mediastini, vulgares, qualesquales)*, unter die auch die Sklaven zu zählen sind, welche zur Bedienung der anderen Sklaven gehalten wurden *(vicarii)*. Die großen Kapitalisten hielten sich außer der *familia rustica* und *urbana* auch noch Sklaven, die lediglich der Spekulation dienten und auf Anforderung ausgeliehen wurden. Einer dieser Spekulanten war T. Pomponius Atticus, wie man der Briefsammlung Ciceros[2] entnehmen kann.

[1] *Sat.*, ii, 7, 117/18.   [2] Z. B. *Ad Att.*, iv, 4a, 2.

4. Das römische Recht beurteilte die Sklaven als Sachwerte *(res)*; als Sachwerte waren sie ohne eine Möglichkeit der Kontrolle oder Verteidigung der unbegrenzten Willkür des Herrn unterworfen. Aber weder die Schärfe gesetzlicher Maßnahmen noch die Anwendung willkürlicher Gewalt können aus einem Menschen eine Sache machen; der Sklave ist ein Gegenstand *sui generis*, der denkt, fühlt und einen eigenen Willen besitzt. Vor allem hat er auf Grund seiner Anlagen die Möglichkeit, freigelassen und aus einer Sache eine Person zu werden, das heißt aus einem Objekt ein Subjekt mit Rechtsansprüchen. Dann erhält man die Leistung des Sklaven unter Mitwirkung seines Willens. Weder Drohung noch Strafe können den Landarbeiter zwingen, den Boden zu bearbeiten, den Koch, irgendeinen Leckerbissen zuzubereiten, den Zitherspieler, zu spielen oder den *grammaticus*, eine gute Lektion im Griechischen zu geben. Der Sklave ist ein intelligentes Wesen, das man nur mittels seiner Intelligenz befehligen kann. Schließlich läßt sich bei zivilisierten Völkern ein Sinn für Humanität nicht hinwegdenken, der gegenseitige Pflichten und freundschaftliche Beziehungen auch unter Menschen verschiedener Stellung vor dem Gesetz hervorbringt und sinnlose Grausamkeit, Mißbrauch und unnötige Härte stets verurteilen wird; auch wenn das Gesetz schweigt, setzt sich die öffentliche Meinung durch und wird in den schwersten Fällen Mittel und Wege zur Vergeltung finden. Behandelte ein Herr seine Sklaven sinnlos grausam, so konnte er durch polizeiliche Maßnahmen in die Verbannung geschickt werden, abgesehen davon, daß man mit Fingern auf den Ruchlosen wies.

Es ist daher gewagt, nur aus der rechtlichen Stellung des Sklaven auf seine Behandlung in der römischen Familie zu schließen. Das Verhältnis des Sklaven zu seinem Herrn war sehr verschieden. Die Fälle waren nicht selten, daß von der einen Seite kalte Verachtung und brutale Strenge ausgeübt wurden, die auf der anderen Seite gleichgültige Passivität und Rachsucht auslösten, die schlimmsten Falles zu tiefem Haß und schließlich zu Mord führen konnten[1]. Sowohl Seneca[2], der doch so human von Sklaven spricht[3], als auch der äußerst milde Plinius[4] betrachten es als eine dauernde Gefahr für alle, von den eigenen Sklaven unterdrückt zu werden. Es gibt aber auch

[1] Vgl. PLINIUS, *Epist.*, iii, 24, wo von einem Freigelassenen erzählt wird, einem gewissen Largius Macedon, der während des Bades von den Sklaven ermordet wurde.

[2] *Epist.*, 107, 5: *Servorum ira non pauciores ceciderunt quam regum;* 4, 8: *Nemo non servus habet in te vitae necisque arbitrium.*

[3] Vgl. im besonderen *Epist.*, 47.

[4] *Epist.*, iii, 14, 5: *Nec est quod quisquam possit esse securus, quia sit remissus et mitis; non enim iudicio domini, sed scelere perimuntur.*

Beispiele herzlichen Zusammenlebens zwischen Herrn und Sklaven; die Geschichte überliefert uns nicht selten Fälle von heroischer Anhänglichkeit der Diener an ihren Herrn. Es gab Sklaven, die mutig die furchtbarsten Quälereien und den Tod erlitten, um ihren Herrn nicht zu verraten[1]. Man könnte noch lange fortfahren, Beispiel gegen Beispiel zu stellen; Beispiele von Sklaven, die in Treue dienten und mit Wohlwollen behandelt wurden, so daß sie, wie Tiro für Cicero, Freunde und Mitarbeiter des Herrn wurden, und andere Beispiele, wo die Diener täglich ohne Schutz der Härte des Herrn ausgesetzt waren. Der Arzt Galenos[2] stellte fest, daß viele Sklaven eingeschlagene Zähne und durch Faustschläge verletzte Augen hatten. Die Güte gegenüber dem Sklaven, ausgenommen vielleicht die Zuneigung gegenüber dem im Hause geborenen *verna*, scheint bei den Römern eine Seltenheit gewesen zu sein. Die meisten hielten sie für Schwäche, auch weil der niedrige Stand den Sklaven oft zu einem verächtlichen Wesen stempelte: schwatzhaft und gefräßig, faul und betrügerisch. Ein Mensch, dem mit der Freiheit das Bewußtsein menschlicher Würde genommen ist, scheut vor keinem Mittel zur Selbstbehauptung zurück. Was die Römer zur Härte gegen ihre Sklaven veranlaßte, war vor allem die Überzeugung, daß sie keine bessere Behandlung verdienten. Daß sie darin nicht ganz unrecht hatten, beweist der Umstand, daß die am meisten pervertierten, die lasterhaftesten und grausamsten Mitglieder der römischen Gesellschaft gerade die Freigelassenen, also die in Freiheit gesetzten und reichgewordenen Sklaven waren. Die erbärmliche Sklavenseele ließ sich auch in der neuen wirtschaftlichen und rechtlichen Stellung nicht verleugnen. Trotz allem verurteilte man die unverantwortliche und raffinierte Grausamkeit; es ist daher eine niederträchtige und lächerliche Verleumdung der römischen Kultur, zu behaupten, daß die Römer die Muränen mit dem Fleisch der Sklaven fütterten. Wenn die Erinnerung an einen Schurken wie Vedius Pollio[3], der seine Sklaven zur Strafe den Muränen vorwarf, bis zu uns gedrungen ist, so ist dieser Umstand auf das Entsetzen zurückzuführen, das dieser wahnsinnige Verbrecher einflößte. Hätte es sich um einen normalen Vorfall gehandelt, so hätte sich niemand darum gekümmert, und wir wüßten nichts da-

---

[1] TACITUS, *Hist.*, i, 3: *Contumax etiam adversus tormenta servorum fides*; vgl. SENECA, *Epist.*, 47, 4 und das berühmte Beispiel der Epicharis bei TACITUS (*Ann.*, xv, 57).

[2] v, 17.

[3] SENECA, *De clem.*, i, 18, 2: *Quis non Vedium Pollionem peius oderat quam servi sui, quod muraenas sanguine humano saginabat et eos qui se aliquid offenderant in vivarium, quid aliud quam serpentium, abici iubebat? O hominem mille mortibus dignum! sive devorandos servos obiciebat muraenis quas esurus erat, sive in hoc tantum illas alebat ut sic aleret.*

von. Und Vedius Pollio war ein Freigelassener, ein früherer Sklave, der mit anderen Sklaven unerbittlich war.

5. Die Rechtsstellung des Sklaven brachte es mit sich, daß er nichts besitzen durfte, keine rechtmäßige Ehe eingehen konnte und keine gesetzliche Handhabe gegen die Mißhandlungen seines Herrn besaß, auch wenn dieser seine Arbeitskraft überbeanspruchte und in seinen Bestrafungen die Grenzen überschritt. Diese drei fühlbarsten Auswirkungen der Stellung des Sklaven suchte man zu verschiedenen Zeiten durch mildernde Maßnahmen abzuschwächen. Man gestattete zum Beispiel dem Sklaven, sich mit seinen Ersparnissen ein *peculium* zu schaffen, das ihm zur Befriedigung eines Privatwunsches diente oder ihm nach Erreichung einer gewissen Summe ermöglichte, sich die Freiheit zu kaufen. Man gestattete ihm auch, sich unter den Sklavinnen eine *conserva* als Gefährtin zu wählen und mit ihr eine Art Dienerehe einzugehen, die man als *contubernium* bezeichnete; obwohl diese Form keinerlei juristische Wirkung hatte, da die Kinder, die aus dieser Vereinigung geboren wurden, wiederum Sklaven des *paterfamilias* waren, wurden diese Ehen von den Herren gern gesehen und fanden zur Kaiserzeit auch gesetzlichen Schutz, indem man den Besitzern verbot, die Angehörigen dieses *contubernium* einzeln zu verkaufen. Auch wurde im Laufe der Zeit die Strafzumessung der reinen Willkür des Sklavenhalters entzogen. Was uns moderne Menschen nach so langem zeitlichem Abstand an der Sklaverei am unerträglichsten dünkt, ist die Tatsache, daß die Sklaven den Strafen ihrer Besitzer schutzlos ausgeliefert waren, das heißt einem unverantwortlichen Richter, der ohne Hemmungen des Gesetzes und ohne irgendwelche Kontrolle einer Berufungsinstanz entschied und damit die eigene Willkür zur Norm erhob. Auch waren seine Handlungen nicht immer von kluger Einsicht geleitet oder frei von Leidenschaft und Laune. Und die Strafen für die Dienerschaft waren äußerst hart: Versetzung zur *familia rustica*; Zwangsarbeit im *ergastulum* (s. S. 94) oder am Mühlrad, wobei dem Betroffenen in der Regel Ketten angelegt wurden; noch schwerere Strafen wie Auspeitschung, die auf verschiedene Art verschärft werden konnte, bis zu den grausamsten Folterungen: dem Brennen mit glühendem Eisen *(lamminae)*, das auf das Fleisch gepreßt wurde; dem *eculeus*, einem Holzapparat, mit dem man den Körper dehnte und die Gelenke zerriß; der Verstümmelung; dem *crurifragium* (dem gewaltsamen Zerbrechen der Schienbeine) usw. Den flüchtigen, verleumderischen oder diebischen Sklaven brannte man mit glühenden Lettern die Worte FUG., KAL. oder FUR. auf die

Stirn *(stigma, nota)*. In den schwersten Fällen wurde der Sklave zum Tode verurteilt; und die Todesart selbst war äußerst schmerzhaft und schimpflich. In der Regel wurde der Sklave gekreuzigt; mit offenen, an einen Pfahl gebundenen Armen, der ihm über dem Nacken lag *(patibulum)*, wurde er unter Peitschenhieben zum Vollstreckungsort geführt, wo er an einem senkrecht in die Erde gerammten Balken aufgehängt und angenagelt wurde. So ließ man ihn langsam verenden. Andere Arten der Hinrichtung bestanden darin, daß man den Sklaven den wilden Tieren im Circus vorwarf, ihn bei lebendigem Leibe verbrannte, wobei man ihm eine pechgetränkte Tunica *(tunica molesta)* überwarf, die dann angezündet wurde, oder in nicht minder grausamen Martern.

Diese Strafen durfte der Sklavenhalter verhängen, ohne daß er irgend jemandem darüber Rechenschaft schuldig gewesen wäre. Zur Kaiserzeit war man aber bemüht, diese unbegrenzte Willkür des *dominus* einzuschränken; unter den verschiedenen Maßnahmen, die dem Sklaven die Unantastbarkeit der Person garantierten, befanden sich jene, daß Hadrian den Herren das Recht absprach, über Leben und Tod des Sklaven zu entscheiden, und daß Konstantin das Töten der Sklaven für Mord erklärte. Es darf wohl angenommen werden, daß in der Frühzeit die ursprünglichen *mores*, die die Grundlagen der römischen Gesellschaft bildeten, der Mißhandlung der Sklaven gewisse Einschränkungen auferlegten, die dann zur Kaiserzeit gesetzlich festgelegt wurden.

6. Die Existenz als Sklave war ein trauriges, aber kein unwiderrufliches Los. Der Sklave konnte seine Freiheit durch die *manumissio* erlangen. Es gab drei Formen von *manumissio*:

a. *manumissio per vindictam;* ein *assertor in libertatem* des Sklaven sprach dem Herrn mit dessen Einverständnis das Besitzrecht an dem Sklaven vor dem Richter ab; nachdem der Sklave seinem «Befreier» zugesprochen war, legte dieser ihm ein Stöckchen *(vindicta)* aufs Haupt und erklärte ihn für frei;

b. *manumissio censu;* der Eigentümer des Sklaven ließ diesen als römischen Bürger in die Liste der Censoren aufnehmen;

c. *manumissio testamento;* die Freilassung durch eine letzte Willenserklärung. In diesem Falle war der in Freiheit gesetzte Sklave auch frei von den Verpflichtungen, die den Freigelassenen an den früheren Herrn banden.

Diese feierlichen Formen sind die ältesten; das praetorische Recht führte einfachere Formen ein, bei denen der vom Besitzer bekundete Wille, den Sklaven freizulassen, genügte. Diese in den griechischen Provinzen gebräuchlichen Formen wurden später vom römischen Recht übernommen: *manumissio inter amicos* (eine im Beisein von Freunden abgegebene Erklärung, einen Sklaven zu befreien); *manumissio per epistolam* (ein Brief, mit dem der Herr seinen Willen bekundete, den Sklaven in Freiheit zu setzen); *manumissio per mensam* (Einladung des Herrn an den Sklaven zur Teilnahme am Gastmahl, mit der er die beabsichtigte Freilassung zum Ausdruck brachte).

Die allgemeine Abschaffung der Sklaverei erfolgte erst nach dem Verfall des weströmischen Kaiserreiches und darf wohl als der größte Erfolg des christlichen Glaubens gewertet werden.

X. DAS BEGRÄBNIS

1. Die letzte Pflege; die Aufbahrung. – 2. Der Trauerzug. – 3. Die Bestattung. Der Scheiterhaufen.

1.

Tod und Bestattung des Leichnams waren für die Römer Anlaß zu mannigfachen Riten. Mancher dieser Bräuche hat sich bis in unsere Zeit erhalten, besonders solche, die von gefühlsbetonter *pietas* gegenüber dem Verstorbenen zeugen; andere wiederum sind in den rituellen Gebräuchen der Kirche überliefert, die beim Tode eines Papstes Anwendung finden; die meisten sind jedoch in Vergessenheit geraten.

Wenn ein Kranker im Sterben lag, legte man ihn auf die blanke Erde; einer der nächsten Angehörigen nahm dem Sterbenden mit einem Kuß den letzten Seufzer ab und schloß ihm die Augen. Sowie er gestorben war, erfolgte die *conclamatio*, das heißt, die Anwesenden riefen ihn laut beim Namen – ein uralter Brauch, den wir auch in Homers *Odyssee*[1] finden. Dann schritt man zur Herrichtung des Leichnams; die Frauen des Hauses oder die mit der Beerdigungsfeier betrauten Männer *(pollinctores)* wuschen ihn mit warmem Wasser, salbten ihn mit wohlriechenden Salben, und nachdem sie eine Art provisorischer Einbalsamierung vorgenommen hatten, kleideten sie ihn in seine Festgewänder (die *toga*, wenn es ein Bürger, die *praetexta*, wenn es ein Magistrat war), legten ihn auf das Totenbett *(lectus funebris)* und bahrten ihn zur öffentlichen Schau im Atrium auf. Unter die Zunge legte man eine kleine Münze, ein Brauch, der auch bei den Griechen üblich war: das für Charon bestimmte Fährgeld.

Um das Totenbett brannten Lampen und Kandelaber; der Leichnam wurde mit Blumen, Kränzen und Bändern bedeckt. Zum Zeichen der Trauer wurde das Herdfeuer gelöscht; die Frauen der Familie stießen in rhythmischen Abständen klagende Schreie aus, rauften sich Haar und Kleider und zerkratzten und zerschlugen sich die Brust.

Die Aufbahrung der Leiche dauerte je nach der sozialen Stellung des Verstorbenen kürzer oder länger; die armen Leute wurden noch am gleichen Tage beerdigt, die Kaiser blieben eine Woche lang aufgebahrt. Der Leichnam wurde dann verbrannt oder begraben: Bei den Römern war Einäscherung und Beerdigung üblich; in der Kaiserzeit verbreitete sich die

---

[1] *Odyssee*, ix, 65.

Sitte der Beerdigung, wahrscheinlich unter dem Einfluß des Christentums. Der Verbrennung oder Bestattung ging eine feierliche Handlung voraus, das *funus*.

2. Die Menschen sterben nicht gerne, aber der Gedanke, nach ihrem Tode kein feierliches Begräbnis zu haben, mißfällt ihnen auch. Zu jeder Zeit hat es Leute gegeben, die ihr Leben nur kümmerlich gefristet, doch die Begräbniskosten zusammengespart haben. Diesen menschlichen Gefühlen Rechnung tragend, waren in Rom die *collegia funeraticia* entstanden: eine Vereinigung von Menschen der gleichen Berufe, die sich zu Kultusgemeinden zusammengeschlossen hatten und sich vor allem eine würdige Bestattung sichern wollten. Es scheint uns auch nicht verwunderlich, daß diese Vereinigungen, deren Mitglieder den gleichen Beruf und infolgedessen gleiche wirtschaftliche und politische Interessen hatten, sich mit der Zeit auch mit Dingen befaßten, die nicht unmittelbar mit dem Kult zusammenhingen. Die *collegia* wurden zum Beispiel ein Propagandawerkzeug bei den Wahlen; aus diesen *collegia*, die einem frommen Zweck entsprungen waren, entwickelte sich jener Gewerkschaftsgeist, den das Kaiserreich wiederholt als gefährliche Macht bekämpfen mußte, und sie bildeten auch die Vorläufer für die Zunftordnung des Mittelalters.

Das Begräbnis der Armen (*funus plebeium* oder *tacitum*) oder der Kinder (*funus acerbum*) wurde ohne großes Aufheben möglichst bei Nacht durchgeführt. Die Bestattung Erwachsener aus angesehenen Familien fand jedoch bei Tage und mit großem Aufwand statt; entweder kamen die eigenen Verwandten für die Kosten auf (*funus privatum*), oder sie wurden vom Staat bestritten (*funus publicum*). Auch das Begräbnis der Armen wurde zumeist von Bestattungsanstalten (*libitinarii*) durchgeführt, ein einkömmliches, wenn auch verachtetes Gewerbe, und zwar derart verachtet, daß damit eine Schmälerung der bürgerlichen Rechte verbunden war (*minima capitis deminutio*). Diese Anstalten hatten zur Erfüllung der verschiedensten Aufgaben eine Reihe von Angestellten: die *pollinctores*, die die Leiche zur Aufbahrung herrichteten; die *vespillones*, welche die Leichen der Armen in den Sarg legten und sie zum Scheiterhaufen oder zum Grab trugen; die *dissignatores*, die bei den großen Begräbnissen den Trauerzug ordneten und leiteten.

Wie bei uns, so waren auch bei den Römern Todesanzeigen üblich, nur mit dem Unterschied, daß die unseren geschrieben sind, während die Römer sie durch einen Herold verkünden ließen (*indicere funus*). Der Inhalt der Trauerbotschaft war aber der gleiche: Man teilte den Tod nach einer alt-

DAS BEGRÄBNIS

hergebrachten Formel mit, die uns Varro[1] und Festus[2] überliefert haben: *ollus* (der Name) *Quiris leto datus est –*; es folgten dann Tag und Stunde der Beerdigung. Die Todesanzeigen machte man nur für die wichtigen Begräbnisse, daher auch die Bezeichnung *funera indictiva*.

Unter Vorantritt von Pfeifern bewegte sich der Trauerzug *(pompa)* zu den Klängen von Flöten, Hörnern und *tubae*; es folgten die Fackelträger und die *praeficae*, gedungene Frauen, die Klageschreie ausstießen *(lugubris eiulatio)*; in den Pausen sang eine von ihnen die *naenia* des Toten oder lobte den Verstorbenen.

Der den Italikern angeborene Sinn für Spott machte auch vor den Begräbnissen nicht halt. Tänzer und Mimen führten während des Trauerzuges gewöhnlich Possen auf und sangen Spottlieder, die keinerlei Achtung vor dem Toten bezeugten. Wie der siegreiche, im Triumph zurückkehrende Feldherr den beleidigenden Witzen seiner Soldaten ausgesetzt war, so auch der Tote; und je höher er im öffentlichen Ansehen stand, desto mehr war er auf seinem letzten Gang das Ziel bissiger Anspielungen. Als Vespasian starb[3], riß ein *archimimus*, der sich wie Vespasian maskiert hatte und seinen Gang nachahmte, Witze über den allseits bekannten Geiz des Verstorbenen. Das Geschrei der *praeficae* und die Possen der *mimi* nahmen dem römischen Begräbnis hoher Persönlichkeiten jedoch nicht den Charakter der Würde und Bedeutung, sondern machten, wie Polybios[4] sagt, der Jugend tiefen Eindruck: κάλλιον οὐκ εὐμαρὲς ἰδεῖν θέαμα νέῳ φιλοδόξῳ καὶ φιλαγάθῳ: «Ein Jüngling, der die Tugenden und den Ruhm liebt, wird nicht leicht ein würdigeres Schauspiel sehen.» Hierzu trug vor allem die Prozession der Ahnenbilder bei, die den Trauerzug in feierlichem Geleit anführte. Mit welcher Verehrung die Römer aus vornehmen Familien die Masken ihrer Vorfahren, die wichtige öffentliche Ämter bekleidet hatten, in besonderen Nischen der *alae* ihrer Atrien aufbewahrten, ist bekannt (vgl. S. 104). Jeder dieser Vorfahren war beim Begräbnis vertreten; ein Mann kleidete sich mit der Maske des Verstorbenen, legte die Prunkgewänder und die Insignien der höchsten Würde an, die der Betreffende im Leben erreicht hatte: des Consuls, des Praetors usw. Diese Ahnen wurden liegend auf einer hohen Bahre vorangetragen; später standen sie auf einem Wagen, wie es schon zu Zeiten des Polybios Sitte gewesen war (des griechischen Geschichtsschreibers aus dem zweiten Jahrhundert v. Chr., der uns die interessanteste und eindringlichste Beschreibung des römischen Begräbnisses überliefert hat). Diese eindrucksvolle Prozession wurde von Leuten beschlossen, die Schilder mit Aufschriften tru-

[1] *De l. L.*, vii, 42. [2] 254a, 23. [3] SUETON, *Vesp.*, 19. [4] vi, 53 ff.

gen; auf diesen verkündeten Worte oder Symbole die Titel und Leistungen, die den Verstorbenen im Leben berühmt gemacht hatten.

Die Bahre, auf der der Tote offen zur Schau gestellt war, folgte den Ahnen, unter Vorantritt von schwarz gekleideten und die *fasces* tragenden Lictoren; es folgten die Familienangehörigen in Trauerkleidung; die Frauen, ohne Schmuck und mit offenen Haaren, überließen sich den Ausbrüchen der Verzweiflung.

Der Trauerzug durchschritt auf diese Weise die Straßen bis zu dem Ort, an dem die Verbrennung oder Bestattung erfolgte. Wenn der Tote einen wichtigen Posten im öffentlichen Leben bekleidet hatte, nahm der Trauerzug den Weg über das Forum und hielt dort an. Die Vorfahren nahmen um die Rostra auf den curulischen Sesseln Platz, und der Sohn oder ein enger Verwandter des Verstorbenen, manchmal auch eine hohe Persönlichkeit, sprach die *laudatio funebris*.

3. Der Platz, an dem man dem Toten die letzte Ehre erwies, mußte außerhalb der Stadtmauern liegen. Das Zwölftafelgesetz schrieb vor[1]: HOMINEM MORTUUM IN URBE NE SEPELITO NEVE URITO. Die Bestattung in der Stadt war eine ganz besondere und äußerst seltene Ehre, die nur bei ganz außergewöhnlichen Verdiensten gewährt wurde. Wenn die reichen Särge der Kaiserzeit uns beweisen, daß die Beerdigung in den letzten Jahrhunderten auch in den vornehmsten Familien angewandt wurde, so stimmen die Berichte über die republikanische Zeit und die ersten Jahrhunderte der Kaiserzeit darin überein, daß die Einäscherung als der feierlichste und reichste Ritus galt. Die Beerdigung war den Armen und Sklaven als billige Bestattungsweise vorbehalten: Die Ungerechtigkeit machte nicht einmal vor dem Leichnam halt, der ohne die Ehren des Scheiterhaufens in einem bescheidenen Sarg ins Grab sank, das auf dem Friedhof der Plebejer bereitet war.

Der Scheiterhaufen, der normale Brauch der guten Gesellschaft, wurde auf verschiedene Weise hergerichtet. Die einfachste Form war das *bustum*. Man hob ein Grab aus, füllte es mit Holz und legte den Leichnam darauf. Was dann von dem Scheiterhaufen an Kohle, Asche und Knochen übrig blieb, wurde mit Erde bedeckt.

Viel verbreiteter war der Brauch, der Verbrennung und Bestattung zeitlich getrennt und an zwei verschiedenen Plätzen vornahm. In diesem Falle wurde der Ort, wo man den Scheiterhaufen anzündete, mit *ustrina* bezeichnet, und der, wo man die Asche begrub, mit *sepulcrum*.

[1] X, 1 BRUNS.

Auf dem ursprünglich aus einem einfachen Holzstoß bestehenden, später in Form eines Altars aufgebauten Scheiterhaufen, der von Zypressen umgeben und mit Malereien, Teppichen und Statuen geschmückt war, wurde der Leichnam zusammen mit der Bahre *(lectus)* aufgestellt. Freunde und Verwandte warfen Kleidungsstücke, Schmuck, Waffen, ja sogar Lebensmittel auf die Bahre, alles Dinge, die dem Toten gehört hatten oder ihm besonders lieb gewesen waren. Ein uralter Brauch, der stets befolgt wurde, verlangte, daß man dem Toten die Augen öffnete und wieder schloß und daß man ihm den letzten Abschiedskuß gab. Darauf legte ein Verwandter oder Freund (wenn es sich um einen Kaiser handelte, ein hoher Würdenträger) Feuer an den Holzstoß, der auflodert, während die Anwesenden ihn mit Balsam und Blumen bestreuten. Nachdem der Scheiterhaufen heruntergebrannt war, wurden die glühenden Reste mit Wein gelöscht, und die Verwandten sammelten die Knochen, die in Salben oder Honig gelegt wurden, bis man sie in der Urne beisetzte. Nach einer Reinigungszeremonie kehrten die Leidtragenden zu ihren Wohnungen zurück; nur die engsten Familienangehörigen verblieben noch bei den Resten. Bevor die Bestattung erfolgt war, galt die Familie des Verstorbenen als unrein *(familia funesta)*.

Nachdem die Asche in eine Urne gelegt worden war, wurde diese entweder in ein *columbarium* (die Kammer zur Aufbewahrung der Urnen) gestellt, mit der Aufschrift des Namens des Verstorbenen, oft auch mit seiner Büste; oder aber es wurde ein Denkmal über ihr errichtet, das von einem dem Toten geweihten Platz oder auch von einem lieblichen Garten umgeben war.

XI. POMPEII, DIE VERSUNKENE STADT

1. Die pompejanischen Altertümer als Zeugen des römischen Privatlebens. –
2. Pompeii vor dem Vesuvausbruch. Der Ausbruch. – 3. Pompeii nach dem Ausbruch. Die Ausgrabungen.

I.

Bestimmte Formen des römischen Alltags wären uns nicht so genau bekannt, wenn nicht die Ausgrabungen in Pompeii so reichhaltiges Material zur Befriedigung unserer Neugier zutage gefördert hätten. Es darf jedoch nicht vergessen werden, daß Pompeii noch nicht Rom ist. Pompeii war eine kleine, wohlhabende Provinzstadt, wo der Ehrgeiz des öffentlichen Lebens nicht darüber hinausging, in den *ordo decurionum* (den Gemeinderat des Ortes) aufgenommen oder als *duovir, aedilis* usw. gewählt zu werden. Um gewisse Ämter wurde erbittert gekämpft. Noch heute zeigen die Manifeste, die in schöner roter Farbe und zierlich gemalten Buchstaben auf die gekalkten Mauern von Pompeii gepinselt wurden, die Spuren dieser kleinen Wahlschlachten. Die Klienten erwarteten die Parolen ihrer Herren, und jeder kleine Herr hatte seinen Kandidaten aufgestellt.

In Pompeii, wie in allen anderen kleinen Zentren, spielten der übliche Wettstreit der Kompetenzen und provinziellen Ambitionen, die üblichen Interessengemeinschaften und die Anhängerschaft eine große Rolle. Doch das war alles. Wer sich mit diesem kleinstädtischen Leben nicht zufrieden gab, siedelte nach Rom über und versuchte dort sein Glück, wie so viele andere, die aus allen Teilen des Imperiums zusammengeströmt waren; er setzte sich Kämpfen, Demütigungen und Enttäuschungen aus, konnte aber auch Reichtum und hohe Ehren erlangen.

Zwischen Pompeii und Rom besteht nicht nur ein Größenunterschied. Rom ist auch unter materiellen und privaten Gesichtspunkten eine ganz andere Stadt. Rom ist ein gewaltiger Lebensstrom, unersättlich im Verschlingen von Reichtümern und Menschen. Wer aber zur gleichen Zeit unter den Lebensbedingungen einer Großstadt lebt, deren Atmosphäre und Lebensrhythmus doch auf die Umwelt abfärben, paßt schließlich auch sein Familienleben dem herrschenden Stil an. Man findet zum Beispiel heute in allen französischen Familien, auch in der entferntesten Provinz, etwas von Paris. Die pompejanischen Altertümer sind nicht die Roms; wer sich aber mit dem Studium der einen befaßt, kann auf die andern nicht verzichten

POMPEII, DIE VERSUNKENE STADT

und bemüht sich, einen Abglanz des größeren römischen Lebens zu erhaschen, das sich in Pompeii spiegelt. Der Leser weiß jetzt, daß wir nicht anders vorgegangen sind. Denn gewisse Neigungen, Geschmacksrichtungen und Ansprüche an das äußere Wohlleben dürfte der reiche Kaufmann von Pompeii, der durch den Betrieb einer *fulloniea* oder durch die Garumindustrie im Laufe der Zeit viel Geld verdient hatte, mit dem hohen Funktionär und dem mächtigen Bankier der Hauptstadt gemein gehabt haben. Das Leben im gleichen geschichtlichen Klima macht ein wenig zu Brüdern, namentlich in den Stunden, in denen man nach Beendigung der Geschäfte vom erfrischenden Bad in den Thermen zurückkehrt und sich im *tablinum* oder im Peristyl in fröhlicher Vertraulichkeit vereint.

Man wird es daher nur begrüßen, wenn dieser Teil unseres Buches mit einem kurzen Hinweis auf die Stadt Pompeii abschließt, die uns durch die Ausgrabungen so reich beschenkt und besonders in der bildenden Kunst so viel Material geliefert hat. Es ist eine Geschichte, die nicht ihresgleichen hat.

2. Im Jahre 79 n. Chr., als Kaiser Titus regierte, verschüttete die Asche des Vesuvs einige der blühendsten Städte Campaniens: Pompeii, Herculaneum und Stabiae. Pompeii, die bedeutendste dieser drei Städte, erholte sich gerade wieder von einem schrecklichen Erdbeben, das die Stadt am 5. Februar 63 n. Chr. dem Erdboden fast völlig gleichgemacht hatte. Wie die Ausgrabungen in Pompeii zeigen, befindet sich die Stadt im Wiederaufbau. Zwischen den Gebäuden der alten Stadt, die vom Erdbeben verschont geblieben waren, blühte eine neue, reichere, schönere und modernere Stadt empor. Die ans Tageslicht gelangten Überreste sind Zeugen für den Arbeitseifer. Einige Bauwerke, so zum Beispiel der Isis-Tempel, waren bereits vollendet, andere im Aufbau begriffen. Mit ihren prächtigen Bauwerken bestätigte die zerstörte Stadt ihr Lebensrecht und ihren Glauben an die Zukunft, als sechzehn Jahre nach diesem ersten Unglück der Ausbruch des Vesuvs sie für immer in einem Meer von Asche versinken ließ.

Es war eine reiche und schöne Stadt. Der Vesuv, der sich heute mit seinen schwarzen Lavamassen über der pompejanischen Ebene erhebt und im Sommer von seinen steinigen, sonnendurchglühten Hängen sengende Hitze ausstrahlt, so daß auf den Ruinen eine drückende Schwüle lastet, bildete zu jenen Zeiten den malerischen und lieblichen Hintergrund der arbeitsamen Stadt, deren Häuser in Gärten gebettet waren. Ein schöner Berg: grün, von üppigem Pflanzenwuchs und Weingärten bedeckt, die einen berühmten Wein lieferten. Die Natur hatte diese kleine Industriestadt in jeder Weise gesegnet, in deren Werkstätten Tag für Tag emsig gearbeitet wurde: Färbereien, Bäckereien und Garumfabriken (s. S. 113 f.); die von Läden und zahlreichen Bars *(thermopolia)* begrenzten Straßen wimmelten von Menschen.

Die Stadt hatte ursprünglich eine oskische Bevölkerung, deren rauhe Sprache uns noch in einigen Inschriften erhalten ist, darunter die Aufschriften, die während des Bundesgenossenkrieges den waffenfähigen Einwohnern die Sammelplätze kenntlich machten: *eituns! (= eant!).* Später wurde sie von den Etruskern und dann von den Samniten erobert; mit den Samniten nahm sie an den Feldzügen gegen die Römer teil; während des Zweiten Punischen Krieges stand sie mit anderen Städten Campaniens auf Seiten Hannibals. Während des Bundesgenossenkrieges erhob sie sich gegen Rom; zur Übergabe gezwungen, mußte sie in ihren Mauern eine römische Kolonie aufnehmen, die nach dem Eroberer Sulla den Namen *Colonia Veneria Cornelia Pompeianorum* erhielt.

Auf Grund seiner Industrie scheint Pompeii zu allen Zeiten in wirtschaftlicher Blüte gestanden zu haben. Die griechische Kultur, die schon frühzeitig in Campanien eingedrungen war, hatte den Pompejanern den Geschmack an einem maßvollen Luxus und Sinn für liebenswürdige Lebensart gebracht. Pompeii ist für uns das Muster einer hellenistischen Stadt, insbesondere in seiner Bauweise und im Schmuck seiner Häuser.

Die Katastrophe erfolgte am 24. August des Jahres 79 n. Chr.; Plinius[1] hat uns das genaue Datum überliefert. Ein plötzlicher Ausbruch des Vesuvs bedeckte das umliegende Land mit einem dichten Stein- und Aschenregen. Es tobte ein heftiger Sturm und regnete in Strömen. Von der wilden Gewalt des Vulkans überrascht, flohen die meisten und überließen die an ihre Ketten gefesselten Sklaven ihrem furchtbaren Schicksal; andere glaubten im Inneren der Häuser das Ende der Katastrophe abwarten zu können, bis das zusammenbrechende Dach sie verschüttete oder die alle Ausgänge verstopfende Asche sie in ihre Häuser einschloß, wo sie nach einem verzweifelten Todeskampf umkamen. Andere wiederum, die im ersten Schrecken die Flucht ergriffen hatten, waren zurückgekehrt, um die wertvollsten Sachen zu retten; sie fanden dann keine Möglichkeit mehr, dem Ort des Grauens noch einmal zu entkommen, und wurden an der Seite ihrer Kostbarkeiten die Opfer der Katastrophe. Ihre Gebeine wurden an verschiedenen Stellen von Pompeii aufgefunden. Andere, wie Plinius der Ältere in Stabiae, kamen in der erstickenden, von Asche geschwängerten Luft um oder erstickten an den Gasen, die der Vulkan auswarf.

[1] In zwei Episteln: vi, 16 und vi, 20.

3. Das Gewicht der Asche drückte fast alle Dächer ein, begrub aber nicht alle Häuser vollkommen unter seinen Massen. Noch viele Jahre nach der Katastrophe bildete das Gebiet, wo einstmals Pompeii gestanden hatte, ein weites Aschenfeld, aus dem hier und da die Giebel der Häuser herausragten, ähnlich einer von den Fluten verschlungenen Stadt. Durch die noch freien höheren Stockwerke drangen die rechtmäßigen Besitzer oder Plünderer in das Innere der Häuser ein und schleppten alles Erreichbare davon. Die kopflose Gier verursachte weitere Einstürze; Mauern brachen zusammen und begruben die Suchenden unter ihren Trümmern. Auch von diesen Unglückseligen hat man die Überreste gefunden, die es uns ermöglichen, die Tragödie zu rekonstruieren.

Mit der Zeit zerfielen diese aus den Aschenmassen hervorragenden Gebäudeteile oder wurden abgetragen, um anderwärts als Baumaterial zu dienen. Zeit und Mensch ebneten im Laufe der Jahre das Todesfeld ein. Jahrhunderte vergingen und niemand wußte oder ahnte, daß unter diesem dürren Erdboden eine Stadt begraben lag, obwohl die regelmäßige, ellipsenförmige Bodenvertiefung, unter der das einstige Amphitheater begraben war, den Gedanken an ein unter der Erdkruste versunkenes Gebäude hätte aufkommen lassen müssen, obwohl auch die Erinnerung an Pompeii, ohne daß sich dessen jemand bewußt war, in dem Namen «la Cività» weiterlebte, den die Bewohner der Umgebung der Stätte gegeben hatten. Als zwischen 1594 und 1600 der Architekt Fontana einen Kanal nach Torre Annunziata baute, um das Wasser des Sarno dorthin zu leiten, und dabei architektonische Bruchstücke und sogar Inschriften mit den Worten: *decurio Pompeis* entdeckte, wußte man noch immer nicht, daß man im Gebiet von Pompeii grub. Man dachte vielmehr an eine Villa des Pompeius!

Regelrechte archäologische Ausgrabungen begannen erst im Jahre 1748 unter Karl III. von Bourbon, dem König von Neapel. Doch wurden diese Ausgrabungen mit Mitteln durchgeführt, welche die Archäologie heute verwirft, und keineswegs mit wissenschaftlichen Absichten (man durchstöberte die Ruinen lediglich auf Kunstschätze hin: eine Räuberei, die sich als Archäologie ausgab). Man war zwar überzeugt, eine vergrabene antike Stadt bloßgelegt zu haben, aber man wußte noch nicht, daß «la Cività» das antike Pompeii war. Erst als man im Jahre 1763 eine Inschrift fand, auf der geschrieben stand: *respublica Pompeianorum*, wußte man, daß die ausgegrabene Stadt Pompeii sei.

In der Zeit Napoleons, besonders unter Championnet zur Zeit der Parthenopäischen Republik (1799) und unter Murat während der Dauer des

Königreiches (1806–1815), begann man, die Ausgrabungen sachgemäß und mit dem Ziel, die antike Stadt freizulegen, vorzunehmen. Aber erst mit der Proklamation des Königreichs Italien (1861) begann die systematische und anhaltende Durchforschung des ganzen Gebietes von Pompeii. Die Arbeiten wurden Fiorelli, einem der besten Fachleute und genialsten Archäologen, den Italien besessen hat, übertragen. Dieser verbesserte die Ausgrabungsmethoden und sichtete das zutage geförderte Material mit außergewöhnlichem Scharfblick, womit er den tüchtigen Archäologen den Weg vorzeichnete, die das Werk weiterführten und noch heute weiterführen. Besonders in den letzten Jahren sind die pompejanischen Ausgrabungen mit Eifer und Erfolg fortgesetzt worden.

VITA·ROMANA·II

I. STRASSEN, HÄUSER UND WOHNUNGSANGABEN

1. Straßen ohne Namen, Häuser ohne Nummer und Menschen ohne Anschrift. – 2. Der große praktische Nutzen der Numerierung für den modernen Menschen. – 3. Antike topographische Bezeichnungen durch allgemeine Anhaltspunkte. – 4. Die Nähe von Denkmälern und öffentlichen Plätzen: Statuen, Heiligtümer, Tempel, heilige Haine, öffentliche Gebäude und Tore. Gärten, städtische Sehenswürdigkeiten. – 5. Die Läden. – 6. Die Bäume. – 7. Eigentümlichkeiten der städtischen Topographie.

1.

WIE machte man es wohl in Rom, wenn man jemandem zum Beispiel einen Brief senden wollte, ohne daß man wußte, wo der Betreffende wohnte? Oder was tat der Fremde, wenn er einen Gastfreund suchte? Oder der Provinzler, der zum ersten Male in die Großstadt kam, um den oder jenen Bekannten aufzusuchen? Er sollte eine bestimmte Person besuchen, und diese wohnte in Rom. Aber wo sie finden! In Rom gab es viele Straßen, so viele Häuser, Plätze und Stadtteile und so unendlich viele Menschen; jemanden zu finden, dessen Wohnung man nicht schon kannte, bereitete sehr große Schwierigkeiten.

Heute ist dies sehr einfach. Man kennt die Straße, die Hausnummer und das Stockwerk. In Rom hatten aber die Häuser keine Nummern, und viele Straßen führten keine Namen. Die Alten hatten noch nicht den praktischen Wert der Bezifferung auf allen Lebensgebieten erkannt. Die Mathematik ist uralt und hatte schon vor den Römern dazu gedient, den Lauf der Gestirne zu bestimmen und Sonnen- und Mondfinsternisse vorauszusagen; und obwohl sich der menschliche Genius früher als auf anderen Wissensgebieten gerade in der Mathematik offenbarte, war ihm doch der große Vorteil der Numerierung entgangen. Die alexandrinischen Grammatiker numerierten die Gesänge Homers (doch eigentliche Zahlen gab es nicht[1]), die Römer die Legionen[2] und Augustus die *regiones* – die Stadtteile – des

---

[1] Die *Ilias* und die *Odyssee* wurden von den alexandrinischen Grammatikern in je vierundzwanzig Bücher eingeteilt und mit den vierundzwanzig Buchstaben des griechisch-ionischen Alphabetes fortlaufend bezeichnet. Damals begann man, die Buchstaben des Alphabetes (mit besonderen Zeichen und unter Hinzufügung einiger weiterer, die nicht mehr im Gebrauch sind) auch zur Numerierung zu verwenden.

[2] Die Bezifferung der römischen Legionen wechselte im Laufe der Zeiten; seit der Regierung des Augustus fügte man der Ordnungsnummer einen Beinamen hinzu; diese

alten Rom¹; man ging aber vorsichtig dabei zu Werke und hatte Angst, große Zahlen anzuwenden. Der griechische und römische Kalender teilte die Monate in kurze chronologische Perioden auf²; das Jahr hatte bei den gewöhnlichen Angaben und in den offiziellen Dokumenten keine fortlaufende Nummer³. Im volksüblichen und verwaltungstechnischen Gebrauch fehlte die Angabe der Zeit⁴; Berechnungen unter Bezugnahme auf Epo-

Gepflogenheit wurde auch von der Republik übernommen; verschiedene Legionen führten die gleiche Ordnungszahl und unterschieden sich nur durch die Beinamen voneinander. So hatte man die *legio I Adiutrix*, die *legio I Iulia Alpina*, die *legio I Armeniaca* (weitere Beinamen einer *legio I* sind: *Flavia Gallicana Constantia, Flavia Martis, Illyricorum, Iovia, Isauria sagittaria, Italica, Macriana, Martia, Minervia, Noricorum*). Einige dieser Legionen wurden erst später aufgestellt; andere wiederum, die vernichtet wurden, stellte man nicht erneut auf; die zahlenmäßige Aufstellung der Legionen entspricht daher nicht der effektiven Stärke des römischen Heeres in einem bestimmten Zeitpunkt.

¹ s. S. 22, Anm. 4.

² Es ist bekannt, daß sich der römische Kalender auf die *Kalendae*, auf die *Nonae* oder die *Idus* stützt und diese feststehenden Termine als Ausgangspunkte für die übrigen Daten benutzte; bei der Bestimmung des Datums wurde der Ausgangstag mit eingerechnet. Die *Kalendae* bilden den Monatsanfang; die Nonen und die Iden fielen in den Monaten März, Mai, Juli und Oktober auf den siebenten beziehungsweise den fünfzehnten, in den übrigen Monaten auf den fünften und dreizehnten Tag des Monats. Sehr verschieden war bei den Griechen die Bezeichnung der Monate. Die Monatstage wurden in Dekaden eingeteilt. Die Tage der ersten Dekaden wurden durch fortlaufende Zahlen des «Monatsanfangs» (ἱσταμένου) bezeichnet, die Tage der zweiten Dekade als die des «Mittmonats» (der mittlere Monat, μεσοῦντος) und die der letzten Dekade als die Tage des «Monatsendes» (φθίνοντος), die abnehmende Ordnungszahlen führten. Der Erste des Monats war der «Neumond» (νουμηνία), der Letzte der «Alte und Neue Mond» (ἕνη καὶ νέα). *Kalendae* ist eine rein römische Bezeichnung; die von Augustus scherzhafterweise gebrauchte Redewendung *ad Kalendas Graecas*, die «niemals» besagen wollte, ist späterhin in den allgemeinen Sprachgebrauch übernommen worden. (SUETON, *Aug.*, 87: *In litteris, cum aliquos numquam soluturos significare vult, «ad Kalendas Graecas soluturos» ait*.) Augustus benutzte diese Redewendung in bezug auf die Zahlungen, denn die Kalenden und die Iden waren in Rom die üblichen Termine für die Tilgung der Schulden.

³ Die Römer bezeichneten die Jahre mit den Namen der Consuln; die Athener mit dem Namen des jeweiligen Archonten, der in römischer Zeit jedoch die Bezeichnung Eponym (ἐπώνυμος) führte (nicht früher, wie fälschlicherweise gelehrt wird). In Athen war das Jahr offiziell in zehn Perioden geteilt, die den Perioden entsprachen, in denen einer der zehn Stadtbezirke (φυλαί) an der Macht war.

⁴ Der griechische Brauch, die Jahre nach den Olympiaden zu bezeichnen (aufeinanderfolgenden Perioden von je vier Jahren mit fortlaufender Ordnungszahl, beginnend mit dem Jahre 776 v. Chr.), war niemals populär und wurde auch in offiziellen Dokumenten nicht angewandt. Es gibt zahlreiche Möglichkeiten der Zeitberechnung, die schon den ältesten Historikern als Grundlage für ihre chronologischen Angaben dienten, aber

chen, die von Gelehrten festgesetzt waren, dienten nur den Chronisten und Geschichtsschreibern. Man begriff im Altertum nicht, welch großen Vorteil die Zahl haben kann, die sich bis ins Unendliche beliebig fortsetzen läßt und ein einfaches Mittel darstellt, alles, was man will und so weit man will, zu unterscheiden und einzuordnen – also auch die Jahre und die Häuser.

2. Heute dagegen verständigen sich die Menschen untereinander mit Zahlen. Die Zahlenreihe hat bei uns auf sämtlichen Lebensgebieten die Aufgabe, Mißverständnisse auszuschalten und Arten, Unterarten, Orte, Waren, einzelne Dinge und Menschen, Grade, Behörden, ja sogar Könige und Päpste genau zu bezeichnen. Wenn die Römer zwischen zwei Tarquinii unterscheiden mußten, nannten sie den einen *Priscus*, den Älteren, den anderen *Superbus*, den Stolzen; wenn sie zwischen zwei Scipionen, zwei Cato, Plinius oder Seneca unterscheiden wollten, so mußten sie den einen *maior*, den Älteren, und den anderen *minor*, den Jüngeren, benennen, ohne darauf zu achten, ob der «Ältere» jung und der «Junge» alt gestorben ist. Wir hingegen sagen Ludwig XIV.; eine sehr einfache Bezeichnung, denn er folgte auf Ludwig XIII. Daß die Menschen heute in der Eisenbahn reisen und die alten Römer in der *raeda* – dem Reisewagen jener Tage – oder auf dem schwanzlosen Maulesel wie Horaz[1], bedeutet ohne Zweifel einen großen Unterschied der Zivilisation; dies leuchtet jedem ein. Es gibt aber noch

keine wurde zum allgemeinen Gebrauch oder fand praktische Anwendung. Varro setzt eine römische Ära fest, die mit der Gründung Roms begann, also dem 21. April des Jahres 753 v. Chr. In der späten Kaiserzeit und im Mittelalter wandte man die diocletianische Zeitrechnung an (ab 29. August 284), die später durch die christliche Zeitrechnung abgelöst wurde. Die Angabe des Indiktionsjahres in den öffentlichen Urkunden, das heißt des Jahres innerhalb der fünfzehnjährigen Indiktionsperiode (jedes der fünfzehn Jahre wurde je nach seiner Zugehörigkeit zum Indiktionszirkel «erste, zweite, dritte Indiktion» usw. genannt), die man als zusätzliche Datierung seit Diocletian anwandte (nicht, wie man früher annahm, seit Konstantin) und sich bis ins Mittelalter erstreckte, bezeichnete keinen Zeitabschnitt, denn die Indiktionszirkel führten keine Ordnungszahl. Die christliche Zeitrechnung wurde von Dionysios dem Kleinen, einem skythischen Mönch (Mitte des sechsten Jahrhunderts) mit dem Jahre 532 n. Chr. eingeführt; diese Zeitrechnung, die erst viele Jahrhunderte später und auf Grund ungenauer Angaben errechnet wurde, beginnt mit drei oder vier Jahren nach Christi Geburt. Die christliche Zeitrechnung diente ursprünglich nur den Geschichtsschreibern und Chronisten; erst später wandte man sie auch in öffentlichen Urkunden an, bis sie dann in allen Schriftstücken allgemeine Verwendung fand. Die Genauigkeit und Einfachheit der Datierung ist ein Privileg des modernen Menschen, ebenso wie die genaue Anschrift, von der wir oben sprachen.

[1] s. S. 258 und Anm. 2.

einen anderen Unterschied, den man für gewöhnlich nicht berücksichtigt. Wenn wir reisen, so führt der Zug eine Nummer, der Wagen hat eine Nummer, der Sitz, der Eisenbahner, der Kontrolleur, die Kennkarte, die Fahrkarte, der Schalter, an dem wir die Fahrkarte lösen, und der Geldschein, mit dem wir sie bezahlen. Am Bahnhof nehmen wir ein Taxi, das eine bestimmte Nummer hat und von einem Fahrer bedient wird, der auch eine Nummer führt; und wenn wir im Hotel absteigen, werden auch wir zur Nummer. Beruf, Kredit, Alter, Zweck der Ankunft und Zweck des Aufenthaltes – alles ist mit einer Nummer bezeichnet. Und wenn du ein Zimmer belegt hast, wirst du vielleicht Nummer 42, vielleicht auch eine darüber oder darunter; und wenn du zu deinem Verhängnis diese Nummer vergißt, so scheint dir, du hättest dich selbst vergessen; und wenn du dich in der Nummer versiehst, so läufst du Gefahr, für einen Dieb oder gar noch Schlimmeres gehalten zu werden. Die Nummer steht auf einem Täfelchen, das an deinem Zimmerschlüssel hängt; du findest sie am Postfach des Hotels, und jeden Morgen liest du sie auf den Sohlen deiner geputzten Schuhe, auf der Tür deines Zimmers, wenn du ein- und ausgehst; und dann natürlich auf deiner Rechnung. Du gewöhnst dich daran, ja du bezeichnest dich selbst als Nummer 42, wenn du ein Paket zum Hotel schickst; denn sonst würde das Paket wer weiß wo landen; du kannst auch eine sehr wichtige Persönlichkeit sein, ja wir nehmen ohne weiteres an, daß du eine solche Persönlichkeit bist – für den Portier und für den Kellner bist du eben doch nur Nummer 42.

Die Menschen, die alles mit Nummern bezeichnen, haben schon seit langer Zeit die Gewohnheit angenommen, auch ihre Häuser zu numerieren. Die Hausnummern unserer Städte treiben ein phantastisches Spiel. In Venedig zum Beispiel durcheilen sie die Straßen, biegen in die Gäßchen ein, kommen wieder heraus, springen über die Brücken, umkreisen die Plätze und wachsen immer wieder um eine Einheit an. In Genua ist die Angabe einer internen Nummer üblich, die Straßennummer oben, die Hausnummer unten; die Häuser führen schwarze, die Läden rote Nummern; das toskanisch methodische Florenz unterhält ein sehr bequemes System, übrigens das gleiche wie Paris: Die Nummern folgen dem Flußlauf, und in den Seitenstraßen gehen sie vom Flusse aus, die geraden rechts, die ungeraden links. Überall das gleiche Bild.

Es gibt heutzutage keine moderne Stadt oder größere Ortschaft, in denen die Straßen nicht einen Namen und die Häuser eine Nummer führen; und wo man mehrere interne Gebäude und Aufgänge hat wie in Rom, wendet man zusätzlich noch große Buchstaben an, auf die die Pförtner der großen Häuser besonders stolz sind. Dadurch besitzt ein jeder seine Adresse, die ein Teil seiner selbst wird und die ihn auch außer Hause begleitet; sie wird ihm vom Gepäckdienst abverlangt, vom Kaufmann, der ihn beliefert, vom Schutzmann, der ihn mit einer Strafe belegt, und von vielen anderen. Die Anschrift wie der Vor- und Zuname und die Telefonnummer dient mehr den andern als uns selbst; sie ist aber ein Bestandteil unserer selbst, die Ergänzung des Daseins des modernen Kulturmenschen. Ein Mensch kann wohl manchmal ohne Geld und ohne Stellung sein, auch ohne Pläne für die Zukunft, aber niemals ohne Adresse. Und wenn es sich um einen Vagabunden handelt, der keine feste Wohnung hat, einen jener Unglücklichen, die sich verdächtig und beargwöhnt in unserer Gesellschaft herumtreiben, deren Mitglieder auf ihr Heim besonders stolz sind, so kann man sein Ende leicht voraussagen: Eines Tages wird er ins Gefängnis eingeliefert, und dies ist dann seine Adresse.

Im Gegensatz dazu lebten die Menschen im alten Griechenland und in Rom ohne Anschrift; ich will damit sagen, ohne die Möglichkeit, die eigene Behausung mit jener kurzen Formel anzugeben, die sich aus wenig Worten und Zahlen zusammensetzt, mit denen man schnell und genau seine Wohnung beschreibt.

3. Der Fremde, der im Altertum zum ersten Male eine kleine Stadt oder Ortschaft betrat, konnte leicht feststellen, wo ein Bekannter wohnte; es genügte, den ersten besten, dem man begegnete, zu befragen, genau so, wie man es auch heute noch in kleinen Orten tut; der Befragte erteilte die gewünschte Auskunft oder begleitete den Fremden zu seinem Ziele. Doch in Rom und anderen überfüllten Städten wie Athen, Syrakus, Alexandrien, Rhodos, auch in minder großen, aber bevölkerten Städten mußte man es schon dem Zufall überlassen, wenn man einen Bekannten ausfindig machen wollte. Und es war kein geringes Problem, wenn man einem Ortsfremden die eigene Wohnung angeben und ihm die genaue Lage derselben erklären wollte.

Viele befestigen zum Beispiel heute an ihrem Koffer einen Lederanhänger, der eine Visitenkarte mit Vor- und Zunamen und Anschrift des Besitzers enthält; sie wollen sich damit gegen Verlust und Diebstahl schützen, denn es gibt noch ehrliche Diebe, die nur das an sich nehmen, was sie benötigen, und dem Bestohlenen die persönlichen Dokumente per Post zurückschicken. In ähnlicher Weise befestigten die Römer am Halse ihrer Sklaven, bei denen sie Fluchtversuche befürchten mußten, einen eisernen

Halsring *(bulla)*, der den Namen und die Anschrift des rechtmäßigen Besitzers trug: TENE ME ET REBOCA ME APRONIANO PALATINO AD MAPPA(M) AUREA(M) IN AVENTINO QUIA FUGI¹, «fasse mich und führe mich zurück zu Apronianus Palatinus auf dem Aventin, in der Nähe der *mappa aurea*, denn ich bin ausgerissen»; oder auch: TENE ME QUIA FUGI, REDUC ME AD FLORA(M) AD TO(N)SORES², «fasse mich, denn ich bin ausgerissen; bringe mich zurück in die Nähe des Flora-Tempels in der Straße der Barbiere». Diese Angaben sind ziemlich genau, aber sie werden dem Finder, der den Sklaven in der Hoffnung auf Trinkgeld (das manchmal neben den übrigen Angaben auch versprochen wurde³) festgenommen hatte, Erkundigungen und Aufregungen nicht erspart haben, bevor er den Ausreißer seinem Herrn und den üblichen Stockschlägen ausliefern konnte.

Das genaue System, nach dem unsere Straßen und Hausnummern gekennzeichnet werden, hat das unbestimmte «ich wohne in der Nähe von ...» des Altertums in unser «ich wohne in ...» umgewandelt. Die antike Anschrift war immer nur eine ungefähre Angabe, abgesehen natürlich von den Personen, die durch ihre hohe Stellung im politischen Leben so bekannt waren, daß allein der Name des Hauses oder Palastes eine vollständige Adresse bildete. In diesem Falle stellte die Anschrift, die wir gewissermaßen als «autark» bezeichnen können, wiederum die ungefähre Anschrift für alle diejenigen dar, die in der Nähe wohnten. Überhaupt bestand die Angabe einer Adresse im Altertum darin, einen benachbarten Ort anzugeben, von dem man voraussetzte, daß er allen bekannt war.

Wie kommt es nun zu diesen Bezeichnungen und zu ihrer allgemeinen Anwendung? Für gewöhnlich entstehen sie von selbst, kommen aus der Seele des Volkes, wie Sprichwörter und Redensarten. Der Volksmund, der sie in stillschweigender Übereinkunft immer wieder benutzt, ruft sie ins Leben und verleiht ihnen Dauer; sie sind das Zeichen einer allgemeinen Zustimmung, einer Zufallslaune, die an ihnen Geschmack gefunden hat, und sie behaupten sich auf Grund einer zähen Überlieferung, deren Ursprung niemand kennt, die aber jeder bedingungslos anerkennt. Auch in den Großstädten gibt es Bezeichnungen, die wie eine wehmütige Erinnerung an

---

¹ CIL, XV, 7182.

² Ibid., 7172 (= DESSAU 8727). Der Flora-Tempel, von dem hier die Rede ist, befand sich in der Nähe des Capitols. VARRO, *De l.L.*, v, 158: *Clivus proximus a Flora susus versus Capitolium vetus.*

³ Ibid., 7194 (= DESSAU 8731): *Fugi, tene me; cum rovocaveris (= revocaveris) me d(o-mino) m(e)o Zonino, accipis solidum.*

längst vergangene Zeiten klingen. So hat man noch heute im elegantesten Viertel von Paris die Rue des Bergères, und in Rom gab es den *Lacus pastorum*[1]. Manche dieser Bezeichnungen besitzen einen unverfälscht ländlichen Charakter: «die Köpfe der Stiere» *(Capita bubula)*[2], «das Haupt Afrikas» *(Caput Africae)*[3], «das Haupt der Gorgo» *(Caput Gorgonis)*[4], «die zehn Läden» *(Decem tabernae)*, «die weißen Hühner» *(Gallinae albae)*[5], «die zwölf Tore» *(Duodecim portae)*[6], «die Störche, die die Schnäbel ausstrecken» *(Ciconiae nixae)*[7], «der Granatapfel»[8]. Manche Namen hatten einen geheimnisvollen Sinn, wie zum Beispiel «der schmale Querbalken der Schwester» *(Tigillum sororium)*[9], der sich aus der Legende der Horatier und Curiatier[10] erklärt. Und ist es zu unserer Zeit nicht das gleiche? In Venedig gibt es die Barbaria de le Tole, in Mailand die Via dei Fiori oscuri (die Straße der dunklen Blumen), in Pistoia die Via del T (Straße des T); und warum gibt es in Florenz eine Straße, die den Namen Via delle serve smarrite (Straße der verlorenen Mägde) führt? Und in Genua einen Winkel Vico dell'amor perfetto (Gäßchen der vollkommenen Liebe)? Es gibt eine Genueser Legende, die von der platonischen Liebe einer Dame des städtischen Patriziats mit einem König erzählt; der Fremde aber, der die Legende nicht kennt, fragt sich unwillkürlich: «Gäßchen der Liebe – vortrefflich; aber warum vollkommen?»

In den alten Städten, einschließlich Rom, führten die Straßen, mit Ausnahme der wichtigsten, keine Namen und trugen nur die Bezeichnung «Straße, die nach ... führt»[11], oder in ähnlicher Form. Die wenigen Straßen, die einen Namen hatten, waren zum großen Teil so lang, daß deren einfache Angabe nicht genügte, um einen bestimmten Punkt zu bezeichnen. Die Via Lata in Rom (s. S. 51) durchquerte den weiten Campus Martius; die Alta Semita (s. S. 49) folgte dem ganzen Kamm des Quirinalhügels; der Vicus Patricius[12] ging vom Zentrum Roms aus, lief am Mons Cispius

---

[1] In *Notitia (Regio III, Isis et Serapis);* hier *lacus = fons.*
[2] SUETON, *Aug.*, 5: *Natus est ... regione Palati, ad Capita bubula, ubi nunc sacrarium habet, aliquanto postquam excessit constitutum.*
[3] In *Notitia (Regio II, Caelemontium).* [4] *Ibid. (Regio XIV, Trans Tiberim).*
[5] *Ibid. (Regio VI, Alta Semita).* [6] *Ibid. (Regio XI, Circus Maximus).*
[7] *Ibid. (Regio IX, Circus Flaminius).* Die Örtlichkeit wurde auch einfach mit *Ad nixas* bezeichnet (CIL, I², 332). [8] s. S. 174.
[9] *Fasti Arval.* (CIL, I, S. 330). [10] *Scholia Bobiensia, Ad Cic., Pro Milone,* 3.
[11] DIONYS VON HALIKARNASS, viii, 79: κατὰ τὴν ἐπὶ καρίνας φέρουσαν ὁδόν, «die Straße, die nach den Carinae führt». Über die Carinae s. S. 29, Anm. 4.
[12] Die klassischen Schriftsteller erwähnen den Vicus Patricius ohne irgendwelche nähere Bezeichnung und geben uns damit keine Möglichkeit festzustellen, wo er verlief

und am Viminal vorbei und führte bis zur Porta Viminalis in der servianischen Mauer (s. S. 53 ff.). Um nur einigermaßen genau zu sein, mußte man zusätzliche Angaben machen; wir finden daher Ausdrücke folgender Art: «in der Via Nova in der Nähe des Heiligtums der Volupia»[1]; «in der Via Sacra unter der Velia, wo der Tempel der Vica Pota[2] steht». Das Haus des Tarquinius Superbus befand sich in der Straße (Vicus Pullius), die von der Subura zum Mons Oppius führte, nahe dem Fagutal[3]; wir wissen daher ziemlich genau, wo dieser verhaßte König wohnte; es ist jedoch schwierig festzustellen, wo sich das bescheidene Haus des Dichters Ennius[4] befand, von dem man nur weiß, daß er auf dem Aventin hauste. Mehr oder weniger allgemein waren die Bezeichnungen für eine bestimmte Zone eines Stadtviertels: «eingangs», «im ersten Teil», «im Zentrum» der Subura[5], und wenn die Straße bergauf ging, «am höchsten Punkt»[6], oder auch «wo die Steigung aufhört»[7]. Der westliche Teil des Esquilins, wo zu Zeiten des Augustus ein großer Markt gebaut wurde (Macellum Liviae, s. S. 26), wurde einfach mit Macellum[8] bezeichnet. In der literarischen und epigraphischen Ausdrucksweise für die Angaben der städtischen Topographie griff man oft zu mehr oder weniger glücklichen Umschreibungen wie: «gerade an der Stelle, wo man vom Palatin zum Forum heruntersteigt»[9], «im Velabrum, am Eingang der Via Nova»[10], «am Eingang der Subura, wo die Peitschen der Henker hängen»[11].

und wie weit er sich ausdehnte; die Aufzeichnungen aus dem Mittelalter aber (die Kirchen Santa Eufemia und Santa Pudenziana erhoben sich *in Vico Patricii*) und die Überreste der Pflasterung, die später wieder ans Tageslicht kamen, ermöglichen es uns, Lage und Länge dieser Straße zu bestimmen.

[1] VARRO, *De l.L.*, v, 164: *In nova via ad Volupiae sacellum* (*nova via* ist eine Konjektur Scaligers; die Manuskripte geben *novalia*).

[2] T. LIVIUS, ii, 7, 12: *Delata confestim materia omnis infra Veliam et, ubi nunc Vicae Potae est, domus in infimo clivo aedificata.* [3] SOLINUS, i, 26.

[4] HIERONYMUS, *Ad Eus.; a. Abr.* 1777 (= 240 v. Chr.): *A Catone quaestore Romam translatus habitavit in monte Aventino parco admodum sumptu contentus et unius ancillae ministerio.*

[5] MARTIAL, ii, 17, 1: *Suburae faucibus ... primis;* xii, 3, 9: *prima ... Subura;* vi, 66, 2: *in media ... Subura;* vgl. ix, 37, 1.

[6] T. LIVIUS, i, 48, 6: *Ad summum Cyprium vicum, ubi Dianium nuper fuit.*

[7] s. Anm. 9.

[8] Spuren dieser allgemein gebräuchlichen Bezeichnung finden sich noch in dem Namen, den im Mittelalter die Porta Esquilina trug. Sie wurde im dritten Jahrhundert n. Chr. in den Gallienus-Bogen umgebaut, den man einfach Macellum nannte.

[9] CIL, VI, 450: *In ipso fere Palatini montis descensu.*

[10] VARRO, *De l.L.*, vi, 24. [11] MARTIAL, ii, 17, 1–2.

Wir bringen hier eine Szene des Terenz[1], in der ein Sklave Syrus den alten Demea, seinen Herrn, zum Besten halten will und ihn in der Stadt herumschickt, um ihn möglichst viel Zeit vergeuden zu lassen. Deswegen gibt er Demea die Anschrift einer Person, bei der dieser seinen Bruder antreffen wird. Man fühlt sofort die Übertreibung der Szene heraus; trotzdem gibt uns der Dialog einen Begriff von den Schwierigkeiten, die damals bestanden, um eine Adresse festzustellen[2].

Syrus: «Ich kenne den Namen des Menschen nicht, weiß aber, wo er wohnt.» Demea: «So sag es mir.» S.: «Kannst du dich auf den Torbogen besinnen, hier unten, in der Nähe des Marktes?» D.: «Natürlich.» S.: «Von dort nimmst du den Weg, überquerst den Platz und gehst bergauf. Wenn du oben angekommen bist, geht auf der anderen Seite eine Straße bergab; in diese Straße biegst du ein und gehst sie rasch hinunter; am Ende befindet sich auf der einen Seite ein kleiner Tempel, auf der anderen eine Gasse.» D.: «Auf welcher?» S.: «Dort, wo auch ein großer wilder Feigenbaum steht.» D.: «Ich weiß.» S.: «Dort gehst du weiter.» D.: «Aber wenn es nun eine Sackgasse ist?» S.: «Ja richtig, richtig, mein Gott! Da siehst du, wo ich meine Gedanken habe! Ich habe mich geirrt. Kehre wieder zum Tor zurück. Du kannst kürzer gehen, ohne lange umherirren zu müssen. Weißt du, wo das Haus des reichen Cratinus steht?» D.: «Ja, das weiß ich.» S.: «Gehe an ihm vorüber; dann nach links, überquere den Platz, und wenn du am Diana-Tempel bist, dann nach rechts. Kurz vor dem Tor steht eine kleine Mühle, ihr gegenüber der Laden eines Holzhändlers. Na, und dort ist dein Bruder.»

4. Um eine so komplizierte Ortsangabe etwas zu erleichtern, bediente man sich der Denkmäler, Statuen, Säulen, Heiligtümer, Tempel und öffentlichen Gebäude wie Speicher, Kasernen, Torbögen usw.; aber auch der heiligen Haine *(luci)* und Gärten *(horti).* Wer in Rom herumirrte, um jemanden zu finden, oder sich mit jemandem verabredete, dem dienten diese Richtpunkte gewissermaßen als Kompaß. Solche Angaben wurden dann manchmal so allgemein gebräuchlich, daß schließlich eine Straße oder auch ein ganzes Stadtviertel nach ihnen benannt wurde. In Rom gab es nun eine ganze Anzahl von gleichnamigen Baudenkmälern, so daß es sich oft als notwendig erwies, dem Namen des betreffenden Monumentes eine zusätzliche Bezeichnung zu geben, die eine Verwechslung unmöglich machte: «das Tempelchen der Fors Fortuna, am Tiber, außerhalb der Stadt»[3].

[1] *Adelphoe,* 571 ff.
[2] Die Szene spielt in Athen, aber sie kann in gleicher Weise für Rom gelten.
[3] VARRO, De l.L., vi, 17: *Fanum Fortis Fortunae secundum Tiberim extra urbem Romam.*

Statuen[1]: Die östliche Anhöhe des Quirinals, wo heute die Plätze um den Bahnhof Termini liegen, auf denen sich seit dem dritten Jahrhundert n. Chr. die Thermen des Diocletian mit ihrer gewaltigen *exhedra* erhoben, wurde unmittelbar zuvor nach der Statua Pisonis benannt[2]. Unter den Denkmälern, die den Vicus Longus, der vom Traiansforum bis zu den Konstantinsthermen lief, in verschiedene Abschnitte teilten, befand sich eine Statua Planci[3]; eine Gasse am Abhang des Quirinalhügels zwischen der Alta Semita und dem Vicus Longus erhielt ihren Namen nach der Statua Mamuri[4]; am leichtesten ließen sich die einzelnen Punkte der Via Sacra, der verkehrsreichsten Straße Roms, beschreiben, da eine große Reihe von Baudenkmälern die Angaben sehr erleichterte. Dazu kamen die isoliert stehenden Statuen des Romulus und des Titus Tatius[5], die erste dem Palatin, die zweite den Rostra zugewandt; und gegenüber dem Tempel des Iupiter Stator eine weibliche Reiterfigur, die die Römer als eine Statue der Cloelia bezeichneten. Von der Höhe ihres Schlachtrosses schaute die stolze Jungfrau verächtlich auf die verweichlichte Jugend, die an diesem zentralen Punkt Roms auf- und abflutete[6]. Auf dem Forum Romanum versammelten sich die Wucherer in der Nähe der Statue des Marsyas (s. S. 30).

Heiligtümer, Tempel, heilige Haine: Ein Freigelassener des Pompeius, der Rhetor Lenaeus, hatte eine Rednerschule auf dem Mons Oppius[7] im Stadtteil Carinae errichtet; wer zum ersten Male dorthin ging, mußte das Haus

Die Heiligtümer und Tempelchen der Fortuna waren in allen Teilen Roms verstreut. Sie unterschieden sich nur durch die Beinamen voneinander: *Fortuna brevis, Virgo, virilis, equestris, huiusce diei, primigenia, redux, respiciens, publica, mammosa* usw.

[1] So war es auch in den anderen Städten des Altertums: wir wissen zum Beispiel, daß Stephanos von Antidoron, ein berühmter Politiker zur Zeit des Demosthenes, in Athen in einem Hause wohnte «in der Nähe des Hermes, der die Flöte spielt» (DEMOSTHENES, C. Neaer., § 39: παρὰ τὸν ψιθυριστὴν Ἑρμῆν).

[2] *Hist. Aug., Vita trig. tyr.*, 21.

[3] CIL, VI, 9673, 10023.

[4] Die *Notitia (Regio VI, Alta Semita)* kennt die Statua Mamuri; der Vicus Mamuri (oder auch Clivus Mamuri) wird nur in den Urkunden des Mittelalters erwähnt; es ist aber durchaus möglich, daß die Statue schon zur Kaiserzeit der Straße ihren Namen gegeben hat.

[5] SERVIUS, *Ad Aen.*, viii, 641: *Huius ... facti in Sacra Via signa stant, Romulus a parte Palati, Tatius venientibus a rostris.*

[6] SENECA, *Ad Marciam*, 16, 2: *Equestri insidens statuae in Sacra Via, celeberrimo loco, Cloelia exprobrat iuvenibus nostris pulvinum escendentibus in ea illos urbe sic ingredi, in qua etiam feminas equo donavimus.*

[7] s. S. 22, Anm. 1.

in der Nähe der Aedes Telluris[1] suchen. Und wo wohnte Licinius Sura, eine berühmte Persönlichkeit aus der Zeit des Domitian? Auf dem Aventin in der Nähe des Diana-Tempels[2]. Und wo sein Zeitgenosse Iulius Proculus? Auf dem Hang des Palatinhügels in der Nähe des Bacchus-Tempels und dem Gewölbe der Kybele, gleich rechter Hand, wenn man vom Vesta-Tempel kommt[3]. Diese letzte Wohnungsangabe gehört zu den genauesten; aber daß sie einfach sei, kann man nicht gerade behaupten. Das Haus der Tetricier, einer bekannten Familie aus der späteren Kaiserzeit, befand sich auf dem Caelius «zwischen den beiden Wäldchen gegenüber dem Isis-Tempel des Metellus[4]».

Öffentliche Baudenkmäler und Tore: Cicero wohnte auf dem Palatin (s. S. 44 f.) in der Nähe der Porticus des Catulus; der Laden des Atrectus, eines Buchhändlers aus der flavischen Zeit, war «gegenüber dem Forum Caesars»[5] gelegen. Das Haus, das Piso (Consul im Jahre 58) nach seiner Rückkehr aus Makedonien gemietet hatte, befand sich nahe der Porta Caelemontana neben dem bereits erwähnten und berühmten Hause der Laterani[6].

In den weniger bewohnten und vom Zentrum entfernt liegenden Stadtteilen dienten die Meilensteine als Bestimmungspunkte.

Gärten: In den spärlich bebauten Teilen Roms ersetzten die Gärten gewöhnlich die Wegweiser; das galt besonders für Trastevere, ein – wie bereits erwähnt (s. S. 58ff.) – wenig besiedelter Stadtteil. Wir finden die Horti Aboniani erwähnt[7]; die Gärten des Drusus, des Cassius und Lamia, des Silius und Scapula[8], des Galba an der Via Aurelia[9] und des Geta[10] neben denen des Regulus (s. S. 60). Wenn die Gärten sehr groß waren, versuchte man, die Angaben noch näher zu umschreiben, so zum Beispiel Horti Pompei Superiores[11]. Als Maecenas einen großen Teil des Esquilins in einen Park verwandelte (s. S. 53) und dort einen Turm erbauen ließ (Turris Maecenatiana), von dessen Höhe der getreue Mitarbeiter des Augustus in den seltenen Ruhestunden das gewaltige Panorama genoß[12] und von wo aus Nero den Brand Roms betrachtete[13], während er in theatralischen Ge-

---

[1] SUETON, *De gramm.*, 15: *Docuit in Carinis ad Telluris*.
[2] MARTIAL, vi, 64, 16.   [3] *Ibid.*, i, 70.
[4] *Hist. Aug., Vita trig. tyr.*, 25: *Inter duos lucos contra Isium Metellinum*.
[5] MARTIAL, i, 117, 9–10.   [6] CICERO, *In Pis.*, 23, 61; vgl. S. 49.
[7] CIL, VI, 671.   [8] CICERO, *Ad Att.*, xii, 21, 2; 23, 3; 25, 2.
[9] TACITUS, *Hist.*, i, 49; SUETON, *Galba*, 20.   [10] In *Notitia (Regio XIV, Trans Tiberim)*.
[11] ASCONIUS, *Ad Cic., Pro Mil.*, 37.   [12] HORAZ, *Od.*, iii, 29, 9–10.
[13] SUETON, *Nero*, 38: *Hoc incendium e turre Maecenatiana prospectans laetusque «flammae», ut aiebat «pulchritudine» Halosin Ilii in illo suo scaenico habitu decantavit.*

wändern Verse deklamierte, wurden dieser Park und dieser Turm zu einem topographischen Anhaltspunkt. In gleicher Weise bediente man sich der *horti* und des Turmes in Caesars Gärten nahe der Porta Collina[1]. Bei den Horti Maecenatiani lag das Haus Vergils[2].

Städtische Sonderheiten und Sehenswürdigkeiten: Alles, was die Einförmigkeit der langen Häuserreihen an den Straßen unterbricht, wird beim Volk zum Richtungspunkt: sehr oft Sehenswürdigkeiten, Altertümer oder auch nur Kleinigkeiten; pittoreske Winkel, die den einförmigen Ausdruck einer Stadt beleben. Auch heute noch gibt es in Rom eine Via del Pie' di Marmo (die Straße des Marmorfußes); eingangs dieser Straße befindet sich ein großer Fuß, das Überbleibsel einer Kolossalstatue, die den Namen rechtfertigt; in Genua eine Piazza della Meridiana, und Florenz hat in einem Vorort Il Madonnone. So war es auch im alten Rom. Hier gab es ein «Goldenes Horn» *(aureum bucinum)*[3] oder ein «Goldenes Tuch» *(aurea mappa)*[4]; dort war eine mit Verzierungen geschmückte Platte, die in die Mauer eingelassen war, ein durchlöcherter Stein *(lapis pertusus)*[5] oder ein von wilden Tieren umgebener Orpheus, der mit seinem Gesang die Tiere bezauberte[6]. Augustus wurde in einem Hause auf dem Palatin geboren, in der Nähe der bereits erwähnten «Rinderköpfe» (s. S. 169), Domitian[7] auf dem Quirinal im väterlichen Hause in der Nähe des «Granatapfels».

5. Die üblichste Art der Ortsangabe war durch das Vorwiegen einer bestimmten Art von Geschäften gegeben. An diesen Brauch erinnern noch verschiedene Straßen unserer heutigen Städte, wie die Via de' Calzaioli (Schuhmacherstraße) in Florenz, die Via degli Orefici (Goldschmiedestraße) in Genua; die Piazza delle Erbe (Gemüseplatz) in Verona führt auch heute noch mit gleicher Berechtigung ihren Namen. Um sich auf ihrer weiten *agora* zurechtzufinden, hielten sich die Athener der klassischen Zeit ebenso an die Händler wie an die Denkmäler; sie sagten «Beim frischen Käse»[8], «Bei den Töpfen», «Beim Gemüse»[9]; diese Ausdrücke werden von den

---

[1] Iulius Obsequens, 131.
[2] Donatus, *Vita Verg.*, 6: *Habuit domum in Esquiliis iuxta hortos Maecenatis.*
[3] In *Notitia (Regio IV, Templum Pacis).* [4] Siehe die auf S. 168 erwähnte Inschrift.
[5] In *Notitia (Regio VII, Via Lata).* [6] Martial, x, 19, 6–8.
[7] Sueton, *Dom.*, 1: *Domitianus natus est ... regione urbis sexta ad Malum Punicum, domo quam postea in templum gentis Flaviae convertit.*
[8] Lysias, *C. Pancl.*, 6: ἐλθόντα εἰς τὸν χλωρὸν τυρόν.
[9] Aristophanes, *Lys.*, 557/58: κἂν ταῖς χύτραις καὶ τοῖς λαχάνοισιν ὁμοίως περιέρχονται κατὰ τὴν ἀγοράν.

STRASSEN, HÄUSER UND WOHNUNGSANGABEN 175

attischen Schriftstellern als allgemein bekannt vorausgesetzt. Im alten Rom wohnte der Catilinarier M. Laeca «zwischen den Sichelschmieden» *(inter falcarios)*[1]. Wir wissen[2], daß der Teil des Quirinals zwischen dem Tempel der Flora und dem Quirinus-Tempel nach den Läden der Bleizinnoberfabrikanten *(officinae minii)* benannt wurde. Ein kleiner Laden *(tabernola)* hatte einer Straße am Abhang des Caelius[3] ihren Namen gegeben. Es ist interessant, wie diese beiden Wegweisertypen, Denkmäler und Händler, manchmal zu einer einzigen Bezeichnung verschmolzen, die charakteristisch und trotz ihrer Absurdität anschaulich ist. In Rom gab es den *Hercules olivarius,* den *Elephantus herbarius,* einen *Apollo sandaliarius*[4]; eine leicht verständliche Erklärung für den Ort der «Olivenhändler bei der Statue des Hercules», der «Gemüsehändler beim Elefanten», «Sandalenschuster in der Nähe der Apollo-Statue». Als ganz besonders deutliche Ortsangabe dienten die Ladenschilder in einer Straße (s. S. 65).

6. Wie später in allen Städten der Welt, benutzte man als Anhaltspunkte die alleinstehenden Bäume, die eine Stadt so lange wie möglich schont und wie Ehrengäste behandelt, gerade als wollte sie sich für die Taktlosigkeit entschuldigen, daß man in ihr Bereich eingedrungen ist. Wenn sie dann gestorben sind, bilden marmorne Straßenschilder den Grabstein: Man durchstreift eine Stadt und liest: «Apfelbaumstraße», «Pfirsichbaumstraße», «Ulmenstraße». In Paris gibt es eine «Steineichenstraße» (Rue du Chêne vert) und eine «Feigenbaumstraße» (Rue du Figuier); in Genua die «Myrtenstraße», «Nußbaumstraße» und «Olivenbaumstraße»; bis vor wenigen Jahren gab es in Florenz «die Pinie», eine authentisch hundertjährige Pinie, die mit Stolz ihr Alter trug und noch heute einem ganzen Stadtteil ihren Namen hinterlassen hat. Ein wilder Feigenbaum (ἐρινεός) bezeichnete im Troia Homers eine bestimmte Lokalität an der Stadtmauer[5]. Wir haben gesehen (s. S. 171), daß in der Beschreibung, die Syrus seinem Herrn Demea in der Komödie des Terenz gibt[6], auch ein wilder Feigenbaum *(caprificus)* vorkommt.

In Rom gab es sogar auf dem Forum Romanum Bäume: einen Olivenbaum, einen Rebstock und einen Feigenbaum in der Nähe des Lacus Cur-

---

[1] CICERO, *Cat. I,* 4, 8.   [2] VITRUV, vii, 9, 4.
[3] VARRO, *De l. L.,* v, 47: *Circa Minervium, qua in Caelimonte itur, in Tabernola est;* v, 50: *Cis lucum Esquilinum dexterior via in Tabernola est.*
[4] In *Notitia (Regio XI, Circus Maximus; Regio VIII, Forum Romanum; Regio IV, Templum Pacis).*   [5] *Ilias,* vi, 433-434.   [6] *Adelph.,* 577.

tius¹; den Feigenbaum² können wir noch heute auf einer Ecke der beiden traianischen *plutei* (Taf. LIV) abgebildet sehen. Neben dem Forum Iulium stand ein großer Lotosbaum, der inmitten des städtischen Gewühls grünte und blühte und seine kräftigen Wurzeln bis auf den Forumsplatz ausstreckte³. Man erzählt sich von einer Zypresse, deren Ursprung man auf die ersten Tage Roms zurückführt und die erst zu Zeiten Neros fiel⁴; von einem Baum auf dem Mons Caelius, der als «heiliger Baum» *(arbor sancta)* bezeichnet wird⁵. Der Dichter Martial wohnte *ad Pirum* – «beim Birnbaum» – auf dem Quirinal. Wir wissen nicht, ob damals der Birnbaum mit seinen Birnen noch vorhanden war oder ob nur die Erinnerung an ihn zwischen den Mauern einiger Straßen weiterlebte; gewiß ist jedenfalls, daß Martial «den Birnbaum» als seine Anschrift betrachtete: *Longum est, si velit ad Pirum venire*⁶; das will heißen: «Ich wohne ‚am Birnbaum' und vom Forum nach hier ist es ein schönes Stück Weges.» Und er fügt hinzu: «ohne die Treppen mitzuzählen»; denn er war ein armer verhungerter Dichter, der in den oberen Stockwerken wohnte.

Diese städtischen Bäume stammen also aus allen Zeiten und haben eine Geschichte voller Poesie. Wenn die Stadt das Land überschwemmt und mit Steinen bedeckt, so daß die weiten Grünflächen unter einer unheimlichen Steinmaske erstarren, erinnern hier und da noch lange ein paar lebende Zeugen an die erstickte und verwüstete Natur: eine Hecke, ein ländlicher Bach zwischen grünen Ufern und mit einer Holzbrücke, ein alter Brunnen, eine Mühle und, häufiger und auch für lange Zeit, ein einsamer Baum. Mit wehmütiger Zärtlichkeit hegt der Städter diese Reste einer heiter-freien Natur, die er den Bequemlichkeiten und Erfordernissen des Gemeinschaftslebens geopfert hat. Und wie ein hochgezüchtetes Krokodil weint er der Natur bittere Tränen nach, nachdem er sie mit seinen häßlichen Häusern und langweilig-einförmigen Straßen verschlungen hat. Der einsame Baum altert und verkümmert; der Städter verehrt ihn aber wie eine Gottheit und umgibt ihn zuweilen mit einem kleinen Eisengitter, wie dies die Alten mit ihren Heiligtümern taten: ein Zeichen der Verehrung und ein Symbol der Gefangenschaft, Tempel und Käfig zugleich. Armer Baum, der den Frevel an seinen Brüdern überlebt hat! Der hungrige Landstreicher stellt seinen Früchten nach, die Straße verstaubt ihm sein grünes Kleid, die Kloaken ver-

---

¹ s. S. 30, Anm. 3.   ² PLINIUS D. Ä., xv, 77–78.
³ Ibid., xvi, 236: *Radices eius (loti) in Forum usque Caesaris per stationes municipiorum penetrant.*
⁴ *Ibid.*   ⁵ In *Notitia (Regio II, Caelemontium).*   ⁶ i, 117, 6.

giften seine Wurzeln; die Straßenjungen stehlen ihm die Äpfel, wenn es ein Apfelbaum ist, und die Vogelnester, wenn es eine Zypresse ist, und wenn sie bösartig sind, bewerfen sie ihn mit Steinen. Die Häuser der Umgebung nehmen ihm die Luft, sie machen ihm den blauen Himmel streitig, der für die Bäume alles ist, und in seinen Zweigen verfängt sich der Rauch der Schornsteine und der Brodem der Küchen. Doch der alte, einsame Baum grünt zu neuem Leben im Herzen der Behausungen der Eindringlinge, die eine lärmende Steinwüste um ihn geschaffen haben. Früher war er nur ein Birnbaum, jetzt ist er *der* Birnbaum, wie jener «Birnbaum» des Martial und wie so viele andere Birnbäume in den Städten, wo immer sie auch stehen mögen. Und wenn der Birnbaum gestorben ist, sei es, daß ihn das Alter ausgetrocknet hat oder daß er dem Bebauungsplan zum Opfer fallen mußte: wo einst der Birnbaum stand, verläuft nunmehr die Birnbaumstraße. Und eines Tages wechselt die Straße auch noch ihren Namen, wie es das Schicksal aller Straßen ist, und von dem Birnbaum schwindet selbst die Erinnerung; der Ring seiner Geschichte schließt sich; das Krokodil trocknet seine Tränen. Darüber sind aber viele, viele Jahre hingegangen.

7. Besonders bemerkenswert bei diesem volkstümlichen System der Ortsangabe durch bestimmte Merkmale ist die vollkommene Unabhängigkeit zwischen der tatsächlichen Bedeutung der Bezeichnung und dem Zauber des Namens. Die städtische Namengebung für Straßen hat keine Achtung vor der Hierarchie; darüber hinaus siegen die Toten oft über die Lebenden. Dem beschädigten Heiligtum, dem verschwundenen Baum und dem zerstörten Gebäude erkennt man einen Adelstitel zu, den die großen Baudenkmäler trotz ihres gewaltigen Umfanges und trotz ihres Marmorglanzes nicht erreichen können. Die bescheidenen Ruinen zwingen die modernen Gebäude, im Schatten ihres Namens zu leben und ihre Gastfreundschaft in Anspruch zu nehmen. Zuweilen übt der Name eines zerfallenen Denkmals so gewaltige Macht aus, daß zur Erinnerung an diesen Namen nach Jahrhunderten ein neues, vielleicht häßliches Denkmal entsteht, das aber dem anderen ähnelt, so wie dies in Rom auf der Piazza dell'Esedra geschehen ist[1].
Der Stadtteil mit den Thermen des Caracalla behielt auch später noch den bescheidenen Namen Piscina Publica[2] (Öffentliche Bäder), als ihn dieses

---

[1] Die *exhedra* war ein mächtiges Bauwerk, in dessen westlichem Teil sich die Thermen des Diocletian befanden; wo sich die antike *exhedra* erhob, steht heute die moderne Esedra, auf dem gleichnamigen Platz, am Eingang zur Via Nazionale.
[2] s. S. 22, Anm. 4 und S. 23, Anm. 1.

Gebäude schmückte, das an Pracht alle andern Bauten Roms in den Schatten stellte. Und doch war die Piscina Publica ein armseliges Bauwerk: eins jener Bassins, die die antiken Italiker zum Nutzen der Vorortsbevölkerung und als tröstlichen Willkommensgruß für die Fremden anlegten[1]. Sie war in Rom in der Nähe der Porta Capena gelegen, ein Zeuge anderer Zeiten und anderer Bräuche. Im ersten Jahrhundert der christlichen Zeitrechnung[2] bestand sie schon nicht mehr und war wahrscheinlich schon zur Zeit Ciceros[3] verschwunden.

Sogar das Flavische Amphitheater verdankte seinen Namen einem Denkmal, dem Colossus, das in seiner unmittelbaren Nähe stand. Der Colossus war eine Riesenstatue Neros, die dieser von dem Bildhauer Zenodoros[4] hatte anfertigen lassen, der wegen seiner Geschicklichkeit im Bau derartiger Monumente berühmt war. Es erhob sich im Vorhof der Domus Aurea; nach dem Tode Neros wurde dieses Standbild von Vespasian[5] aus Haß gegen den gefallenen Herrscher in eine Sonnenstatue verwandelt, indem man den Kopf durch einen anderen ersetzte und ihn mit einem Strahlenkranz umgab[6]. Dort blieb sie einige Zeit und diente mit ihrem neuen Kopf einem anderen Kult. Das währte aber nicht lange, denn bereits Hadrian[7] ließ sie an einen anderen Standort bringen, da er den Platz für die Errichtung des Templum Urbis et Veneris (s. S. 37 ff.) benötigte; Commodus[8] wechselte nochmals den Kopf der Statue, den er durch eine Skulptur seines eigenen Kopfes ersetzen ließ, wobei er aber den Strahlenkranz beibehielt. Das Denkmal verschwand schließlich in einem der vielen Öfen, in denen die späteren Abkömmlinge Roms ihren Marmorkalk brannten (s. S. 351). Aber die Stätte, wo ursprünglich die Statue gestanden hatte, wurde auch weiterhin *ad Colossum* benannt, auch dann noch, als der Colossus anderswo Aufstellung fand, und sogar, als er schon längst nicht mehr vorhanden war. Und die unauslöschliche Erinnerung an ihn brachte das Flavische Amphitheater im Volksmund um seinen eigenen Namen. Es war auf dem Gelände des Colossus errichtet worden und war und blieb damit das Colosseum. So ist auch in der neuen Bezeichnung sein wahrer Name nicht enthalten, sondern seine antike «Anschrift».

[1] FESTUS, S. 213 M.: *Ad quam et natatum et exercitationis alioqui causa veniebat populus.*
[2] *Ibid.: Piscinae publicae hodieque nomen manet, ipsa non exstat.*
[3] Die Bemerkung bei Cicero (*Ad Quintum fr.*, iii, 7, 1) scheint sich eher auf einen Stadtteil Roms als auf ein Bauwerk zu beziehen: *Magna vis aquae usque ad Piscinam publicam.* [4] PLINIUS D. Ä., xxxiv, 45. [5] SUETON, *Vesp.*, 18.
[6] MARTIAL, *Lib. spect.*, 2, 1; i, 70, 6/7. [7] AELIUS SPARTIANUS, *Hadr.*, 19.
[8] AELIUS LAMPRIDIUS, *Comm.*, 17.

II. DIE INDUSTRIE

1. Fortschreitende Entwicklung der Industrie in Italien und in Latium. – 2. Die Industrie in Rom und den italischen Zentren. – 3. Die Industrie in den Provinzen. – 4. Der Imperialismus Roms war kein industrieller Imperialismus. – 5. Die Sklaven in der Industrie. – 6. Das freie Handwerk. – 7. Die antike und die moderne Industrie. – 8. Hausindustrie.

1.

URSPRÜNGLICH war Latium ein ausschließlich landwirtschaftliches Gebiet. Die Beziehungen zu Etrurien, einem Lande mit starker industrieller Entwicklung, und die später immer stärkere wirtschaftliche Ausbreitung der Griechen, die sich an den Südküsten Italiens niedergelassen hatten, führten auch in Latium zu einem Aufleben der Wirtschaft und förderten die heimische Industrie. Die aus Kampanien eingeführten Gefäße und die Bronzegegenstände etruskischen Ursprungs riefen in Rom und den latinischen Städten eine keramische und metallverarbeitende Industrie ins Leben. Das erste Industriezentrum des metallverarbeitenden Gewerbes in Latium wurde Praeneste, wo gravierte Bronzespiegel, Spangen, Schnallen und Haushaltgegenstände sowie Goldschmuck hergestellt wurden.

Die Eroberung Italiens durch Rom unterdrückte die Industrien der unterworfenen Städte nicht, sondern erhöhte im Gegenteil deren Produktion, denn die verschiedenen Erzeugnisse der italischen Industrie strömten nach Rom als ihrem größten Absatzmarkt; auch wenn der Zustrom italischer Handwerker laufend zunahm, die sich in Rom niederließen und eine lokale Industrie schufen, so wurde diese niemals zur gefährlichen Konkurrenz für die anderen Städte.

In dem Maße, wie Roms Eroberungen ständig neue Gebiete erschlossen und das Imperium vergrößerten, stieg mit der Bevölkerung auch der Bedarf an Luxusartikeln und an großen öffentlichen und privaten Bauten, so daß in Rom viele Industrien aufblühten, die sich aus den Bedürfnissen der Hauptstadt und Italiens ergaben. Wenn Rom auch zu einem bedeutenden industriellen Zentrum wurde, war es doch vor allen Dingen eine Stadt des Verbrauchs, die den größten Teil der Produktion für eigene Zwecke benötigte und vieles andere dazu. Die Einfuhr überstieg die Ausfuhr, die stets sehr begrenzt war, mit Ausnahme der Bronzewaren, die man in großer Anzahl auch in weit entfernt liegenden Gegenden aufgefunden hat. Einige Nebenmärkte der römischen Industrie, die zu Gebieten mit niedriger wirtschaftlicher Entwicklung gehörten, entzogen sich dieser Abhängigkeit von Rom, da gerade infolge der römischen Eroberungen auch das Niveau der Zivilisation gehoben wurde, was das Entstehen lokaler Industrien begünstigte.

2. Rom hatte ein absolutes Primat in der Herstellung von Luxusgegenständen, besonders in Edelmetallen, Schmuck und gravierten Kelchen. Der hohe Lebensstandard in einer Metropole macht diese zur Modehauptstadt und konkurrenzlosen Erzeugerin von Luxusartikeln. Fremde Kunsthandwerker, zum großen Teil Griechen, stellten in ihren kleinen Läden wahre Meisterwerke her. Nach den Vorbildern berühmter alter Motive zierten sie Phiolen und Kelche mit Blumenmotiven, menschlichen Gestalten und Tieren, die mit Leben erfüllt schienen[1]. Schließlich erlebten natürlich das Bauhandwerk und die damit verbundenen Industrien in Rom einen unvergleichlich stärkeren Aufschwung als anderswo.

Doch auch außerhalb Roms entwickelte sich die Industrie[2], besonders in den Städten, die die Königin der Meere mit Schiffen versorgten: Genua, Ostia, Ravenna. In Como, Sulmona, Salerno und Pozzuoli blühte die Eisenindustrie, deren Rohmaterial die Bergwerke auf Elba in großen Mengen lieferten, wo es mit primitiven, aber geschickten Mitteln aus den Mineralien gelöst wurde. Das arbeitsame und reiche Kampanien zeichnete sich damals außer durch seine intensive landwirtschaftliche Produktion – insbesondere köstliche Weine – durch Industrieprodukte aller Art aus: Bronzen (Capua), Terrakotta-Gefäße (Pozzuoli, Ischia, Cumae), Glas (Cumae, Sorrent, Pompeii) sowie Nahrungsmittel wie *garum*[3] in Pompeii. Apulien lieferte eine sehr gesuchte Wolle (Tarent, Canosa) und hielt damit die alte Tradition Italiens hoch, dem die Dichter sowohl «den edlen Wollpelz der Schafe» als «den prächtigen Nacken der Stiere» nachrühmten[4]. Martial stellt eine Rangordnung der Städte auf, die wohl sprichwörtlich gewesen sein mag: «Die

---

[1] MARTIAL, iii, 35: *Artis Phidiacae toreuma clarum*
Pisces aspicis: adde aquam, natabunt.

iii, 40, 2: *Lacerta vivit et timetur argentum.*
Vgl. IUVENAL, 1, 76.

[2] Die vollständigste Sammlung von Daten über die Verteilung der Industrien in Italien und im römischen Imperium und die Verfahren der antiken Industrie ist bei BLÜMNER, *Technologie und Terminologie*, Leipzig 1912, zu finden.

[3] s. S. 113 f.

[4] PLINIUS D. Ä., iii, 5: *Tam nobilia pecori vellera, tam opima tauris colla.*

DIE INDUSTRIE

beste Wolle kommt aus Apulien, dann folgt Parma, und an dritter Stelle Altinum (bei Padua)[1].»

Besonders rührig und zahlreich waren die Industriezentren Norditaliens. In Bergamo wurden Bronzegegenstände hergestellt, in Modena Dachziegel und in Pola Weinkrüge; berühmt waren die Wollwaren Istriens, Paduas und Parmas und die Färbereien von Aquileia. Aquileia war eine rege Handelsstadt und reich an Industrien (Webwaren, Glas usw.). Hier strömten auch die Erzeugnisse aus dem Norden Europas zusammen, besonders der Bernstein, der von der Ostseeküste kam und in den lokalen Werkstätten verarbeitet wurde, wie die jüngsten Ausgrabungen in Aquileia gezeigt haben.

In römischer Zeit waren Gegenstände aus Bernstein *(sucinum)*[2] viel mehr gefragt als heutigen Tages. Obwohl Bernstein als edles Material galt, wenn er für unscheinbare Dinge (zum Beispiel für Spindeln) verwandt wurde, betrachtete man weiblichen Schmuck aus Bernstein als gewöhnlich, so daß sich nur die Frauen des Volkes damit schmückten. Die Matronen trugen nur Gold und Edelsteine[3]; es galt aber als besonders elegant, wenn die Frauen eine kleine Bernsteinkugel in der Hand hielten[4] und sie hin und wieder rieben, um den leichten Duft einzuatmen. Dies darf uns nicht in Erstaunen setzen. Die meist engen und wenig luftigen Straßen der antiken Großstädte verfügten nur über ein recht primitives unterirdisches Kloakensystem, und sogar dieses fehlte oft[5]; auch waren sie durch den regen Verkehr überfüllt und entbehrten jeder fortschrittlichen und hygienischen Straßenreinigung. Kein Wunder also, wenn sich Gestank verbreitete! Und wir wissen ja recht gut, daß sich die elegante Welt genau wie wir armen Schlucker mit den schlechten Gerüchen abfinden muß; aber um den Stil zu wahren, muß sie zeigen, daß der Gestank für ihre überempfindsamen Nasen eine unerträg-

---

[1] MARTIAL, xiv, 155.

[2] Die Bezeichnung *electrum* im griechischen Sinne für Bernstein wird im Lateinischen wenig gebraucht, wenn aus ihm auch das moderne Wort «Elektrizität» entstanden ist. Bernstein wird normalerweise mit *sucinum* bezeichnet; unter *electrum* versteht man für gewöhnlich eine Legierung aus Edelmetallen.

[3] s. S. 130.

[4] Martial erwähnt den Wohlgeruch dieser Bernsteinkugeln, wenn er die zartesten Parfüme aufzählt (iii, 65, 5; v, 37, 11; xi, 8, 6); die Sitte, diese Kugeln in der Hand zu halten, wird offenbar nur den jungen Frauen (OVID, *Met.*, ii, 366: *nuribus ... gestanda Latinis;* vgl. IUVENAL, 6, 573) und den Mädchen (MARTIAL, xi, 8, 6: *sucina virginea ... regelata manu*) zugebilligt, nicht aber den Männern. Daß man den Bernstein immer dann rieb, wenn man seinen charakteristischen Wohlgeruch hervorzubringen wünschte, entnehmen wir dem Ausdruck *sucina trita* (MARTIAL, iii, 65, 5; vgl. IUVENAL, 6, 573).

[5] STRABON, v, 8.

liche Zumutung bedeutet. Um den Geruch nicht zu empfinden, so berichtet Cicero von Verres[1], habe dieser beim Ausgehen ein Netz mit Rosen in der Hand und einen Rosenkranz um den Hals getragen. Eine solche Idee hatte aber auch ihre Schattenseiten, nicht zuletzt wegen der unsympathisch ostentativen Geste; ganz davon abgesehen, daß dieses wohlriechende Anhängsel auf der Brust sehr hinderlich sein mußte. Deshalb müssen wir zugeben, daß die Bernsteinkugel dem erwünschten Zwecke besser diente. Überdies verlieh sie den Damen eine besondere Note in der Öffentlichkeit, und dieser Gesichtspunkt hat seit eh und je keine geringe Rolle gespielt. In jüngerer Zeit, als vom alten Rom nur noch eine verehrungswürdige Erinnerung übriggeblieben war, erfand man als Vorbeugungsmittel gegen schlechte Gerüche Fläschchen mit Parfüm, Salzen und Essenzen aus duftenden Kräutern; die Menschheit ist sich immer gleich geblieben, und ihre Dummheit kennt keine Grenzen, wenn die Privilegierten um jeden Preis ihre Überlegenheit gegenüber den Mitbewohnern dieser elenden Welt hervorkehren wollen, in welche sie hineingeschneit sind und wo sie sich aufzuhalten geruhen.

Unter anderem verwandte man den Bernstein auch als Verzierung an Möbeln: Man nahm unbearbeitete Stücke, in denen irgendein Insekt, Reptil oder anderes kleines Tier enthalten war[2]; diese Tierchen waren einst in dem aus den Bäumen fließenden Harz hängen geblieben; als sich das Harz erhärtet hatte, schimmerten sie in durchsichtiger Klarheit in ihrem gläsernen, kostbaren Grabe.

3. Zur Kaiserzeit entwickelten und vermehrten sich die Industrien. Rom unterstützte diese Entwicklung, indem es auf Grund seiner zahlreichen, durch das Imperium geförderten Beziehungen die technischen Einrichtungen vervollkommnete sowie durch den Frieden auf den Meeren und die verbesserten Landverbindungen den Welthandel erleichterte; nicht zuletzt auch durch den starken Bedarf an Heereslieferungen und den gewaltigen Verbrauch der Metropole, die den Waren aus aller Welt ein weites Absatzgebiet eröffnete.

Die östlichen Provinzen sandten seltene und besonders begehrte Waren nach Rom, die ihrer lokalen Industrie entstammten oder aus dem Inneren

---

[1] CICERO, *Actio II in Verrem*, v, 11, 27: *Ut mos fuit Bithyniae regibus, lectica octaphoro ferebatur, in qua pulvinus erat perlucidus Melitensis rosa fartus; ipse autem coronam habebat unam in capite, alteram in collo reticulumque ad nares sibi admovebat tenuissimo lino, minutis maculis, plenum rosae.* [2] MARTIAL, iv, 32; 59; vi, 15.

der Länder herbeigeschafft worden waren: Seide aus China, Smaragde von den Skythen, Gewürze aus Arabien, Kristallgegenstände und Papyrus aus Ägypten. Ägypten war das erste Land am Mittelmeer, in dem eine Glasindustrie aufkam; von dort wurden die wertvollen geschliffenen Kristallkelche nach Rom gebracht, wo sie die Festtafel der Reichen schmückten: eine Zierde für den Festtisch und eine dauernde Angst und Sorge für den Mundschenk. Die Glasindustrie faßte auch in Italien Fuß, beschränkte sich aber auf Dutzendware. Von den verschiedenen Verwendungsmöglichkeiten des Glases seien noch die Einlegestücke hervorgehoben, die zusammen mit Marmor, Onyx und Gold[1] in den Mosaikfußböden verarbeitet wurden, sowie die Glasscheiben für die Fenster. Schon seit dem Beginn der Kaiserzeit hatte man die Möglichkeit gefunden, die Fensteröffnungen mit einem lichtdurchlässigen Material auszufüllen, und zwar mit ganz dünnen Marienglasplättchen *(lapis specularis)*, den sogenannten *specularia*[2], oder mit dicken Glasscheiben. Bei den reichen Leuten war die Verwendung der *specularia* so verbreitet, daß man sie auch an den Wänden der geschlossenen Sänften anbrachte[3].

Die Verwendung von Glasscheiben ist bei den Schriftstellern erst sehr spät bezeugt; man hat aber Fragmente bei den Ausgrabungen in Pompeii[4] und in Gallien[5] gefunden; sie haben eine Stärke von etwa einem halben Zentimeter und sind in das Mauerwerk eingelassen oder in Holz- und Bronzerahmen gefaßt, die sich durch Drehen in vertikaler Richtung um zwei oben und unten in der Mitte des Rahmens eingelassene Zapfen öffnen ließen. Diese dicken, matten Glasscheiben ließen Licht und Sonne in die Zimmer dringen, und das wollte schon viel heißen! Aber man konnte die Landschaft vom Zimmer aus nicht betrachten, wenn die Fenster geschlossen waren. Außerdem waren *specularia* und Glasscheiben ein Luxus, den sich nicht jeder erlauben konnte; die Häuser der Armen besaßen nur Holzverschläge[6]; bei kaltem Wetter mußten sie geschlossen bleiben, so daß man im Dunkeln saß und schon tagsüber Licht brennen mußte.

[1] s. S. 90.
[2] Die Herstellung dieser *specularia* hatte sich als Nebenzweig der Glasindustrie ausgebildet; die damit beschäftigten Arbeiter bezeichnete man als *speculariarii* (CIL, VI, 4248, 5202 usw.).
[3] IUVENAL, 4, 21: *Quae vehitur clauso latis specularibus antro.*
[4] In der Villa des Diomedes, im «Hause des Fauns» und im Hause des P. Caecilius Secundus.
[5] Vgl. CARCOPINO, *La vie quotidienne à Rome à l'apogée de l'Empire*, Paris 1938, S. 321, Anm. 25. [6] MARTIAL, viii, 14, 3/6; IUVENAL, 6, 31.

Auf ein bei uns übliches Vergnügen mußten die Alten also verzichten: im Winter im warmen Zimmer zu sitzen und in aller Ruhe zuzuschauen, wie das Meer tobt, der Schnee fällt und der heulende Wind durch die Wälder fährt. Wir besitzen den besonderen Vorzug, beobachten zu können, ohne etwas spüren zu müssen; hinter den schützenden Fenstern bedauern wir mit überlegenem Egoismus die frierenden Menschen, die sich auf der Straße in die Finger hauchen und mit den Füßen stampfen. Unsere Wohnung wird zur friedlichen Warte, dem Olymp vergleichbar, von wo Iupiter mit unbeirrbarer Heiterkeit dem irdischen Treiben zuschaut; er sieht die Bedrängnis und die Not, aber sie berühren ihn nicht. Auch wir werden hinter unseren Fenstern zu Olympiern, wir fühlen uns wie Iupiter. Ist dies nicht etwas Wunderbares? Lernen wir also daraus, das Wenige, was uns das Leben gibt, richtig zu schätzen und nicht immer unzufrieden mit unserer Zeit und unserer Zivilisation zu sein!

Auch in den westlichen und nördlichen Provinzen war die Industrie stark entwickelt und stellte zusammen mit der Konkurrenz des Ostens eine scharfe, oft siegreiche Konkurrenz der italischen Industrie dar. Der Spanier Martial lobt den gehärteten Stahl, die weiche Wolle und das schmackhafte *garum* seiner Heimat[1]; das an Mineralien reiche Gallien behauptete sich in der Herstellung von Bronzen, in der Verarbeitung von Edelmetallen und der Produktion reliefgeschmückter Tonkrüge *(vasa sigillata)*; sein Schuhzeug war überall verbreitet *(Gallicae)*, desgleichen die Wollprodukte, die Stoffe, Mäntel und Matratzen; die Wagen gallischer Bauweise wurden von Rom übernommen[2]; Norica (Kärnten, Steiermark) stellte vorzügliche Waffen her, die Gebiete des Rheins Geschirr, Batavien bestimmte Haarfärbemittel *(spuma Batava)* aus Talg und Asche, die dem Haar eine schöne leuchtende Farbe verliehen[3].

4. Der römische Imperialismus war kein industrieller Imperialismus; die Römer verfügten über andere Mittel, um die Provinzen auszubeuten. Vor allem floß Rom durch die öffentlichen Ämter Geld zu, denn die höheren und niederen Beamten, besonders in der republikanischen Zeit, verstanden sich auf ihren Vorteil, und mancher, der arm ausgezogen war, kehrte als reicher Mann zurück. Namentlich die Einziehung der Steuern (Taf. LXIII, 2) eignete sich für finanzielle Operationen aller Art, die nicht immer klar, aber um so lukrativer waren; wer damit zu tun hatte, handelte im Interesse des Staates, aber auch im eigenen. Außerdem wurde allen Römern jede Art

---

[1] MARTIAL, i, 49, 4 und 12; viii, 28, 5/6; xiii, 40.   [2] s. S. 260.   [3] s. S. 135.

privater Tätigkeit in den unterworfenen Provinzen außerordentlich leicht gemacht. Die Provinzen bereicherten die Römer, und die reichen Römer schufen den Reichtum Roms. Trotz allem erzwang Rom niemals die systematische Einfuhr der eigenen Erzeugnisse in die Provinzen.

Die herrschende Klasse beurteilte jede Handels- und industrielle Tätigkeit mit Verachtung; nur die Landwirtschaft stand in Ehren; ihr widmeten sich auch die Angehörigen des Senatorenranges, die für die Landarbeit fast ausschließlich Sklaven verwandten. Im übrigen war dies der einzige Gewerbezweig, der der Autorität und Würde ihres Standes keinen Abbruch tat und deshalb zugelassen war. Das Gesetz verbot den Senatoren und ihren Söhnen sogar den Besitz großer Frachtschiffe[1], die für den Großhandel erforderlich waren. Indessen gab es in der römischen Großindustrie niemals eine Überproduktion wie zu unseren Zeiten, die ausgedehnte Absatzmärkte notwendig gemacht hätte. Überall hingegen, selbst in Rom, blühten das Handwerk und die Kleinindustrie; sie waren unabhängig von der Hochfinanz, die hauptsächlich Bankspekulationen und Monopolgeschäfte organisierte und in den Händen der Ritter war. Die Großindustrie unterdrückte niemals die Kleinen.

5. Zur industriellen Entwicklung Roms trug in erster Linie das starke Anwachsen der Sklaven bei, die aus allen Gegenden nach Italien gebracht wurden. Die in der Industrie eingesetzten Sklaven waren in Abteilungen eingeteilt *(collegia, classes, decuriae)*, die unter der Leitung eines technischen Vorarbeiters standen *(praepositus)*. Die Arbeit wurde ihnen nach den individuellen Fähigkeiten zugeteilt. Die Sklavenbelegschaften, die bei den Griechen ἐργαστήριον hießen (eigentlich «Werkstätte», aber als Ausdruck der Industrie «Belegschaften»), waren geschlossene Gruppen von Spezialarbeitern, deren Arbeit so eingeteilt war, daß jede Gruppe eine Einheit bildete, die jahrelang unverändert bestehen bleiben konnte. Die feste Struktur solcher Einheiten wurde durch das Sklavenverhältnis der Arbeiter begünstigt, die an ihre technische Spezialtätigkeit ohne die Möglichkeit eines Entrinnens gebunden waren.

Das klassische Griechenland diente Rom als Vorbild für die erste industrielle Organisation; wir wissen, daß in Athen eine Arbeiterschaft (ἐργαστήριον) von zwanzig Sklaven, die für die Herstellung von Betten eingesetzt war,

---

[1] Die *lex Claudia*, die von den Räten im ersten Jahre des Zweiten Punischen Krieges geschaffen wurde (T. Livius, xxi, 63, 3: *Ne quis senator cuive senator pater fuisset, maritimam navem, quae plus quam trecentarum amphorarum esset, haberet. Id satis habitum ad fructus ex agris vectandos; quaestus omnis patribus indecorus visus*).

zum Gegenstand eines Erbschaftsstreites wurde[1]; in dem nie endenwollenden Prozeß wechselte die Gruppe des öftern ihren Herrn, ohne daß es jedoch irgend jemandem in den Sinn gekommen wäre, die Einheit aufzulösen, was einen großen wirtschaftlichen Schaden bedeutet hätte. Wer spezialisierte Sklaven besaß, konnte sie auf zweierlei Weise ausnutzen: Entweder setzte er sie im eigenen Betrieb ein oder er vermietete sie. Das Vermieten von Arbeitssklaven ist in Griechenland und in Italien weitgehend bezeugt. Eine derartige Ausnutzung der Sklavenarbeit betrachtete man als eine äußerst geschickte Kapitalanlage. Im vierten Jahrhundert v. Chr. hatte beispielsweise der schwerreiche Athener Nikias[2], der als der wohlhabendste Mann Athens galt, einen großen Teil seiner Kapitalien in Mietsklaven investiert. In Rom zeigte Titus Pomponius Atticus[3], der berühmte Verleger aus der Zeit Ciceros (s. S. 215), eine besondere Geschicklichkeit in dieser Art Spekulation.

Wer eine Arbeit ausführen lassen wollte, die viele Arbeitskräfte verlangte, wandte sich an einen Unternehmer *(redemptor)*[4], der mit seinen Arbeitern den Auftrag übernahm. Die großen öffentlichen und privaten Bauten der Römer sind von Unternehmern ausgeführt worden. Und es ist interessant, in Ciceros Briefsammlung[5] zu lesen, daß sich Bauherr und Unternehmer wie zu unseren Zeiten zwar über den allgemeinen Bauplan einig waren, bei der Ausführung aber in ständigem Streit über ihre gegenseitigen Verpflichtungen lagen.

Man darf nicht glauben, daß die Arbeiten stets einwandfrei ausgeführt wurden, wie man vielleicht aus den ehrwürdigen Ruinen Roms schließen könnte; neben fähigen und pflichtbewußten Unternehmern gab es auch Improvisatoren und Nachlässige; man berichtet uns von einem Architekten, der es nicht fertigbrachte, die Säulen gerade aufzustellen[6], und von einem Unternehmer, der durch seine unsinnige Bauweise Unfälle verursachte, die den Tod seiner Arbeiter herbeiführten.

Die industrielle Arbeiterschaft war in der Regel nicht sehr zahlreich; nur im Bergbau, bei der Landgewinnung und in den großen Industrieanlagen beschäftigte man die Sklaven zu Hunderten, und dies konnte eine Gefahr in sich bergen, wenn man das ungleiche Zahlenverhältnis von Freien und Sklaven in Betracht zieht. Man unterband aber schon im voraus jede Möglichkeit einer Verständigung unter den Sklaven, indem man sie in eiserner

---

[1] DEMOSTHENES, *C. Aph. I*, 27, 31 und *passim*. [2] XENOPHON, *De vectig.*, 4, 14.
[3] CICERO, *Ad Att.*, iv, 4 b. [4] HORAZ, *Od.*, iii, 1, 35.
[5] CICERO, *Ad Qu. fr.*, iii, 1, 2, 5. [6] *Ibid.*, 1, 1, 3.

DIE INDUSTRIE

Disziplin hielt; sie war so hart, daß die humanen Unternehmer die Arbeit unter diesen Bedingungen als eine Strafe betrachteten[1]. Trotz allem gelang es nicht immer, Unruhen zu vermeiden, die im Blute erstickt wurden.

6. Die Konkurrenz der Sklavenarbeit hinderte die Tätigkeit und Initiative des freien Arbeiters. Dieser Umstand war der Hauptgrund dafür, daß in den letzten Jahren der Republik das römische Proletariat dazu überging, auf Kosten des Staates ein Parasitendasein zu führen. Trotz allem starb das freie Handwerk nicht aus. Wenn auch das Leben in den untersten Schichten des Volkes immer schwieriger wurde und diese Schwierigkeiten zu Unruhen führten, so daß die Plebs auf unwürdige Formen von Bettelei bei den Reichen und beim Staat verfiel, so ist es doch eine der üblichen Übertreibungen, wenn immer wieder mit Hartnäckigkeit behauptet wird, die kleinen Leute in Rom hätten vom ersten bis zum letzten Tage des Jahres die Hände in den Schoß gelegt und auf Brot und Circusspiele gewartet *(panem et circenses)*; essen, sich vergnügen und nichts tun – das klingt natürlich verlockend! Doch der ordentliche Teil der ärmeren Bevölkerung arbeitete, wenn er Arbeit fand. Denn man muß wohl annehmen, daß es in einer Stadt mit einem so großen Verbrauch und einer verhältnismäßig beschränkten Industrieproduktion (s. S. 185) nur schwerlich an Arbeit fehlen konnte. Was sich in der Geschichte der Völker nur wenig ändert, sind die ewigen Sorgen der Stiefkinder des Glücks, sich mit ihrer Hände Arbeit das tägliche Brot zu verdienen. Sie haben sich mit dem Gesetz Gottes abgefunden, daß man arbeiten muß, um zu leben; ein hartes Gesetz, welches Unzufriedene und Rebellen, nichtsnutzige Schmeichler und unter den Schwachen die vom Schicksal Gezeichneten schafft; aber es zeigt auch das schlichte Heldentum der Anständigen, das der humane Vergil[2] in wenigen stimmungsvollen Versen verherrlicht, wenn er von einer Frau des Volkes berichtet, die sich mit dem ersten Hahnenschrei erhebt und beim Lichte der Öllampe die Wolle bearbeitet, damit sie von niemandem abhängig ist und ein keusches Leben führen kann.

In Rom gab es unabhängige Handwerker, die ihre Arbeit im eigenen Laden mit Hilfe von Lehrlingen oder Gesellen verrichteten; in den Industriezweigen, die eine genauere Arbeitsaufteilung erfordern, gab es auch eine technische Organisation der Handwerker. Die Arbeit wurde an die einzelnen Arbeiter entsprechend ihren Fähigkeiten verteilt. Bei der Erlernung des Handwerks durchlief man verschiedene Stufen. Inschriften spre-

[1] s. S. 145. [2] *Aen.*, viii, 407 ff.

chen von *magistri* und *discentes*[1]. Der freie Arbeiter, der von einem Industriellen abhängig war, schaffte für einen im gegenseitigen Einverständnis festgesetzten Tageslohn oder im Akkord. Erst Diocletian legte einige Tarife fest. Der Arbeitstag währte, solange die Sonne am Himmel stand; im allgemeinen wurde das Mindestmaß von Arbeit für jeden Tag festgelegt. Wie für die Sklaven, bildete man auch für die freien Handwerker, ob unabhängig oder nicht, Gruppen von Spezialarbeitern. Dieser Vorgang führte in der späten Kaiserzeit zu den strengen gesetzlichen Maßnahmen, die den Handwerker an seinen Beruf banden. So zwang man auch die Söhne, den väterlichen Beruf zu ergreifen, und manchmal sogar die Tochter, nur einen Mann zu ehelichen, der dem gleichen Beruf wie sein Schwiegervater nachging. Auf diese Weise wurde der Handwerkerberuf zwangsweise erblich, und der freie Handwerkerstand näherte sich dem Sklaventum.

Unter den verschiedenen Handwerkszweigen (Taf. LXIV–LXX) suchen sich diejenigen zusammenzuschließen, die das gleiche technische Verfahren oder die gleichen Rohstoffe erfordern und auf die gleiche Art von Kundschaft angewiesen sind. Wer mit Eisen zu tun hat und Pflüge, Schwerter, Messer oder Pinzetten herstellt, bedient sich des gleichen Grossisten und gleicher Arbeitsmethoden. Aus dem natürlichen Zusammenschluß verwandter Berufe entstanden die Arbeiterverbände. Sie sind in Rom uralt, ja die ersten werden auf Numa Pompilius[2] zurückgeführt, der acht davon ins Leben gerufen haben soll: die Flötenhersteller, Goldschmiede, Holzverarbeiter, Färber, Schuster, Lederhandwerker, Kupfer- und Pfannenschmiede. Die Kunst der Goldschmiede *(aurifices, fabri aurarii)* blühte schon im alten Rom, wie bei allen Völkern, da das Gold sich ganz besonders zur Verarbeitung eignet; aus den Werkstätten der Goldschmiede kamen Schmuckstücke aller Art und die Kapseln für schlechte und plombierte Zähne, die zum ersten Male in einem der Zwölftafelgesetze erwähnt werden; danach war das Gold der Zähne das einzige Gold, das den Toten ins Grab begleiten durfte. Von den geringeren Metallen wurden Bronze und Kupfer zuerst bearbeitet; später Eisen und Silber; zu den *fabri aurarii* gesellten sich die *fabri ferrarii* und die *fabri argentarii*. Gleichfalls aus den frühesten Zeiten stammt das Töpferhandwerk, so alt wie der Topf, der bescheidene, doch unentbehrliche Begleiter der Menschen, wie die Pfanne, die Amphora und der Ölkrug. Die Töpferarbeiten wurden nicht nur von den städtischen Handwerkern *(figuli)* ausgeführt, sondern auch von den Sklaven der *familia rustica*, da sie mit der Landwirtschaft in Verbindung standen[3]. Die italischen Terra-

---

[1] Dessau, 6419a, 8676. [2] Plutarch, *Numa*, 17. [3] s. S. 92 ff.

kotten umfaßten alle Typen: von der einfachsten Dutzendware, bei der es kein großes Unglück war, wenn sie in Stücke ging, bis zu den *vasa Arretina*, deren hübscher Reliefschmuck durch Formen aufgetragen wurde, den Terrakottastatuen und dem irdenen Hausschmuck. Diese zierlichen Arbeiten setzten eine Kunst fort, die schon im alten Etrurien sehr verbreitet gewesen war. Die Holzverarbeitung rief zahlreiche Handwerkszweige hervor. Zum Bau der Häuser brauchte man Balken, die von den *fabri tignarii* hergestellt wurden; ebenso für Türen, Holztreppen und Dachgerüste; außerdem gab es die Möbeltischler, hauptsächlich für Betten. Besonders geschickte Handwerker schufen neue Modelle, die sich entweder ihrer Schönheit, ihrer Brauchbarkeit oder ihres günstigen Preises wegen durchsetzten. Horaz erinnert an die *lecti Archiaci*[1], die von einem gewissen Archias hergestellt wurden, Seneca an die Betten des Sotericus[2].

Eine große Entwicklung unter den römischen Industrien war auch dem Handwerk der Färber *(tinctores, infectores)* beschieden, besonders nachdem auch in Italien die Purpurindustrie eingeführt worden war, die schon seit langer Zeit in Phönizien blühte (das erste Zentrum dieser Industrie und das berühmteste noch in römischer Zeit und im Mittelalter), in Lakonien (Griechenland) und auf der Insel Meninx (Nordafrika); in Westeuropa entstanden bekannte Färbereien in Gallien, Spanien und vielen Städten Italiens, so in Ancona, Aquino, Pozzuoli, Tarent und Syrakus. Den Purpur erhielt man aus dem Saft eines Weichtieres durch ein Verfahren, das große Geschicklichkeit erforderte. Die italischen Färbereien stellten einen Purpur von minderer Qualität her, waren aber äußerst aktiv; demzufolge wurden Purpurgewebe in Italien ein allgemeiner Gebrauchsartikel. Man stellte Kleidungsstücke, Möbelstoffe und Bettdecken her. Nicht alle Purpurstoffe waren gleich teuer; die minderwertigen erzielten nur geringe Preise; kostbarer waren die Stoffe, deren Wolle zweimal gefärbt war *(dibapha)*. Die Purpurfarbe war verschieden; in erster Linie wurden Braun, Bläulich, Violett und Rosa bevorzugt. Die Annahme ist falsch, daß im Altertum die Purpurfarbe nur rot gewesen sei; das «Purpur» jener Zeit war eine besonders geschätzte Art der Färbung, nicht eine Farbe; die hellste Tönung erhielt man, indem man den Saft mit Wasser und Urin verdünnte. Dieses Verfahren, das wohl bei manchem Leser ein Naserümpfen hervorrufen mag, ist auch der Grund für den schlechten Geruch der mit Purpur gefärbten Kleider. Für Martial[3] gehört Purpur zu den am übelsten riechenden Dingen; wir glauben es ihm. Unan-

---

[1] HORAZ, *Epist.*, i, 5, 1. [2] In AULUS GELLIUS, xii, 2, 11: *lecti Soterici*.
[3] MARTIAL, i, 49, 32; iv, 4, 6; ix, 62.

genehm im Geruch, doch wunderschön in seinen schillernden Farben, war der Purpur in Rom auch ein Zeichen der Würde. Ein schmaler Purpurstreifen *(angusticlavium; clavus* = Purpursaum) an der Tunica kennzeichnete die Zugehörigkeit zum Ritterstand, der breite Streifen *(laticlavium)* die Zugehörigkeit zum Senatorenstand. Darum sagt man in Italien noch heute: «den breiten Streifen erhalten», wenn jemand zum Senator gewählt wird.

Abb. 25. Die Arbeit in einer Walkerei. (Aus Blümner, *Technologie und Terminologie*.)

In einer großen Färberei gab es verschiedene Abteilungen; die Familien sandten auch ihre Kleider und Stoffe zum Aufarbeiten in die Färberei, wo sie eine sorgfältigere Behandlung als in der häuslichen Wäsche erfuhren.

Das Gerben der Häute und des Leders[1] erfolgte in der *villa rustica* oder in den Läden der *corarii*; im Altertum unterschied sich die Art des Gerbens nicht sehr von der unseren, wie wir aus einer ägyptischen Darstellung ersehen, die uns die verschiedenen Phasen dieser Arbeit veranschaulicht (Abb. 26). Die Ledergeschäfte belieferten die zahlreichen Schuhmacher und Flickschuster *(sutores)* und auch die Buchhändler Roms (s. S. 64).

Die Einrichtung der Wohnungen, die Kleidung und die Körperpflege gaben vielen anderen Handwerkern Arbeit und Brot; ihre Anzahl in Rom wuchs mit dem steigenden Lebensstandard der Bewohner. Fähige Arbeiter wurden zur Verschönerung der Fußböden *(pavimentarii)*, zum Herstellen von Mosaiken *(tessellarii, musivarii)*, zum Anbringen von Scheiben und Marienglas an den Wänden (s. S. 183; *vitrarii, speculariarii*) und zur phantasievollen Gestaltung der Stuckwände *(pictores parietarii)*[2] gebraucht.

Neben all diesen Handwerkern und Läden wimmelte es von Barbieren *(tonsores)*, die alle benötigten, denn der Brauch, sich selbst zu rasieren, war im Altertum noch völlig unbekannt. Wer sich keinen Sklaven halten konn-

[1] s. S. 92.   [2] s. S. 89 f.

te, dem er die Pflege seines Gesichtes übertrug, begab sich in den Laden des Baders, den Treffpunkt für Nichtstuer und – auch damals bereits – die Brutstätte für allerlei Geschwätz und Stadtklatsch.

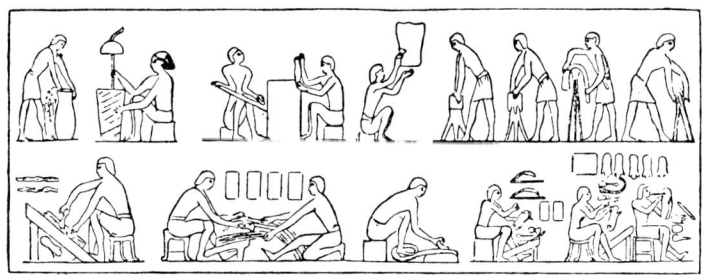

Abb. 26. Die Lederbearbeitung im alten Ägypten.
(Aus Blümner, *Technologie und Terminologie.*)

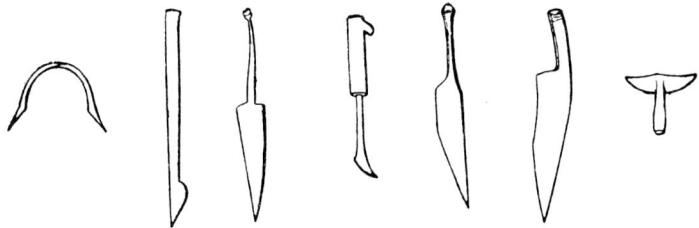

Abb. 27. Das Werkzeug des Lederarbeiters.
(Aus Paoli, «Industria», in der *Enciclopedia Italiana.*)

7. Die Struktur des römischen Imperiums ermöglichte die größte industrielle Entwicklung der antiken Welt. Trotz allem hatte sie im Vergleich mit der modernen Industrie durchaus primitiven Charakter. Auch wenn uns das Bauhandwerk seit den ältesten Zeiten bewunderungswürdige Meisterwerke hinterlassen hat, wie die ägyptischen Pyramiden, die griechischen Theater, die Thermen, Triumphbogen, die römischen Aquädukte, grandiose Bauwerke wie die Villa Hadriana in Tivoli und das Colosseum, so blieb doch die antike Industrie weit hinter ihrer vielfältigen und umfassenden Aufgabe zurück, alle Lebensbedürfnisse zu befriedigen, wie sie es heute tut. Wir modernen Menschen verlangen von der Industrie alles: von der Nadel bis zu den Fleischkonserven, von den Medikamenten bis zur häuslichen Beleuchtung, von Webwaren jeder Art bis zur Organisierung von Hotels, Sport, Vergnügungen einschließlich aller höheren geistigen Bedürf-

nisse. Wir verlangen von ihr die Bequemlichkeiten im Hause, Sorge für unser Wohlbefinden und Vorsorge für ein zivilisiertes Dasein, die Verteidigung des Landes und das siegreiche Ende eines Krieges. Im Altertum war dem aber nicht so; die Industrie hatte keine so umfassenden Aufgaben wie bei uns und keine so tyrannische Machtstellung. Heute ist alles Industrie; die Industrie dient der Welt, aber sie bestimmt und unterjocht sie; sie besitzt ihre Gesetze, ihren Stolz und ihre Launen; im Dienst dunkler Mächte schafft sie im Handumdrehen sagenhafte Reichtümer und grenzenloses Elend. Der einzelne Mensch, der hilflose *civis* dieser von dem Moloch «Industrie» beherrschten Welt, befindet sich tagtäglich in der gleichen Lage des Arbeiters, der sich an der Maschine jeden Augenblick der Gefahr aussetzt, von ihrem stählernen Mechanismus erfaßt und zermalmt zu werden. Der hundertarmige Moloch, den wir selbst zu unserem Wohlbefinden großgezogen haben, die moderne Industrie, ist allmächtig geworden und hält uns alle in seinem Bann. Es ist nicht die Aufgabe dieses Buches, zu erörtern, ob die Menschheit damit gewonnen oder verloren hat; wir sehen die Erfüllung unserer Aufgabe darin, dem Leser begreiflich zu machen, daß er der antiken Industrie nicht die Eigenschaften, die Entwicklung und die titanenhafte Macht der modernen Industrie zuerkennen darf.

Auch die Industrieerzeugnisse lassen diesen Unterschied erkennen. Die Produkte der antiken Industrie unterscheiden sich von den modernen durch eine langsamere Herstellung; außerdem sind sie nicht alle nach einem Schema gearbeitet, sondern weniger typisiert und im Verhältnis teurer. Die Produktion ist dem Verbrauch besser angepaßt; man findet wohl Berichte über industrielle und wirtschaftliche Krisen, die durch politische Begebenheiten verursacht wurden (Kriegszustand, Verlust politischen und damit auch wirtschaftlichen Einflusses auf Gebiete, die dem betreffenden Staate zur Einfuhr offenstanden), aber man erfährt nichts über ernsthafte Krisen, die durch ein Mißverhältnis zwischen Produktion und Verbrauch verursacht worden wären.

8. Im Altertum gehen alle Industrien vom häuslichen Gewerbe aus. Im Griechenland der mykenischen Zeit ist es das Königtum – Mittelpunkt des patriarchalischen Staates –, das die Mittel für die Entwicklung einer primitiven, aber blühenden Industrie zusammenfaßt; im alten Ägypten entfaltet auch der Tempel eine industrielle Aktivität. Das gleiche geschieht in der römischen Welt; im frühesten Altertum hat das Haus den Charakter eines umfassenden Wirtschaftsbetriebes, der alles herstellt, was im Hause selbst

verbraucht oder benötigt wird. In gleichem Maße, wie sich die Industrie nach und nach von der häuslichen Wirtschaft absondert, verliert das Haus die wirtschaftliche Unabhängigkeit; gleichzeitig aber spezialisiert sich die von den übrigen häuslichen Betätigungen getrennte Industrie, vervollkommnet ihre Mittel und verbessert ihre Erzeugnisse.

Diese Entwicklung macht verschiedene Phasen durch und wirkt sich, je nach Zeit und Ort, mehr oder weniger aus. Im allgemeinen kann man aber sagen, daß die spezialisierte Industrie im Verhältnis zur häuslichen Tätigkeit niemals die Autonomie erreichte, die ihr in der modernen Zeit zukommt. Das Haus produzierte während des ganzen Altertums die Gegenstände und Einrichtungen, die heute fast ausschließlich in der Fabrik angefertigt werden; dazu versorgte es fast alle Dienste, die nach vorübergehender Ausübung durch die Privatindustrie zu öffentlichen Diensten geworden sind und direkt oder indirekt dem Staate oder öffentlichen Ämtern unterstehen: die sanitären Anlagen und Krankenhäuser[1]; das Verkehrswesen; die Erziehung der Kinder[2]; die Beleuchtung[3]; den Postdienst[4] und den Feuerlöschdienst[5]. Diese Einrichtungen, die ursprünglich zum größten Teil zu den häuslichen Pflichten gehörten, belasteten den Haushalt der wohlhabenderen Familien. Die Unbemittelten verzichteten ganz darauf oder konnten sie sich nur in sehr beschränkter und unzureichender Weise erlauben.

[1] s. S. 245 f.   [2] s. S. 143 und das folgende Kapitel.
[3] s. S. 68 ff. und 144.   [4] s. S. 216 ff.   [5] s. S. 101.

III. DAS GEISTIGE LEBEN

1. Die ersten Studien. – 2. Die Lehrtätigkeit des *grammaticus*. – 3. Das Lehramt des *rhetor*. – 4. Die öffentlichen Vorlesungen.

1.

DIE von den Schriftstellern überlieferten Angaben über die Schuleinrichtungen Roms sind sehr widerspruchsvoll. Plutarch[1] versichert, daß die erste öffentliche Schule gegen die Mitte des dritten Jahrhunderts v. Chr. von einem gewissen Spurius Carvilius eröffnet wurde. Dies steht jedoch im Widerspruch zu den Aufzeichnungen anderer Autoren, die die Schule als eine viel ältere Einrichtung betrachten. Es steht jedenfalls fest, daß nach alter römischer Sitte der Vater die Erziehung der Kinder übernahm. Den größten Männern Roms, wie Cato dem Älteren und Aemilius Paullus, deuchte es kein Zeitverlust für ihre öffentlichen Geschäfte, wenn sie den eigenen Kindern das ABC beibrachten, wie sie auch keinen Anstand daran nahmen, sich von ihnen zu den feierlichsten Handlungen begleiten zu lassen oder sie bei den heiligen Prozessionen an der Hand zu führen, wie auf den Reliefs der Ara Pacis zu sehen ist. Durch diese Sitte, die den Vater zum steten Begleiter des Sohnes in den ersten Anfängen seines geistigen Erwachens und der ersten Berührung mit der Welt machte, sicherten die Römer die geistige Kontinuität ihres Volkes. Aber nicht alle folgten der guten alten Regel; seit dem Ende der Republik vertrauten sehr viele ihre Kinder einem Lehrer an, zumeist einem Griechen, oder schickten sie zur Schule *(ludus, ludus litterarius)*.

In den ältesten Zeiten war der Unterricht sehr einfach; dem alten Römer genügte es vollauf, wenn er lesen, schreiben und rechnen konnte. In den letzten Jahren der Republik und während der Kaiserzeit wurde die Erziehung des Jünglings umfassender und in drei Stufen eingeteilt; die ersten beiden umfaßten den Unterricht beim *litterator* und bei anderen Elementarlehrern, anschließend beim *grammaticus*; damit war die elementare und die mittlere Bildung abgeschlossen. Zum Abschluß der Studien diente die Schule des *rhetor*, die jedoch nicht so stark besucht war wie die Unter- und Mittelstufe. Hier übten sich die jungen Leute in der Redekunst, bevor sie ins öffentliche Leben traten. Der Elementarunterricht wurde in der Schule des *ludi magister* gegeben, eines Privatmannes, der gegen bescheidenes Ent-

[1] Quaest. Rom., 59.

gelt, das anläßlich besonderer Feiertage durch kleine Geschenke ergänzt wurde, lesen und schreiben lehrte. Dies war die eigentliche Aufgabe des *litterator* (entspricht dem griechischen γραμματιστής); wenn die Jungen einigermaßen lesen und schreiben gelernt hatten, vervollständigten sie ihre Kenntnisse im Schreiben und lernten Rechnen und Stenographieren beim *librarius, calculator* und *notarius*, die ebenfalls zu den Elementarlehrern gehörten.

Große Schulgebäude, wie wir sie für einen geregelten Schulbetrieb für erforderlich halten, kannte man noch nicht; man unterrichtete in irgendwelchen kleinen Mietshäusern *(tabernae, pergulae)* oder auch im Freien. Das Schuljahr begann im März nach den *Quinquatrus*, dem Fest zu Ehren Minervas, die besonders den Schülern heilig war; an den Feiertagen und alle neun Tage *(nundinae)* war schulfrei. Ob offiziell Sommerferien vorgesehen waren, ist nicht klar ersichtlich[1]. Man ließ aber die Kinder während des heißen Sommers in der Regel ausspannen. Die Schulzeit betrug sechs Stunden. Der Unterricht begann in den frühen Morgenstunden, wurde zur Mittagszeit unterbrochen, damit die Schüler zum *prandium* nach Hause gehen konnten, und am Nachmittag wieder aufgenommen.

Die Einrichtungen der Schule waren sehr einfach. Nur in wenigen Schulen und bei bestimmten Anlässen vereinigten sich die Schüler mit dem Leh-

---

[1] Es hängt ganz davon ab, wie man zwei Verse Martials auslegt (x, 62, 10–11):
Ferulaeque tristes, sceptra paedagogorum,
Cessent et Idus dormiant in Octobres.
Nach der einen Interpretation waren vom 1. Juli bis Mitte Oktober offiziell Ferien, und die oben angeführten Verse wären an einen übereifrigen Lehrer gerichtet, der auch während einer Zeit Schule abhalten will, in der sie eigentlich geschlossen sein müßte. Zur Bestätigung dieser Auslegung zitiert man einen Vers des Horaz (*Sat.*, 1, 6, 75), in dem der Dichter an das Schulgeld erinnert, das die Schüler seines Dorfes ihren Lehrern zahlten. Nun gibt es aber von diesem Vers zwei Lesarten; in den besten Handschriften liest man: *ibant octonos referentes idibus aeris*, «sie gingen zur Schule und brachten jeden Monat das Schulgeld von acht Assen mit»; wer aber bei Martial eine Bestätigung der offiziellen Sommerferien herauslesen will, liest bei Horaz in Übereinstimmung mit den weniger maßgebenden Handschriften: *octonis idibus aera*, «das für die acht Monate fällige Schulgeld». Andere bestreiten hingegen unseres Erachtens mit Recht, daß sich der Vers des Horaz zu dem Epigramm Martials in Beziehung setzen lasse, und sind der Ansicht, daß trotz der Gewohnheit, die Kinder bis Mitte Oktober aufs Land zu bringen, es sich nicht um eigentliche Sommerferien handelte – denn bei dieser Annahme würde man die an den *ludi magister* gerichtete Bitte nur schlecht verstehen können –, vielmehr um eine Sitte all derer, welche die Möglichkeit eines Landaufenthaltes hatten. Sicherlich waren die Schulen auch im Sommer geöffnet, wenn auch nur schwach besucht. Martial fordert den Lehrer auf, sie ganz zu schließen.

rer um einen Tisch[1]; für gewöhnlich gab es weder für den Lehrer noch für die Schüler Tische; der Lehrer saß entweder auf einem Stuhl mit Rückenlehne *(cathedra)* oder auf der *sella* ohne Lehne, die Schüler auf Schemeln, indem sie die Schreibtafel, die sie mit sich führten, mitsamt der Feder, dem Papier und der Tinte auf den Knien hielten (Abb. 28).

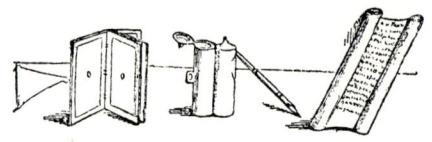

Abb. 28. Schreibgegenstände für den Schulgebrauch: Wachstäfelchen, Tintenfaß mit Feder, Papyrusrolle.

Horaz[2] nennt seinen Lehrer Orbilius *plagosus*, «schlagfreudig». Die anderen Lehrer taten desgleichen[3]; sie schlugen, waren also *plagosi*. Das war in Rom nicht anders als in Griechenland, wo man mit dem Beispiel vorangegangen war. Das Altertum schätzte gewisse Erziehungsmaßnahmen. Im dritten Mimiambus des Herondas hören wir, daß der Lehrer der natürliche Vollzieher körperlicher Strafen war, auch wenn die Verfehlungen außerhalb der Schule begangen worden waren. Eine herculaneische Wandmalerei stellt die Szene einer Schulzüchtigung dar: Der Lehrer schlägt und der Schüler schreit.

2. Nach Beendigung der Elementarschule begann unter Leitung des *grammaticus* die Mittelschule. Auch dieser Unterricht wurde je nach Gewohnheit und Möglichkeiten der Familie entweder zu Hause oder in einer öffentlichen Schule erteilt, die von einem Privatmann geleitet wurde. Die ersten Grammatikschulen wurden gegen Mitte des zweiten Jahrhunderts v. Chr. eröffnet und vermehrten sich äußerst rasch; vor dem Fall der Republik gab es schon mehr als zwanzig.

Es gelang einem *grammaticus* selten, durch seinen Beruf Reichtümer anzuhäufen. Nur der eine oder andere, der ausnehmend fähig und vom Glück begünstigt war, verdiente viel Geld; im allgemeinen war der Lohn sehr gering. Mehr als einmal beschweren sich die Schriftsteller der Kaiser-

---

[1] MARTIAL, x, 62.
[2] *Epist.*, ii, 1, 70/71.
[3] PRUDENTIUS, *Peristr.*, x, 696; LIBANIUS, *Or.*, xix, 48.

zeit über die Familienväter, die viel verlangen, aber nur wenig zahlen. Auch Iuvenal protestiert[1]: «Eure Forderungen sind enorm: Ein Lehrer soll die Regeln der Grammatik beherrschen, die Geschichtsschreiber gelesen haben und die Autoren alle aus dem Stegreif kennen. Auf Anhieb soll er auf dem Weg zum Bade sagen können, wie die Amme des Anchises hieß, welches der Name und die Heimat der Stiefmutter des Anchemolus war, wie lange Acestes gelebt hat und wieviel Fäßchen sizilianischen Weins er den Troern gab.» Wenn freilich Iuvenal die Forderung übertrieben findet, die Lehrer sollten die Regeln der Grammatik kennen, so werden viele Leser Iuvenals Forderung übertrieben finden, den Lehrern sei quasi das Recht einzuräumen, grammatische Fehler zu machen.

In der Schule des *grammaticus* lernte man die lateinische und griechische Sprache und Literatur, und zwar hauptsächlich an Hand der Dichter; dazu die grundlegenden Kenntnisse in Geschichte, Geographie, Physik und Astronomie, die zum besseren Verständnis der Lektüre notwendig waren. Durch das Studium der Texte, die meist diktiert wurden, lernte der Schüler eine gute Aussprache, mit Betonung lesen, den Inhalt erklären und den Versbau begreifen. Nachdem der Lehrer die Texte vorgelesen hatte, verlangte er von den Schülern, einzelne Abschnitte auswendig zu lernen und darüber mündliche und schriftliche Erläuterungen abzugeben; die schriftlichen erfüllten eine ähnliche Aufgabe wie bei uns die Aufsätze. Sehr wichtig ist es für die Geschichte der römischen Literatur, festzustellen, welche Schriftsteller in den Schulen mit Vorliebe gelesen wurden. Die Wahl der *grammatici* beeinflußte den Geschmack und bestimmte die literarische Tradition; da diese Wahl sich auf dem Büchermarkt auswirkte, wurde sie zu einem der wichtigsten Elemente, die das Geschick der Autoren in der Folgezeit bestimmten. Sehr wertvolle Texte, die in den Schulen nicht gelesen wurden und daher auch nicht gefragt waren, verschwanden im Umlauf und sind uns nicht überliefert. Von den griechischen Schriftstellern wurde Homer am meisten gelesen; unter den Lateinern standen während der Republik besonders Livius Andronicus und Ennius in Ehren; eine modernistische

---

[1] 7, 230/36. Damit der Leser sich nicht in gleicher Verlegenheit befinde wie der Rhetor, der sich zum Bade begibt, machen wir ihn darauf aufmerksam, daß die Amme des Anchises Tisiphone hieß (so bemerkt der Scholiast des Iuvenal) und daß die Stiefmutter des Rutulers Anchemolus, der durch die Hand des Pallas fiel (*Aen.*, x, 389), Casperia hieß, wie Servius überliefert. Daß Acestes alt war (*Aen.*, v, 73) und den Troern Wein gab (*Aen.*, i, 195), wissen wir von Vergil; aber wieviel Jahre er zählte und wieviel Fäßchen Wein er schenkte, erzählt Vergil nirgendwo; darüber klare Auskunft haben zu wollen, ist wirklich eine Zumutung der Väter.

Bewegung, die zum großen Teil durch Horaz beeinflußt wurde, hatte den Erfolg, daß der Schule die Werke der archaischen Zeit entzogen wurden und der Unterricht mehr auf neuere und zeitgenössische Literatur abgestimmt wurde.

Die Schule des *grammaticus* verließ man mit perfekten Kenntnissen im Lateinischen und Griechischen, also den zwei Sprachen, die der gebildete Mensch sprechen mußte; denn das Griechische war in der römischen Welt weitgehend verbreitet. Der seit altersher bestehende Kontakt mit Großgriechenland, der Aufenthalt vieler Römer, Soldaten zum Beispiel und Händler, in den östlichen, dem griechischen Einfluß unterworfenen Provinzen und vor allem die große Anzahl griechischer Sklaven, die in den römischen Familien gehalten wurden und von denen die Kinder ohne Anstrengung diese zweite Sprache erlernten, machte aus den gebildeten Römern ein zweisprachiges Volk. Schon seit Plautus verstand das Volk die griechischen Vokabeln, die in der plautinischen Komödie häufig vorkommen. Im Laufe der Zeit wurde die Kenntnis des Griechischen, vor allem in den vornehmen Familien, so unerläßlich, daß die Sprache bereits in der Elementarschule gelehrt wurde. Auch die Frauen verstanden Griechisch; die jungen Mädchen schwärmten für Menander, und es galt als elegant, wenn Verliebte miteinander Griechisch sprachen.

3. Der *rhetor* war der Lehrer der Sprachkunst und Redegewandtheit; in seiner Schule bereiteten sich die Jünglinge auf das öffentliche Leben vor und erweiterten die eigene Bildung durch das Studium der klassischen Texte, unter denen man besonderes Gewicht auf die Prosawerke legte, indem man sich durch eine methodische Technik in der schwierigen Kunst des Vortrags übte. Die ersten rhetorischen Schulen wurden im zweiten Jahrhundert v. Chr. eröffnet. Diesem neuen Einbruch der griechischen Kultur in Rom stellten sich Proteste und Maßnahmen entgegen, die aber nicht verhindern konnten, daß sie feste Wurzeln schlug. Dagegen verschwand der alte römische Brauch, die Redekunst durch die Praxis zu erlernen, indem bereits die Jünglinge in Begleitung des Vaters oder eines angesehenen Rechtsanwalts das Forum besuchten.

Der Unterricht verlangte von den Schülern schriftliche und mündliche Übungen. Die schriftlichen Arbeiten bestanden in mannigfachen Aufsätzen, die vom *rhetor* aufgegeben und je nach der Schwierigkeit des Themas abgestuft wurden: Erzählungen, Lob- und Schmähreden berühmter Männer der Geschichte, kurze Abhandlungen, Vergleiche usw. Mündlich wurde die

Redekunst praktisch geübt in Form von *suasoriae* oder *controversiae*[1]. Die *suasoriae* waren Monologe, in denen bekannte Persönlichkeiten der Mythologie und der Geschichte das Für und Wider der Argumente überdachten, bevor sie eine gewichtige Entscheidung fällten; in den *controversiae* entwickelte sich zwischen zwei Schülern verschiedener Meinung ein Wortwechsel. Es handelte sich nicht um eine lebhafte Diskussion, bei der es Schlag auf Schlag ging und die den Schüler vor unvorhergesehene Einwände stellte, um ihn an das flinke Wortduell vor Gericht zu gewöhnen, sondern um eine fortlaufende Darlegung zweier einander entgegengesetzter Gesichtspunkte; also wahre Rhetorik im übeln Sinne des Wortes. Um den künftigen Rednern Gelegenheit zu geben, Beweisgründe von großer Wirkung zu finden, suchte man eindrucksvolle und ausgefallene Themen aus; diese spitzfindige Art des Unterrichts tat dem guten Geschmack und der Redekunst selbst Abbruch.

Zu diesen Übungen des *rhetor* waren das Publikum und insbesondere die Angehörigen der Schüler zugelassen. Man kann sich gut vorstellen, wie leicht Triumphe zu erzielen waren, wo sich elterliche Schwäche mit der Eitelkeit des gewinnsüchtigen Rhetors trafen und der Junge mit Lob überhäuft wurde, wenn er wie ein Hannibal eine gute Weile geredet hatte, um sich und das Publikum von der Notwendigkeit des Alpenübergangs zu überzeugen. Gewisse akademische Schulformen sind dem Charakter nicht immer förderlich. Es kann einem leid tun, wenn man an die hinreißende Beredsamkeit eines Gaius Gracchus denkt!

4. Damit war aber das Elend noch nicht zu Ende. Nachdem der Weg zum leichten Erfolg vor einem gefälligen Publikum erzielt war, fanden auch die Erwachsenen Vergnügen an dem leicht zu erringenden Beifall. Dazu bot die von Asinius Pollio, einem Zeitgenossen des Augustus, eingeführte Sitte Gelegenheit, öffentlich etwas vorzulesen: Gedichte, Tragödien und später auch Reden. Mit diesen Lesungen wollte man einen Eindruck von der Wirkung auf das große Publikum durch einen Vorgeschmack der kritischen Einstellung vor einem kleinen Kreise von Sachverständigen gewinnen. Der Gedanke als solcher mochte angehen. In der Praxis wurden diese öffentli-

---

[1] Die *suasoriae* machten die Schüler mit der beratenden oder empfehlenden Gattung der Rhetorik, die *controversiae* mit der Gerichtsrede vertraut. Der ältere Seneca hat einige Beispiele von beiden Gattungen überliefert, da er über ein fabelhaftes Gedächtnis verfügte und die berühmtesten Reden, die er in seiner Jugend gehört hatte, später aufzeichnete (*Oratorum et rhetorum sententiae, divisiones, colores;* ein Buch *Suasoriae* und zehn *Controversiae*).

chen Vorlesungen aber Selbstzweck. Ein Redner, der einen großen Schal um den Hals gewickelt hatte – eine eigentümliche Mode, die vielleicht von der Vorsicht beeinflußt war, die Kehle nicht zu überanstrengen[1] –, las weitschweifig seine Verse vor Freunden, die am Vortage selber mit Beifall überschüttet worden waren und sich daher verpflichtet fühlten, den Beifall zurückzugeben oder, falls sie zum ersten Male klatschten, sich damit ein Guthaben für den kommenden Tag sicherten; ganz zu schweigen von den verhungerten Klienten, die gerührt und händeklatschend ihr σοφῶς! *Euge!* riefen, um sich ein Essen zu verdienen, und ohne das eitle Volk zu zählen, das nur hinging, um dabei gewesen zu sein, so wie auch heute noch viele zu Vorträgen gehen, nur um sich den Anschein von Intellektuellen zu geben.

Plinius nimmt diese öffentlichen Lesungen wichtig; Martial, der größte Dichter der selben Zeit, verspottet sie. Diese Verschiedenheit hat mehrere Gründe. Plinius ist ein Mann, der alles ernst nimmt, Martial zieht alles ins Scherzhafte; Plinius ist ein Mann von Stand, lebt das Leben der großen Welt, muß die Mode mitmachen und zeigen, daß er sie richtig findet; Martial ist ein zynischer und frecher Klient, der nur vor denen Respekt hat, die ihm zu essen geben. Es mag etwas böswillig klingen, aber vielleicht kann man die Begeisterung des Plinius für die öffentlichen Vorlesungen auch anders auslegen: Martial war ein so großer Künstler, daß er mit dem Pflichtbeifall nichts anzufangen wußte; er besaß Originalität, Geist, Genie; die allgemeine Anerkennung seiner Fähigkeiten war so weitgehend und sicher, daß er auf die Erfolge der Salons verzichten konnte. Plinius hingegen hatte alles Interesse daran, das Urteil der klatschsüchtigen Literatenzirkel, die man aufsuchte, um Beifall zu spenden und zu ernten, ernst zu nehmen und für billig zu halten.

[1] MARTIAL, vi, 41.

IV. PAPIER, BÜCHER, KORRESPONDENZ, ZEITUNGEN UND POST

1. Papyrus und Pergament; anderes Schreibmaterial. – 2. Beschränkte Produktion der Schreibmaterialien. – 3. Der Papyrus. – 4. Das Pergament. – 5. Das Buch. – 6. Die Tinte. – 7. Die Feder. – 8. Die Wachstäfelchen. – 9. Öffentliche Akten und Zeitungen. – 10. Schreibsklaven. – 11. Buchhändler, Verleger. – 12. Private und öffentliche Bibliotheken. – 13. Die Post in römischer Zeit.

1.

DIE Griechen und Römer schrieben hauptsächlich auf Papyrus *(papyrus, charta)*[1] und auf Pergament *(membrana)*, aber nicht nur auf diese allein. Die Griechen sowohl als die Ägypter bedienten sich der Tonscherben (ὄστρακα)[2], die Römer der Wachstäfelchen und für bestimmte Urkunden des Elfenbeins; das Elfenbein diente auch zur Herstellung eleganter Notizbücher[3]. Man verwandte auch andere Materialien, wie wir später erläutern werden.

Mit dem Papyrus und dem Pergament versuchte man in jener Zeit auf die beste Art das Problem zu lösen, eine einigermaßen homogene Schreiboberfläche zu erhalten. Das Problem war mit dem Schreiben selbst aufgetaucht und durch die Erfindung des Alphabetes, die das Schreiben einem größeren Kreise von Personen ermöglichte, noch aktueller geworden. Die

---

[1] *Charta*, von dem das italienische Wort *carta* (= Papier) stammt, ist im Lateinischen der Papyrus (aus dem griechischen χάρτης, Papierblatt; vgl. χαράσσω, ich grabe ein, ich ritze).

[2] Man erinnert sich daran, daß die Athener eine besondere Form von politischem Bann, der gegen einen Bürger ausgesprochen wurde, mit Ostrakismos (Scherbengericht) bezeichneten; dieser Name rührte daher, daß man den Namen des zu verbannenden Bürgers auf eine Scherbe schrieb (daher im Lateinischen die Bezeichnung *testularum suffragia;* vgl. CORNELIUS NEPOS, *Them.,* 8, 1). Einige Scherben mit den Namen Megakles, Xanthippos und Themistokles sind uns erhalten geblieben. Die Römer schrieben mit dem Pinsel auf die Weinkrüge auch die Jahreszahl, in der der Wein gewachsen oder gekeltert war (CIL, XV, 4539: *Ti. Claudio P. Quinctilio co(n)s (ulibus)* [= 13 v. Chr.] *a(nte) d(iem) XIII K(alendas) Iun(ias) vinum diffusum (est) quod natum est duobus Lentulis co(n)s(ulibus)* [= 18 v. Chr.]; vgl. HORAZ, *Od.,* iii, 21, 1: *O nata mecum consule Manlio; Epist.,* i, 5, 4: *Vina bibes iterum Tauro diffusa:* «du wirst einen Wein trinken, der im zweiten Consulat des Taurus gekeltert worden ist [= 26 v. Chr.]»). Sehr zahlreich sind die bei den Ausgrabungen in Ägypten gefundenen beschriebenen Scherben.

[3] MARTIAL, xiv, 5.

Lösung war aber nicht so einfach, wie es wohl manchem erscheinen mag. Schreiben ist gut und schön – aber worauf? Seit den ersten Anfängen der Schreibkunst und für lange Zeit[1] benutzten die Menschen alles, was sich nur irgendwie zum Beschreiben eignen konnte[2]: Mauern[3], Holztafeln[4], Türen, Häute der verschiedensten Tiere, insbesondere Schafs- (s. S. 205) und Rindsleder, aber auch die Haut von Reptilien und Hunden, Blätter, Schalen der Früchte, Seiden- oder Leinengewebe und Bleitäfelchen (s. S. 313 ff.). Man hatte auch ganze Bände aus Blei, in denen öffentliche Akten aufbewahrt wurden[5]. Als Ersatz für den Papyrus benutzte man auch die Rinde des Lindenbaumes[6]. Wer sich mit dem Studium der Geometrie beschäftigte, zog seine Figuren auf einer mit Sand bestreuten Tafel[7]. Plutarch berichtet[8]: Als Platon sich nach Sizilien an den Hof des Tyrannen Dionysios begab, waren alle so sehr für die Geometrie eingenommen, daß im Palast stets eine große Staubwolke lagerte!

2. Wenn wir die Behauptung aufstellen, daß der Papyrus und das Pergament im Altertum unser heutiges Papier ersetzten, so müssen wir jedoch dabei berücksichtigen, daß dieses Schreibmaterial der Antike nicht nur viel unhandlicher und schwerer, sondern auch viel kostbarer und im Vergleich zu unserem Papier auch weit seltener war. Die Papierbeschaffung gehört zu den grundlegenden Unterschieden zwischen Altertum und Gegenwart und hatte die größten Auswirkungen, so daß man geradezu vom Altertum als dem «Zeitalter des Papiermangels» und von der modernen Zeit als dem «Zeitalter des Papierüberflusses» sprechen könnte. Mit Recht sagt man, daß mit der Erfindung der Buchdruckerkunst eine neue Ära in der Geschichte der Kultur begonnen hat. Viele bedenken dabei jedoch nicht, daß diese Erfindung fruchtlos geblieben wäre, wenn ihr nicht einige Jahrhunderte früher die Erfindungen vorausgegangen wären, die zur Herstellung des von

---

[1] Eine größere Verbreitung des Papyrus beginnt nach den Kriegszügen Alexanders des Großen und der Gründung von Alexandrien (VARRO bei PLINIUS D. Ä., xiii, 69).

[2] Die meisten Angaben über das Schreibmaterial im Altertum sind in dem Werk TH. BIRT, *Das antike Buchwesen*, Berlin 1882, gesammelt.

[3] Auf die Mauern Pompeiis sind die Wahlmanifeste sowie uralte militärische Angaben mit roter Farbe geschrieben (s. S. 156).

[4] ARISTOTELES, *Const. Ath.*, 7, 1.

[5] PLINIUS D. Ä., xiii, 69.

[6] *Digesten*, xxxii, 52 pr.: *Volumina in tilia, ut nonnulli conficiunt.*

[7] PERSIUS, I, 131; vgl. ARISTOPHANES, *Nubes*, 177 ff.

[8] *Dion*, 13.

uns noch heute verwandten Papiers führten[1], wenn also der moderne Mensch nicht über unbeschränkte Mengen Papier verfügen könnte, und zwar zu einem Spottpreis.

Heutzutage verschleißt die Welt an einem einzigen Tage mehr Papier, als die Römer an Papyrus und Pergament in vielen Jahren verbrauchten, auch wenn man dabei berücksichtigt, daß die kulturell hochstehenden Völker des Altertums sehr viel schrieben, einen regen Briefwechsel unterhielten, Quittungen ausstellten, öffentliche und private Akten jeder Art redigierten, Notizen machten, Konten zusammenstellten und Bücher führten, Werke veröffentlichten und Bibliotheken unterhielten. Wir modernen Menschen leben jedoch in einer von Papier überschwemmten Welt: Wir sind reich und erinnern uns nicht mehr daran, daß es eine Zeit gegeben hat, in der man arm an Papier gewesen ist; auch machen wir uns nicht klar, daß der moderne Lebensstandard ohne Papier nicht möglich wäre, genau so wie das materielle Leben ohne Wasser undenkbar wäre. Gerade weil an Wasser und Papier ein so großer Überfluß herrscht, können wir uns nicht vorstellen, daß und warum es anders sein sollte. Und doch hat es eine Zeit gegeben, in der es kein oder nur sehr wenig Papier gab. Ob der Überfluß an Papier eine Wohltat für die Menschheit ist, für die wir der menschlichen Erfindungsgabe dankbar zu sein haben, oder ob er nicht vielleicht ein Verhängnis darstellt, muß jeder nach seinem Gewissen entscheiden. Auf welches Material jemand schreiben will, stellt für den, der schreiben will, gewiß kein Problem mehr dar. Es möchte allenfalls an Ideen, an gesundem Menschenverstand, an Sinn für Zweckmäßigkeit, sogar an der Grammatik fehlen – an Papier gewiß nie. Die Leichtigkeit, sich Papier zu verschaffen, lädt geradezu ein, irgendetwas darauf zu schreiben: Schönes, Nützliches, Rührendes, hohe Gedanken, aber auch Dummheiten; und viele schreiben Dummheiten, und manchmal finden sie gerade deswegen Zustimmung und machen ihr Glück. Aber sie erwecken ernstliche Zweifel bei denen, die keine Dummheiten schreiben möchten, durch die Tatsachen jedoch gewitzt, die

---

[1] Die Papierfabrikation ist eine chinesische Erfindung, die auf das zweite Jahrhundert n. Chr. zurückgeht; aus dem Osten wurde der Gebrauch des Papiers von den Arabern im neunten Jahrhundert in Europa eingeführt; die ersten Papierfabriken entstanden daher in Spanien, dem Lande arabischer Kultur, bereits im zwölften Jahrhundert. Von dort aus verbreitete sich die Papierindustrie über ganz Europa (Frankreich zwölftes Jahrhundert, Italien dreizehntes Jahrhundert mit den berühmten Papierfabriken von Fabriano, Deutschland vierzehntes Jahrhundert). Man gewann das Papier aus Lumpen, die im Wasser zermahlen wurden. Ohne Begründung ist auch behauptet worden, daß es eine Zeitlang Papier aus Baumwolle gegeben habe.

Gewissensfrage nicht unterdrücken können: «Schreibe ich nicht vielleicht auch dummes Zeug?»

3. Die ersten Fabriken zur Herstellung des Papyrus entstanden in Ägypten, wo die Pflanze wächst, die den Rohstoff liefert[1]. Die inneren Schichten des Papyrusstengels wurden in lange Streifen geschnitten *(phylirae)*; diese Streifen legte man der Länge nach nebeneinander und verband sie mit anderen quergelegten Streifen, so daß die *charta* entstand.

Der ägyptische Papyrus ist rauh, weil durch die Fasern eine ungleichmäßige Oberfläche entsteht. Die Römer verbesserten die Herstellungsweise; durch Pressen oder Schlagen mit dem Hammer gelang es ihnen, die Oberfläche des Papiers vollkommen glatt und eben zu gestalten. In Rom gab es Papyrusmagazine *(horrea chartaria)* und Papyruswerkstätten *(officinae)*; unter diesen war die *officina* eines gewissen Fannius[2] berühmt, wo die ersten zum Schreiben gut geeigneten Papyri hergestellt wurden. Man unterschied den groben ägyptischen Papyrus, *charta amphitheatrica* (da in Alexandrien in der Nähe des Amphitheaters hergestellt), von dem sogenannten *Fanniana*-Typus, der leichter und glatter war. Der Papyrus wurde in verschiedenen Sorten geliefert. Die feinste Qualität bezeichnete man vor Augustus mit *hieratica* und später nach dem Namen des Herrschers *Augusta*; die minderwertigste Sorte, die nicht für Schreibzwecke geeignet war, nannte man *charta emporeutica*, die zum Verpacken benutzt wurde.

Beim Papyrus eignete sich nur die eine Seite zum Schreiben; die Rückseite *(aversa charta)* wurde nicht beschrieben oder diente nur als Umschlag; Fragmente berühmter Dichter enthalten auf der Rückseite Rechnungen, häusliche Vermerke usw. In den seltenen Fällen, in denen der Papyrus beiderseitig beschrieben war, bezeichnete man ihn als *opisthographum*. Wer zu Schreibzwecken ein weniger feines Papier benutzte, das nicht vollkommen glatt war, bearbeitete es mit einer Art Elfenbeinkamm (das Papier führte dann den Namen *charta dentata*[3]) oder mit einer Muschel[4].

Das Format des Papyrus wechselte je nach seiner Verwendung. Man unterschied Briefpapier *(charta epistolaris)* und Bücherpapier. Bis zu den Zeiten Caesars[5] beschrieb man die Dokumente der Breite nach *(transversa charta)*; die Briefe hingegen stets der Länge nach, wie bei uns; auch damals benutzte man den schmalen Rand längs der Seiten, um noch irgendeine Bemerkung hinzuzufügen, die im Text nicht untergebracht werden konnte[6], ein

---

[1] Plinius d. Ä., xiii, 71. [2] *Ibid.*, xiii, 75. [3] Cicero, *Ad Qu. fr.*, ii, 14, 1.
[4] Martial, xiv, 209. [5] Sueton, *Divus Iulius*, 56. [6] Cicero, *Ad Att.*, v, 1, 3.

Brauch, der sich heute – den Grund weiß ich nicht – bei den Frauen stärkerer Sympathien erfreut als bei den Männern.

Das Buch bestand aus einer Reihe von Seiten *(paginae, plagulae, schedae)*, die an der Breitseite zusammengeklebt und dann zusammengerollt wurden, nachdem man sie zuvor an der Sonne gut hatte trocknen lassen. Die normale Länge jeder Rolle *(scapus)* betrug zwanzig Seiten. Die Papyrusfabriken brachten *scapi* in den Handel, deren Seiten schon zusammengeklebt waren. Für gewöhnlich schrieb man auf jeder Seite in zwei Kolumnen; die Höhe der Kolumne einschließlich eines breiten Randes oben und unten entsprach der Breite des *scapus*; die beiden Kolumnen verliefen also parallel. Auf diesen Rollen zu schreiben, war nicht sehr bequem: man mußte die Rolle oben und unten festhalten und dafür Sorge tragen, daß sie nicht zusammenrollte; oder man mußte sie von einem bis zum andern Ende auf den Boden gleiten lassen, auch auf die Gefahr hin, daß sich das Papier zerknitterte oder beschmutzte. Man kam daher auch auf die Idee, lose Seiten zu kaufen und sie erst nach dem Beschreiben von einem tüchtigen Leimer *(glutinator)* zusammenkleben zu lassen[1].

4. Die Verwendung von Tierhäuten als Schreibmaterial ist, wie bereits gesagt, sehr alt. Vielerlei Tiere mußten ihr Fell zum Schreiben hergeben; als Opfer des Fortschrittes dienten sie der Kultur, indem sie «ihre Haut zu Markte trugen». Sehr bald erkannte man, daß sich das Fell des Schafes ganz besonders für diese Zwecke eignete[2]. Unter Eumenes von Pergamon (197 bis 159 v. Chr.) gelang es, das Fell so fein und weich zu bearbeiten, daß das Pergament *(membrana)* den ägyptischen Papyrus ersetzen konnte, dessen Ausfuhr Ägypten verboten hatte. Trotz allem wurde in Rom das Pergament nicht in großem Maße verwandt; es war verhältnismäßig teuer und diente ausschließlich für Bücher, nicht aber als Briefpapier. Aber auch die Pergamentindustrie gelangte zu einer gewissen Entwicklung, und man richtete Läden der *membranarii* ein. Doch konnten weder der Papyrus noch das Pergament ungeeignetere Materialien verdrängen; man fuhr fort, auf Scherben, Leder, Spinnstoffe usw. zu schreiben. Die Urkunden, die der Öffentlichkeit zugänglich gemacht werden sollten, schrieb man auf Tafeln, die mit Kreide geweißt waren *(tabulae dealbatae)*; wenn man eine lange Dauer sichern wollte, gravierte man den Text in Stein, Bronze oder Marmor. Diesem Brauch verdanken wir es, daß eine sehr große Anzahl von

---

[1] CICERO, *Ad Att.*, iv, 4b: *Et velim mihi mittas de tuis librariolis duos aliquos quibus Tyrannio utatur glutinatoribus.* [2] PLINIUS D. Ä., xiii, 70.

griechischen und lateinischen Inschriften bis auf unsere Zeiten erhalten geblieben ist, die sich von unschätzbarem Wert für unsere geschichtlichen und archäologischen Kenntnisse erwiesen haben.

5. Aus dem vorangehenden wird dem Leser schon ungefähr klar geworden sein, was unter einem antiken Buch[1] zu verstehen ist: ein langer Papyrusstreifen, den man als Rolle aufbewahrte *(volumen)* und zum Lesen aufrollen mußte. Im Vergleich zu dem einfachen Lesen und Nachschlagen in unseren Büchern tritt das Unpraktische des antiken Buches ohne weiteres in Erscheinung. Welcher Geduld bedurfte es, ein solches «Buch» zu lesen; auch das fortgesetzte Auf- und Abrollen muß sehr unbequem gewesen sein; man vergegenwärtige sich den Zeitverlust, wenn man irgendein Zitat suchen, Stellen miteinander vergleichen, eine bestimmte Zeile wiederfinden wollte oder eine Rolle auseinanderdrehen mußte, um auch nur eine Korrektur oder eine Bemerkung anzubringen!

Auch das Buch aus Pergament bestand für lange Zeit aus einem zusammengerollten Streifen. Eine Neuerung von entscheidender Auswirkung für die Geschichte des Buches trat ein, als man auf den Gedanken verfiel, das Pergament anders herzurichten: Man faltete es nämlich und schnitt es so zurecht, daß Lagen entstanden *(quaterniones)*. Diese Lagen nähte man zusammen und umgab sie mit einem Deckel *(codices membranei)*[2], so daß sie ganz ähnlich wie unsere Bücher aussahen. Die rauhen Seiten (Fellseite) wurden aufeinandergelegt, ebenso die glatten Seiten (Fleischseite); die glatten eigneten sich nicht nur besser zum Schreiben, sondern hatten auch eine hellere Farbe[3]; man konnte jedoch beide Seiten beschreiben, worin ein großer Vorteil gegenüber dem Papyrus bestand. Die Verwendung dieser *codices membranei* (über den Namen s. S. 211 f.) begann zur Kaiserzeit; ihre erste Erwähnung finden wir zur Zeit der Flavier[4]. Trotz ihrer besseren Handlich-

---

[1] *Liber* im engeren Sinne ist das Buch aus Papyrus, denn mit *liber* bezeichnete man ursprünglich das Innere der Baumrinde. Die Bezeichnung wurde dann auf jedwedes Buch, gleich welcher Form und welchen Materials, übertragen. Dadurch konnte es in der Praxis vorkommen, daß der schwankende Begriff des Wortes *liber* zu Mißverständnissen Anlaß gab; die kaiserliche Jurisprudenz legte jedoch fest, daß die Bezeichnung *liber* im weiteren Sinne zu verstehen sei. ULPIAN (lib. *xxiv ad Sabinum* = Digesten, xxxii, 52, pr.) definierte: *Librorum appellatione continentur omnia volumina, sive in charta, sive in membrana sint, sive in quavis alia materia;* er nannte ausdrücklich die Rinde des Lindenbaumes, das Elfenbein, die Wachstäfelchen.   [2] *Digesten*, xxxii, 52, pr.: *membranas libris legatis.*
[3] PERSIUS, 3, 10; ISIDORUS, *Orig.*, vi, 11, 4.
[4] MARTIAL, i, 2, 2/3. Das erste Buch der *Epigramme* Martials ist im Jahre 85/86 n. Chr.

keit fanden sie jedoch keine größere Verbreitung; wegen der hohen Kosten des Pergaments im Vergleich zum Papyrus blieben während der ganzen römischen Ära die traditionellen unbequemen Papyrusrollen im Gebrauch. Wir fügen noch hinzu, daß die Codices zu jener Zeit niemals die Pergamentrollen verdrängten.

Die oberen und unteren Ränder der Papyrusrolle bezeichnete man mit *frontes;* da sie nicht geleimt waren, zerrissen sie sehr leicht; man beschnitt daher diese Ränder sorgfältig, um jede Unebenheit zu vermeiden, und glättete sie dann mit Bimsstein; *arido modo pumice expolitus,* sagt Catull[1], und meint damit ein ganz neues Buch von schönem Aussehen *(lepidus).* Die sauber geschnittenen Ränder waren die erste Forderung an ein elegantes Buch. Außerdem bemalte man die Ränder mit leuchtenden Farben.

Den Papyrusstreifen begann man vom Ende aus um einen Holz- oder Beinstab, den sogenannten *umbilicus,* aufzurollen. Für gewöhnlich verwandte man nur einen *umbilicus,* aber bei manchen Büchern nahm man einen am Anfang und einen am Ende. Die überstehenden Enden des *umbilicus* bezeichnete man mit *cornua.* Bei Luxusbüchern war dieser *umbilicus* mit lebhaften Farben bemalt oder vergoldet. Am oberen Ende der Rolle wurde ein Etikett aus Pergament[2] mit dem Titel des Buches angebracht *(titulus, index,* σύλλαβος).

Das Papyrusbuch war von raschem Verfall bedroht; feucht gelagert, verschimmelte es; die Buchstaben verblaßten und lösten sich auf; die Seiten verzogen sich, und das Auf- und Zusammenrollen ließ sich nur mit großer Mühe bewerkstelligen. Hinzu kam die große Gefahr, daß der Papyrus von den Motten zerfressen wurde. Die Motten waren damals die Geißel der Bücher, so wie heute die Mäuse. Um die Rolle vor der Zerstörung zu bewahren, bestrich man die Seiten mit Zedernöl[3], das besonders geeignet erschien, um den Papyrus vor den Motten und der Feuchtigkeit zu schützen; der Papyrus nahm dann eine gelbliche und glänzende Farbe an. Wenn die Bedeutung seines Inhaltes eine besonders sorgfältige Aufbewahrung erforderte, steckte man die Papyrusrolle in eine in bunten Farben gehaltene Pergamenthülle *(membrana)* und verwahrte sie zusammen mit anderen Rollen in Kästen.

veröffentlicht worden. Das Epigramm i, 2 wird kurz vorher verfaßt worden sein, so daß man die erste Erwähnung eines Pergament-Kodex auf das Jahr 84 n. Chr. zurückführen kann.

[1] *Carm.,* 1, 1/2. [2] CICERO, *Ad Att.,* ii, 15b.
[3] VITRUV, ii, 9, 13; vgl. HORAZ, *Ars poet.,* 331/32: *carmina ... linenda cedro.*

6. Die Tinte war für gewöhnlich schwarz, daher der lateinische Namen: *atramentum*. Das Tintenfaß *(atramentarium)* hatte verschiedene, doch immer sehr einfache Formen; nach den Abbildungen zu schließen, bestand es offenbar in der Regel aus zwei zylinderförmigen Näpfen, die zusammengefügt waren und je einen Deckel besaßen (Abb. 29). Die Tinte war aus verschiedenen Ingredienzien zusammengesetzt: Ruß aus Harz oder Pech, Weinhefe,

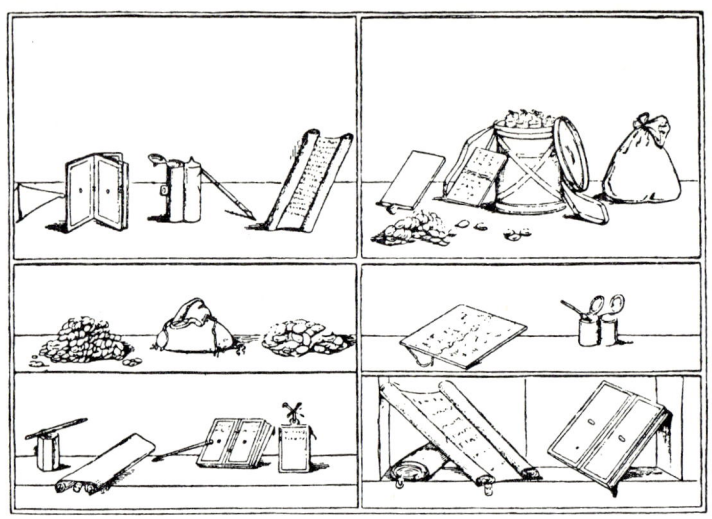

Abb. 29. Schreibgeräte (pompejanische Wandmalerei).
(Aus Blümner, *Die römischen Privataltertümer*.)

Sepia vom Tintenfisch. Der Mischung wurden Bindemittel zugesetzt. Es bildete sich ein schwarzer Brei, der, für den Gebrauch verdünnt, die Schreibtinte lieferte. Man mußte darauf achten, sie nicht zu sehr zu verdünnen, da sie sonst blaß war und aus der Feder tropfte[1]. Man verwandte auch rote Tinte, jedoch nur in den Büchern, um die Titel hervorzuheben. Es ist bezeugt, daß man für gewisse Geheimkorrespondenzen unsichtbare Tinte verwandte (ähnlich unserer Geheimtinte), deren Schrift nur durch ein besonderes Verfahren leserlich gemacht werden konnte[2]. Wenn es um Heimlichkeiten geht, ist der Mensch zu jeder Zeit außerordentlich erfinderisch, und im Betrügen ist er seiner Zeit voraus. Eine der Methoden, um unsichtbar zu schreiben, war die Verwendung von frischer Milch; der Empfänger be-

[1] Persius, 3, 14.   [2] Plinius d. Ä., xxvi, 62.

streute das erhaltene Schreiben mit Kohlenstaub, so daß die Buchstaben schwarz erschienen[1].

Die Haltbarkeit der Tinte hing ganz von der Qualität ab; daß das Altertum außer schlechter, leicht auszulöschender Tinte auch äußerst haltbare und dauerhafte Tinte besaß, beweisen die ägyptischen und herculaneischen Papyrusschriften. Die ersten waren lange Zeit im Sande begraben, nachdem sie meist das wenig ehrenvolle Schicksal von Abfallpapier erlitten hatten (heute wertvolle Kostbarkeiten, waren sie einst wertloser Kehricht); aber ihre Buchstaben sind noch ganz klar und leserlich. Die herculaneischen Urkunden sind Papyrusrollen[2], die beim Vesuv-Ausbruch 79 n.Chr. in einer feuchten Aschenschicht begraben wurden und zur Zeit der Bourbonenherrschaft ans Tageslicht kamen. Infolge der außergewöhnlichen Bedingungen, in denen sie sich jahrhundertelang befanden, waren sie so hart wie Kohle geworden und sahen auch so aus. Es ist schier unmöglich, diese Schriften heute noch aufzurollen, da der Papyrus jede Elastizität verloren hat; beim Versuch, sie auseinanderzurollen, zerfallen sie zu Staub. Trotz allem ist aber die Qualität der Tinte so hervorragend, daß man bei den erhalten gebliebenen Seiten die Schriftzeichen ohne Schwierigkeit lesen kann. Auf dem glänzenden schwarzen Untergrund kann man die mattschwarzen Buchstaben genau entziffern.

Man benutzte aber auch wenig haftende Tinte, so daß in den meisten Fällen ein nasser Schwamm genügte, um jede Tintenspur zu entfernen; «mit dem Schwamm abwischen» bedeutete auslöschen.

Augustus hatte eine Tragödie zu schreiben begonnen, deren Held der Grieche Aiax war, der seinem Leben ein Ende bereitete, indem er sich die Spitze des Schwertes in die Brust stieß. Auf die Frage, wie weit er mit seinem *Aiax* vorangekommen sei, antwortete er: *in spongeam incubuit*[3], «er hat sich in den Schwamm gestürzt». Er war ein intelligenter Mann; da er seinen Fähigkeiten als Tragiker mißtraute, hatte er die Tragödie vor dem Helden umkommen lassen. Martial gab einem schlechten Dichter, der minderwertige Verse schmiedete, den guten Rat, die Sintflut des Deukalion zu besingen, da sich das Wasser ganz besonders für solche Verse eigne[4]. Damit

---

[1] Ovid, *Ars am.*, iii, 627/28:
> *Tuta quoque est fallitque oculos e lacte recenti*
> *Littera (carbonis pulvere tange: leges).*

[2] Man nimmt an, daß sie der Privatbibliothek des Philodemus angehörten, eines epikureischen Philosophen, der in Herculaneum eine Villa besaß.

[3] Sueton, *Aug.*, 85.   [4] v, 53.

wollte er auf eine geschickte Art zu verstehen geben: «Lösch alles mit dem Schwamm aus, langweiliger Poet, und lasse die Musen in Frieden.» Caligula[1] zwang die Verseschmiede, ihre Gedichte mit der Zunge abzulecken. Er bestrafte die Verbrechen der Feder mit der Zunge!

Wir fordern hier den Leser zu einer kurzen Betrachtung auf. Wenn wir heute feststellen müssen – und das kommt ja sehr oft vor –, daß wir etwas geschrieben haben, was nicht in Ordnung ist, zum Beispiel eine unüberlegte Bemerkung, einen schwachen Artikel oder ein einfältiges Gedicht, einen wenig klaren Verwaltungsbericht oder einen häßlichen Brief an einen braven Mann, der ihn nicht verdient hat, und die Vernunft und eine gesunde Selbstkritik wieder das Übergewicht bekommen, dann zögern wir nicht, unter den beschmierten Blättern ein Gemetzel anzurichten und sie zerrissen oder zerknüllt in den Papierkorb zu werfen. Dieses Todesurteil der eigenen Schriften konnte man im Altertum aus zweierlei Gründen nicht fällen: Erstens waren Papyrus und Pergament, wie gesagt, zu teuer, so daß man es sich zweimal überlegen mußte, ehe man sie vernichtete; und zweitens war das Zerreißen des Papyrus und des Pergaments alles andere als einfach, wenn man nicht sehr kräftige Hände hatte. Wenn man also mit dem Geschreibsel auch den Papyrus oder das Pergament zerstören wollte, so mußte man alles den Flammen übergeben; oder man mußte sich des bereits erwähnten Schwammes bedienen. Feuer oder Wasser! Martial riet dem schlechten Dichter, dem er als Thema die Sintflut des Deukalion empfahl, die Feuersbrunst des Phaeton zu behandeln, falls ihm dies besser liege. Horaz[2] schrieb einer seiner Freundinnen: «O Du, einer schönen Mutter noch schönere Tochter! Meinen böswilligen Versen kannst Du ein Ende nach Deinem Belieben bereiten, mit der Flamme oder im Adriatischen Meer.» Auch hier also Feuer oder Wasser. Wir hingegen würden sagen: «Zerreiße die Verse; zerreiße sie, machen wir Frieden und denken wir nicht mehr daran.» Denn das ist letzten Endes alles, was Horaz sagen will.

7. Im Altertum waren die Metallfedern mit der eigens hergerichteten Spitze nicht unbekannt. Diese Federn waren aus Bronze und sind bei den Ausgrabungen in größerer Anzahl zum Vorschein gekommen; als Schreibwerkzeuge bilden sie aber eine sehr seltene Ausnahme; daraus läßt sich schließen, daß die Metallfedern ihren Dienst nur sehr schlecht erfüllten. Um die Buchstaben auf den Papyrus oder das Pergament zu bringen, bediente man sich für gewöhnlich eines zugespitzten Rohres *(calamus)* oder einer

---

[1] SUETON, *Cal.*, 20. [2] *Od.*, i, 16, 1/4.

Vogelfeder *(penna)*, die gleichfalls zugespitzt und an der Spitze gespalten war, so daß die Spitze ungefähr wie eine Schreibfeder aussah – etwa wie der Gänsekiel unserer Ahnen, mit dem so viele Meisterwerke geschrieben worden sind. Heute sind die Federn vollkommener, aber Meisterwerke entfließen ihnen nur selten. Die besten *calami* kamen aus Ägypten oder aus Knidos. Der stumpf gewordene *calamus* wurde mit einem Messerchen *(scalprum)* angespitzt; wem es dazu an Geduld fehlte, nahm einen neuen. Beim Schreiben hielt man daher immer eine Anzahl von *calami* bereit *(fasces calamorum)*[1], die man in einem Behälter *(theca libraria)* verwahrte[2].

8. Kleine Nachrichten, kurze Briefe, Notizen und Quittungen schrieb man auf Wachstäfelchen *(cerae)*; auch den Entwurf zu einer literarischen Arbeit[3]. Wir wissen, daß für manche Zauberkünste Wachstäfelchen benutzt wurden. Wenn zum Beispiel eine geübte Zauberkünstlerin den Namen des Geliebten aufs Täfelchen schrieb, sein Bild daneben zeichnete und die Leber mit einer langen Nadel durchstach, konnte der Unglückliche gewiß sein, daß ihm Unheil drohte[4]. Für gewöhnlich war das Wachs farbig, von einem dunklen Ton, daher auch die Bezeichnung *tristes*, die Martial für die *cerae* anwendet[5]; auch unter *sanguinulentus color*[6], den Ovid erwähnt, ist ein blauschwarzes, nicht leuchtendes Dunkelrot zu verstehen.

Man strich das Wachs in das Innere der Täfelchen, deren Ränder erhaben waren; das Innere war leicht vertieft, so daß das Wachs haften blieb und nicht auslief. Für gewöhnlich band man verschiedene Täfelchen mit einer Schnur zusammen, die man durch eigens hierfür an den Rändern befindliche Löcher zog. Die Wachstäfelchen bezeichnete man dann als *duplices*, *triplices*, *quinquiplices* usw., je nach der Anzahl der Holztäfelchen, die man zusammenband. Man benannte sie auch mit dem griechischen Wort *diptycha*, *triptycha*, *polyptycha*. Mehrere Täfelchen zusammen bezeichnete man in früherer Zeit mit *caudex* oder *codex*[7]; jedes Täfelchen wurde auf beiden Seiten mit Wachs bestrichen; beim *diptychon* versah man jedoch nur die inneren Seiten mit Wachs, so daß es einem Büchlein ähnelte (Taf. LXXII); die beiden äußern Seiten dienten dann gewissermaßen als Umschlag. Die Außenseite beschrieben manche mit ihrem Namen.

Das Wort *caudex* erweiterte dann seine Bedeutung, indem es zunächst die öffentlichen Gesetzestafeln und später die Pergamentbücher umfaßte, die

---

[1] Martial, xiv, 38. [2] Ibid., 19. [3] Iuvenal, 1, 63; Plinius, *Epist.*, i, 6, 1.
[4] Ovid, *Amores*, iii, 7, 29/30. [5] xiv, 5, 1. [6] *Amores*, i, 12, 12.
[7] Seneca, *De brev. vitae*, 13, 4: Plurium tabularum contextus caudex apud antiquos vocatur.

auch wir als Codices bezeichnen; ja eigentlich sind es nur die aus Pergament oder Papier hergestellten, die wir als Codices bezeichnen. Da in der späteren Kaiserzeit die Verordnungen auf Pergament-Codices in Umlauf gesetzt wurden, bezeichnete *codex* eine Sammlung von Verordnungen, und zwar private *(Codex Hermogenianus, Codex Gregorianus)* oder öffentliche *(Codex Theodosianus, Codex Iustinianus)*. Darum versteht man bis heute in den romanischen Sprachen unter «Codex» jede Sammlung grundlegender Gesetze *(Code civil* = Zivilgesetzbuch, *Code pénal* = Strafgesetzbuch, usw.). Der Sinn des Wortes hat sich also wesentlich verschoben, denn *caudex* (wörtlich Holzklotz) könnte eigentlich nur einen Gegenstand bezeichnen, der vorwiegend aus Holz besteht wie die Wachstäfelchen, von denen die Geschichte des interessanten Wortes ausgegangen ist.

Bei der späteren allgemeinen Verwendung der Wachstäfelchen finden wir die Bezeichnung *codicilli* oder *pugillares*, besonders bei den kleineren Formaten, oder auch *vitelliani*; die offenbar sehr kleinen und eleganten *vitelliani* scheint man für die Verabredung zu galanten Abenteuern verwendet zu haben[1].

Die Wachstäfelchen beeinflußten auch die Form der Pergament-Codices, denn außer den Holz- und Wachstäfelchen fertigte man auch Elfenbein- und Pergamenttäfelchen an. Diese waren regelrechte Taschenbüchlein[2] oder aber kleine handliche Ausgaben, die besonders für Reisen geeignet waren (erste Erwähnung bei Martial[3]), und müssen als älteste Exemplare der Pergament-Codices und somit des modernen Buchtyps angesehen werden.

Die Buchstaben wurden mit einem langen, dünnen und spitzzulaufenden Griffel, dem sogenannten *stilus* oder *graphium*, in das Wachs eingeritzt, was man als *arare* oder *exarare*, wörtlich «eine Furche ziehen», bezeichnete. Das andere Ende des *stilus* zeigte eine kleine runde oder platte Spachtel, die dazu diente, eingeritzte Buchstaben zu entfernen oder dem Wachs seine ursprüngliche, glatte Oberfläche zurückzugeben: *stilum vertere* heißt daher «korrigieren, verbessern».

Es ist bemerkenswert, daß noch heute einige für die Schreibkunst angewandte Ausdrücke sich ursprünglich auf das Beschreiben der Täfelchen bezogen. *Stilus* bedeutete nämlich im späten Latein «Schreibübung» und *exarare* «Buchstaben aufzeichnen», auch wenn dies mit Feder und Tinte geschah. Auch heute noch sagt man im italienischen Kanzleistil *esarare* im Sinne von «niederschreiben mit eigener Hand». Aus *stilus* entstand dann unser «Stil» als Bezeichnung für die Persönlichkeit eines Schriftstellers im

---

[1] Ovid, *Amores*, i, 12, 1/2; Martial, xiv, 8. [2] Martial, xiv, 7. [3] *Ibid.*, i, 2.

PAPIER, BÜCHER, KORRESPONDENZ, ZEITUNGEN UND POST   213

Hinblick auf Wahl und Lebendigkeit seines Ausdrucks. «Der Stil ist der Mensch», hat Buffon gesagt; doch ursprünglich war es ein einfacher spitzer Griffel aus Eisen, Bein oder Elfenbein, der dazu diente, das Wachs zu ritzen.

Die Wachstäfelchen bildeten das geeignetste Mittel, geheime Botschaften zu übermitteln, insbesondere unter Liebespaaren; damit der Überbringer oder andere Unbefugte das Geheimnis nicht enthüllten, verschnürte man das Wachstäfelchen mit einer Schnur *(linum)*[1] und versiegelte es. Zur größeren Sicherheit führte man die Schnur durch ein in der Mitte des Wachstäfelchens angebrachtes Loch. Eine selbstverständliche Vorsichtsmaßnahme gegen alle, die zu jeder Zeit die Angewohnheit haben, ihre Nase in die Angelegenheiten anderer Leute zu stecken; eine schlechte Angewohnheit, die die Vorsichtsmaßnahme durchaus rechtfertigt.

9. Trotz des verhältnismäßigen Mangels an Schreibmaterial (s. S. 202) schrieb man in der römischen Welt seit den letzten zwei Jahrhunderten der Republik sehr viel. Durch die Zentralisierung der Staatsmacht waren die Verwaltungsorgane gezwungen, in ständiger Verbindung mit den in den Provinzen und kleineren Städten verstreuten Behörden zu stehen, was einen beträchtlichen Papierverbrauch notwendig machte.

In Flugblättern zirkulierten Abschriften der *Acta diurna populi*, amtlicher Mitteilungen zur Bekanntmachung der wichtigsten öffentlichen Verordnungen (Senatsbeschlüsse, Magistratsverfügungen, später kaiserliche Erlasse); außerdem enthielten diese Blätter offenbar auch Berichte aus der Gesellschaft, Lokalnachrichten im wahren Sinne des Wortes. Die Originale bewahrte man in den öffentlichen Archiven auf, sie wurden somit zu einer wertvollen Quelle für die späteren Geschichtsschreiber. Der Leser darf sich aber nicht zu der Annahme versteigen, daß diese «Zeitungen» im alten Rom die gleiche Verbreitung, Vielfalt des Inhaltes und demzufolge die nämliche Bedeutung hatten wie die unsern. Es war eine primitive und bescheidene Form von Zeitung; es gab keine Journalisten und keine Presse. Der spezifische Charakter, den die Tagespresse unserer Kultur verleiht, fehlte in Rom vollkommen, obwohl Äußerungen eines Bekannten Ciceros[2] darauf schließen lassen, daß schon damals in dem Mitteilungsblatt auch Gerüchte *(fabulae, rumores)* aufgenommen wurden. Wann ist der Mensch wohl auch nicht klatschsüchtig gewesen? Die Exemplare der *Acta diurna* zirkulierten in Rom

---

[1] PLAUTUS, *Bacch.*, 714, 748; *Pseud.*, 42.
[2] CAELIUS (bei CICERO, *Ad fam.*, viii, 1, 1), indem er die *res urbanae* aufzählt, erwähnt er *senatus consulta, edicta, fabulae, rumores*.

und wurden in die Provinz gesandt, wohin sie ein wenig Großstadtluft brachten. Es war jedoch eine recht dürftige Berichterstattung: Ein Blick genügte, um sofort auf dem laufenden zu sein. Der alte Römer war ein Römer ohne «Messaggero».

10. In den oberen Schichten der Bevölkerung verbrauchte man auch sehr viel Papier. Ein einflußreicher Mann, der am politischen Leben aktiven Anteil nahm, hatte tausend Gründe, um zu schreiben; er mußte mit einer großen Anzahl Personen Briefe wechseln, mußte die eigenen Reden vorher schriftlich niederlegen und sich später um die Herausgabe kümmern. Viele schrieben auch Bücher; bekanntlich hat es in Rom nur wenige bedeutende Männer des öffentlichen Lebens gegeben, die die zeitgenössische Literatur nicht um einige Werke bereichert haben, ob es sich nun um wissenschaftliche Werke handelte, in denen die gewonnenen Erfahrungen auf irgendeinem Wissensgebiet festgehalten wurden, oder um rein literarische Arbeiten. Caesar, Augustus und viele andere Kaiser waren Literaten und Dichter. Unter dem Wort *otium* verstanden die Römer die freie Zeit, die ihnen ihre öffentliche Betätigung *(negotia)* übrigließ; es war jedoch ein arbeitsamer Müßiggang, bei dem alljährlich sehr viele Papyrusrollen verbraucht wurden. Viel Schreibmaterial erforderte auch die Verwaltung des Familienvermögens, die jeder *paterfamilias* mit peinlichstem Fleiß versah; hierfür waren auch Sekretäre, Buchhalter und einfache Schreiber erforderlich, die ihren Tag mit schriftlichen Arbeiten ausfüllten. In den großen Familien hielt man sich daher eine gewisse Anzahl von schreibkundigen Sklaven (allgemein als *librarii* oder *amanuenses* bezeichnet). Die mit der Niederschrift nach Diktat oder der Abschrift der Korrespondenz beschäftigten Sklaven nannte man *servi ab epistolis (a litteris, a codicillis)*.

11. Durch die Schreibsklaven, die *librarii*, ließ der Herr auch Bücher abschreiben, die er selbst verfaßt hatte oder die für die Hausbibliothek bestimmt waren; falls erforderlich, ließ er die Abschrift eines in seinem Besitz befindlichen Buches mit einem anderen, genaueren Texte vergleichen und entsprechend berichtigen. Seit den letzten Zeiten der Republik zog man es jedoch vor, sich zur Beschaffung von Büchern des Buchhändlers *(bibliopola)* zu bedienen, bei dem man eine bereits vorliegende Abschrift kaufte oder eine solche in Auftrag gab. Dies war wohl der häufigere Fall, denn der Vorrat an fertigen Kopien war wegen der langwierigen Arbeit des Abschreibens äußerst beschränkt.

In Rom gab es zahlreiche Buchhändler; ihre Läden befanden sich im Argiletum (s. S. 64) oder dessen nächster Umgebung. Sie verfügten über eine große Anzahl von *amanuenses*; war ein Werk besonders gefragt, so diktierte man den Text gleichzeitig mehreren Schreibern.

In einer Zeit ohne Buchdruckereien und ohne Gesetze, die das geistige Eigentum schützten, übernahm der Buchhändler auch die Aufgaben des Verlegers. Große Buchhändler und Verleger waren zur Zeit Ciceros Titus Pomponius Atticus[1]; im augusteischen Zeitalter die Gebrüder Sosii[2]; zur flavischen Zeit Tryphon[3], der Verleger Martials und Quintilians, außer anderen weniger bedeutenden wie Atrectus[4], Secundus[5] u. a.

12. In einer gebildeten Gesellschaft, deren Angehörige – auch die im öffentlichen Leben Beschäftigten – sich umfassender Lektüre hingaben, mußte auch der Buchhandel sehr rege sein, soweit dies in einer Zeit möglich war, die viele Jahrhunderte vor der Erfindung der Buchdruckerkunst lag. Besonders groß war die Anzahl der Privatbibliotheken; die großen Familien besaßen deren verschiedene, sowohl in der Stadt als in der Landvilla. Zum Teil handelte es sich um beachtliche Bibliotheken, wie zum Beispiel die des Dichters Persius[6], der sie durch testamentarische Bestimmung dem Annaeus Cornutus vermachte. Auch in den Thermen wurden für den Gebrauch der Besucher Bibliotheken unterhalten.

Während des Imperiums begann man nach dem Beispiel der hellenistischen Staaten öffentliche Bibliotheken einzurichten. Die erste wurde von Asinius Pollio im Atrium Libertatis, dem Sitz der Censoren, gegründet. Sie war prächtig ausgestattet und mit den Statuen der größten Autoren geschmückt; die zweite eröffnete Augustus in einem Bau mit Säulengängen, der an den Apollontempel auf dem Palatin anschloß. Sie umfaßte eine große Anzahl von Exemplaren griechischer und lateinischer Autoren sowie eine besonders reichhaltige Sammlung rechtswissenschaftlicher Werke. Eine Kolossalstatue des Augustus, die ihn als Apollon darstellte, war aufgestellt, und wie in der Bibliothek des Asinius Pollio waren auch hier die Räume mit den Standbildern von berühmten Schriftstellern und großen Rednern geschmückt. Eine Bibliothek kleineren Umfanges wurde von Augustus der

---

[1] CORNELIUS NEPOS, *Att.*, 13, 3; vgl. FRONTO, S. 20. Man nimmt an, daß die Buchhandlung des Atticus auch nach dessen Tode fortgesetzt wurde und daß in diesem Verlage die Werke erschienen sind, die man mit 'Ἀττικιανά bezeichnete.

[2] HORAZ, *Epist.*, i, 20, 2; *Ars poet.*, 345.

[3] QUINTILIAN, *Praef.*; MARTIAL, iv, 72, 2; xiii, 3, 4.

[4] MARTIAL, i, 117, 13.   [5] *Ibid.*, i, 2, 7.   [6] *Vita A. Persi Flacci*, 1.

Porticus Octavia¹ angegliedert. Unter Tiberius nahm die Zahl der Bibliotheken sehr rasch zu (in der Domus Tiberiana auf dem Palatin)², desgleichen unter Vespasian (an das Templum Pacis angegliedert)³· und unter Traian, der auf seinem Forum eine der reichsten Bibliotheken Roms entstehen ließ, die Bibliotheca Ulpia⁴. Später wurde auch auf dem Capitol eine Bibliothek erbaut⁵. Im vierten Jahrhundert n. Chr. (s. S. 21) zählte man in Rom 28 öffentliche Bibliotheken.

13. Da sich bei der Behandlung des Buchwesens einige knappe Bemerkungen über Buchhändler und Bibliotheken in Rom nicht umgehen ließen, so würde in diesem Kapitel, das den Büchern und dem Briefwechsel gewidmet ist, etwas Wesentliches fehlen, wenn wir nicht ein paar kurze Hinweise auf das römische Postwesen gäben.

Wir haben oben festgestellt, daß die Leichtigkeit, mit der wir uns Papier verschaffen können, einen der wesentlichsten Unterschiede zwischen der neueren Zeit und der Antike darstellt. Wir fügen jetzt einen andern hinzu: die Bequemlichkeit, die Schnelligkeit und die geringen Kosten des Postverkehrs. Auch im Altertum gab es eine Post; sie diente aber nur den staatlichen Behörden, die mit den zivilen und militärischen Verwaltungsorganen in der Provinz eine ständige Verbindung aufrecht erhalten mußten. Dieser staatliche Dienst wurde zum ersten Male als ständige und fortlaufende Einrichtung in Persien durch Dareios Hystaspes zu Beginn des fünften Jahrhunderts v. Chr. eingeführt; seine Postboten wurden von den Schriftstellern mit dem persischen, ins Griechische übertragenen Namen ἄγγαροι bezeichnet; auch die hellenistischen Staaten, die aus dem Verfall des Alexanderreiches hervorgegangen waren, unterhielten einen regulären Postdienst; der vollkommenste und bestorganisierte Postdienst war jedoch ein Werk des römischen Imperiums.

Der Staat sicherte den regelmäßigen Postverkehr auf folgende Weise: An den wichtigsten Straßen, gewöhnlich an den Militärstraßen, waren in bestimmten Zwischenräumen Kuriere oder auch Postkutschen verteilt, welche die empfangene Post so rasch wie möglich bei der nächsten Dienststelle abzuliefern hatten.

Seit den Zeiten des Augustus nahm der römische Postdienst, der in den Texten mit verschiedenen Namen bezeichnet wird *(cursus publicus, cursus vetricularis, cursus fiscalis, res veredaria* usw.), einen großen Aufschwung und

---

¹ Sueton, *De gramm.*, 116; vgl. Ovid, *Tristia*, iii, 1, 69. ² Aulus Gellius, xii, 20, 1.
³ *Ibid.*, v, 21, 9; xvi, 8, 2. ⁴ Cassius Dion, lxviii, 16. ⁵ Paulus Orosius, vii, 16.

war nach einem weitverzweigten System geordnet. Die oberste Leitung lag in den Händen der *praefecti* der Leibwache, der Vertrauensbeamten des Herrschers. Unter Konstantin wurde der Postdienst vervollkommnet. Zu seiner Überwachung wurden verschiedene Beamte eingesetzt; in den einzelnen Provinzen unterstand er den Statthaltern *(praesides)*, denen ein ausschließlich für den Postdienst eingesetzter Beamter zur Seite stand *(praefectus vetriculorum)*.

Die für die Leitung des Postdienstes verantwortlichen Beamten hatten für alle Erfordernisse des Postverkehrs Sorge zu tragen. Sie mußten die Straßen unterhalten, die Brücken instand setzen, den geregelten Dienst der lokalen Behörden beaufsichtigen usw. Zu diesem Zweck war das Gebiet der einzelnen Provinzen in verschiedene Postbezirke eingeteilt, an deren Spitze ein Inspektor *(manceps)* stand, der eine gewisse Anzahl von Unterinspektoren *(apparitores)* und geeigneten Fachkräften unter sich hatte. Diese versorgten den Wechsel der Postpferde *(stationarii)*, kutschierten *(muliones, hippocomi)* oder sorgten für die erkrankten Tiere *(mulomedici*, also Veterinäre), für die Ställe *(stratores)* oder die Instandsetzung der Wagen *(carpentarii)* usw. Die Postpferde waren stark und schnell, und die Wagenlenker sparten nicht mit der Peitsche, um rasch vorwärts zu kommen. Offenbar hat sich mancher Rohling unter den Postillionen sogar des Stockes bedient, um die Pferde anzutreiben, so daß das Gesetz zum Schutz der Tiere eingreifen und diese brutalen Methoden verbieten mußte. Uns ist eine Verfügung Konstantins[1] überliefert, die wohl den Gebrauch der Peitsche billigt, aber die Anwendung des Stockes untersagt. Die Kosten für den Postdienst wurden von den lokalen Verwaltungen getragen.

Privatpersonen erhielten nur gelegentlich die Genehmigung, sich der Staatspost zu bedienen. In der Regel mußten sie für den Briefwechsel selbst aufkommen; sie verwandten hierzu eigene Sklaven, sogenannte *tabellarii*, oder, falls Briefe durch Eilpost in weit entfernte Gegenden spediert werden sollten, die *cursores*. Gelegentlich beauftragte man mit der Besorgung auch Freunde und Gäste auf der Durchreise oder Händler und fremde *cursores*, die aus den Orten stammten, für die der Brief bestimmt war. Wenn ein Kurier zu einem entlegenen Bestimmungsort aufbrach, nahmen die Freunde des Absenders die Gelegenheit wahr, um ihre Post nach diesem Ort oder nach anderen Ortschaften, die der Kurier berührte, zu befördern. Unter Leuten, die viel schrieben, bildete sich in der Praxis eine Art gegenseitiger Posthilfe. Dieser Austausch gestattete eine gewisse Regelmäßigkeit

---

[1] *Cod. Iust.*, xii, 51, c. 1.

in der Abfertigung der Privatpost; trotz allem war es nicht selten, daß der versandfertige Brief längere Zeit beim Absender liegen blieb, in Erwartung einer Gelegenheit, ihn an den Empfänger weiterzuleiten. Wer diesem Übelstand abhelfen wollte und viele politische und finanzielle Beziehungen hatte, unterhielt eine größere Anzahl eigener Sklaven, die nur für private Botendienste eingesetzt wurden. Aber der Dienst blieb doch immer unvollkommen[1] und verursachte überdies hohe Kosten, wenn man bedenkt, daß zu den Kosten für die Sklaven die Spesen für die Beförderung hinzukamen. Eine einzige Botschaft erforderte manchmal die Ausgaben einer langen Reise. Für wie wenig Geld kann man heute einen Brief von Genua nach Tokio schicken!

Postdienst ist Vertrauenssache. Man mußte deswegen darauf bedacht sein, getreue und intelligente Sklaven damit zu beauftragen oder Personen, deren Verschwiegenheit man gewiß sein konnte. Der Inhalt blieb natürlich geheim. Da man noch keine Briefumschläge kannte, faltete man den Papyrus derart, daß die Schrift nach innen zu liegen kam; das Ganze verschnürte man mit einer Kordel und versiegelte es. Das Siegel, das im Altertum die Unterschrift ersetzte, garantierte die Glaubwürdigkeit der Nachricht für den Fall, daß der Absender das Schreiben nicht selbst ausgefertigt hatte, was übrigens sehr selten vorkam, da die Briefe meist mit eigener Hand geschrieben waren.

Für den offiziellen Briefwechsel bedienten sich die Verwaltungsbeamten gewöhnlich ihrer eigenen Sklaven, die mit dem öffentlichen Postdienst reisten, obwohl ihnen eigens hierfür eingestelltes Personal *(apparitores)* zur Verfügung stand. Besondere Bedeutung wurde der Wahl des Überbringers beigemessen, wenn es sich um offizielle Schreiben handelte, deren Ablieferung mit gewissen Förmlichkeiten verbunden war.

---

[1] CICERO, *Ad Qu. fr.*, iii, 1, 7, 23: *Multos dies epistolam in manibus habui propter commorationem tabellariorum;* und weitere Stellen.

V. DIE RECHTSANWÄLTE

1. Würde der römischen Advokatur. – 2. Der vorwiegend politische Charakter der Advokatur zur Zeit der Republik. – 3. Der römische und der moderne Rechtsanwalt. – 4. Mit dem Kaiserreich wurde die Advokatur ein Beruf. – 5. *Iuris consultus* und *orator*. – 6. Der *iuris consultus*. – 7. Der *orator*. – 8. Beistand, nicht Vertreter. – 9. Der römische Rechtsanwalt in den Strafprozessen. – 10. Die Advokatur, ein schweres Amt. – 11. Die Vorbereitung auf den Prozeß *(meditatio)*. – 12. Die öffentliche Verhandlung. – 13. Die *causidici*, die Winkeladvokaten.

1.

SEIEN wir ehrlich: Alle Kreise, selbst gebildete Menschen, von denen man ein bißchen mehr Einsicht erwarten sollte, hegen eine vorgefaßte Meinung gegen den Advokatenstand; dieses Vorurteil ist so verbreitet, daß das Adjektiv «advokatisch» einen alles andere als angenehmen Beigeschmack hat.

Diese Voreingenommenheit oder dieses Vorurteil – wie man es auch nennen mag – ist sehr alten Datums. Vielleicht hat es auch ein wenig literarischen Ursprung; denn zu diesem Vorurteil hat nicht zuletzt die Mißstimmung der Schriftsteller, insbesondere der Dichter, beigetragen, die sich, vom Vater zum Advokatenberuf gezwungen, zu ganz anderen Dingen berufen fühlten. Das poetische Empfinden, das sich durch die Spitzfindigkeiten der Glosse und das klägliche Schauspiel der Prozeßsucht verletzt fühlte, erzeugte einen Abscheu gegen alles, was mit Gesetzen, Richtern und Prozessen zu tun hatte. Petrarca wagte zu sagen[1], er habe nicht Advokat werden wollen, weil ihm ein Beruf widerstrebe, der keine Wahl zwischen «unehrlich sein» und «ignorant erscheinen» lasse.

Da ich hier die Aufgabe habe, antike Dinge zu erläutern, und mich nicht dazu berufen fühle, persönliche Meinungen kundzutun, die ich oft gar nicht besitze, hat der Leser kein Recht zu fragen, wie ich darüber denke. Wenn ihm aber unbedingt an meiner Meinung liegt, will ich nicht verhehlen, daß ich ein derartiges Vorurteil für unbillig, dumm und für den Gipfel aller Widersprüche halte. Ich sage widerspruchsvoll, denn gerade die Leute, die sich in Bosheit und Ironie gegen die Advokaten nicht genug tun können, sind die ersten, die nicht schnell genug ein Fahrzeug finden, um sich zum

---

[1] *Epist. ad posteros: Piguit perdiscere quo inhoneste uti nollem et honeste vix possem et, si vellem, puritas inscitiae tribuenda esset.*

Büro eines Anwaltes zu begeben, dem sie unter Herzklopfen ihre Nöte erzählen und dessen Hilfe sie erbitten, wenn ihre Vermögensinteressen in Gefahr sind oder wenn sie vom Strafgesetz bedroht werden.

Den Römern erschien kein Beruf höher, würdiger und nützlicher als die Ausübung der Rechtswissenschaft. Das Forum war die erste Schule, der sich der junge Politiker zuwandte[1]; auch als die republikanische Freiheit zerfiel, blieb die Würde des Gerichtswesens im Bewußtsein Roms, der Beschützerin der Kultur und der Mutter des Rechtes, unberührt. «Die Rechtsanwälte», lesen wir in einer spätkaiserlichen Verfügung[2], «welche die Zwiespältigkeit eines Falles klären, in öffentlichen oder privaten Prozessen dem Gefallenen wieder auf die Beine helfen und unterdrücktes Recht wiederherstellen, sind der Menschheit nicht weniger nützlich als der den Schlachten und Wunden trotzende Krieger, der für die Rettung des Vaterlandes und der Eltern kämpft; wir sind der Meinung, daß für unser Imperium nicht nur diejenigen kämpfen, die mit Schwert, Schild und Panzer bewaffnet sind, sondern auch die Rechtsanwälte; auch sie sind Kämpfer; sie sind es, die vor dem Forum, auf ihre glänzende Redegewandtheit gestützt, Hoffnung, Leben und Nachkommenschaft derjenigen verteidigen, die in einen Prozeß verwickelt sind.»

2. Während der republikanischen Periode waren alle bedeutenden Männer Roms – mit Ausnahme von Marius, der durch seine außerordentlichen militärischen Fähigkeiten zur politischen Vormachtstellung gelangte – mit dem Gerichtswesen vertraut. Der Vater nahm den Sohn schon als Jüngling mit aufs Forum, damit er seine Redegewandtheit schulen und das öffentliche Leben kennenlernen konnte, das in den Gerichtsdebatten am vielseitigsten zum Ausdruck kommt. Der Censor Cato hätte dem Grimm seiner erbitterten Feinde nicht die Stirn bieten können, wenn er nicht ein Mann von außergewöhnlicher Beredsamkeit gewesen wäre; vierundvierzigmal angeklagt, wurde er immer wieder freigesprochen[3]; es gelang ihm, eine unantastbare politische und zivile Haltung zu wahren, denn wegen seiner hohen Kunst in Anklage und Verteidigung gehörte er zu den führenden Männern des Forums. C. Gracchus trat in das öffentliche Leben mit der Verteidigung eines seiner Freunde, eines gewissen Vettius[4], ein, und alle Augen wandten sich dem noch sehr jungen Verteidiger zu. Cicero war blutjung

---

[1] TACITUS, *Dial. de orat.*, 34.
[2] Aus dem Jahre 469 n. Chr., unter den Kaisern Leo und Anthemius = *Cod. Iust.*, ii, 7, c. 14. [3] PLINIUS D. Ä., vii, 100. [4] PLUTARCH, *C. Gracchus*, 1, 3.

und von unbekannter Herkunft, als ihm ein Vatermord[1] mit politischen Hintergründen Gelegenheit bot, seine Kunst zu zeigen; bis dahin fast völlig unbekannt, eroberte er sich mit seiner glänzenden Verteidigung in wenigen Tagen eine überragende Stellung auf dem Forum[2] und schuf sich damit die Grundlagen für seinen künftigen politischen Aufstieg. Der *homo novus*, der nicht zu einer jener Familien gehörte, in denen die Ausübung der Macht Tradition war, sah bei einem großen Sieg vor den Richtern in Gedanken seinen künftigen Aufstieg zum Consul bereits voraus. Die Verteidigten von heute waren die Wähler von morgen; der Adel, der aus dem Richteramt eine geschlossene Kaste machen wollte, konnte diejenigen nicht ausschließen, die in den Kämpfen auf dem Forum mächtige Verbündete oder gefürchtete Gegner sein konnten. Auch Hortensius erlangte die Consulswürde als Redner von Format; doch wenn wir seine Persönlichkeit zu rekonstruieren versuchen, empfinden wir ihn als Politiker so zweitrangig, wie uns seine Charakterstärke als Advokat einmalig erscheint.

3. Zwischen dem Advokaten des römischen Zeitalters, das heißt jener Periode, in der die öffentliche Freiheit noch blühte und die große Kunst der Beredsamkeit ihre höchsten Triumphe feierte, und dem Anwalt unserer Tage bestehen jedoch grundlegende Unterschiede.

Die Advokatur ist heute ein Beruf; wir finden nichts daran, daß es Personen gibt, die nur als Anwälte leben, sich also lediglich mit den Vorgängen des eigenen Büros beschäftigen und mit ihrer Arbeit einen ehrlichen, wenn auch möglichst hohen Verdienst erzielen. Im römischen Altertum dagegen ist die Advokatur eine zivile Funktion, die man unentgeltlich ausübt, wobei man zwar die Vorteile im Auge hat, die damit verbunden sind, wie Ruhm und Macht im politischen Leben, aber kein Geld. Die Unentgeltlichkeit des rechtlichen Beistandes ist allerdings ein weiter Begriff; obwohl die *lex Cincia* aus dem Jahre 204 v. Chr. festlegte: *ne quis ob causam orandam pecuniam donumve acciperet*[3], wurde dies in späterer Zeit nicht so rigoros befolgt, insbesondere was Geschenke betrifft. Es handelte sich um eines jener Gesetze *(leges imperfectae)*, die weder die gegen das Gesetz *(contra legem)* gerichteten Handlungen als nichtig erklärten noch für die Zuwiderhandelnden Bestrafung vorsahen; außerdem war es ein Gesetz, das in Vergessenheit geriet und

---

[1] Der Prozeß gegen Sextus Roscius Amerinus.
[2] CICERO, *Brutus*, 90, 312: *Prima causa publica pro Sex. Roscio dicta tantum commendationis habuit, ut non ulla esset, quae non digna nostro patrocinio videretur.*
[3] TACITUS, *Ann.*, xi, 5, 3.

daher des öftern in Erinnerung gerufen werden mußte, letztmalig durch Augustus. Was die Honorare der Anwälte betraf, so müssen wir uns die Situation praktisch folgendermaßen vergegenwärtigen: der Klient hatte nicht die Verpflichtung, etwas zu geben, noch der Rechtsanwalt das Recht, etwas zu verlangen oder gar sich auf tarifliche Bestimmungen und Eintreibungsverfahren zu stützen; vor allem galt das vorherige Aushandeln des Preises für die Kosten der Verteidigung als unehrenhaft[1]; wenn jedoch nach Beendigung des Prozesses der eine gab und der andere nahm, was jedoch durchaus nicht zur Regel wurde, so fand daran niemand etwas auszusetzen. Die Vergütung war als reine Privatangelegenheit kein Zwang und genoß grundsätzlich keinen öffentlichen Schutz.

Während des ganzen republikanischen Zeitalters stellt die Advokatur eine Tätigkeit dar, die von der Gesamttätigkeit des römischen Politikers nicht zu trennen ist; in dieser Welt aber gelangt nur zum Ziele, wer große Ambitionen hat und große Kämpfe besteht. Die finanzielle Seite ist eine angenehme Zugabe, die im Schatten bleibt.

4. Mit Beginn des Principates hingegen verlor die Advokatur infolge des geringeren Einflusses der öffentlichen Meinung ihren vorwiegend politischen Charakter, und wenn auch zunächst Männer mit großem Vermögen, wie Plinius der Jüngere, die schöne Tradition der unentgeltlichen Verteidigung beibehielten[2], endete sie doch damit, daß sie zum Beruf entwürdigt wurde; einem freien, hochangesehenen, zweifellos notwendigen Beruf, aber doch zu einem Beruf. Claudius[3] bestimmte, daß die Rechtsanwälte ein Anrecht auf Honorar hätten, wenn auch in bestimmten Grenzen (höchstens 10000 Sesterzen). In der späteren Zeit des Imperiums bildeten die Rechtsanwälte, die nunmehr einfache Berufstätige geworden waren, einen Stand *(collegia* oder *corpora advocatorum)*, hatten ihre Register *(matriculae)*, einigten sich über die zu vertretenden eigenen Interessen und legten ihre Berufsdisziplin fest, die für alle verpflichtend war.

[1] Auch zur Kaiserzeit gilt dies noch als unehrenhaft (vgl. oben), als die Annahme eines Honorars schon zur Gewohnheit geworden war. QUINTILIAN, xii, 7, 11: *Paciscendi quidem ille piraticus mos et ponentium periculis pretia procul abominanda negotiatio etiam mediocriter improbis aberit.*

[2] QUINTILIAN, xii, 7, 8: *Quis ignorat quin id longe sit honestissimum ac liberalibus disciplinis et illo, quem exigimus, animo dignissimum, non vendere operam nec elevare tanti beneficii auctoritatem?*

[3] TACITUS, *Ann.*, xi, 7, 8. In *Digesten* (l, 13, 1, 12) ist ein Höchstsatz von 100 *aurei* festgesetzt (vgl. S. 71, Anm. 4).

Um jedoch eine engere Beziehung zwischen dem römischen und dem modernen Rechtsanwalt festzustellen, muß man den Verfall der Republik und das Erlöschen des Freiheitsgedankens, der sie trug, abwarten. Cicero als Advokat ist noch kein Advokat Cicero.

5. Wenn wir uns mit dem Studium der antiken Prozeßordnung befassen, entdecken wir weitere Unterschiede. Heute ist der Rechtsanwalt, der das Vertrauen des Klienten besitzt, je nach Fall und Lage Rechtsbeistand oder Verteidiger. Der reine Theoretiker, zum Beispiel ein Professor der Rechtswissenschaft, der abseits des Gerichtes lebt, steht außerhalb der Praxis der einzelnen Fälle und der realen, individuellen Interessen; diese Gebiete betreffen nur und ausschließlich den Rechtsanwalt; ob es sich nun darum handelt, die juristischen Grundlagen eines Streitfalles zu prüfen oder die Rechte des Prozeßführenden zu verteidigen: ein und dieselbe Person nimmt sich des Falles an. Sie überzeugt den Klienten von der Notwendigkeit eines Prozesses oder rät davon ab, interveniert im Prozeß selbst und bereitet gegebenen Falles die Voraussetzungen für einen Vergleich vor. Es würde bei uns unmöglich sein, daß jemand zunächst die Meinung eines Rechtsgelehrten einholt, um dann zu seinem Anwalt zu sagen: «Der Fall liegt folgendermaßen: Ich bitte Sie, mich zu verteidigen.» Es wäre das beste Mittel, um sofort vor die Tür gesetzt zu werden.

In der römischen Welt hingegen prüft gewöhnlich eine Person die rechtlichen Grundlagen und schlägt den günstigsten Weg für die Prozeßführung vor, während ein anderer als Rechtsbeistand im Prozeß selbst auftritt; der eine ist der *iuris consultus*, der sein Gutachten abgibt, der andere der *orator*, der den Klienten im Gerichtsverfahren unterstützt und die Klage oder Anklage vertritt (*orare* hat im Lateinischen ursprünglich den Sinn von «verhandeln, vortragen»); der eine ist der Mann der Wissenschaft, der andere der Kampfgenosse.

Dieser Unterschied zwischen dem *iuris consultus* und dem *orator* wurde in Rom bei der Abwicklung in den Zivilprozessen während der Periode des sogenannten «formellen Verfahrens» beibehalten, das bis zur letzten Zeit der Republik üblich war.

Versuchen wir einmal, uns die Dinge konkret vorzustellen, indem wir einen Rechtsstreit zwischen Titius und Gaius annehmen. Titius ist (oder hält sich für) Gaius' Gläubiger wegen eines Darlehens X, das er zurückerstattet haben möchte, und Gaius erkennt seine Schuld nicht an.

Ursprünglich gestattete das römische Recht ein sehr einfaches und abgekürztes Verfahren: Titius machte Gaius gegenüber sein Recht auf Rückgabe des Darlehens geltend, indem er ihn aufforderte, mit ihm vor dem Richter zu erscheinen *(in ius vocare)*[1]. Wenn Gaius nicht darauf einging oder sich durch die Flucht seinen Verpflichtungen entziehen wollte, nahm er ihn fest, nachdem er sich die Zeugenschaft der Anwesenden verschafft hatte, und schleppte ihn *in ius*, das heißt also vor die Gerichtsbarkeit. Im formellen Verfahren war hingegen vorgeschrieben, daß der Kläger, bevor er den Angeklagten vor den Richter brachte, ihm die Beweggründe seines Vorgehens mitteilen ließ *(editio actionis)*; es verblieb ihm dann immer noch die Möglichkeit, handgreiflichere Mittel anzuwenden, wenn der Gegner sich weigerte, vor dem Richter zu erscheinen. So schrieb es das Gesetz vor.

Es versteht sich, daß der Gesetzgeber, der private Zwangsmaßnahmen gestattet, sich auch von Anfang an damit abgefunden hat, daß es dabei zu tumultuarischen Auftritten kommt. Dies liegt in der Natur der Sache. Einen solchen Auftritt beschreibt Horaz, wenn er uns den Vorgang des *rapere in ius* eines Widerspenstigen vorführt: «Er schleppt ihn vor den Praetor; der eine schreit und der andere schreit; die Menge läuft von allen Seiten zusammen[2].» Und genau so berichtet uns Cicero[3] von dem Streit zwischen ihm, der sich den Besitz einer Urkunde sichern will, und einem anderen, der ihn daran zu hindern sucht. Um zu entscheiden, wer von den beiden Recht hat, schleppen sich die Widersacher gegenseitig vor den Praetor. Cicero läßt uns diesem Streit beiwohnen: «Ich setzte mich unmittelbar in Besitz der Tafeln, auf denen der Senatsentscheid geschrieben stand; sofort kommt es erneut zu Handgemenge und Balgerei ... Ein gewisser Theomnastus, ein Verrückter, den alle verspotteten, ergreift das Dokument, damit es nicht in meine Hände gelange; seine Verrücktheit brachte alle zum Lachen, aber mich ärgerte sie sehr in diesem Augenblick; der Schaum stand ihm vor dem Munde, seine Augen glühten, und er schrie laut, daß ich ihm Gewalt antun wolle; *copulati* (das heißt jeder ein Ende des Dokumentes in der Hand, das keiner loslassen wollte, und es bald hierhin, bald dorthin zerrend), gelangten wir vor den Praetor.»

Wenn es sich um einen privaten Streitfall handelte, legten die beiden Gegner, nachdem sie wohl oder übel vor dem Praetor erschienen waren, ihre Gründe dar. Dieses Verfahren wurde mit *in iure* bezeichnet; der Zweck

---

[1] Das Zwölftafelgesetz verfügte (I, 1, Bruns): *Si in ius vocat, ito. Ni it antestamino: igitur em capito.*

[2] *Sat.*, i, 9, 77/78: *Rapit in ius; clamor utrimque, undique concursus.*

[3] *Act. II in Verrem*, iv, 66, 148.

war nicht die Beilegung des Streites, sondern die Prüfung der rechtlichen Grundlagen des Falles. Der Streitfall selbst wurde erst in einer zweiten Verhandlung vor dem Richter[1] *(apud iudicem)*[2] ausgetragen, der von den Parteien gewählt oder vom Praetor bestimmt und von den Parteien angenommen worden war. Doch die meisten erschienen nur dann vor dem Praetor, wenn sie ihren Fall von einem *iuris consultus* hatten prüfen lassen. Selbstverständlich hängt die Entscheidung eines Rechtsfalles davon ab, wie er gesetzlich gelagert ist. Denn der Praetor kann nicht einfach die *formula* vom Himmel holen, mit der er die Parteien vor dem Richter erscheinen läßt, und damit alle zum Schweigen bringen. Wenn er aber zu einer bestimmten Entscheidung geneigt ist, muß er die Parteien dazu bringen, daß sie einverstanden sind.

6. Dem Wirken seiner Rechtskundigen verdankt Rom den unsterblichen Ruhm, der ihm zu allen Zeiten und bei allen Völkern auf dem Gebiete des Rechtes die führende Stellung gesichert hat. Rom förderte die Entwicklung der Rechtswissenschaft und schuf eine Tradition auf Jahrhunderte hinaus: den Übergang der priesterlichen an die weltliche Rechtswissenschaft. Mit diesem Vorgang war die Rechtsauslegung nicht mehr Monopol der Priester und damit kein Vorrecht des Adels mehr. Fortan waren niemandem mehr Grenzen gesetzt oder Hindernisse in den Weg gelegt, ein Rechtskundiger zu werden, wenn er über genug Wissen und juristisches Denkvermögen verfügte.

Die Tätigkeit als Rechtskundiger, die von Natur aus edel und für die praktische, ausgeglichene und scharfsinnige Veranlagung der Römer wie geschaffen ist, kam auch denen zugute, die politische Neigungen hatten. In Rom, wo die herrschende Klasse auf Grund der Volksabstimmung zur Macht gelangte, vermochten sich auch die Adligen nur durchzusetzen, wenn sie sich auf eine zuverlässige Klientenschaft stützen konnten. Der unentgeltliche Beistand, den der Rechtsberater seinen Anhängern und Klienten gewährte, machte ihn volkstümlich und ebnete ihm den Weg zum *cursus honorum*. Der Bürger gibt seine Stimme in den Volksversammlungen gern dem Manne, der ihn im Zweifelsfalle darüber belehrt hat, ob es sinnvoll ist, einen Prozeß zu führen, wie es sich mit seinen Ansprüchen verhält,

---

[1] In manchen Zivilprozessen, z. B. bei Besitzstreitigkeiten, wurde das Urteil von einem Kollegium von *recuperatores* ausgesprochen.

[2] Untersuchungen neueren Datums haben erwiesen, daß der Ausdruck *in iudicio*, wie er in den alten Handbüchern gebraucht wird, unexakt ist.

welches Verfahren bei der Verteidigung einzuschlagen ist oder auch welche juristisch gültige Form er einem Schriftsatz geben muß. Nur auf diese Weise kann der Bürger sich dem Manne gegenüber erkenntlich zeigen, der ihm den Weg gewiesen hat, wie er seine Geschäfte am besten führen oder einen Prozeß am besten gewinnen kann. Wenn es in seiner Macht steht, wird er alles für ihn tun und ihn bestimmt wählen.

Wer in Rom zur Macht gelangen will, darf keine Arbeit und kein Opfer scheuen. Für den Mann, der in seiner Eigenschaft als Rechtskundiger Geltung und Wähler gewinnen will, ist der Morgen mit emsiger Tätigkeit ausgefüllt. Eine Reihe von Klienten füllt das Atrium seines Hauses zur *salutatio matutina*; und nicht nur, um *have!* zu ihm zu sagen, sondern auch, um seinen Rat einzuholen. Der Jurist empfängt die Klienten, erteilt Ratschläge und verlangt nichts dafür. Die Beratungen erfolgen nicht wie heute in einem Anwaltsbüro unter vier Augen, sondern in Gegenwart von Klienten, auch von jungen Adligen, künftigen Juristen und Politikern, die zuhören, um etwas zu lernen. Diese kehren dann zu Privatsitzungen in geschlossenem Kreise zurück, um Aufklärung und Belehrung zu erbitten: Sie notieren sich jene Wissensbrocken, die nach einer langen Geschichte der Verbreitung und Bearbeitung schließlich bis zu uns gelangt sind. Andere wieder nahmen an den Beratungen aus praktischen, persönlichen Gründen teil, um zu lernen, wie sie sich in einem ähnlichen, sie unmittelbar betreffenden Falle zu verhalten hätten; sie erschienen dann vielleicht später selbst als Ratsuchende und stellten ihr Anliegen zur Diskussion. Auf diese Weise verbreiteten sich auch im Volke elementare Rechtskenntnisse im Gegensatz zu den Zeiten der priesterlichen Jurisprudenz, die aus dem Recht ein Geheimnis gemacht hatte.

Ständig für das Publikum zur Verfügung stehen zu müssen, sobald der erste Hahn krähte, empfand Horaz als ungemein lästig. So riet er dem Advokaten (s. S. 82), durch die Hintertür zu entschlüpfen, weil er sich gut vorstellen konnte, wie sehr sich der Rechtsberater nach friedlicher Ruhe auf dem Lande sehnte:

> *Agricolam laudat iuris legumque peritus,*
> *Sub galli cantum consultor ubi ostia pulsat* [1].

Doch sich mit Hilfe des *posticum* den Blicken zu entziehen und für längere Zeit dem Nichtstun auf dem Lande hinzugeben, schien den Römern nicht das geeignetste Mittel zur Erlangung der Macht. Man konnte nicht Herrscher von Rom werden, wenn man nicht vorher sein Diener gewesen war.

[1] *Sat.*, i, 1, 9/10.

Und die größten Rechtsberater wie Sextus Aelius, die Scaevola, P. Sulpicius Rufus waren Politiker und gelangten zum Consulat. Daß ein Rechtsberater nicht den *cursus honorum* bis zum Consul vollständig durchlief, war eine ganz seltene Ausnahme. Und wenn dies bei Q. Marcius Figulus der Fall war, der zwar zu den gesuchtesten Rechtsberatern zählte, es in der Verwaltungslaufbahn aber nicht weiter als bis zum Praetor brachte, so tröstete er sich mit dem gewollt witzigen Wortspiel: *an vos consulere scitis, consulem facere nescitis?*[1]

7. Im Unterschied zum Rechtsberater steht der *orator* seinem Klienten in den beiden Phasen des Prozesses bei, *in iure* und *apud iudicem*; seine Fähigkeiten als Advokat treten dann besonders vor dem Richter in Erscheinung, denn wie in unserer Zeit stellte die Darlegung des Falles den lebhaftesten und anregendsten Teil der Verhandlung dar, die oft etwas Theatralisches an sich hatte; gerade dieser Teil bietet die meisten Überraschungen und stellt die höchsten Anforderungen an den Verteidiger. *Advocati* im ursprünglichen Sinne des Wortes sind alle, die am Verhandlungstage den Parteien in irgendeiner Weise assistieren, auch wenn ihre Tätigkeit nur beratend ist oder wenn sie ihren Beistand lediglich durch ihre Anwesenheit zum Ausdruck bringen.

Obwohl die Aufgaben des *iuris consultus* und des *orator* streng voneinander getrennt sind und verschiedenen Anforderungen des Prozesses und des Klienten gerecht werden müssen, muß ein *orator* von Ruf auch im Recht gut beschlagen sein. Cato, der ein Mann von außerordentlicher Redegewandtheit war, wird von Cornelius[2] als *peritus iuris consultus* und *probabilis orator* gepriesen; Quintilian zollt das gleiche Lob Cicero[3]. Cicero selbst vergißt bei seiner Aufzählung der wesentlichen Voraussetzungen eines *orator* nicht, daß *neque legum ac iuris civilis scientia neglegenda est*[4]; bei verschiedenen großen Rednern bezeichnet er die geringe Rechtskenntnis als schweren Mangel. So zum Beispiel bei C. Papirius Carbo[5]: «unerfahren in der Kenntnis der vaterländischen Einrichtungen, ungewandt im Zivilrecht», und bei M. Antonius[6], dessen *divina vis ingenii scientia iuris nudata* war.

Wir dürfen daher Cicero nicht beim Wort nehmen, wenn er in einer Rede[7] mit gutmütiger Ironie und als Laie über das Wissen der Rechtsge-

---
[1] VALERIUS MAXIMUS, ix, 3, 2.   [2] *Cato*, 3, 1.
[3] xii, 3, 10.: *Et M. Tullius non modo inter agendum numquam est destitutus scientia iuris sed etiam componere aliqua de eo coeperat.*   [4] *De orat.*, i, 5, 18.
[5] *Ibid.*, i, 10, 40: *Haesitantem in maiorum institutis, rudem in iure civili.*
[6] *Ibid.*, i, 38, 172.   [7] *Pro Murena*, 10, 23 ff.

lehrten scherzt; wer kennt nicht die wendige Verschlagenheit der großen Rechtsanwälte? Ein bestimmtes Verhalten kann in einer besonderen Situation des Prozesses zweckmäßig und angenehm wirken; manchmal kommt vielleicht auch etwas Koketterie hinzu. Aber es ist schon bemerkenswert, daß ein Anwalt *(orator)* sich öffentlich so entfernt und verschieden vom *iuris consultus* erklären kann, als ob die Kenntnis des Rechts nicht seine ureigenste Angelegenheit sei. Das würde heute kein Anwalt, und wäre es der größte Stümper, wagen können, ohne sich selbst damit als den größten Stümper bloßzustellen.

8. Ein weiterer Unterschied zu unserer Zeit bestand darin, daß im republikanischen Rom der Rechtsanwalt seinem Klienten beisteht, aber ihn nicht vertritt; er ist ihm bei Gericht nahe und unterstützt ihn mit Ratschlägen und Worten, doch muß vor Gericht jeder für sich selbst geradestehen. Wer hingegen heute einen Prozeß zu führen hat, betraut seinen Rechtsanwalt durch eine Vollmacht mit der Aufgabe, und zur Verhandlung geht er entweder gar nicht oder erscheint nur, um sich vom Gang der Dinge persönlich zu überzeugen oder um seinem Rechtsbeistand, der darüber durchaus nicht erfreut ist, bis zum letzten Augenblick jene ganz besondere Einzelheit in Erinnerung zu bringen, die seiner Ansicht nach ausschlaggebend ist, um den Prozeß zu gewinnen.

9. Auch im Strafprozeß bestehen Unterschiede zwischen dem modernen und dem römischen Rechtsanwalt. Sofern der Angeklagte auf bestimmte Rechte wie öffentliches und mündliches Verfahren rechnen kann, hat sich der Strafprozeß zu allen Zeiten auf ähnliche Weise abgespielt. Auch während der Kaiserzeit, als die öffentlichen Freiheiten beschränkt wurden und die große politische Redekunst verfiel, hatte man noch Strafprozesse, die viel Staub aufwirbelten; auch damals gab es berühmte Strafrechtler, wie zum Beispiel Plinius und Tacitus. Damals wie heute erregten die Giftmordprozesse die lüsterne Neugier der Massen. Zahlreiches Publikum drängte sich interessiert hinzu; Roms Tageschronik war voll davon. In der römischen Prozeßordnung bestand aber im Gegensatz zur unseren ein Unterschied (wir empfinden ihn als Mangel), der in der Person des Rechtsanwaltes in Erscheinung tritt.

In Rom, wie in den freien Städten Griechenlands, fehlt ein feststehendes Organ der öffentlichen Anklage; die Einrichtung des Staatsanwaltes ist unbekannt; der Bürger klagt den Bürger an; die Verteidigung der Rechtsordnung bleibt der freien Initiative überlassen. Infolgedessen war das Amt des Anklägers, auch wenn es manchmal mißbraucht oder aus gehässigen Gründen ausgeübt wurde, während der Republik an sich ein vornehmes Amt. Alle großen Männer Roms sind Ankläger gewesen[1]. *Accusatores multos esse in civitate utile est, ut metu contineatur audacia*[2], sagt Cicero, ein Mann, der, außer im Prozeß gegen Verres, die Verteidigung der Anklage vorzog. Er meint, daß der zu Unrecht Angeklagte immer die Möglichkeit habe, freigesprochen zu werden, während ein Schuldiger nicht verurteilt werden könne, wenn er nicht zuvor angeklagt worden sei. Auch sei es das kleinere Übel, wenn ein Unschuldiger unter Prozeß stehe, in dem seine Unschuld anerkannt werde, als wenn ein Schuldiger niemals unter Anklage gestellt werde. Etwas über ein Jahrhundert später behauptet Quintilian[3], daß «die berufsmäßige Anklägerei und das Entgelt für eine Anklage die Handlungsweise von Banditen, aber der Kampf gegen die Feinde der inneren Ordnung genau so verdienstvoll ist wie die Verteidigung des Vaterlandes mit der Waffe».

10. Die Betätigung als Rechtsanwalt war in Rom eine schwere Mission, die den größten Teil der Aktivität eines Mannes in Anspruch nahm und ihn vielen Feindseligkeiten aussetzte *(suscipere inimicitias)*. Es läßt sich nicht miteinander vereinbaren, Rechtsanwalt zu sein und gleichzeitig auf den oder jenen Rücksicht zu nehmen. Auch während der Kaiserzeit reicht der Servilismus der Klienten gegenüber dem Gönner nicht bis zu dem Punkte, auf einen unverzüglichen, mutigen Einsatz im Rechtsstreit zu verzichten – denn wozu hätte sonst die zur zweiten Natur gewordene demütige Unterwürfigkeit dienen sollen? In einem Epigramm des Martial lesen wir[4]: «Ich habe einen Prozeß gegen Balbus; du willst es mit Balbus nicht verderben; ich habe auch einen gegen Licinus, und du machst mich darauf aufmerksam, daß er ein einflußreicher Mann ist; Patrobas mißachtet oft die Grenzen meines kleinen Besitztums; wie soll man aber gegen den Freigelassenen des Kaisers vorgehen? Laronia weigert sich, mir einen Diener zurückzugeben. Du sagst: Sie hat keine Kinder, ist reich, alt und Witwe.» Martial will damit sagen, daß, wer sie heiratet, ein gutes Geschäft macht, um so mehr, als sie alt ist und die Hoffnung besteht, daß sie bald stirbt. Es ist daher wohl besser, sie nicht mit einem Prozeß zu verärgern, sondern ihr vielmehr den Hof zu

---

[1] Quintilian, xii, 7, 3/4; T. Livius, xxxix, 40, 5.   [2] *Pro Sex. Roscio Am.*, 20, 55.
[3] Quintilian, xii, 7, 3: *Ut accusatoriam vitam vivere et ad deferendos reos praemio duci proximum latrocinio est, ita pestem intestinam propulsare cum propugnatoribus patriae comparandum.*
[4] ii, 32.

machen. Das will er sagen; er folgert aber dann: «Nein, es ist eine verächtliche Sache, Diener eines Sklaven zu sein; wer mein Herr sein will, muß frei sein.» Um so mehr galt dies im republikanischen Zeitalter. Der Rechtsanwalt mußte ständig auf der Barrikade stehen; nicht einmal das Amt eines Consuls befreite ihn von der Verpflichtung, sich seiner Klienten anzunehmen und vor dem Richter ihre Rechtsansprüche zu vertreten[1]. Es gibt keine Entschuldigung, seinen Beistand abzulehnen, wenn es darum geht, das Recht triumphieren zu lassen. Rechtsberater und Rechtsanwälte sind schon in den frühen Morgenstunden in ihren Wohnungen belagert, «sie beneiden den Bauern, wenn am frühesten Morgen, bevor noch die Hähne krähen, der Ratsuchende an ihre Tür klopft[2]». Wenn sie sich eine Stunde der Freiheit gönnen wollen, müssen sie den Rat des Horaz befolgen, das Haus durch die Hintertür verlassen und den hartnäckigen Klienten, der im Atrium wartet, sitzen lassen[3].

11. Der große Rechtsanwalt ging nicht zur Verhandlung, wenn er nicht zuvor die Einzelheiten des Prozesses von Grund aus geprüft und sich auf die Debatte vorbereitet hatte. Die vielen Nachrichten, die wir über die römische Redekunst besitzen, versetzen uns in die Lage, mit größter Sicherheit auszuschließen, daß es in Rom Rechtsanwälte gegeben habe, die ihren Beruf auf die leichte Schulter genommen hätten. Der gründliche Ernst des römischen Menschen (der wohl viele Fehler hatte – und Gott möge uns vor der langweiligen und ungeschichtlichen Apologie bewahren –, doch nicht den, in ernsten Dingen nicht ernsthaft zu sein) begegnet uns nirgends so eindeutig und achtunggebietend wie bei seiner Tätigkeit als Anwalt.

Die Bearbeitung eines Rechtsfalles bestand nicht nur darin, die Prozeßakten sorgfältig durchzuarbeiten, die Zeugenaussagen im voraus auf ihren Wert hin zu prüfen, die gegnerischen Argumente ins Auge zu fassen und ein Dokument ins rechte Licht zu rücken. Auch der von Natur aus redebegabte Anwalt verließ sich niemals ausschließlich auf die Kunst der Improvisation. Die Rede wurde mit großer Sorgfalt vorbereitet, einschließlich der Gesten und des Tonfalles, was man als *meditatio, meditari causam* bezeichnete. Von der Rede, die der Rechtsanwalt vor dem Richter zu halten gedachte, legte er im eigenen Büro zunächst eine Generalprobe ab. Nicht für sich allein, sondern für gewöhnlich von seinen Schreibsklaven umge-

---

[1] Im Jahre seiner Aedilität (69) verteidigte Cicero sowohl Caecina als auch Fonteius; als Praetor (66) Cluentius und als Consul (63) Rabirius und Murena.
[2] Vgl. S. 226. [3] *Epist.*, i, 5, 30/31: *postico falle clientem.*

ben, den *amanuenses*, denen er Stichworte, Sätze und ganze Abschnitte diktierte. Dann überprüfte er das Stenogramm, machte Zusätze, verbesserte und begann nochmals von vorn. Er gab sich mit dieser vorbereitenden Arbeit nicht eher zufrieden, als bis er die Rede in ihrem Aufbau und ihren wichtigsten Teilen zusammengestellt hatte.

Manch einer, der wie M. Antonius über ein besonders gutes Gedächtnis verfügte, lernte die vorbereitete Rede auswendig und trug sie nachher vor, als ob es sich um eine Improvisation handle[1]; andere wiederum legten so viel Leidenschaft in die *meditatio*, daß sie sich selbst schon auf dem Forum zu befinden glaubten. So wird uns zum Beispiel von Servius Sulpicius Galba erzählt, der kurz vor Beginn des eigentlichen Prozesses (bei einem ernsten, schwierig gelagerten Rechtsfall) mit gerötetem Gesicht und funkelnden Augen aus seinem Büro trat, so daß man hätte meinen können, er habe den Fall bereits verhandelt und nicht nur erst vorbereitet[2]. Und klein und geduckt folgten ihm die «übel zugerichteten» Schreiber: Die Ärmsten trugen noch die Spuren des Redefurors des großen Anwaltes, der schreiend, schnaubend und gefährlich gestikulierend durchs Zimmer gelaufen war. Unnötig zu sagen, daß er den Prozeß gewann.

12. Im Augenblick der Debatte waren die Parteien des Zivilprozesses und mehr noch der Kläger und der Angeklagte der Strafprozesse von einflußreichen Freunden umgeben, die zwar nicht das Wort ergreifen, aber ihrem Schützling wenigstens persönlich nahe sein wollten, um ihm durch ihre Machtstellung und ihr persönliches Ansehen moralischen Halt zu verleihen[3]. Wir haben bereits gesagt, daß zur Zeit der Republik der Anwalt seinem Klienten beistand, ihn aber nicht vertrat; so konnte es geschehen, daß man unter so vielen *advocati* nicht wußte, wer nun eigentlich der Rechtsanwalt des betreffenden Prozesses sein würde, bis dieser sich zur Rede erhob[4]. Es war wohl einer von jenen, die den Streitenden umgaben; aber welcher?

Wahrscheinlich hatte die Rede nicht immer den einheitlichen Charakter wie in unseren Prozessen und wie aus den von Cicero erhaltenen Reden hervorgeht. Da die bereits gehaltenen Reden mit Abänderungen und Verbesserungen veröffentlicht wurden, konnten im Text einer einzigen Rede mehrere kleine Abschnitte zusammengefaßt werden, die in verschiedenen Momenten des Prozesses gesprochen worden waren. Auch die Aussagen eines Zeugen konnten aus dem Stegreif gehaltene Ansprachen veranlassen,

---

[1] CICERO, *Brutus*, 37, 139. [2] Ibid., 22, 87/88.
[3] *Pro Sex. Roscio Am.*, 1, 1; 21, 59. [4] Ibid., 21, 59/60.

wie zum Beispiel die *in Vatinium* Ciceros. In der *actio prior in Verrem*, das heißt in der Einleitung, dürfte der Redner einen Teil des Kommentars eingearbeitet haben, der im Prozeß mit der einfachen Beweisführung abwechselte. Im Prozeß gegen Sextus Roscius Amerinus brachte der Kläger, Erucius, seine Anklage in sehr eigentümlicher Weise vor: «Wenn es ihm gerade in den Sinn kam, setzte er sich hin; dann wieder wandelte er auf und ab; von Zeit zu Zeit rief er seinen Diener, wohl um ihm irgendeinen Auftrag für das Nachtmahl zu geben[1].» Er sprach also vor den versammelten Richtern, als ob er allein zu Hause sei.

Die Art des Sprechens war natürlich je nach dem Charakter und der persönlichen Bildung des Anwaltes verschieden. Es gab Impulsive und Dialektiker; bei den einen, wie zum Beispiel bei Galba[2], C. Gracchus[3] und M. Antonius[4], überwog die Leidenschaft, bei anderen hingegen, wie Laelius[5], Crassus[6] oder Hortensius[7], die kalte Überlegung. Hortensius war einer jener für den Gegner sehr gefährlichen Anwälte, die mit wunderbarer Schlagfertigkeit die Argumente der Gegenpartei aufgreifen, sie Stück für Stück zerpflücken und ein Argument nach dem andern entkräften, indem sie sie an den Fingern abzählen[8]. Die überzeugendste Rede wird auf diese Weise zerstückelt und entwertet. Ein Neuling unter den Rechtsanwälten, der nicht die gleiche Schlagfertigkeit besaß, mußte sich geschlagen geben.

Die größten unter ihnen waren Meister der Kunst, den Tonfall ihrer Rede auf die einzelnen Phasen des Prozesses abzustimmen. Bald sprachen sie mit ruhiger Überlegung, dann wieder ereiferten sie sich, so daß sie in unwiderstehlicher Weise Mitleid zu erwecken vermochten.

In den dramatischsten Augenblicken der Verteidigung war dem Redner ein theatralisches Auftreten gestattet, das uns heute übertrieben erscheinen würde: ein Komödienspiel in Tonfall, Gesten und Haltung, das spontan

---

[1] *Pro Sex. Roscio Am.*, 21, 59: *Ita neglegens esse coepit, ut, cum in mentem veniret ei, resideret, deinde spatiaretur, nonnumquam etiam puerum vocaret, credo, cui cenam imperaret.*

[2] CICERO, *Brutus*, 22, 86; 23, 89; *De orat.*, iii, 7, 28.

[3] TACITUS, *Dial. de orat.*, 26; PLUTARCH, *C. Gracchus*, 2, 5; FRONTO, S. 114.

[4] CICERO, *Brutus*, 38, 141.   [5] *Ibid.*, 23, 89; 86, 295.

[6] *Ibid.*, 38, 143; QUINTILIAN, xii, 10, 10; MACROBIUS, v, 1, 46. Cicero fügt hinzu, daß auch Crassus leidenschaftlich sprechen konnte, wenn es der Fall erforderte *(Brutus*, 43, 158: *vehemens et interdum irata et plena iusti doloris oratio)*; es sei aber daran erinnert, daß Cicero uns Crassus als das Vorbild eines Redners hinstellt, der mit allen rednerischen Gaben ausgerüstet war und alle Mittel einer perfekten Redekunst besaß; Crassus stellt das Ideal dar, das Cicero von einem Redner hat. Er sieht in Crassus sich selbst.

[7] CICERO, *Brutus*, 88, 303.   [8] *Ibid.*, *Divin. in Caec.*, 14, 45.

wirkte, obwohl es sorgfältig während der *meditatio* einstudiert worden war; dazu ein Aufstampfen und Hin- und Herlaufen vor den Augen des Publikums [1]; oder man richtet schmeichelhafte Worte an den einen oder anderen Richter, die an seine oder seiner Ahnen treffliche Taten erinnern [2]. Hortensius verwirrte den Gegner durch seine Gesten und Haltung *(gestu ipso et motu corporis)* [3]; Servius Sulpicius Galba [4], der als Angeklagter durch die Beweise zu seinen Lasten sehr schlecht dastand, las auf den Gesichtern seiner Richter schon seine Verurteilung; er rettete sich nur dadurch, daß er auf seine jungen Söhne und einen verwaisten Neffen zeigte, dessen Vormund er war; er umarmte sie unter den Augen der Anwesenden, während er seine leidenschaftliche Schlußrede zu Ende führte. Als M. Antonius [5] während der schwierigen Verteidigung des M. Aquilius den Angeklagten für verloren hielt, riß er ihm die Toga vom Leibe, so daß auf seinem Körper die Narben schwerer, ruhmreicher Wunden sichtbar wurden, die dieser im Feldzug gegen die sizilischen Sklaven davongetragen hatte. So gewann er einen Prozeß, der schon verloren schien.

Hinter dem Redner stand das Publikum, das bewundernd zu ihm aufsah; wenn einer der berühmten Redner sprach, verbreitete sich die Nachricht blitzschnell in ganz Rom, und es herrschte erwartungsvolle Spannung [6]. In den politischen Prozessen ergriff das Publikum für den einen oder anderen Partei [7]. Über alles machte man seine Glossen, auch über die Person des Redners. Als der Dichter Calvus, der auch ein großer Anwalt, aber ebenso schmächtig wie feurig war, den Prozeß gegen Vatinius führte, rief einer aus dem Publikum, als er von dem zarten Körper eine so mitreißende Rede hörte: «Ihr großen Götter, was für ein Mundwerk der Knirps hat [8]!»

13. Auch die Welt der Juristen besteht aus Schlemmern und armen Lazarussen, die einen steigen auf zu vollem Glanze, und die anderen nähren sich mühsam von Brosamen, die ihnen arme Klienten für kleine Dienste zahlen. Als zur Kaiserzeit, wie bereits gesagt, der Beruf des Rechtsanwaltes den Charakter der hohen öffentlichen Funktion verlor, den er einst gehabt hatte, fanden wohl auch noch große Prozesse mit berühmten Rechtsanwälten statt; aber es begannen gewisse Winkeladvokaten, sogenannte *causidici*, aus

---

[1] CICERO, *Brutus*, 38, 141; 43, 158; QUINTILIAN, xi, 3, 126.
[2] z. B. CICERO, *Act. II in Verrem*, iv, 31, 69 ff., sowie an anderen Stellen.
[3] CICERO, *In Qu. Caec. div.*, 14, 46.
[4] T. LIVIUS, *Epit.*, xlix.   [5] *Ibid.*, lxx.   [6] CICERO, *Brutus*, 43, 158.
[7] *Ibid.*, *Pro Milone*, 1, 3; *Ad Qu. fr.*, ii, 3, 1, 2, und andere Stellen.   [8] CATULL, 53.

der Erde zu schießen[1], die allen zur Verfügung standen, habgierige und gemeine Geschäftemacher; «Leute», sagt Quintilian[2], «denen das Forum Arbeit gibt, die sich ihre Stimme bezahlen lassen und denen man schon fast zu viel Gnade erweist, wenn man ihnen ihre Fähigkeit als Advokat in Privatprozessen nicht gänzlich abspricht.» Geschwätzig, gestikulierend, nichtssagend und eitel, machten sie aus einem kleinen Prozeß einen Staatsakt, und aus einem armseligen Argument leiteten sie die Gelegenheit her, eine hochtrabende Rede zu halten. Der von diesem Wortschwall schier betäubte Klient hört mit wenig Überzeugung zu: «Es handelt sich nicht um Gewalt noch um Mord oder Vergiftung; der Grund meiner Klage sind drei Ziegen. Ich nehme an, daß mein Nachbar sie mir gestohlen hat, und der Richter wünscht, daß ich ihm den Beweis erbringe. Du sprichst von Cannae und dem Mithridatischen Krieg, von dem furchtbaren Feldzug gegen die wortbrüchigen Karthager; du holst auch noch Sulla, Marius und Mucius herbei, erhebst deine Stimme und begleitest deine Reden mit großen Gesten. Aber, Postumus, sprich endlich von meinen drei Ziegen[3]!»

Einigen dieser Winkeladvokaten, die Glück hatten und die nötige Unverschämtheit besaßen, gelang es, sich zu behaupten und zu Geld zu kommen; dann kannte ihre Aufgeblasenheit keine Grenzen. Es hat den Anschein, als ob es mancher sogar so weit trieb, im Vestibül seines Hauses das eigene Reiterstandbild zu errichten[4]. Beim Eintritt sah der Klient seinen Anwalt hoch zu Roß, den stolzen und majestätischen *causidicus*! Wenn er dann zahlen mußte, tat er dies um so lieber. Im allgemeinen waren diese *causidici* nur sehr mittelmäßige Rechtskenner, die sich durch ihre Advokatentätigkeit nur mit knapper Not durchs Leben schlugen[5].

Die meisten von ihnen hatten eine sehr armselige Klientenschaft; unglückliche, verbitterte Menschen, deren Mittel nicht ausreichten, um sich das teure Vergnügen eines Rechtsstreits zu leisten. Da für sie ein namhafter Anwalt nicht in Betracht kam, nahmen sie mit dem Winkeladvokaten vorlieb. Sie bezahlten ihn schlecht, und nur zum Saturnalienfest, an dem man sich nach alter Sitte gegenseitig beschenkte und besonders die Nächsten bedachte, brachten sie ihm als Anerkennung Gaben ins Haus. Meist waren es

---

[1] In Griechenland treten diese kleinen Rechtsanwälte (πραγματικοί) schon viel früher auf; Cicero erwähnt sie (*De orat.*, i, 45, 198), indem er sie als *infimi homines mercedula adducti* bezeichnet.
[2] xii, 1, 25: *Non enim forensem quandam instituimus operam nec mercennariam vocem nec, ut asperioribus verbis parcamus, non inutilem sane litium advocatum, quem denique causidicum vulgo vocant.*   [3] MARTIAL, vi, 19.
[4] *Ibid.*, ix, 68, 6; vgl. IUVENAL, 7, 125ff.   [5] MARTIAL, iii, 38, 5/6.

Nahrungsmittel. Je mehr Geschenke er erhielt, um so größer fühlte er sich, und er zählte seinen Bekannten und Freunden all diese Dinge als Beweis seines Ruhmes und seiner Erfolge auf. «Die Saturnalien haben Sabellus reich gemacht; mit Recht geht Sabellus mit geschwollener Brust einher; er meint und erzählt es allen, daß unter den Anwälten nicht einer ist, dessen Geschäfte so blühen wie die seinen.» Der hier spricht, ist Martial[1], der seine Bosheit nicht lassen kann und uns nach dieser Vorrede die Geschenke aufzählt: «Einen halben Scheffel Mehl und einen halben Saubohnen, anderthalb Pfund Pfeffer und Weihrauch, eine Wurst und ein Stück Trockenfleisch, einen Krug gekochten Mostes und eine Büchse eingemachter Feigen; und Zwiebeln, Schnecken und Käse; und dann noch einen Korb Oliven, einen Satz Küchengeschirr mit sieben Stück und ein Tischtuch mit buntem Rand.» Dies ist natürlich eine böswillige Karikatur, die selbstverständlich einen der schlimmsten Stümper aufs Korn nimmt; aber hinter der Karikatur des Sabellus erblicken wir den kleinen Winkeladvokaten Roms, der die Saturnalien sehnlich erwartet; denn er erwartet seine Kunden mit den Geschenken; lauter armselige Dinge[2], diese Geschenke, die ihm dazu dienen, auch ein wenig zu prassen, wenn alle prassen, und vor allem sich zu brüsten und Propaganda für sich zu treiben.

[1] iv, 46.
[2] Auch Iuvenal (7, 119/121) führt in einer Aufstellung die Geschenke des Winkeladvokaten auf, die der Liste Martials durchaus nicht nachsteht:

Quod vocis pretium? Siccus petasunculus et vas
Pelamydum aut veteres, Maurorum epimenia, bulbi,
Aut vinum Tiberi devectum, quinque lagonae.

Also ein getrockneter Schinken, ein Glas eingelegte Fische, alte Zwiebeln und einige Flaschen dürftigen Weines. Damit war nicht viel Staat zu machen.

VI. DIE ÄRZTE

1. Die ärztliche Kunst in Rom. – 2. Empirische Mittel. – 3. Die Berufsärzte.

I.

DIE Ärzte treten in Rom erst spät in Erscheinung. Als Curius Dentatus die Rüben in der Asche röstete und Cincinnatus seine Felder pflügte und noch lange Zeit danach war der Arztberuf vollkommen unbekannt. Wer erkrankte, wurde entweder von selbst wieder gesund, indem er sich mit den einfachsten Mitteln behalf, oder er ging in die andere Welt ein: Die Ärzte hatten weder Verdienst noch Schuld daran.

Wenn es auch keine Ärzte gab, so war doch zumindest eine medizinische Kunst vorhanden; denn nach der Meinung der lateinischen Schriftsteller ist diese Unterscheidung notwendig: «Es gibt Tausende von Völkern», schreibt Plinius der Ältere[1], «die ohne Ärzte leben, aber trotzdem nicht ohne Medizin.»

Um Verwundete und Kranke zu heilen, behalf man sich für gewöhnlich mit gewissen Kräutern, deren heilkräftige Wirkung in jahrelanger Erfahrung erprobt worden war und deren Kenntnis sich vom Vater auf den Sohn fortpflanzte. Diese primitive Medizinkunst war vor allem eine *scientia herbarum*, zu der ein wenig Zauberei hinzukam, wie dies noch heute auf dem Lande geschieht, wo die Alten den Rotlauf besprechen. Offenbar kamen gewisse Wunderkuren aus Etrurien nach Rom. Man murmelte über dem Patienten seltsame Sprüche im Glauben, die Krankheit werde infolge der Beschwörung verschwinden.

Das Altertum hatte vom menschlichen Körper nur sehr unvollkommene Begriffe. Wer sich mit praktischen Mitteln kurierte, begnügte sich mit wenigen oberflächlichen Kenntnissen. So war der Glaube verbreitet[2], das Lachen sitze in der Milz, der Haß in der Galle (vielleicht, weil sie bitter ist), die Liebe in der Leber (was übrigens auch die Dichter glaubten)[3], die Intelligenz im Herzen und der Hochmut in der Lunge.

Auch als die orientalischen Ärzte Rom überschwemmt hatten, wurden die Arzneien nicht etwa wie bei uns an einen Ort für sich verbannt, der auf alle Fälle der medizinischen Wissenschaft untergeordnet ist. Das alte Rom

---

[1] xxix, 11. [2] *Schol. in Persium*, i, 12.

[3] In der *Medeia* des Euripides (39 ff.) fürchtet die Amme, daß die hintergangene Heldin dem ungetreuen Gatten und der neuen Braut «die Leber durchstechen» wolle.

ist eine Stadt ohne Apotheken; ihre Stellung vertreten die Läden, die Heilsalben, Pflaster, Essenzen, Wurzeln, Drogen und Kräuter auf Verlangen der Käufer abgeben, ohne ein Rezept zu fordern und ohne Überwachung durch die Behörden; Läden der *unguentarii, seplasarii,* der *aromatarii, turarii, pigmentarii* usw. Der *pharmacopola,* wörtlich «Verkäufer von Heilmitteln», ist kein geprüfter Apotheker, sondern ein Scharlatan, der seine Spezialitäten öffentlich verkauft, indem er ihre Wunderwirkungen anpreist: Je mehr er schwätzt, desto mehr verkauft er.

Die große Freiheit, die in Rom in bezug auf den Handel mit Heilmitteln bestand, beruhte in erster Linie darauf, daß diese keine an und für sich schädlichen chemischen Produkte enthielten, keine Gifte, Säuren oder Seren, deren Verwendung gefährlich sein kann und daher eine strenge Überwachung seitens der Wissenschaft und des Staates bedingt. Eine Gefahr konnte allenfalls darin liegen, daß viele sich die Arzneien trotz gründlicher Unkenntnis selbst bereiteten oder sich von lächerlichem Aberglauben leiten ließen. So ist bekannt, daß im fünften Jahrhundert v.Chr. in Athen ein Jüngling, der als Chorsänger ausersehen worden war, an den Folgen eines Tranks starb, der seiner Stimme Glanz geben sollte, ihn aber stattdessen vergiftete[1]. Sueton[2] berichtet, daß Kaiser Caligula durch einen Liebestrunk wahnsinnig wurde, den ihm seine Gattin Caesonia eingeflößt hatte. Und dies von seiner Gattin! Man muß schon sagen, daß liebende Frauen, auch wenn sie für die heiligen Zwecke der ehelichen Liebe handeln, doch nichts Gescheites zustande bringen. Nach einer wenig glaubwürdigen Überlieferung soll auch der Dichter Lucrez[3] durch einen Liebestrank wahnsinnig geworden sein. Dies sind aber Ausnahmen. Für gewöhnlich bestanden die Mittel in Blättern, Pflanzenwurzeln, Tierfetten oder unschädlichen Substanzen, wie Brot, das in den damaligen Arzneien vielfach Verwendung fand[4], oder Honig, Öl und Essig. Die Herstellung der Heilmittel erfolgte ganz auf Gefahr des Patienten, der zu dem Präparat Vertrauen gehabt hatte; die gesetzliche Verantwortung traf den, der sie hergestellt und verabreicht hatte.

Jahrhundertelang wurde die öffentliche Gesundheit in Rom, für welche die Medizin Schutz und Gefahr zugleich bedeutet, vom Staate nicht mit genügender Wachsamkeit betreut. Ein jeder kurierte sich oder ließ sich nach eigenem Belieben kurieren; erst wenn irgend ein schweres Unglück geschehen war, griff die strafende Justiz ein.

---

[1] Antiphon, *Über den Choreuten,* 15f.   [2] *Cal.,* 50.   [3] Hieronymus, *Chron.,* 1923.
[4] Plinius d. Ä., xxii, 138: *Panis hic ipse, quo vivitur, innumeras paene continet medicinas.*

Erst zur Kaiserzeit begann der Staat eine medizinische Fürsorge zum Wohle des Volkes unter Einhaltung bestimmter Verordnungen einzurichten, die in den Händen erfahrener Fachleute lag. Zum Vorbild dienten die östlichen Provinzen, wo schon seit ältesten Zeiten die lokalen Behörden öffentliche Ärzte eingesetzt hatten, deren Wirkungskreis unseren Amtsärzten entsprach[1]. Die öffentlichen Ärzte waren in erster Linie für die Behandlung der Armen eingesetzt und behinderten in keiner Weise die berufliche Tätigkeit der Privatärzte. Als unersetzliche Beamte waren sie von bestimmten öffentlichen Lasten befreit. In Rom wurde diese soziale Fürsorge erst sehr spät eingeführt. Im vierten Jahrhundert n. Chr. erhielt jede der vierzehn *regiones*, in die Rom durch Augustus (s. S. 22 ff.) eingeteilt war, einen Amtsarzt, der den Titel *archiatra* führte. Diese Ärzte hatten die Verpflichtung, alle zu behandeln, die Armen jedoch unentgeltlich[2].

Da es, wie bereits gesagt, im alten Rom keine Apotheken gab und da im Altertum allgemein eine selbständige pharmazeutische Wissenschaft und Industrie fehlte, gehörte die Herstellung der Heilmittel zu den hauptsächlichsten Aufgaben des Arztes, wie dies noch heute in der homöopathischen Medizin der Fall ist, die in ihrem Wesen der antiken Medizin am ähnlichsten ist. In der Behandlungsmethode genoß der Arzt volle Freiheit, denn die aus Griechenland nach Rom verpflanzte ärztliche Kunst behielt ihre im Ursprungsland ausgebildeten Wesenszüge bei. Die berufliche Freiheit des Arztes ist eine große Errungenschaft der griechischen Medizin, deren Bedeutung uns nicht ohne weiteres begreiflich ist, da es uns unmöglich erscheint, daß es nicht immer so war. Das Prinzip, daß die Medizin nicht die mechanische Anwendung von Normen, sondern das Verhalten ist, welches die Erfahrung einem intelligenten und verantwortungsbewußten Menschen eingibt, bahnte sich erst sehr spät den Weg. Die ägyptische Heilkunde, die durch die Sicherheit ihrer Methoden und die uralte Tradition bekannt ist, billigte dem Arzt erst dann eine eigenmächtige Behandlung zu, wenn er vier Tage lang vergebens die traditionell vorgeschriebene Kur versucht hatte[3]. Wenn er in den ersten Tagen von dieser Regel abwich, geschah es auf eigene Gefahr und Verantwortung.

Uns mag es sonderbar berühren, daß ein so delikates Amt wie das des Arztes nicht wie heute der doppelten Kontrolle einer abgeschlossenen wissenschaftlichen Ausbildung – wie bei uns der Doktortitel und das Staats-

---

[1] *Cod. Theod.*, xiii, 3, 8; *Cod. Iust.*, x, 53, c. 9.
[2] *Cod. Iust.*, x, 53, c. 9: *Archiatri ... honeste obsequi tenuioribus malint, quam turpiter servire divitibus.* [3] ARISTOTELES, *Polit.*, iii, 15, 1286 b.

examen – sowie der Überwachung zum Zwecke einer gewissenhaften Berufsausübung unterstand. Im Altertum verlangte man nur vom öffentlichen Arzt die Garantien eines abgeschlossenen Lehrgangs und des Verantwortungsbewußtseins, die man heute von allen verlangt; die Ernennung erfolgte auf Grund einer Wahl seitens der Bürger; die Wahl aber mußte dann durch eine Prüfung bekräftigt werden, die der Gewählte vor einer Kommission von Fachleuten, einwandfreien und bewährten Ärzten, ablegen mußte. Privaterweise konnte aber jeder den Beruf des Arztes ausüben, wie jener Schuster in der Fabel des Phaedrus[1], der so einfältig war, daß ihm niemand die Füße anvertraute, der aber durch sein Geschwätz die Leute dazu überredete, ihm den ganzen Körper anzuvertrauen.

In gewissen Fällen übt die öffentliche Meinung diese wachsame Kontrolle aus, die der Staat noch nicht zu seinen Aufgaben zählt. Aber die öffentliche Meinung besteht aus nicht urteilsfähigen Leuten; sie läßt sich durch den Schein trügen und ist wankelmütig, wenn sie auch manchmal schärfer sieht als die staatlichen Verwaltungsorgane. Man darf sich daher nicht verwundern, wenn in Rom Betrüger Zulauf hatten, die sich oberflächliche, mit Aberglauben vermischte medizinische Kenntnisse angeeignet hatten, und wenn die Anzahl der Ärzte aus eigener Machtvollkommenheit sehr groß war.

Was die wissenschaftliche Vorbereitung der Ärzte anbelangt, so wurden erst sehr spät reguläre Kurse in den *auditoria*[2] eingeführt, die man heute als Universitätsvorlesungen bezeichnen würde, deren Besuch aber nicht mit regulären Prüfungen oder Diplomen abgeschlossen wurde.

Im Altertum bereitete der *paterfamilias* die Medizin für alle Hausgenossen selbst; für die Frau, die Kinder, die Sklaven. Cato Censorius[3], ein hochgelehrter Mann und durch und durch Römer, der einen blinden Haß gegen alle Berufsärzte hatte[4], brüstete sich damit, nur auf Grund der richtig angewandten, von ihm selbst hergestellten Heilmittel ein rüstiges Alter erreicht und die Seinen bei guter Gesundheit erhalten zu haben. Wer hätte von dem Censor Cato gedacht, daß er sich damit abgab, Wurzeln zu zerstampfen und Heiltränke zu brauen? Und doch tat er es; wie er selbst sagt, mit gutem Erfolg.

2. Es gab demnach in Rom keine strenge Trennung zwischen wissenschaftlicher und empirischer Heilkunde, und da in vielen, sogar in Männern von überragender Bildung wie Plinius dem Älteren, die Überzeugung ver-

---

[1] i, 14. [2] AELIUS LAMPRIDIUS, *Alex. Sev.*, 44, 4.
[3] PLINIUS D. Ä., xxix, 14. [4] *Ibid.*; vgl. S. 244.

wurzelt war, daß jene nicht so viel wert war wie diese, hütete jedermann eifersüchtig seine eigenen medizinischen Kenntnisse. Wenn dann jemand erkrankte, wenn er von einem giftigen Tier gebissen worden war, sich verbrannt, verletzt oder sonstige Wunden zugezogen hatte, war das ganze Haus damit beschäftigt, Kräuter und Wurzeln zu verreiben und Pulver, Gerstentee, Pflaster und Verbände herzustellen. Wenn man den Arzt rief, dann nur in schweren Fällen, wenn dem gesunden Selbsterhaltungstrieb eine eigenmächtige Behandlung zu riskant erschien.

Für die empirischen Kuren zog man die ganze Pflanzenwelt und, falls erforderlich, auch die Tierwelt heran. Die Königin der Heilpflanzen war bei den Römern das sogenannte *laserpicium*, von den Griechen mit *silphion* bezeichnet, «eine der größten Gaben, die uns die Natur geschenkt hat»[1]. Um genau zu sein: *laserpicium* war die Pflanze; aber nur der Saft der Wurzel, *laser*[2] genannt, besaß die außerordentlichen Heilkräfte, die sie so wertvoll machten, daß die Einfuhr des *laserpicium* in Rom im wahren Sinne des Wortes als eine Staatsangelegenheit betrachtet wurde. Unter dem Consulat des C. Valerius und M. Herennius (93 v. Chr.) verfügte man, daß auf Staatskosten dreißig Pfund eingeführt würden; Caesar kaufte in der ersten Periode seiner Diktatur[3] eintausendfünfhundert Pfund ein. Ein weiser Dictator konnte nicht umhin, auch für *laserpicium* zu sorgen.

Laserpicium war vor allem ein stark wirkendes Abführmittel und wurde von den Köchen gebraucht. Beim Gastmahl des Trimalchio singt ein Sklave mit schriller Stimme das Lob einer *laserpicium*-Sauce[4]. Wenn man einen Vergleich ziehen will, so könnte man sagen, daß *laserpicium* ein Vorläufer des Fernet sei. In der Medizin brachte es wahre Wunder zustande. Auf die Tiere hatte es verschiedene Wirkung: es schläferte die Schafe ein, brachte die Ziegen zum Niesen[5] und die Schlangen zum Platzen[6]. Für den Menschen aber barg es unendliche Vorteile[7]. Bei der Genesung, bei Erschöpfungszuständen, schlechter Verdauung, bei Kreislaufstörungen oder Frauenbeschwerden war es ein unübertreffliches Stärkungsmittel. Man legte es auf Wunden und offene Stellen; es brachte die Geschwüre zum Reifen und machte das Gift der Schlangen und Skorpione unschädlich. Es erleichterte sogar die Entfernung der Hühneraugen, was nicht wenig besagt. Es heilte Halsschmerzen, Asthma, Wassersucht, Fallsucht, Gelbsucht und Rippenfellentzündung, überhaupt alle Arten von Schmerzen – Zahnweh allerdings mit Vorbehalt.

[1] PLINIUS D. Ä., xxii, 101: *Inter eximia naturae dona numeratum.* [2] *Ibid.*, xix, 38. [3] *Ibid.*, xix, 40. [4] PETRONIUS, 35. [5] PLINIUS D. Ä., xix, 39. [6] *Ibid.*, xxii, 106. [7] *Ibid.*, 101 f.

Diese niederträchtigen Schmerzen widerstehen jeder Behandlung; selbst *laserpicium* konnte nicht helfen. Wir müssen hier feststellen, daß über diesen Punkt die Meinungen der Ärzte auseinandergingen. Manche empfahlen *laserpicium* als schmerzstillendes Mittel in den hohlen Zahn zu füllen und ihn dann mit Wachs zu verschließen. Andere wiederum, wie Plinius der Ältere, rieten von diesem Mittel ab[1] und führten den Fall eines Zahnkranken an, dessen Schmerzen nach dieser unbedachten Behandlung so stark geworden waren, daß er sich kopfüber zum Fenster hinausstürzte. So mag der Zahnschmerz wohl vergangen sein, aber für immer!

Um die Zahnschmerzen zu beheben, erzielte man einigen Erfolg mit sanfter wirkenden Mitteln, wie dem Fleisch des Kürbis, mit Wermuth und Salz[2] oder dem milchigen Saft des Senfstengels[3]. Man glaubte auch, die Zähne gesund erhalten zu können, wenn man morgens bei nüchternem Magen unter der Zunge etwas Salz zergehen ließ[4] oder die Wurzeln von Anemonen kaute[5] oder auch dreimal im Jahre sich den Mund mit dem Blute von Schildkröten spülte[6]. Warmer Essig und Kürbissaft festigten gelockerte Zähne[7]. Wenn aber trotz all dieser Mittel die Zähne erkrankten und die Schmerzen unerträglich wurden, mußte man sich wohl oder übel damit abfinden, wie so oft im Leben.

Eine Erfahrung, deren Ergebnisse die moderne Arzneikunde entweder vergessen oder für wertlos befunden hat, pries die heilenden Kräfte einer großen Anzahl von Kräutern. Gegen die Bindehautentzündung empfahl man unter anderem einen Aufguß von Veilchen mit Myrrhen und Safran[8] oder geschlagenes Ei mit Safran[9]; der Asphodelos, die Zierde der Wiesen, der himmelblaue, stolze Asphodelos, den alle Dichter besungen haben, diente in der Medizin zum Ausheilen eitriger Wunden und der Augendrüsenentzündung sowie gegen offene und wunde Füße[10]. Mit den Wurzeln des Asphodelos behandelte man Verbrühungen; aber bei Haarverbrennungen bevorzugte man in Fett oder Öl gekochte Lilienwurzeln[11].

Einigen Pflanzen, wie der Brennessel[12] und dem Senfkraut[13], wurden vorbeugende Kräfte zugesprochen. Das Senfkraut hatte unter anderen Tugenden auch den Vorzug, die Giftpilze unschädlich zu machen; mit Melonensaft aufgegossen, war es ein hervorragendes Mittel gegen Anfälle der Epilepsie: aber der Melonensaft war notwendig!

---

[1] PLINIUS D. Ä., xxii, 106. [2] *Ibid.*, xx, 15. [3] *Ibid.*, 239.
[4] *Ibid.*, xxxi, 101. [5] *Ibid.*, xxi, 166. [6] *Ibid.*, xxxii, 37.
[7] *Ibid.*, xx, 15. [8] *Ibid.*, xxi, 131. [9] *Ibid.*, 137.
[10] *Ibid.*, xxii, 68–70. [11] *Ibid.*, xxi, 126. [12] *Ibid.*, xxii, 31. [13] *Ibid.*, xx, 236f.

Unzählige Mittel gab es gegen Husten, Katarrh, Halsschmerzen, die Fallsucht, Skrofulose, Wurmbildung, Kopfschmerzen, Trübung der Augen, Gicht, Lungenbluten und den Biß von giftigen Tieren. Auch war ein Mittel bekannt, das Fremdkörper ohne äußern Eingriff aus dem Körper trieb; es bestand aus einem Umschlag aus Honig, Brot und Narzissenwurzeln. Für die Verrückten (die es zu allen Zeiten gegeben hat) war nichts so gut wie Nieswurz[1].

Die hohe Wissenschaft der Medizin ist stets gezwungen gewesen, ihr Licht auch für die Eitelkeit der Menschen leuchten zu lassen, und so war es auch bei den Römern. Jede Apotheke hat heute ihre Abteilung für Kosmetik, und auch damals mußte sich die medizinische Kräuterwissenschaft mit einigen Sonderaufgaben befassen, welche die Schönheitsfehler der beiden Geschlechter betrafen. Kümmel gab dem Gesicht ein blasses, interessantes Aussehen[2]; Leinsamen korrigierte kleine Mängel der weiblichen Haut[3] und machte die Fingernägel blank und glänzend[4]. Gerste mit Salz und Honig gemengt[5] hielt die Zähne weiß und verlieh einen wohlriechenden Atem. Asphodeloswurzeln machten die Haut frisch und die Zähne blendend weiß[6]; anhaltendes Kauen von Lorbeerblättern behob den schlechten Mundgeruch bei Leuten, die zu viel getrunken hatten[7]; in Essig gekochte Lupinen gaben den Narben ihre natürliche Farbe zurück[8]; Frauenhaar *(adiantum)*, eine Art Farnkraut[9], in Wein mit etwas Selleriesamen gekocht und mit reichlich Öl gemischt, machte das Haar wellig und dicht und verhinderte den Haarausfall; ein Trank aus *scolymus*-Wurzeln, auf nüchternen Magen und später noch einmal nach der Mahlzeit genossen, nahm den Schweißgeruch in den Achselhöhlen[10].

Das heilige Grauen, das die Römer vor der Kahlköpfigkeit hatten (sicherlich mehr als wir, die wir uns in einem gewissen Alter damit abfinden), trieb sie dazu, allerlei Mittel dagegen zu suchen. Viele Rezepte sind uns überliefert worden; folgendes[11] sehr komplizierte Mittel diente gegen den teilweisen Ausfall der Haare: die kahlen Stellen des Kopfes mit Soda einreiben und dann ein Gemisch aus Wein, Safran, Pfeffer, Essig, *laserpicium* (natürlich!) und Mäusedreck auftragen. Auch Mäusedreck! Wenn man das

---

[1] HORAZ, *Sat.*, ii, 3, 82/83; *Epist.*, ii, 2, 137; PERSIUS, 4, 16, und an anderen Stellen. Vgl. PLINIUS D. Ä., xxv, 54.
[2] HORAZ, *Epist.*, i, 19, 18; PERSIUS, 5, 55; vgl. PLINIUS D. Ä., xx, 159.
[3] PLINIUS D. Ä., xx, 249.   [4] *Ibid.*, xx, 251.   [5] *Ibid.*, xxii, 134.
[6] *Ibid.*, 75.   [7] MARTIAL, v, 4.   [8] PLINIUS D. Ä., xxii, 156.
[9] *Ibid.*, 62.   [10] *Ibid.*, 87.   [11] *Ibid.*, 104.

DIE ÄRZTE 243

aber nicht wollte, mußte man sich eben mit einer halben Glatze abfinden. Auch viele andere Mittel, einschließlich Bärenfett, wurden empfohlen[1]. Domitian, der schon in jungen Jahren die Haare verloren hatte, schrieb eine kleine Abhandlung *De cura capillorum*, um sich über das Unglück zu trösten, als ein so schöner Mann «schon in der Jugend die Mähne des Alters tragen zu müssen». Über die Haare schrieb er: «Es gibt nichts Schöneres, aber auch nichts, was nur so kurze Zeit dauert[2].» Und er hatte Recht.

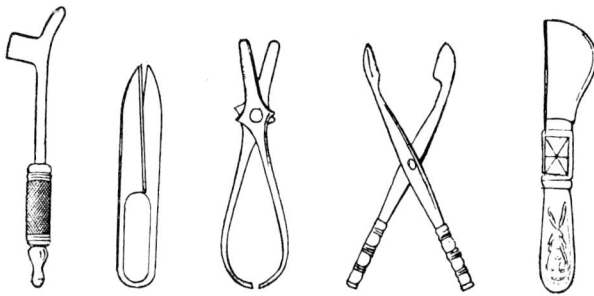

Abb. 30. Chirurgische Instrumente.

Aber der Kampf des Menschen gegen diese Ungerechtigkeit der Natur, die im Haarausfall besteht, war noch immer ein trauriger Kampf ohne Aussicht auf Sieg. Wenn die Kopfhaut ihrer Haare beraubt war und allen Mitteln der Wissenschaft getrotzt hatte, so versuchte man den vergeblich bekämpften Schönheitsfehler unter allen Umständen zu verbergen. Wenn Caligula[3] durch die Straßen ging, wünschte er nicht, daß jemand von oben auf ihn herabschaue, da er sich bewußt war, einen häßlichen, spärlich behaarten Kopf zu besitzen. Caesar[4], der seine Kahlköpfigkeit als sehr störend empfand, verbarg seine Glatze unter dem Kranze, den er ständig trug; er war froh, daß ihm diese vom Volke verliehene Ehre die Möglichkeit gab, den edlen, aber glänzenden Schädel mit einem Kranz von Efeublättern zu bedecken. Manche ließen sich die Schläfenhaare möglichst lang wachsen, kämmten sie dann nach oben und klebten sie auf dem kahlen Schädel mit Pomade an, um falsche Tatsachen vorzuspiegeln[5] – ein Verfahren, das man heute in Neapel *fare il concertino* nennt. Andere wiederum verwendeten kos-

[1] PLINIUS D. Ä., viii, 127. [2] SUETON, *Domit.*, 18. [3] *Ibid.*, *Cal.*, 50.
[4] *Ibid.*, *Div. Iulius*, 45. [5] MARTIAL, x, 83.

metische Mittel von unbestimmter Farbe[1], falsche Haare oder gar Perücken. Da die Perücken an der Innenseite aus gegerbtem Leder waren, spottete einer[2] über einen Kahlkopf, der öffentlich mit einer ebenso dichten wie unechten Mähne erschien: «Da ist ein Kopf mit Schuhen!»

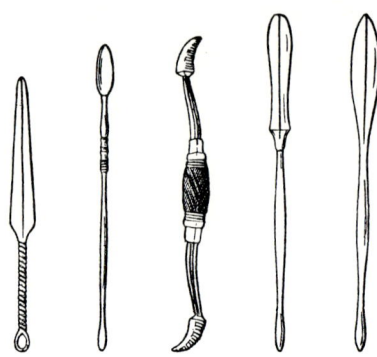

Abb. 31. Chirurgische Instrumente.

3. Diese empirischen Heilmittel, von denen wir bisher gesprochen haben, waren für lange Zeit die einzigen Medizinen, mit denen die römische Welt alle Gebrechen heilte und die auch weiterhin in Ehren standen. Aber am Ende des dritten Jahrhunderts v. Chr. hielt auch die wissenschaftliche Medizin ihren Einzug in Rom, die durch die Berufsärzte der griechisch-orientalischen Welt vertreten war. Der alles erneuernde Strom, der von Griechenland ausging und die römische Welt erfaßte und wandelte, brachte neben vielen Neuigkeiten auch die Ärzte.

Der Peloponnesier Archagathos war der erste Arzt, der sich 219 v. Chr.[3], im Jahr der Einnahme von Sagunt, in Rom niederließ; auf ihn folgte eine wahre Invasion von Ärzten. Die Jünger Aesculaps machten in Rom die besten Geschäfte, trotz dem Mißtrauen, das man ihrer verdächtigen Kunst und ihnen selbst als Ausländern entgegenbrachte. «Sie kommen, um uns alle umzubringen», schrieb Cato; «und sie lassen sich dafür bezahlen, um ihr Spiel nicht zu verraten[4].» Daß ein Arzt sich für hinterhältige politische Zwecke bezahlen läßt und die Rechnung nur als Vorwand benutzt – eine solche Idee konnte nur Cato haben. Da Cato sie aber geäußert hat, teilen wir sie ebenfalls mit. Im Hinblick auf die hohen Honorare sind unsere Quellen eindeutig: «Es gibt keinen Beruf, der mehr abwirft» *(cum sit ars fructuosior*

[1] Martial, vi, 57.   [2] *Ibid.*, xii, 45.   [3] Plinius d. Ä., xxix, 12.   [4] *Ibid.*, 14.

DIE ÄRZTE

nulla)[1]. Viele Ärzte brachten es in kurzer Zeit zu beträchtlichen Vermögen. Man berichtet von einem Arzt, einem gewissen Quintus Stertinius, daß sich seine Renten auf eine halbe Million Sesterzen im Jahre beliefen; der Chirurg Alco hatte zehn Millionen Sesterzen angehäuft.

Mit dem hohen Einkommen verband sich auch eine gewisse persönliche Würde, doch in Grenzen und mit einer gewissen Reserve, weil das Vorurteil gegen die Ärzte in Rom nie ganz schwand. Dies um so mehr, als man nicht immer zwischen dem gelernten Arzt und dem Scharlatan unterscheiden konnte. Gut bezahlen ist eine Sache, Respekt und Sympathie haben eine andere; und wir wissen sehr gut, daß der Mensch mit seiner Achtung mehr geizt als mit seinem Gelde.

Indem sie eine Kunst beherrschten, die Cicero als «intelligent und nützlich»[2] bezeichnet, gehörten die Ärzte zu den menschlichen Werkzeugen des sozialen Lebens, die nur nach ihrem Nutzen beurteilt wurden und keineswegs das Ansehen genossen, das mit höheren Berufen in der Regel verbunden ist. Cicero stellt die Ärzte den Architekten und Schulmeistern gleich[3], Varro gesellt sie zu den Färbern und Schmieden[4]. Um Arzt zu sein, brauchte man weder das Bürgerrecht zu besitzen noch die Freiheit. Unter den Ärzten gab es viele Unfreie, wie dies übrigens auch unter den Lehrern der Fall war[5]. Die größte Anzahl der Ärzte scheint den Sklaven und Freigelassenen angehört zu haben, denn in den großen Familien hatte man einen ständigen Arzt, der ausschließlich zum Dienst im Hause verpflichtet war. Diese Vorliebe der römischen Familien, von der wir bereits wiederholt gesprochen haben (s. S. 192 f. und S. 217), stellt einen wesentlichen Charakterzug vor allem im republikanischen Rom dar, möglichst in allen Lebenslagen mit den eigenen Mitteln auszukommen. In den herrschaftlichen Häusern gab es männliche und weibliche Sklaven als Ärzte; denn für die Behandlung der Frauen wandte man sich nur ungern an fremde und an männliche Ärzte. Außerdem verfügte man über Ärzte für die Behandlung der Sklaven; wo zahlreiche Sklaven vorhanden waren, wie im allgemeinen in der *villa rustica*, hatte man auch ein Krankenhaus für die Sklaven, das *valetudinarium*[6].

Man hatte lieber einen ständigen Arzt im Hause, als daß man den freien Arzt oder den Amtsarzt bemühte, der – wie gesagt – in Rom erst sehr spät

---

[1] PLINIUS D. Ä., xxix, 2.
[2] CICERO, *De off.*, i, 42, 151: *Quibus artibus aut prudentia maior inest aut non mediocris utilitas.* [3] *Ibid.*
[4] VARRO, *De re rust.*, i, 16, 4. [5] s. S. 143. [6] s. S. 94.

eingesetzt wurde. Die ersten öffentlichen Erfahrungen mit Ärzten, die nur für einen bestimmten Personenkreis bestimmt waren, machte man seit dem Ende der Republik natürlich im Heer. Man dachte schon beizeiten daran, den Soldaten eine gewisse Anzahl von Ärzten und Chirurgen zuzusichern, die mit genug Erfahrung und Kenntnissen ausgerüstet waren. Jede Legion hatte ihre eigenen Ärzte. Auch in der Schule der Gladiatoren gab es einen Kasernenarzt, der die Wunden und Krankheiten behandelte, die Diät vorschrieb und das Training überwachte. Aus den Reihen dieser Gladiatorenärzte ging einer der berühmtesten Ärzte des Altertums, Galenos aus Pergamon, hervor. Eigene Ärzte hatten auch die Gymnasien, die Theater und, aus der gemeinsamen Kasse bezahlt, die Handwerksgenossenschaften.

Zur Kaiserzeit war im Palast des Herrschers ein Hofarzt eingesetzt, der seit Alexander Severus den Titel *Medicus Palatinus*[1] führte. Die antiken Quellen erwähnen auch Ärzte der Vestalinnen.

Genau wie zu unseren Zeiten begab sich der Arzt zu den Kranken oder hielt Sprechstunden in eigens hierfür eingerichteten Räumen ab[2], den sogenannten *medicinae*[3]. Es gab Spezialisten und Ärzte für allgemeine Krankheiten; jedoch überwogen die ersten. Die ärztliche Zuständigkeit war weitgehend aufgeteilt und ging eigentlich weit über die Grenzen des Notwendigen und Vernünftigen hinaus. Es gab nicht nur Spezialisten für Ohren-, Augen-, Zahn-, Hals-[4] und Frauenkrankheiten, sondern auch für Fieber, Schwindsucht usw., und unter den Chirurgen für Amputationen, Verwundungen, Brüche und Massage *(iatralipta)*. Von dem berühmten Chirurgen Alco[5], der zur flavischen Zeit lebte, weiß man, daß er hauptsächlich Leistenbrüche und Knochenerkrankungen behandelte.

Die Ärzte für innere Krankheiten nannten sich *clinici* und besuchten selbst die Kranken, wobei sie oft einen Dünkel zur Schau trugen, der sie unerträglich machte. Die berühmten *clinici* brachten zu den Kranken einen ganzen Schwarm von Anfängern mit. Sie behorchten den Kranken, befühlten und beobachteten ihn und ließen in ihrer Eigenschaft als Lehrer auch die Schüler abhorchen, befühlen und beobachten. Daß dieses Vorgehen für den Patienten angenehm war, wird niemand behaupten wollen. Martial[6], der zu

---

[1] AELIUS LAMPRIDIUS, *Alex. Sev.*, 42, 3.   [2] CICERO, *Pro Cluentio*, 63, 178.
[3] PLAUTUS, *Amph.*, 1013; *Epid.*, 198.
[4] MARTIAL (x, 56) erinnert unter den berühmten Ärzten seiner Zeit an den Zahnarzt Cascellius, den Augenarzt Hyginus und die Chirurgen Fannius und Eros; der eine war ein Spezialist für Halsoperationen, der andere für Operationen an der Haut.
[5] MARTIAL, xi, 84, 5.   [6] *Ibid.*, v, 9.

allem seine Bemerkungen machte, schildert uns in lebhaften Farben eine solche Szene: «Ich war unpäßlich; gleich kam Symmachus mich visitieren, in Begleitung von hundert Schülern: Hundert Hände betasteten mich, hundert eiskalte Hände. Ich hatte zuvor kein Fieber; jetzt habe ich welches!»

Abb. 32. Stempel eines Augenarztes (aus Este; im Museo Nazionale Atestino).
1. und 4. *Epagathi horaeon croc(odes) ad aspritudines (tollendas).*
2. *Epagathi diasmyrnes post impet(um) lippitud(inis).*
3. *Epagathi diamysus ad aspritudines tol(lendas).*
5. *Epagathi theoctiston ad diathesis tolle(ndas).*

Groß war die Zahl der Augenärzte *(medici ocularii)* in allen Ländern, die Rom unterstanden. Sie behandelten die kranken Augen mit einem Mittel, von dem es im Altertum zwei Arten gab: das gebräuchlichere in fester Form und ein flüssiges Mittel. Das feste Augenheilmittel wurde in Stangenform in den Handel gebracht, mit dem aufgeprägten Namen des Arztes, des Präparats und mit der Gebrauchsanweisung (Abb. 32)[1]: *post impetum lippitudinis* – «zu gebrauchen, wenn die Bindehautentzündung abschwillt»; *ad aspritudines tollendas* – «während der akuten Periode zu gebrauchen»; *ad diathesis tollendas* – «um der Neigung (zur Entzündung) zuvorzukommen», also als Vorbeugungsmittel. Jeder Augenarzt besaß zu diesem Zweck ein Siegel aus hartem Stein, das er dem Augenstift als Etikett (ἐπαγγελία) aufdrückte, solange

[1] Erläutert, gezeichnet und mit Transkription der Inschriften versehen von G. GHIRLANDINI in *Notizie degli scavi*, 1904, S. 431 ff.

dieser noch weich war. In dem Stempel waren so viele Aufschriften eingraviert, wie der Augenarzt Heilmittel herstellte; der Aufdruck enthielt stets den Namen des Arztes als Garantie für die Güte des Produktes. Der kommerzielle Zweck dieser Aufdrucke geht auch aus den propagandistischen Adjektiven hervor, die der Kundschaft das Präparat besonders anempfehlen sollten, wie zum Beispiel «unübertrefflich» *(anicetum)*, «königlich» *(basilion)* oder sogar «göttlich» *(ambrosium, isotheon, theoctiston;* Abb. 32, 5 usw.). Das Augenheilmittel war aus Pflanzenstoffen zusammengesetzt, wie Myrrhensaft[1] und Krokus[2], oder aus mineralischen Pulvern[3]. Hin und wieder wurde das Heilmittel auch vom Augenarzt erst im Augenblick der Verwendung präpariert; dies ist vielleicht der Grund dafür, daß der Stempel manchmal als kleiner Mörser diente und deswegen auch die Form eines Mörsers hatte (Abb. 33).

Abb. 33. Stempel eines Augenarztes, als Mörser verwendbar, um das Heilmittel zu präparieren.
(Aus Tergolina-Ghislanzoni, *Civiltà romana, La farmacia.*)

Auffallend groß[4] ist die Zahl der aufgefundenen Augenarztstempel in den kälteren und nebligeren Provinzen des Imperiums (Germanien, Gallien, Britannien); seltener in Italien, obwohl die Schriftsteller die Augenkrankheiten und die Anwendung der Heilmittel sehr häufig erwähnen[5]. Diese

---

[1] Deshalb *diasmyrnes* genannt; vgl. Abb. 32, 2.

[2] Sog. *crocodes;* bei Abb. 32, 4 scheint der Beiname *horaeon* (ὡραῖον) hinzugefügt zu sein, um zum Ausdruck zu bringen, daß der Krokus in der geeignetsten Jahreszeit geerntet worden ist. [3] Sog. *diamysus* von *misy*, Eisensulfat; vgl. Abb. 32, 3.

[4] Die reichste Sammlung dieser Stempel befindet sich bei Espérandieu, *Recueil des cachets d'oculistes romains*, Paris 1893.

[5] Cicero, *Ad. Qu. fr.*, ii, 2, 1, 1: *Parvula lippitudine adductus sum ut dictarem hanc epistolam;* Horaz, *Sat.*, i, 5, 30/31: *Hic oculis ego nigra meis collyria lippus inlinere.*

Krankheiten müssen aber in beängstigender Weise in den Gegenden verbreitet gewesen sein, deren feuchtes Klima und lange, strenge Winter sie begünstigten.

Man weiß, daß die Augengläser erst eine spätere Erfindung sind, die den Römern noch unbekannt war. Man scheint aber hie und da versucht zu haben, das Augenlicht mit Hilfe von Mitteln zu verbessern, die unseren Brillen gleichen; so bediente sich Nero, der sehr kurzsichtig war[1], eines konkav geschliffenen Smaragdes, um die Kämpfe der Gladiatoren besser beobachten zu können[2].

Auch die Chirurgie für Schönheitszwecke war nicht unbekannt. Wir wissen von einem Chirurgen, der außerordentlich geschickt in der Entfernung von Brandmalen war[3], die diebischen, flüchtigen und verleumderischen Sklaven auf die Stirn gebrannt worden waren[4]. Der freigelassene und, wie oft, reichgewordene Sklave (vielleicht gerade deswegen, weil er ein gerissener Bursche war) begab sich zum Chirurgen, um das Zeichen der alten Schmach aus der gebrandmarkten Haut tilgen zu lassen. Denn mit Geld ist alles möglich, und auch die Schurken bringen es fertig, sich wider alles Erwarten das Ansehen von Ehrenmännern zu geben und sich Achtung zu verschaffen, wenn sie das nötige Kleingeld besitzen: Frei erheben sie die Stirn, welche ihnen die chirurgische Kunst erneuert hat.

[1] Sueton, 51. [2] Plinius d. Ä., xxxvii, 64. [3] Martial, x, 56, 6. [4] s. S. 148 f.

VII. DIE BÄDER

1. Das römische Bad. – 2. Die wichtigsten Teile der Thermen. – 3. Der Betrieb der Thermen. Das Leben in den Thermen. – 4. Die Heizung.

1.

EINE ganz besondere Bedeutung hatte bei den Römern das Bad. Das tägliche warme Bad galt als eine physische Erholung, die man weder den Ärmsten noch den Sklaven vorenthielt; die einen konnten für wenig Geld in die eigens für das Volk errichteten großen Thermen gehen *(quadrante lavatum*, sagt Horaz)[1], die anderen hatten die Möglichkeit, zuhause zu baden. Wir haben bereits gesehen (S. 92), daß man in der *villa rustica* darauf bedacht war, *balnea* für die Sklaven zu bauen; entsprechende Räumlichkeiten müssen auch in der Stadt vorhanden gewesen sein. In der *villa urbana* waren in einem Teil des Gebäudes die Badezimmer untergebracht, die in ihrer Anlage eine kleinere Ausführung der *thermae* darstellten (Abb. 34).

Auch die Gewohnheit des warmen Bades, die uns zunächst als typisch römisch erscheinen mag und die die Notwendigkeit mit sich brachte, die Häuser in jener grandiosen römischen Art zu erbauen, wurde gegen die Mitte des dritten Jahrhunderts v. Chr. aus Griechenland eingeführt, das heißt wiederum in dem für das Eindringen griechischer Kultur in Italien entscheidenden Jahrhundert.

In der frühen Zeit pflegten die Römer den eigenen Körper nur, soweit es die persönliche Sauberkeit und die Hygiene erforderten. «Sie wuschen sich alle Tage Arme und Beine, um sich nach der Arbeit zu säubern; aber nur alle neun Tage nahmen sie ein Vollbad[2].» Sie schwammen auch im Tiber, ein Brauch, der niemals verloren ging, und nahmen nur selten ein warmes Bad, für das sie einen Raum benutzten *(lavatrina)*, der neben der Küche lag. Erst als das Warmbad zum alltäglichen und allgemeinen Bedürfnis wurde, begann man, im eigenen Hause Badezimmer zu bauen *(balnea)*. Im zweiten Jahrhundert v. Chr. wurden die ersten Badehäuser errichtet.

Es gab viele Arten von Badehäusern. In erster Linie sind hier die kleinen Privatbäder zu nennen, die von einer kleinen, aber ausgesuchten Kundschaft besucht wurden, welche den Lärm und die klatschsüchtige Neugier der

---

[1] *Sat.*, i, 3, 137.
[2] SENECA, *Epist.*, 86, 12: *Brachia et crura cotidie abluebant, quae scilicet sordes opere collegerant, ceterum toti nundinis lavabantur.*

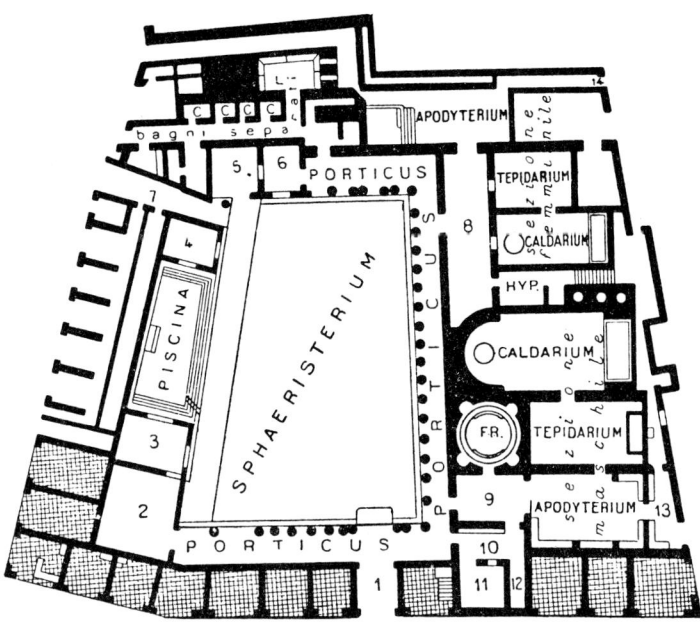

Abb. 34. Grundriß der Stabianer Thermen in Pompeii.
C = *cella* (für Einzelbad); FR = *frigidarium*, Kaltbad; HYP = *hypocausis*, Heizanlage; L = Aborte.

1. Eingang zum Männerbad; 2. wahrscheinlich kleiner Auskleideraum; 3. kleines Becken, Tiefe 0,65 m; 4. ursprünglich Becken, wie unter 3, später aber zugeschüttet und anderweitig verwendet; 5./6. Versammlungslokal für die Spieler; 7. Seiteneingang; 8. Durchgang von der Frauenabteilung zum Turnplatz; 9. Durchgang vom Turnplatz *(sphaeristerium)* zum *apodyterium* (Auskleideraum für Männer); 10./12. Wartezimmer (wahrscheinlich für die Sklaven); 13. Seiteneingang; 14. Eintritt zum Bad (Frauenabteilung).

Die Stabianer Thermen in Pompeii befanden sich in einem abgeschlossenen Gebäude, das auf der Nordseite, die hier nicht wiedergegeben ist, von Mietshäusern begrenzt wurde, während auf der Südseite das Thermengebäude stand. Auf der West- und Südseite öffnen sich nach der Straße zu Läden *(tabernae)*, die von den Thermen unabhängig sind. Man beachte, daß *caldarium* und *tepidarium* in der Frauenabteilung umgekehrt zur Männerabteilung angeordnet sind, um nur eine einzige *hypocausis* benutzen zu müssen, und daß es in der Frauenabteilung kein *frigidarium* gibt.

    Räume der Thermen.

    Läden, die mit den Thermen nicht in Verbindung stehen.

überfüllten Badeanstalten vermeiden wollten. In Pompeii können wir uns einen Begriff davon machen; es handelt sich um Häuser, die sich von den andern durch die besonders gute Ausstattung ihrer Badezimmer unterscheiden. Außer diesen entstanden Badeanstalten, die für jedermann geöffnet waren. Diese Bäder *(balnea meritoria)* waren entweder von Privatunternehmern zu lukrativen Zwecken erbaut worden oder waren öffentliche Bäder im weitesten Sinne des Wortes *(thermae)*, die dem Volk in hochherziger Weise von reichen Bürgern und später von den Kaisern geschenkt worden waren. Die Thermen waren Besitz des Staates, wurden aber gegen eine bestimmte Summe an einen Unternehmer *(conductor)* verpachtet, der das Recht hatte, ein bescheidenes Eintrittsgeld *(balneaticum)*, für gewöhnlich einen Quadrans, zu erheben. Es kam auch vor, daß ein reicher Bürger oder Beamter auf eine gewisse Zeit die Verpflichtung übernahm, dem *conductor* die Eintrittsgelder zu bezahlen. In diesem Falle war der Eintritt in die Thermen vollkommen frei.

2. Die römischen Bäder, von denen uns Abbildung 34 einen übersichtlichen Eindruck vermittelt, sind in ihrem Bau sehr unterschiedlich; alle aber verfügen über folgende Anlagen:

a. *Apodyterium*, der Auskleideraum, mit Steinbänken längs der Mauern. Viereckige, tief in die Mauer eingelassene Nischen, die nebeneinander lagen und bis zur Kopfhöhe reichten, dienten als Kleiderablage. Diese Nischen waren nicht verschließbar; wer seine Kleider bei dem Trubel in den Thermen nicht gern sich selbst überließ, ließ einen Sklaven als Wache zurück.

b. *Frigidarium* oder *cella frigidaria*; ein Raum für das kalte Bad, für gewöhnlich klein, hoch und düster, von einer in der Mitte offenen Kuppel überdacht.

c. *Tepidarium*, ein Übergangsraum mit Marmorbänken, der dazu diente, die Badenden an den Temperaturunterschied zwischen dem Kaltbad *(frigidarium)* und dem Warmbad *(caldarium)*[1] zu gewöhnen.

d. *Caldarium*, der Raum für das warme Bad. Es ist der hellste Raum mit Waschbecken und Badewannen, in den großen Thermen sogar mit einem Schwimmbecken.

Außer dem *caldarium* befand sich in manchen Thermen noch eine *assa sudatio* oder ein *laconicum*, ein kleiner, stark erwärmter Raum, in dem Schwitzbäder genommen wurden; nach oben verlief dieser Raum in eine

---

[1] *Caldarium* und nicht *calidarium*, wie oft fälschlicherweise angegeben. Die Synkope *cal(i)d-* ist durch eine zuverlässige Tradition bezeugt.

Kuppel mit runder Öffnung, die durch eine an Ketten hängende Bronzeplatte verschlossen wurde. Durch leichteres oder stärkeres Anheben der Platte konnte der Badende die Temperatur regeln.

An die Bäder schlossen sich der Sportplatz *(sphaeristerium)* sowie die Räume für das Salben des Körpers *(unctorium)* und für die Säuberung von Staub nach den Übungen auf dem Sportplatz *(destrictorium)* an. Im Freien waren außerdem große Schwimmbecken *(piscinae natatoriae)*. Wer sich nach dem Bade stärken wollte, fand in den Thermen oder in ihrer Nähe zahlreiche *popinae*, Gaststätten, in denen er essen und trinken konnte.

Viele Badeanstalten verfügten über doppelte Anlagen, eine Männer- und eine Frauenabteilung, mit allen wichtigen Einrichtungen zum Auskleiden und Baden; wo es diese Teilung nicht gab, setzte man die Badezeit zu verschiedenen Zeiten an. Nur das Schwimmbecken wurde gemeinsam benutzt, und Männer und Frauen schwammen zusammen. Die Frauen jedoch, die der Kritik entgehen wollten, blieben ihm fern. Auf Wunsch konnte man Einzelbäder nehmen. Auch Heilbäder und Bäder mit wohlriechenden Essenzen standen zur Verfügung.

3. Die Bäder öffneten ihre Pforten zur Mittagszeit, wenn die Öfen in Betrieb gesetzt waren; der Ein- und Austritt des Publikums wechselte je nach den örtlichen Gepflogenheiten. Die Thermen Roms blieben von Mittag bis zur Dunkelheit geöffnet; Beginn und Ende der Badezeit wurden durch eine Art Gong angezeigt, der die Klingel ersetzte. Hadrian beschränkte diese Zeit und verfügte, daß die Bäder erst um zwei Uhr nachmittags geöffnet wurden; ausgenommen waren die Kranken[1]. Von einigen Thermen der Provinz wird berichtet, daß sie auch mehrere Stunden während der Nacht geöffnet waren, besonders wenn der vorhandene Raum für die Bevölkerung nicht ausreichte.

Die Art des Badens selbst richtete sich natürlich nach Geschmack, Alter und Gesundheit des einzelnen, aber wenn irgend möglich, nahm man kalte und warme Wechselbäder. Das kalte Bad, sei es in Form einer einfachen Abwaschung oder als Schwimmen und Tauchen im Schwimmbecken, nahm man nur, wenn der Körper erhitzt und die Poren durch das Warmbad gut geöffnet waren, oder nach einem mehr oder weniger langen Aufenthalt im *laconicum* oder nach ausgiebigen Turnübungen im *sphaeristerium*. Die ganz Faulen nahmen vor dem kalten Bad ein langes Sonnenbad *(apricatio)*.

[1] AELIUS SPARTIANUS, *Hadr.*, 22, 7.

Zum Baden nahm man verschiedene Gegenstände mit in die Thermen: Ölfläschchen, Striegel (gebogene Eisen, die dazu dienten, die Salbe nach den Turnübungen abzuschaben; Abb. 35), Soda *(aphronitrum)* in Ermangelung von Seife *(sapo,* wie wir bereits erläuterten [S. 135], war eine Haartinktur), sowie die verschiedenen Tücher zum Abtrocknen des Körpers *(lintea, sabana),* des Gesichtes *(faciale),* der Füße *(pedale)* usw. Abgesehen von den Ärmsten, waren die Badenden von einem Schwarm von Bedienten umgeben: Einer half dem Herrn während des Bades *(balneator),* ein anderer massierte ihn *(unctor, aliptes* oder auch, wenn er in Körperpflege spezialisiert war, *iataliptes);* wieder ein anderer mußte die überflüssigen Haare entfernen *(alipilus);* außerdem gab es Sklaven, die die Wäsche trugen, auf die Garderobe achteten usw. Die ärmeren Leute bedienten sich der Masseure und Haarauszieher, die die Thermen bevölkerten; wenn sie die abgelegte Kleidung nicht der Gefahr des Diebstahls aussetzen wollten, gaben sie sie gegen ein geringes Entgelt beim *balneator* oder *capsarius* ab. Ganz feine Leute brachten auch ihren Mundschenk mit; doch das wurde als dumme Aufspielerei empfunden.

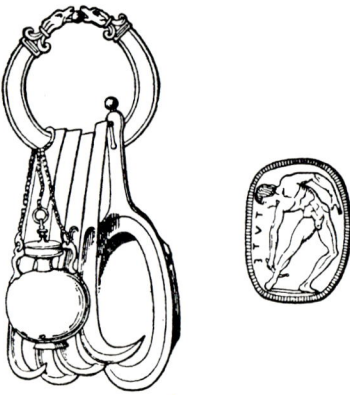

Abb. 35. Striegel. 1. Striegel und Ölampulle; 2. die Anwendung des Striegels.
(Aus Daremberg-Saglio, *Dictionnaire des antiquités grecques et romaines.*)

Die Thermen Roms galten als der Mittelpunkt des mondänen Lebens; wenn die Leute nachmittags nach des Tages Arbeit und in Erwartung des Abendessens in die Thermen strömten, herrschte ein Lärmen und Treiben, das auf die Nerven ging. Aus einer Beschreibung, die uns Seneca[1] von einem

[1] *Epist.,* 56, 1/2.

DIE BÄDER

Bad gibt (offenbar von einem der kleineren Bäder, denn in den oberen Stockwerken befanden sich Mietsräume), können wir uns einen Begriff von dem Leben in den Hauptthermen machen: «Ich wohne gerade über einem Bad; stell dir das Stimmengewirr, das Geschrei in allen Tonarten vor, am liebsten möchte man taub sein! Ich höre das Ächzen der Leute, die mit Hanteln turnen; sie stoßen kurze Pfiffe aus und keuchen angestrengt. Wenn jemand ganz still daliegt und sich massieren läßt, höre ich das Klatschen der Hand auf seinem Rücken: jeweils einen anderen Laut, wenn der Schlag mit der flachen oder mit der hohlen Hand gegeben wird. Wenn dann noch jemand kommt, der nicht mit dem Ball spielen kann, ohne zu schreien, und die Schläge mit lauter Stimme zu zählen beginnt, ist es ganz aus. Dazu kommen dann die Streitsüchtigen, der Dieb, den man auf frischer Tat ertappt hat, der Schwätzer, der sich an seiner eigenen Stimme berauscht; und dann die Taucher, die sich ins Schwimmbecken stürzen, daß das Wasser nach allen Seiten klatschend aufspritzt. Aber diese Leute lassen wenigstens ihre natürliche Stimme ertönen. Doch vergiß nicht den Haarauszieher, der jeden Augenblick im Falsett seine Dienste anpreist und nur still ist, wenn er jemandem die Haare ausreißt; dann aber beginnt sein Opfer zu zetern. Ganz zu schweigen von dem Geschrei der Getränke-, Wurst- und Pastetenhändler sowie der Laufburschen der Kneipen, die umherziehen und ihre Ware anbieten, jeder in einer anderen Tonart.»

4. Schließlich wollen wir uns noch mit der Heizung der Thermen befassen. Ein mit Holzkohle geheizter Ofen, der die griechische Bezeichnung *hypocausis*[1] hatte, diente dem doppelten Zweck, das für den Gebrauch der Thermen erforderliche Wasser zu erhitzen und die Hohlräume, die zu diesem Zweck unter dem Fußboden und hinter den Wänden angebracht waren, mit Warmluft zu füllen. Das Ofenloch befand sich in einem Raum *(praefurnium)*, wo ein Sklave die *hypocausis* überwachte und mit Brennmaterial versah. Die Erwärmung des Ofens erfolgte in der von Vitruv[2] beschriebenen Art; die entsprechende Vorrichtung finden wir in der Villa von

---

[1] Seltener findet man in den Originaltexten die Bezeichnung *hypocauston* (*-um*) an Stelle von *hypocausis*, dem man in archäologischen Abhandlungen zu Unrecht den Vorzug gibt. Normalerweise bezeichnet man mit *hypocauston* einen Raum, der mit einer *hypocausis* geheizt wird (PLINIUS, *Epist.*, v, 6, 25; ii, 17, 23; *Digesten*, xvii, 1, 16); es ist dies die substantivische Form des Adjektivs *hypocaustus* «durch *hypocausis* erwärmt» (PLINIUS, ii, 17, 11: *unctorium hypocaustum*; vgl. *Digesten*, xxxii, 55, 3: *diaetarum hypocaustarum*).

[2] v, 10, 1.

Boscoreale (Abb. 17) sowie Spuren in den Thermen. «Auf die *hypocausis* muß man drei Kupfergefäße stellen, eins für das heiße Wasser *(caldarium)*[1], ein zweites für das lauwarme Wasser *(tepidarium)* und das dritte für das kalte Wasser *(frigidarium)*, und zwar so, daß bei der Entnahme von heißem Wasser aus dem *caldarium* das lauwarme in das *caldarium* und das kalte in das *tepidarium* nachfließt.» Die drei Gefäße waren also miteinander verbunden und übereinander aufgestellt. Der Behälter für das kalte Wasser befand sich in einer gewissen Entfernung von der *hypocausis*. Auf diese Weise erhielt man ununterbrochen heißes und warmes Wasser.

Die warme Luft der *hypocausis*, die durch ein dickes Rohr *(vaporarium)* einer der Ofenwände entströmte, breitete sich mit Hilfe der *suspensurae* und der *parietes tubulati* unterhalb und längs der Mauern des *caldarium*, des *laconicum* und – infolge der größeren Entfernung von der *hypocausis* mit geringerer Kraft – auch im *tepidarium* aus.

Um dieses Verfahren anwenden zu können, das auf C. Sergius Orata[2] zurückgehen soll, der es im letzten Jahrhundert v. Chr. einführte, baute man die Fußböden *(suspensurae)* in der Weise, daß sie nicht unmittelbar auf der Erde lagen, sondern durch kleine Ziegelsäulen gestützt wurden; dadurch entstand unter der Anlage ein Hohlraum, durch den die Heißluft ungehindert strömen konnte. Aus diesem Hohlraum verteilte sich die Heißluft durch Tonröhren oder Hohlziegel auf die Hohlräume in den Wänden, die *parietes tubulati*. Diese Vervollkommnung und Vervollständigung der *suspensurae* war schon im ersten Jahrhundert n. Chr. verbreitet. Seneca berichtet davon als von einer vor kurzem aufgekommenen Erfindung[3].

Das gleiche Heizungssystem wurde in Privathäusern und Villen angewandt.

[1] Die gleichen Namen verwendete man mit anderer Bedeutung für die Haupträume der Thermen (s. S. 252); man muß daher darauf achten, sie nicht zu verwechseln.
[2] VALERIUS MAXIMUS, ix, 1, 1.
[3] *Epist.*, 90, 25: *Quaedam nostra demum prodisse memoria scimus ..., ut suspensuras balneorum et impressos parietibus tubos, per quos circumfunderetur calor, qui ima simul ac summa foveret aequaliter.*

VIII. DAS REISEN

1. Die Reisen. – 2. Die Fahrzeuge.

1.

DER Brauch der wohlhabenden römischen Familien, die Söhne zur Vervollkommnung ihrer Studien auf die berühmtesten Redner- und Philosophenschulen in Griechenland zu schicken, beweist uns, daß die Römer nicht vor dem Reisen zurückschreckten. Das Fehlen rascher Verkehrsmittel, wie sie uns heute zur Verfügung stehen, verhinderte die zivilisierten Menschen anderer Zeiten nicht, die Welt nach allen Himmelsrichtungen hin zu durchstreifen; um so weniger die Römer, die über ein ausgezeichnetes Straßennetz verfügten. Man reiste, um an den Ort seiner Studien zu gelangen, um sich zu den Provinzialbehörden zu begeben, aus militärischen oder geschäftlichen Gründen, um berühmte Baudenkmäler zu besichtigen, oder auch nur, um die Langeweile zu vertreiben. Seit jeher wurde der Seeweg bevorzugt, da er die meisten Bequemlichkeiten bot. Das Fehlen guter und sauberer Gasthäuser trug dazu bei, das Reisen zu Lande beschwerlich zu machen. Den Betrieb großer Hotels kannte das Altertum nicht; diese Einrichtung ist recht eigentlich eine moderne Errungenschaft. Wer keine Gastgeber hatte, bei denen er die Nacht verbringen konnte, mußte sich damit abfinden, in einer der vielen *cauponae* Unterkunft zu nehmen, die an den Verkehrswegen oder in den großen Städten zur Verfügung standen. Wie wir aus Pompeii wissen, waren diese *cauponae* enge, schmucklose Gaststätten, die von Fuhrknechten, Trunkenbolden und leichtfertigen Frauen besucht wurden, und in den Betten wird es gewiß von allerlei Gaben der Natur gewimmelt haben. Von der Bildung der Gäste, die diese Gasthäuser besuchten, kann man sich einen Begriff machen, wenn man die bekritzelten Wände der *cauponae* gesehen hat, in die geschmacklose und unanständige Witze von den Besuchern eingeritzt worden waren; diese schlechte Angewohnheit, die sich zwar unter vielen Gesichtspunkten als sehr nützlich für unsere Studien erwiesen hat[1], spricht nicht eben für das geistige Niveau der Verfasser jener Meisterwerke. Der Gastwirt ist als Typ des vollendeten Gauners in die Geschichte eingegangen: *perfidus hic caupo*, sagt Horaz[2]; *cauponi-*

---

[1] Diese Kritzeleien, die von ungebildeten Leuten stammen, die die Rechtschreibung nicht beherrschten und so schrieben, wie sie sprachen, sind das sicherste Zeugnis für die damalige lateinische Aussprache. [2] *Sat.*, i, 1, 29.

bus ... *malignis*[1]; und das römische Recht ist in bezug auf die Gastwirte äußerst rigoros. All dies machte das Reisen nicht angenehm, und trotzdem reiste man ohne die geringsten Besorgnisse. Ein Volk, das sich vor dem Reisen fürchtet, wird nie ein imperiales Volk sein.

Wer nicht mit einem offiziellen Auftrag reiste und daher gezwungen war, sich mit der Toga zu bekleiden, zog die Tunica an, über die er einen Umhang mit Kapuze trug *(paenula)*; im Hochsommer trug man einen Hut mit breiter Krempe. Die Tunica war so gearbeitet, daß sie die Bewegungen so wenig wie möglich behinderte; also eng in der Hüfte und bis zum Knie hochgezogen; vom Gürtel hing die Börse *(marsupium)* herab, die mit unserem Koffer zu vergleichen ist. Die meisten reisten auf einem Saumtier, das den Reisenden und sein Gepäck trug: «Niemand», sagt Horaz, «kann mich daran hindern – wenn ich will –, selbst bis nach Tarent auf einem schwanzlosen Maulesel zu reiten, mag ihm der Mantelsack die Flanken und der Reiter die Beine wund drücken[2].» Zu Fuß reiste man sehr selten, noch seltener als bei den Griechen. Nie wäre jemand wie heute auf die Idee gekommen, aus Vergnügen lange Fußmärsche zu machen und tage- oder monatelang bei Regen und Sonne mit einem schweren Rucksack auf dem Rücken zu wandern; bei den Römern hätte man einen Globetrotter für einen Dummkopf gehalten. Wer mit Bequemlichkeit reisen wollte, insbesondere wenn er sich in Begleitung von Frauen befand, ließ sich in einem Fahrzeug transportieren.

2. Die Vielfalt der römischen Fahrzeuge im Hinblick auf Form, Bespannung, Haltbarkeit, Eleganz und Geschwindigkeit geht aus dem reichen Wortschatz hervor, mit dem sie bezeichnet und unterschieden wurden. Charakteristisch für die Römer ist der aus dem Orient übernommene Brauch, sich in einer Sänfte *(lectica)* oder in einem Tragsessel *(sella gestatoria)* befördern zu lassen; in der Sänfte lag man ausgestreckt, im Tragsessel saß man; beide konnten mit Kissen *(pulvinaria)* und Vorhängen *(vela)* ausgestattet werden. Sie wurden von kräftigen Sklaven getragen – in wechselnder Anzahl, von zwei bis acht –, die von gleicher Körpergröße waren und eine der Soldatenkleidung ähnliche Livree in hellen Farben trugen. Als Beförderungsmittel waren diese Sänften zwar bequem, aber langsam; man verwandte sie daher besonders in der Stadt als das einzige Transportmittel, welches das Gesetz zuließ, während der Verkehr der Fahrzeuge tagsüber verboten war. Das Altertum brachte den Fußgängern eine Achtung entgegen, die man

[1] Horaz, *Sat.*, i, 5, 4. [2] *Ibid.*, i, 6, 104 ff.

DAS REISEN

heute für überholt halten würde: Der Besitz eines schnellen Fahrzeuges gab in jenen Zeiten noch niemandem das Recht, seinen Nächsten zu überfahren. Man verbot nicht nur den Wagenverkehr in der Stadt während der Hauptverkehrszeiten, sondern man machte die Plätze und belebtesten Hauptstraßen durch Steinbarrikaden für Wagen unzugänglich, wie am Bau der Straßen in Pompeii zu sehen ist.

Man unterscheidet drei Arten von Fahrzeugen:

1. *Sport- oder Prunkwagen:* der *currus*, zweirädrig, den man bei den Circusspielen und Triumphzügen benutzte.

2. *Fahrzeuge für den Transport von Waren:* das *plaustrum*, zweirädrig, aber stabil gebaut, das in der Regel, wie noch heute in Sardinien, statt Rädern mit Speichen aus *einem* Stück gearbeitete runde Scheiben hatte und von Ochsen, Maultieren oder Eseln gezogen wurde; das *serracum*, mit niedrigeren, aber noch festeren Rädern, für den Transport von schweren Lasten; der *carrus*, ein Militärtransportwagen keltischen Ursprungs; die *arcera*, die vor allem in älterer Zeit benutzt wurde: eine Art Liegewagen für Kranke *(quasi arca quaedam magna vestimentis instrata, qua nimis aegri aut senes portari cubantes solebant*[1]*)*.

Abb. 36. Kaiserliche Münzen mit *carpentum*
(Wagen für die Frauen der kaiserlichen Familie).
1. Münze der Iulia Augusta; 2. Münze der Agrippina.
(Aus Mattingly, *Coins of the Roman Empire*, I, Taf. 23, 18; 30, 6.)

3. *Reisewagen:* Es gab zwei- und vierrädrige Reisewagen.

a. *Zweirädrige Wagen:* das *cisium*, eine schnelle und leichte Kalesche für eilige Reisende ohne Gepäck; man konnte es auch bei den Wagenhaltern mieten (den *cisarii*, die an den Toren stationiert waren); das *essedum*, ein

[1] AULUS GELLIUS, XX, 1, 29.

Reisewagen, der den gallischen und britischen Kriegswagen nachgebildet war; die genaue Bauart ist uns unbekannt; es dürfte ein Mittelding zwischen dem *cisium* und der solideren vierrädrigen *raeda* gewesen sein. Es gab kleinere Wagen, die von den Reisenden selbst gelenkt wurden, und größere, die ein *essedarius* lenkte. Bekannt ist hingegen die Form des *carpentum*, eines bequemen und eleganten Wagens altitalischen Ursprungs, zweirädrig und von zwei Mauleseln gezogen; da diese Wagen in der Stadt nur von den Frauen der kaiserlichen Familie benutzt werden durften, steht wohl fest, daß der auf den kaiserlichen Frauenmünzen abgebildete Wagen ein *carpentum* ist (Abb. 36).

b. *Vierrädrige Wagen:* die *raeda*, der gebräuchlichste Reisewagen für die Beförderung von Personen oder Gepäck; das *petorritum*, gallischen Ursprungs wie die *raeda* (über dieses Gefährt wissen wir nichts Genaueres; wahrscheinlich war es ursprünglich ein reich geschmückter Prunkwagen; in den letzten Jahren der Kaiserzeit wurde er zum gebräuchlichsten Reisewagen); das *pilentum*, ähnlich dem *carpentum*, aber größer und vierrädrig; in der frühen Zeit bedienten sich seiner nur die Priesterinnen und die Matronen an Festtagen; später ging es jedoch in den allgemeinen Gebrauch über; die *carruca*, durch ihre Bequemlichkeit – man konnte darin sogar schlafen –, die Feinheit der Verzierungen und die verhältnismäßig große Geschwindigkeit als Luxusfahrzeug anzusprechen.

IX. UNTERHALTUNG UND ZEITVERTREIB DER KLEINEN UND GROSSEN

1. Kinderspiele. – 2. Gesellschaftsspiele für Jugendliche; aus Griechenland stammende Spiele; das Königsspiel, das Topfspiel usw. – 3. Die Glücksspiele. – 4. Die Spiele an der *tabula lusoria*. – 5. Der Sport auf dem Marsfeld. Anderer Zeitvertreib. – 6. Der Tanz.

1.

Häuser bauen, Mäuse vor ein Wägelchen spannen, Gerade und Ungerade, auf einem langen Stecken reiten»[1], das waren für Horaz die ersten Kinderspiele: Spiele der römischen Kinder wie auch die Spiele unserer Jugend. Unmodern geworden ist nur der lustige Spaß, Mäuse vor ein winziges Wägelchen zu spannen und zuzusehen, wie sie ganz verängstigt das schaukelnde Holzspielzeug hinter sich herziehen. Wenn der Wagen größer war und das Kind sich hineinsetzen konnte, dann spannte es ein friedlicheres Tier davor, ein Schaf (Taf. LXXIX, 2), eine Ziege, einen Hund oder aber auch einen Kameraden, der sich zum Vorspann erbot. «Gerade und Ungerade» *(par impar)* spielte man folgendermaßen: Einer hielt in der Faust einige Steinchen, Nüsse oder dergleichen und forderte den Kameraden auf, zu erraten, ob die Zahl gerade oder ungerade war. Dann öffnete er die Hand, und man konnte nachschauen, ob der Betreffende richtig erraten hatte. Man spielte auch *capita et navia*[2], indem man ein Geldstück hoch warf und zu erraten suchte, bevor die Münze fiel, ob die Seite mit dem Kopf oder mit dem Schiff nach oben zu liegen kam. Und man spielte Mora *(digitis micare)*, oder Kreisel *(turbo)* mit Schnur und Peitsche, oder Reifen *(orbis, trochus)* mit Hilfe eines geraden oder gebogenen Stockes *(clavis)*. Man hatte größere und kleinere Reifen; die schönsten waren mit Ringen und Glöckchen verziert. Dann lief und klingelte der Reifen – es war gewiß ein Heidenspaß!

2. Wenn die Jungen beieinander waren, unternahmen sie gemeinsame Spiele, bei denen der Geschickteste gewann. Viele spielten mit den Nüssen,

---

[1] *Sat.*, ii, 3, 247/48: *Aedificare casas, plostello adiungere mures,*
  Ludere par impar, equitare in harundine longa.
Vgl. SENECA, *De const. sap.*, 12, 2: *In litoribus harenae congestu simulacra domuum excitant.*
[2] MACROBIUS, i, 7, 22.

so daß Persius mit der Wendung «nach der Entwöhnung von den Nüssen»[1] sagen will: «nach der Kindheit». Die auf Tafel LXXX, 2 wiedergegebene Szene zeigt uns Knaben beim «Nüssespiel»; der Leser sieht daran, daß sich seit damals das Spiel in keiner Weise geändert hat: Man baute kleine Türme von Nüssen auf, drei zu unterst und eine oben darauf; wem es gelang, diesen Turm mit einer Nuß als Wurfgeschoß zum Einsturz zu bringen, dem gehörten die Nüsse. Mit den Nüssen betrieb man auch eine Art Scheibenschießen; aus einer gewissen Entfernung versuchte man, Nüsse in ein Gefäß mit engem Hals zu werfen[2].

Der größte Teil der Gemeinschaftsspiele war aus dem kindlichen Trieb, die Erwachsenen nachzuahmen, entstanden; so spielte man «Soldaten», «Richter», «Beamte». Die Beamten wurden von kleinen Lictoren mit Beil und Lictorenbündel begleitet[3], und die Lictoren werden gewiß finster dreingeschaut haben, wie wenn sie gerade im Begriff stünden, einem Menschen den Kopf abzuschlagen. Man betrachte Tafel LXXX, 1 und Tafel LXXXI, 1–2: hier wird «Pferdchen» gespielt, denn den Kindern bereitet es bei dieser Art von Spielen Vergnügen, außer den Erwachsenen auch die Tiere nachzuahmen; und vielleicht nicht nur den Kindern allein. Wer das Pferd spielte, nahm den Kameraden auf die Schulter (*humeris vectare*, Tafel LXXX, 1) oder zog ihn im Wagen hinter sich her, wobei er sich hin und wieder auch einen Schlag mit der Peitsche gefallen ließ (Tafel LXXXI, 1).

Auf Tafel LXXXI, 3 wohnen wir einem Spiel bei, das auch auf andern Kunstwerken dargestellt ist; zwei Jungen halten eine lange Leine an beiden Enden fest und machen damit auf zwei andere Jagd, die sie einzufangen und derart festzubinden suchen, daß sie sich nicht mehr rühren können; die beiden Verfolgten aber versuchen, sich nicht fangen zu lassen, und verprügeln die beiden anderen mit einer Rute.

Man darf annehmen, daß nach dem Eindringen der griechischen Kultur alle griechischen Kinderspiele, die uns ein später Schriftsteller[4] genau beschreibt, auch in Rom heimisch wurden. Die zahlreichen orientalischen Sklaven, die sich in den Familien mit der frühesten Erziehung der Kinder beschäftigten, brachten aus ihrer Heimat sicherlich auch die Spiele mit, die bisher in Rom noch unbekannt waren; Spiele übrigens, die auch bei uns üblich sind, wie die Schaukel an Seilen (αἰώρα) oder die Wippe (πέταυρον), den

---

[1] PERSIUS, 1, 10: *Nucibus facimus quaecumque relictis.*
[2] *Ibid.*, 3, 50. Das Spiel ist in dem Gedicht eines unbekannten Autors beschrieben, betitelt *Nux*, das einige Handschriften fälschlicherweise Ovid zuschreiben.
[3] SENECA, *De const. sap.*, 12, 2.   [4] POLLUX, ix, 122, und andere Stellen.

Drachen (ἀετός), Haschen (ἀποδιδρασκίνδα) und Blindekuh. Blindekuh bezeichnete man im Griechischen mit «Kupferfliege» (χαλκῆ μυῖα); ein Junge mit verbundenen Augen tappt umher und versucht, einen Spielgefährten zu fangen, wobei er ruft: «Ich fange die Kupferfliege», und seine Gespielen umschwirren ihn mit einem Stöckchen und antworten: «Du willst sie fangen, kriegst sie aber nicht» – und schon hagelt es Schläge. Ein griechisches Spiel, das zweifellos auch bei den römischen Kindern Anklang fand, ist das sogenannte Topfspiel (χυτρίνδα). Einer saß und machte den «Topf»; ohne aufzustehen oder seinen Platz zu verlassen, mußte er versuchen, jemanden zu erwischen. Die Kameraden näherten sich ihm vorsichtig, um sich nicht fangen zu lassen, versetzten ihm einen leichten Schlag, kniffen oder kitzelten ihn. Wer erwischt wurde, mußte nun «Topf» machen, und das Spiel begann von neuem. Unter den aus Griechenland eingeführten Spielen war auch das «Königsspiel» (βασιλίνδα)[1]. Wie alle anderen bestand es in einem Geschicklichkeitswettstreit, wobei der Sieger zum König ausgerufen wurde und der ungeschickteste bei den Griechen als «Esel» (ὄνος), bei den Römern als «der Räudige» betitelt wurde. Während des Spieles sang man: *Rex erit qui recte faciet, qui non faciet non erit.* Nach Beendigung des Spieles erteilte der zum König proklamierte Sieger allen seine Befehle; der letzte, der «Räudige», mußte zuschauen und den Spott der Kameraden ertragen.

Zu den vielen Spielen gehörten natürlich auch die eigentlichen Späße und Streiche, so zum Beispiel[2], wenn die Jungen ein Geldstück auf dem Boden festklebten und dann in einiger Entfernung abwarteten, daß ein Vorübergehender, durch den unverhofften kleinen Gewinn angelockt, sich danach bückte. Es gelang ihm natürlich nicht, es aufzuheben, und er wurde ärgerlich. Die Jungen freuten sich, das Gesicht des Gebluften zu sehen, und werden ihn gewiß ausgelacht haben.

3. Vergnügungen und Zeitvertreib der Erwachsenen waren natürlich anderer Art, außer dem Seilspringen (das die Großen damals für eine ausgezeichnete gymnastische Übung hielten) und dem Moraspiel; nur spielten sie nicht um Nüsse oder ähnliche Kleinigkeiten, sondern um Geld. Das Moraspiel war für die Erwachsenen die einfachste Form des Hasardspiels. Komplizierter und für die leidenschaftlichen Spieler gefährlicher waren die Knöchel- *(tali)* und Würfelspiele *(tesserae).* Besonders beim Würfelspiel konnte man in kürzester Zeit große Summen gewinnen oder verlieren. Augustus berichtet in einem Briefe, der uns von Sueton[3] überliefert wird, daß er

---

[1] Horaz, *Epist.*, i, 1, 59/60.   [2] Persius, 5, 111.   [3] Sueton, *Aug.*, 71.

20000 Sesterzen im Spiel verloren habe. Nero[1] war ein glänzender Spieler; er setzte nur ganz hohe Summen, vierhundert Sesterzen auf einmal. Unter allen Kaisern war aber Claudius am heftigsten von der Spielleidenschaft ergriffen[2]. Er spielte auch auf der Reise; um zu vermeiden, daß das Rütteln des Wagens das Spiel störte, hatte er den Spieltisch an einer Innenwand des Wagens befestigen lassen. Da er sich schriftstellerisch betätigte, schrieb und veröffentlichte er ein Handbuch über die Glücksspiele. Denn wenn einer Schriftsteller ist, ob Kaiser oder nicht, muß sich alles in Literatur verwandeln, sogar die Spielleidenschaft. Iuvenal nennt die Leidenschaft der Jünglinge Wahnsinn, die hundert Sesterzen im Spiel verlieren, die Sklaven aber frieren lassen, weil sie keine Tunica besitzen[3]. Das Spiel war ein Zeitvertreib, der offenbar nur den Reichen zustand[4]; manche verloren im Spiel ihr Vermögen[5]. Trotz allem scheinen die Römer nicht die Leidenschaft für Glücksspiele gekannt zu haben, die Tacitus[6] für ein besonderes Merkmal der Germanen hält.

Knöchel und Würfel warf man mit der Hand oder mit einem Becher (*pyrgus*, aus dem griechischen πύργος, «Turm», *turricula, fritillus, phimus*, aus dem griechischen φιμός) auf den Spieltisch *(alveus, tabula aleatoria)*. Der Würfelbecher bildete die Gewähr für korrektes Spiel. Das Würfeln aus der Hand verleitete zum Falschspielen[7]; denn auch damals gab es Leute, die beim Spiel zu betrügen versuchten.

Mit dem Wort *alea* bezeichnete man nicht den Würfel oder den Sprungbeinknöchel, wie mancher Ausdruck glauben machen könnte, sondern nur den Wurf selbst oder das Glücksspiel im allgemeinen.

Sprungbeinknöchel und Würfel waren natürlich verschieden geformt. Es ist ein allgemein verbreiteter Irrtum, zu glauben, daß *tali* unsere Würfel sind, denen vielmehr die römischen *tesserae* genau entsprechen. *Talus*, wörtlich «Ferse», ist der dünne Knochen, der (griechisch ἀστράγαλος, daher das griechische Fremdwort *astragali*) sich an den Beinen vieler Tiere befindet und das Schienbein mit der Ferse verbindet; dieser kleine Knochen von Kalb, Schaf, Ziege, Antilope, oder in gleicher Form aus Metall, Knochen, Elfenbein oder Stein hergestellt, wurde beim Knöchelspiel verwandt. Diese Knöchel hatten aber nur vier brauchbare Flächen; denn da sie sehr langgestreckt und schmal waren, konnten sie auf den beiden Enden nicht stehen. Die vier Flächen waren rechteckig, lang und schmal; zwei waren platt, eine konkav und eine konvex; jede dieser Flächen hatte einen anderen Wert: den Wert

---

[1] Sueton, *Nero*, 30. [2] *Ibid., Claud.*, 33. [3] 1, 92/93. [4] *Ibid.*, 11, 176/77.
[5] Persius, 5, 57. [6] *Germania*, 24. [7] Martial, xiv, 16.

von Eins (χῖον, lateinisch *canis* oder *vulturius*), von Drei (πρανές), von Vier (ὕπτιον) und von Sechs (κῷον, lateinisch *senio*). Man spielte gleichzeitig mit vier Knöcheln, mit denen man fünfunddreißig Kombinationen erzielen konnte; die höchste Zahl bezeichnete man mit *Venus* oder *tractus Venerius*, das heißt wenn jeder Knöchel eine andere Zahl zeigte (1, 3, 4, 6).

Auch für diese Einzelheiten, wie für viele andere, ist Martial[1] unser Gewährsmann:

Cum steterit nullus vultu tibi talus eodem,
Munera me dices magna dedisse tibi;

zwei Verse, mit denen ein Geschenk von *astragali* aus Elfenbein begleitet wird.

Eine größere Anzahl von Möglichkeiten boten die *tesserae* (κύβοι), unsere Würfel; auch bei den Würfeln wurde Eins mit *canis* bezeichnet, die anderen Flächen hießen einfach nach ihren Zahlen. Die Würfel waren aus Knochen oder Elfenbein gefertigt, und man warf zwei oder drei auf einmal. Damit der Wurf gelinge, rief man den Namen einer Gottheit an oder nannte die Geliebte. Ein Schmarotzer bei Plautus[2] erzählt, daß ihn bei den Gastmählern alle «das Mädchen» nennen; dieses ist nämlich *invocata* («angerufen» vom Spieler), und er ist *invocatus* («ungerufen»). Das Gelage bot für die jungen Leute die beste Gelegenheit zum Glücksspiel[3], und beim Spiel dachten sie natürlich an ihre Mädchen.

Das römische Gesetz war gegenüber den Hasardspielen besonders streng; sie waren verboten und durften nur während der Saturnalien gespielt werden, einer Art römischen Karnevals, auf dem allgemeine Ausgelassenheit und Freiheit herrschte.

Die Spielschulden wurden nicht anerkannt; dem Gläubiger fehlte nicht nur die Möglichkeit, gegen den Schuldner vorzugehen (genau wie nach heute gültigem Recht) oder ihn mit legalen Mitteln zum Zahlen zu zwingen, sondern man räumte ihm nur das Recht ein, auf gesetzlichem Wege die Rückerstattung des Einsatzes zu fordern.

4. Es gab auch Denkspiele, die in der Geschicklichkeit bestanden, Figuren *(calculi)* nach bestimmten Regeln auf einer Art Schachbrett (*tabula lusoria* oder *abacus*) zu bewegen. Diese Spiele werden von den Schriftstellern verschiedentlich erwähnt; die Texte bieten aber nicht die erforderlichen Unterlagen, um die Spielregeln genau zu rekonstruieren.

Das beliebteste dieser Spiele war der *ludus latrunculorum* oder das «Soldatenspiel»; denn *latro* bedeutete im ältesten Lateinisch nicht wie später (zum

---

[1] xiv, 14. [2] *Capt.*, 70. [3] s. S. 122.

Beispiel zur Zeit Ciceros) «Mörder», sondern einfach «Söldner»; die einzelnen Figuren wurden daher auch als *milites* oder *bellatores* bezeichnet.

Wie bei all diesen Brettspielen fand zwischen den einzelnen Figuren eine Schlacht statt, die auf den Feldern der *tabula lusoria* (für dieses Spiel auch *tabula latruncularia* geheißen) ausgetragen wurde. Wie sich das Spiel im einzelnen abwickelte, wissen wir nicht genau. Es scheint, daß der *ludus latrunculorum* zum Teil unserem «Damespiel» ähnelte, denn es handelte sich darum, den Gegner so einzuschließen, daß er keine Möglichkeit mehr hatte, sich zu bewegen, was man mit *ad incitos redigere* bezeichnete, zum Teil aber auch dem Schachspiel, denn während einige Figuren *(calculi ordinarii)* wie unsere Bauern geschoben wurden, konnten die anderen *(calculi vagi)* nach verschiedenen Seiten vorrücken oder auch springen.

Ein Spiel, das unserem Puff-Spiel entspricht, wurde mit *duodecim scripta* bezeichnet. Auf einem Spielbrett waren zwölf vertikale Linien aufgezeichnet, die in der Mitte von einer horizontalen geschnitten wurden; die beiden Spieler ließen eine der fünfzehn Figuren, über die sie verfügten, vormarschieren *(calculum dare, promovere)* oder zurückgehen *(calculum reducere)*, je nach dem Ergebnis der Würfel. Es war gleichzeitig ein Glücks- und Geschicklichkeitsspiel.

Vermutlich sind für diese Art Spiele Steintafeln benutzt worden, von denen man eine große Anzahl bei Ausgrabungen gefunden hat; zum Teil stammen sie aus den Katakomben. Auch auf Mosaiken von großen Ausmaßen sind die Tafeln dargestellt. Sie waren zweifellos für Spiele mit Steinen oder Figuren bestimmt. Am oberen Rand dieser Tafeln waren in drei Zeilen von je zwölf Buchstaben, die in der Mitte durch Bildzeichen getrennt waren (einen Vogel, eine Blume, usw.), einige Worte eingraviert, für gewöhnlich sechs aus je sechs Buchstaben bestehend, zum Beispiel:

TURDUS	STUPET
MERULA	CANTAT
AUCEPS	CAPTAT

Aber nicht immer sind die Worte so präzise in Gruppen geteilt, besonders wenn die sechsunddreißig Buchstaben, wie dies zumeist der Fall war, einen Satz bilden, der unmittelbar auf das Spiel Bezug nimmt. Zum Beispiel dieser Satz:

SI TIBI	TESSEL
LAFAVE	TEGOTE
STUDIO	VINCAM

(*Si tibi tessella favet ego te studio vincam*, «auch wenn dir das Glück der Würfel günstig gesinnt ist, besiege ich dich mit der Überlegung»). Zum Spiel gehörte also einerseits Glück, anderseits Kombinationsgabe und Überblick wie bei unserem Poker und im allgemeinen bei allen Kartenspielen, die orientalischen Ursprungs sind und sich erst im Mittelalter in Europa verbreiteten.

Wie die Regeln des Spieles, für das die Tafeln bestimmt waren, im einzelnen lauteten, ist trotz eingehender Forschung[1] nicht klar erkennbar. Wir müssen daher leider die Neugier des Lesers, der mehr darüber wissen möchte, unbefriedigt lassen.

5. Den Nachmittag verbrachten die meisten in den Thermen[2]. Die wackere Jugend zog es jedoch vor, ihre Kräfte auf dem Campus Martius zu erproben oder im Tiber zu schwimmen, *quo omnis iuventus causa natandi venit*, sagt Cicero[3]. Das Schwimmen war ein Sport, der mehr verbreitet war als heutzutage. Ein Nichtschwimmer war für die Alten eine verächtliche Ausnahme, wie bei uns jemand, der nicht radfahren kann. Auch die Griechen sagten von einem Menschen, der zu nichts taugte, er könne weder schreiben noch schwimmen (μήτε γράμματα μήτε νεῖν ἐπίστασθαι)[4]. Es war zum Beispiel verwunderlich, daß Kaiser Caligula, der trotz seines Wahnsinns sehr viele persönliche Fähigkeiten besaß, nicht schwimmen konnte[5]. Seit den ältesten Zeiten schwamm man auch im Meer; auf Tafel LXXXV, 2 kann der Leser die schöne etruskische Malerei bewundern, auf der in ungemein lebendiger Darstellung ein Kopfsprung abgebildet ist. Daher war der Meeresstrand im Sommer übervölkert; ganz besonders der Strand von Baiae, der eleganteste Sommeraufenthalt der Römer und, wie alle eleganten Seebäder, Anlaß zu zahllosen Liebeshändeln[6] und zu endlosem Klatsch[7]. Der Wassersport geht in Italien auf die ältesten Zeiten zurück. Hingegen war der Alpinismus, der edelste Sport, gänzlich unbekannt; das Altertum kannte weder die harten Mühen einer Bergbesteigung noch die überwältigende Schönheit der Gletscher. Der Bergsport, der den uralten Haß des Menschen gegenüber der Bergwelt besiegt hat, ist eine moderne Errungenschaft.

Auf dem Marsfeld übte man sich in allerlei Sportarten, die als ausgezeichnete Vorschule für die Anstrengungen des Soldatenwesens angesehen wur-

---

[1] Lamer, in Pauly-Wissowa, *Real-Enzykl.*, XIII, col. 1900ff., s.v. *Lusoria tabula*.
[2] s. S. 254.   [3] Cicero, *Pro Caelio*, 15, 36.
[4] Dieser Ausdruck wird von Platon als Sprichwort aufgeführt: *Leges*, iii, 689 d.
[5] Sueton, *Cal.*, 54: *Atque hic tam docilis ad cetera natare nesciit*.
[6] Martial, i, 62, 5/6.
[7] Cicero, *Pro Caelio*, 11, 27; 15, 35, und andere Stellen.

den. Wer dort vorüberkam, konnte sehen, wie die Blüte der römischen Jugend ritt, exerzierte, Kampfwagen in rasendem Tempo lenkte und sich überhaupt in allen Übungen der Palaestra trainierte[1]. Der nahegelegene Tiber verlockte die Stärksten, ihn zu durchschwimmen und die starke Strömung – manchmal sogar mehrmals[2] – zu überwinden. Die Zahl der Sportlustigen, die sich auf dem Campus Martius zusammenfanden, war so groß, daß Caesar[3] beabsichtigte, auf dem rechten Ufer des Tibers einen noch größeren Sportplatz anzulegen (s. S. 61).

Es gab aber auch viele junge Leute, die dem anstrengenden Sport das Spazierengehen in angenehmer Gesellschaft in einem der vielen öffentlichen Gärten vorzogen, die Rom so außerordentlich schön machten. Da aber gerade die gute Gesellschaft in Rom äußerst klatschsüchtig war[4] (s. S. 297), so daß schnell Gerede aufkam und von Mund zu Mund lief, zog jedermann über die abenteuerlustigen jungen Männer her, die nicht ganz zufällige Stelldichein *in hortis*[5] hatten; besonders strenggesinnte Leute trauerten vergebens den sittenstrengen Zeiten des Appius Claudius nach. Aber als Rom groß wurde, war Appius Claudius schon seit langer Zeit tot, und die herrlichen Gärten boten so viel diskreten Schatten!

6. Man tanzte auch in Rom. Die antiken italischen Tänze bestanden in einem schweren Tanzschritt, der etwas Feierliches und Martialisches an sich hatte. Man stampfte im Dreitakt auf den Boden. Es war mehr ein Springen als ein Tanzen; diese Form der Tänze wurde daher auch mit dem Wort *saltatio* bezeichnet und blieb im Ritus einiger Priesterorden[6] sowie bei der niedrigen Landbevölkerung an Festtagen erhalten[7]. Gegen Ende des zweiten Jahrhunderts v. Chr. führte die griechische Kultur in Rom geschmeidigere Tanzformen ein; in der besseren Gesellschaft tanzte man auf griechische Art. Es tanzten aber nur die Frauen und Kinder. Daß ein ernsthafter Mann tanzte, war nicht statthaft; der Beiname *cinaedus*, «Tänzer»[8], war das ärgste Schimpfwort, mit dem man einen Mann beleidigen konnte. Cornelius Nepos bezeichnet es als einen typischen Unterschied zwischen griechischen und römischen Sitten,

---

[1] Vgl. S. 50, Anm. 3.   [2] HORAZ, *Sat.*, ii, 1, 7/8.   [3] CICERO, *Ad Att.*, xiii, 33, 4.
[4] CICERO, *Pro Caelio*, 16, 38: *At fuit fama. Quotusquisque est qui istam effugere possit in tam maledica civitate?*
[5] *Ibid.*, 15, 38, und an anderen Stellen.   [6] HORAZ, *Od.*, i, 37, 1/2.
[7] *Ibid.*, iii, 18, 15/16: *Gaudet invisam pepulisse fossor ter pede terram; Epist.*, i, 14, 25/26.
[8] Aus dem griechischen κίναιδος. In Griechenland veranstaltete man während der hellenistischen Zeit auch szenische Darstellungen mit Rezitationen, Musik und Tanz. Es waren frivole Possen, die von verweichlichten Pervertierten aufgeführt wurden.

daß Epameinondas, der strenge thebanische Feldherr, tanzen konnte[1]. Den Frauen war das Tanzen gestattet, wenn auch mit einer gewissen Zurückhaltung. Eine Frau, die zu gut tanzen konnte, wurde nicht für voll genommen[2]. Und als Horaz[3] zur Mitarbeit an der sittlichen Erneuerung Roms auf Grund der Gesetze des Augustus das Amt des Sittenrichters übernahm, zog er die Stirn in Falten, als ihm von Mädchen in reiferem Alter berichtet wurde, die auf das Erlernen der griechischen Tänze versessen waren.

Unter gewissen Gesichtspunkten ist die moderne Anschauung vom Tanzen wohl großzügiger. Tanzen kann unter bestimmten Umständen unpassend oder komisch wirken, aber nicht unmoralisch und an sich auch nicht unschicklich. Guicciardini[4] ist der Ansicht, daß, wer die politischen Zügel eines Staates in Händen hat, sich dem Tanz nicht entziehen kann. Man darf wohl annehmen, daß dieser Aphorismus die Anschauung aller Modernen geworden ist. Wenn heute ein Mann des öffentlichen Lebens in einer repräsentativen Stellung tanzen kann und wirklich auch tanzt, so ist das kein Nachteil, vielmehr eine Kunst, die von Nutzen sein kann.

Auch die Technik des modernen Tanzes deutet auf eine weitherzige Moral hin. Wir sind den Tänzern gegenüber von einer großzügigen Nachsicht, die unsere Vorfahren weder verstanden noch für richtig gehalten hätten. Ich will damit sagen, daß die Art unseres Tanzes, die zwei Angehörigen verschiedenen Geschlechts Gelegenheit gibt, sich in aller Ehrbarkeit öffentlich zu umarmen, den Alten als skandalöse Schamlosigkeit erschienen wäre. Wir hingegen haben nichts dagegen einzuwenden. Wir finden es sogar ganz natürlich, daß so getanzt wird, denn wir sind daran gewöhnt. Jedes Zeitalter tanzt auf seine Art und Weise. Beim Tanz, wie bei vielen anderen Dingen, haben die Jahrhunderte tiefe Spuren hinterlassen.

Bei den Römern wie bei den Griechen bestand der Brauch, daß die Tänzer auch sangen und sich dazu auf einem Instrument begleiteten. Das ist sehr charakteristisch: Man darf nicht vergessen, daß der Tänzer in der Antike sich selbst zur Schau stellte und vor einem bewundernden Publikum Proben seiner Geschicklichkeit und Anmut ablegte. Wie auch heute noch im Orient, wurde der Tanz als eine Kunst bewertet, und es kam niemand auf den Gedanken, zu tanzen, wenn er körperlich nicht anziehend war oder nicht tanzen

---

[1] *Praef.*, 1; *Epam.*, 2, 1.
[2] SALLUST, *Bell. Cat.*, 25, 2: *Psallere et saltare (docta) elegantius quam necesse est probae.*
[3] HORAZ, *Od.*, iii, 6, 21/22.
[4] *Ricordi politici e civili*, 179; vgl. C. CAVOUR, *Diario* (Hg. Salvatorelli, S. 49): «Es ist zu lächerlich, nicht tanzen zu können! Davon habe ich mich heute abend überzeugt!»

konnte. Der Tanz war ein Vergnügen, aber auch eine Exhibition. Heutzutage tanzen hingegen alle, wenn sie darnach gelüstet; auch die Alten, die Dicken, die Grobschlächtigen und manch abgemagertes Skelett, bei dessen Anblick einem angst werden könnte. Der Tanz, der ursprünglich nur ein Schönheitskult war, ist heute einfach der Anlaß für geselliges Beisammensein und ein persönliches Vergnügen für die Tanzlustigen, auch wenn sie nicht tanzen können. Viele tanzen nur, um zu tanzen, obwohl sie nicht dazu geboren sind und nie eine Tanzstunde besucht haben; sie wissen sehr wohl, daß die moderne Gesellschaft ihnen gegenüber zu unwahrscheinlicher Güte und edler Nachsicht bereit ist. Die armen Leutchen (wer hätte sie nicht schon selbst erlebt?) wirken peinlich, aber sie dürfen auf Nachsicht rechnen. Sie stoßen mit den Ellbogen, treten auf die Füße, schwitzen und schnaufen, um sich im Gleichgewicht zu erhalten; sie sind von der Natur vernachlässigt und wirken lächerlich, aber sie tanzen. Die Römer bewiesen in diesen Dingen mehr Haltung; das Tanzen war nicht nur einer geringeren Zahl von Menschen gestattet, sondern man besaß auch Feingefühl genug, um nicht in der Öffentlichkeit zu tanzen, wenn man die Kunst nicht gründlich gelernt hatte.

Lust zum Tanzen bestand auch damals zur Genüge, denn es ist das Vorrecht der Jugend, Quecksilber in den Füßen zu haben. Ein wahrer Tanztaumel ergriff Rom in den Jahren nach den Punischen Kriegen: Es scheint ein historisches Gesetz zu sein, daß nach einer blutigen Kriegszeit ein unstillbarer Drang zum Tanzen in der Jugend erwacht. Niemals konnten die Tanzlehrer so viele Tanzschulen eröffnen und so gute Geschäfte machen. Diese Erscheinung wurde allmählich besorgniserregend. Sogar im Kreise der Scipionen, die griechischen Einflüssen und modernen Tendenzen gegenüber so aufgeschlossen waren, begann man sich zu fragen, wohin es führen sollte, wenn so viele junge Füße ständig in Bewegung seien. Ja, es war Scipio Aemilianus selbst, der öffentlich auf die Gefahren und die Nachteile dieser Tanzwut aufmerksam machte. Er sagte[1]: «Es sind unanständige Formen von Exhibition, in denen sich unsere Jünglinge unterrichten lassen. Sie besuchen in Begleitung von schamlosen Tänzern die Schulen der Komödianten; sie nehmen Pfeifen und Saiteninstrumente mit und lernen singen; unsere Vorfahren erachteten diese Dinge stets als unschicklich für freigeborene junge Menschen; ja, junge Mädchen und Knaben trifft man in den Tanzschulen mitten unter den Tänzern. Ich hatte wohl verschiedentlich davon gehört, aber ich glaubte es nicht; ich konnte es nicht glauben, daß Männer des Adels ihren Kindern einen solchen Unterricht geben ließen. Kurz und gut, ich ließ mich in eine dieser Tanzschu-

---

[1] Bei MACROBIUS, iii, 14, 7.

len führen. Ich sah sicher mehr als fünfhundert Knaben und Mädchen; ich sah auch – und das Herz krampfte sich mir zusammen, wenn ich an die Geschicke des Staates dachte – den Sohn eines gewissen Mannes, der nach dem Consulat strebt; es mochte ein Junge von nicht unter zwölf Jahren sein; er trug noch die *bulla* auf der Brust und tanzte, indem er sich mit Kastagnetten begleitete; nicht einmal ein schamloser Sklave würde auf diese Weise tanzen, ohne Ärgernis zu erregen.»

Sehr weise Worte. Und doch war der Wunsch zu tanzen stärker als die Bedenken der Vernünftigen, und man tanzte weiter. Ja, es hat den Anschein, als ob zur Kaiserzeit die Verlockung des Tanzes auch die erwachsenen Männer ergriff, wenn auch nicht die ernsthaften: Es tanzten die weibischen Männer, die Prahler und die Aufgeblasenen. Der Quälgeist in der berühmtesten Satire des Horaz[1], der den Dichter mit seinem endlosen Geschwätz langweilt, rühmt sich seiner außerordentlichen Grazie beim Tanz. *Quis membra movere mollius (possit)?* Auch ein gewisser Atticus tanzt besonders gut, der uns von Martial[2] als Prototyp eines eitlen, gefallsüchtigen Mannes vorgestellt wird. Auch Kaiser Caligula[3] tanzte, und sein Wahnsinn tobte sich im Tanze aus. Er tanzte bei Tag und bei Nacht, und wenn er im Theater den Tänzen anderer beiwohnte, begleitete er mit Gesten das Mienenspiel und die Bewegungen der Komödianten und sang, wenn sie sangen. Ja, eines Tages kam er auf folgende Idee. Unvermutet ließ er mitten in der Nacht drei Consuln zu sich kommen; aus dem Schlaf gerüttelt, eilten sie angsterfüllt herbei und glaubten schon, ihre letzte Stunde sei gekommen. Sie wurden aufgefordert, sich auf eine erhöhte Bühne zu setzen. Mit einem großen Sprung erscheint auf einmal Caligula, in einen prächtigen Mantel und eine bis zu den Füßen reichende Tunica gehüllt. Er tanzt, singt und verschwindet. Nach Beendigung dieser Vorstellung dürfen die drei Consuln nach Hause gehen.

Dies waren aber Ausnahmen; für erwachsene Männer, die einen klaren Kopf haben, ist Tanzen nicht römisch *(Romanum non est)*.

[1] *Sat.*, i, 9, 24/25.   [2] ii, 7, 5.   [3] SUETON, *Cal.*, 54.

X. JAGD UND FISCHFANG

1. Ungewisse Zeitangabe über den Beginn der Jagd als Sport in Rom. – 2. *Venatio* und *aucupium*. – 3. *Venatio*. – 4. *Aucupium*. – 5. Der Fischfang.

1.

UNTER manchem anderen Zeitvertreib pflegte man in Rom auch die Jagd und den Fischfang. Horaz[1] stellt den weichlichen Übungen der Griechen den römischen Brauch der Jagd gegenüber. Wenn aber in Rom die Jagd eine der bevorzugtesten sportlichen Übungen der Jugend wurde, ja die Leidenschaft hierfür so groß war, daß selbst die Frauen daran Anteil nahmen[2], so wurde doch die Jagd als Sport, die in Griechenland im hellenistischen Zeitalter sehr verbreitet war, von den Griechen offenbar erst spät, im zweiten Jahrhundert v. Chr., in Rom eingeführt. Nach den Angaben des Polybios[3] war einer der ersten Jäger Publius Scipio Aemilianus, dessen Lehrmeister Jünglinge des höchsten griechischen Adels waren. Später wurde die Jagd eine allgemein übliche Beschäftigung. Eine Inschrift verherrlicht die Jagd als eine der höchsten Lebensfreuden: «Zur Jagd gehen, baden, spielen und lachen: das heißt leben» *(venari, lavari, ludere, ridere occest vivere)*[4]. Cicero spricht von den beiden Arten der Jagd (s. S. 273), der *venatio* und dem *aucupium*, als einem angenehmen Zeitvertreib der Alten[5]; sogar Plinius der Jüngere[6], der größte Literat unter den Literaten der Kaiserzeit, vergnügte sich mit der Jagd, wenn er auf dem Lande war. Er vergaß allerdings nie, außer den Netzen auch die Wachstäfelchen mitzunehmen, um sich schriftstellerisch betätigen zu können, während er auf das Wild warten mußte. «Ich saß bei den Netzen. In erreichbarer Nähe hielt ich nicht etwa das *venabulum* und die *lancea*, sondern den Griffel und die Wachstäfelchen; ich dachte über etwas nach und machte mir laufend Notizen, so daß ich, wenn ich sonst schon mit leeren Händen nach Hause kam, zumindest die Täfelchen beschrieben mitbrachte.» Bei einem so friedlichen Jäger konnte das Wild wohl ziemlich sicher sein.

Wollte man in einem Lande, das einst so reich an Wild war wie Italien, den genauen Zeitpunkt bestimmen, an dem die Jagd zum reinen Zeitvertreib wurde, so könnte man nur ein recht willkürliches Datum angeben. Unzweifelhaft sind die freien Jünglinge auch ohne griechische Lehrmeister auf die

---

[1] *Sat.*, ii, 2, 9/13. [2] IUVENAL, I, 22. [3] xxxi, 29, 3.
[4] CIL, VIII, 17938, auf einer *tabula lusoria* (s. S. 265).
[5] *De sen.*, 16, 56. [6] *Epist.*, i, 6, 1.

Idee gekommen, aus reinem Vergnügen zu tun, was die Pflicht der Jagdsklaven war: die für die Herden gefährlichen Tiere zu vernichten oder die Tafel ihrer Besitzer durch größere Auswahl zu bereichern. Wir sind daher der Ansicht, daß man bei der Zeitangabe über die Anfänge der Jagd als Vergnügen sehr vorsichtig sein muß. Fest steht jedenfalls, daß die Jagd in Italien infolge des Nutzens, den sie brachte, uralt ist; auch als man sie als Sport betrieb, blieben die Berufsjäger und die Jagdsklaven bestehen. Die stolze Behauptung des Sallust[1], daß die Jagd ein *servile officium* sei, scheint uns im Gegensatz zu den Ansichten seiner Zeit zu stehen, enthält aber trotzdem etwas Wahres.

2. Nach dem Eindringen griechischer Gebräuche in Rom spielte die Jagd sowohl als nützliche Betätigung wie als Zeitvertreib und körperliche Übung eine große Rolle im römischen Leben. Die Vogeljagd – *aucupium* – war etwas ganz anderes als die Jagd auf vierbeiniges Wild, wie Wölfe, Bären, Wildschweine, Hasen und dergleichen, die man mit *venatio* bezeichnete. Die Römer hatten daher auch zwei verschiedene Worte geprägt und betrachteten diese beiden Betätigungen als etwas ganz Verschiedenes.

Der Gebrauch der modernen Schußwaffen hat die Methoden der Jagd auf alle Arten von Wild, sei es Flugwild oder nicht, einander ebenso angeglichen wie die Bezeichnungen. Wer aber nicht über Feuerwaffen verfügt, für den sind die Vögel ein schwieriges Ziel; anstelle der Schleuder (Tafel LXXXV, 1)[2] oder der Pfeile mußte man sich oft der List bedienen. Bei den beiden Methoden, deren sich der Mensch bedient, um das Wild zu töten, stellt die *venatio* die Gewalt dar und das *aucupium* die List; der Gewalt fallen die Vierfüßler zum Opfer, der List das geflügelte Wild. Die *venatio* ist eine Kraftübung für starke Männer, das *aucupium* eine angenehme Beschäftigung im Sitzen, die nur eine gewisse Geschicklichkeit erfordert. Der eigentliche Jäger, der römische Nachkomme des Nimrod, ist der *venator*, der allen Anstrengungen gewachsen ist, der die eisigen Nächte auf den Bergen erträgt, «der zärtlichen Gattin vergessend», wie Horaz sagte[3]; der Vogelsteller hingegen kann irgendein Faulenzer sein, der mit der Nase in der Luft das Opfer erwartet, das sich, vom Gesang verraten, in die Falle locken läßt.

3. Die *venatio*, das heißt die Treibjagd, bestand darin, das Wild aufzuspüren, zu verfolgen und dann mit Hilfe der Hunde in die Netze zu treiben.

Die in kurze Tuniken *(aliculae)* gekleideten Jäger, die Beine durch Schaftstiefel *(crepides)* oder Wickelgamaschen *(fasciae crurales)* geschützt, zumeist

---

[1] *Cat.*, 4, 1.   [2] PERSIUS, 3, 60/61.   [3] *Od.*, i, 1, 25/28.

auch noch mit einer eng anliegenden Kopfbedeckung *(galerus)* zum Schutz gegen die Sonnenstrahlen bedeckt, begaben sich mit Waffen verschiedener Art auf die Jagd. Als Jagdwaffen galten die Schleuder *(funda)*, der Spieß *(iacula, lancea)* zum Wurf aus der Entfernung, das Jagdmesser *(culter venatorius)* und bei der Jagd auf das Wildschwein oder andere Tiere, die, in die Enge getrieben, zu Verteidigung und Angriff übergehen, das *venabulum*. Das *venabulum* diente dazu, dem wildgewordenen Tier auf den Leib zu rücken und ihm den Rest zu geben; es bestand aus einem langen, festen Holzgriff, an dessen Spitze ein langes, breites und scharfgeschliffenes Eisen angebracht war; am unteren Ende dieses Eisens befanden sich zwei Spitzen *(morae)*, ebenfalls aus Eisen, mit deren Hilfe man sich das getroffene Tier vom Leibe hielt; denn auch bei einer tödlichen Verwundung blieb es stets gefährlich. Das *venabulum* gehörte nicht in die Hände eines Mannes, dessen Herz zitterte. Wie wir gesehen haben, zog Plinius der Jüngere den Griffel und die Wachstäfelchen vor!

Bevor die eigentliche Jagd ihren Anfang nahm, wurden Waffen sowie die Netze, Hunde, Pferde, kurz alles, was zum *instrumentum venatorium* gehörte, von den Sklaven mitgeführt. Die Freien setzten sich wohl gern den Gefahren und Anstrengungen der Jagd aus, aber sie erniedrigten sich nicht zu Lastträgern.

Der Begleiter des Jägers war wie eh und je der getreue Hund; *fida canum vis*, wie Lucrez sagt[1]; ein tüchtiger, intelligenter Sklave *(magister canum)* sorgte für die Aufzucht, Erziehung und Abrichtung der Hunde. Schon von klein an weckte er in den Hunden den Jagdinstinkt, indem er sie auf die Felle wilder Tiere hetzte[2]; sobald sie groß genug waren, um den Anstrengungen der Jagd gewachsen zu sein, hetzte er sie mit den ausgewachsenen Hunden auf das fliehende Wild.

Im Jagdgebiet angekommen, nahm jeder der Jäger seine Waffen an sich und übernahm eine bestimmte Aufgabe. Die Jagdsklaven *(vestigatores:* Tafel LXXXIII, 2), die die Spürhunde an der Leine führten, folgten den Spuren des Wildes und versuchten, es aufzustöbern. Sowie das Tier aus seinem Versteck herausgestürzt war, begann die Verfolgung. Die verwundeten Tiere, die sich gegen ihre Angreifer wandten, wurden im Nahkampf zwischen Mensch und Tier erledigt. Die meisten Tiere suchten ihre Rettung in der Flucht; von den Hunden verfolgt, von Steinwürfen bedroht, durch Schreien der Jäger und Treiber erschreckt, wurden sie in eine bestimmte Richtung getrieben, bis sie in die dichten Netze gerieten und sich in ihnen verfingen. Um ihnen den Fluchtweg nach sicheren Verstecken abzuschneiden, bediente man sich außer

---

[1] vi, 1220. [2] HORAZ, *Epist.*, i, 2, 64/67.

den *retia*, von denen wir noch sprechen werden, der sogenannten *formidines*[1], langer Seile, an denen Vogelfedern von verschiedenen Farben, besonders rot, angebracht waren. Diese großen, vielfarbig leuchtenden Federn erschreckten mit ihrem Rascheln das flüchtende Wild, besonders die Hirsche, die angsterfüllt umkehrten, dem sicheren Tode entgegen.

Die Netze *(retia)* waren von verschiedener Art. Das eigentliche Netz mit breiten Maschen diente dazu, das Jagdgebiet abzugrenzen. Man schirmte große Gebiete ab, um zu verhindern, daß das Wild aus der Gefahrenzone entweichen konnte. Die *casses*, Netze mit engen Maschen und sackförmigen Ausbuchtungen *(sinus)*, waren dazu bestimmt, das ins Netz gegangene Tier zu verwickeln. Die besondere Geschicklichkeit des Jägers bestand darin, das Wild diesen Netzen zuzutreiben. Die *plagae* waren engmaschige Netze, die wahrscheinlich die doppelte Aufgabe hatten, den flüchtigen Tieren an den Wildwechseln den Weg zu versperren und sie gleichzeitig in den Maschen zu fangen.

Die Treibjagd war die großartigste Form der Jagd; ein zäher, aber ehrlicher Kampf, der nicht ohne Gefahren war. Doch die Freude am Überlisten ist im Menschen zu stark, als daß er selbst beim vierfüßigen Wild auf unritterliche Mittel verzichtete, wie Schlingen *(laquei, pedicae)* oder unter dürren Zweigen verdeckte Fallgruben *(fovea)*. Sehr oft wurde das Wild auf diese Weise gefangen und verlor Freiheit und Leben, ein ruhmloses Opfer menschlicher Tücke.

Manchmal entwickelte sich die Jagd auch zu einem Wettlauf zwischen Mensch und Tier; gewandte Reiter verfolgten den Hasen zu Pferde; wenn das Tier ermüdete und sich einholen ließ, versuchte man, es mit einer Keule zu erschlagen. Dieser Jagdsport wird als einer der anstrengendsten hingestellt.

4. Die Vogeljagd, *aucupium*, bediente sich mehr oder weniger der gleichen Mittel, die noch heute im Gebrauch sind, soweit man nicht das Gewehr zu Hilfe nimmt. Die einfachste List, die der Mensch gegen das gefiederte Volk anwendet, besteht in Schlingen, die in Sträuchern und Zweigen von Bäumen versteckt werden; so machen es heute die Kinder und Bauern, und so machte man es auch damals. Die Kunst des *auceps* bestand aber darin, die Vögel mit Gesang und Futter anzulocken und dann mit den vorgesehenen Mitteln einzufangen. Im Vogelherd *(area)* dienten blinde Vögel als Lockvögel, die an einem Fuß angebunden waren. Man streute auch reichlich Futter aus, an gut sichtbaren Stellen; wenn sich dann eine größere Anzahl Vögel eingefunden hatte, zog man durch Schnüre das auf der Erde verborgen gehaltene Netz zu.

---

[1] SENECA, *De ira*, ii, 11, 5.

Diese Art des *aucupium* war die komplizierteste, versprach aber reiche Beute. Man stellte den Vögeln auch mit der Leimrute nach, indem man sie mit der Eule oder anderen gefangenen Vögeln oder auch mit einer *fistula* anlockte, die den Lockruf nachahmte. Das *aucupium* mit Vogelleim erforderte große Geschicklichkeit, denn man mußte die Ruten *(calami aucupatorii)* sehr behutsam zwischen die Zweige führen, auf denen der Vogel umherhüpfte, ohne ihn zu verscheuchen. Der *auceps* führte daher mehrere lange und dicke Leimruten mit sich, um auch die in den oberen Ästen sitzenden Vögel fangen zu können; man band die Ruten aneinander und schob sie vorsichtig zwischen das Laubwerk. Der Vogel setzte sich darauf und war gefangen.

Martial[1], in allen Angaben sehr genau, hat die Szene in zwei treffenden Versen festgehalten:

> *Non tantum calamis, sed cantu fallitur ales,*
> *Callida dum tacita crescit harundo manu.*

Um große Raubvögel zu fangen, band man eine lebende Taube an den Füßen fest, so daß sie noch flattern konnte, und legte ringsumher dicke Leimruten aus.

Die Jagd mit Hilfe von Raubvögeln war zwar nicht unbekannt, aber wenig verbreitet[2].

Abb. 37. Der Fischfang. (Aus Blümner, *Die römischen Privataltertümer*.)

5. Wie die Jagd, hatte auch der Fischfang, der gefährliche und mühevolle Beruf armer Leute, seine Liebhaber, und viele betrieben ihn aus Vergnügen.

Man fischte auf mancherlei Weise. Die von den Berufsfischern bevorzugte Methode verwendete große Schleppnetze, die, durch Gewichte beschwert,

---

[1] xiv, 217. [2] MARTIAL, xiv, 216.

unter Wasser gehalten wurden und an den Rändern mit großen Korken versehen waren (*sagena, verriculum, tragum* usw.); für diese Art Fischfang mußte man zu mehreren sein und viele Stunden auf dem Meer verweilen. Ein einzelner Fischer, der am Strand oder auf einer Klippe stand und mit dem Netz fischen wollte, bediente sich eines kleineren Netzes *(iaculum)*; diese Netze (Abb. 37) waren so gearbeitet, daß die gleiche Schnur, die zum Herausholen des Netzes diente, dieses auch abschloß, um zu verhindern, daß die Fische aus dem Netz entweichen konnten.

Doch der Einzelfischer verwandte am liebsten Angelschnur *(linea)* und Angelhaken *(hamus)*, die wie die unseren aussahen.

Man fischte auch mit Reusen, geflochtenen Weidenkörben *(nassae)* mit enger Öffnung, die man für längere Zeit unter Wasser hielt; es waren regelrechte Fischfallen, in die die Fische mit Leichtigkeit hineinglitten, aber nicht wieder in die Freiheit zurückkehren konnten.

Bei größeren Fischen wie dem Thunfisch und den großen Mollusken in der Art der Polypen wandte man grausamere Mittel an. Man tötete sie mit einem Dreizack, wie auf einem etruskischen Wandbild (Taf. LXXXV, 3) sehr gut zu sehen ist. Seltener wurde dieses Mittel bei kleineren Fischen angewandt, die man gewöhnlich mit einem kürzeren Dreizack durchbohrte. Für diese Fischerei bedienen wir uns einer kleinen Gabel; aber wie wir wissen[1], war bei den Römern, die mit den Fingern aßen, die Gabel kaum bekannt.

[1] s. S. 117.

XI. DIE CIRCUSSPIELE

1. *Ludi circenses* und *ludi scaenici*. – 2. Gestaltung der *ludi*. – 3. Die *ludi gladiatorii*. – 4. Die Rennen mit den Streitwagen. Die *venationes*. – 5. Öffentliche Hinrichtung von Verbrechern. Blutrausch des Publikums.

1.

DIE öffentlichen Spiele, die die Großzügigkeit der Beamten oder privater Spender dem Volke Roms bot, wurden allgemein mit *ludi* bezeichnet. Es gab drei Arten von *ludi*: die *ludi* im Circus *(ludi circenses)*, die Theatervorstellungen *(ludi scaenici)* und die Gladiatorenkämpfe *(munera)*. Die Gladiatorenkämpfe, etruskischen Ursprungs, hatten in republikanischer Zeit privaten Charakter und fanden bei Begräbnissen statt *(ludi funebres)*. Die *ludi circenses* waren die ältesten und wurden im Circus Maximus oder im Circus Flaminius abgehalten; später auch im Amphitheater der Flavier, das den großartigsten Schaustellungen vorbehalten war. Für die Seeschlachten dienten die *naumachiae*, die so gebaut waren, daß man den Boden mit Wasser füllen konnte. Man baute auch provisorische Amphitheater[1] aus Holz, während man wiederum andere Vorstellungen im Freien abhielt. Als Nero[2] die Christen, die des Brandes von Rom für schuldig erklärt worden waren, bei lebendigem Leibe verbrennen ließ, stellte er für das Martyrium seine ausgedehnten Gärten zur Verfügung, die vom nächtlichen Qualm so vieler menschlicher Fackeln erstrahlten.

2. Die Abhaltung der *ludi* gehörte zum römischen Kultus; es war eine sich jährlich wiederholende Feier des offiziellen Kalenders. Dies schloß nicht aus, daß auch außerordentliche öffentliche *ludi* eingeschoben werden konnten oder solche, die von Privatleuten gestiftet wurden; die bedeutendsten fanden aber alljährlich zu festgesetzten Daten statt *(ludi stati)*. Mit Ausnahme der *ludi Apollinares* (6. bis 12. Juli, seit 212 v. Chr.), die vom Stadtpraetor geleitet wurden, lag die Organisation der Spiele in republikanischer Zeit bei den Aedilen. Die Volksaedilen sorgten für die *ludi plebeii* (4. bis 17. November, seit 220 v. Chr., im Circus Flaminius) und die *Cerealia* (12. bis 19. April, seit 202 v. Chr.); die curulischen Aedilen veranstalteten die *ludi Romani*, die *Megalenses* und die *Floralia*, die zu Ehren der capitolinischen Trias (Iupiter, Iuno und Minerva), der Dea Mater und der Dea Flora abgehalten wurden. Die ältesten und feier-

[1] SUETON, *Nero*, 12.   [2] TACITUS, *Ann.*, xv, 44, 7.

lichsten waren die *ludi Romani*, zu denen der *ludus Troiae* gehörte, der von Vergil in der *Aeneis* besungen wird[1]; sie bestanden in Reiterspielen, die von Jünglingen vorgeführt wurden.

Die *circenses* wurden nur bei den wichtigsten *ludi* von Theatervorführungen begleitet. Bei den *Floralia* wurden Pantomimen aufgeführt, die Anlaß zu obszönen Darbietungen waren[2]; denn der Kult der leichtsinnig-vorurteilslosen Dea Flora, einer fröhlichen Gottheit, verlangte auch fröhliche Feiern.

Als während der Kaiserzeit die Herrscher außerordentliche *ludi* ansetzten, wurden *curatores ludorum* ernannt, die mit der Vorbereitung der Feste beauftragt wurden. Von ganz besonderer Bedeutung waren in Rom die *ludi saeculares*; sie hätten alle hundert Jahre gefeiert werden sollen, wurden aber tatsächlich zu sehr unregelmäßigen Daten begangen. Berühmt waren die *ludi saeculares* des Jahres 17 v. Chr.[3], deren offizieller Dichter Horaz war.

Die Kosten für die *ludi* wurden vom Staatsschatz aufgebracht; der mit der Ausführung beauftragte Beamte legte aber noch aus eigenen Mitteln enorme Summen hinzu, um sich die Gunst des Volkes zu gewinnen; viele ruinierten sich durch diese Verschwendungssucht.

3. Die *ludi circenses* bestanden aus sehr verschiedenen Veranstaltungen; die üblichsten waren die *ludi gladiatorii*, bei denen gut geschulte Gladiatoren mit verschiedenen Waffen einander bekämpften und den Gegner zu verwunden oder zu töten suchten. Das Schicksal des Verwundeten hing von der Laune des Publikums ab; wenn alle mit dem Taschentuch winkten, wurde dem Getroffenen der Todesstoß erspart; wenn die Menge die Faust mit dem Daumen nach unten ausstreckte *(pollice verso)*, so mußte der Geschlagene entweder durch die Hand des Siegers oder eines Sklaven enden[4]; neugierig verfolgte man, ob er elegant zu sterben wußte. Der auf blutige Schauspiele versessene Kaiser Claudius[5] war immer geneigt, den gefallenen Gladiatoren umbringen zu lassen, besonders dann, wenn es sich um einen *retiarius* handelte; denn die *retiarii* kämpften mit offenem Gesicht, und Claudius beobachtete mit großem Vergnügen die Zuckungen und das plötzliche Erbleichen der Sterbenden. Zuweilen wurden sogar Senatoren und Frauen zur Teilnahme an den Gladia-

---

[1] *Aen.*, v, 545 ff.
[2] Valerius Maximus, ii, 10, 8; Martial, i, *praef.*; vgl. Lactantius, *Inst.*, i, 20, 6.
[3] Eine im Jahre 1890 entdeckte Inschrift überliefert uns das Programm (CIL, VI, 32323 = Dessau 5050).
[4] Martial, xii, 29, 7; Iuvenal, 3, 36.   [5] Sueton, *Claud.*, 34.

torenkämpfen gezwungen¹; und sogar Kaiser² stiegen zum Kampf in die Arena hinab, getrieben von Blutdurst, Abenteuerlust, Ehrgeiz und Ruhmsucht.

Die Gladiatoren waren gewöhnlich Kriegsgefangene und wurden in militärisch geleiteten Kasernen *(ludi gladiatorii)* durch ausgebildete Fechtmeister *(lanistae)*, Trainer und Ärzte (s. S. 246) auf ihren harten Beruf vorbereitet. Im Circus maßen sie sich paarweise *(paria)*; oft kämpften verschiedene *paria* von Gladiatoren gleichzeitig in der Arena.

Auch Begräbnisse oder sonstige Ereignisse, die einen Akt privater Großzügigkeit dem Volke gegenüber für angebracht erscheinen ließen, konnten zum Anlaß für *ludi gladiatorii* werden. Es gab daher Leute, die zu Spekulationszwecken Gladiatorenpaare kauften und sie dann bei Bedarf abtraten³.

4. Eine weitere Attraktion des Circus waren die Wagenrennen. Die Fahrer lenkten die Viergespanne im Stehen, die Geschicktesten errangen große Popularität: Sie waren in aller Munde, und die Herzen flogen ihnen zu; und nicht nur die Wagenlenker, sondern auch die Pferde hatten Anteil am Ruhm.

Martial sagt einmal⁴: «Ich bin bekannt in aller Welt, aber warum solcher Neid? Ich bin schließlich nicht berühmter als das Pferd Andraemon.» Wie hätte es auch ein Dichter mit einem Pferd an Ruhm aufnehmen können! Die Berufsfahrer gehörten dem niederen Volke an; doch hatte die Leidenschaft des Wagenlenkens auch die besseren Kreise ergriffen. In seinem krankhaften Exhibitionismus stieg Nero mehr als einmal in die Arena hinunter, um als Wagenlenker aufzutreten⁵.

Die Wagenlenker trugen die Farben der Sportverbände *(factiones)*, die um den Preis rangen. Es gab vier *factiones*: die rote *(russata)*, die grüne *(prasina)*, die weiße *(albata)* und die blaue *(veneta)*. Die Wagenlenker trugen einen Metallhelm und eine kurze, eng anliegende Tunica, die durch Riemen festgehalten wurde. Das Startzeichen wurde von dem Beamten gegeben, der die *ludi* organisiert hatte, und bestand im Schwenken eines gestärkten Taschentuches⁶. Jedes Rennen umfaßte eine bestimmte Anzahl von Fahrten um die Arena. Die größte Schwierigkeit bestand im Wenden um die Wendemarke

---

[1] Tacitus, *Ann.*, xv, 32, 2: *Spectacula gladiatorum idem annus habuit; ... feminarum illustrium senatorumque plures per arenam foedati sunt;* Sueton, *Dom.*, 4: *Nec virorum modo pugnas (edidit), sed et feminarum.*

[2] Sueton, *Cal.*, 54; Aelius Lampridius, *Comm. Antonin.*, 12, 10/12.

[3] Cicero, *Ad Att.*, iv, 4b, 2.   [4] x, 9.

[5] Sueton, *Nero*, 22: *Ipse aurigare atque etiam spectari saepius voluit.*

[6] Martial, xii, 29, 9; Sueton, *Nero*, 22.

(meta), wobei es darum ging, die Kurve so eng als möglich zu nehmen. Um Zeit zu gewinnen, mußte man die *meta* haarscharf umfahren, ohne sie zu streifen oder mit dem Wagen umzustürzen. Die *meta* – ein Steinkegel auf breiter Basis mit abgerundeter Spitze – befand sich zur Linken des Gespanns; das beste Pferd *(funalis)* spannte man daher als letztes auf die linke Seite. Der Ausgang des Rennens hing weitgehend von der Mithilfe des *funalis* ab. Jede Partei hatte ihre Fanatiker[1] und ihre Claque. Caligula[2] hatte sein ganzes Herz der grünen Partei geschenkt; stundenlang konnte er bei den Pferden und den Wagenlenkern in den Ställen verweilen, ja manchmal aß er sogar dort. Sehr stark war der Wetteifer zwischen den einzelnen Wagenlenkern, der oft zu persönlichem Haß ausartete (s. S. 314).

In den *venationes* des Circus machte man Jagd auf wilde Tiere; Tiger, Panther und Löwen, die verhungert aus den unterirdischen Gelassen hervorbrachen, wurden nach langem, gefährlichem Kampf von den bewaffneten Gladiatoren zur Strecke gebracht (Taf. LXXXVI, 2; LXXXVII; LXXXVIII, 1); Stiere und wütende Rhinozerosse rannten durch die Arena und wurden durch Puppen aus rotem Stoff, die sogenannten *pilae*[3], zur Raserei gebracht. Nero begab sich fast unbewaffnet, nur mit einer Keule in der Hand, in die Arena, um einen Löwen zu töten[4]: ein tollkühnes Wagnis – wenn es sich nicht um einen *praeparatus leo* gehandelt hätte; also um eine arme Bestie, die vorher so behandelt worden war, daß sie niemandem schaden und sich nur abschlachten lassen konnte. Doch das Publikum raste vor Begeisterung.

Es gab auch weniger dramatische Jagden, die dazu dienten, die Zuschauer bei guter Stimmung zu erhalten. In den *Cerealia* hetzte man Füchse, an deren Schwanz man brennende Holzscheite gebunden hatte; bei den *Floralia* jagte man ungefährliche Tiere wie Kaninchen und Hasen[5].

5. Zu den *circenses* gehörten auch die öffentlichen Hinrichtungen der Verbrecher, die den Bestien vorgeworfen wurden oder eines anderen grausamen Todes starben. Da der Verurteilte eines qualvollen Todes sterben mußte, wollte man dem Publikum, das von solchen blutigen Unterhaltungen nie genug bekommen konnte, ein derartiges Schauspiel nicht vorenthalten.

Als besonders ergötzlicher Strafvollzug im Circus galt die szenische Handlung, bei der der «Held» zum Schluß zerfleischt und getötet wurde. Das Besondere hieran war, daß der zum Sterben bestimmte Schauspieler im Circus tatsächlich starb, während beim normalen Schauspiel der Tod des Helden nur

---

[1] Petronius, 70.   [2] Sueton, *Cal.*, 55.   [3] Martial, *Lib. spect.*, 19.
[4] Sueton, *Nero*, 53.   [5] Martial, i, 44, 1; s. Taf. LXXXIX, 4.

angedeutet wurde, da im letzten Augenblick eine Puppe an seine Stelle trat. Wie im Mythus folgten wilde Tiere einem Orpheus aus Fleisch und Blut, der die Zither spielte, bis ihn ein wirklicher Bär zerriß[1]. Man führte auch die Geschichte des Daidalos und Ikaros auf[2]. Ikaros stürzte mit entfiederten Flügeln vom Himmel hernieder und brach sich mitten im Circus den Hals: ein Flug, ein dumpfer Sturz – und eine unförmige, zuckende Fleischmasse in einer großen Blutlache! Wenn Ikaros auf diese Weise zugrunde ging, so nützte auch Daidalos seine Vorsicht nichts, denn aus irgendeinem Versteck stürzte ein wildes Tier hervor und zerriß ihn. Der Effekt war großartig, und das Volk brach in Beifallsstürme aus.

Eine andere sehr interessante Nummer stellte die lebende Szene von Mucius Scaevola vor Porsena dar. Ein heroischer Mucius[3] ließ sich den Arm verbrennen; unbeweglich ertrug er den körperlichen Schmerz unter den bewundernden Blicken der Zuschauer, die volle Sympathie für den tapferen Mann empfanden. Er konnte aber gar nicht anders handeln, denn die Spielregel war klar: den Arm unbeweglich in die Flammen halten oder bei lebendigem Leibe in einem Pechmantel verbrannt werden[4].

Ein alter Mimus behandelte die Taten des Briganten Lareolus, der viele Grausamkeiten und Frevel beging und dann gekreuzigt wurde. Zur Einweihung des flavischen Amphitheaters wurde eine vollendete Vorstellung dieses Mimus gegeben. Der Hauptdarsteller wurde ans Kreuz geschlagen; dann hetzte man einen wütenden Bären gegen ihn, der den Unglücklichen mit seinen Tatzen packte und in eine blutige Masse verwandelte[5]. Der offizielle Festdichter beschreibt diese Szene mit großer Genugtuung: Die bluttriefenden Glieder waren eine einzige furchtbare Wunde, ein Körper, der wirklich nichts Menschenähnliches mehr besaß («an keiner Stelle» – *nusquam* –, sagt der Dichter wörtlich) und trotzdem noch lebte und atmete. Es war ein herrliches Schauspiel – und höchst unterhaltend überdies! Er war wahrhaftig «die Liebe und Wonne des Menschengeschlechts», der gute Kaiser Titus, der solch väterlichen Eifer bewies, um seine Untertanen so kurzweilig zu unterhalten.

Auch den Gladiatorenspielen wohnte das Publikum mit dem wollüstigen Rausch bei, den das Blutvergießen erzeugt. «Bring ihn um», schrie die Men-

---

[1] MARTIAL, *Lib. spect.*, 21, 7/8.
[2] Vgl. SUETON, *Nero*, 12, mit MARTIAL, *Lib. spect.*, 8.
[3] MARTIAL, i, 21.   [4] *Ibid.*, x, 25.
[5] *Ibid., Lib. spect.*, 7; siehe 5/6:
  Vivebant laceri membris stillantibus artus
  Inque omni nusquam corpore corpus erat.

ge¹, «peitsche ihn aus, verbrenne ihn! Warum zaudert er vor dem Eisen? Warum tötet er so zaghaft? Warum stirbt er so ungern?» Und in den Pausen erhoben sich ungeduldige Stimmen: «Und jetzt, um die Zeit auszufüllen, sollen sie sich gegenseitig den Hals abschneiden»!² Ruhig sitzenbleiben zu müssen, ohne daß etwas Rechtes vorging, belastete offensichtlich die Nerven.

Es war ein feierlicher Augenblick, wenn der besiegte Gladiator vom Gegner zur Strecke gebracht werden sollte (Taf. XC). Männer und Frauen, denen die grausame Lust am Blutvergießen schon im Gesicht geschrieben stand, reckten die Faust mit dem Daumen nach unten, das Todesurteil: *pollice verso*. Vor Schmerzen gekrümmt und schon mit dem Tode kämpfend, doch eingedenk der vom *lanista* in der Kaserne eingedrillten Kunst des schönen Sterbens, hielt der Besiegte den Hals hin und sammelte seine letzten Kräfte, um das Schauspiel nicht durch eine stillose Haltung zu verderben. Die Herolde des Circus gaben das Zeichen mit der Trompete; mit triumphierender Geste schwenkte der Sieger ein paarmal das Schwert, stieß es dem Unglücklichen in den Hals und schlachtete ihn ab. Das Publikum klatschte Beifall.

Uns aber erfüllen diese Vorgänge mit Grauen. Die verabscheuungswürdige Liebe der Massen für die *ludi* des Circus wirft einen finsteren Schatten auf die hohe Kultur Roms. Es ist ein unaustilgbarer Schandfleck. Auch in barbarischeren Zeiten hat sich das menschliche Gewissen geweigert, diese verbrecherischen Gewohnheiten zu wiederholen. Es ist wenig, wenn wir sagen, daß wir sie verurteilen; in Wahrheit können wir uns gar keinen Begriff davon machen, es erscheint uns absurd. Mehr noch als der makabre Blutrausch der Massen wundert uns die Gleichgültigkeit der Besseren; wir staunen über die Ungerührtheit von Männern, die uns in vielen Punkten so menschlich und unserer Empfindungswelt so nahe erscheinen, gegenüber diesen bestialischen und ruchlosen Gebräuchen. Nur aus den Schriften Senecas³ erhebt sich eine Stimme der Mißbilligung; aber es ist eine laue Stimme, mehr ein Ausdruck des Widerwillens als des Protestes. Die ersten Christen, die mit ihren von wilden Tieren zerfleischten Leibern den Circussand blutig färbten, bestätigten die Notwendigkeit des neuen Gesetzes, das über die alte Verrohung triumphierte und sie unmöglich und unbegreiflich machte.

Die gewalttätigen und blutigen Schauspiele erweckten in den Römern die schlechtesten Instinkte. Das Volk verrohte, und seinen Rausch erhöhte der

---

¹ SENECA, *Epist.*, 7, 5: *Occide, verbera, ure! Quare tam timide incurrit in ferrum? Quare parum audacter occidit? Quare parum libenter moritur?*
² *Ibid.*: *Intermissum est spectaculum: Interim iugulentur homines, ne nihil agatur.*
³ *Ibid.*, 7, 2 ff.

Parteigeist, der die Menschen immer erfaßt, wenn sie einem öffentlichen Wettkampf beiwohnen. Man ergriff für diesen oder jenen Gladiatoren Partei; man wettete; man feuerte die Erwählten mit Geschrei an. Die Frauen erfaßte eine wahre Raserei, und der siegreiche Gladiator errang auch die Herzen der Zuschauerinnen. In den Amphitheatern der Provinz gärte der Lokalhaß; die erhitzte Luft im Circus und das Beieinander so vieler Menschen stachelten die Gemüter auf und brachten sie zum Überkochen.

Tacitus[1] erinnert an eine tragische Episode, die sich unter Nero bei den Circusspielen in Pompeii zugetragen hatte. Zwischen den Pompejanern und den Zuschauern aus Nocera, die in großer Anzahl zu der Vorstellung im Amphitheater erschienen waren, begann wie üblich ein spöttischer Wortwechsel; die Gemüter erhitzten sich, und es kam zu Tätlichkeiten, zuerst mit Steinwürfen, dann mit Messerstechereien. Es entstand eine wütende Schlägerei, und die Leute aus Nocera, die in der Minderheit waren, hatten das Nachsehen: Sie ließen Tote und Verwundete auf dem Kampfplatz zurück. Nero bestrafte die Pompejaner, indem er ihnen auf die Dauer von zehn Jahren die Circusspiele verbot. Diese Maßnahme beeinträchtigte jedoch nicht ihre Freude über das Ereignis, und sie beschmierten die Wände[2] mit den Taten ihres siegreichen Unternehmens gegen die mißhandelten und getöteten Gäste.

[1] *Ann.*, xiv, 17.   [2] CIL, IV, 1293; 1329 (= Dessau 6443*b*).

XII. DAS THEATER

1. Die Tradition des griechischen Theaters. – 2. Das römische Theater übernimmt die Tradition des hellenistischen Theaters. – 3. Der Bau der Theater in römischer Zeit. – 4. Hauptteile des römischen Theaters. – 5. Die Gestaltung der Aufführungen. – 6. Das Publikum.

1.

IN SEINER Bauweise und in der Gestaltung der Aufführungen geht unser modernes Theater auf das römische zurück; das römische Theater wiederum nahm das griechische zum Vorbild. Auf diese Weise ist die griechische Theatertradition in verschiedenen Phasen, die den Ringen einer langen Kette gleichen, bis zu uns gelangt: Was in Athen seinen Ursprung hatte, erlebt heute auf unseren Bühnen seine jüngste Entwicklung.

Die Gestaltung der Theatervorstellungen in der Antike ist eines der Ruhmesblätter Athens; sie hatte ihren Ursprung in Athens höchster Glanzzeit. Hier hatte das Theater den Charakter einer religiösen, seltenen und feierlichen Handlung, die mit dem Dionysos-Kult eng verknüpft war. In der Folge erreichte das Theater immer größere Selbständigkeit, die seine Säkularisierung und gleichzeitig den literarischen Charakter der dramatischen Schöpfungen – Tragödien und Komödien – begünstigte. Viele Faktoren trugen zur Umwandlung des antiken Theaters bei; ganz besonders aber das Versiegen des attischen dramatischen Genies, das der Tragödie im fünften Jahrhundert v. Chr. seine besten Dichter geschenkt hatte. Sie erlebten ihre Blüte im Laufe von knapp zwei Generationen und verschwanden dann, ohne ebenbürtige Nachfolger zu hinterlassen. Da sich das Theater zudem außerhalb Attikas verbreitete, brachte man neben oder anstelle der neuen Produktion mit der Zeit auch bereits bekannte und berühmte Dramen auf die Bühne. Wenn man auch dann noch Preise verteilte, so fielen sie nicht mehr dem Dichter oder den Leitern der Chöre (χορηγοί) zu, wie dies im dramatischen Wettstreit in Athen gebräuchlich war, sondern den Schauspielern für ihre gute Darstellung.

Einen Versuch, den Theateraufführungen die alte Form eines dramatischen Wettstreites als Anregung zu neuem Schaffen wiederzugeben, machte Ptolemaios Philadelphos in Ägypten. Unter seiner Herrschaft setzte eine überraschende, wenn auch kurze Blüte dramatischer Dichtung ein (Dichter der Pleias).

Im vierten Jahrhundert v. Chr. verbreitete sich in Griechenland der Dionysos-Kult, so daß die Theaterstätten sich vervielfältigten und man dazu überging, in mehreren Städten Theater aus Stein zu errichten. Auch in Makedonien und Thessalien, damals noch Gebieten mit sehr geringer Kultur, fanden regelmäßig dramatische Vorstellungen statt. Gleichzeitig mit der Verbreitung des Dionysos-Kultes und des Theaters machte sich eine gewissermaßen entgegengesetzte Erscheinung geltend, die für die Verselbständigung des Theaters von entscheidender Bedeutung war. Die Aufführungen waren nicht mehr unbedingt an den Dionysos-Kult gebunden; denn einerseits wurde das szenische Schauspiel in den Ritus anderer Gottheiten aufgenommen (in die Pythischen Spiele zu Delphoi, in das Museion zu Thespiae, in die Spiele zu Ehren des Zeus Soter in Akraiphiai usw.), andererseits – und zwar gerade in hellenistischer Zeit – mußte nicht unbedingt eine religiöse Handlung der Anlaß der Spiele sein, sondern auch ein politisches Ereignis wie eine Königshochzeit, Siege oder andere glückliche Begebenheiten konnten die Gelegenheit bieten. Wenn das Spiel unter solchen Umständen zwar immer noch eine religiöse Seite beibehielt, insofern es einen Versöhnungs- oder Dankesakt darstellte, so war doch das rituale Element gegenüber dem weltlichen, profanen und literarischen auf ein Minimum beschränkt.

2. Der hellenistische Brauch, ein bedeutendes Ereignis durch die szenische Wiedergabe eines berühmten Dramas zu feiern, wurde auch von Rom übernommen. Auf diese Weise setzte sich auch in der römischen Welt die Sitte regelmäßiger Theateraufführungen durch. Die ursprünglichen einheimischen Formen dramatischen Schaffens gerieten entweder in Vergessenheit oder wurden auf der Bühne als zweitrangige Vorstellungen gebracht. Das Jahr 240 v. Chr., in dem Livius Andronicus eine ins Lateinische übersetzte griechische Tragödie und Komödie auf die Bühne brachte, gilt als grundlegendes Datum der römischen Literatur[1]. Wir wissen zwar auch von Angaben über *ludi scaenici*, die in Rom bereits 364 v. Chr.[2] stattgefunden haben; es handelt sich aber um eine Pantomime, die von etruskischen Künstlern aufgeführt wurde.

In seiner äußeren Form lehnte sich das Theater an die Feiern der *ludi* an. Wenn auch der Anlaß zu szenischen Darstellungen religiöse Festlichkeiten waren, so haftete dem römischen Theater doch nicht mehr der Charakter einer religiösen Handlung an, wie dies beim attischen Theater der Fall war. Die Besucher nahmen nicht mehr wie die Athener oder die Griechen des fünften

---

[1] T. Livius, vii, 2, 3/4. [2] *Ibid.*

und vierten Jahrhunderts im allgemeinen an einem Ritus teil. Wie wir gesehen haben, hatte das hellenistische Zeitalter den weltlichen Charakter des Theaters in den Vordergrund gerückt; und das Theater Roms war im wesentlichen weltlich.

Dieser Umstand ist auch der Grund für das geringe soziale Ansehen, in welchem Autoren wie Schauspieler standen. Für das Theater zu schreiben oder wenigstens als offizieller dramatischer Autor zu gelten, wurde für Männer der höheren Kreise als unpassend angesehen. Der Schauspieler fiel wie alle niederen und verachteten Berufe unter die Berufstätigen mit beschränkten Rechten[1]; der etruskische Name *histrio*, mit dem die Römer ihre Schauspieler bezeichneten, hatte von jeher einen verächtlichen Klang. Schauspieler und Autoren waren für gewöhnlich Sklaven oder Freigelassene.

3. Unter den *ludi* waren die *ludi scaenici* das edlere Vergnügen. Die niederen Volksschichten zogen das Amphitheater dem Theater vor. Doch auch das römische Theater hatte seine Glanzzeiten: Die dramatische Literatur Roms hat Meisterwerke hervorgebracht, die freilich – mit Ausnahme der Komödien des Plautus und Terenz – zum großen Teil verlorengegangen sind. War auch der Geschmack des Publikums je nach seiner sozialen Stellung und nach den Zeiten verschieden und wandelbar, bisweilen auch anfechtbar, so hing das römische Volk dennoch mit ganzer Seele am Theater. Es wäre übertrieben, ein allgemeines Urteil über die Verrohung seines Geschmacks zu fällen, weil Terenz das Unglück erlebte, daß die Zuschauer bei der Erstaufführung seiner *Hecyra*[2] das Theater verließen, um den Darbietungen der Seiltänzer zuzuschauen[3].

Die höchste Blüte der dramatischen Kunst in Rom fiel in die Jahre nach dem Zweiten Punischen Kriege bis zu Sulla. Doch damals waren die Theateranlagen – sofern man überhaupt von Theater sprechen kann – noch recht primitiv. Das Theater bestand nur aus der *scaena*, das heißt einem Brettergerüst *(pulpitum)*, auf dem die Schauspieler auftraten, und der *scaena* im engeren Sinne, die den Hintergrund bildete. Podium und Bühne *(scaena)* waren aus

[1] Wer die *ars ludicra* ausübt, besitzt kein Stimmrecht und kann nicht zum Magistrat gewählt werden *(ius suffragii et honorum)* und hat auch nur in beschränktem Maße persönliche Rechte; er kann keine verwandtschaftlichen Beziehungen zu den Familien von senatorialem Range eingehen *(Digesten, xxiii, 2, 44, pr.)*.

[2] Im Jahre 165 v. Chr. Die *Hecyra* wurde noch zweimal aufgeführt: 163, als man die *ludi* des L. Aemilius Paullus feierte, wobei sie wieder durchfiel; dann noch einmal im gleichen Jahre, diesmal jedoch mit Erfolg.

[3] TERENZ, *Hec., Prol.*, 1–4.

Holz[1]; es handelte sich also um ein großes Brettergerüst, das provisorisch aufgebaut[2] und wieder niedergerissen wurde, wenn die *ludi scaenici* zu Ende waren. Nur in Ausnahmefällen baute man Theater aus Stein, wie uns aus den ersten Jahrzehnten des zweiten vorchristlichen Jahrhunderts bezeugt ist[3]; doch auch diese Anlagen, die oft sehr viel Sinn für äußere Wirkung verrieten und mit Bildern[4] sowie mit Verzierungen aus Silber, Gold und Elfenbein[5] geschmückt wurden, waren nicht für die Dauer bestimmt.

In der Frühzeit wohnte das Publikum den Vorstellungen stehend bei[6], die Senatoren mitten unter den kleinen Leuten; später stellte man Holzsitze *(subsellia)* vor der Bühne auf und bestimmte gesetzlich[7], daß die Mitglieder des Senats in den ersten Reihen saßen.

Da uns jedes archäologische Zeugnis für die Theater aus dieser Zeit fehlt, wie es bei vorübergehend errichteten Anlagen aus Holz nicht anders zu erwarten ist, müssen wir mehr als von den wenigen direkten Nachrichten von den Komödien des Plautus und Terenz ausgehen, um eine Vorstellung von der Bühne zu gewinnen. Freilich beziehen sich diese Hinweise fast ausschließlich auf die Komödienbühne. Sie bestand aus einer senkrechten Holzwand, welche an der dem Zuschauerraum entgegengesetzten Seite des *pulpitum* aufgestellt war; als Neuerung scheint dann zu Beginn des ersten Jahrhunderts v. Chr. die bemalte Bühne[8] eingeführt worden zu sein. Von der *scaena* führten drei Türen auf das *pulpitum*[9]; sie entsprachen drei Häusern, in denen man sich die Personen wohnhaft dachte, die in der Komödie auftraten. Erforderte die Handlung einen Tempel, so wurde nicht seine Fassade gezeigt, sondern wie bei den Häusern eine Tür. Diese Tür wurde in der Mauer (περίβολος)[10] angebracht, die den Tempel umgab. In einiger Entfernung vom Tempel konnte

[1] VALERIUS MAXIMUS, ii, 4, 6: *scaenam vacuis ante pictura tabulatis extentam*.
[2] TACITUS, *Ann.*, xiv, 20, 3: *subitariis gradibus et scaena in tempus structa*.
[3] T. LIVIUS, xl, 51, 3 (179 v. Chr.); xli, 27,5 (174 v. Chr.).
[4] VALERIUS MAXIMUS, ii, 4, 6.
[5] PLINIUS D. Ä., xxxv, 23.
[6] T. LIVIUS, *Per.*, xlviii: *populus aliquamdiu ludos stans spectavit;* TACITUS, xiv, 20, 3: *stantem populum spectavisse*.
[7] T. LIVIUS, xxxiv, 44, 5 (195 v. Chr.).
[8] Die Einführung der Bühnendekoration, die in Griechenland Sophokles zugeschrieben wurde (ARISTOTELES, *Poet.*, 1449a), soll in Rom auf M. Claudius Pulcher (99 v. Chr.) zurückgehen, der als der größte Erneuerer der Bühnentechnik gilt.
[9] Es war üblich, drei Türen anzubringen, auch wenn eine von ihnen überflüssig war. Im *Heautontimorumenos* des TERENZ erfordert die Handlung nur zwei Häuser; trotzdem wird eine dritte Tür erwähnt (170).
[10] So hat man sich die Bühne im *Rudens* des PLAUTUS vorzustellen.

DAS THEATER

auf der Spielfläche nötigenfalls ein Altar stehen[1]. Von der Wand im Hintergrund, in der sich die drei Türen befanden, führten drei Vorhallen[2] auf die Bühne, die je einer Tür entsprachen. Sie bestanden aus einem flachen Dach[3], das von zwei Säulen getragen wurde[4].

Nicht viel anders dürfte das Bühnenbild der Tragödie ausgesehen haben. Da die römische Tragödie von der griechischen ausging, ist anzunehmen, daß ihr Bühnenbild ebenso angeordnet war wie in Griechenland. In der Mitte der Bühnenhinterwand öffnete sich ein Tor mit der üblichen Vorhalle, das den Eingang zum Palast darstellte. Seitlich vom Palaste führten zwei weitere Türen in ein Privathaus[5] oder in einen Tempel[6].

Als man in der Kaiserzeit Theater aus Stein baute (s. unten) und auf jede Kleinigkeit in der Bühnendekoration Wert legte, waren drei Typen von Bühnenbildern üblich: für die Tragödie, für die Komödie und für die Satyrdramen; hier waren Bäume, Höhlen und Berge dargestellt[7].

Das erste Theater aus Stein ließ Pompeius im Jahre 55 v. Chr. errichten, dem die Idee dazu in Mytilene gekommen war. Er übernahm den Grundriß des dortigen Theaters, aber er plante ein weit größeres Gebäude[8]. Es erstand auf dem Marsfeld. Unter Augustus wurden zwei weitere Theater gebaut: das Marcellus-Theater[9], mit dessen Bau schon Caesar begonnen hatte und das im Jahre 11 v. Chr. beendet wurde, sowie das Balbus-Theater am Tiber (kleiner, aber prunkvoller durch seinen Schmuck und vier Onyxsäulen)[10]. Beide Thea-

---

[1] In den *Bakchantinnen* des EURIPIDES die heilige Einfriedungsmauer (σηκός) der Semele (6–12); im *Rudens* des PLAUTUS (688 ff.) der Altar der Venus. In der *Perinthia* von MENANDER (KÖRTE[3], S. 130) steht vor einem Privathaus ein Altar.

[2] PLAUTUS, *Mostell.*, 817: *viden vestibulum ante aedis et ambulacrum cuiusmodi*. Mit dem Wort *ambulacrum* wird der Fußboden der Vorhalle gemeint sein, wahrscheinlich eine Übersetzung des Wortes ἀντίθυρον (SOPHOKLES, *El.*, 1433; vgl. LUKIAN, *Alex.*, 16) oder πρόθυρον (EURIPIDES, *Alk.*, 101).

[3] Einige Situationen in der griechischen Tragödie und Komödie kann man nur verstehen, wenn man sich die erhöhte Ebene, die das Vorhallendach bildet, als eine Art Terrasse denkt, auf der man gehen und sich frei bewegen konnte. Bei EURIPIDES, *Or.*, 1574, droht Orest, der δόμων ἐπ'ἄκρων steht, Hermione umzubringen, ohne daß es Menelaos, der sich auf der Bühne befindet, hindern könne. Auf einer ähnlichen erhöhten Ebene trat der φύλαξ im *Agamemnon* des AISCHYLOS, 3, auf (vgl. auch ARISTOPHANES, *Ach.*, 283; *Vesp.*, 68).

[4] PLAUTUS, *Asin.*, 425: *iussin columnis deici operas aranearum*.
[5] EURIPIDES, *Alk.*, 546.
[6] Ibid., *Andr.*, 43, und *passim*. [7] VITRUV, v, 6, 9. [8] PLUTARCH, *Pomp.*, 42.
[9] AUGUSTUS, *Index rer. gest.*, 21: *Theatrum ad aedem Apollinis ... feci, quod sub nomine M. Marcelli generi mei esset*.
[10] PLINIUS D. Ä., xxxvi, 60.

ter wurden 13 v. Chr. eingeweiht. Das Theater des Pompeius aber blieb das größte in Rom[1]. Weitere Theater aus Stein werden erwähnt[2]; auch wissen wir, daß noch später Theater aus Holz gebaut wurden[3] sowie solche, die nur aus der Bühne bestanden[4].

Es könnte merkwürdig erscheinen, daß sich die Römer, welche doch die griechische Kultur verhältnismäßig früh (s. S. 132) übernahmen, dem Bau fester Theater aus Stein nach hellenistischem Vorbild so lange widersetzten; dies um so mehr, als für regelmäßige Vorstellungen ein lebhaftes Interesse seit Beginn des kulturellen Aufstiegs in Rom bestand und der Spieltrieb der italischen Bevölkerung angeboren war. Aber der strengen Sittenauffassung der alten Römer schien es unangemessen *(inutile et nociturum moribus)*[5], das Volk daran zu gewöhnen, auf den Beginn des Schauspiels stundenlang sitzend zu warten[6]. Deshalb konnte es vorkommen, daß das eine Censorenkollegium als zuständiges Amt für die Bewilligung der Theaterausgaben in großzügiger Weise festere Bauten genehmigt hatte, wenn auch nur für die Bühne selbst, während sich die Nachfolger verpflichtet fühlten, alles wieder niederreißen zu lassen[7]. So wiederholte es sich bis in die letzten Jahre der Republik, daß Theater errichtet und immer wieder zerstört wurden[8].

4. Als in den letzten Jahren der Republik und später während der Kaiserzeit auch Rom Theater aus Stein erhielt, waren die Elemente vom hellenistischen Theater übernommen worden, das auch für die einzelnen Bauteile als Vorbild gedient hatte: die *scaena*, die *orchestra* und die stufenweise im Halbkreis angeordneten Sitze *(cavea)*. Im Unterschied zum griechischen Theater, wo die *orchestra* für den Chor bestimmt war[9], waren in der *orchestra* des römischen Theaters Sitze für die Beamten und die Angehörigen des *ordo senatorius*

---

[1] Nach PLINIUS DEM ÄLTEREN (xxxvi, 115) faßte es 40000 Zuschauer, nach der *Notitia* (s. S. 19, Anm. 1) über 17000. Plinius' Angabe ist offenbar übertrieben. Im Marcellus-Theater war Platz für 14000 Zuschauer (nach anderen Quellen 20000), im Balbus-Theater für über 7000. Dieses wurde 80 n. Chr. durch einen Brand zerstört, aber später wieder aufgebaut (AUSONIUS, *Lud.*, vii, 39).

[2] Nur an vereinzelten Stellen ist von einem *Theatrum Traiani* und einem *Theatrum Antoni* die Rede.

[3] Ein Theater aus Holz wird in einer Inschrift aus dem Jahre 17 n. Chr. erwähnt (*Eph. epigr.*, VIII, r. 233: *ludos ... Latinos in theatro ligneo, quod est ad Tiberim*).

[4] *Ibid.*, 231, r. 100: *ludi noctu sacrificio confecto sunt commissi in scaena, quoi theatrum adiectum non fuit.*

[5] T. LIVIUS, *Per.*, xlviii.   [6] TACITUS, *Ann.*, xiv, 20, 3.   [7] T. LIVIUS, *Per.*, xlviii.

[8] TERTULLIAN, *De spect.*, 10: *saepe censores renascentia theatra destruebant.*

[9] Um sich dieser anderen Raumbestimmung anzupassen, verwandelten die römi-

aufgestellt. Die *lex Roscia theatralis*[1] vom Jahre 67 v. Chr. bestimmte, daß in den vierzehn Reihen vor der *orchestra* nur die Ritter und in den ersten zwei Reihen nur solche Angehörige des Ritterstandes sitzen durften, die Tribunen gewesen waren[2]. Das Gesetz erweckte Protest beim Volke und gab unter Ciceros Consulat[3] Anlaß zu Unruhen.

Wenn ausnahmsweise Chöre in die dramatische Handlung eingriffen, traten sie auf der Bühne und nicht in der *orchestra*[4] auf.

Ein weiterer Unterschied zum griechischen Theater bestand im Vorhang *(siparium; aulaea)*, der den Griechen unbekannt war. Dieser Vorhang fiel nicht (wie früher bei uns) von oben herab, sondern wurde von unten nach oben gezogen; darum haben unsere Ausdrücke «der Vorhang fällt» oder «der Vorhang hebt sich» den umgekehrten Sinn wie im Lateinischen. Zwischen den einzelnen Akten wurde der Vorhang nicht hochgezogen, sondern erst am Ende der Vorstellung[5].

Nur in Rom war auch die Einrichtung der *velaria* (Sonnensegel; s. S. 294) zum Schutze des Publikums üblich.

Erst spät wurden in Rom Theatermaschinen zur Verstärkung der szenischen Illusion verwandt. Das griechische Theater kannte solche Maschinen seit dem fünften Jahrhundert v. Chr. (der Zeit der großen Tragiker und des Aristophanes), als auch in Griechenland die Theater noch aus Holz bestanden[6]; in hellenistischer Zeit, als der Theaterbau und die Bühnenausstattung ihren Höhepunkt erreicht hatten, vervollkommnete sich der bühnentechnische Apparat. Die ältesten *machinae* kündigten mit Donner und Blitz das plötzliche Erscheinen einer Gottheit an[7]; das βροντεῖον diente zur Erzeugung

schen Tragiker beim Übersetzen der griechischen Tragödien für ihr Publikum die Chöre in Monodien, die auf der Bühne gesungen wurden, oder in Dialoge.

[1] T. LIVIUS, *Per.*, xcix.
[2] PORPHYRIO, *Ad Horat. epod.*, 4, 15.   [3] PLUTARCH, *Cic.*, 13.
[4] Ein Chor betrunkener Jünglinge ist als einfaches Zwischenspiel in die *Perikeiromene* von MENANDER (nach 76) eingeschoben; Chorgesang als Unterbrechung der Handlung ist auch in den *Epitrepontes* (nach 35, 242 und 648) und in der *Samia* (nach 270) vorgeschrieben. Im *Rudens* von PLAUTUS tritt ein Chor von Fischern auf (290 ff., in einem einzigen, durchgehenden Versmaß: achtsilbige Jamben), die in den folgenden Versen als Dialogpartner eines Schauspielers auftreten.
[5] HORAZ, *Ars. poet.*, 154–55.
[6] Das Dionysos-Theater, das erste feste Theater aus Stein, wurde gegen 330 v. Chr. in Athen unter der Leitung des Redners Lykurg mit finanzieller Unterstützung des Eudemos von Plataiai gebaut (*IG*, 2, 176 = *Syll.*³, 288). Vorher bestanden die Theater aus Holz, wie aus Bemerkungen PLATONS (*Leges*, vii, 817c), XENOPHONS (*Cyrup.*, vi, 1, 54) und DEMOSTHENES' (*C.Mid.*, 17; S. 520) hervorgeht.   [7] VITRUV, vi, 4, 8.

des Donners, das κεραυνοσκοπεῖον für die Blitze. Ebenso alt war eine Winde, die μηχανή im eigentlichen Sinne[1], welche eine Gottheit in der Höhe erscheinen ließ (θεὸς ἐκ μηχανῆς; *deus ex machina*). Da in einigen Tragödien, besonders bei Euripides, das Auftreten eines Gottes notwendig war, um eine ausweglose Situation zu entwirren, spricht man auch heute noch vom *deus ex machina* im Sinne von «Ausweg», «billigem Theatertrick», «ungewöhnlicher und unvorhergesehener Lösung».

Über die Frage, wann die περίακτοι auf dem griechischen Theater eingeführt wurden, besteht unter den Archäologen keine Einigkeit; doch dürfte es sich um eine Neuerung aus hellenistischer Zeit handeln. Die Aufgabe der περίακτοι, die von den Römern in der Kaiserzeit ebenfalls übernommen wurden und von denen Vitruv[2] eine genaue Beschreibung gibt, entsprach etwa der Aufgabe unserer Kulissen, das heißt, sie hatten die Bühnenausstattung den Erfordernissen der dramatischen Handlung anzupassen. Es waren drehbare, wahrscheinlich dreieckige[3] Prismen aus bemaltem Holz, deren eine Seite etwa eine Landschaft, die zweite einen Hafen, eine Stadt usw. darstellte. Sie standen zu beiden Seiten der Mitteltür.

Eine der Seiten der περίακτοι hatte eine Vertiefung, die ebenfalls das Auftreten von Göttern ermöglichte. Über die zweifache Erscheinungsmöglichkeit der Götter mit Hilfe der μηχανή und der περίακτοι sind wir nicht genügend unterrichtet; wahrscheinlich erschienen nach Einführung der περίακτοι nur die himmlischen Götter *ex machina*, während die Erd- und Meeresgötter mit Hilfe der περίακτοι auf die Bühne traten. Die Unterweltgottheiten erschienen hingegen durch eine Öffnung in den Dielen des Bühnenraums, «die Treppen Charons» (χαρώνειοι κλίμακες)[4].

Eine andere Maschine im griechischen Theater war das ἐκκύκλημα, über dessen Funktion die Meinungen auseinandergehen. Die Mehrzahl der Forscher nimmt an, daß es sich um ein Holzgestell auf Rädern handelte, das im gegebenen Augenblick durch die Tür auf die Bühne gerollt wurde, um die Ereignisse im Innern des Hauses zu zeigen[5]. Nach der Meinung anderer Forscher handelte es sich um einen Bühnenwagen, auf dem ein Leichnam auf der Bahre oder ein lebender Mensch im Bett vor die Tür gefahren wurde[6].

[1] Seltener gebrauchte Namen sind: αἰῶραι, ἐώρημα, κλάδη.
[2] VITRUV, vi, 4, 8; vgl. POLLUX, iv, 126.
[3] POLLUX, ibid.: καὶ θεοὺς ... θαλαττίους ἐπάγει.
[4] *Ibid.*, iv, 132.
[5] Diese Erklärung stützt sich auf zahlreiche einleuchtende, wenn auch späte Quellen.
[6] Alle Nachrichten über das ἐκκύκλημα beziehen sich auf liegende Personen, sei es auf lebende oder tote.

Die Einführung der Theatermaschinen wird M. Claudius Pulcher zugeschrieben[1], weil er als erster das βροντεῖον angewandt haben soll. Auch früher hatte man versucht, Donner vorzutäuschen, aber mit sehr einfachen Mitteln, indem man Steine und Nägel in ein Kupferbecken warf. In der Kaiserzeit wurden die griechischen Maschinen *(pegmata)*[2] auch in Rom übernommen, die man nicht nur im Theater, sondern gleichzeitig für Circusveranstaltungen verwandte.

5. Zu Plautus' Zeiten spielte man nur eine Tragödie oder Komödie am Tag; später führte man mehrere Stücke auf, was die Einrichtung dramatischer Wettkämpfe ermöglichte.

Tragödien und Komödien wurden in Akte unterteilt, und zwar nach Gesichtspunkten, die im Laufe der Zeit wechselten. In den Pausen der Komödien spielte ein Flötenspieler *(tibicen)*, ebenfalls auf der Bühne[3], ein Musikstück.

Während im frühgriechischen Theater jedes Stück mit jeweils neu ausgewählten Schauspielern (einschließlich des Chors) einstudiert wurde, gab es im römischen Theater feste Spieltruppen *(greges)*, da, wie gesagt, die Schauspielkunst zum Beruf geworden war. Jede Truppe hatte einen Leiter *(dominus gregis* oder *actor)*; der Beamte oder der Privatmann, der die Spiele veranstaltete, übergab dem Leiter das für den Autor und die Schauspieler bestimmte Honorar. Hatte die Aufführung keinen Erfolg, so mußte das Geld zurückerstattet werden.

Bis zur Mitte des zweiten vorchristlichen Jahrhunderts ist von regelmäßigen dramatischen Wettkämpfen nichts bekannt. Der mit der Veranstaltung der *ludi scaenici* beauftragte Beamte hatte freie Hand in der Wahl konkurrierender Autoren und Theatertruppen; seine Entscheidung war unanfechtbar. Für die spätere Zeit sind einige Nachrichten von Theaterwettkämpfen überliefert; aber sie sind ungenau, und es wird nicht klar ersichtlich, nach welchem Prinzip die Zulassung zum Wettkampf erfolgte. Der Sieger erhielt als Preis einen Palmzweig. Die dramatischen Wettkämpfe erlangten in Rom niemals eine ähnliche Bedeutung wie in Athen.

---

[1] Siehe Anm. 8 auf S. 288.
[2] SENECA, *Ep.*, 88; PLINIUS D. Ä., xxxiii, 53; MARTIAL, *Lib. de spect.*, 21; IUVENAL, 4, 122.
[3] HORAZ, *Ars poet.*, 214-15:
    Sic priscae motumque et luxuriem addidit arti
    Tibicen traxitque vagus per pulpita vestem.

6. Zu den Circus- und Theatervorstellungen hatte das Publikum auf den geringeren Plätzen freien Eintritt. Die Aufführungen dauerten viele Stunden; die Zuschauer brachten sich Essen und Trinken mit. Der Veranstalter sorgte auch für die Verteilung von Speisen, Getränken und Näschereien *(bellaria)*[1]. Die für das Volk reservierten Stufenreihen füllten sich schon in der Nacht vor der Vorstellung. Jedermann versuchte, sich früh genug einen guten Platz zu sichern, und verzichtete dafür auf den Schlaf. In der langen nächtlichen Wartezeit lärmte das Publikum; das Geschrei, die Späße, den Unfug und die unausbleiblichen Streitigkeiten kann man sich leicht vorstellen, und wer in der Nähe wohnte, konnte natürlich ebenfalls kaum Schlaf finden. Eines Tages ließ Caligula, der an Schlaflosigkeit litt[2] und über den Lärm der Faulenzer verärgert war, sie alle durch seine Wachen fortjagen und sogar verprügeln[3]. In dieser Nacht sorgten energische Maßnahmen für Stille am Vorabend der *ludi*.

Auch während der Vorstellung im Circus wie im Theater war das Publikum damals recht unruhig. Wie in Griechenland verlieh es in Rom seiner Mißbilligung durch Pfeifen, Johlen und unanständige Geräusche unmißverständlichen Ausdruck. Während der Aufführungen nahm es an der Konkurrenz der einzelnen Truppen und rivalisierenden Autoren teil, von denen jeder seine fanatischen Anhänger *(fautores)* hatte. Die bezahlten Claqueure *(operae)* sorgten dafür, daß das Urteil des Publikums bei den dramatischen Wettkämpfen verwirrt und die Ordnung im Theater gestört wurde.

Die Theatervorstellungen fanden tagsüber statt, in der Regel auch die Circusspiele. Nur gelegentlich wurden sie nachts bei Fackelbeleuchtung abgehalten, um sie eindrucksvoller zu gestalten (s. S. 71). Mit Ausnahme der Theater für Musikveranstaltungen waren die Gebäude nicht überdacht. Im Sommer brannte die Sonne heiß auf das Publikum herab, das die Stufenreihen füllte. Man schützte sich dagegen gewöhnlich durch einen Schirm[4]; wenn es windstill war, spannte man über die *cavea* große Sonnensegel[5], die auf starken Pfählen ruhten; diese steckten in Eisenringen, wie man sie noch heute im großen Theater zu Pompeii sehen kann. Um das Publikum zu erfrischen, besprengte man die Anlage mit einer Mischung aus Wasser und leicht duftender Safranessenz[6]. Und da stundenlanges Sitzen auf Stein zur Qual wird, brachten sich die Damen ein Kissen mit[7].

---

[1] STATIUS, *Silvae*, i, 6, 27ff.   [2] SUETON, *Cal.*, 50.   [3] *Ibid.*, 26
[4] MARTIAL, xiv, 28.   [5] *Ibid.*, xii, 29, 15–16.   [6] *Ibid.* viii, 33, 3–4.
[7] IUVENAL, 6, 352–53: *ut spectet ludos, conducit Ogulnia vestem, conducit comites, sellam, cervical, amicas.*

Die Theater- und Circusvorstellungen waren auch ein Treffpunkt der mondänen Welt. Auf den letzten Reihen drängte sich das Volk; aber auf den reservierten Plätzen, wo die Behörden und die adligen Familien saßen, traf sich die erlesenste Gesellschaft Roms wie in einem Salon. Die Damen des Adels hatten hier die beste Gelegenheit, ihre eleganten Toiletten, kunstvollen Frisuren und ihren Schmuck zu zeigen, den Geist sprühen und sich den Hof machen zu lassen. Die ersten Reihen boten einen prächtigen Anblick mit den vielen schönen Frauen und den stattlichen braunhaarigen Matronen, deren Schmuck klirrte und die voll übersprudelnder Laune steckten. «Sie kommen, um zu sehen und um gesehen zu werden», sagte Ovid[1] *(spectatum veniunt; veniunt spectentur ut ipsae)*; auch Goethe sagt im *Faust:* «Die Damen ... spielen ohne Gage mit[2].» Denn wenn wir aus unserer Beschäftigung mit der Antike eine Lehre ziehen wollen, so am ehesten die, daß sich die Welt nur wenig ändert, das ewig Weibliche aber niemals.

[1] *Ars am.,* i, 99.   [2] Im *Vorspiel auf dem Theater.*

XIII. ITALUM ACETUM

1. Der römische Witz. – 2. Das satirische Epigramm. – 3. Der Witz bei den Triumphzügen, den Begräbnisfeierlichkeiten, bei der Hochzeit. Schmähschriften und Salonklatsch. – 4. Gegen Schwätzer, Eitle und Geizkragen. – 5. Verhöhnung der Häßlichen. – 6. Menschliche Schwächen am Pranger.

1.

Die derben Quiriten führten eine lose Zunge; wenn sie etwas auf dem Herzen hatten, war es unmöglich, sie zum Schweigen zu bringen. Ohne Zweifel stellt diese Neigung einen Hauptwesenszug des römischen Menschen dar. Die grenzenlose und unausrottbare Schmähsucht war im angeborenen Freiheitssinn verwurzelt: Man konnte dem in tausend Schlachten erprobten Volk die härtesten Opfer und im Felde die strengste Disziplin auferlegen; aber man konnte ihm nicht die Zunge binden, da ein Schweigegebot den stolzen Weltbeherrschern als sinnlose Unterdrückungsmaßnahme und als unerträgliche Kränkung erschienen wäre. *Italum acetum*[1] ist ein einheimisches Gewächs mit ureigenen, unverwechselbaren Zügen. Und die Macht des Witzes in Rom ist grenzenlos.

Es ist kein Zufall, wenn die ursprünglichen Formen der italischen Literatur Satiren *(saturae)* und fescenninische Verse waren, bäuerliche Streitreden in Gestalt von derben Späßen; wenn in Plautus' Komödien der Strom von spitzen Bemerkungen, schlagfertigen Antworten und geistreichen Einfällen nicht versiegt, die man in den Komödien des Terenz nicht findet, da diese mehr dem griechischen Vorbild ähneln; wenn die von Lucilius und später von Horaz und Iuvenal angewandte Form der Satire von den Römern als nationale Ausdrucksweise empfunden wird[2]; und national ist in seinem Wesen auch das satirische Epigramm, obwohl es sich in einigen äußerlichen Formen und allgemeinen Motiven an die griechische Überlieferung anschließt. Und vor allem ist es kein Zufall, wenn keine andere Literatur, sei es früher oder später, wieder einen Martial hervorgebracht hat.

Der Geist des knappen Spottgedichts, das sich auf den bündigsten Wortlaut beschränkt, ist der derben Natur der Italiker eingeboren. Es ist der Geist harter Menschen, denen die Verfeinerung der Gesellschaft nichts von der angriffslustigen Derbheit des Bauern genommen hat: schroffer, schlagfertiger,

---
[1] Der Ausdruck *Italum acetum* stammt von Horaz (*Sat.*, i, 7, 32).
[2] Quintilian, x, 2, 93: *Satira quidem tota nostra est.*

angriffslustiger Witz, der sich sprühend vor Übermut im Wortwechsel mißt, bei dem es rücksichtslos Schlag auf Schlag bis zum Sieg oder bis zur Niederlage geht. «Warum bellst du?» «Ich sehe einen Dieb[1].» Das Wortgefecht ist kurz und bündig. Der allgemein menschliche Hang zur Satire hat bei der italischen Bevölkerung und in Rom die Tendenz, sich zu verselbständigen und zum Schlagwort zu werden. Frechheit gefällt nur, wenn sie schlagfertig ist. *Italum acetum* ist der natürliche Ausdruck eines Volkes, das stets mit der Waffe in der Hand gelebt hat und nicht vergißt, daß auch das Wort eine Waffe ist.

«Rom ist eine sehr klatschsüchtige Stadt», sagt Cicero, «niemand kann sich retten»[2]. Ohne Zweifel, niemand war vor ihm sicher, der eine scharfe Zunge hatte und sich auch um den Klatsch in der Provinz kümmerte. So verbreitete er beispielsweise beim Tode des Vindullus die nette Skandalgeschichte, die Roms Skandalchronik zum Lachen brachte. Unter den Papieren des Toten wurden drei kleine Bilder bekannter Damen des römischen Adels gefunden, die der Beau Publius Vedius dem Vindullus zur Aufbewahrung übergeben hatte. Cicero hatte nicht Eiligeres zu tun, als seinem Freunde Atticus die erbauliche Nachricht mitzuteilen[3] und großes Aufheben um eine der Heldinnen dieser pikanten Affäre zu machen, indem er zweideutige Reden führte und über den armen Gatten herzog.

Daneben war natürlich auch der heimtückische Klatsch beliebt, der sich immer der gleichen hinterhältigen Mittel bedient: mit scheinheiliger Miene eine Bemerkung fallen zu lassen, ohne etwas Bestimmtes zu behaupten, etwas zu entschuldigen, um es damit zuzugeben, ein Gerücht abzuleugnen, damit es auf diese Weise bekannt und verbreitet werde. Horaz gibt uns ein Beispiel dafür[4]: «Capitolinus ist seit unserer Kindheit mein Freund, und es gibt keine Gefälligkeit, um die ich ihn vergeblich gebeten hätte; daß er freigesprochen ist und unbehelligt in der Stadt lebt, freut mich von Herzen. Aber – wie hat er es bloß angestellt, aus diesem Prozeß herauszukommen?» Aber dies war nicht der echte verleumderische Stil Roms. Die böse Zunge in Rom ist von soldatischer Härte; sie nennt die Dinge beim Namen und sagt ohne Angst vor Feindschaft jedem Menschen die Meinung ins Gesicht.

Im Witz gibt sich ein Volk am besten zu erkennen; ein Nicht-Franzose kann wohl den französischen *esprit* erfassen, kann ihn sich aber nicht aneig-

---

[1] QUINTILIAN, vi, 3, 82: *Catulus dicenti Philippo: «Quid latras?» «Furem video»*, inquit. Catulus hat Philippus, der seiner Meinung nach zu laut sprach, mit zwei Worten als Hund bezeichnet. Catulus antwortet ihm mit zwei anderen Worten, indem er ihn einen Dieb heißt; und er hat recht, denn wenn die Hunde einen Dieb sehen, bellen sie.

[2] *Pro Caelio*, 16, 38. [3] *Ad Att.*, vi, 1, 25. [4] *Sat.*, i, 4, 96/100.

nen; der Witz Roms ist eine durchaus römische Angelegenheit. Im römischen Witz liegt etwas Gerades und Bestimmtes, fast etwas Lapidares, dem man anderswo nicht begegnet. Mit untrüglicher Sicherheit wird der Gegenstand des Spotts isoliert aufs Korn genommen, mit einer Treffsicherheit, der die Sprache selbst zu Hilfe kommt, wird formuliert, so daß etwas Endgültiges herauskommt; und auch ein menschlicher Zug – wenn auch nur ein Zug menschlicher Bosheit – ist darin enthalten, der das Wunder vollbringt, daß der Witz niemals veraltet.

Unter den Künstlern des Lachens war niemand größer als Aristophanes. Doch seine Bosheiten sind nur aus dem Zusammenhang verständlich; sie sind der Sauerteig der dramatischen Handlung, verleihen ihr Klang und Farbe; aus dem Zusammenhang gerissen, verlieren sie an Reiz und Gift. Der römische Witz dagegen lebt allein aus sich selbst.

2. Dies ist wohl auch der Grund, warum das satirische Epigramm in Rom die Höhen genialer Dichtung erlangte, die in jeder anderen Zeit unerreichbar erschienen wären. Das satirische Epigramm fand in Rom das ihm erforderliche Klima; die literarische Form des Witzes blühte in der Heimat des Witzes. Es behält seine Unmittelbarkeit und seinen Stegreifcharakter, auch wenn es auf einer Mauer[1] oder, mit anderen vereint, in einem politischen Pamphlet steht[2], wenn es in einer Komödie[3] oder Rede eingeflochten ist. Auch verliert es nichts von seiner Eigenart, als seine zügellose Bosheit durch das griechische Epigramm in eine geordnete metrische Form gebannt wird. Auf diese Weise ging die angeborene Spottlust als beherrschender Faktor in die Literatur ein und verbarg ihr grinsendes Vergnügen unter dem dünnen Gewande alexandrinischer Grazie[4].

---

[1] AULUS GELLIUS, xv, 4, 3. [2] MACROBIUS, ii, 4, 21.
[3] AULUS GELLIUS, ii, 7, 4; iii, 3, 15.
[4] Das satirische griechische Epigramm (σκωπτικόν) stammt aus der römischen Zeit; der bedeutendste griechische Vertreter dieses Genres, Lukillios, lebte zu Zeiten Neros. Wie aus den Namen hervorgeht, denen wir begegnen, richten sich seine Epigramme zum größten Teil gegen Persönlichkeiten der römischen Gesellschaft. MARTIAL (i, Praef.) erwähnt als seine Vorläufer nur römische Epigrammatiker, einschließlich Catull *(Lascivam verborum veritatem, id est epigrammaton linguam, excusarem, si meum esset exemplum: sic scribit Catullus, sic Marsus, sic Pedo, sic Gaetulicus)*, und verbindet seine Epigramme ausdrücklich mit der römischen Tradition der triumphalen Dichtung (s. Abschnitt 3); er unterstreicht den römischen Charakter des von ihm gepflegten Epigrammstils (iv, 23, 6/7), wenn er die griechische Anmut *(Cecropius lepos)* der Herbheit Roms *(Romanae sal Minervae)* gegenüberstellt.

3. Und stets offenbart sich hinter dem literarischen Witz die Volksseele, die unersättlich in ihrer Spottlust ist. Diese Spottlust in der Literatur wie in der Unterhaltung gebildeter Menschen ist ein Kind der Straße. Das einfache Volk ist der Lehrmeister der Leute von Welt und der berühmten Dichter gewesen. Das Vulgäre hat sich ein elegantes Gewand angelegt, ohne an Energie und Ausdruckskraft zu verlieren. Martial[1] wendet sich an Domitian, um die freie Redeweise seiner Epigramme zu rechtfertigen: «Auch ihr seid Spottreden gewohnt, und den Heerführer verdrießt es nicht, das Ziel derber Spässe zu sein.» Der Dichter beruft sich auf die Tradition, und in Rom verhielt es sich tatsächlich so: Der fescenninische Witz ließ seinem Übermut stets und überall die Zügel schießen, bei Sieges-, Hochzeits- und Begräbnisfeiern.

Als Caesars Triumphwagen[2] nach dem Sieg über die Gallier durch die Straßen fuhr, warfen die dem Wagen folgenden Soldaten ihrem Feldherrn in derben Sticheleien den vor Durazzo erlittenen Hunger vor; sie schalten ihn geizig, da die versprochene Beute nicht mit der erhofften Großzügigkeit verteilt worden war. Caesar kannte die Gewohnheiten der Soldaten und ließ sie gewähren. Den Soldaten war aber auch seine Unmäßigkeit als Privatmann nicht unbekannt; man sprach darüber, daß er an den Frauen anderer Männer besonderen Gefallen finde; warum sollte man dies verschweigen? Sie kannten auch eine seiner Schwächen: Er war kahlköpfig und konnte sich damit nicht abfinden; so sangen sie: «Bürger, schließt eure Frauen gut ein; der General, den wir begleiten, ist ein kahlköpfiger Ehebrecher!»

Urbani servate uxores: moechum calvum adducimus.

Damit hätten sie es genug sein lassen können. Aber es genügte den Soldaten noch immer nicht, und sie begannen, so ausfallend gegen Caesar zu werden[3], daß dieser sich zuletzt entrüstete und protestierte[4]. Hätte er lieber geschwiegen! Denn nun wurde er zum Schweigen gezwungen, und sein Protest ging im homerischen Gelächter der Legionäre unter. Denn Brauch ist Brauch, und niemand kann dagegen ankommen.

Einige Jahre später bewegte sich ein anderer Triumphzug durch die Straßen Roms[5]: Lepidus, der Triumvir, und Plancus, sein Kollege im Consulat, feierten einen Triumph über die Gallier. Die Proskriptionen, durch die Lepidus und seine Kollegen Rom mit Blut überschwemmt hatten, waren noch frisch in aller Erinnerung; es roch nach Terror, und das Bild Ciceros, der bei Gaeta erschlagen und verstümmelt worden war, stand den Besten stets als

---

[1] MARTIAL, i, 4, 3/4. [2] SUETON, *Divus Iulius*, 51. [3] *Ibid.*, 49.
[4] CASSIUS DION, xliii, 20. [5] VELLEIUS PATERCULUS, ii, 67, 3/4.

schmerzliches Zeichen der verlorenen Freiheit und als Drohung des Todes vor Augen. Die Soldaten wollten aber ihren Spaß haben. Sie erinnerten sich, daß unter den Opfern auch die Brüder der beiden Triumphatoren waren, und dachten sich einen boshaften Witz mit dem Wort *Germanus* aus, das sowohl «Germane» wie «Bruder» bedeutet. Hinter dem Triumphwagen der beiden Mörder hörte man also ununterbrochen den Sprechgesang der Legionäre: «Nicht über die Gallier triumphieren die beiden Consuln, sondern über die Germanen»:

De Germanis non de Gallis duo triumphant consules,

und mit ihrem schweren Marschschritt skandierten sie den Rhythmus des Verses.

Nicht zu bändigen in seiner Angriffslust gegen Lebende, machte sich der fescenninische Geist kein Gewissen daraus, auch die Toten respektlos zu behandeln, und zwar um so mehr, je höher der Verstorbene als großer Mann verehrt worden war. Als Vespasian starb[1], erwiesen die Ehrfurcht seines Sohnes Titus und die große Trauer des römischen Volkes dem toten Kaiser die Ehre eines feierlichen Leichenbegängnisses. Vespasian war ein hervorragender Feldherr, ein großartiger Verwalter, ein kluger und verständiger Herrscher gewesen. Doch bei allen guten Eigenschaften hatte er einen kleinen Fehler: den Geiz. Die römischen Finanzen bedurften nach der Verschwendung der letzten Nachfolger des Augustus umsichtigster Bewirtschaftung. Damit waren alle einverstanden. Vespasian betrieb aber eine strenge Sparsamkeit mit derart rigorosen Steuermaßnahmen, daß die *plebecula* Roms, die durch die wahnsinnige Verschwendung Neros verwöhnt war, diese Maßnahmen für übertrieben, ja geradezu für filzig hielt. Sie warf die Sparsamkeit dem Lebenden vor und verzieh sie natürlich auch dem Toten nicht. Man erlebte deshalb folgendes merkwürdige Schauspiel: Während des Trauerzuges folgte der Hofmime Favor der Leiche und ahmte, *ut mos est,* wie Sueton sagt, die Gesten und die Sprechweise Vespasians in possenhafter Weise nach. Ab und zu näherte er sich den Schatzmeistern des Herrschers und fragte, indem er eine besorgte Miene annahm, mit lauter Stimme: «Ja, was kostet denn nun eigentlich dieses großartige Begräbnis?» Worauf diese antworteten: «Hunderttausend Sesterzen!» Pseudo-Vespasian jammerte verzweifelt: «Hunderttausend Sesterzen! Gebt sie mir sofort und werft mich ruhig in den Tiber!»

Das unbezähmbar freche Mundwerk der Romulus-Enkel wartete nicht erst große Ereignisse ab, um dem beißenden Spott freien Lauf zu lassen. Jeder

[1] Sueton, *Vespas.*, 19.

Augenblick und jeder Ort eignete sich dazu, sei es der elegante Salon, die dunkle Gasse oder das Getriebe auf dem Forum. Alle geselligen Gelegenheiten reizten zum Spott: Hochzeiten, Gelage, Magistratssitzungen, die Zusammenkünfte von Lebemännern, der Festtrubel der Saturnalien. Wer heiratete, mußte mit dem fescenninischen Übermut der anderen rechnen. Zur Hochzeit erschienen die Freunde; und die Freunde hatten natürlich allerlei Geschichten über den Bräutigam auf Lager. Bei welcher Gelegenheit hätte man sie besser anbringen, sie ihm so offen ins Gesicht sagen können, wenn nicht in Gegenwart der schamhaft in ihr safrangelbes *flammeum* gehüllten Braut, unter Beteiligung der Gäste und dem schallenden Gelächter der Menge?[1]

Und wo immer es einen Grund zu Bosheit, Stichelei und Meinungsäußerung gab, war die Spottlust frei. Über Nacht erschienen auf den Mauern Roms, von unbekannter Hand geschrieben, Pasquille; Spottlieder gingen von Mund zu Mund, die an allen Ecken und Enden der Stadt geträllert wurden. Oft war es der Humor einer politischen Satire. Der rasche Aufstieg des Ventidius Bassus[2] setzte alle in Erstaunen; einst Fuhrhalter, war er jetzt auf dem Gipfel des *cursus honorum* angelangt. Und plötzlich erschienen auf einer Mauer, dann auf einer anderen, dann in ganz Rom einige Verschen, die das Wunder von einem gewissen Jemand besangen, der einst die Maulesel striegelte und dann Consul ward. Nero erbaut die Domus Aurea; er reißt Häuser ein, vergrößert hier, gräbt, baut, und tut so, als ob er von halb Rom Besitz ergreifen wolle. Eines Tages taucht ein Pasquill über das große Haus auf, das ganz Rom einnehmen und die Quiriten zwingen werde, nach Veii auszuwandern (vgl. S. 46).

Manchmal war der Witz auch die Würze der privaten Unterhaltung: elegante Bosheiten, die einem engen Kreise entstammten, drangen ins große Publikum und wurden von allen sozialen Schichten Roms begierig aufgenommen. Mancher sammelte sie, und der Fleiß der Liebhaber hat sie uns überliefert. Der Witz hatte in der Gesellschaft der Quiriten unbegrenzte Macht; wer etwas Geistvolles zu sagen hat, muß es anbringen, und sollte die Welt darüber zusammenstürzen: *potius amicum quam dictum perdidi*[3]: «ich verzichte lieber auf einen Freund als auf einen Witz»!

4. Infolge der feineren Sitten herrschte seit dem Ende des dritten Jahrhunderts v. Chr. in den besseren Kreisen der römischen Gesellschaft ein vornehmer Ton, der gefällige und elegante Umgangsformen hervorbrachte. Dabei handelte es sich nicht nur um äußerliche Formen. Selten erbat man etwas,

---

[1] Catull, 61, 122ff. [2] Aulus Gellius, xv, 4, 3. [3] Quintilian, vi, 3, 28.

auch von einem guten Freund, ohne sich der Höflichkeitsformeln *sis, quaeso, ne graveris* zu bedienen, die unserem «bitte» entsprechen. Eine Speise nicht anzurühren, weil sie nicht besonders gut schmeckte, galt als stillschweigende Kritik am Gastgeber, und man mußte gute Miene zum schlechten Essen machen[1]. Freunde zum Essen einzuladen, ohne die Gattin mit der formellen Einladung zu beauftragen, war ein Mangel an Rücksichtsnahme zwischen den Eheleuten[2]. Wer ein Geschenk überreichte, bemühte sich um eine Form, die nicht demütigt[3]. Die römische Gesellschaft hatte ihren Knigge und ihren Stil; dennoch aber duldete sie eine Freiheit des Witzes, die heute untragbar wäre.

In Rom hätte man nicht mit dem ruhigen Gewissen schlafen können, daß Schwächen, die jedem Menschen angeboren sind, unbemerkt bleiben würden. Höflichkeit schloß Kritik nicht aus, und man kritisierte laut. Die Ehrgeizigen, die Eitlen, die Schwätzer und die Geizkragen hatten keine Aussicht, mit ihren verborgenen Mängeln in Ruhe gelassen zu werden, sondern fanden immer jemanden, der sie zwang, sich im Spiegel der Wahrheit zu beschauen. Das Lächerliche ist erzieherisch und lehrt einen jeden, was er ist und was er erwarten darf, und tatsächlich hat sich noch kein besseres Mittel gegen die allzu große Nachsicht des Menschen mit sich selbst gefunden. Wer auf seinen Schwächen verharrt, dem wird kurz und bündig erklärt: «So bist du, richte dich danach; täusche dich nicht und versuche nicht, andere zu täuschen.»

Die Boshaftigkeit der Römer ist unbarmherzig, aber läßt keine Zweideutigkeiten zu; wer häßlich ist, soll nicht vergessen, daß er häßlich ist; und wer geizig ist, soll sich nicht die Miene des großen Herrn geben. Die Stellung des einzelnen im Blickfeld der öffentlichen Meinung dient dem römischen Witz als unfehlbarer Angriffspunkt. «Erkenne dich selbst» ist ein Spruch von großer Weisheit; aber die Menschheit begreift nur unter Zwang; deshalb wandte man in Rom die Peitsche an. Marcus Caelius war ein Schwätzer; und der Censor Cato stellte ihn öffentlich bloß[4]: «Wer die Sprechkrankheit hat, kann nicht mehr schweigen, so wie, wer die Schlafkrankheit hat, nur noch trinkt und schläft. Wenn ihr nicht hingeht, ihn anzuhören, wird er sich Zuhörer mieten, so groß ist sein Bedürfnis, zu reden.» Er hatte außerdem die Sucht, sich hervorzutun und den Witzbold zu spielen; darüber Cato: «Er steigt von seinem Pferdchen herab, setzt sich in Positur und spielt den Geistreichen.» Nun mochte Caelius zusehen, wie er noch ernst genommen wurde. Ein

---

[1] Sueton, *Divus Iulius*, 53.   [2] Cicero, *Ad Att.*, v, 1, 3.
[3] Plinius, *Epist.*, vi, 32.   [4] Aulus Gellius, i, 15, 8.

schlechter Rechtsanwalt glaubte, alle vor Rührung zum Weinen gebracht zu haben, und wollte dafür sein Lob einstreichen. «Ohne Zweifel», sagte Catulus[1], «war es eine Rede, die Mitleid erregt hat.» Jemand prahlte mit seiner Narbe auf der Stirn. Er langweilt die Mitmenschen wie alle Helden, die Held spielen; verärgert sagte Augustus zu ihm[2]: «Wenn du ausreißt, paß auf, daß du dich nicht umdrehst!»

Eine der am häufigsten aufs Korn genommenen Schwächen war der Geiz. Inmitten der Pracht jener Gesellschaftskreise störte die Schäbigkeit. Man verzieh eher einem Statthalter, der aus einer ausgesaugten Provinz zurückkehrte, als einem zu sparsamen Mann, der sich schief anschauen ließ, nur um nicht auf kleine Ersparnisse zu verzichten. Domitia, die Gattin des Passienus, hatte den Ruf, äußerst knauserig zu sein; man erzählte sich – und Iunius Bassus machte sich ein Vergnügen daraus, den Klatsch zu verbreiten –, daß sie ihre abgetragenen Schuhe verkaufe; Domitia beschwerte sich bei ihrem Verleumder: «Aber nein», entschuldigte sich Bassus, «ich habe nie gesagt, daß du abgetragene Schuhe verkaufst; ich habe nur gesagt, daß du welche kaufst[3].» Ein geiziger Gastgeber hatte Fische auf die Tafel bringen lassen, die vom vorhergehenden Tage übrig geblieben waren; von den Fischen war schon gegessen worden, doch der Küchenmeister hatte sie geschickterweise so gelegt, daß der abgegessene Teil auf den Boden der Platte zu liegen kam. Einer der Gäste, ein Buckliger, entdeckte sogleich mit der den Buckligen eigenen Boshaftigkeit den Betrug: «Essen wir schnell», sagte er, «unter dem Teller sind Leute, die mit uns speisen[4]!»

5. Der römische Witz übernahm auch die grausame Pflicht, den Häßlichen die Illusion zu nehmen, sie seien nicht häßlich. Das war niederträchtig, aber der Witz gefällt erst, wenn er niederträchtig ist. Kein Volk hat so viel Vergnügen daran gefunden wie das römische, seinen Witz an den von der Natur stiefmütterlich Behandelten auszulassen. Das beweisen am besten die Familien-*cognomina*, die oft einen körperlichen Mangel oder eine Mißgestalt bezeichnen. Darunter finden sich berühmte Namen wie *Blaesus* oder *Balbus*, «der Stotterer»; *Plautus*, «mit Hängeohren»; *Varus*, «mit O-Beinen»; *Valgus*, «mit X-Beinen»; *Scaurus*, «mit krummen Fußknöcheln»; *Luscus*, «der Schielende»; *Paetus*, «der Scheeläugige»; *Homullus*, «der Knirps». Weiter die Namen, die an ein Gewächs erinnern, das ein Vorfahr auf dem Kopf hatte und ihm den Beinamen einbrachte; sie gingen dann als geschmackvolle Bezeich-

---

[1] CICERO, *De orat.*, ii, 69, 278.   [2] MACROBIUS, ii, 4, 7.
[3] QUINTILIAN, vi, 3, 74.   [4] *Ibid.*, vi, 3, 90.

nungen auf die Nachfahren über, wie etwa *Verrucosus*, *Tubero* und *Cicero*, je nachdem, ob der Auswuchs eine Warze war, einem Trüffel oder einer großen Erbse glich. Es gab sogar den Namen *Lamia*, was Schreckgespenst bedeutet, und andere, die für sich selbst sprechen, wie *Naso*, *Calvus*, *Macer*, *Niger*, *Fuscus*, *Rufus*, ja sogar Tiernamen wie *Asinius*, *Catullus*, *Aper*, *Bestia*, *Brutus*. Und man könnte damit noch eine lange Liste füllen.

Wer in Rom ein unglückliches Aussehen hatte, konnte sich nicht einmal in der besten Gesellschaft sicher fühlen. So wird erzählt[1], daß Cicero eines Tages seinen Schwiegersohn Lentulus vorüberkommen sah, der den Soldatenrock trug. Lentulus ist klein und kümmerlich; an der Seite schleppt er ein langes Schwert und trägt dabei gewiß die stolze Miene kleiner Männer zur Schau, die sich als Krieger kleiden. Cicero mißt den allzu kleinen Schwiegersohn, das allzu lange Schwert, und sagt dann: «Wer hat denn meinen Schwiegersohn an das Schwert gebunden?»

Von kleinem Wuchs war auch Quintus Cicero, der Bruder des Redners. Man pflegte damals das Brustbild einer bedeutenden Persönlichkeit auf den Schild zu malen; so tat man es auch mit Quintus, und der kleine Mann erschien auf dem großen Schild – gleichsam ein Vorläufer von Dantes Farinata – im Brustbild, mit großartigen Zügen, von imponierendem Aussehen. Ein wunderschöner Mann! Cicero[2], vor dem Schild stehend, bewundert die Verwandlung, die aus dem Zwerg einen Riesen gemacht hat, und meint: «Merkwürdig, wenn mein Bruder halb ist, wirkt er größer, als wenn er ganz ist.»

Galba war ein tüchtiger Rechtsanwalt, ein geistvoller Mann, aber bucklig. (Man sagte: «Das Genie wohnt in einem häßlichen Hause.») Eines Tages stieß ihm folgendes zu: Er vertrat einen Prozeß in Gegenwart des Augustus[3]; an einer bestimmten Stelle sagte er mit advokatenhafter Bosheit, um den Herrscher gewissermaßen zu zwingen, durch Schweigen sein Einverständnis auszudrücken: *Corrige in me si quid reprehendis.* Er wollte damit sagen: «Wenn in meinen Worten etwas enthalten ist, was dir nicht paßt, verbessere mich ruhig.» Der Schlagfertigkeit des Angeredeten entging aber nicht, daß diese unvorsichtige Frage im Lateinischen auch bedeuten konnte: «Wenn an mir etwas ist, was dir nicht gefällt, dann korrigiere mich.» Mit wohlwollender Miene antwortete Augustus: *Ego te monere possum, corrigere non possum:* «Ich kann dir wohl einen Rat geben, dich aber nicht korrigieren.» Das klang höflich, aber in Wahrheit sagte er: «Ich kann dich beraten, aber nicht gradrichten, mein lieber Buckliger, das geht nicht!»

---

[1] MACROBIUS, ii, 3, 3.   [2] *Ibid.*, ii, 3, 4.   [3] *Ibid.*, ii, 4, 8.

Natürlich nahm nicht jedermann die Verhöhnung friedlich hin. Der Schwiegersohn des Dichters Ovid, Fidus Cornelius, besaß einen unschönen Körper und wenig Haare, so daß ihn Corbulo in einer Senatssitzung «gerupfter Strauß» *(struthocamelus depilatus)* betitelte, worauf Cornelius wie ein Kind weinte[1]. Der Ärmste hatte nicht ganz unrecht; aber wahrscheinlich haben sich die Senatoren nur noch mehr vergnügt.

6. Spott über körperliche Mängel gehört zu den verwerflichsten Spässen; manchmal erscheint er aber nicht so ganz ungerecht, weil das Opfer ihn verdient hat und man mit dem körperlichen Mangel an die Schwäche der Eitelkeit rührt. Der Mensch – ich verstehe darunter den *homo sapiens*, in gleicher Weise von beiden Geschlechtern vertreten – findet sich schwer mit den unnötigen Härten und mit der Ironie der Natur ab, die sich gegen ihre eigenen Geschöpfe wendet und besonders den Alten übel mitspielt. Wenn der Mensch hinfällig wird, möchte er jung und frisch erscheinen; wenn er kahlköpfig oder weißhaarig ist, läßt er sich den Kopf jugendlich herrichten; wenn er zahnlos ist, läßt er sich ein Gebiß einsetzen; wenn er häßlich ist, will er sich und die anderen davon überzeugen, daß er unwiderstehlich für die Frauen ist[2] – denn auch das kam im damaligen Rom vor und wird in der Welt stets so bleiben. Wenn einer stinkt (es tut mir leid, aber dieses Thema des Spottes war zu verbreitet, als daß man davon schweigen könnte), also wenn einer schlecht riecht, versucht er alle Mittel dagegen: wohlriechende Pillen[3] oder Lorbeerblätter[4] im Munde zu zerkauen, Hautsalben[5], Parfüm und kosmetische Mittel, die er überall anbringt, wo er etwas zu verbergen hat, was den Geruchsinn des Nächsten beleidigt und das Selbstbewußtsein des Unglücklichen beeinträchtigt: Denn wenn er stinkt, obwohl er sich gewaschen, gescheuert und gesäubert hat, so ist es wahrlich nicht mehr sein Verschulden. Es ist wie ein Duell zwischen der Natur, die Unrat und Vernichtung sät, und dem Menschen, der nach Abhilfe sucht, und zwar genau so hartnäckig und systematisch, wie die Natur launenhaft und niederträchtig ist.

Über gewisse Schwächen lachte man gern in Rom. In Gegenwart Ciceros gab eine fünfzigjährige Matrone mit größter Unbefangenheit ihr Alter an: dreißig Jahre! Darauf der Redner[6]: «Das muß stimmen, denn ich höre es bereits zwanzig Jahre lang von ihr.» Als sich Cicero ein anderes Mal mit einem Altersgenossen unterhielt, der sich eine ganze Reihe von Jahren jünger zu

---

[1] SENECA, *De const. sap.*, 17, 1.   [2] MARTIAL, ii, 87.
[3] HORAZ, *Sat.*, i, 2, 27; MARTIAL, i, 87.   [4] MARTIAL, v, 4.
[5] *Ibid.*, iii, 55.   [6] QUINTILIAN, vi, 3, 73.

machen suchte, meinte er[1]: «Demnach warst du noch gar nicht geboren, als wir zusammen in die Schule gingen!»

Ein Mann mit graumeliertem Haar trug bei Kaiser Hadrian eine Bitte vor, auf die der Herrscher nicht eingehen wollte. Der Alte ließ sich aber durch die Abweisung nicht einschüchtern und geduldete sich; in der Zwischenzeit war ihm der Kopf immer mehr ergraut, und er begann, sich die Haare zu färben. Schließlich kam er noch einmal auf sein Anliegen zurück und wiederholte, diesmal mit pechschwarzem Haar, die Bitte, die er als fast Weißhaariger gestellt hatte. Hadrian antwortete ihm: «Ich habe doch schon zu deinem Vater nein gesagt[2]!»

In den Epigrammen Martials, die Rom mit römischem Geist karikieren, ziehen alle Mängel an uns vorüber, die den Menschen betrüben und drücken, eine ganze Galerie von Häßlichkeiten: Schielende[3], Hinkende[4], schiefe Gesichter[5], birnenförmige Köpfe[6], zahnloser Mund[7], spindeldürre Frauen[8], schamlose Alte[9], glänzende Glatzen[10], übelriechender Mund[11], parfümierte und stinkende Leute[12]. Die Motive waren erfunden, aber mancher fand darin alte Bekannte. Man lachte mit den Freunden und blinzelte sich vielsagend zu.

Ich könnte noch lange fortfahren, denn die Belege für den römischen Spott sind unerschöpflich. Mir genügt es, für die weniger unterrichteten Leser eine Fülle von Beispielen für eine der ursprünglichsten Ausdrucksformen der italisch-römischen Gesellschaft erbracht zu haben. Damit wollte ich auch der weitverbreiteten Legende entgegentreten, das römische Dasein sei unterschiedslos ernst gewesen: der Legende von einem Rom mit ewig gerunzelter Stirn, einer romantischen und schülerhaften Mißdeutung des wahren Rom. Seit den frühesten Zeiten der Republik war Rom eine geistreich unbefangene und spottlustige Stadt. Wer sich über den Durchschnitt erhob, mußte sich ihrem Geschmack anpassen: Cato war nicht so catonisch, als daß es ihm nicht Vergnügen bereitet hätte, lästige, eitle und dumme Gegner lächerlich zu machen; und Cicero, ein Mann von beneidenswerter Geistesschärfe, trug nicht nur die Haltung des zornentbrannten Consuls zur Schau, der die Backen aufbläst und schreit: *Quousque tandem?*

---

[1] QUINTILIAN, vi, 3, 73.   [2] AELIUS SPARTIANUS, *Hadr.*, 20, 8.   [3] MARTIAL, iii, 8; iv, 65.
[4] *Ibid.*, ii, 35.   [5] *Ibid.*, ii, 87.   [6] *Ibid.*, vi, 39, 15/16.   [7] *Ibid.*, i, 19; ii, 41; viii, 57.
[8] *Ibid.*, viii, 60.   [9] *Ibid.*, ii, 41.   [10] *Ibid.*, xii, 7.
[11] *Ibid.*, vii, 94; ii, 42 und *passim*.   [12] *Ibid.*, i, 87; ii, 12; iii, 55 und *passim*.

XIV. SCHAUERGESCHICHTEN, ABERGLAUBE, WAHRSAGEREI

1. Der «Schwarze Mann» der Kinder. – 2. Lemuren und Geister. – 3. Der Werwolf, der Klabautermann usw. – 4. Zaubersprüche und Aberglaube. – 5. Verfluchung und Verwünschung. – 6. Zauberkünste verliebter Frauen.

1.

PLATON hat geschrieben: «Ein Kind ist von allen lebendigen Kreaturen am schwersten in der Hand zu behalten[1].» Da diese Überzeugung sehr verbreitet ist, hatte die antike Pädagogik festgelegt, daß zur Erziehung der kindlichen Natur der «Schwarze Mann» notwendig sei; oder der Wolf, ein großer hungriger Wolf, mit weit aufgerissenem Rachen; also die Gefahr, lebendigen Leibes verschlungen zu werden, wenn man ungezogen war. Die Griechen hatten die Mormo (Μορμώ)[2], ein furchtbares Frauenzimmer mit einem Eselsbein[3]; die Römer die Lamia[4], die drohend umherzog und hie und da kleine Kinder lebendig zum Frühstück verspeiste; und eins hatte sie immer im Magen!

2. Die Angst vor irgendeinem «Schwarzen Mann» blieb aber auch den Erwachsenen und beraubte schwächere Geister ihrer Seelenruhe. Wer kann wissen, ob nicht vielleicht im Unsichtbaren böse Geister oder Seelen Verstorbener umherirren? Oder ob in der Dunkelheit ein Geist erscheint, schrecklich anzuschauen in seiner durchsichtigen Unkörperlichkeit?

Die etruskische Religion, Lehrmeisterin und Vorbild der römischen, hatte dunkle Bereiche des übersinnlichen Lebens mit den Schatten der Toten *(lemures)* bevölkert; in Rom nahm die kultivierte Welt die Märchen über das Jenseits nicht ernst, die nur in den armen Köpfen törichter alter Weiber und überspannter Kinder auf fruchtbaren Boden fielen. Trotz allem hielt Lucrez[5] es für notwendig, die Erscheinung von Gespenstern rational zu erklären, um die Menschen zu beruhigen; und wenn Horaz[6] es für den sichersten Beweis einer starken Seele hält, sich nicht um die *lemures* zu kümmern, so darf man daraus schließen, daß es mit dieser Seelenstärke im allgemeinen nicht weit her war. Verlorene Seelen der Toten irrten nach Meinung der antiken Menschen auch in der verlassenen Welt der Lebenden umher, um

---

[1] *Die Gesetze*, vii, 808 d. [2] PLATON, *Kriton*, 46 c. [3] LUKIAN, *Vera hist.*, 139.
[4] HORAZ, *Ars poet.*, 340. [5] LUCREZ, i, 132 f.; iv, 720 f. [6] *Epist.*, ii, 2, 209.

damit ihre niedere Liebe für den verlorenen Körper[1] zu bezeugen oder den Überlebenden die Pein vor Augen zu halten, daß sie nicht bestattet worden waren[2]. Es gab Häuser, in denen es spukte, und wie sehr auch der Hausbesitzer versuchte, die Wohnung zu niedrigem Preise abzugeben, fand er weder Käufer noch Mieter. Man glaubte, daß diese Häuser verhext seien, weil in ihnen ein Verbrechen verübt worden war[3]; ein Mörder hatte den Gast erschlagen und den Leichnam in den Kellerräumen versteckt; damit hatte er ihm nicht nur das Leben geraubt, sondern ihn auch um die dem Toten gebührenden Ehren gebracht. Als Protest machte sich der Tote wieder bemerkbar; man vernahm Stöhnen und eigentümliche Geräusche, und im Dunkeln erschienen Gespenster; manchmal war das Erscheinen des Gespenstes von Kettengerassel und Eisenklirren begleitet[4]. Niemand wagte zwischen diesen verruchten Mauern zu hausen oder sich ihnen auch nur zu nähern, es sei denn ein Philosoph, wie jener Athenodoros, von dem Plinius der Jüngere in einer seiner Episteln schreibt. Athenodoros war unzweifelhaft ein mutiger Philosoph, und was den anderen Schrecken einflößte, schien ihm eine Quelle neuer Erfahrungen. Er verfügte sich daher in ein solches Haus und erwartete die Nacht, indem er sich Notizen auf seinen Wachstäfelchen machte. Da erscheint auf einmal in der Finsternis hinter seinem Rücken der Schatten des ruhelosen Toten, mit den Ketten rasselnd und mit erhobenem Finger; es ist ein alter Mann, bleich und ausgemergelt; ein langer Bart bedeckt sein Gesicht, während ihm die Haare zu Berge stehen. Es scheint, daß er etwas von ihm will, daß er ihn auffordert, ihm zu folgen. Athenodoros bedeutet dem Gespenst in aller Ruhe, sich zu gedulden; er schreibt seine Notizen zu Ende, nimmt dann die Lampe und folgt ihm ohne große Eile. Der Mann und der Geist durchschreiten beim matten Schein der Lampe schweigend das ganze Haus; schließlich gelangen sie in einen grünüberwucherten, verlassenen Hof; hier verflüchtigt sich das Gespenst plötzlich. An der Stelle, wo es verschwunden ist, findet man am anderen Morgen, von Athenodoros darauf aufmerksam gemacht, Knochen und eiserne Ketten.

3. Es gab auch Leute, die an den Werwolf glaubten[5]. Manche Menschen *(versipelles)* besaßen die Kraft, sich in Wölfe zu verwandeln; sie zogen dann als leibhafte Wölfe umher und überfielen des Nachts die Schafställe; dann nahmen sie wieder menschliche Gestalt an. Wenn sie bei diesen tierischen

---

[1] PLATON, *Phaidon*, 81c.   [2] HORAZ, *Od.*, i, 28.
[3] PLAUTUS, *Most.*, 476ff.; PLINIUS, *Epist.*, vii, 27, 6.   [4] PLINIUS, *ibid.*, 5.
[5] VERGIL, *Ecl.*, 8, 97; PETRONIUS, 62; APULEIUS, *Met.*, ii, 22.

SCHAUERGESCHICHTEN, ABERGLAUBE, WAHRSAGEREI   309

Unternehmungen verwundet wurden, verblieb ihnen die dem Wolf zugefügte Wunde. Man raunte sich zu, daß gewisse alte Frauen die Kunst verstanden, sich in Vögel zu verwandeln[1]; als geflügelte böse Geister flatterten sie in der Finsternis umher; man sprach auch von sonderbaren Ungeheuern der nördlichen Meere, halb Mensch, halb Tier, die der eine und der andere gesehen haben wollte[2]. Die Seeleute fürchteten den Meermann, eine Art Klabautermann[3], der des Nachts auf die Schiffe stieg, so daß sie sich zur Seite neigten; verharrte er lange Zeit an Bord, so ging das Schiff unter. Hexen[4] und Vampire[5] drangen heimlich in ein Sterbehaus, um den Leichnam zu rauben und zu entstellen; sie verspeisten zum Beispiel die Nase. So erzählte man sich allerhand, und wenn man auch nicht daran glaubte, so war es doch nicht ganz geheuer.

4. Der größte Teil dieses törichten Aberglaubens verseuchte Rom seit Beginn des griechisch-orientalischen Einflusses, ganz besonders aber in den Jahren der Piratenkriege[6]. Hang zur Mystik, Zauberkünste und die seltsamsten Formen von Aberglauben verdarben damals das natürlich-gesunde Empfinden des römischen Geistes. Magische Künste wurden allerdings in der römischen Welt von alters her betrieben; sie beschränkten sich aber auf traditionelle Riten, um gewisse dunkle Mächte günstig zu stimmen oder ihren schädlichen Einfluß zu verhindern. Man schrieb zum Beispiel auf die Türen der Häuser das Wort ARSEVERSE[7], das genügen sollte, um eine Feuersbrunst zu bannen. Es gab Beschwörungsformeln gegen Hagel, gegen allerhand Krankheiten, gegen Verbrennungen; und Plinius der Ältere versichert, daß in der Praxis einige dieser Formeln mit Erfolg angewandt wurden[8]. Sehr alt war auch der Aberglauben, aber er hatte im allgemeinen rein äußerlichen Charakter und beschäftigte sich vornehmlich mit glücklichen oder unglücklichen Vorzeichen; wenn man recht achtgab, konnte man manches schlimme Ereignis verhindern. Zum Beispiel stolperte man beim Ausgehen über die Schwelle[9]: ein schlechtes Zeichen, und man verblieb an einem solchen Tage

---

[1] OVID, *Amores*, i, 8, 12/13; APULEIUS, *Met.*, i, 21.
[2] TACITUS, *Ann.*, ii, 24, 6.   [3] PLINIUS D. Ä., ix, 10.   [4] PETRONIUS, 63.
[5] APULEIUS, *Met.*, ii, 21; PETRONIUS, 134.
[6] Für genauere Angaben verweisen wir auf das grundlegende Buch von F. CUMONT, *Les religions orientales dans le paganisme romain*, Paris 1929, S. 179 ff.
[7] AFRANIUS (bei FESTUS zitiert, S. 18 M): *Inscribat aliquis* ARSEVERSE *in ostio*. Man nahm an, daß *arse verse* ein etruskisches Wort sei und «halte das Feuer fern» bedeute.
[8] xxviii, 25/29.
[9] CICERO, *De div.*, 2, 40, 84; TIBULL, i, 3, 19; OVID, *Met.*, 10, 452.

am besten innerhalb seiner vier Wände. Man sprach während eines Festmahles von Feuersbrunst[1]: höchst leichtsinnig; aber man hob die Unachtsamkeit auf, wenn man sogleich Wasser auf den Tisch spritzte. Ein Hahn krähte während eines Gastmahles – es wäre besser gewesen, er hätte nicht gekräht: Sofort mußte man die übliche Beschwörungsformel sprechen[2], oder man durfte an dem Tage nichts mehr essen[3]. Hatte man einen schlechten Traum, so erwachte man in großer Sorge. War es ein Rechtsanwalt und hatte dieser am gleichen Tage einen Prozeß zu führen, so suchte er um eine Verschiebung der Verhandlung nach[4]. Im Grunde war es kindische Naivität oder einfach die Einbildung der Furcht, die bei bestimmten Gelegenheiten Einfluß auf das Verhalten hatte, aber den Geist der Römer in Wirklichkeit nicht beherrschen konnte. Gewisse Ängste, gewisse Verirrungen der Phantasie, gewisse dramatische Vorstellungen vom Übernatürlichen kamen in Rom erst spät auf und ergriffen immer nur einige niedere Schichten der Bevölkerung: einfältige Weiber, unwissende Leute, Angsthasen und Dummköpfe. Oder sie dienten törichten Schriftstellern als interessantes Arsenal literarischer Motive.

Wenn trotzdem die Griechen und die Römer weit abergläubischer erscheinen als wir Modernen, so müssen wir dies auf den grundlegenden Unterschied der religiösen Anschauungen zurückführen. Unsere Religion verwirft jeden Aberglauben; im Altertum dagegen gehörte er in das Feld normaler Beziehungen zwischen Mensch und Gottheit. Nicht nur, weil die antiken Religionen formalistisch waren und deshalb kein wahres und eigentliches Credo kannten, das heißt keine streng orthodoxen Regeln festlegten noch in das Bewußtsein des Gläubigen tiefer eindrangen, sondern auch, weil man die Gottheit für allwissend und bereit hielt, in ihrer Güte den Menschen einen Teil ihrer Allwissenheit zu vermitteln[5], glaubte man, sie habe unendlich viele Möglichkeiten, den Menschen zu warnen und ihm Zeichen zu geben. Das Stolpern, der Schrei eines Raben oder einer Eule, eine unliebsame Begegnung, ein zufällig gehörtes Wort, ein unglücklicher Traum, ein umfallender Ölkrug und viele andere Ungereimtheiten konnten die Bedeutung eines Fingerzeiges haben. Nur die Ungläubigen, die das Eingreifen göttlicher Gewalt im Leben des Menschen ausschlossen, verneinten die Vorahnung und lehnten den Aberglauben ab. Die höchste Form, in der die Gottheit dem Menschen für seine eigenen Interessen etwas von ihrer Allwissenheit mitteilte, war das Orakel. Aber der Möglichkeiten, die Götter zu be-

---

[1] Plinius d. Ä., xxviii, 25, 29. [2] Petronius, 74.
[3] Cicero, *In Pis.*, 27, 67. [4] Plinius, *Epist.*, i, 18, 1.
[5] Platon, *Gastmahl*, 188 c–d.

fragen, waren unendlich viele, und die Gottheit teilte nicht nur Antworten aus, sondern gab auch ungefragt ihre Ratschläge.

Wenn wir uns dies vergegenwärtigen, erscheint es verständlicher, daß bedeutende Geister wie Sokrates und Demosthenes abergläubisch waren; auch können wir uns nunmehr das Übermaß von Aberglauben bei Griechen und Römern besser erklären. Es war ein ungünstiges Vorzeichen, wenn ein schwarzer Hund das Haus betrat oder wenn eine Schlange vom Dach in den Hof fiel[1], wenn ein Dachbalken sich spaltete, wenn Wein, Öl oder Wasser verschüttet wurde; wenn man Mauleseln begegnete, die mit *hipposelinon* beladen waren, einem Kraut, das man zum Schmuck der Gräber verwandte[2]; oder wenn eine Maus ein Loch in einen Mehlsack nagte[3]. Schlimmer war es, wenn ein Götterbild Blut schwitzte[4] oder wenn die Raben das Standbild einer Gottheit anpickten[5], wenn die Fische in der Salzlake, zum Braten gerichtet, plötzlich emporschnellten, als ob sie lebendig wären[6]; wenn durch eine Laune der Natur ein Pferd mit fünf Beinen geboren wurde, ein Schaf mit einem Schweinskopf oder ein Schwein mit einem Menschenkopf[7], und wenn ein wütender Stier die Treppen eines Hauses erstürmte und erst im dritten Stock zum Stehen kam[8].

Groß war die Besorgnis der antiken Menschen – und wohl nicht ohne Grund –, wenn es vorkam (und es geschah öfter, wie berichtet wird), daß aus den zarten Wangen einer Priesterin plötzlich ein dichter Bart hervorsproß[9]. Dies war wirklich ein schlimmes Vorzeichen. Eine bärtige Frau: Gott bewahre uns davor! Eine furchtbare Sache war es auch, wenn die Pferde «heiße Tränen» vergossen[10] oder wenn eine Statue «aus vollem Halse lachte»[11] oder ein Ochse zu sprechen begann[12]. In diesen Fällen handelte es sich um eine Täuschung der Sinne, autosuggestive Deutungen, die die erregte Phantasie abergläubischer Menschen an sich unbedeutenden Dingen beilegte. Denn es ist doch wohl nicht recht zu glauben, daß Pferde weinten,

---

[1] TERENZ, *Phorm.*, 705 ff.   [2] PLUTARCH, *Timoleon*, 26.
[3] THEOPHRASTOS, *Charaktere*, 16.
[4] CICERO, *De div.*, i, 34, 74, und weitere Stellen bei anderen Autoren.
[5] PLUTARCH, *Nikias*, 13; PAUSANIAS, x, 15, 5.
[6] HERODOT, ix, 120.   [7] T. LIVIUS, xxxi, 17, 12.
[8] *Ibid.*, xxi, 62, 3.   [9] HERODOT, i, 175.
[10] SUETON, *Divus Iulius*, 81: *Equorum greges ... comperit pertinacissime pabulo abstinere ubertimque flere.*
[11] *Ibid.*, *Cal.*, 57: *Simulacrum Iovis ... tantum cachinnum repente edidit ut ... opifices diffugerint.*
[12] T. LIVIUS, iii, 10, 6; xliii, 13; PLINIUS D. Ä., viii, 183.

Statuen lachten, Ochsen redeten. Reden ist einzig und allein die Gabe der Menschen, besonders der langweiligen!

Infolge ihrer abergläubischen Natur fürchteten die Römer auch den bösen Blick und versuchten, ihn durch Amulette verschiedener Form abzuwenden[1]. Sie vermieden es, an bestimmten Tagen oder in bestimmten Monaten zu heiraten[2]; sie achteten darauf, die Schwelle nicht mit dem linken Fuß zu überschreiten[3]. Wenn es blitzte, tat man gut daran, einen Pfiff auszustoßen. Plinius der Ältere sagt[4], daß dies ein bei allen Völkern üblicher Brauch gewesen sei; wenn der Himmel von Blitzen erhellt war, hörte man auf Erden ein allgemeines Pfeifen. Während des Festmahles mußte man darauf achtgeben, nicht irgend etwas zu tun, was als schlechte Vorbedeutung ausgelegt werden konnte; daß etwa ein Sklave den Fußboden kehrte, während ein Gast sich erhob, oder den Tisch oder das Serviertischchen *(repositorium)*[5] entfernte, während der Gast noch trank, oder daß der Gast selbst den Brocken fallen ließ, den er gerade in der Hand hielt; in diesem Falle mußte der Bissen dem unvorsichtigen Gaste sogleich zurückgegeben werden, der ihn weder säubern noch abpusten durfte. Um so schlimmer für ihn: Beim nächsten Male würde er besser aufpassen. Ein besonders schwerwiegender Vorfall war es, wenn dem Oberpriester die Speise während eines rituellen Mahles aus der Hand fiel. Das unglückliche Vorzeichen konnte nur dadurch neutralisiert werden, daß die Speise auf den Tisch zurückgelegt und als Opfer für die Laren verbrannt wurde. Von böser Vorbedeutung war es auch, wenn einer in dem Augenblick niesen mußte, in dem der Diener ihm das Tablett mit den Speisen reichte; das einzige Mittel dagegen war, daß man sofort zu essen begann. Wenn bei einem Gastmahl, das aus einer ungleichen Anzahl von Gästen zusammengesetzt war, plötzlich alle verstummten, so hatte jeder der Anwesenden Unheil zu gewärtigen.

Einem Aberglauben zufolge, der nur für Frauen galt, schnitt man die Nägel nur, wenn in Rom Markt abgehalten wurde; man durfte dabei nicht sprechen und mußte beim Zeigefinger beginnen. Wenn man auf See war, durfte man sich weder die Fingernägel noch das Haar schneiden[6].

Mancher Aberglaube fand auch seine offizielle Bestätigung. In vielen Orten Italiens[7] war es den Frauen gesetzlich verboten, spinnend über die Straße

---

[1] Vergil, *Ecl.*, 3, 103; Persius, 2, 34.   [2] s. S. 139.
[3] Silius Italicus, vii, 172; Petronius, 30.
[4] Plinius d. Ä., xxviii, 25/29, dem auch die anderen, hier angeführten Nachrichten über Aberglauben entnommen sind.   [5] Zu *repositorium* s. S. 103 und S. 116.
[6] Petronius, 104.   [7] Plinius d. Ä., xxviii, 25/29.

zu gehen oder die Spindel öffentlich zu zeigen. Wehe dem, der diese Spindel sah! Alle seine Hoffnungen auf eine gute Ernte wurden zunichte.

Wie wir sahen (S. 236), war die empirische Medizin der Römer stets gewissen magischen Künsten und abergläubischen Vorstellungen unterworfen; einer allgemein verbreiteten Ansicht zufolge verlor die Medizin jede Wirkung, wenn sie vor Gebrauch auf den Tisch gestellt wurde. Plinius der Ältere hat uns folgende interessanten Angaben überliefert: «Als M. Servilius Nonianus, eine der ersten Persönlichkeiten der Stadt, befürchten mußte, an einer Augenentzündung zu erkranken, band er sich einen Papierstreifen mit Leinen um den Hals, auf dem die griechischen Buchstaben Rho und Alpha geschrieben standen. Mucianus, der dreimal Consul gewesen war, trug als Vorbeugungsmittel gegen das gleiche Übel eine lebende Fliege in einem weißen Lappen mit sich; man behauptete, daß diese Mittel das Augentriefen verhinderten.»

Man muß zugeben, daß auch verständige Leute diesen Maßnahmen einen gewissen Erfolg beimaßen. Die Alten sind wirklich zu beneiden, wenn man weiß, welch einfachem Mittel sie vertrauten, um sich von drückenden Sorgen zu befreien; es genügte, sich mit dem durch Speichel angefeuchteten Finger hinter die Ohren zu streichen. Wir glauben leider nicht mehr an solche Märchen; denn sonst würden wir uns wohl mehr als einmal am Tage den Finger lecken und damit die Haut hinter den Ohren befeuchten! Oder sollten wir es doch einmal probieren?

5. Einige kompliziertere Riten halfen den alten Römern im Haß und in der Liebe; im Haß die Verwünschungen, in der Liebe die Beschwörungen. Sehr alt ist der Brauch der Verwünschungen; die frühesten Zeugnisse aus Griechenland stammen aus dem vierten Jahrhundert v. Chr.[1]. Mit der Verfluchung gibt man einen Feind den unterirdischen Gottheiten preis. Besonderen Anlaß zur Verwünschung boten gerichtliches[2] und familiäres Unglück oder Feindseligkeiten, die durch den Konkurrenzkampf zwischen Kaufleuten oder durch Rivalität im Beruf entstanden waren. Bei ungünstigem Verlauf eines Prozesses vor Gericht verfluchte man aus Haß den Gegner, die

---

[1] Die in diesem Abschnitt enthaltenen Angaben sind den Sammlungen von R. Wünsch, *Defixionum tabellae Atticae* (IG, III, 3), Berlin 1897, Audollent, *Defixionum tabellae*, Paris 1904, und von E. Ziebarth, *Neue Verfluchungstafeln aus Attika, Boiotien und Euboia*, in *Sitzungsber. d. Preuß. Akad. der Wissenschaften, phil.-hist. Kl.*, Berlin 1934, entnommen.

[2] Die *lamminae* (Bleitäfelchen), die sich auf Prozesse beziehen, sind besonders zahlreich.

gegnerischen Zeugen, ja jeden, der zugunsten der Gegenpartei gesprochen hatte, und sogar die Prozeßakten (τὰ δικαιώματα)[1]. Man verfluchte die Rivalin, die das Herz des Gatten geraubt[2], und den Kaufmann, der einen zugrunde gerichtet hatte[3]. Der Gründe, um jemanden zu verfluchen, gab es so viele, wie es Ursachen zur Todfeindschaft gab, wenn ein Mann keine eigenen Mittel zur Rache mehr hatte und in seiner ohnmächtigen Wut die Hilfe der Gottheit anrief. In einer Inschrift lesen wir daher, wie jemand eine ganze Gesellschaft verflucht, die ihn aus dem Hause gerufen, gebunden und geschlagen hat[4]; wie eine Frau einen Verleumder verwünscht, der sie bezichtigt, ihren Gatten vergiften zu wollen[5]. Manche verfluchen den ungetreuen Verwalter, der die ihm in Verwahrung gegebenen Sachen abstreitet, sie nicht zurückgibt und sie veräußert hat[6]; auch Diebe von Mänteln, Kleidern und Schmucksachen erscheinen unter den Verfluchten[7]. Diese verwerflichen Handlungen waren bei den unteren Schichten üblich, wie auch aus der grammatisch fehlerhaften Sprache hervorgeht. Die Verwünschungen in Griechenland spielen sich, wie aus den Angaben über die Verfluchten hervorgeht, in der Welt der Händler, Arbeiter, einfachen Leute und armer unwissender Weiblein ab. Man begegnet den Namen von Schulmeistern[8] (auch unter diesen scheint wilder Haß zu lodern; müssen wir annehmen, daß die Lehrer immer einen schlechten Charakter gehabt haben?), von Köchen[9], Komikern[10], Soldaten[11] und Boxern[12]; auch der sportliche Wettstreit fand manchmal sein Nachspiel in Verwünschungen, und oft rächte sich der unterlegene Athlet dadurch, daß er seinen heimlichen Groll den Bleitäfelchen anvertraute.

Aus Griechenland kam dieser Brauch nach Rom; besonders im Heer, das infolge der Härte der Führer vor Haß oft kochte, machte sich die Stimmung manchmal auf diese Weise Luft[13]; auch die Hofleute machten gegenüber den Herrschern Gebrauch davon[14]. Die aus der Leidenschaft für Circusspiele[15] und aus Rechtshändeln[16] entsprungenen Haßgefühle begünstigten die Verbrei-

---

[1] WÜNSCH, Nr. 94. [2] AUDOLLENT, Nr. 5 und 10.
[3] ZIEBARTH, Nr. 5, S. 1032; vgl. AUDOLLENT, Nr. 92.
[4] AUDOLLENT, Nr. 13. [5] WÜNSCH, *praef.*, S. xi. [6] AUDOLLENT, Nr. 42 und 212.
[7] *Ibid.*, Nr. 104 (Diebstahl eines Mantels), Nr. 6 (eines Kleides), Nr. 122 (von Kleidern und Wäsche), Nr. 106 (eines Ringes).
[8] *Ibid.*, Nr. 33 und 34. [9] *Ibid.*, Nr. 49. [10] *Ibid.*, Nr. 45. [11] *Ibid.*, Nr. 55.
[12] WÜNSCH, Nr. 68 a. [13] TACITUS, *Ann.*, ii, 694; iii, 1313.
[14] *Ibid.*, iv, 522; SUETON, *Cal.*, 3.
[15] Die Verwünschungen der Wagenlenker in Rom (AUDOLLENT, 159–187) und der *venatores* in Nordafrika (AUDOLLENT, 232, 254, 972, 295) sind zahlreich, aber aus späterer Zeit. [16] Siehe Angaben bei AUDOLLENT, S. 471 ff.

tung der Verfluchungen. Auch in den Provinzen waren Verwünschungen üblich, wie die Bleitäfelchen beweisen, die in Raetien, Britannien, Germanien und Africa gefunden worden sind.

Die *defixio* ging folgendermaßen vor sich: Man schrieb den Namen des Verabscheuten mit einer Verwünschungsformel auf ein Bleitäfelchen[1] und gab den Verfluchten den unterirdischen Göttern preis; dieses Täfelchen steckte man dann in ein Grab, seltener in einen Tempel, einen Brunnen oder eine heiße Quelle, indem man es für gewöhnlich mit einem langen Nagel befestigte. Der größte Teil dieser Täfelchen ist in der Tat durchlöchert, auch an verschiedenen Punkten. Auf einigen Täfelchen liest man eine lange Reihe von Verfluchten[2]; einer nach dem andern ziehen die Namen der Verwünschten, die der Haß des Verfluchers mit buchhälterischer Genauigkeit registriert hat, an uns vorüber.

Sie sind stets mit Sorgfalt geschrieben, aus Angst, eine ungenaue Angabe möchte den Erfolg der Verwünschung in Frage stellen; auf den Namen des Verwünschten folgt oft der Name der Mutter, seltener der des Vaters. Manchmal gehen dem Text magische Zeichen mit Buchstaben aus dem Alphabet (s. Abb. 38) voraus oder sind in den Text eingeflochten. Manche Täfelchen

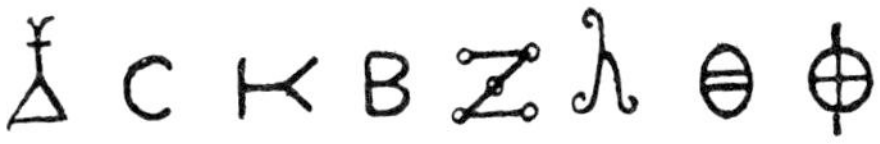

Abb. 38. Magische Zeichen auf Verfluchungstäfelchen.

zeigen eine unbeholfene Zeichnung; auf Abbildung 39 steht ein bärtiger Dämon mit Wasserkrug und Fackel, den Symbolen des Todes, auf einer Barke – vielleicht der *cymba* des Charon – und fährt nachts über die Gewässer; auf der *cymba* liest man daher: *noctivagus; Tiberis; Oceanus.* Die Verwünschungsformeln wechseln mit magischen Wörtern, die dazu dienen sollen, den Verwünschungen größere Kraft zu verleihen; auf griechischen Tafeln zum Beispiel die Wörter ἀρουράς oder φρίξ, φρόξ und ἀβρασάξ usw.[3] Auf späten Inschriften, die in Nordafrika gefunden wurden, kehren regelmäßig

---

[1] Seltener sind die auf andere Metalle geschriebenen Verwünschungen, auf Gold, Silber, Zinn, Bronze; vereinzelt waren sie auf Marmor oder Tonscherben geschrieben.
[2] ZIEBARTH, Nr. 14, S. 1037.
[3] Ursprünglich waren es nur wenige Wörter, zum größten Teil ägyptischen oder semitischen Ursprungs, die man als «ephesische Buchstaben» bezeichnete (HESYCHIOS, s.v. Ἐφέσια γράμματα); die ältesten Wörter scheinen folgende gewesen zu sein: ἄσκιον,

die geheimnisvollen Worte BESCU, BEREBESCU, ARURARA, BAZAGRA wieder, ein unheimliches Haßgemurmel, das sich in Silben ausdrückt. Die Verwünschungsformeln sind oft sehr einfach: «ich schreibe» (καταγράφω), «ich weihe» (καταδῶ, eigentlich καταδέω, ich fessele, binde); manchmal aber auch feierlich und schrecklich: «Ich verfluche, begrabe, lösche aus dem Gedächt-

Abb. 39. Verfluchungstäfelchen mit der Figur eines Dämons.
(Links: CUIGEU, CENSEU, CINBEU, PERFLEU, DIARUNCO, DIASTA, BESCU, BEREBESCU, ARURARA, BAZAGRA; auf der Brust des Dämons: ARITMO, ARAITTO; auf der Barke: NOCTIVAGUS, TIBERIS, OCEANUS.)

nis der Menschen[1]»; manchmal leidenschaftlich: «durchbohre ihm die Zunge! ... durchbohre ihm Zunge und Seele[2]!» Und einige drücken eine sadistische Freude an den Übeln aus, die man dem Verfluchten anwünscht; am liebsten sähe man ihn von den fürchterlichsten Krankheiten befallen[3]: «Jagt ihr heftige Fieber in alle Glieder!» schreibt jemand gegen eine Frau; «... tötet ihr, unterirdische Götter, die Seele und das Herz! ... vernichtet sie und κατάσκιον, λίξ, τέτραξ, δαμναμενεύς; dann wurden sie vervielfacht durch Hinzufügen von zusammengesetzten, sehr sonderbaren Silben, die wegen ihres Klanges als barbarische Wörter bezeichnet wurden (LUKIAN, Menipp., 9).

[1] ZIEBARTH, Nr. 1a, S. 1023. [2] WÜNSCH, Nr. 97, S. 24.
[3] ZIEBARTH, Nr. 24, 1/4, S. 1042 ff.

brecht ihr alle Knochen! ... würgt ihr die Kehle ... *arourarelyoth* ...; verdreht, zermalmt ihren Körper ... *phrix, phrox* ...» und weiter in diesem Tone. Um noch genauer zu sein, weihte man den Unterirdischen auch einen Teil vom Körper des Verfluchten: für gewöhnlich die Zunge oder auch Hände und Füße oder die Fußspitzen; Ohren, Nasenflügel, Gehirn, Nägel, Sprungbein, Augenbrauen, Lunge; fast immer Geist und Seele.

Man wünschte dem Verfluchten, daß all seine Güter zunichte würden: «Und wenn sie Geld, Vermögen oder Geschäfte besitzen oder besitzen werden, daß alles unnütz werde und verloren gehe, daß alles von Unglück und Vernichtung betroffen werde[1].»

Unter diesen erstickten Leidenschaften, bei so viel Bosheit erscheinen uns die seltenen erotischen Beschwörungen gleichsam wie das Erklingen einer menschlichen Stimme. So wenn etwa ein unglücklicher Liebhaber die Hilfe der finsteren Gewalten anruft, um die Liebe einer Frau zu erlangen; oder wie jener Successus[2], der seiner Frau wünscht, sie möchte in seine Arme zurückkehren und an der leidenschaftlichen Liebe verbrennen, mit der er selbst sie liebt: «Successa soll glühen, sie soll vor Liebe und Verlangen nach Successus brennen!» Diesmal ohne *bescu* und *berebescu* und, so Gott will, ohne Haß!

6. Die Vorstellung, daß man in Liebesdingen übernatürliche Kräfte als Verbündete eines betrogenen Herzens oder einer nicht erwiderten Leidenschaft heranziehen könne, ließ die ersten weiblichen Zauberkünste aufkommen. Um das geliebte Wesen an sich heranzuziehen, verwandelte sich das Weib in eine Zauberin, die in ihren Beschwörungen um so hartnäckiger war, je älter, häßlicher, verachteter sie sich fühlte. Die Frau, die an unglücklicher Liebe litt, ließ nichts unversucht: vom Liebestrank, den sie heimlich dem Manne einflößte, dessen Herz sie erobern wollte (s. S. 237), bis zu abstoßenderen Mitteln (s. S. 211). Die Zauberinnen erregten Furcht, denn sie standen mit übernatürlichen Kräften im Bunde. Sie verwandten ekelhafte Zutaten: Eingeweide von Fröschen oder Kröten, Federn der Nachteule, Knochen von Schlangen, Kräuter von Beerdigungsstätten[3], starkes Gift (man nannte sie daher auch *veneficae*); sie kannten die wirksamsten Formeln *(carmina)*, die fähig waren, wie Vergil sagt, den Mond vom Himmel herunterzuholen (s. S. 67).

Carmina vel caelo possunt deducere lunam[4].

[1] WÜNSCH, Nr. 97, Zeile 26ff.
[2] CIL, VIII, 12507. *Uratur Su(c)ce(s)sa, aduratur amo(re) vet (= vel) desideri(o) Su(c)ce(s)si.* [3] HORAZ, *Epod.*, 5, 17ff; PROPERZ, iii, 6, 27ff. usw. [4] *Ecl.*, 8, 69.

Davon war man so fest überzeugt, daß manche auch die Mondfinsternis den Zauberkünsten verliebter Frauen zuschrieben[1]. Die Macht dieser Unseligen war so groß, daß sich niemand vor ihnen sicher fühlte. Um sich jedoch von vornherein gegen sie zu verwahren, hing man einen Wolfsbart an der Tür auf[2]. Denn Wolfsbärte spielten in der Wahrsagekunst eine wichtige Rolle, sei es um die Kräfte wirksam zu gestalten[3], sei es auch, um sie unschädlich zu machen. Wer die Zauberei fürchtete, für den gab es kein besseres Mittel, als Wolfsbart mit Wolfsbart auszutreiben.

Ein System, um den Mann an sich zu fesseln, bestand in einer Art Zauberrad, das die Griechen ῥόμβος und die Römer *turbo*[4] nannten. Das Rad hatte vier Speichen; an jede Speiche band man einen Vogel (anscheinend den Wendehals, ἴυγξ); das Rad versetzte man mit Hilfe einer Schnur oder durch Peitschenschläge in rasche Drehung; und wie wenn ein unsichtbarer Faden den Mann ans Rad bände, fühlte sich dieser unwiderstehlich angezogen[5], und kurz darauf sah ihn die Verliebte lächelnd und in bester Laune bei sich eintreten.

Zuweilen war die Zauberei auch komplizierter. Man traf abscheuliche Vorbereitungen auf Friedhöfen, wo man Gräber schändete, um sich der Gebeine zu bemächtigen; man griff zu allen Mitteln ausgeklügelter Hexerei; zu Zaubersprüchen, finsteren Riten und Bräuchen, giftigen und widerlichen Tränken. Horaz[6], der in seiner Erzählung wohl übertreiben mag, berichtet von einer Hexenszene auf dem Esquilin. Zwei widerwärtige alte Weiber, Canidia und Sagana, mit nackten Füßen und offenen Haaren, totenbleich und in schwarze Kleider gehüllt, sprechen unheimlich heulend ihre Beschwörungen; sie berufen die Schatten der Toten, graben mit den Händen ein Loch in die Erde, füllen es mit dem Blut eines schwarzen Lammes, das sie durch Bisse getötet haben. Der Mond ist in ihrer Gewalt; düster verbirgt er sein leuchtendes Antlitz in einem unheimlich rötlichen Schimmer. Höllenhunde und Schlangen vervollständigen die Geisterszene. Nichts fehlt. Der Abschluß der Hexerei bestand darin, eine Wachspuppe, die den geliebten Mann darstellte, am Feuer zu schmelzen. Canidia hat zwei dieser Puppen mitgebracht: eine aus Wolle, die drohend den Arm erhebt, und eine kleinere aus Wachs, die in flehender Haltung dasteht, wie jemand, der weiß, daß er eines schimpf-

---

[1] MARTIAL, xii, 57, 16/17; vgl. TACITUS, *Ann.*, i, 28.
[2] PLINIUS D. Ä., xxviii, 157.   [3] HORAZ, *Sat.*, i, 8, 42.
[4] THEOKRIT, ii, 40; die dem Griechischen entnommene Form *rhombus* finden wir bei OVID, *Amores*, i, 8, 7; PROPERZ, iii, 6, 26 usw.
[5] HORAZ, *Epod.*, 17, 7.   [6] *Sat.*, i, 8.

lichen Todes sterben muß. Nun erfolgt die Vollstreckung. Nachdem die beiden Alten den unvermeidlichen Wolfsbart und Schlangenzähne in die Erde vergraben haben, werfen sie das Wachsbild auf den Scheiterhaufen; es schmilzt und lodert hoch auf. Wir nähern uns dem Epilog. Alles wäre wunderbar gelungen, wenn zuletzt nicht noch ein plötzlicher, unerwarteter Vorfall eingetreten wäre, der all die weisen Vorbereitungen zunichte gemacht hätte. Ein roh geschnitztes Feigenholzbildnis des Priapus, des Gottes der Gärten, hat stumm und steif in seiner Eigenschaft als Vogelscheuche der Szene beigewohnt, mit schlechten Absichten und ein wenig Angst. Gerade ist die Hexerei auf ihrem Höhepunkt angelangt, da bricht plötzlich das Holz mit einem dürren, unheimlichen Krachen unten auseinander. Die beiden Alten entfliehen, wahnsinnig vor Schrecken; in der hastigen Flucht verliert Sagana ihre Perücke, Canidia das Gebiß!

DAS·BAUWESEN IM·ALTEN·ROM

I. BAULICHE VERÄNDERUNGEN IM ALTEN ROM

1. Dauernde Bautätigkeit in Rom. – 2. Das Zentrum Roms am Ende des Zweiten Punischen Krieges. – 3. Unter der Diktatur Sullas. – 4. Zur Zeit des Augustus. – 5. In den letzten Jahren der iulisch-claudischen Epoche. – 6. Am Ende der flavischen Zeit. – 7. In der Zeit der Adoptivkaiser. – 8. Von Septimius Severus bis Konstantin. – 9. Schluß.

1.

WENN mich jemand fragte, wie das alte Rom aussah, und mich um eine konkrete Beschreibung bäte – nehmen wir an, wie eine Art Photographie –, so müßte ich mit einer Gegenfrage antworten: «Zu welcher Zeit?» Cicero, Seneca und Martial haben uns eine Fülle von Material über das römische Stadtbild geliefert: wenn wir dieses Material aber sammeln und vergleichen, so haben wir es bei jedem Autor mit einem anderen Rom zu tun. Die Meinung, mit dem Wort Rom sei bereits genug gesagt, ist von vornherein verfehlt: übrigens ein weitverbreiteter Irrtum, denn man denkt in der Regel nicht daran, wie sehr sich das Gesicht Roms verändert hat, und stellt sich gewissermaßen vor, Cicero sei in einer Stadt gewandelt, die nicht viel anders aussah als diejenige, durch die sein Sohn als Erwachsener schritt, und Rom habe sich den Augen des Horaz genau so dargestellt wie den Augen Martials.

Um nachzuweisen – wie es in diesem Kapitel meine Absicht ist –, daß sich Roms baulicher Aspekt fortwährend geändert hat, bediene ich mich einer sehr einfachen Methode: In dem Zeitraum von dem Censor Cato bis zu den Adoptivkaisern greife ich in regelmäßigen Abständen einen Vertreter aus jeder Generation heraus und stelle ihn an einen Punkt in Rom, der eine weite Übersicht bietet, und zwar auf die Via Sacra, den westlichen Ausläufer des Forums, mit dem Rücken zum Capitol, zu Füßen des Saturn-Tempels und das Gesicht zum Esquilin gewandt. Was konnte der Beobachter von dort sehen?

Der Anblick, der sich dem Besucher bietet, wenn er heute durch das Forum streift und an dem genannten Punkt halt macht, entspricht dem Bilde auf Tafel XCIII. So sieht das Forum gegenwärtig aus: das wirre und fast widersinnige Zeugnis einer mehr als tausendjährigen Geschichte, das gigantische Ergebnis einer jahrhundertelangen Bautätigkeit und einer dauernden

Folge von Zerstörungen. Jede Generation hat dort ihre Denkmäler hinterlassen und jedes Denkmal seine Spuren. Zwischen dem Lapis Niger, der nach einer alten Sage das Grabmal des Romulus gewesen sein soll (und der auf jeden Fall ein antikes Grabmal war, wie die jüngsten Ausgrabungen erwiesen haben) und der Phokassäule aus den ersten Jahren des siebenten Jahrhunderts n. Chr. (s. S. 28) liegen mehr als tausend Jahre Geschichte, von der das römische Forum mit seinen ehrwürdigen Ruinen Zeugnis ablegt. Keiner der alten Römer hat es je so gesehen; und wenn wir wissen wollen, wie sich das Forum den einzelnen Generationen darstellte und was man vom Forum aus sehen konnte, so müssen wir zu der erwähnten Fiktion Zuflucht nehmen.

Abb. 40. Der Lapis Niger.

2. Denken wir uns auf dem Aussichtspunkt der Via Sacra einen Römer gegen Ende des Zweiten Punischen Krieges, zum Beispiel den Censor Cato in seinen Jugendjahren. Auf der ebenen Fläche des Forums standen zum größten Teil Häuser und Läden, und außer den alten Tempeln und der Curia Hostilia, in der sich der Senat versammelte, gab es keine weiteren öffentlichen Bauten. Bis zu dieser Zeit hatte sich noch kein Bedürfnis ergeben, daß die Beamten ihren Geschäften an einem Orte nachgingen, der ihrer Tätigkeit würdig war. Der Beobachter hätte damals zu seiner Linken das Comi-

tium erblickt, wo die Plebs sich zu Beratungen versammelte und das Herz des politischen Lebens in den Jahrhunderten der römischen Freiheit schlug. Dieses schmale Stück Ebene auf dem Forum wurde besonders arg mitgenommen; denn wie der stete Tropfen den Stein höhlt, so nutzt der Fuß den Boden ab. Die Ausgrabungen haben ein Gebiet zutage gefördert, wo die vielfältigsten Schichtungen übereinandergelagert sind. Um das Comitium reihten sich Privathäuser und Läden. Im Süden war das Gelände durch den Lapis Niger (Abb. 40) und die Graecostasis[1] begrenzt, ein gepflastertes Stück Boden, wo die ausländischen Gesandten warteten, bis sie beim Senat vorgelassen wurden; den nördlichen Teil begrenzte die Curia Hostilia. Gegenüber der Curia[2], nicht weit von der Graecostasis entfernt, befanden sich an der äußersten Westseite des Comitiums die Rostra (s. S. 28, Anm. 1); auf der Graecostasis hatte Gnaeus Flavius im Jahre 305 ein Heiligtum der Concordia[3] errichten lassen.

Bis zu Beginn des Ersten Punischen Krieges dienten die Rostra und die Graecostasis auch als eine Art von Uhr. Das mag merkwürdig klingen; doch nicht für den Leser, der bereits weiß (s. S. 107), daß die Uhrzeit so lange ungenau blieb, bis Sonnenuhren hergestellt wurden, die der Lage Roms angepaßt waren. Denn obgleich schon im Jahr 263 eine griechische Sonnenuhr aus Sizilien nach Rom gebracht worden war, funktionierte sie unter dem anderen Himmel nur schlecht. Wer früher die Mittagsstunde genau wissen wollte, mußte auf den Amtsdiener *(accensus)* der Consuln warten: Er verkündete sie feierlich, indem er sich auf die Stufen der Curia Hostilia stellte und abwartete, bis sich die Sonne zwischen den Rostra und der Graecostasis[4] befand.

Die Curia Hostilia war zu Catos Zeiten ein enges, altes Gebäude, das erst unter Sulla erneuert und vergrößert wurde[5]. Im Osten, zu seiner Linken,

---

[1] VARRO, *De l. L.*, v, 155: *sub dextra huius a comitio locus substructus, ubi nationum subsisterent legati qui ad senatum essent missi: is Graecostasis appellatus.*

[2] *Ibid.*: *ante hanc (= Curiam Hostiliam) Rostra.*

[3] PLINIUS D. Ä., xxxiii, 19: *Flavius... aediculam aeream fecit in Graecostasi, quae tunc supra Comitium erat.* (Plinius sagt *tunc*, denn zu seiner Zeit bestand die Graecostasis nicht mehr und war durch das Graecostadium neben der Südseite der Basilica Iulia ersetzt worden.)

[4] *Ibid.*, vii, 212: *XII tabulis ortus tantum et occasus nominantur, post aliquot annos adiectus est et meridies, accenso consulum id pronuntiante, cum a Curia inter Rostra et Graecostasim prospexisset solem.*

[5] CICERO, *De fin.*, v, 1, 2: *Curiam nostram (Hostiliam dico, non hanc novam, quae minor esse mihi videtur, postea quam est maior),* usw.

hätte der Betrachter das alte Macellum liegen sehen. Es zog sich mit zwei kleineren Nebenmärkten, dem Forum Piscarium (oder Piscatorium) und dem Forum Cuppedinis, in südlicher Richtung bis zu den Grenzen des Forums hin. Noch weiter südlich lagen die Tabernae Novae, die als Ersatz für die 210 v. Chr. durch Feuer zerstörten Läden errichtet worden waren[1]. Am

Abb. 41. Der Ianus-Tempel.

Nordrand des Forums erhoben sich zwei Tempel aus sehr früher Zeit, die bei späteren Bauarbeiten stets respektiert wurden: der Ianus-Tempel, dessen Pforten nur in Friedenszeiten geschlossen wurden, und das Heiligtum der Venus Cloacina, wo die Cloaca Maxima in das Gebiet des Forums einmündete. Dieser kleine Tempel erinnerte die Römer an das Opfer Verginias, die von ihrem Vater erstochen worden war, damit sie Appius Claudius nicht als Sklavin[2] in die Hände fiele.

Wandte sich der Beobachter sodann zur entgegengesetzten Seite, so bot sich seinem Auge ein Block von Läden (die «Alten Läden», Tabernae Veteres)[3] und von Privathäusern, darunter auch die Häuser der Scipionen[4]. Auf

---

[1] T. LIVIUS, xxvi, 27, 2: *Eodem tempore septem tabernae, quae postea quinque, et argentariae, quae nunc Novae appellantur, arsere.*

[2] *Ibid.*, iii, 48, 5: *Data venia seducit filiam ac nutricem prope Cloacinae ad tabernas, quibus nunc Novis est nomen, atque ibi ab lanio cultro arrepto: «Hoc te uno quo possum», ait, «modo, filia, in libertatem vindico.» Pectus deinde puellae transfigit.*

[3] Als die Tabernae, die auf der Nordseite des Forums gestanden hatten und im Jahre 210 durch einen Brand zerstört worden waren, wieder aufgebaut und nun Tabernae Novae genannt wurden, bezeichnete man die Läden im südlichen Teil des Forums, wo später die Basilica Sempronia und die Basilica Iulia standen, als Tabernae Veteres.

[4] T. LIVIUS, xliv, 16, 10: *Tiberius Sempronius ex ea pecunia, quae ipsi adtributa erat, aedes P. Africani pone Veteres ad Vortumni signum, lanienasque et tabernas coniunctas in publicum emit basilicamque faciendam curavit, quae postea Sempronia appellata est.*

BAULICHE VERÄNDERUNGEN IM ALTEN ROM 327

der gleichen Seite, doch mehr östlich, erhoben sich zwei der ältesten und ehrwürdigsten Tempel Roms: der Vesta-Tempel und der Castor-Tempel. Sie wirkten noch primitiv; die imposanten architektonischen Überreste, die heute zu sehen sind und als Zeugen antiker Pracht noch immer diesen Teil vom Forum beherrschen, stammen von Bauten aus späterer Zeit (s. S. 331 und 334).

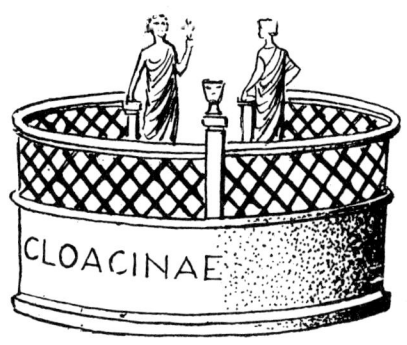

Abb. 42. Das Heiligtum der Venus Cloacina.

Der Castor-Tempel war damals ein bescheidener Bau aus Tuffstein, den der Dictator Postumius zur Erinnerung an die göttliche Hilfe errichtet haben soll, welche die beiden Dioskuren den Römern in der Schlacht am Regillus-See gewährt hatten[1]. Er stand neben einem Wasserbecken (Lacus Iuturnae)[2], in dem die Dioskuren der Sage zufolge ihre Pferde nach der Schlacht tränkten. In dem kleinen, runden Vesta-Tempel, dem einzigen der Göttin aus republikanischer Zeit, wurde das heilige Feuer gehütet. Der Tempel wurde wiederholt durch Brände zerstört und war im Jahre 241 v. Chr. zum ersten Male ganz aus Stein errichtet worden.

[1] T. LIVIUS, ii, 20, 12: *Ibi nihil nec divinae nec humanae opis dictator praetermittens aedem Castori vovisse fertur ac pronuntiasse militi praemia; 42, 5: Castoris aedis eodem anno idibus Quintilibus dedicata est; vota erat Latino bello a Postumio dictatore; filius eius duumvir ad id ipsum creatus dedicavit.* Vgl. CICERO, De nat. deor., iii, 5, 13.
[2] OVID, *Fasti*, i, 705–708:
> At quae venturas praecedit sexta Kalendas
> Hac sunt Ledaeis templa dicata deis.
> Fratribus illa deis fratres de gente deorum
> Circa Iuturnae composuere lacus.

Neben dem Vesta-Tempel stand der Königspalast (Regia), wo der Überlieferung nach Numa Pompilius gewohnt haben soll[1] und in republikanischer Zeit der Pontifex Maximus residierte[2]. Auch dieser Palast wurde mehrfach durch Brand vernichtet. Zu Catos Zeiten sah er noch nicht so prächtig aus wie später, als er eins der bedeutendsten Gebäude des Forums war. Da-

Abb. 43. Der Tempel des Iupiter Stator. Von Augustus restauriert.

mals hatte Gnaeus Domitius Calvinus nach einem neuen Brand im Jahre 36 v. Chr.[3] ihn wieder aufbauen und vor dem Portal zwei Statuen aufstellen lassen[4]. Äußerst bescheiden war auch die Wohnung der Vestalinnen neben

[1] Ovid, *Tristia*, iii, 1, 29–30:
　　Hic locus est Vestae, qui Pallada servat et ignem,
　　Haec fuit antiqui regia parva Numae.

[2] Servius, *Aen.*, viii, 363: *Domus enim, in qua pontifex habitat, regia dicitur, quod in ea rex sacrificulus habitare consuesset.* Die Regia verlor ihre Bedeutung, als nach dem Ende der Republik der Herrscher das Amt des Pontifex Maximus übernahm; von da an wurde der Sitz des Pontifex die Wohnung des Herrschers auf dem Palatin.

[3] Cassius Dion, xlviii, 42, 4–5: (Καλουῖνος) ἀπ' αὐτοῦ (= τοῦ χρυσίου τῶν Ἰβηρικῶν) τὸ μέν τι ἐς τὴν ἑορτὴν ἀνάλωσε, τὸ δὲ δὴ πλεῖον ἐς τὸ βασίλειον. Κατακαυθὲν γὰρ αὐτὸ ἀνῳκοδόμησε καὶ καθιέρωσεν, ἄλλοις τέ τισι λαμπρῶς κοσμήσας καὶ εἰκόσιν.

[4] Plinius d. Ä., xxxiv, 48: ... *statuae, ex quibus duae ante Martis Ultoris aedem dicatae sunt, totidem ante regiam.*

dem Tempel; das Atrium Vestae, von dem noch heute Überreste vorhanden sind, ist ein späterer Bau, der nach Neros Brand (64 n. Chr.) entstand[1].

Weiter rechts oben zeichneten sich vor dem Blick des Beschauers die drei Erhebungen scharf ab, die zusammen den Palatinischen Hügel bildeten: das Palatium, der Germalus, die Velia; die Senkungen zwischen den Anhöhen waren noch nicht durch die großen Bauten ausgefüllt, welche dem Palatin im ersten Jahrhundert des Principats einen einheitlichen, monumentalen Charakter verliehen. Dort erhob sich auf der Via Sacra der Tempel des Iupiter Stator aus sehr früher Zeit, der erst unter Augustus erneuert wurde. Die höchste Erhebung des Palatins, das Palatium, krönten noch nicht die Patrizierhäuser, die zur Zeit Ciceros an seinen Abhängen standen, als der Hügel die bevorzugte Wohnstätte der Politiker geworden war (s. S. 43 ff.). Hätte der Beschauer dann seine Blicke nach vorn über das Forum in Richtung auf die Velia schweifen lassen, wo heute die Sicht durch den Titus-Bogen versperrt ist und nicht weit entfernt das Colosseum steht – Bauten, die etwa drei Jahrhunderte später entstanden –, so hätte er ein dichtes Gewirr von Mietskasernen und engen Straßen wahrgenommen, in denen reger Verkehr herrschte und kaum frische Luft zu atmen war. Dem Brand Neros (s. S. 46) blieb es vorbehalten, diesen menschlichen Bienenstock zu zerstören und das Gelände freizumachen, das später in der römischen Baugeschichte eine so vielseitige und glänzende Rolle spielen sollte (s. S. 37 f.). Etwas weiter östlich erhob sich der Rücken des Esquilins (s. S. 52), damals trostlos anzuschauen und auf seiner höchsten Erhebung fast kahl.

Nehmen wir jetzt an, unser Betrachter hätte sich umgedreht. Der Saturn-Tempel hinter seinem Rücken war ein altes Gebäude aus dem fünften Jahrhundert v. Chr., noch nicht der prunkvolle Bau, der das Forum von der Höhe herab beherrschte, nachdem ihn Plancus, der treue Mitarbeiter Caesars, im Jahre 30 v. Chr., also dreizehn Jahre nach dem Tode des Dictators, neu errichtet hatte. Weiter oben befanden sich der alte Säulengang der Dii Consentes mit den Bronzestatuen der zwölf Hauptgottheiten Roms[2], der alte Tempel der Concordia, der in späteren Jahren mehrmals wieder aufgebaut wurde, und über der Graecostasis das Senaculum, wo sich die Senatoren

[1] TACITUS, *Ann.*, xv, 41, 1: *Numae regia et delubrum Vestae cum Penatibus populi Romani exusta*. Daß der Vesta-Tempel sofort wieder aufgebaut wurde, geht ebenfalls aus Tacitus hervor, wenn er erzählt, wie der verwundete Piso im Vesta-Tempel Zuflucht sucht, von wo ihn zwei Agenten Othos mit Gewalt fortschleppen und auf der Schwelle niederstechen (*Hist.*, i, 43). Das geschah 69 n. Chr., fünf Jahre nach Neros Brand.

[2] VARRO, *De re rust.*, i, 1, 4: ... *duodecim deos Consentes ... quorum imagines ad Forum auratae stant, sex mares et feminae totidem.*

auch außerhalb der Vollsitzungen versammelten, um mit den Beamten zu verhandeln[1].

3. Hätte an dem gleichen Punkt der Via Sacra, wo wir uns den Censor Cato vorgestellt haben, ein Römer während der Diktatur Sullas gestanden, etwa Cicero zu Beginn seiner Anwaltslaufbahn, so hätte sich ihm folgendes Bild geboten: Links von ihm war das Comitium, das sein Bild verändert hatte, nachdem Cato 184 die Basilica Porcia[2], die erste ihrer Art in Rom, errichtet und Sulla die Curia Hostilia vergrößert und erneuert hatte. Dieses altehrwürdige Gebäude fiel 52 einem Brand zum Opfer, als Cicero, damals bereits Consul, im Alter von vierundfünfzig Jahren stand. Faustus Sulla, der Neffe des Dictators, ließ es später als Curia Cornelia wieder aufbauen, doch wie wir (S. 333) sehen werden, bestand der Bau nur wenige Jahre. Weiter links erhob sich die neue Basilica Aemilia, die M. Aemilius Lepidus[3] als Censor im Jahre 179 v. Chr. zusammen mit seinem Amtskollegen M. Fulvius Nobilior hatte errichten lassen, wenige Jahre nach der Basilica Porcia. Und wenn Cicero oder irgendein anderer Zeitgenosse wissen wollte, wie spät es war, so brauchte er nicht wie früher auf die feierliche Ansage zu warten, die der *accensus* der Consuln zur Mittagszeit machte, wenn die Sonne sich zwischen den Rostra und der Graecostasis befand, sondern er brauchte nur zur Basilica Aemilia zu gehen, neben der eine Wasseruhr angebracht war, welche die Tages- und Nachtstunden anzeigte[4]. Scipio Nasica hatte sie dort im

---

[1] VARRO, *De l. L.*, v, 155: *Senaculum supra Graecostasim, ubi aedis Concordiae et basilica Opimia, Senaculum vocatum, ubi senatus aut ubi seniores consisterent.* Vgl. FESTUS, 347 M.: *(Senaculum) ubi nunc est aedis Concordiae inter Capitolium et Forum, in quo solebant magistratus dumtaxat cum senioribus deliberare.*

[2] T. LIVIUS, xxxix, 44, 7: *Cato atria duo Maenium et Titium in lautumiis et quattuor tabernas in publicum emit, basilicamque ibi fecit, quae Porcia appellata est.* Die Basilica Porcia wurde neben dem alten Gefängnis, dem sogenannten Carcer oder den Lautumiae, erbaut, das am Nordabhang des Capitols lag. Dessen oberer Teil war nach der Überlieferung von Ancus Marcius errichtet worden, während der untere Teil, das Tullianum, angeblich von Servius Tullius stammte (eine falsche Etymologie, denn der Name kann nur von *tullus*, «Wasserquelle», abgeleitet werden).

[3] Die Basilica Aemilia wurde 197 im Auftrage der Censoren M. Aemilius Lepidus und M. Fulvius Nobilior gebaut; sie hieß zuerst Basilica Aemilia et Fulvia (VARRO, *De l. L.*, vi, 4), dann gewöhnlich Aemilia. Vgl. T. LIVIUS, xl, 51, 5: *(M. Fulvius) basilicam (locavit) post argentarias novas et Forum piscatorium circumdatis tabernis, quas vendidit in privatum.*

[4] VARRO, *De l. L.*, vi, 4: *Solarium dictum id, in quo horae in sole inspiciebantur, quod Cornelius in basilica Aemilia et Fulvia inumbravit.*

Jahre 159 aufgestellt[1], und seit damals lebten die Römer nicht mehr im ungewissen über die Uhrzeit. Die Basilica Aemilia war zu Sullas Zeiten noch ein primitives, bescheidenes Gebäude, noch nicht der vom Volk bewunderte Prachtbau, in den ihn Lucius Aemilius Paullus Lepidus[2], der Bruder des Triumvirn, durch den Wiederaufbau im Jahre 54 verwandelt hatte, wobei er teilweise Material der früheren Basilica verwenden ließ. Cicero, damals zweiundfünfzig Jahre alt, schrieb in einem Briefe an Atticus, es gebe nichts Schöneres und Prunkvolleres[3]. In jenen Jahren schmückten die alte Basilica noch nicht einmal die vergoldeten Bronzeschilde, die M. Aemilius im Jahre seines Consulats dort aufstellte[4], nachdem er das Bild seiner Ahnen[5] darauf hatte anbringen lassen. Das war im Jahre 78 v. Chr., als Cicero achtundzwanzig Jahre alt war und der Prozeß gegen Roscius Amerinus ihn bereits zu einem berühmten Anwalt gemacht hatte.

Auf dem Gelände zur Rechten des Betrachters standen noch die Läden (Tabernae Veteres), welche die Basilica Sempronia von zwei Seiten umgaben. Diese war 170 errichtet worden und mußte wie die Tabernae Veteres niedergerissen werden, als der Bau der Basilica Iulia in Angriff genommen wurde. Dahinter ragte der Castor-Tempel empor, der von L. Caecilius Metellus[6] im Jahre 117 wieder aufgebaut worden war, wenige Jahre vor Ciceros Geburt.

Weiter östlich erhob sich der Palatin. Er war zwar noch nicht wie seit Augustus ein Hügel mit Monumentalbauten; doch zeigte sich neues Leben, seit die angesehensten Politiker Roms sich auf ihm anzusiedeln begannen und schöne Privathäuser bauen ließen (s. S. 43 ff.).

Hinter dem Beschauer lag der neue Concordia-Tempel, der von Opimius zur Zeit der Gracchen neu aufgebaut worden war. Zwischen diesem Tempel und dem Tempel der Dii Consentes stand die stets überfüllte Basilica, die

[1] PLINIUS D. Ä., vii, 215: *Tunc Scipio Nasica ... primus aqua divisit horas aeque noctium ac dierum, idque horologium sub tecto dicavit anno urbis DXCV* (= 159 v. Chr.). *Tam diu populo Romano indiscreta lux fuit.*

[2] PLUTARCH, *Caes.*, 29: (Καίσαρος) Παύλῳ ... ὑπατεύοντι χίλια καὶ πεντακόσια τάλαντα δόντος, ἀφ' ὧν καὶ τὴν βασιλικὴν ἐκεῖνος, ὀνομαστὸν ἀνάθημα, τῇ ἀγορᾷ προσεκόσμησεν.

[3] CICERO, *Ad Att.*, iv, 17, 7: *Paulus in medio foro basilicam iam paene texerat isdem antiquis columnis, illam autem, quam locavit facit magnificentissimam. Quid quaeris? nihil gratius illo monumento, nihil gloriosius.*

[4] PLINIUS D. Ä., xxxv, 13: *Post eum M. Aemilius collega in consulatu Quinti Lutatii non in basilica modo Aemilia, verum et domi suae (clupeos) posuit ... Scutis ... continebantur imagines.*

[5] Siehe S. 304.   [6] CICERO, *In Verrem*, a. II, i, 59, 154; *Pro Scauro*, 23, 46.

ebenfalls von Opimius errichtet worden war, ein eindrucksvolles Gebäude, das Cicero in einer seiner Reden erwähnt[1]. Es verschwand, als Tiberius 10 n. Chr. auf erweitertem Grund den Concordia-Tempel wieder aufbaute (s. S. 337).

Abb. 44. Die Curia Iulia (Münze des Augustus).

4. Ein völlig verändertes Schauspiel bietet sich den Augen, wenn wir uns auf dem Platz statt Ciceros Horaz in seinen letzten Lebensjahren vorstellen, das heißt, wenn wir ihm Rom einige Jahre vor Beginn der christlichen Zeitrechnung vorführen. Wenig mehr als sieben Jahrzehnte sind verstrichen, und doch hat sich das großartige Bild völlig verwandelt. Schon zeigen sich an allen Ecken und Enden die Spuren von Caesars und Augustus' umfassender Bautätigkeit. Zur Linken des Betrachters lagen in unmittelbarer Nähe die Rostra, welche Caesar[2] vom Südrand des Comitiums an den Platz verlegt hatte, wo die Überreste noch heute neben der Westseite des Septimius-Severus-Bogens zu sehen sind. Der Baugrund des Comitiums war vergrößert und regelmäßiger gestaltet worden. Die Graecostasis war verschwunden und später durch ein neues Gebäude ersetzt worden, das Graecostadium an der Südseite der Basilica Iulia. Augustus ließ neben den Rostra eine mit vergoldeten Bronzeplatten verkleidete Spitzsäule[3] aufstellen, die den Mittelpunkt Roms anzeigte; von dort verliefen die Straßen nach allen Himmelsrichtungen bis zu den entferntesten Punkten des Imperiums. Hinter dem Argiletum

---

[1] CICERO, Pro Sest., 67, 140: *L. Opimius ... cuius monumentum celeberrimum in Foro ... relictum est.*

[2] CASSIUS DION, xliii, 49, 1: τῷ δὲ ἐχομένῳ ἔτει (= 44 v. Chr.) ... τὸ βῆμα ἐν μέσῳ που πρότερον τῆς ἀγορᾶς ὂν ἐς τὸν νῦν τόπον ἀνεχωρίσθη.

[3] *Ibid.*, liv, 8, 4: τὸ χρυσοῦν μίλιον κεκλημένον ἔστησε.

gegenüber der Westseite der Basilica Aemilia, die sich zu einem der prachtvollsten Bauwerke des Forums entwickelt hatte, stand jetzt an Stelle der zerstörten Curia Hostilia und der Curia Cornelia (deren Abbruch Horaz miterlebt hatte) die Curia Iulia[1]. Der Bau war unter Caesar begonnen und unter

Abb. 45. Templum Divi Iuli (Münze des Augustus).

Augustus beendet worden, welcher ihn im Jahre 29 v. Chr. weihte[2]. Neben der Regia, gegenüber der Südostecke der Basilica Aemilia, getrennt durch die Via Sacra, und zwar an der Stätte, wo Caesars Leichnam eingeäschert worden war, erhob sich das Templum Divi Iuli, das auf einigen Münzen der Kaiserzeit abgebildet ist (Abb. 45). An der Nordseite des Argiletums hinter der Curia und der Basilica Aemilia hatte eine einschneidende Umgestaltung mit dem Neubau des Forum Iulium stattgefunden, an dessen Ausläufer sich das Templum Veneris Genetricis und das Forum Augustum mit dem Tempel des Mars Ultor anschlossen (s. S. 30). Neuere Ausgrabungen haben die Überreste dieser beiden Tempel freigelegt und den teilweisen Wiederaufbau ermöglicht. Die Fassade des Mars-Ultor-Tempels ist – falls die Identifizierung richtig ist – auf einem Relief abgebildet, das in der Villa Medici aufbewahrt wird.

Herrlich erhob sich im Rücken des Beschauers der Saturn-Tempel, den Plancus (s. S. 329) neu errichtet hatte, und weiter oben am Abhang des Capitols ein großartiges Gebäude, das Tabularium, welches als römisches Archiv diente und im Auftrag des Consuls Q. Lutatius Catulus im Jahre 78 v. Chr. gebaut worden war. Noch bestanden – wenn auch nur mehr wenige Jahre –

---

[1] AUGUSTUS, *Index rer. gest.*, iv, 19: *Curiam et continens ei chalcidicum ... feci.*
[2] CASSIUS DION, li, 22, 1: τὸ βουλευτήριον τὸ ᾽Ιουλίειον, τὸ ἐπὶ τῇ τοῦ πατρὸς αὐτοῦ τιμῇ γενόμενον, καθιέρωσεν.

der von Opimius wiederaufgebaute Concordia-Tempel, die Basilica Opimii und das Senaculum. Zur Rechten an der Südseite der Via Sacra, wo zu Ciceros Zeit die Tabernae Veteres und die Basilica Sempronia gestanden hatten, lag die wuchtige, marmorverkleidete Basilica Iulia. Horaz war noch ein Kind, als Caesar sie zum ersten Mal hatte erbauen lassen; in Horaz' Mannesjahren

Abb. 46. Der Vesta-Tempel. Von Augustus restauriert (Münze des Augustus).

ließ Augustus sie wieder aufbauen[1], da sie inzwischen durch einen Brand zerstört worden war. Der alte Vesta-Tempel, den Augustus restauriert und mit Marmor verkleidet hatte, stand nur noch wenige Jahre[2]. Unverändert seit Ciceros Zeiten war der Castor-Tempel geblieben, der erst einige Jahre nach dem Tode des Horaz (6 n. Chr.), noch unter dem Principat des Augustus, von Tiberius und seinem Bruder Drusus neu aufgebaut wurde[3] und, wie die erhaltenen Säulen noch heute bezeugen, eines der großartigsten Denkmäler des Forums darstellte.

Die zum Forum auslaufenden Hänge des Palatins hatten keine bemerkenswerten Änderungen erfahren; doch hatte die Spitze des Hügels ein anderes Aussehen erhalten. Der Palatin, welcher in den letzten Jahren der Republik den Politikern als Wohnstätte gedient hatte, wurde der Wohnsitz der Herrscher aus dem iulisch-claudischen Hause und blieb es bis zu Nero (s. S. 46). Augustus hatte dort den Tempel des Apollo Capitolinus errichtet, an den die

---

[1] AUGUSTUS, *Index rer. gest.*, iv, 20: *Forum Iulium et basilicam, quae fuit inter aedem Castoris et aedem Saturni, coepta profligataque opera a patre meo perfeci et eandem basilicam consumptam incendio ampliato eius solo sub titulo nominis filiorum meorum inchoavi et, si vivus non perfecissem, perfici ab heredibus meis iussi.*

[2] Vgl. S. 329, Anm. 1.

[3] SUETON, *Tib.*, 20: *Dedicavit et Concordiae aedem, item Pollucis et Castoris suo fratrisque nomine, de manubiis.*

beiden großen Bibliotheken Roms angeschlossen waren. Der schöne Tempel, den alle großen römischen Dichter besungen haben, war in seiner Pracht ein Zeugnis für die kluge Politik eines Mannes, der, obwohl er die Welt beherrschte, für sich selbst nur ein bescheidenes Haus beanspruchte, während er den Göttern reiche Tempel bauen ließ. Die Historiker sind sich noch nicht

Abb. 47. Tor von Augustus' Haus.

einig, ob sich darin strenge Lebensauffassung oder Heuchelei ausspricht. Dem Betrachter gegenüber lag der bereits umgestaltete Esquilin, und Horaz – denn gerade ihn haben wir ja als Beobachter auf die Via Sacra gestellt – konnte angesichts dieser Herrlichkeit den öden Hügel nicht wiedererkennen, auf dem er in seinen *Satiren* eine schauerliche Hexenszene hatte spielen lassen (s. S. 318 f.). Noch unbebaut wie zu Ciceros Zeit lag das Gelände zwischen Forum und Esquilin. Auf der Velia war der Tempel des Iupiter Stator (s. S. 329) von Augustus erneuert und verschönert worden.

5. Denken wir uns jetzt am gleichen Punkt den Dichter Martial als Betrachter. Meiner Meinung nach hat gerade er ein Anrecht darauf, da niemand Rom so aufmerksam beobachtet und so genau und vielfältig geschildert hat wie er. Und da Martial von Spanien nach Rom gekommen war und hier fast ununterbrochen vierunddreißig Jahre lang lebte, von 64 bis 98, sehen wir Rom mit seinen Augen: während er die Stadt als junger Mensch zum ersten Male betrat, während er ihre Entwicklung miterlebte und sie schließlich verließ, als er nach langem Aufenthalt mit weißem Haar in seine Heimat zurückkehrte. In diesen Jahren hatte sich eine erstaunliche Veränderung vollzogen; andere, nicht minder erstaunliche Umwälzungen waren im Gange.

Martials Übersiedlung nach Rom fiel in die letzten Jahre unter Nero. Unter der einfachen Annahme, er habe sich zum Aussichtspunkt auf der Via Sacra zu Füßen des Saturn-Tempels begeben, fällt es uns leicht, die Entwicklung im römischen Bauwesen unter Nero und später unter den Flaviern zu rekonstruieren, so wie sie jedermann eigentlich fast Jahr um Jahr verfolgen konnte, der Rom von dort aus betrachtete. Als Martial nach Rom kam, bot das Forum Romanum in seiner Gesamtheit das gleiche Bild, das Horaz in seinen letzten Lebensjahren gesehen hatte. Nur der einige Jahre nach Horaz' Tode wiedererbaute Castor-Tempel erhob sich zu Füßen des Palatins als eins

Abb. 48. Der Tempel des Divus Augustus (Münze Caligulas).

der prächtigsten Gebäude des Forums; und zwischen den Rostra und dem Saturn-Tempel ragte der Bogen empor, den sich Tiberius zum Gedächtnis an den Sieg über die Germanen hatte errichten lassen[1], durch welchen er mit den Waffen des Germanicus die Niederlage des Varus gerächt hatte. Die Vergrößerung der kaiserlichen Foren war noch nicht in Angriff genommen. Dagegen hatte sich der Hang des Palatins zum Forum hin verändert, da Tiberius auf diesem Hügel den Palast hatte bauen lassen, der zur kaiserlichen Residenz bestimmt war (s. S. 45). Während Augustus auch weiterhin nicht viel anders als irgendein Bürger gewohnt hatte, errichtete sich Tiberius auf dem gleichen Hügel einen Palast. Caligula setzte das Werk seiner Vorgänger auf dem Palatin munter fort; unter ihm entstand das Templum Divi Augusti[2], dessen stark schematisierte Fassade auf einer Münze Caligulas zu sehen

---

[1] TACITUS, *Ann.*, ii, 41, 1: *Fine anni arcus propter aedem Saturni ob recepta signa cum Varo amissa ductu Germanici, auspiciis Tiberii (dicatur).*

[2] SUETON, *Cal.*, 21: *Opera sub Tiberio semiperfecta, templum Augusti theatrumque Pompei, absolvit.*

ist (Abb. 48); außerdem vergrößerte er den Palast, der sich nun bis zum Forum erstreckte (s. S. 45).

Im Rücken des Beschauers bot der Abhang des Capitols ein neues Bild, nachdem Domitian dort zu Ehren seines Vaters das Templum Divi Vespasiani neben dem von Tiberius neu aufgebauten (s. S. 28) Concordia-Tempel unterhalb des Tabulariums hatte errichten lassen. Um für den neuen Bau Platz zu schaffen, waren die Basilica des Opimius und das Senaculum verschwunden. Auch der ehrwürdige Säulengang der Dii Consentes war restauriert worden.

Abb. 49. Der Concordia-Tempel (Münze des Tiberius).

Das Gebiet östlich des Palatins, wo ungefähr fünfzehn Jahre später das Colosseum stehen sollte, machte im Jahre von Martials Ankunft den Eindruck, als wäre es soeben total verwüstet worden. Wo vorher alte Häuserblocks in einem Labyrinth winkliger Straßen eng gedrängt standen, sah man jetzt große verkohlte Trümmerhaufen. Bald jedoch begannen die Aufräumungsarbeiten, und an der Unglücksstätte wimmelte es von Unternehmern, Ingenieuren, griechischen Künstlern und Hunderten von Sklaven, die zu harter Arbeit herangezogen wurden. Überall lagen Felsblöcke, Marmorplatten und Statuen, die ihrer Bestimmung harrten, so daß dieses Gelände nach kurzer Zeit einen ebenso prächtigen wie merkwürdigen Eindruck erweckte. Nero hatte dort seine Domus Aurea bauen lassen, die sogar ein Stück des Esquilin-Abhanges einnahm und deren Schicksal wir bereits geschildert haben (s. S. 46). Als sich dann später die Folgen einer besonneneren Politik (s. S. 46) zu zeigen begannen, war es gerade Martial, der schrieb, die Flavier hätten Rom sich selbst wiedergeschenkt[1].

[1] MARTIAL, *Lib. de spect.*, 2, 11–12:
Reddita Roma sibi est et sunt te praeside, Caesar,
Deliciae populi, quae fuerant domini.

Auf dem Gelände der Domus Aurea, wo sich von neuem Menschen anzusiedeln begannen, entstanden neben den Häusern Bauten, die den Jahrhunderten Trotz boten. Es schien, als hätte die machtvolle, in stetem Aufbau begriffene Stadt gerade diese Stätte gewählt, um ihren Reichtum und ihren königlichen Stolz zu zeigen. Täglich war Martial Zeuge dieses eifrigen Schaffens und einer ans Wunderbare grenzenden Entwicklung. Und dem kleinen Manne aus der Provinz, der aus seinem bescheidenen Nest auf einem Berggipfel in Keltiberien in die Metropole verschlagen worden war, mußte es in der Tat vorkommen, als wäre er in eine Stadt von Göttern geraten, wenn er beobachtete, wie sie täglich ihr Gesicht veränderte und immer anders, stets aber majestätischer aussah.

6. Und wenn wir ihn, wie es unsere Absicht war, vor seiner Heimreise an den gleichen Platz begleiten wie bei seiner Ankunft – wie anders war Rom geworden, das zu verlassen er im Begriffe stand, wie verschieden von der Stadt, die er das erste Mal bestaunt hatte! Östlich des Forum Iulium, an der Stätte, wo einst das Macellum lag, erhob sich das Forum des Vespasian, das zusammen mit der Basilica Aemilia und dem Augustus-Forum als eins von den drei schönsten Bauwerken der Welt galt [1]. In der Mitte des Forums stand der Friedenstempel, der zum Gedächtnis an den Sieg über die Juden errichtet worden war; hier wurde die kostbare Beute aus dem Tempel von Jerusalem aufbewahrt und ausgestellt, dem gleichen Tempel, der auf dem Innenfries des Titusbogens dargestellt ist. Das Forum des Vespasian wurde von Domitian weiter ausgebaut, und da das neu angefügte Teilstück als Durchgang vom Augustus-Forum zum Vespasiansforum diente, wurde es Forum Transitorium genannt, später aber nach dem Herrscher, der es zu Ende führte, Forum Nervae. In der Mitte des Forum Nervae stand das Templum Minervae; Ausgrabungen haben jüngst einige Teile der Umfassungsmauer mit korinthischen Säulen und vorkragendem Gebälk zutage gefördert (Taf. CXXV). Ob die kolossale, das Forum Romanum beherrschende Reiterstatue des Domitian zwischen den Rostra und dem Templum Divi Iuli, die der Hofdichter Statius zu Beginn seiner *Silvae* feierte [2], bereits niedergerissen war, wissen wir nicht. Das Templum Divi Augusti auf dem Palatin, welches einem Brand zum Opfer gefallen war, hatte Vespasian wieder aufbauen lassen. Hinter

---

[1] PLINIUS D. Ä., xxxvi, 102: *Non inter magnifica basilicam Pauli columnis e Phrygibus mirabilem forumque Divi Augusti et templum Pacis Vespasiani Imp. Aug., pulcherrima operum, quae unquam vidit orbis?*

[2] STATIUS, *Silv.*, i, 1. In diesem Gedicht finden sich auch einige genaue topographi-

dem Forum blieb nur der Teil der Domus Aurea erhalten, der sich bis zum Esquilin hinzog und Titus' Residenz geworden war. Erhalten blieb auch der Colossus (s. S. 178), wenngleich mit einem anderen Kopf. Der Rest war größtenteils niedergerissen worden, um für Gebäude Platz zu schaffen, die von höherem öffentlichem oder privatem Nutzen waren. Die Meisterwerke der Kunst, welche Nero in der Domus Aurea gelagert hatte, wurden ins Templum Pacis gebracht; andere blieben in der Domus Titi, wo der Laokoon aufgefunden wurde, der sich heute im Vatikanischen Museum befindet.

Wo früher das *stagnum* der Domus Aurea gewesen war, stand jetzt das Flavische Amphitheater; von einer Münze wissen wir, wie das große Denkmal vor seiner Verstümmelung aussah (Abb. 50). Noch heute hat das Bauwerk, obwohl seiner Marmorverkleidung beraubt, nichts von seiner Großartigkeit eingebüßt; es ist das berühmteste unter den alten Kunstdenkmälern. Die Verstümmelung läßt es nur noch schöner erscheinen. Neben dem Amphitheater wurde der Titusbogen errichtet, dessen abenteuerliche Geschichte während der späteren Jahrhunderte wir im folgenden (S. 360) berichten; unweit davon die Thermen, die weniger wegen ihrer Pracht als wegen der Rekordzeit erwähnt werden[1], in der sie erbaut wurden.

7. Die große Stadt, die sich vor Martials Augen in einem erstaunlichen Tempo verändert hatte, entwickelte sich in den folgenden Jahren weiter. Und wenn wir an Stelle Martials einen Römer aus der Zeit kurz nach dem Tode des Antoninus Pius an den gleichen Platz zur Beobachtung entsenden – etwa Sueton in höherem Alter –, so bot sich ihm bereits wieder ein anderes Bild dar. In einem Zeitraum von ungefähr fünfzig Jahren waren neue Veränderungen eingetreten. Auf dem Forum Romanum an der Seite der Rostra leuchteten die Marmorplatten mit den traianischen Schirmdächern; östlich der Basilica Aemilia war der Tempel des Antoninus und der Faustina errich-

sche Angaben. Wir erfahren, daß die Statue dem Templum Divi Iuli gegenüberstand (22–24):

Hinc obvia limina pandit,
Qui fessus bellis adsertae munere prolis
Primus iter nostris ostendit in aethera divis;

daß sich rechts vom Pferd die Basilica Iulia und zur Linken die Basilica Aemilia erhob, während der Vespasian- und der Concordia-Tempel hinter der Statue lagen (29–31):

At laterum passus hinc Iulia tecta tuentur,
Illinc belligeri sublimis regia Pauli,
Terga pater blandoque videt Concordia vultu.

[1] SUETON, *Tit.*, 7: *amphitheatro dedicato thermisque iuxta celeriter exstructis;* vgl. MARTIAL, *Lib. de spect.*, 2, 7: *hic ubi miramur velocia munera thermas.*

tet worden, und ein neuer, großartiger Anblick bot sich dem Betrachter dar, der seinen Blick in Richtung auf denjenigen Teil des Forums schweifen ließ, der sich zu seiner Linken ausbreitete. Eine Welle von Licht und Luft überflutete die Erweiterung der Kaiserforen; sie kam vom Campus Martius, dessen Grünflächen man unweit als Hintergrund des Traiansforums und der Basilica

Abb. 50. Das Flavische Amphitheater (Münze des Titus).

Ulpia durchschimmern sah. In der Zeit Traians hatte sich eine überraschende Entwicklung vollzogen. Wie wir gesehen haben, waren von Augustus bis Domitian als Erweiterung des einzigen Forums der republikanischen Zeit, des Forum Romanum, weitere Foren gebaut worden. In wenig mehr als einem Jahrhundert war die Zahl der Foren von einem einzigen auf fünf gestiegen; und doch genügten sie noch immer nicht. Sie boten einer Bevölkerung, die ständig anwuchs und sich bis zum Mittag dort bewegte, zu wenig Raum. Die Erweiterung der Foren war nicht in erster Linie eine Frage der baulichen Verschönerung, sondern die Folge praktischer Erwägungen. Doch bis zu Traian war die Anlage von Foren in großem Maßstab infolge der Enge zwischen Quirinal und Capitol nicht möglich.

Das Gebiet der Foren konnte sich nur nach Norden hin entwickeln; doch war der Weg in dieser Richtung an einer bestimmten Stelle durch die Hänge der beiden Hügel versperrt, die dort nahe aneinanderrückten und nur einen schmalen Durchgang freiließen. Traian unterzog sich der gewaltigen Aufgabe, diese natürliche Schranke niederzureißen, und ließ den äußersten Vorsprung des Quirinals abtragen. Dieses großartige Unternehmen ermöglichte eine Verbindung der Foren, wo ein Gebäude auf engstem Raum neben dem anderen stand, mit der offenen Ebene, die sich bis zum Tiber erstreckte.

BAULICHE VERÄNDERUNGEN IM ALTEN ROM

Es war, als hätte man eine breite Tür aufgestoßen, die das ewig überfüllte Zentrum von den Lungen der Stadt, dem Campus Martius, getrennt hatte. Jetzt erst schien Rom Atem schöpfen zu können. So entstand im Norden des Augustus-Forum sein neuer Baukomplex, der an Ausdehnung die übrigen Foren insgesamt übertraf; er umfaßte außer dem Traiansforum die

Abb. 51. Der Traianstempel (Münze Hadrians).

Basilica Ulpia und weiter nördlich das Templum Traiani. An der Ostseite des Forums wurden die Traiansmärkte errichtet. In der Mitte des Forums erhob sich die schöne Säule mit historischen Darstellungen, deren Spitze die Höhe des abgetragenen Hügels angab. Ihre Reliefs wanden sich gleich Papyrusrollen spiralenförmig empor und stellten wie in einer fortlaufenden Erzählung Handlungen, Episoden, Taten und Landschaften aus dem siegreichen Feldzug gegen die Daker dar. Ein prachtvoller Eingang führte auf das neue Forum.

Abb. 52. Eingang zum Traiansforum (Münze Traians).

Der Augustus-Tempel auf dem Palatin, der wieder einmal durch einen Brand vernichtet und danach von Antoninus Pius aufgebaut worden war, wirkte noch imposanter. Vergleicht man die Reproduktion auf den beiden Münzen des Caligula und des Antoninus Pius (Abb. 53a und 53b), so fällt auf, daß ein Teil der Bauelemente des alten Tempels auf den neuen übergegangen sind, während die Zahl der Säulen von sechs auf acht gestiegen ist.

Abb. 53. Der Tempel des Divus Augustus.
(a. Münze Caligulas; b. Münze des Antoninus Pius).

Im Gebiet des Colosseums erhoben sich neben den Bauten der flavischen Zeit auf den Hängen des Esquilins die Traiansthermen, von denen heute nur unerhebliche Reste erhalten sind. Um einen Eindruck von ihrer Größe zu gewinnen, müssen wir uns mit den malerischen Ruinen auf einem Stich von Du Pérac aus dem sechzehnten Jahrhundert begnügen. Neben dem Colosseum funkelte mit seinem goldenen Dach der prächtigste Tempel, der in Rom und in der ganzen Welt jemals zu sehen war: der Doppeltempel Urbis et Veneris, von dessen Pracht wir auf S. 37 f. gesprochen haben, eine Idee Hadrians. Der Colossus (s. S. 37 und 178) war unterdessen verschwunden.

8. Es könnte den Anschein haben, als wäre das Zentrum Roms, welches der Gegenstand unserer Betrachtung war, unter Traian und Hadrian gleichsam saturiert gewesen. Doch der Verschönerung der Stadt waren keine Grenzen gesetzt. Unter den Severern wurde auf dem Forum der schöne Septimius-Severus-Bogen errichtet, der sich bis heute erhalten hat. In den ersten Jahrzehnten des vierten Jahrhunderts n. Chr. errichtete man auf der Nordseite des Forums, östlich der Basilica Aemilia, die großartigste Basilika, die in Rom jemals gebaut wurde. Maxentius begann den Bau, Konstantin voll-

endete ihn[1]. Zu Ehren des gleichen Kaisers wurden in der Mitte des Augustus-Forums eine Reiterstatue[2] und hinter dem Colosseum ein Triumphbogen aufgestellt. Die Statue ist verschwunden; der Bogen besteht noch heute und hat durch die Zeit keinen Schaden erlitten. Und wenn auch der Glanz der Stadt, die unaufhörlich ihr Gesicht veränderte, seinem Ende entgegenging, so sah noch jede Generation ein anderes Rom als die Väter.

Abb. 54. Überreste der Traiansthermen (auf einem Stich von Du Pérac).

Seit der Mitte des zweiten Jahrhunderts entstand jedoch die Mehrzahl der bedeutendsten Bauten Roms fern vom Forum: unter Marc Aurel die Colonna Antonina auf dem Marsfeld; unter den Severern die Thermae Antoninianae, die sogenannten Caracalla-Thermen, am Anfang der Via Appia; das Amphitheatrum Castrense hinter den letzten Ausläufern des Caelius; später die Diocletians- und die Konstantinsthermen auf dem Quirinal und, in der Gegend des Caelius, wo sich heute die Basilica San Giovanni in Laterano befindet, der Palast Konstantins. Ihm gegenüber stand die Statue Marc Aurels, die 1538 auf das Capitol überführt wurde.

9. Wie der Leser bereits weiß, wollte ich mich darauf beschränken, ihm praktisch vor Augen zu führen, wie mannigfaltig das Gesicht Roms war. Zu diesem Zwecke habe ich den Punkt gewählt, der mir zur Beobachtung am

---

[1] Die Basilika wurde von Maxentius 308 begonnen und heißt darum gewöhnlich Maxentius-Basilika. Sie wurde von Konstantin nach dem Siege über Maxentius (313) vollendet.
[2] Die Inschrift der Basis ist erhalten: *Pius, Felix, Triumphator: ob amplificatam toto orbe rem publicam.*

besten geeignet schien. Von diesem Punkt sah man zwar viel, doch nicht alles. Um weitere Beweise für den ständigen Umbau der Stadt zu liefern, müßten wir unseren Betrachter, nachdem er auf der Via Sacra mit dem Rücken zum Saturn-Tempel verweilt hat, auf das Capitol, den Palatin, auf den Westgipfel des Quirinals oder an einen Rand des Campus Martius führen. Da ich aber glaube, dem Leser den versprochenen Beweis erbracht zu haben, sehe ich keinen Grund, meine Betrachter nochmals einzeln vorzunehmen und Cato, Cicero, Horaz, Martial, Sueton oder einen ihrer Zeitgenossen bald hierhin und bald dorthin zu schieben wie die Königin beim Schachspiel.

Die bisherigen Ausführungen legen den Schluß nahe, daß der ständige Wandel im Bilde von Rom ein Zeichen der starken Lebensfähigkeit dieser Stadt war. Als unter Konstantin die Hauptstadt verlegt wurde und des Lebens Pulse in der Metropole nicht mehr im üblichen Rhythmus schlugen, begann daher für Rom ein langer, Jahrhunderte währender Todeskampf. Die Veränderungen und Verstümmelungen, welche die alten Gebäude erlitten, sind nichts anderes als die Stationen eines langsamen Todes. Denn auch Städte sterben; sie sterben wie die Menschen – und wäre es nur, um in einem neuen Bilde wiederzuerstehen. Die Geschichte dieses Verfalls ist der Gegenstand des folgenden Kapitels.

II. DER BAULICHE VERFALL ROMS

1. Von Konstantin bis zum Einfall der Goten und Wandalen. – 2. Die Belagerung Witigis' und ihre Folgen. – 3. Der Hunger nach Steinen. – 4. Baudenkmäler, die zu Festungen werden. – 5. Das Schicksal der kleineren Gebäude. – 6. Aus Marmor wird Kalk. – 7. Man handelt mit architektonischen Bruchstücken. – 8. Das Zerstörungswerk im fünfzehnten und sechzehnten Jahrhundert. – 9. Die große Schlammschicht. – 10. Die Bergung des antiken Rom. – 11. Die Niobe der Nationen.

1.

Mit der Verlagerung der Hauptstadt nach Konstantinopel begann der bauliche Verfall Roms. Dieser Verfall ging langsam, aber stetig vor sich, doch nicht so rasch und verheerend in seiner Auswirkung, daß sich die Stadt in kurzer Zeit in ein chaotisches Trümmerfeld verwandelt hätte. Ja, wir wissen von einer Periode der Wiedergeburt unter Theoderich, der die Mauern, Kloaken, Aquädukte und Theater restaurieren ließ[1]. Das erste Zeichen einer verhängnisvollen Auflösung war der plötzliche Stillstand der Bautätigkeit in Rom nach dem Abzug Konstantins. Die lebendige, nie rastende Erneuerungstätigkeit, durch die Rom wie jede Großstadt fast täglich ihr Gesicht wechselte, war eines Tages zu Ende. Roms bewegliches Gesicht erstarrte. Das ist bei den Städten, wie bei den Menschen, das erste Anzeichen des nahenden Todes.

So kam auch für Rom der Tag, an dem die Ziegen auf dem Capitol und die Kühe auf dem Forum weideten; das Capitol hieß nun Monte Caprino («Ziegenberg»), das Forum Campo Vaccino[2] («Kuhweide»). Und Jahrhunderte zurück lag die Erinnerung an die Generationen, die den Ruhm des kaiserlichen Rom gesehen hatten.

Das antike Rom wurde nicht an einem Tage erbaut und konnte auch nicht an einem Tage untergehen. Die großen Städte, diese gewaltigen Ungetüme aus Stein und Kalk, haben ihre Vitalität, die sich gegen den bohrenden Zahn der Zeit und gegen die Vernichtungswut der Menschen zur Wehr setzt. Die Verlagerung der Hauptstadt nach Konstantinopel konnte wohl die Abwanderung der Massen fördern, aber Rom nicht entvölkern. Das offizielle Rom wanderte an die Ufer des Bosporus aus, im Gefolge Konstantins, der die Beamten, Würdenträger und Hofchargen, den Adel, die Künstler,

---

[1] Cassiodor, *Var.*, ii, 34; iii, 30; 53; iv, 51.
[2] s. S. 359 f. und die Tafeln CXXVI und CXXVII.

viele elegante Damen und eine große Zahl von Statuen mit sich führte. Die neue Hauptstadt schmückte sich mit dem Glanz und der Pracht der alten Residenz[1], und Konstantin war mit seinem methodischen Kunstraub der erste, der den Auftakt zum Plündern gab; seine Nachfolger[2] ahmten dieses Beispiel nach. Vom verwaltungstechnischen Standpunkt aus gesehen, hatte Rom aufgehört, *caput mundi* zu sein; dieses große geschichtliche Ereignis verhinderte jedoch die «Römer Roms» nicht, in der gedemütigten Metropole zu bleiben, um weiterhin die Luft der Sieben Hügel einzuatmen, bei den Gräbern ihrer Lieben und zwischen den Wahrzeichen alter Pracht. Allmählich verringerte sich die Bevölkerung Roms; aber die Entvölkerung der großen bewohnten Zentren geht nur in langsamem Rhythmus vor sich; die Lebensnotwendigkeiten der Einwohner bewahren verfallende Städte vor der völligen Vernichtung. Solange eine Stadt in ihren Mauern Menschen birgt, die geboren werden und sterben und zwischen Geburt und Tod mit den unendlichen Problemen des täglichen Daseins fertig werden müssen, erzeugen die Lebensgesetze selbst eine ordnende Kraft, welche die Mauern instand hält und für Ziegel auf dem Dache sorgt. Wenn es ins Haus regnet, muß man das Dach reparieren, auch wenn «Konstantin den Adler umkehrte» und nach Hektors und Aeneas' Vaterland zog.

Die Legende ist längst widerlegt, daß die Einfälle der Barbaren in Rom einen Trümmerhaufen hinterlassen hätten; die Plünderung der Goten unter Alarich im August des Jahres 410 und der Wandalen unter Geiserich im Juni des Jahres 455 hatten den Charakter eines gewaltigen Raubes. Rom wurde eines großen Teiles seiner Schätze entblößt, aber nicht zerstört. Auch die späteren Schriftsteller sprechen noch von Rom als einer prächtigen Stadt, reich an gewaltigen Baudenkmälern[3]. Noch nach dem Einfall Alarichs war es dem gallischen Dichter Rutilius Namatianus[4] möglich, Rom in seiner Pracht als Mittelpunkt der Welt zu verherrlichen. Dem *Itinerarium Einsied-*

---

[1] Der größte Teil der klassischen Kunstwerke, die Konstantinopel zierten, wurde durch die Belagerung und Besetzung der Türken (1453) vernichtet.

[2] Insbesondere Konstantin II. (337–340 n. Chr.), der sogar die bronzenen Rosetten am Pantheon entfernen ließ. Am längsten blieben die in Bronze gearbeiteten Tore des Pantheon erhalten, die erst unter der Herrschaft Urbans VIII. (Maffeo Barberini; Papst: 1623–44) entfernt wurden. Aus jenen Tagen stammt auch der später zum Sprichwort gewordene Spottvers: *Quod non fecerunt barbari, fecerunt Barberini* (vgl. S. 357).

[3] PROKOP, *De bello Goth.*, iii, 22: ʿΡώμη... πόλεων ἁπασῶν, ὅσαι ὑφ'ἡλίῳ τυγχάνουσιν οὖσαι, μεγίστη τε καὶ ἀξιολογωτάτη ὡμολόγηται εἶναι: «Unter allen Städten, die es unter der Sonne gibt, ist Rom unzweifelhaft die schönste und prächtigste.»

[4] *De red.*, i, 47 ff.

lense[1] kann man entnehmen, daß gegen Ende des siebenten Jahrhunderts die wichtigsten Denkmäler des alten Rom noch in gutem Zustande und gut zu erkennen waren.

Die Plünderung Roms durch Alarich dauerte zwei Tage (24. und 25. August) und wütete vornehmlich in den Horti Sallustiani, die reich an Statuen waren, und in den herrschaftlichen Palästen des Aventins. Die Plünderung durch die Wandalen währte vierzehn Tage. Während die im Tiber verankerten Schiffe gierig die reiche Beute verschlangen, durchzogen die Barbaren, unter denen sich auch Wüstenräuber, Araber und Beduinen befanden, lärmend und plündernd die Straßen Roms, überall Schrecken und Grauen verbreitend. Vor allem fielen sie über die Hügel her, das Herz des alten Rom. Unersättlich in ihrer Gier durchstöberten sie die Stätten, die Rom heilig gewesen waren: die kaiserliche Residenz auf dem Palatin und den Tempel des Iupiter Optimus Maximus auf dem Capitol. Als der Sturm vorüber war, erstrahlte die Ewige Stadt noch immer im Glanze ihrer Marmorpracht; nur wies ihr schöner Körper Spuren der Mißhandlung und Wunden auf; eine geschändete Königin, deren Stolz gebrochen war! Doch an der baulichen Struktur hatte die barbarische Schändung nichts geändert: Rom stand noch immer.

Aus dem Norden kamen die beutegierigen Barbaren; sie schleppten Statuen und Kunstwerke fort und beraubten die Tempel ihrer Bronzetüren und vergoldeten Dächer. Mit der unbändigen Freude des Barbaren und der Begierde des Kindes stürzten sie sich zunächst einmal auf alles Metall, geblendet vom funkelnden Glanze der Stadt, welche unter der wärmenden Sonne schimmerte, deren Licht die von der Natur weniger gesegneten Länder der Barbaren entbehrten. Aber die Bauten selbst ließen sie stehen und zertrümmerten sie nicht. Dazu fehlte es ihnen an Zeit und an Mitteln, vielleicht auch an Lust.

2. In der ersten Hälfte des sechsten Jahrhunderts beschleunigte die Belagerung Witigis' (Februar 537 bis März 538) das Sterben der alten Stadt. Um den Widerstand der von den aurelianischen Mauern (s. S. 53) geschützten Bürger zu brechen, zerstörten die Belagerer verschiedene Teile der Aquädukte außerhalb der Stadt. Rom war ohne Wasser: Die mächtigen Thermen trockneten aus und verloren ihren Sinn; in den zahlreichen schönen Springbrunnen, die so lustig plätscherten und den ganzen Stolz der Römer bildeten (zur Zeit Konstantins zählte man insgesamt 1352 Brunnen und Zisternen[2]), hatte

---

[1] s. Anm. auf Seite 20. [2] Im *Breviarium* der *Notitia* (vgl. S. 19, Anm. 1): *lacus* (Das *Curiosum* fügt hinzu: *quod est putea*) MCCCLII.

das Wasser aufgehört, sein Lied zu singen. Nur wenige Jahre später (546) brauste eine weit schlimmere Vernichtungswelle über die Stadt, als Totila Rom eroberte.

Und mittlerweile hatte Rom auch seine schöne Landschaft eingebüßt. Während der Kaiserzeit spielte sich das Leben Roms zum Teil in der Umgebung ab, wo sich die Bürger in ihre Landhäuser zurückzogen, um frische Luft und Ruhe zu genießen. Der Übergang von Stadt zu Land vollzog sich allmählich. Wenn man das Weichbild hinter sich gelassen hatte, befand man sich noch immer im bewohnten Teile Roms. Dann durchquerte man die Vororte; die Häuser lichteten sich; die Grünflächen dehnten sich immer weiter aus und wirkten immer ländlicher. Auf den langen Straßen, die geradlinig von den Toren ausgingen, erklang das fröhliche Rollen der *raedae*[1] der Wohlhabenden, die außerhalb der Stadt ihre Villen besaßen (s. S. 59 ff.), rechts des Tibers (s. S. 58 ff.), auf dem Ianiculus, auf den entfernteren Hügeln von Tusculum und in Tivoli. Doch seit dem Beginn des baulichen Verfalls breitete sich rings um Rom die Wüste aus. Keine gepflügten Felder mehr, keine Villen und Gärten; nur eine sonnverbrannte, ausgedörrte Ebene, eine Brutstätte der Malaria, eine uferlose unbestellte Steppe, die von unzähligen Tümpeln und Wasserlachen durchsetzt war; und in der Mitte eine große Steinwüste: das sterbende Rom, traurig und schaurig wie ein Gefängnis. Und das Volk strömte nicht mehr festlich aus den Toren.

Nachdem die Hügel verlassen lagen, drängte sich die Bevölkerung in der Stadt auf dem Marsfeld und in Trastevere zusammen, wo sich das Vatikanviertel zu bilden begann[2]. Hier entstand das Herz der neuen Stadt; anfangs war dieser Stadtteil der Gefahr von Überfällen ausgesetzt, da er außerhalb der aurelianischen Mauern lag und deshalb schutzlos war; später wurde durch Leo IV. (Leoninische Stadt) auch dieser Teil Roms mit einer Mauer umgeben, nachdem im Jahre 846 die Sarazenen, denen es unmöglich war, den alten Befestigungsgürtel zu durchbrechen, die Basiliken Sankt Peter und Sankt Paul geplündert hatten. Die höher gelegenen Teile der Stadt und die Foren, die einst die belebtesten Stadtteile waren, fielen der Vergessenheit und der Stille anheim. Aber trotz allem beherrschten die Denkmäler alter Größe diese Öde und Einsamkeit.

Die Bevölkerung nahm auch weiterhin ab: die politischen Kämpfe, die Seuchen und Teuerungen, die regelmäßig wiederkehrenden Belagerungen verringerten die Anzahl der Bürger von Generation zu Generation. Zehn Jahre nach dem Einfall der Sarazenen verursachte eine große Überschwem-

---

[1] s. S. 260 und Anm. 4 auf Seite 68.   [2] s. Anm. 4 auf Seite 59 f.

mung des Tibers ungeheure Schäden; in ganz Rom herrschte Zerstörung und Elend. Die einst volkreichste Stadt[1] der Welt ging auf 17000 Einwohner zurück; es war zur Zeit der päpstlichen Residenz in Avignon.

3. Das Mißverhältnis zwischen der Ausdehnung der Riesenstadt und der geringen Einwohnerzahl wurde Rom mehr zum Verhängnis als der Ansturm äußerer Feinde. Die Stadt aus Marmor und Steinblöcken starb an einem selbstverschuldeten Übel: Ein Gefühl von Trägheit und Verlassensein, ein Mißtrauen in ihr Schicksal hatte sie ergriffen; der Stolz ihrer Bürger war erlahmt. Rom war seiner selbst überdrüssig geworden. Die stark verminderte Bevölkerung begann sich der eigenen Stadt zu entfremden, die in anderen Zeiten und für andere Menschen entstanden war, mit ihren Tempeln als Zeugen einer großartig-nüchternen Religion, die nicht wie die Frohe Botschaft aus dem Osten zum Herzen sprach. Wer sich klein fühlt, dem erscheint alles Große eisig und bedrückend. Der Mensch löst sich von seinen liebsten Dingen und Gewohnheiten, wenn das Gefühl des Mißverhältnisses den Abstand unüberbrückbar werden läßt. In diesem allzugroßen Rom fühlten sich die Römer verlassen und einsam. Blind für den Zauber der Denkmäler des Altertums, standen sie dem fortschreitenden Verfall untätig gegenüber. Was stürzt, ersteht zu neuer Blüte, solange es eine Seele gibt, die dem Verfall entgegentritt. Doch wenn der Verfall nicht mehr schmerzt und die Gleichgültigkeit der Betroffenen die Ruinen endgültig zugrundegehen läßt – was kann da ein gesunder Körper noch erhoffen, wenn die Seele krank ist? Solange die Denkmäler von der Liebe der Menschen umhegt sind, die sich ihnen nahe fühlen und ruhig sterben in dem Bewußtsein, daß die Bauten sie überleben werden, sind diese ewig wie die Götter: Die Feuersbrunst, die sie verzehrt, die Überschwemmung, die sie vernichtet, der Verfall, der sie in Trümmer legt, sind nur Zeichen der Unterbrechung ihres ewigen Lebens. Wie oft waren in Rom nicht der Vesta-Tempel[2], der Iupiter-Tempel auf dem Capi-

---

[1] s. Anm. auf Seite 20 f.
[2] Der erste Vesta-Tempel, dessen Bau auf Numa zurückgehen soll, wurde im Jahre 241 v. Chr. durch Feuersbrunst zerstört (T. LIVIUS, *Epit.*, 19; vgl. OVID, *Fasti*, vi, 437 ff.; IUVENAL, 3, 138/139). Die Erinnerung an diesen Brand blieb lange im Volke erhalten und war mit dem Namen des Pontifex dieses Jahres, L. Caecilius Metellus, verbunden, von dem man erzählt, er habe sich in den brennenden Tempel gestürzt, um die Statue der Minerva zu retten, wobei er das Augenlicht einbüßte. (Die moderne Kritik hat diesen Bericht als Legende erkannt, die in der Schule der Rhetoren entstanden ist und jeder Grundlage entbehrt.) Im Jahre 210 v. Chr. brannte der Tempel erneut nieder, dann abermals während des Brandes von Rom unter Nero, der vom 19. bis 27. Juli des Jahres

tol[1] und das Pantheon auf dem Marsfeld[2] zusammengestürzt! Doch immer hat die gleiche Generation, welche die Vernichtung erlebte, die Denkmäler in schönerem Glanze aus den Trümmern wieder erstehen lassen[3].

Aber jetzt? Das alte Rom lag im Sterben, denn es war im Herzen seiner Bürger gestorben, die unberührt seinem Verfall zusahen. Ja, sie taten noch weit Schlimmeres: Sie führten das Vernichtungswerk auf eigene Faust fort, 64 n. Chr. die Stadt in Asche legte (TACITUS, *Ann.*, xv, 41); und zum letzten Male im Jahre 191 n. Chr. unter Commodus.

[1] Der Bau des capitolinischen Iupiter-Tempels wurde unter den Tarquiniern beschlossen und begonnen (CICERO, *De rep.*, ii, 36; T. LIVIUS, i, 38, 7) und im ersten Jahre der Republik beendet (TACITUS, *Hist.*, iii, 72); er wurde durch den Consul Horatius an den Iden des Septembers 509 v. Chr. geweiht. Im Jahre 83 v. Chr. wurde er ein Raub der Flammen, wie Cicero überliefert, der dieses Ereignis als zwanzig Jahre vor seinem Consulat liegend schildert (*Cat. III*, 4, 9: *Hunc annum ... quiesset ... post Capitoli ... incensionem vicesimus*). Zum zweiten Male brannte er im Jahre 69 n. Chr. während der Parteikämpfe aus, die durch die Anhänger des Vitellius verursacht wurden, welche Rom nach dem Tode Neros in Unruhe versetzten (TACITUS, *Hist.*, iii, 71, 8–9); dann nochmals bald darauf, im Jahre 80 n. Chr., zur Zeit der Flavier (CASSIUS DION, lxv, 17); er wurde jedoch sofort durch Domitian im Jahre 82 n. Chr. wieder aufgebaut (SUETON, *Dom.*, 8). Trotz teilweiser Brandschäden blieb er dann erhalten, bis zur Zeit der Barbareneinfälle unter Stilicho die Zerstörung begann.

[2] Das Pantheon ist unter den Monumenten Roms das besterhaltene; es ist auch das Denkmal, das von den Römern aller Zeiten als das vertrauteste und liebste betrachtet wurde. Die römischen Senatoren des Mittelalters legten den Schwur ab, Sankt Peter, die Engelsburg und das Pantheon zu verteidigen. Der erste Bau aus dem Jahre 27 v. Chr. war ein Werk Agrippas, wie eine lateinische Inschrift an einem Deckenbalken besagt, die auch bei den jüngsten Renovierungsarbeiten unverändert erhalten blieb: *M(arcus) Agrippa L(uci) f(ilius) consul tertium fecit*. Er wurde unter der Herrschaft des Titus von den Flammen zerstört und von Traian wieder aufgebaut. Ein durch einen Blitz verursachter Brand zerstörte ihn zu Zeiten Traians erneut (OROSIUS, vii, 12: *Pantheum Romae fulmine concrematum*); kurz darauf erstand der Tempel unter Hadrian zu neuer Blüte. Eine Inschrift berichtet uns von gründlichen Restaurierungsarbeiten, die unter Septimius Severus und Caracalla (202 n. Chr.) durchgeführt wurden (CIL, VI, 2041): *Pantheum vetustate corruptum restituerunt*. Wieviel bei den späteren Umbauarbeiten von der ursprünglichen Konstruktion erhalten blieb, ist ein schwieriges Problem, das noch heute die römischen Archäologen beschäftigt; es ist auch niemals festzustellen gewesen, in welchem Verhältnis der Tempel zu den Thermen des Agrippa gestanden hat, die sich in der gleichen Gegend befanden.

[3] Als in neuerer Zeit der Glockenturm von San Marco zusammenstürzte, wurde schon wenige Stunden nach dem Unglück, das das Herz jedes Venezianers getroffen hatte, von der Stadtverwaltung der Wiederaufbau des geliebten Riesen *com' era e dov' era* («wie er war und wo er war») beschlossen. Der Schreiber dieser Zeilen hat erlebt, wie Genua zwischen den einzelnen Luftangriffen, welche die herrliche Stadt in einen Trümmerhaufen verwandelten, mutig an den Aufbau seiner Ruinen ging.

das von um so verheerenderer Auswirkung war, als es ungestört und ununterbrochen vor sich ging. Sie entfernten von den Bauten Marmorbänder, bronzene Rosetten, Pforten und Schwellen, um die neuen Kirchen zu schmücken, und benutzten die Säulen zum Stützen der Kirchenschiffe. Während der verschiedenen Belagerungszeiten wurden die Statuen von ihnen in Stücke geschlagen, um als Geschosse verwendet zu werden. So endeten auch die Standbilder, die die Engelsburg und den Pons Aelius schmückten (Tafel XCVI, 1). Auch die Kaiser in Konstantinopel erinnerten sich zuweilen der Stadt Rom, wenn es darum ging, Bronzetüren oder vergoldete Statuen wegzuschaffen[1]. Der unverteidigte Leichnam des kaiserlichen und heidnischen Rom bot der neuen, bescheidenen Stadt, die in den selben Mauern heranwuchs, eine schier unerschöpfliche Fundgrube besten Baumaterials: dem neuen, düsteren Rom, das, wenn auch gleichgültig vor der Erinnerung an antike Größe und eher feindlich gegen sie eingestellt, auf diese Weise jedenfalls sein Versprechen einlöste, daß die Stadt niemals aufhören werde zu bestehen. Schon der traurige Dämmerzustand, der länger als zehn Jahrhunderte anhielt und zwischen zwei Glanzperioden lag – der Zeit des kaiserlichen und des päpstlichen Rom –, ließ die ersten Regungen eines neuen Lebens erkennen. Aus dem Verfall der Caesarenstadt begann das christliche Rom zu erstehen. Das Dunkel der Katakomben gab dem öffentlich betriebenen Kult der Gläubigen die Asche der Märtyrer zurück; die Reliquien wurden in frommer Verehrung in den großen Becken verwahrt, die den nunmehr nutzlos gewordenen Thermen entstammten. Die Kirchen erhielten die früheren Marmorsitze aus dem Circus, auf denen einst die Spitzen des Staates unempfindlich den blutigen Spielen beigewohnt hatten; mit historischen Reliefs geschmückte Sarkophage wurden auf den neuen Friedhöfen aufgestellt und boten getauften Christen die letzte Ruhestätte.

Die systematische Zerstörung hatte aber nicht immer religiöse Gründe; neue Begierden wurden erregt, und die antiken Baudenkmäler wurden zu Steinbrüchen. Mit Ausnahme der wenigen Marmorstücke, die zu anderen Zwecken hergerichtet wurden, wanderten die marmornen Kunstwerke in die Kalköfen. Aus unersättlicher Gier nach architektonischem Schmuck, Stein und Kalk, fielen die späten Enkel über die Stadt ihrer Ahnen her[2].

[1] Constans II. (337–350) verschleppte das vergoldete Pferd, das den Triumphbogen des Circus Maximus schmückte; Stilicho, der große Feldherr des Honorius (395–423), entfernte die prächtigen Bronzetore des Capitols.
[2] Der größte Teil dieser Kalkbrennereien befand sich zwischen dem Circus Flaminius und den Thermen des Agrippa, so daß diese Gegend die Bezeichnung *il Calcarario* er-

Rom wurde das Opfer des privaten Egoismus seiner Bewohner. Die Thermen, Tempel und herrschaftlichen Paläste waren einst mit Marmorplatten und die Wölbungen der Zimmer mit Stuck verkleidet; die Balken der Kassettendecken waren mit Gold- und Elfenbeinplatten ausgelegt; reines Gold glänzte auch in den Mosaikfußböden neben Onyx und seltenem Marmor. Alles wurde entfernt, herausgerissen und fortgeschleppt; alles verschwand; hier lag für den kleinen Mann in Rom der wesentlichste Vorteil der großen Erbschaft. Die tägliche Zerstörungsarbeit vollzog sich heimlich und unablässig wie das Werk von Termiten, die mehr zerstören, als sie verschlingen können. So wurde Roms Antlitz immer trostloser, und in seinem Elend wechselte es die Farben. Der leuchtende Glanz des Marmors verlor sich in einem unscheinbaren Grau der Steine; alles trug die Farben des Alters; die Strahlende gehörte nunmehr zu den tristen Städten, und nur die mitleidige Sonne ließ mit den letzten Strahlen des scheidenden Tages die blaugrauen Steine in einem flüchtigen Abendrot aufleuchten. Von der Plünderung blieben die Ruinen übrig: Feierlich-ernste Trümmer beherrschten die Einöde, die sich ringsum ausbreitete. Die lärmenden Teile der Stadt schmolzen immer mehr zusammen; Rom hüllte sich in heiliges Schweigen. Die unregelmäßigen Linien der Ruinen schufen in der Weite des Raumes neue Harmonien, und das geschändete Denkmal gewann neue, unbegreifliche Schönheit.

Zunächst widerstanden die großen Gebäude dank ihrer soliden Bauweise der Plünderung. Der alte Mörtel, dessen Bindekraft im Laufe der Zeit noch zugenommen hatte, hielt stand; die mächtigen Steinblöcke erschwerten und gefährdeten den Versuch, sie zu bewegen. Niedergerissen und vernichtet wurden sie erst viel später, in einer Zeit glanzvoller Wiedergeburt. Einzelne Gebäude blieben erhalten, weil sie einer neuen Bestimmung zugeführt wurden, als man sie nach Überwindung der Bedenken, heidnische Tempel für den christlichen Kult zu verwenden, in Kirchen umwandelte. Das Pantheon (Taf. XCVII, 1 und 2; XCVIII, 1)[1] wurde der Mutter Gottes geweiht und erhielt den Namen Sancta Maria ad Martyres, der ihm mit Zustimmung des

hielt. Der Brauch, Steine zu rauben, war freilich in Rom sehr alt. Sueton berichtet (*Dom.*, 8), daß ein Freigelassener des Domitian die für den Bau des capitolinischen Iupiter-Tempels (vgl. S. 350, Anm. 1) bestimmten Steine nahm, um sie für die Errichtung eines Grabmals seines Sohnes zu verwenden. Über den Diebstahl und den Tempelfrevel entrüstet, sandte der Kaiser seine Soldaten, um das Grabmal zu zerstören; außerdem ließ er die Gebeine und die Reste der Leiche ins Meer werfen. Diese trug allerdings an den Vorgängen keine Schuld.

[1] Auf Tafel XCVII, 1, die einen Kupferstich Alò Giovannolis aus dem zweiten Jahrzehnt des siebzehnten Jahrhunderts wiedergibt, können wir folgende Einzelheiten feststellen:

byzantinischen Kaisers Phokas (602-610) im Jahre 610 durch Papst Bonifatius IV. (Papst 608-615) gegeben wurde. Das Templum Sacrae Urbis (Taf. XCIV) in der Nähe des Forum Romanum wurde zur Kirche SS. Cosma e

a. *Die Säule ohne Kapitell auf der Ostseite der Vorhalle:* Drei Säulen, eine frontale und zwei seitliche auf der Ostseite der Vorhalle, waren im Mittelalter entfernt worden; die frontale Säule wurde von Urban VIII. (Papst 1623-1644) einige Jahre nach der Fertigstellung des Stiches von Giovannoli zurückgebracht; die beiden seitlichen Säulen von Alexander VII. (Papst 1655-1667). Die Säule ohne Kapitell ist also eine eigenmächtige Ergänzung des Zeichners, denn zu jener Zeit waren nicht acht, sondern nur sieben frontale Säulen vorhanden.

b. *Der zierliche mittelalterliche Glockenturm auf dem Giebeldach:* Er wurde von Pandolfo della Suburra im Jahre 1270 hinzugefügt; Urban VIII. ließ ihn wieder entfernen und ersetzte ihn durch zwei kleine seitliche Glockentürme – ein Werk Berninis –, die sich auf einer Steinbasis erhoben, welche auf dem Giebeldach ruhte. Die Fassade gewann dadurch ein anderes Aussehen, wie aus einem Stich von Piranesi (Taf. XCVIII, 1) hervorgeht; dieses Aussehen behielt das Pantheon bis zum Ende des vergangenen Jahrhunderts. Auf Grund genauer Untersuchungen, die man an den Fundamenten und am Gebäude des Tempels vornahm, kam man zu dem Entschluß, dem Pantheon seine ursprüngliche Gestalt wiederzugeben. Die zwei Türmchen Berninis wurden abgerissen, und der Bau erhielt die Gestalt, in der er sich heute darbietet (Taf. XCVIII, 2).

c. *Die zwischen den Säulen der Vorhalle errichteten Läden:* Im volkreichsten Zentrum Roms gelegen, wurde der Pantheon-Platz zu einem kleinen städtischen Markt, und unter den Säulen des Tempels richteten sich zahlreiche Läden ein; die Räume zwischen den Säulen wurden durch Mauern abgeschlossen. Wiederholt wurden die Mauern niedergerissen und die Läden verbannt, wie unter der Herrschaft Papst Eugens IV. (1431 bis 1447). Aber die Tradition zeigte sich stärker als die päpstlichen Verordnungen: Die Säulenzwischenräume wurden erneut geschlossen, und die Läden nahmen ihre gewohnten Plätze wieder ein. Auf der Zeichnung eines unbekannten Künstlers des sechzehnten Jahrhunderts sehen wir die Säulenzwischenräume bis zu einer gewissen Höhe geschlossen und davor, nach dem Platz hin, einige kleine Läden (Taf. XCVII, 2). Auf dem Stich Giovannolis sind die Säulenzwischenräume frei, aber der untere Teil der Säulen trägt zwei lange Dächer, die offenbar Verkaufsständen als Schutz dienten; das Dach geht noch über die Säulen hinaus und überdeckt einige in Mauerwerk ausgeführte Läden.

d. *Die Bauten, die sich auf der Ostseite an das Pantheon anlehnen:* Eugen IV. (siehe oben), der den Versuch unternahm, dem antiken Tempel seine Würde zurückzugeben, hatte auch einen gewissen Abstand zu anderen Gebäuden eingehalten; aber schon im sechzehnten Jahrhundert hatten sich erneut Häuser und in Mauerwerk ausgeführte Läden an seiner Seite angesiedelt.

Auf dem Stich Giovannolis ist der Platz nicht dargestellt, der auch seine reichlich bewegte Geschichte hat. Seit den Zeiten Alexanders VII. befanden sich verstreut auf dem Platze einige ornamentale Bruchstücke (zwei Löwen und zwei kleine Becken aus Porphyr); Alexander VII. gestaltete den Platz verschwenderisch aus: Er senkte den Grund, der auf eine Ebene mit der Porticus gebracht wurde, und errichtete in der Mitte des Platzes ein großes Becken aus Porphyr, dem Clemens XII. (Papst 1730-1740) den Obelisk hinzufügte, der noch heute da steht.

Damiano; die Curia Iulia (Taf. C) beherbergte die Kirche Sant'Adriano; die Bibliothek des Templum Divi Augusti (Taf. XCV) die Kirche Santa Maria Antiqua; der Tempel des Antoninus und der Faustina die Kirche San Lorenzo in Miranda[1], die erst nur ein einfacher Betraum war (Taf. CI) und später, im siebzehnten Jahrhundert, in die heutige Kirche umgewandelt wurde, deren Aufbau um ein Drittel über die Säulenreihe hinausragt (Taf. CII). Ein glückliches Geschick hatten die Monumente, die von den öffentlichen oder religiösen Behörden als unantastbar bezeichnet wurden, wie die Traianssäule, die der römische Senat unter seinen besonderen Schutz nahm, oder die Marcussäule, die als Besitz der Mönche von San Silvestro erklärt worden war. Der Orden bedrohte jedermann mit dem Bann, der sich an ihr zu vergreifen wagte.

Der allgemeinen Vernichtung entzogen sich auch die Gebäude, die irgendwelchen praktischen Zwecken dienten; so blieb der Mittelteil der Porticus Octavia erhalten. Dieser Torbogen, den Augustus mit großer Pracht neu aufgerichtet hatte[2], war seit dem zwölften Jahrhundert städtischer Fischmarkt geworden. Er blieb es bis zur Mitte des neunzehnten Jahrhunderts (Taf. CVII); bald danach verschwand er mit dem Abbruch des Ghetto und hinterließ nur die antiken Trümmer, auf denen er einst erstanden war. Rechts von dem großen Steinbogen findet sich noch heute zur Erinnerung an den alten Fischmarkt eine Tafel mit der lateinischen Inschrift, daß Fische, deren Länge einschließlich der Schwanzflosse *(usque ad pinnas inclusive)* die Länge der Tafel übersteigt, für die *Conservatores Capitolini* zurückzulegen seien: ein gastronomischer Tribut für die städtischen Behörden.

4. Während der Kämpfe zwischen Volk und Adel im neunten und zehnten Jahrhundert wurden viele der bedeutendsten römischen Denkmäler zu Festungen degradiert. Diese neue Funktion rettete sie zwar vor der systematischen Zerstörung durch Ausbeuter, führte aber ebenfalls zu ihrer Verunstal-

---

[1] Seit dem achten Jahrhundert beherbergte die *cella* des Tempels einen Betraum; die aus dem siebzehnten Jahrhundert stammende Kirche, die heute die *cella* einnimmt und sich über dieser hinter den Eingangssäulen erhebt, wurde 1602 durch den Architekten Torriani begonnen. Der Stich Alò Giovannolis (Taf. CI) stellt den Tempel zur Zeit der Überbauung dar.

[2] *Mon. Ancyr.*, 19: *Porticum ad Circum Flaminium, quam sum appellari passus, ex nomine eius qui priorem eodem in solo fecerat, Octaviam ..., feci.* Der Torbogen war von Gnaeus Octavius im Jahre 168 v. Chr. zur Erinnerung an den Seesieg über die Flotte des Perseus, des Königs von Makedonien, errichtet worden; er wurde durch eine Feuersbrunst zerstört und von Augustus im Jahre 33 v. Chr. wieder aufgebaut.

tung. Außerdem waren die Gebäude als Festungen dem Angriff und der Zerstörung ausgesetzt. Sie gewannen ein neues Aussehen von mittelalterlich pittoreskem Reiz, waren von Türmen überragt und zuweilen durch Mauern und Kasematten untereinander verbunden und mit Gitterfenstern und Schießscharten versehen. Die antiken Bogen wurden von Zinnen bekränzt, und die Zwischenräume der Tempelsäulen vermauert. Es gab so viele Türme im mittelalterlichen Rom, daß die Gegend um das Forum Nervae als Campo Torrecchiano («Türmefeld») bezeichnet wurde. Das vollständigste Verteidigungssystem entstand im Zentrum des monumentalen Rom mit dem Kastell Frangipani; es umfaßte das Septizonium (Taf. CXXVIII) auf dem Palatin, das Colosseum, den Titusbogen, den Tempel der Venus und Roma, den Circus Maximus und den Konstantinsbogen. Das Colosseum stellte den Hauptpfeiler dieser Verteidigungsanlage dar, und der Titus- (Taf. CIII, 1 und 2) und der Konstantinsbogen wurden als Tore verwendet.

In gleicher Weise schufen sich die Orsini aus dem Mausoleum Hadrians und dem Theater des Pompeius eine Festung, die Colonna aus dem Mausoleum des Augustus (Taf. CVIII, 2) und den Thermen Konstantins und die Savelli aus dem Marcellus-Theater. Der Bürgerkrieg, der Jahrhunderte hindurch Rom in Atem hielt, wütete vor allem gegen die Festungen; der Adel konnte nicht unterdrückt werden, wenn diese Eckpfeiler seiner persönlichen Macht nicht stürzten. Mehr als einmal bildeten die römischen Denkmäler den Einsatz in diesem Spiel der Kräfte zwischen den Menschen und gingen arg beschädigt aus den Kämpfen hervor.

5. Die kleineren Gebäude verschwanden in der Mehrheit, die heiligen so gut wie die profanen, als Opfer der unersättlichen Gier nach Steinen, die Rom zugleich weckte und befriedigte. Von Zeit zu Zeit erleichterten Kampfhandlungen feindlicher Heere die Materialbeschaffung, indem sie die Stadt mit Trümmern und Ruinen übersäten – in besonderem Maße bei der Eroberung Roms durch Heinrich IV. (1084) und im gleichen Jahre durch Robert Guiscard, der die kaiserlichen Truppen vertrieb. Die Zerstörungsarbeit wurde gefördert durch Feuersbrünste und die im Mittelalter zahlreichen Erdbeben, deren schlimmstes sich im Jahre 1349 ereignete. Zeugen von Roms Schicksalsschlägen waren die großen Steinmassen, die sich die Menschen nun für gewerbliche Zwecke zunutze machten, geduldig und zäh wie Ameisen beim Angriff auf einen Getreidehaufen.

Es entstanden die Paläste des neuen Rom mit der dunklen Färbung der antiken Steine; hier und da wuchsen kleine Häuser empor, die sich an die alten Ruinen anlehnten und in ihre kümmerlichen Mauern Bruchstücke der ruhmvollen Gebäude vergangener Zeiten einschlossen. Der Bauer kam mit seinem schweren Wagen nach Rom, um Steine für den Bau seines Hauses und die Grenzmauern seines Besitzes zu holen; viele kamen von weit her, um in der unerschöpflichen Fundgrube zu wühlen.

6. Aus dem Marmor gewann man zum großen Teil Kalk, so daß überall in Rom Kalköfen entstanden. Fast alle Statuen, die der allgemeinen Plünderung entgangen waren, wanderten in diese Kalkbrennereien: Köpfe von Imperatoren, Bruchstücke von Säulen, Ornamente und Kapitelle, Türpfosten und Sockel und die makellosen Glieder herrlicher Göttinnen stürzten in die Flammen.

Diese kleinen Zerstörer waren Bilderstürmer ohne Haßgefühle. Bei dem Gemetzel, das sie unter Steinen und Marmorblöcken anrichteten, hatten sie ein ruhiges Gewissen, liebten die bürgerliche Bequemlichkeit und waren stets bereit, der eigenen Faulheit Vorschub zu leisten, wenn sich eine günstige Gelegenheit bot. Die ehrwürdigen Reste flößten ihnen keine Achtung ein, denn sie schienen unnütz. Niemand erkannte den Thermen mehr eine Existenzberechtigung zu, denn das Leben in ihnen war erstorben; auch nicht den Tempeln, die keinem Kult mehr dienten, den Altären, auf denen das Gras wuchs, all den antiken Privatbauten, die in ihrer verödeten Pracht in den verlassenen Vierteln auf den Hügeln standen: Häuser ohne Menschen, Zimmer ohne Stimmen. Die ersten Plünderungen rechtfertigten die folgenden; vom Sockel war die Statue verschwunden, von der Säule das Kapitell, von den Mauern die Verkleidung und vom Heiligtum das Dach, die Standbilder der Götter und die Opfergaben. Jede Generation führte das Zerstörungswerk der vorhergehenden fort. Wie bei den Orgien kleiner Leute wollte man alles so rasch wie möglich demolieren, und wenn nicht alles zu demolieren war, so war es kein Verdienst der Menschen, sondern der Dinge, die stärker waren als die Menschen.

7. Keinen geringeren Beitrag zum Zerstörungswerk leisteten die Menschen, die das alte Rom nach Kunstschätzen durchwühlten. Diese vornehmere Art, aus dem Verfall der antiken Bauten Nutzen zu ziehen, brachte im Mittelalter einen sehr einträglichen Handel mit architektonischen Bruchstücken hervor. Diese verkaufte der Adel, der sich auf sein privates Besitzrecht berief und die formelle Zustimmung des Senats besaß, an die Bildhauer, die sie für ihre Kunst verwendeten, oder an vornehme Leute anderer

Städte, die ihre Häuser mit den Kunstwerken schmückten. Aus Rom stammende Marmorstücke findet man im Baptisterium in Florenz, in den Domen von Pisa, Lucca, Montecassino und Orvieto und auch außerhalb Italiens. Aus römischem Marmor sind die Grabstätten der Könige von England in der Westminster-Abtei errichtet. Petrarca fand diesen Handel ruchlos, denn Rom gehört allen, und seine Monumente sind nicht käuflich. Das gemeinsame Erbe veräußern ist Diebstahl; und mit flammenden Worten wandte sich der Dichter «gegen das Diebsgesindel, das plündert, als ob es sich in einer eroberten Stadt befände» *(latrunculi non aliter quam in capta urbe grassantes)*[1]. Den Römern Cola di Rienzos schrieb er: «Nachdem die Paläste vor Alter zusammengebrochen, die Tore und Bogen in Stücke gegangen waren ..., schämten sie sich nicht, einen unwürdigen Verdienst beim Schacher mit den Überresten des antiken Rom zu suchen, schämten sich nicht ihrer eigenen Verworfenheit. Und jetzt – o Schmach und unwürdige Missetat! – ist es Neapel, die Stadt der Müßiggänger, die sich mit Euren Marmorsäulen, mit den Schwellen Eurer Tempel schmückt, zu denen dereinst die Menschen aus aller Welt wallfahrteten, mit den in Marmor gehauenen Bildern auf Sarkophagen, welche die ehrfurchtgebietende Asche Eurer Ahnen umschlossen. Und so schwinden auch die Trümmer, die Zeugen antiker Größe sind, allmählich dahin.»

Aber wäre es nicht noch schlimmer gewesen, wenn alles in die Kalköfen gewandert wäre? Der Raub entzog diese Marmorfragmente wenigstens dem Feuer der Brennöfen; und gegenüber der totalen Vernichtung verrichtete sogar der Dieb ein gutes Werk.

8. Zur Zeit der Renaissance wurde der Brauch, sich der antiken römischen Denkmäler zum Schmucke der Neubauten zu bedienen, ganz allgemein. Man beschränkte sich nicht mehr darauf, den Sarkophag oder das Kapitell oder dieses und jenes Fragment fortzuschleppen, sondern man riß ganze Gebäude ein, um neue zu schaffen. Zwischen der zweiten Hälfte des fünfzehnten und dem Ende des sechzehnten Jahrhunderts sowie später wurden viele der noch erhalten gebliebenen antiken Denkmäler entweder vollkommen zerstört oder teilweise niedergerissen: *quod non fecerunt barbari, fecerunt Barberini*[2]. Der Tempel des capitolinischen Iupiter, der Concordia, der Isis und des Serapis, des Ianus, des Hercules Invictus, die Bogen des Gratianus Valentinianus und des Theodosius, ferner die Saepta Iulia verschwanden; andere Baudenkmäler wurden verstümmelt, wie das Colosseum, die Thermen des Cara-

[1] *Variarum*, 48.   [2] s. S. 346, Anm. 2.

calla, der Circus Maximus. Die letzte noch verbliebene Säule der Konstantinsbasilika (Taf. CXIV; vgl. Taf. CXV, 1) wurde im Jahre 1613 von Paul V. fortgeschafft und auf dem Platz gegenüber dem Eingange der Basilica Santa Maria Maggiore aufgestellt, wo sie noch heute steht (Taf. CXV, 2); an der Spitze steht eine Bronzestatue der heiligen Jungfrau mit dem Jesuskinde. Der selbe Papst ließ die Säulen des Minerva-Tempels abbrechen, der sich auf dem Forum Nervae erhob, und bediente sich ihrer, um damit den Brunnen der Acqua Paola auf dem Ianiculus zu bauen. Die Säulen sind noch auf einem Stiche von Cock (Taf. CXXIV, 1)[1] aus der Zeit kurz vorher zu sehen[2].

9. So tief war also das alte Rom gesunken; die degenerierten Römer benagten, rupften und zerstörten ihre Stadt; unbelehrbar in ihrem unbewußten Frevel, machten sie sich kein Gewissen daraus, Rom zu zerbröckeln, es in den Öfen zu verbrennen und stückweise zu verkaufen. Und seit undenkbaren Zeiten wurden die verlassenen, einst vornehmsten Stadtteile nicht mehr gefegt: Die alten römischen Straßen kannten nicht mehr den rauhen Zugriff des Besens, und die Folgen waren unverkennbar.

Hat jemals der Leser daran gedacht, wie sich unsere Städte ausnehmen würden, zum Beispiel Mailand, wenn sie – eines großen Teiles ihrer Bevölkerung entblößt und nahezu ohne Verkehr – keine Morgentoilette mehr machten? Denn nur infolge dieser Säuberung bietet Mailand wie jede andere Stadt den Schuhen der Fußgänger und den Rädern der Fahrzeuge beim Öffnen der Geschäfte saubere Bürgersteige und schmucke Straßen, den Augen der Spaziergänger Häuser mit geputzten Schwellen, Geschäfte mit blitzenden Scheiben, spiegelblanke Fenster, wie wenn man sich in einem Salon unter freiem Himmel befände. Man braucht nicht viel Phantasie zu besitzen, um sich das Bild der Verwahrlosung auszumalen.

Und gerade das geschah in Rom; besonders in jenen Teilen der Stadt, die im Altertum den größten Verkehr aufwiesen und jetzt die ersten waren, die der Verlassenheit anheimfielen, wie das Forum Romanum (Taf. CXXIII), die

---

[1] Die wenigen übriggebliebenen Säulen wurden späteren Bauten einverleibt (wie auch aus einem Stich von Piranesi hervorgeht: Taf. CXXIV, 2). Auf dem Stich von Cock bemerkt man: 1. links die Säulen des hexastylen Minerva-Tempels; 2. rechts die noch heute bestehenden Reste (Taf. CXXV) der Mauern, die das Forum Nervae umgaben, mit vorspringendem Gebälk, das von korinthischen Säulen getragen wird, die nur dekorativen Charakter haben. Auf der Attika zwischen den vorspringenden Teilen befand sich die Statue der Minerva; der Fries, der längs der Wände des Forums verlief, war mit Relieffiguren verziert.

[2] s. S. 14, Anm. 1.

Kaiserforen und die Thermen (Abb. 54). Auf den ungepflegten Straßen sammelte sich der Staub. Zunächst ist es nur ein leichter Schleier; aber der Staub von heute und der von morgen und der folgenden Tage vermehrt sich unaufhörlich; der Regen verwandelt ihn in Schlamm. Mit der Zeit verstopfte der Schlamm die Kloaken; das Abflußwasser fand seinen unterirdischen Weg versperrt und bildete an der Oberfläche stinkende Lachen von zäher Klebrigkeit, die mit der Zeit immer neuen Schmutz aufnahmen. So entstand eine feuchte Oberschicht, die nach der Verdunstung eine harte, rissige Kruste hinterließ. Grasbüschel, die aus dem Schlamm emporgesprossen waren, verliehen mit ihren Wurzeln der Schicht, die sich auf dem Pflaster angesetzt hatte, eine gewisse Festigkeit und verhinderten, daß der Regen die Erde fortschwemmte und der Wind sie in alle Richtungen zerstreute, wenn sie in der Hitze wieder zu Staub geworden war. Die tiefer gelegenen Stadtteile, denen jede Möglichkeit eines Abflusses fehlte, erstickten in undurchdringlichem Morast. Die Schicht wuchs immer höher. Die Menschen, die die Straßen nicht mehr fegten, säuberten aber immer noch ihre Häuser und brachten den Schmutz und die Abfälle in jene verlassenen Gegenden. Die Kloaken vermehrten den Schlamm von unten, die Menschen von oben.

Jahrhundertelang häufen sich in diesem Sumpfe, der je nach der Jahreszeit sein Aussehen ändert, der Schutt und die Abfälle. Und mit der Zeit endet alles im Schlamm, der verschlingt, was man hineinwirft: alte Lumpen und zerbrochene Krüge, tote Katzen, Knochen und Schalen, Kohlstrünke und Stroh, Kämme mit zerbrochenen Zinken, verlorenes Geld und all die tausend Dinge, die der geduldige Archäologe hervorholt, katalogisiert und beschreibt, wenn der gefräßige Schlamm eines Tages gezwungen wird, die unversehrt gebliebenen Gegenstände zurückzugeben. Und bewegten Herzens fragt der Forscher den Überbleibseln die tausend kleinen Geheimnisse des antiken Lebens ab.

Dieser Schlamm saugt auf und verschlingt, zersetzt und assimiliert, wächst und steigt Jahr für Jahr. Immer höher steigt die unschöne Kruste, während die Stadt absinkt und unter der verwesenden Erdschicht verschwindet. Die frühere Oberfläche entzieht sich dem Blick; über dem alten Rom entsteht eine neue Stadt, ein elendes, schlammgeborenes Rom, das gerade dort ländlich wirkt, wo einst das regste Leben pulsierte. Eine dicke, verhärtete Schmutzschicht verbirgt das Forum Romanum; darunter befinden sich das Argiletum, die Via Sacra und die Reste der Basilica Iulia; darüber dehnt sich eine grüne Wiese, auf der Kühe und Büffel weiden, die von trägen Hirten gehütet werden. Es kehren die Zeiten des Euandros zurück, nachdem Jahrhunderte vergangen sind, die Roms Blüte gesehen haben. Im unendlichen Fluß der Zeiten muß der Stolz des Menschen der Erkenntnis weichen, daß seine Geschichte nur eine kleine Spanne Zeit im gleichförmigen Laufe der Ewigkeit umfaßt. Wo das Vieh einst weidete, als Rom noch nicht bestand, weiden wieder die Herden, da Rom nicht mehr besteht. Vorher Wiesen und nachher Wiesen: Wiesen und Hirtenfrieden. Dem zu Humus gewordenen Schlamm ist die lebendige Kraft der Natur entsprossen, die sich fröhlich ihrer Fesseln entledigt und Gras und Blumen beschert hat. Im Frühling lacht die Erde von Margariten; Schmetterlinge umflattern den Titusbogen. Das Forum ist zum Campo Vaccino, zur «Viehweide» geworden, und ein langer Weg hat sich durch das Stampfen des Viehs über die Grasflächen gebildet, gleich den Weideplätzen im Gebirge. Eine wiedererstandene Liebe zur Heimatstadt verwandelt diesen langen Pfad in eine baumumgrenzte Straße, die vom Bogen des Septimius Severus bis zum Titusbogen verläuft; sie ist ein Mahnruf an die Bürger, die sich hier in frischer Luft ergehen; an hohen Feiertagen ziehen Prozessionen vorbei (Taf. CXXVI). Die Ruinen, die sich in diesem idyllischen Frieden noch erheben, haben sich der theokritischen Stimmung angepaßt und tragen nun selbst zur Poesie des Ortes bei (Taf. CXXVII). Die frommen Brüder, deren Orden dieses Land zugeteilt wurde, bauen ihr Gemüse zwischen den Hecken und Bäumchen; sie verbringen die Zeit in Arbeit und Gebet. Der würzige Geruch der Erde und das Grün der Wiesen erheitern den Frieden des Klosters in jener verlassenen Gegend, die sich über den Resten des stolzen kaiserlichen Rom erstreckt. Tief unten in der mitleidigen Erde vergraben, laufen die Straßen, auf denen einst die Consuln ihren triumphalen Einzug nach der siegreichen Schlacht hielten.

Als die planmäßigen Ausgrabungen begannen, sprach mancher von Entweihung und fragte, ob die Wissenschaft das Recht habe, die Poesie zu zerstören, ob die Freilegung des Forums wirklich eine so große Sache sei, um für immer die romantische Anmut des Campo Vaccino zu opfern.

10. Zu Anfang des neunzehnten Jahrhunderts begann die systematische Freilegung des alten Rom. Im Jahre 1812 ging man daran, das Forum Romanum und das Forum des Traian zu erforschen. Die wichtigsten Gebäude Roms wurden von den Neubauten befreit, die sich an ihren Seiten eingenistet hatten; die tiefer gelegenen Mauern, die im Schlamme versunken waren, kamen ans Tageslicht, und die Monumente nahmen ihr früheres Aussehen wieder an. Zunächst ragten sie nur zum Teil aus der Erdkruste hervor, die sie bedeckt hatte, wie versunkene Riesen, ohne Kraft, fast ohne Würde.

Die alten Bogenöffnungen standen wieder im Licht, die Wölbungen ragten wieder in die Höhe (Taf. CXIII), die Tempel und die Thermen gewannen die Harmonie ihrer Linien zurück. Sockel von Säulen, umgestürzte Pfeiler, herabgefallene Kapitelle, gepflasterte Straßen wurden freigelegt. Das alte Rom kam wieder zum Vorschein; aber tot, nur als Skelett, dürr, doch ver-

Abb. 55. Der römische Aquädukt zu Segovia (Spanien).

ehrungswürdig wie die Reliquien der Heiligen, mit seinen harten Steinen, die von alter Macht und den unwiederbringlich versunkenen Jahrhunderten erzählten; es war nur noch der Schatten der Vergangenheit, einer großen, fernen und vergessenen Vergangenheit.

Wenn man heute an einem Sommerabend von der Terrasse des Pincio Rom zu seinen Füßen liegen sieht, in funkelndes Licht getaucht, bestrahlt und überblendet vom Widerschein, so daß die Stadt wie in einem zauberhaft unwirklichen Scheiterhaufen aufflammt, der auflodert, aber nicht verzehrt – so hält man in der rötlich schimmernden Weite vergeblich Ausschau nach den nackten, dunklen Ruinen des alten Rom. Einsam zwischen einem Meer von Dächern, zwischen Häuserreihen, Kuppeln und grünen Gärten erhebt sich die schwarze Masse des Colosseums, dessen malerische Silhouette sich vom Himmel abhebt. Doch dem erstaunten Blicke des Beschauers bietet sich ein Anblick dar, der jedes Bedauern und Klagen, jedes wehmutsvolle Gefühl ausschließt. Vor unseren Augen liegen die Zeugen einer Stadt, die nicht untergehen kann. In diesem Lichte und in dieser Stunde offenbart sich uns das «Ewige Rom».

11. Die Geschichte von Roms baulichem Verfall, die wir auf diesen Seiten in kurzen Worten erzählt haben, ist nur die Einleitung zu einer anderen Geschichte, die ebenso glorreich ist, wie jene traurig war. Für Rom war die Zeit seiner Größe und Herrlichkeit noch nicht abgeschlossen, als sich die unterworfenen Provinzen schon wieder am Lichte der aufgehenden Romanität erfreuten. Im barbarischen Westen und im kultivierten Osten begann ein neues Zeitalter. Rom gab den unkultivierten Völkern seine Sprache, seine Kultur und erweckte das Gefühl für Ordnung und Beständigkeit. In den Ländern griechischer Zunge sorgte es für einen gesunden praktischen Sinn, der die lokalen Machtkämpfe überwand, die theoretischen Spitzfindigkeiten verschmähte und feste Grundsätze lehrte, aus denen jene nützlichen Werke entstehen, welche die Jahrhunderte überdauern. Überall baute Rom Straßen und Brücken, Wasserleitungen und neue Städte, gründete es Wohlfahrtseinrichtungen und förderte es die Kultur. Es verbreitete die Weisheit seiner Gesetze und die Gabe seiner starken Assimilationskraft, die nahm und gab, und setzte die besten Kräfte seiner Untertanen ein, um eine vollkommenere Kultur zu schaffen. Mit seinem Handel regte es die Produktion seiner Provinzen an, mit seinen Schiffen sicherte es den Frieden auf den Meeren, mit seinen Legionen schützte es die Grenzen und garantierte jedem eine gesicherte Zukunft. In aufrichtiger, aber nicht untätiger Bewunderung der Tugenden anderer Völker nahm Rom von allen das Gute an und trat zugleich überall als Vermittler einer vielseitigen, doch einheitlichen Kultur auf, indem es dem übernommenen Kosmopolitismus das Siegel geistigen Gleichgewichts, der Toleranz und der römischen *virtus* aufdrückte: die elementaren Kräfte eines Bauernvolkes, das auch im Glanze seiner Macht, die in der Geschichte keine Vorgänger hatte, die gesunden bäuerlichen Eigenschaften der Liebe zur heimatlichen Scholle, der Zähigkeit und der Vernunft besaß. Mutter seiner Provinzen, blieb Rom doch stets auch ein wenig die Tochter; Spender einer hohen Kultur, nahm es zugleich die Kultur der Provinzen in sich auf; es war römisch, ohne jedoch ausschließlich römisch sein zu wollen; es war universal, ohne auf seine Rechte der Vorherrschaft und auf den Adelstitel zu verzichten, der ihm in dunkler, schicksalhafter Vergangenheit zuteil geworden war. Als dann die von Gott gewollte Zeit gekommen war, nahm Rom das Wort Christi auf, verbreitete seine Lehre in

der eigenen Welt und reihte die Kirche in seine imperiale Ordnung ein. Und als es, eine neue Niobe, bei Verfall seiner Jahrhunderte dauernden Macht all seine blühenden Provinzen bis auf die letzte verlor, sproß in diesen Ländern bereits ein emsiges Leben, das Rom gesät hatte. Sein Marmor zersprang, das umliegende Land entvölkerte sich, dumpf widerhallten auf den friedlichen Handelsstraßen die Hufe der Barbarenrosse; aber die Kultur Roms blühte in den verlorenen Ländern, die sein Erbe angetreten hatten, in neuer Gestalt. Diese führten die Überlieferung fort, nachdem das Römische Imperium gefallen, doch sein Name noch immer ehrwürdig war.

VERZEICHNIS DER ABBILDUNGEN IM TEXT

1	Das Septimontium .... *Seite*	21
2	Die Stadt *quattuor regionum*	21
3	Bewohnte und unbewohnte Teile des kaiserlichen Rom	23
4	Das Forum Romanum	27
5	Die Kaiserforen	31
6	Grundriß der Caracalla-Thermen	39
7	Die Zone der großen Märkte	41
8	Der Palatin	44
9	Der Umkreis der servianischen Mauer	55
10	*Roma Vetus*	56
11	Das heutige Rom	57
12	Firmenschild eines Schlächters	64
13	Das typische römische Haus (Grundriß)	75
14	Das «Haus des Chirurgen» in Pompeii	76
15	Das «Haus des Pansa» in Pompeii	77
16	Das «Haus des Faunes» in Pompeii	79
17	Die *villa rustica* von Boscoreale	93
18	Bad in der Villa des Diomedes (Pompeii)	96
19	Die Villa des Plinius in der Toscana	98
20	Die Villa des Plinius in Laurentum	99
21	Laternen	105
22	Sonnenuhr aus den Stabianer Thermen in Pompeii	107
23	*Triclinium* in Pompeii	115
24	Löffel	117
25	Die Arbeit in einer Walkerei	190
26	Die Lederbearbeitung im alten Ägypten	191
27	Das Werkzeug des Lederarbeiters	191
28	Schreibgegenstände für den Schulgebrauch	196
29	Schreibgeräte (pompejanische Wandmalerei)	208
30	Chirurgische Instrumente	243
31	Chirurgische Instrumente	244
32	Stempel eines Augenarztes	247

33	Stempel eines Augenarztes, als Mörser verwendbar, um das Heilmittel zu präparieren .... *Seite*	248
34	Grundriß der Stabianer Thermen in Pompeii	251
35	Striegel	254
36	Kaiserliche Münzen mit *carpentum*	259
37	Der Fischfang	276
38	Magische Zeichen auf Verfluchungstäfelchen	315
39	Verfluchungstäfelchen mit der Figur eines Dämons	316
40	Der Lapis Niger	324
41	Der Ianus-Tempel	326
42	Das Heiligtum der Venus Cloacina	327
43	Der Tempel des Iupiter Stator. Von Augustus restauriert	328
44	Die Curia Iulia (Münze des Augustus)	332
45	Templum Divi Iuli (Münze des Augustus)	333
46	Der Vesta-Tempel. Von Augustus restauriert (Münze des Augustus)	334
47	Tor von Augustus' Haus	335
48	Der Tempel des Divus Augustus (Münze Caligulas)	336
49	Der Concordia-Tempel (Münze des Tiberius)	337
50	Das Flavische Amphitheater (Münze des Titus)	340
51	Der Traianstempel (Münze Hadrians)	341
52	Eingang zum Traiansforum (Münze Traians)	341
53	Der Tempel des Divus Augustus (a. Münze Caligulas; b. Münze des Antoninus Pius)	342
54	Überreste der Traiansthermen	343
55	Der römische Aquädukt zu Segovia (Spanien)	361

‹TAFELN›

Das Beladen eines Flußfrachtschiffes. Rom, Vatikanmuseum.

TAFEL I

Feierliches Begräbnis. Aquila, Museo Aquilano.

TAFEL II

Münzen mit Bauwerken aus der Kaiserzeit.
CLAUDIUS: 1. Triumphbogen. – NERO: 2. Triumphbogen. – VESPASIAN: 3. Tempel. – TRAIAN: 4. Donaubrücke. – 5. Traianssäule. – 6. Traiansforum. – ANTONINUS PIUS: 7. Templum Urbis et Veneris.

Der Palatin, vom Forum aus gesehen.

TAFEL IV

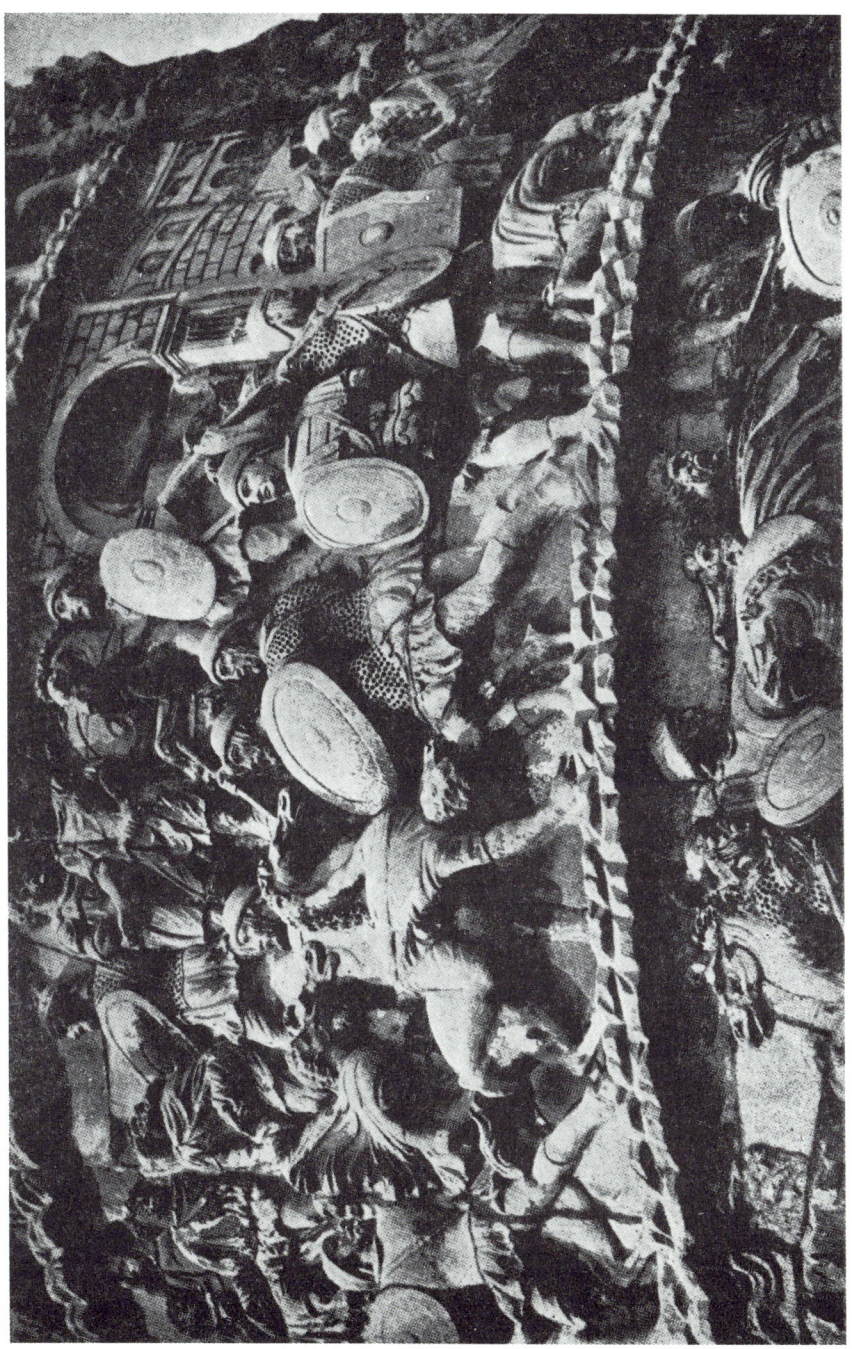

Relief von der Marcussäule. Rom.

TAFEL V

Relief von der Marcussäule, Rom

TAFEL VI

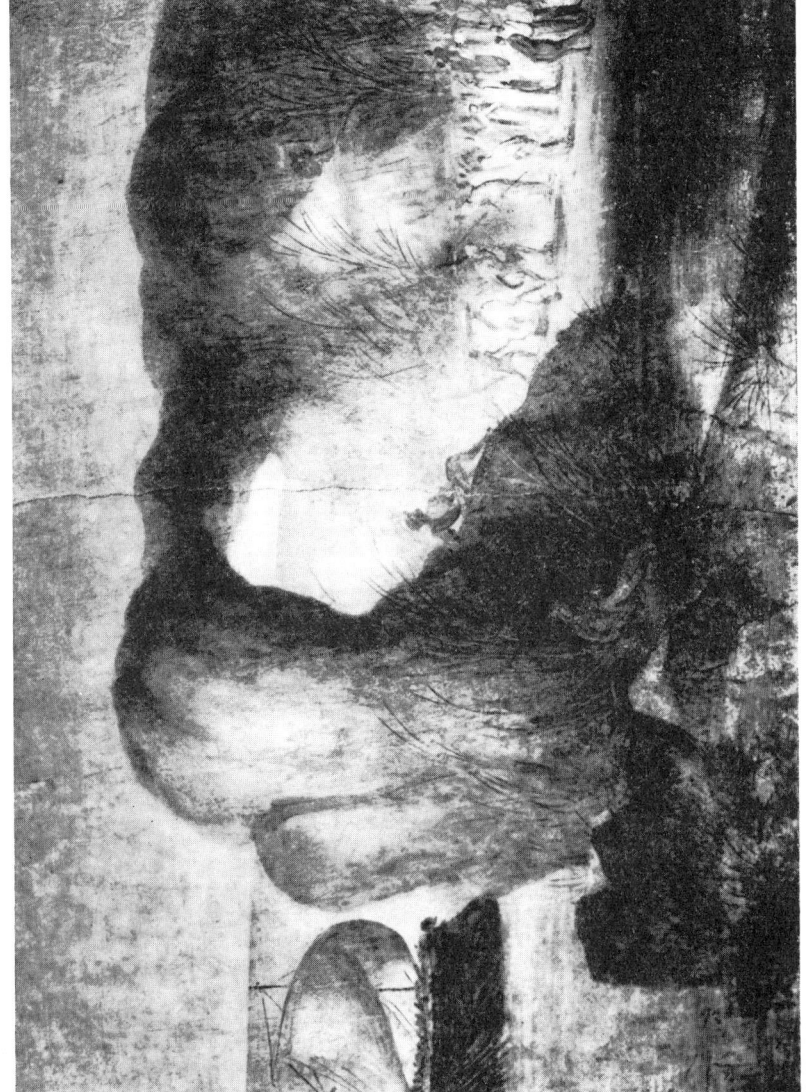

Homerische Szene und Landschaft (aus einem Hause auf dem Esquilin).

TAFEL VII

Homerische Szene und Landschaft (aus einem Hause auf dem Esquilin).

TAFEL VIII

Laden eines Weinhändlers. Ancona, Santa Maria della Piazza.

Weinausschank. Dijon, Museum (aus Til Châtel).

TAFEL IX

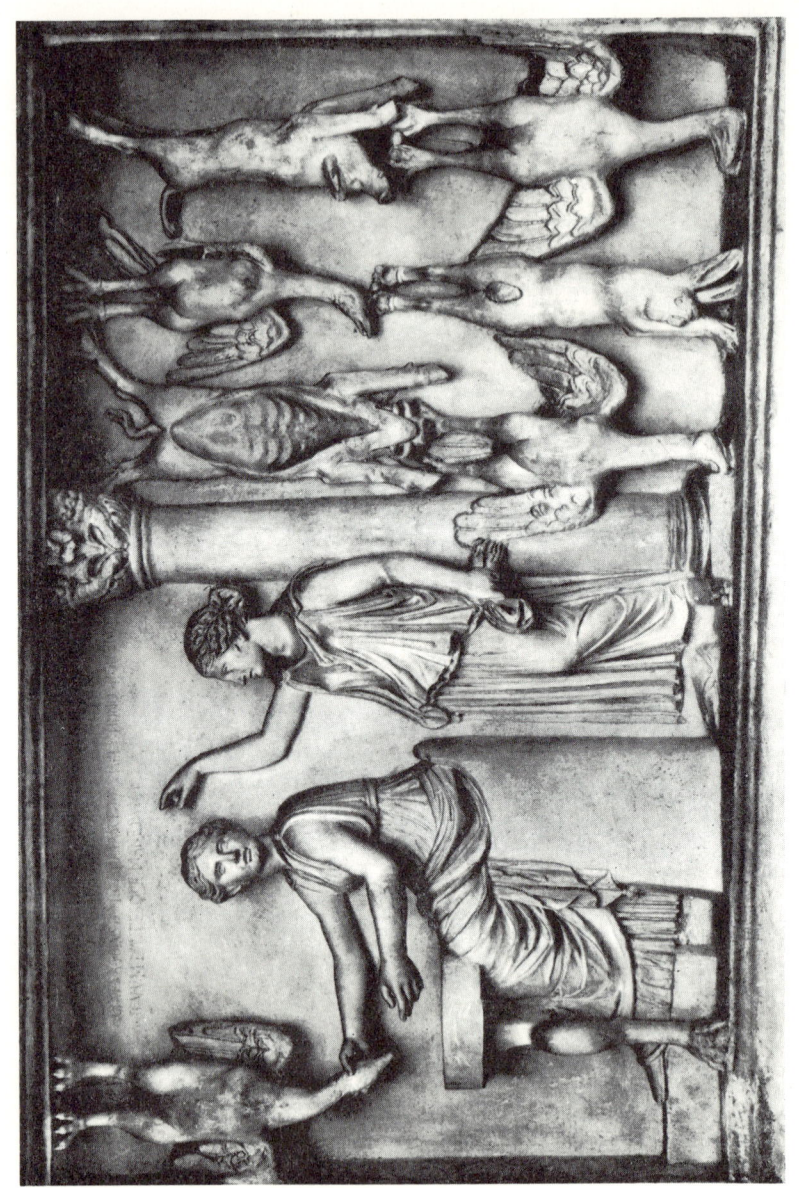

Verkauf von Geflügel und anderem weißem Fleisch. Rom, Museo Torlonia.

TAFEL X

Cryptoporticus der Domus Aurea. Rom.

TAFEL XI

Fleischerladen. Verona, Archäologisches Museum.

TAFEL XII

Einkauf bestickter Stoffe beim Händler.
1. Trier, Museum. – 2. Florenz, Uffizien.

TAFEL XIII

Ladenschild einer Walkerei. Pompeii, Via dell'Abbondanza. Laden des M. Vecilius Verecundus.

Wirtshausschild. Rom, Lateranmuseum (aus Ostia).

TAFEL XIV

1

2

3

1. Inneres einer Schenke. Pompejanische Wandmalerei.
2. und 3. Wirtshausszenen: 2. Beim Spiel. – 3. Ein Streit. Pompejanische Wandmalerei.
(Aus Blümner, *Die römischen Privataltertümer*.)

TAFEL XV

Ausgrabungen in Ostia: Ruinen von Häusern und Speichern.

TAFEL XVI

Straße in Ostia (Via della Fontana).

TAFEL XVII

Haus in Ostia (Via di Diana).

TAFEL XVIII

Das Tor (mit den Abgüssen der Türflügel). Pompeii.

TAFEL XIX

Säulengetragenes Atrium, mit Durchblick ins Peristyl.
Pompeii, «Haus der Silbernen Hochzeit».

Teil des *compluvium* mit *puteal*; Fußboden des *tablinum* mit Durchblick ins Peristyl;
rechts das *andron*. Pompeii, «Haus des tragischen Poeten».

TAFEL XX

Tablinum mit *cenaculum*. Pompeii, «Haus des tragischen Poeten».

Garten mit gemauertem *triclinium* und Wasserbecken.
Pompeii, «Haus der Silbernen Hochzeit».

TAFEL XXI

Garten im Peristyl. Pompeii, Haus des Marcus Lucretius.

Einzelheiten des Peristyls mit Garten. Pompeii, Haus der Vettier.

TAFEL XXII

Zimmer mit Brunnen und Becken. Pompeii.

Garten mit *euripus*. Pompeii, Haus des Loreius Tiburtinus.

TAFEL XXIII

Laden mit gemauertem Verkaufstisch. Pompeii, Via di Stabia.

Backofen und Mühle. Pompeii.

TAFEL XXIV

Küche. Pompeii, Haus der Vettier.

Badezimmer in Privathaus. Pompeii, «Haus der Silbernen Hochzeit».

TAFEL XXV

Pompejanische Häuser mit Balkonen.

TAFEL XXVI

Römische Wandmalerei: die sogenannte Aldobrandinische Hochzeit.
Vatikanische Bibliothek (aus einem Hause auf dem Esquilin).

Wandmalerei aus einem pompejanischen Hause.

TAFEL XXVII

Blumenmalerei als Wandschmuck.
Pompeii, Haus des Publius C. Tages.

TAFEL XXVIII

Opfer im Freien.

Ländliche Szene.
Rom, Nationalmuseum. (Stuckarbeiten aus einem römischen Hause in der Nähe der Farnesina.)

Die Nil-Überschwemmung. Fußbodenmosaik.
Palestrina, Palazzo Baronale (aus dem Tempel der Dea Primigenia).

Wandmalerei (aus einer Jagdszene). Pompeii, Haus der Ceii.

Mosaik im *vestibulum*. Pompeii, Haus des Paquius Proculus.

TAFEL XXXI

Mosaiken aus einem *triclinium*.
1. Rom, Nationalmuseum. – 2. Neapel, Nationalmuseum (aus Pompeii).

TAFEL XXXII

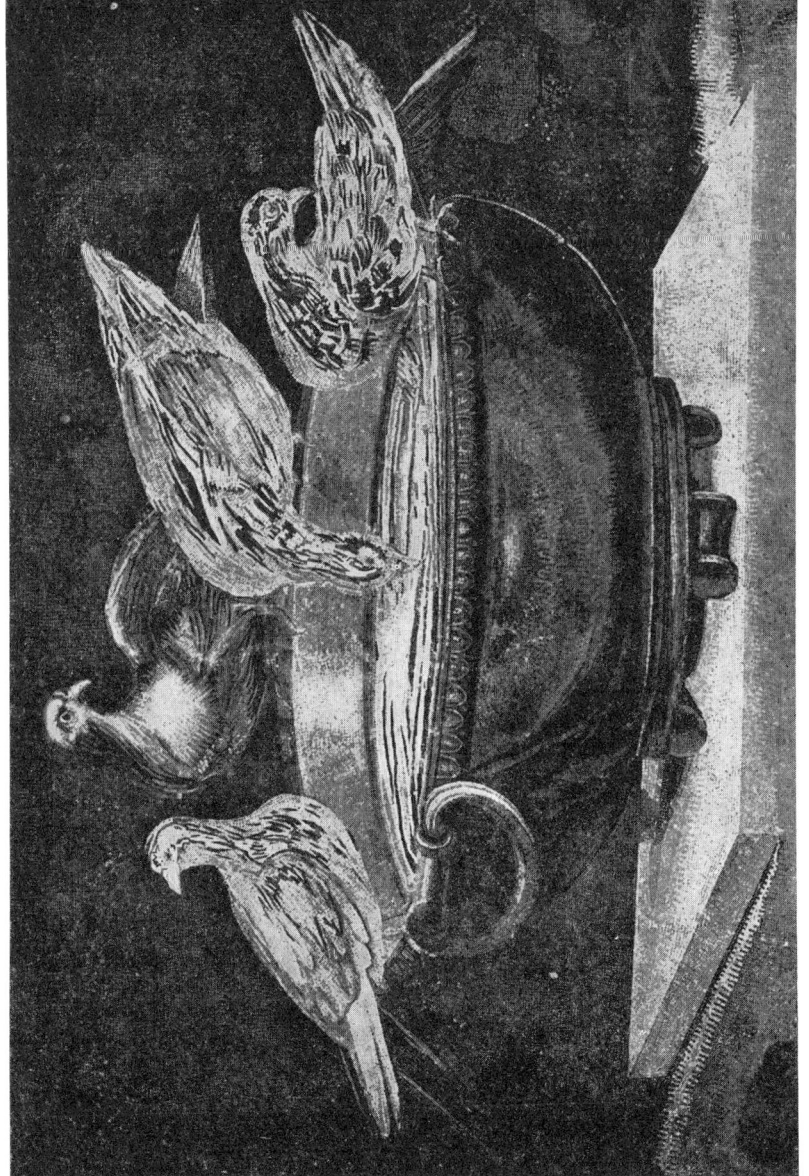

Römisches Mosaik. Rom, Kapitolinisches Museum (aus der Villa Hadrians in Tivoli).

TAFEL XXXIII

Deckenfresken. Neapel, Nationalmuseum (aus Castellammare di Stabia).

TAFEL XXXIV

Griffe und Beschläge. Neapel, Nationalmuseum (aus Pompeii).

TAFEL XXXV

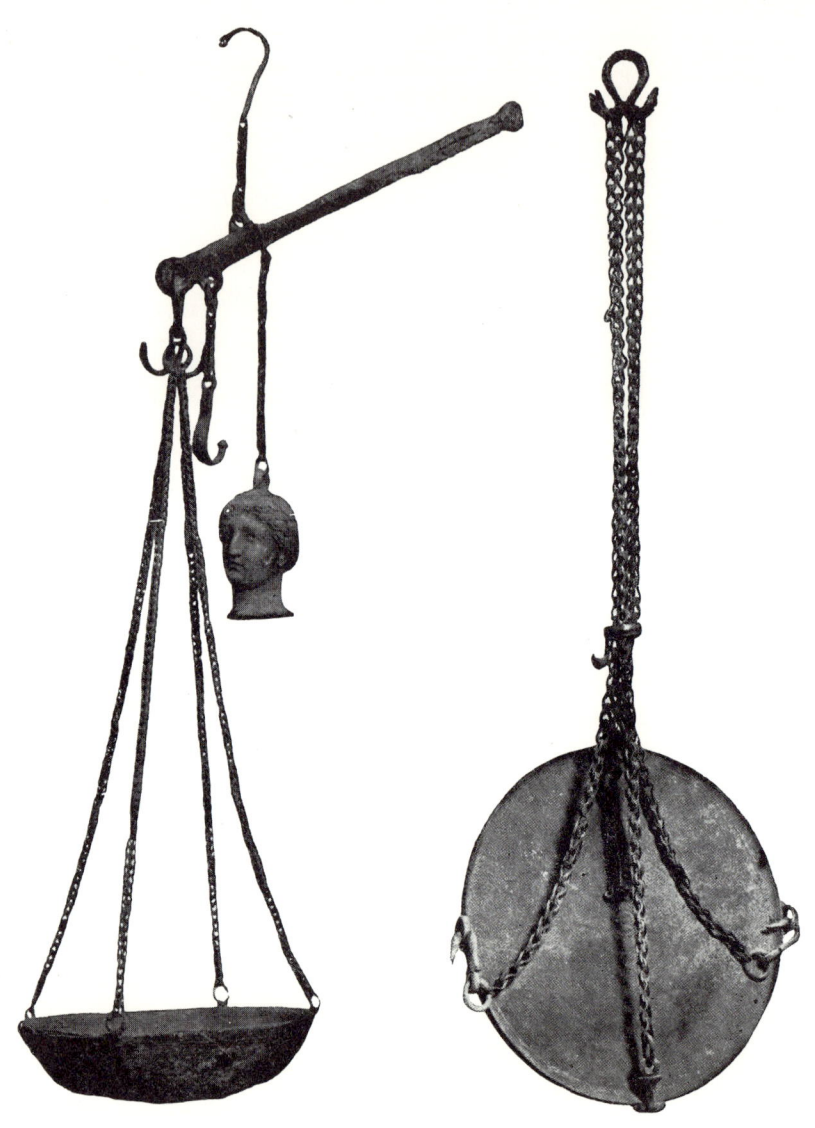

Waagen. Neapel, Nationalmuseum (aus Pompeii).

Ruhebett im *triclinium*.

Tisch mit beweglichen Füßen.
Neapel, Nationalmuseum (aus Pompeii).

TAFEL XXXVII

Geldtruhe.

Kohlenbecken.
Neapel, Nationalmuseum (aus Pompeii).

TAFEL XXXVIII

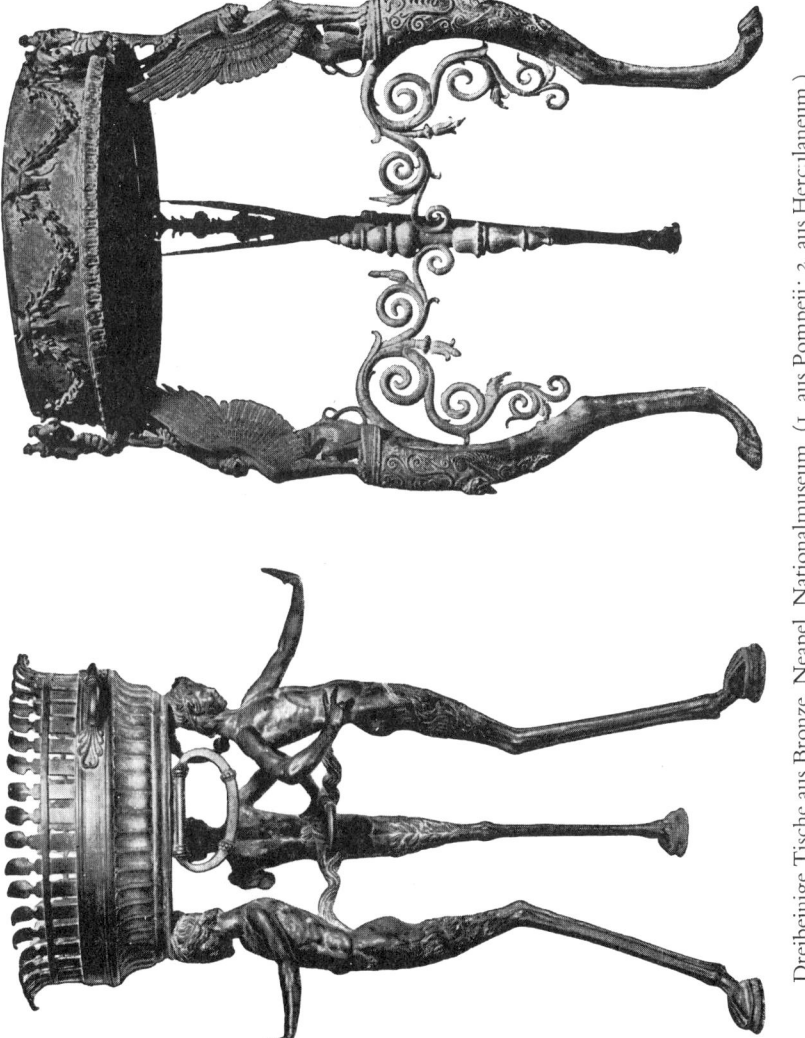

Dreibeinige Tische aus Bronze. Neapel, Nationalmuseum. (1. aus Pompeii; 2. aus Herculaneum.)

TAFEL XXXIX

Kandelaber mit Öllampen. Neapel, Nationalmuseum (aus Pompeii).

TAFEL XL

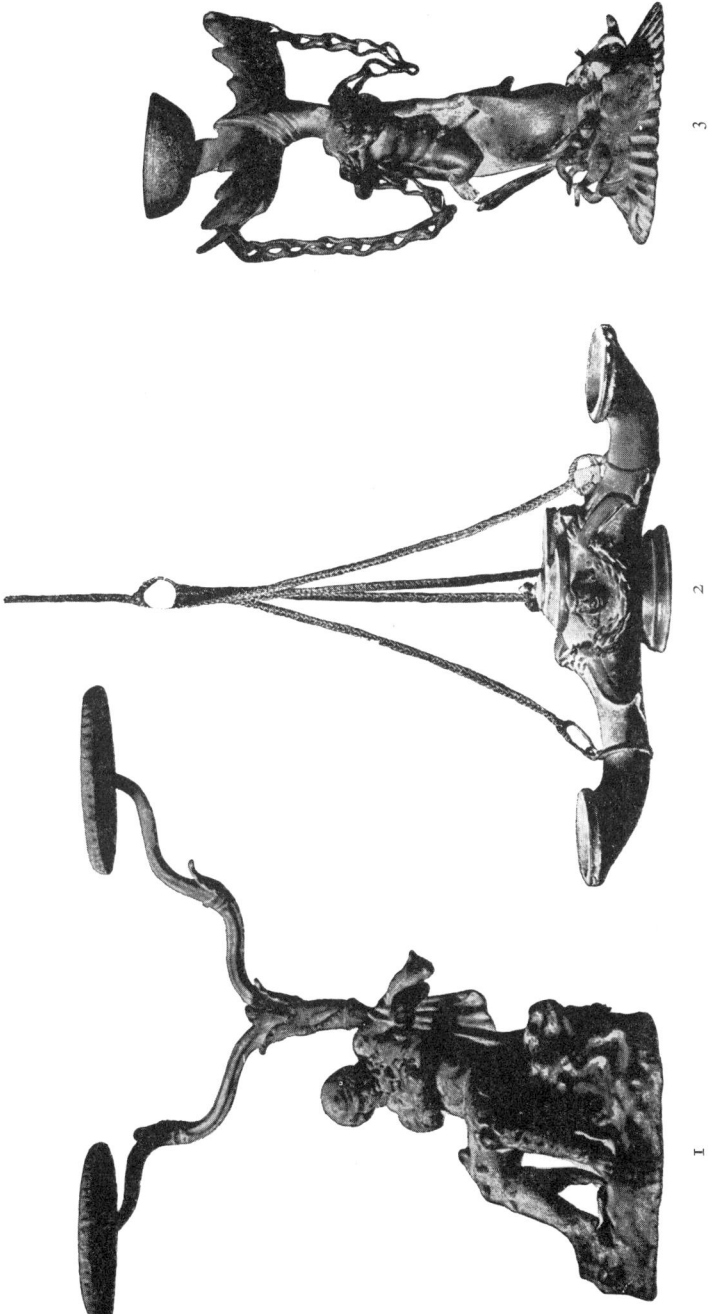

1. und 3. Lampenständer. – 2. *Lychnos trimyxos* (Lampe mit drei Leuchten). Neapel, Nationalmuseum (aus Pompeji).

TAFEL XLI

1. Lampenständer mit Lampe. – 2. Kandelaber für Kerzen. – 3. Kandelaber für Öllampen. Neapel, Nationalmuseum (aus Pompeii).

TAFEL XLII

1. und 3. Kunstwerke aus Bronze. – 2. Tischstütze.
Neapel, Nationalmuseum (aus Pompeii).

TAFEL XLIII

Silbergerät aus Boscoreale: 1. Spiegel. – 2. Teller mit Relief. Paris, Louvre.

TAFEL XLIV

Gefäße zum Anwärmen des Wassers während des Gastmahls. Neapel, Nationalmuseum (1. aus Pompeii; 2. aus Stabiae).

TAFEL XLV

Gefäße für warmes Wasser und Mischkrüge (*caldaria* und *creterrae*).
Neapel, Nationalmuseum (aus Pompeii und Herculaneum).

TAFEL XLVI

Silbergerät aus Boscoreale: Schöpfgefäße *(cyathi)*. Paris, Louvre.

TAFEL XLVII

Silbergerät aus Boscoreale: 1. Pokal. – 2. Salznapf. – 3. Tischgefäß.
Paris, Louvre.

TAFEL XLVIII

Silbergerät aus Boscoreale: Trinkgefäße. Paris, Louvre.

TAFEL XLIX

1

2

3

4

Das römische Gastmahl: 1. Vorbereitungen.
2. und 3. Die Bedienung während des Mahles. – 4. Szene einer häuslichen Mahlzeit.
Trier, Museum.

TAFEL L

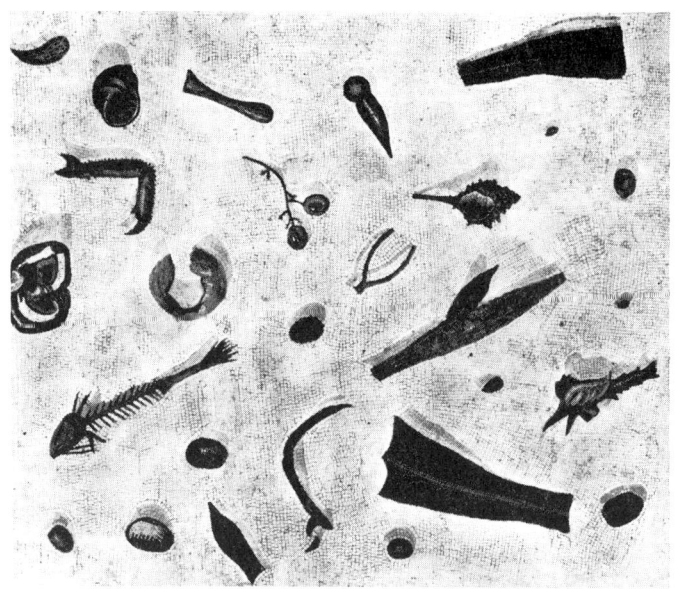

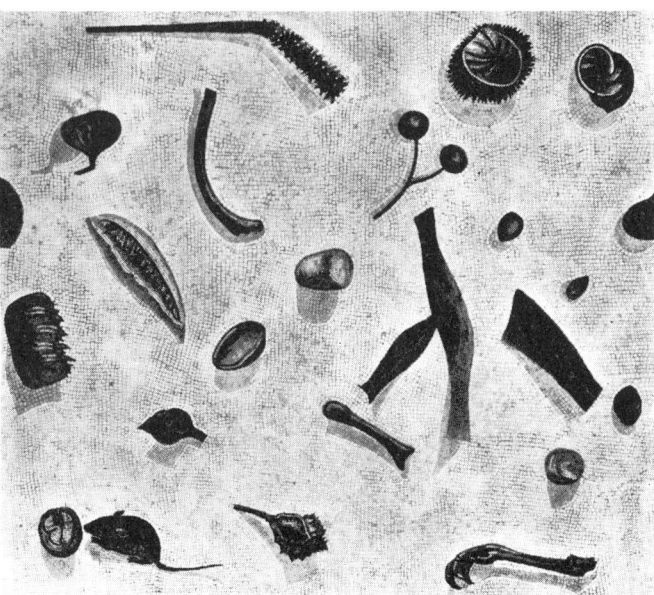

Mosaik aus einem *triclinium*, einen nicht gefegten Fußboden darstellend (ἀσάρωτος οἶκος). Rom, Lateranmuseum.

Gebrauchsgegenstände der Frauen:
1. Schirm und Kamm. Avezzano, Museum. – 2. Handtasche und Sonnenschirm. Spalato, Museum.

TAFEL LII

1

2

3

Gebrauchsgegenstände der Frauen:
1. Sandalen und Handtasche. – 2. Schemel, Sonnenschirm, Salbgefäß, Nadel und Spindel.
3. Arbeitskorb, Spindel, Schminktöpfchen, Toilettenstuhl, Etui und Schrein.
Avezzano, Museum.

TAFEL LIII

Auf dem Forum gewachsener Feigenbaum.
1. Ausschnitt aus einem traianischen *pluteus*. – 2. Traianischer *pluteus*.

Festliche Haartracht der Frauen zur Zeit der Flavier.
Rom, Kapitolinisches Museum.

TAFEL LV

Römische Frau bei der Toilette. Trier, Museum (aus Noviomagus).

TAFEL LVI

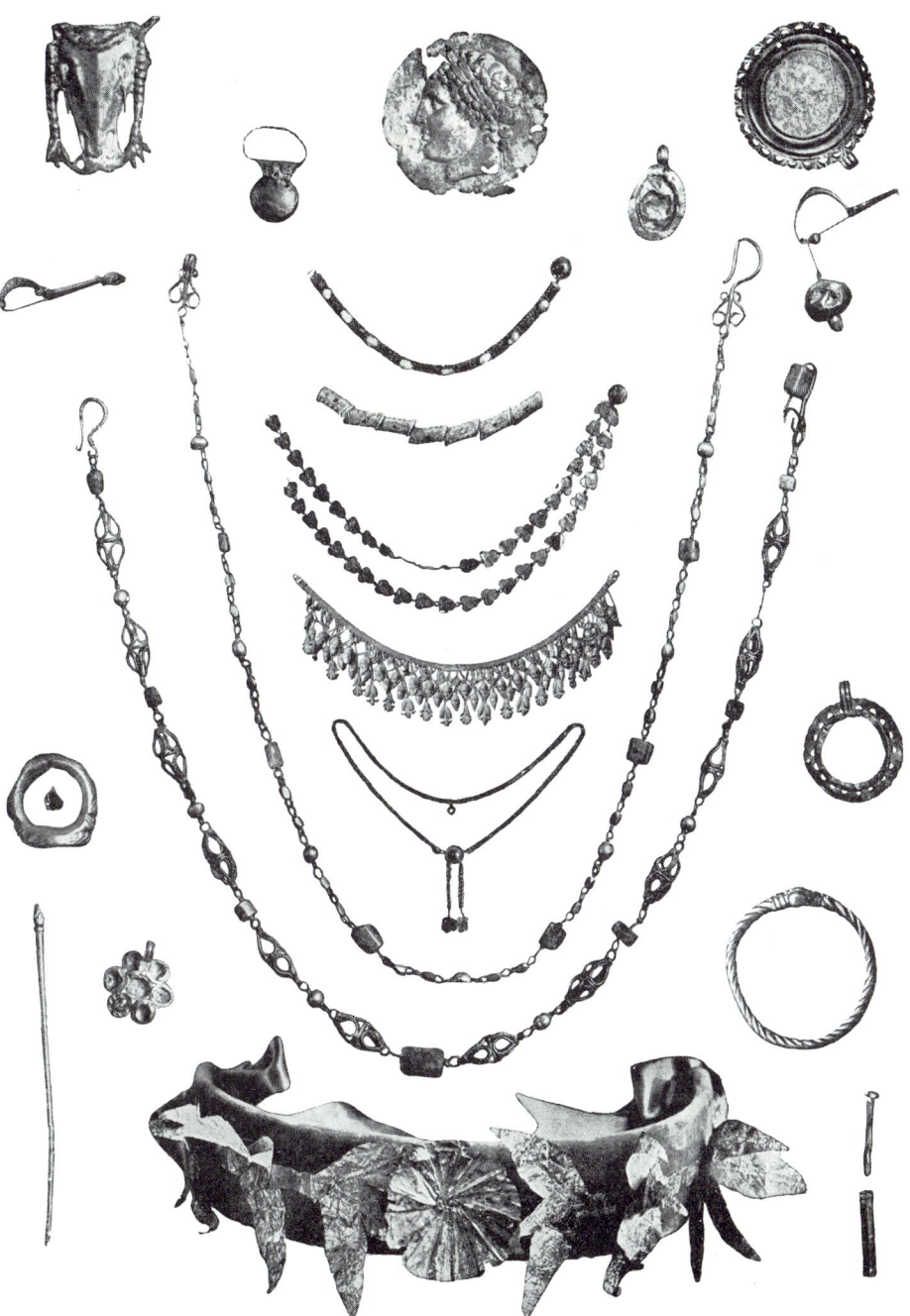

Weiblicher Goldschmuck aus verschiedenen Epochen und verschiedener Herkunft.
Neapel, Nationalmuseum.

TAFEL LVII

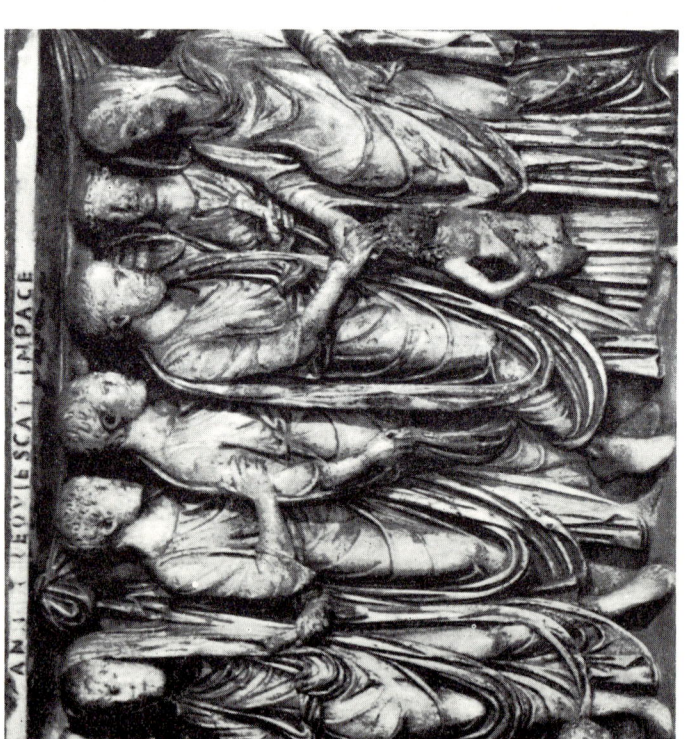

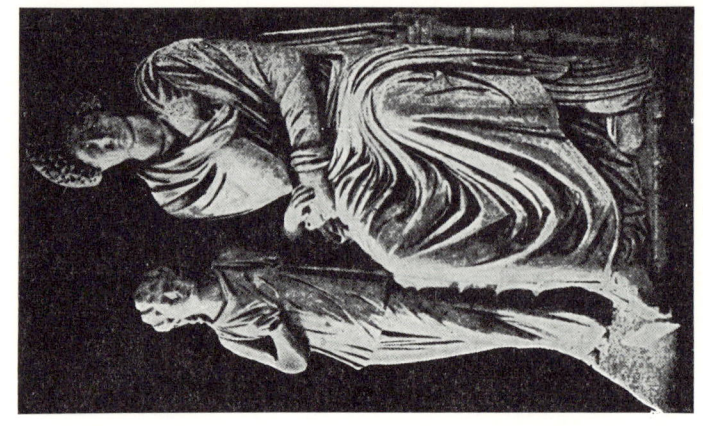

1. Die *dextrarum iunctio*. Von einem römischen Sarkophag des 3. Jahrhunderts n. Chr. Rom, San Lorenzo fuori le Mura.
2. Mutter und Tochter. Chatsworth (aus E. Strong, *La scultura romana*). Man beachte bei der Mutter die charakteristische Haartracht der flavischen Zeit.

TAFEL LVIII

Reste einer Porticus auf dem Forum. Pompeii.

Stabianer Tor. Pompeii.

TAFEL LIX

Gräberstraße. Pompeii.

TAFEL LX

Via dell'Abbondanza. Pompeii.

Via und Porta Nolana. Pompeii.

TAFEL LXI

1. Werkstatt des Messerschmiedes. – 2. Laden des Messerschmiedes. Rom, Vatikanmuseum.

TAFEL LXII

Die Bank des Geldwechslers. Rom, Palazzo Salviati alla Longara.

Der Bankier in der Provinz: Die Steuereinnahme. Trier, Museum (aus Noviomagus).

TAFEL LXIII

Die Schlosserwerkstatt.
1. Neapel, Nationalmuseum. – 2. Aquileia, Archäologisches Museum.

TAFEL LXIV

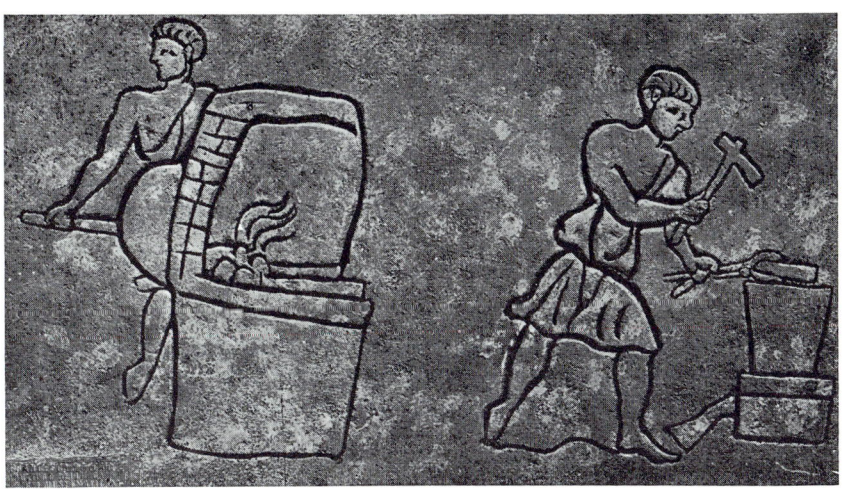

Schlosserwerkstatt.
Rom, Lateranmuseum (Zeichnung aus den Domitilla-Katakomben).

Der Scherenschleifer. Vom Begräbnisplatz der Isola Sacra bei Ostia.

Der Bildhauer. Urbino, Museo Arcivescovile.

Der Schiffszimmermann. Ravenna, Museum.

TAFEL LXVI

Der Kesselschmied. Este, Museo Atestino.

Der Goldschläger *(bractearius)*. Rom, Vatikanmuseum.

TAFEL LXVII

Der Arbeitsgang in einer Walkerei *(fullonica)*.
1. und 2. Pompeii, Haus der Vettier. – 3. Neapel, Nationalmuseum. (Die Figur rechts stellt den Arbeiter dar, der das Gestell trägt, über welchem das Tuch getrocknet wurde.)

TAFEL LXVIII

Der Bäckerladen:
1. Die Mühle. – 2. Das Gerät (Ostia, Sarkophag des P. Nonius Zetus).
3. Arbeiter beim Teigkneten. – 4. Der Backofen (Rom, Grabmal des Eurysaces).

Laboratorium des Parfümverkäufers. Pompeii, Haus der Vettier.

Goldschmiedewerkstatt. Pompeii, Haus der Vettier.

TAFEL LXX

Der Unterricht.
1. Paris, Louvre (Sarkophag des Cornelius Statius).
2. Trier, Museum (aus Noviomagus).

TAFEL LXXI

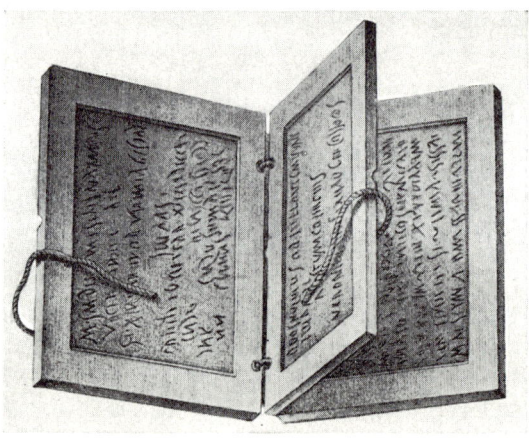

Schreibtäfelchen.
1. Diptychon (Außenseite) und Griffel. – 2. Diptychon (Innenseite) und Griffel.
3. Triptychon. (Aus Blümner, *Die römischen Privataltertümer*.)

TAFEL LXXII

Beim Arzt: Das Abtasten. London, Britisches Museum.

Beim Augenarzt. Ravenna, San Vittore.

TAFEL LXXIII

Tepidarium. Herculaneum, Thermen (Frauenbad).

Frigidarium. Pompeii, Stabianer Thermen.

Tepidarium. Pompeii, Thermen beim Forum.

Caldarium. Herculaneum, Thermen.

TAFEL LXXV

Die *suspensurae* (Hohlräume im Fußboden) des *caldarium*. Fiesole, römische Thermen.

Das *praefurnium* (Heizraum) des *caldarium*. Fiesole, römische Thermen.

TAFEL LXXVI

1. *Apodyterium* (Auskleideraum). Herculaneum, Thermen (Frauenabteilung). – 2. *Cryptoporticus*. Pompeii.

TAFEL LXXVII

Reisewagen. Klagenfurt, Kirche Maria Saal.

TAFEL LXXVIII

Kinderspiele:
1. Reifenspiel. Rom, Lateranmuseum. – 2. Das Wägelchen. Paris, Louvre.

TAFEL LXXIX

Kinderspiele: 1. Das Pferdchenspiel. – 2. Das Nüssespiel. Rom, Lateranmuseum.

TAFEL LXXX

1 2

3

Kinderspiele:
1. und 2. Pferdchenspielen. – 3. Einfangen mit der Leine.
Herculaneum, Wandmalereien.

TAFEL LXXXI

Die Bärenjagd. Laibach, Museum (aus Statenberg).

Wildschweinjagd. Rom, Antiquarium.

TAFEL LXXXII

Die hohe Jagd. Rom, Antiquarium.

Fischerei-Szene.
Vom sogenannten Mosaik des Orpheus, welches bei den Ausgrabungen des Jahres 1933 in Leptis Magna gefunden wurde. (Späte Nachbildung eines griechischen Originals.)

TAFEL LXXXIV

1

2

3

1. Jagd und Fischfang. – 2. Jagd auf dem Meere und Tauchen. – 3. Fischfang auf dem Meere. Etruskische Wandmalereien nach griechischen Vorbildern. In den Hypogäen von Tarquinia.

1. Wagenrennen im Circus. Foligno, Museo Lapidario. – 2. Kampf mit wilden Tieren im Circus. Sofia, Museum.

TAFEL LXXXVI

Kampf mit wilden Tieren im Circus. Rom, Vatikanmuseum.

TAFEL LXXXVII

Kampf mit wilden Tieren im Circus. Rom, Museo Kircheriano.

Gladiatorenkämpfe. Aquila, Museo Aquilano.

TAFEL LXXXVIII

Jagdszenen und Circusrennen.
1. und 2., 4. und 5. Münzen aus der Kaiserzeit.
3. Medaille Philipps I.: Die *ludi saeculares* im Circus Maximus.
(Aus Bernhart, *Handbuch zur Münzkunde*.)

Die Hinrichtung. (Gladiator, im Begriff, den Gefallenen zu erschlagen, während die Herolde mit Trompetenstößen das Zeichen geben.)
München, Glyptothek. (Aus *Münchner Jahrbuch der bildenden Kunst*, N.F., II, 1–2.)

Theatervorstellungen. Neapel, Nationalmuseum.

TAFEL XCI

Vorbereitung zur Aufführung. Neapel, Nationalmuseum.

TAFEL XCII

Das Forum Romanum, vom Fuße des Capitols aus gesehen.

TAFEL XCIII

Der Tempel des Romulus und Reste des Templum Sacrae Urbis, in die Kirche SS. Cosma e Damiano umgewandelt. (Siehe auch Tafel CII.)

TAFEL XCIV

Reste der zum Templum Divi Augusti gehörenden Bibliothek, in die Kirche S. Maria Antiqua umgewandelt.

Der Pons Aelius während der römischen Kaiserzeit.
1. Medaille des Antoninus Pius. – 2. Die Statuen der Brücke (vergrößerter Ausschnitt).
3. Das Mausoleum Hadrians und der Pons Aelius um die Mitte des 16. Jahrhunderts.
(Nach einem Stich von Antonio Salamanca.)

Das Pantheon vom Ende des 14. bis zu den ersten Jahrzehnten des 17. Jahrhunderts.
1. Nach einem Stich von Alò Giovannoli.
2. Federzeichnung eines Unbekannten aus dem 16. Jahrhundert.

Das Pantheon von den ersten Jahrzehnten des 17. bis Ende des 19. Jahrhunderts.
(Nach einem Stich von Piranesi.)

Ansicht des Pantheons von den letzten Jahrzehnten
des 19. Jahrhunderts bis heute.

TAFEL XCVIII

Ansicht vom Pantheon-Platz aus den letzten Jahrzehnten des 17. Jahrhunderts. (Nach einem Stich von Levin Cruyl.)

TAFEL XCIX

Die Curia Iulia in den ersten Jahrzehnten des 16. Jahrhunderts, in die Kirche Sant'Adriano umgewandelt. (Nach einem Stich von Alò Giovannoli.)

TAFEL C

Der Tempel des Antoninus und der Faustina mit der als Kapelle eingerichteten *cella* während der Umwandlung in die Kirche S. Lorenzo in Miranda in den ersten Jahrzehnten des 16. Jahrhunderts. (Vgl. Taf. CII.) (Nach einem Stich von Alò Giovannoli.)

Der Tempel des Antoninus und der Faustina seit der Umwandlung der Kirche im 17. Jahrhundert bis heute.

TAFEL CII

Der Titusbogen, umgewandelt in ein Stadttor.
1. Erste Jahrzehnte des 17. Jahrhunderts. (Nach einem Stich von Alò Giovannoli.)
2. Mitte des 18. Jahrhunderts. (Nach einem Stich von Piranesi.)

Der Titusbogen in seiner heutigen Gestalt.

Relief im Innern des Titusbogens (Der Triumph über die Hebräer).

TAFEL CV

Ausschnitt aus dem Relief im Innern des Titusbogens
(Der Leuchter aus dem Tempel von Jerusalem).

Die Porticus Octavia zu Beginn des 19. Jahrhunderts.
(Nach einem Stich von Agostino Penna aus dem Jahre 1815.)

TAFEL CVII

Das Mausoleum des Augustus.
1. Nach der Rekonstruktion des Archäologen Canina.
2. Um die Mitte des 16. Jahrhunderts. (Nach einem Stich von Du Pérac.)

Das Mausoleum des Augustus.
1. Um die Mitte des 18. Jahrhunderts. (Nach einem Stich von Piranesi.)
2. Heutige Ansicht.

Der östliche Halbkreis des Traiansforums um die Mitte des 16. Jahrhunderts, teilweise im Boden versunken. (Nach einem Stich von Hieronymus Cock.)

TAFEL CX

Der östliche Halbkreis des Traiansforums. Heutige Ansicht, nach den letzten Ausgrabungen.

TAFEL CXI

Der Triumphbogen des Septimius Severus um die Mitte des 16. Jahrhunderts, teilweise im Erdboden versunken. (Nach einer Federzeichnung von Giovanni Antonio Dosio.)

Der Triumphbogen des Septimius Severus, wie er seit den ersten Jahren des 19. Jahrhunderts bis heute aussieht.

TAFEL CXIII

Die Geschichte einer Säule: 1. Die Konstantinsbasilika um die Mitte des 16. Jahrhunderts.
(Man beachte die korinthische Säule vor der Außenmauer zwischen den beiden äußeren Arkaden links, die sich heute auf der Piazza Santa Maria Maggiore befindet; vgl. folgende Tafel.) (Nach einem Stich von Hieronymus Cock.)

TAFEL CXIV

Die Geschichte einer Säule: 2. Die Konstantinsbasilika in ihrer heutigen Gestalt. (Die auf dem Stich von Cock dargestellte Säule ist entfernt; vgl. vorhergehende Tafel.) – 3. Die Säule der Piazza Santa Maria Maggiore, die ehemals zur Konstantinsbasilika gehörte und 1613 durch Paul V. hierher überführt wurde.

TAFEL CXV

Der sogenannte Vesta-Tempel in der zweiten Hälfte des 16. Jahrhunderts, in eine Kirche umgewandelt. (Nach einer Federzeichnung von Dosio.)

TAFEL CXVI

Der sogenannte Vesta-Tempel. Heutige Ansicht.

TAFEL CXVII

Eine Seite des sogenannten Vesta-Tempels.

TAFEL CXVIII

Reste der Traiansthermen.

TAFEL CXIX

Der sogenannte Tempel der Fortuna Virilis im 16. Jahrhundert, in die Kirche S. Maria Egiziaca umgewandelt.
(Nach einem Stich von Alò Giovannoli.)

TAFEL CXX

Der sogenannte Tempel der Fortuna Virilis. Heutige Ansicht.

TAFEL CXXI

Das teilweise im Erdboden versunkene Forum Romanum, um die Mitte des 16. Jahrhunderts. (Nach einem Stich von Hieronymus Cock.)

TAFEL CXXII

Das teilweise im Erdboden versunkene Forum Romanum zu Füßen des Capitols, um die Mitte des 16. Jahrhunderts. (Nach einem Stich von Hieronymus Cock.)

TAFEL CXXIII

Das Forum des Nerva mit dem Minerva-Tempel, bevor Paul V. die Säulen
fortschaffen ließ (Mitte des 16. Jahrhunderts).
(Nach einem Stich von Hieronymus Cock.)

Das Forum Nervae um die Mitte des 18. Jahrhunderts.
(Nach einem Stich von Piranesi.)

TAFEL CXXIV

Reste der Mauer, die das Forum Nervae umschloß. Heutige Ansicht.

TAFEL CXXV

Der Campo Vaccino in den ersten Jahrzehnten des 17. Jahrhunderts. (Nach einem Stich von Van Wittel.)

TAFEL CXXVI

Der Campo Vaccino um die Mitte des 18. Jahrhunderts. (Nach einem Stich von Piranesi.)

TAFEL CXXVII

Das Septizonium in der zweiten Hälfte des 16. Jahrhunderts. (Nach einem Stich von Du Pérac.)

TAFEL CXXVIII

VERZEICHNIS DER BILDTAFELN

I		Das Beladen eines Flußfrachtschiffes.
II		Feierliches Begräbnis.
III		Münzen mit Bauwerken aus der Kaiserzeit.
IV		Der Palatin, vom Forum aus gesehen.
V/VI		Relief von der Marcussäule.
VII/VIII		Homerische Szene und Landschaft.
IX	1	Laden eines Weinhändlers.
	2	Weinausschank.
X		Verkauf von Geflügel und anderem weißem Fleisch.
XI		Cryptoporticus der Domus Aurea.
XII		Fleischerladen.
XIII		Einkauf bestickter Stoffe beim Händler.
XIV	1	Ladenschild einer Walkerei.
	2	Wirtshausschild.
XV	1	Inneres einer Schenke.
	2/3	Wirtshausszenen.
XVI		Ausgrabungen in Ostia: Ruinen von Häusern und Speichern.
XVII		Straße in Ostia.
XVIII		Haus in Ostia.
XIX		Das Tor (mit den Abgüssen der Türflügel). Pompeii.
XX	1	Säulengetragenes Atrium, mit Durchblick ins Peristyl.
	2	Teil des *compluvium* mit *puteal*; Fußboden des *tablinum* mit Durchblick ins Peristyl; rechts das *andron*.
XXI	1	*Tablinum* mit *cenaculum*.
	2	Garten mit gemauertem *triclinium* und Wasserbecken.
XXII	1	Garten im Peristyl.
	2	Einzelheiten des Peristyls mit Garten.
XXIII	1	Zimmer mit Brunnen und Becken.
	2	Garten mit *euripus*.
XXIV	1	Laden mit gemauertem Verkaufstisch.
	2	Backofen und Mühle.
XXV	1	Küche.
	2	Badezimmer in Privathaus.
XXVI		Pompejanische Häuser mit Balkonen.

XXVII	1	Römische Wandmalerei: die sogenannte Aldobrandinische Hochzeit.
	2	Wandmalerei aus einem pompejanischen Hause.
XXVIII		Blumenmalerei als Wandschmuck.
XXIX	1	Opfer im Freien.
	2	Ländliche Szene.
XXX		Die Nil-Überschwemmung. Fußboden-Mosaik.
XXXI	1	Wandmalerei (aus einer Jagdszene).
	2	Mosaik im *vestibulum*.
XXXII		Mosaiken aus einem *triclinium*.
XXXIII		Römisches Mosaik.
XXXIV		Deckenfresken.
XXXV		Griffe und Beschläge.
XXXVI		Waagen.
XXXVII	1	Ruhebett im *triclinium*.
	2	Tisch mit beweglichen Füßen.
XXXVIII	1	Geldtruhe.
	2	Kohlenbecken.
XXXIX		Dreibeinige Tische aus Bronze.
XL		Kandelaber mit Öllampen.
XLI	1/3	Lampenständer.
	2	*Lychnos trimyxos* (Lampe mit drei Leuchten).
XLII	1	Lampenständer mit Lampe.
	2	Kandelaber für Kerzen.
	3	Kandelaber für Öllampen.
XLIII	1/3	Kunstwerke aus Bronze.
	2	Tischstütze.
XLIV	1	Silberner Spiegel.
	2	Silberner Teller mit Relief.
XLV		Gefäße zum Anwärmen des Wassers während des Gastmahls.
XLVI		Gefäße für warmes Wasser und Mischkrüge *(caldaria* und *creterrae).*
XLVII		Silberne Schöpfgefäße *(cyathi).*
XLVIII	1	Silberner Pokal.
	2	Silberner Salznapf.
	3	Silbernes Tischgefäß.
XLIX		Silberne Trinkgefäße.

VERZEICHNIS DER BILDTAFELN

L		Das römische Gastmahl.
LI		Mosaik aus einem *triclinium*, einen nicht gefegten Fußboden darstellend (ἀσάρωτος οἶκος).
LII/LIII		Gebrauchsgegenstände der Frauen.
LIV		Auf dem Forum gewachsener Feigenbaum.
LV		Festliche Haartracht der Frauen zur Zeit der Flavier.
LVI		Römische Frau bei der Toilette.
LVII		Weiblicher Goldschmuck aus verschiedenen Epochen und verschiedener Herkunft.
LVIII	1	Die *dextrarum iunctio*.
	2	Mutter und Tochter.
LIX	1	Reste einer Porticus auf dem Forum. Pompeii.
	2	Stabianer Tor. Pompeii.
LX	1/2	Gräberstraße. Pompeii.
LXI	1	Via dell'Abbondanza. Pompeii.
	2	Via und Porta Nolana. Pompeii.
LXII	1	Werkstatt des Messerschmiedes.
	2	Laden des Messerschmiedes.
LXIII	1	Bank des Geldwechslers.
	2	Der Bankier in der Provinz: Die Steuereinnahme.
LXIV	1/2	Die Schlosserwerkstatt.
LXV	1	Schlosserwerkstatt.
	2/3	Der Scherenschleifer.
LXVI	1	Der Bildhauer.
	2	Der Schiffszimmermann.
LXVII	1	Der Kesselschmied.
	2	Der Goldschläger *(bractearius)*.
LXVIII	1–3	Der Arbeitsgang einer Walkerei *(fullonia)*.
LXIX	1–4	Der Bäckerladen.
LXX	1	Laboratorium des Parfümverkäufers.
	2/3	Goldschmiedewerkstatt.
LXXI	1/2	Der Unterricht.
LXXII	1–3	Schreibtäfelchen.
LXXIII	1	Beim Arzt: Das Abtasten.
	2	Beim Augenarzt.
LXXIV	1	*Tepidarium*.
	2	*Frigidarium*.

LXXV	1	*Tepidarium.*
	2	*Caldarium.*
LXXVI	1	Die *suspensurae* (Hohlräume im Fußboden) des *caldarium.*
	2	Das *praefurnium* (Heizraum) des *caldarium.*
LXXVII	1	*Apodyterium* (Auskleideraum).
	2	*Cryptoporticus.*
LXXVIII		Reisewagen.
LXXIX–LXXXI		Kinderspiele.
LXXXII	1	Die Bärenjagd.
	2	Wildschweinjagd.
LXXXIII	1/2	Die hohe Jagd.
LXXXIV		Fischerei-Szene.
LXXXV	1	Jagd und Fischfang.
	2	Jagd auf dem Meere und Tauchen.
	3	Fischfang auf dem Meere.
LXXXVI	1	Wagenrennen im Circus.
	2	Kampf mit wilden Tieren im Circus.
LXXXVII	1–3	Kampf mit wilden Tieren im Circus.
LXXXVIII	1	Kampf mit wilden Tieren im Circus.
	2	Gladiatorenkämpfe.
LXXXIX		Jagdszenen und Circusrennen.
XC		Die Hinrichtung.
XCI	1/2	Theatervorstellungen.
XCII		Vorbereitung zur Aufführung.
XCIII		Das Forum Romanum, vom Fuße des Capitols aus gesehen.
XCIV		Der Tempel des Romulus und Reste des Templum Sacrae Urbis.
XCV		Reste der zum Templum Divi Augusti gehörenden Bibliothek.
XCVI	1/2	Der Pons Aelius während der römischen Kaiserzeit.
	3	Das Mausoleum Hadrians und der Pons Aelius um die Mitte des 16. Jahrhunderts.
XCVII	1/2	Das Pantheon vom Ende des 14. bis zu den ersten Jahrzehnten des 17. Jahrhunderts.
XCVIII	1	Das Pantheon von den ersten Jahrzehnten des 17. bis Ende des 19. Jahrhunderts.
	2	Ansicht des Pantheons von den letzten Jahrzehnten des 19. Jahrhunderts bis heute.
XCIX		Ansicht vom Pantheon-Platz aus den letzten Jahrzehnten des 17. Jahrhunderts.

VERZEICHNIS DER BILDTAFELN 373

C		Die Curia Iulia in den ersten Jahrzehnten des 16. Jahrhunderts.
CI		Der Tempel des Antoninus und der Faustina mit der als Kapelle eingerichteten *cella* während der Umwandlung in die Kirche San Lorenzo in Miranda in den ersten Jahrzehnten des 16. Jahrhunderts.
CII		Der Tempel des Antoninus und der Faustina seit der Umwandlung der Kirche im 17. Jahrhundert bis heute.
CIII	1	Der Titusbogen, umgewandelt in ein Stadttor: Erste Jahrzehnte des 17. Jahrhunderts;
	2	Mitte des 18. Jahrhunderts.
CIV		Der Titusbogen in seiner heutigen Gestalt.
CV		Relief im Innern des Titusbogens (Der Triumph über die Hebräer).
CVI		Ausschnitt aus dem Relief im Innern des Titusbogens (Der Leuchter aus dem Tempel von Jerusalem).
CVII		Die Porticus Octavia zu Beginn des 19. Jahrhunderts.
CVIII	1	Das Mausoleum des Augustus. Nach der Rekonstruktion des Archäologen Canina;
	2	um die Mitte des 16. Jahrhunderts.
CIX	1	Das Mausoleum des Augustus. Um die Mitte des 18. Jahrhunderts;
	2	heutige Ansicht.
CX		Der östliche Halbkreis des Traiansforums um die Mitte des 16. Jahrhunderts, teilweise im Boden versunken.
CXI		Der östliche Halbkreis des Traiansforums. Heutige Ansicht, nach den letzten Ausgrabungen.
CXII		Der Triumphbogen des Septimius Severus um die Mitte des 16. Jahrhunderts.
CXIII		Der Triumphbogen des Septimius Severus, wie er seit den ersten Jahren des 19. Jahrhunderts bis heute aussieht.
CXIV		Die Geschichte einer Säule: 1. Die Konstantinsbasilika um die Mitte des 16. Jahrhunderts mit der korinthischen Säule, die heute auf der Piazza Santa Maria Maggiore steht.
CXV		Die Geschichte einer Säule: 2. Die Konstantinsbasilika in ihrer heutigen Gestalt, ohne die Säule, die man auf der vorhergehenden Tafel bemerkt; 3. Die Säule der Piazza Santa Maria Maggiore, die ehemals zur Konstantinsbasilika gehörte.
CXVI		Der sogenannte Vesta-Tempel in der zweiten Hälfte des 16. Jahrhunderts, in eine Kirche umgewandelt.

CXVII		Der sogenannte Vesta-Tempel. Heutige Ansicht.
CXVIII		Eine Seite des sogenannten Vesta-Tempels.
CXIX		Reste der Traiansthermen.
CXX		Der sogenannte Tempel der Fortuna Virilis im 16. Jahrhundert, in die Kirche Santa Maria Egiziaca umgewandelt.
CXXI		Der sogenannte Tempel der Fortuna Virilis. Heutige Ansicht.
CXXII		Das teilweise im Erdboden versunkene Forum Romanum, um die Mitte des 16. Jahrhunderts.
CXXIII		Das teilweise im Erdboden versunkene Forum Romanum zu Füßen des Capitols, um die Mitte des 16. Jahrhunderts.
CXXIV	1	Das Forum des Nerva mit dem Minerva-Tempel um die Mitte des 16. Jahrhunderts.
	2	Das Forum Nervae um die Mitte des 18. Jahrhunderts.
CXXV		Reste der Mauer, die das Forum Nervae umschloß. Heutige Ansicht.
CXXVI		Der Campo Vaccino in den ersten Jahrzehnten des 17. Jahrhunderts.
CXXVII		Der Campo Vaccino um die Mitte des 18. Jahrhunderts.
CXXVIII		Das Septizonium in der zweiten Hälfte des 16. Jahrhunderts.

Photographien:

Alinari: Tafeln I, II, VIII–X, XII–XIV, XVI, XX–XXII, XXIV–L, LII, LIII, LV–LXXI, LXXIII–LXXV, LXXVII–LXXXIII, LXXXVI–LXXXVIII, XCI–XCIII, XCVIII/2, CV, CXIII, XCV, CXIX, CXXV. – Anderson: Tafeln XXIII/1, LI, CVI. – Brogi: Tafeln IX, XXVII, XXXIV, LXVIII, LXX, LXXXI, XCI, XCII. – Gabinetto Archeologico di Firenze: Tafel LXXVI. – Gabinetto del Museo Nazionale di Napoli: Tafel XIX. – Istituto Geografico De Agostini: Tafel XXIII/2. – Soprintendenza dei Monumenti, Rom: Tafel XI.

NAMEN- UND SACHREGISTER

NB. Die Seitenzahlen sind mit gewöhnlichen Lettern, die Verweise auf Textabbildungen in *Kursiv* gesetzt; Verweise auf Tafeln in römischen Zahlen.

abacus, 103, 265
Aberglaube, 209 ff.
abolla, 123, 126
acetabulum, 116 f.
Acta diurna populi, 213
actor, 144, 293
acus crinales oder *comatoriae*, 130
advocatus, 227 ff.
Advokat, sein Ansehen, 219, 228
Aedes Telluris, 173
Aerarium, 47
affectio maritalis, 138
Agrippa, 37, 45, 50, 350
alae, 76, 84
aliculae, 273
alipilus, 254
aliptes, 254
allec, 113
Alta Semita, 22, 49, 169
altilia, 109
amanuenses, 145, 215, 231
ambulationes, 95
amenta (der Sandalen), 127
Amphitheatrum Castrense, 343
– *Flavium*, s. Colosseum
Ampullen, für das Öl, 254, *35*
Amulette, 312
anaglyphi Traiani, 28
anagnostes, 122
analectae, 118
andron, 85, XX
Angel, zum Fischen, 277
angusticlavium, 190
angustus clavus, 124
Ankläger, vor Gericht, 228
antepagmenta, 82
Antonius, M., 45, 227, 231, 233
apodyterium, 252, LXXVII
Apollodoros (griech. Architekt), 38

apophoreta, 122
Äpfel, 112
Apotheke, 237
apparitores, 218
apricatio, 253
Aprikose, 111 f.
Aquädukt, 19, 347
– der *aqua Marcia*, 58
– von Segovia, 55
Aquileia, 181
Aquilius, C., 50
Aquilius Regulus, 60
– Garten des, 173
Ara Maxima, 43
– *Pacis*, 51, 194
Arbeitstag, seine Dauer, 188
arbiter bibendi, 120
arbor sancta, 176
arca, 84, 104, XXXVIII
arcera, 259
Archagathos (Arzt), 244
archiatra (Amtsarzt), 238
archimagirus, 87, 145
areae (Vogelherd), 275
– (Plätze in der Stadt), 20, 48
argentum escarium, 103, 117
– *potorium*, 103, 117
Argiletum, 25, 36, 40, 64, 215, 332, 359
armarium, 100
aromatarii, 237
Arzneien, 239 ff.
Ärzte, 238 ff.
– Amts-, 246
– Augen-, 247, LXXIII
– Bezirks-, 24
– Gladiatoren-, 246
– griechisch-orientalische, 236
– Militär-, 246
– öffentliche, 238

Ärzte, Sklaven-, 245
- Spezial-, 246
- Veterinär-, 217
ärztliche Untersuchung, LXXIII
Asinius Pollio, 199
assa sudatio, 252
atramentarium, 208
atramentum, 208 f.
Atrectus (Buchhändler), 64, 173, 215
Atrium, 75 ff., 83 ff., 95 ff., 100, XX
- *Corinthium*, 83
- *displuviatum*, 83
- *testudinatum*, 83
- *tetrastylum*, 83, XX
- *Tuscanicum*, 83
- *Vestae*, 329
auceps, 275 f.
aucupium, 272 f., 275 f.
auditoria, 239
Augenarzt, s. Arzt
Augengläser, 249
Augenkrankheiten, 247 ff.
Augustus, 22, 23, 28 ff., 45, 61, 121, 124, 209, 332 f., 336, 354
aurifices, 188
Ausfuhr, 179 f.
Aventin, 19, 23, 33, 36, 39, 40, 42, 173, 347

Bäckerladen, LXIX
Backofen, XXIV, LXIX
Bäder, 19, 177, 250, 253
- Fluß-, 250
- Haus-, XXV
- kalte, 95, 250
- medizinische, 250
- in der Villa des Diomedes, 95, *18*
- warme, 95, 250
Balkon, 89, XXVI
balnea, 250
- *meritoria*, 252
balneaticum, 252
balneator, 254
Bankett, 119, L
Barbaren, 346
barbatuli iuvenes, 133

Barbier, s. auch *tonsores*, 131, 190
barbula, 132
Basilica Aemilia, 28, 30 ff.
- *Iulia*, 28, 29, 331, 334, 359
- des Konstantin, 28, 343, 358, CXIV, CXV
- des Maxentius, s. Basilica des Konstantin
- *Opimia*, 25, 334
- *Porcia*, 25, 330
- St. Paul, 348
- St. Peter, 38, 348
- *Sempronia*, 25, 331
- *Ulpia*, 30, 341
Bäume, städtische, 175 ff., LIV
Bett, s. *lectus*
Bernstein, Verwendung, 181 f.
Beschläge, 101, XXXV
bibliopola, 214
Bibliotheken, private, 215
- öffentliche, 215
bibliotheca, 95, 100
Bibliotheca Ulpia, 216
Bildhauer, 65, LXVI
Birnen, 112
Börse, für die Reise, 258
Boscoreale, 94, 256, *17*,
  s. auch Silbergerät aus B.
botella, 111
Brandwunden, Behandlung, 241
Brennessel, medizinische Verwendung, 241
Bronzen, künstlerische, XLIII
Brot, s. *panis*
Buch, 206 f.
Buchhändler, 64, 214

Caelius (Berg), 22, 26, 46 ff., 173, 176
Caesar, 28, 36, 61, 173, 243, 332
calami aucupatorii, 276
calamus, 210 f.
calceus, 128
caldarium (Gefäß für heißes Wasser), 118, 256, XLV, XLVI
- (Teil der Thermen), 252, LXXV, LXXVI

calices, 118, 120, XLIX
Caligula, 45, 69, 71, 210, 243, 267, 271, 336
Campo Vaccino, 345, 360, CXXVI, CXXVII
Campus Martius, 33, 39, 50f., 169, 267f., 340f., 348ff., *23*
capita et navia (Kinderspiel), 261
Capitolium, 21ff., 42, 47f., 347
Carinae, 29, 169, 172
carpentarii, 217
carpentum, 260, *36*
carruca, 260
carrus, 259
casses, 275
cathedra, 10, 196
Cato, der Censor, 25, 220, 227, 239, 244, 302
caudex, s. *codex*
cauponae, 257
causidici, 233f.
cena, 119, 125
– *nuptialis*, 140
cenaculum, 87, XXI
cerae, 211ff.
Cerealia, 278, 281
charta, 201f., 204
– *amphitheatrica*, 204
– *dentata*, 204
– *emporeutica*, 204
– *epistolaris*, 204
– *Fanniana*, 204
– *hieratica* oder *Augusta*, 204
Chirurgie, ästhetische, 249
chirurgische Instrumente, *30*, *31*
Cicero, 44, 47, 92, 116, 120, 128, 131, 133, 147, 173, 220, 227f., *45*
cinaedi, 268
cingulum, 140
Circus, 21, 39, 351
– Jagd- und Kampfszenen, LXXXVI–XC
– *Flaminius*, 23, 351
– *Maximus*, 23f., 40, 48, 355, 358, LXXXIX

cisiarii, 55, 259
cisium, 259f.
clavus (Purpurstreifen), 124, 190
clepsydra, 106, 108
clinici, 246
Cloaca Maxima, 25, 326
codex, 211f.
codices membranei, 206f.
codicilli, 212
coemptio, 138
Colosseum, 37, 46, 178, 191, 339, 342, 355f., 361, *50*
Colossus, des Nero, 37, 178, 339, 342
comissatio, 119f., 136
Comitium, 25, 324, 330, 332
compluvium, 83f., XX
confarreatio, 138, 140
contubernium, 148
corarii, 190
Crassus, 45, 232
crepides, 273
creterra, 118, XLVI
crotalia, 130
cryptoporticus, 95, LXXVII
cubiculum, 78, 85ff., 95, 100
cucullus, 126, 128
culina, 92, XXV
culter venatorius, 274
curatores ludorum, 279
Curia Cornelia, 330, 333
– *Hostilia*, 324f., 330, 333
– *Iulia*, 333, 354, *44*, C
currus, 259
cursores, 217
cursus publicus, 216
cyathus, 118, XLVII

dactyliotheca, 130
defrutum, 113
Delmatica, 124, 127
Delphica (Tisch), 103, XXXIX
dextrarum iunctio, 140, LVIII
digitis micare (Mora-Spiel), 263
diptychon, 211, LXXII
dominus gregis, 293

Domitian, 28, 46, 49, 51, 61, 71, 97, 174, 243, 299, 337f., 350
Domus Augusta, 45f., 47
– *Aurea*, 37, 46f., 53, 337f., XI
– *Gaiana*, 45
– *Liviae*, 45, 88
– *Tiberiana*, 45
– *transitoria*, 46
duodecim scripta, 266

Eheschließung, 138ff.
Einfuhr, 179
Eisenindustrie, 179
Emporium, 42, 59
Engelsburg, s. Mausoleum des Hadrian
Epigraphen, s. Inschriften
Epilepsie, Behandlung, 241
ergastulum, 94, 148
Esquilin, 22, 26, 46, 52, 329, 335
essedarius, 260
essedum, 259
Essig, 113
– -fläschchen, s. *acetabulum*
– medizinische Verwendung, 237, 242
euripus, 86, XXIII
exarare (schreiben), 212
excubitorium, 24
exhedra, 76, 85, 86, 91 ff., 100, 177

fabri aurarii, 188, LXX
– *tignarii*, 189
fabulae (Gerüchte), 213
Fackel, s. *taedae*
factiones, 280
Fahrzeuge, 259
– Verkehr der, 259
Falschspieler, 264
familia rustica, 92, 144
– *urbana*, 144f.
Färber, Handwerk, 65, 189
farcimina, 111
fasciae crurales, 273
fauces, 76, 81
fautores, 294
Fensterglas, 183

figuli, 188
Firmenschilder, 65, 175, *12*, XIV
Fische, 109, 113
Fischfang, 276f., *37*, LXXXIV, LXXXV
Fischsaucen, 113
flabellum, 129
flammeum, 140, 301
Fleischerladen, 65, *12*, XII
Floralia, 278f.
formidines, 275
Forum Augusti, 30, 333, 338
– *Boarium*, 25, 41
– *Cuppedinis*, 41, 326
– *Holitorium*, 41
– *Iulium*, 30, 176, 338
– *Nervae*, 39, 338, 355, 358, CXXIV, CXXV
– *Piscarium*, 326
– *Romanum*, 23ff., 48, 220, 336, 339f., 353, 358ff., *4, 5*, XCII, XCIII
– *Traiani*, 30, 172, 341, 360, *52*, III, CX, CXI
– *Vespasiani*, 30, 338
foveae, 275
Fresken, 89
– pompejanische, XV, XVII–XXIX
– römische, 53, VII, VIII, XXVII
Friedhöfe, 154f.
frigidarium (Teil der Thermen), 95, 252, LXXIV
– (Gefäß für kaltes Wasser), 256
fullonia, 157, XIV
– (Arbeitsgang), *25*, LXVIII
funalia, 104
funus, 152
– *acerbum*, 152
– *plebeium*, *tacitum* 152
– *privatum*, *publicum*, 152

Galenos von Pergamon, 246
galerus, 274
Gärten, 86, 173, XXI–XXIII
garum, 42, 113f., 180, 184
Gastmahl, 119, L
Gasthäuser, 257

Gastwirte, 257 f.
Gebrauchsgegenstände, einer Frau, 127, 129, LII, LIII
Geflügel, 109
Geldtruhe, 84, 104, XXXVIII
Geldwechsler, 32, LXIII
Gemüse, 112
– -garten, 97
Germalus, 329
Geschirr, 117
– silbernes Tafel-, XLVII–XLIX
– rheinisches, 184
gestationes, 95, 97
Getreide, 112
Gewerkschaften, der Arbeiter, 188
Gewürze, 111, 113, 183
Gladiatoren, 21, 122, 279, LXXXVIII, XC
Glas, Verwendung, 180 f.
– -industrie, 180
glutinator, 205
Goldschläger, LXVII
Goldschmied, 188, LXX
grabatus, 102
Gracchus, C., 220, 232
Graecostasis, 325, 332
grammaticus, 194, 196 ff.
granaria, 94
graphium, 212
greges, 293
Griffe, 101, XXXV
gustatio, 119
gustus, 119
gymnasium, 195
Gymnastik, 195, 267 f.

Haare, 131, 133 ff.
Haarpflege, 242 f.
Haartracht, 34, LV, LVIII
Hadrian, 38, 51, 61, 133, 149, 178, 253, 306, 350
Halsschmerzen, Behandlung der, 242
hamus, 277
Handtasche, für Frauen, LII, LIII
Handwerk, 65, 187 f.

Handwerk, Arten des H.s, 25, 26, 27, 37, IX, X, XII–XIV, LXII–LXX
Heiligtum der *Venus Cloacina*, 326, 42
Heilung von Krankheiten, 237 ff.
Heiratskontrakt, 140
Herculaneum, 157
Hexen, 317 f.
Hinrichtung, öffentliche, 281
hippodromos, 97
histrio, 287
Hochzeit, 139
Honig, 111, 113
– medizinische Verwendung, 242
Horaz, 88, 92, 103, 125, 196
horrea (der *villa rustica*), 42, 94
– am Tiber, 42
– *chartaria*, 204
Hortensius, 45, 221, 232
Horti Maecenatis, 53
– *Sallustiani*, 50, 347
hypocausis, 255 f.

iacula, 274
iaculum, 277
Ianiculus, 60, 348, 358
ianua, 82, XIX
iatralipta, 246
ientaculum, 115
imagines (der Vorfahren), 104
impluvium, 81, 83
Industrie
– Haus-, 192 f.
– Aufschwung der I. in Rom und im Imperium, 180, 182 ff., 191
Inschriften, in Stein, Bronze, Marmor, 205
instrumentum domus, 101 f.
– *venatorium*, 274
Itinerarium Einsiedlense, 20, 346 f.
iuris consultus, 223, 225, 227 f.

Jagd, 273 ff.
– im Circus, LXXXIX
– auf dem Meere, LXXXV
– -netze, s. *retia*
– zu Pferde, 275, LXXXII

Jagd, -sklaven, 274
– -szenen, LXXXII, LXXXIII, LXXXV
Jäger, s. *venator*
Jahr, Bezeichnung, 164

Kahlköpfigkeit, Behandlung der, 242
Kampf, mit wilden Tieren, LXXXVI–LXXXVIII
Kandelaber, s. Leuchter
Kapitol, s. *Capitolium*
Kasernen, s. *excubitorium*
– der Gladiatoren, 21
Kesselschmied, LXVII
Kerzen, 104
Ketten, Hals-, der Frauen, 130, LVII
Kinderspiele, 261 ff., LXXIX–LXXXI
Kirche, S. Adriano, 354, C
– SS. Cosma e Damiano, 353 f.
– S. Eufemia, 170
– S. Francesca Romana, 38
– S. Lorenzo in Miranda, 354, CI, CII
– S. Maria Antiqua, 354, XCV
– S. Maria Egiziaca, CXX
– S. Maria Maggiore, CXIV
– S. Maria ad Martyres, 352
– S. Pudenziana, 170
Kirschen, 112
Kleider, Kleidung, 123
Kloaken, 25
Kohlenbecken, 101, XXXVIII
Kolosseum, s. Colosseum
Konstantin, 19, 28 f., 37, 49, 133, 149, 342, 345 f.
Kornhäuser, 21, 54
kosmetische Artikel, 242
Krankenbehandlung, 240 ff.
Küche, s. *culina*
Kunst und Handwerk, 180
Kutscher, s. *cisiarii*

lacerna, 123, 125 f.
Laconicum, 252 f.
Läden, 26, 36 ff., 63, 174 f., IX, X, XII, XXIV
lagoena, 116

Lamia, 307
Lampen, s. *lucernae*
– -ständer, 105, XLI, XLII
lanceae, 272, 274
Landwirtschaft, 185
lanterna, 105, 21
– *cornea*, 105
– *de vesica*, 105
lapis niger, 324 f., 40
– *specularis*, 183
laquei (bei der Jagd), 275
Lararium, 84
laserpicium, 240 f.
Laterani (Palast der), 49, 173
laticlavium, 124, 190
latus clavus, 124
laudatio funebris, 154
lavatrina, 250
lecti Archiaci, 189
– *Soterici*, 189
lector, 122
lectus, 102
– *cubicularis*, 102
– *funebris*, 151
– *lucubratorius*, 102
Lederbearbeitung, 190, 26
– Werkzeug zur, 27
– Walkerei, 25
leges sumptuariae, 120
Leichen, Aufbahrung, 154
– -bestattung, 154, II
– -verbrennung, 154 f.
– -zug, 152 f.
lemures, 307
Leuchter, 101, 104 f., XL–XLII
– Öl-, 104
libelliones, 62
libitinarii, 152
librarii, 214
librarius, 195
ligula (Löffel), 117, 24
– (des Schuhes), 128
limen, 82
– *inferum*, 82
– *superum*, 82

linea (Angel), 277
lintea, 254
liquamen, 113f.
litterator, 194f.
Löffel, 117, *24*
lucerna dimyxos, trimyxos, polymyxos, 104
lucernae, 104, XL–XLII
ludi (Kasernen), 21, 280
– (öffentliche Spiele), 278, 294
– *circenses*, 278f., LXXXVI–LXXXIX
– *gladiatorii*, 279f., LXXXVIII
– *magister* (Schulmeister), 137, 194f.
– *plebeii*, 278
– *Romani*, 278f.
– *saeculares*, 279, LXXXIX
– *scaenici*, 278, 286f.
– *stati*, 278
ludus latrunculorum, 265
– *litterarius*, 194
– *Troiae*, 279
lychnos trimyxos, XLI

macella, 21, *7*
Macellum, 26, 170, 326, 338
Maecenas, 53, 116, 173
magische Künste, 309
magische Worte, 315, *38*, *39*
magister canum, 274
magistri, 24
Mahl, häusliches, L
manceps (Verwaltungsbeamter des Postwesens), 217
mangones, 142
manumissio, 149
– *inter amicos, per epistolam, per mensam*, 150
Märkte, 25f., *7*
Marktschreier, 62
Marsfeld, s. *Campus Martius*
marsupium, 258
Martial, 49, 80, 114, 122, 136, 137, 200, 229, 235, 265, 280, 299, 335f.
Mauer, aurelianische, 24, 53, 347f., *3*
– servianische, 53, *3*, *9*
Mausoleum des Augustus, 51, CVIII, CIX

Mausoleum des Hadrian, 61, 351, XCVI
medicinae, 246
meditatio, meditari causam, 230
Medizin, wissenschaftliche, 244ff.
– -pflanzen, 240ff.
Meermann, 309
membrana, 201f., 205
membranarii, 205
Messerschmied, Werkstatt, LXII
miliarium aureum, 29
monilia, 130, LVII
moriones, 122
Moraspiel, 261, 263
Mosaik, 89f., 133, 190, XXX–XXXIII, LI
– Alexander-, 91
– Orpheus-, aus Leptis Magna, LXXXIV
Mucius Scaevola, 59
Mühle, 21, 89, XXIV, LXIX
mulomedici (Veterinärärzte), 217
mulsum, 119, 136
Münze, mit *carpentum*, *36*
– mit römischen Monumenten, III
Musik, 121f.
musivarii, 190

naumachia, des Augustus, 61
– des Domitian, 61
naumachiae, 21, 278
Nero, 45, 46, 51, 53, 69, 70, 71, 173, 178, 264, 278, 280, 284, 337, 349
Netze, für die Jagd, s. *retia*
notarius, 195
Nüssespiel, 262, LXXX

Obst, 112
oecus, 76, 78, 85
– *Corinthius*, 86
Öl, medizinischer Gebrauch, 237, 242
– -fläschchen für das Bad, 254, *35*
– -lampen, 104
Oliven, Verwendung als Speise, 112
operae, 144
– (in Theatervorstellungen), 294
opisthographum, 204
Oppius (Berg), 22, 170

Orakel, 310
orator, 223, 227f.
Orientalen in Rom, 33f.
Ostia (Hafen), 40
– Ausgrabungen, 76, 78, 88, XVI–XVIII
– Haus (Via di Diana), XVIII
– Straße (Via della Fontana), XVII
ostiarius, 88
otium, 214

paenula, 125, 258
paginae, 205
Palatin, 19, 22f., 39, 42, 46, 173, 239, 331, 334, 355, *8*, IV
panem et circenses, 62, 187
panis, 112, XXIV, LXIX
Pantheon des Agrippa, 51, 350, 352, XCVII–XCIX
Pantoffeln, 128
papyrus, 183, 201f., *15*
– ägyptischer, 204
Parfümverkäufer, sein Laboratorium, LXX
paterae, 118
paterfamilias, 84
patria potestas, 138
pavimentarii, 190
Pergament, s. *membrana*
peristylium, 75 ff., 84f., 91, XX, XXII
petorritum, 260
Pferdchenspiel, 262, LXXX, LXXXI
pharmacopola, 237
pigmentarii, 237
pilentum, 260
Pilze, 112
piscina, 92, XXI, XXIII
plagae, 275
plagulae (der Tunica), 123
– aus Papier, 218
plaustra, 68
plaustrum (landwirtschaftliches Fahrzeug), 94
– (Fahrzeug für Warentransporte), 259
Plinius der Jüngere, 92, 95f., 121, 158, 200
– seine Villa in der Toscana, *19*
– – in Laurentum, *20*

Plinius der Ältere, 158, 236
pluteus, traianischer, LIV
pocula, 118
– *pura*, 118
– *gemmata*, 118
Pokale, 120, XLIX
polenta, 112
pollinctores, 151
pomerium, 22, 43
Pompeii, 75, 156ff.
– Haus der Ceii, XXXI
– Haus des Chirurgen, 75f., 90, *14*
– Haus des Faunes, 91, *16*
– Haus des *Loreius Tiburtinus*, Garten mit *euripus*, XXIII
– Haus des *Marcus Lucretius*, Garten im Peristyl, XXII
– Haus des *Pansa*, 77, 90, *15*
– Haus des *Paquius Proculus*, Mosaik, XXXI
– Haus des *Publius C. Tages*, Blumenmalerei, XXVIII
– Haus der Silbernen Hochzeit, 83
– – *atrium tetrastylum*, XX
– – Garten mit *triclinium*, XXI
– – Badezimmer, XXV
– Haus des tragischen Poeten
– – *compluvium, tablinum, andron*, XX
– – *tablinum* mit *cenaculum*, XXI
– Haus der Vettier
– – Peristyl mit Garten, XXII
– – Küche, XXV
– Häuser mit Balkonen, XXVI
– Backofen, XXIV
– *cryptoporticus*, LXXVII
– Forum, LIX
– Gräberstraße, LX
– Mühle, XXIV
– Stabianer Thermen, *34*, LXXIV
– Stabianer Tor, LIX
– *taberna* mit Verkaufstisch, XXIV
– Tor einer Wohnung, XIX
– Via dell'Abbondanza, XIV, LXI
– Via di Stabia (Laden), XXIV
– Via und Porta Nolana, LXI

Pompeii, Villa von Boscoreale, 94, 256, 17
– Wandfresken, XV, XXVII–XXIX
pons Aelius, 59 ff., 351, XCVI
– *Milvius*, 59
popinae, 62, 253
Porta Caelemontana, 173
– *Capena*, 22, 24, 54, 55, 58
– *Carmentalis*, 29, 54
– *Collina*, 49, 54
– *Esquilina*, 54, 170
– *Flumentana*, 29, 54
– *Querquetulana*, 48
– *Trigemina*, 19, 54
– *Viminalis*, 170
Porticus Octavia, 51, 354, CVII
Post
– -boten, private, 217 f.
– -dienst, 216 ff.
– -pferde, 217
posticum, 82, XIX
praefectus vetriculorum, 217
praeficae, 32, 153
praefurnium, 255, LXXVI
praepositus, 185
prandium, 115
Proletariat, 187
pronuba, 140
Prozesse
– Straf-, 228, 231
– Zivil-, 223, 231
pugillares, 212
puls, 112.
puteal, 32, 83, XX
– *Iuturnae*, 32
– *Libonis*, 32
Purpurindustrie, 189 f.

quaterniones, 206
quattuor regionum (Stadt der), 22, 2
Quirinal, 22, 49, 175 f.

raeda, 165, 260, 348
redemptor, 186
Regia, 328, 333

Reifenspiel, 261, LXXIX
Reisewagen, 259 f., LXXVIII
repositorium, 103, 116, 312
retia, 275 ff.
retiarii, 279
rhetor, 194, 198 f.
Ringe (Schmuck), 129 f.
Rom, das heutige, 11
Roma Quadrata, 22, 42
– *Vetus*, 24, 10
Rostra, 28, 325, 332
Ruhebett, 116, XXXVII

Saepta, 33, 37, 51
– *Iulia*, 37, 357
sagum militare, 125
salinum, s. Salzfäßchen
saltatio, 268
salutatio matutina, 48, 82, 226
Salzfäßchen, 116, XLVIII
Sandalen, 127 f., LIII
Sänfte, 258
saturae, 296
Säule, des Marcus Aurelius, 51, 354, V, VI
– der Piazza Santa Maria Maggiore, 358, CXIV, CXV
– des Traian, 30, 341, 354, III
scalprum, 211
scamnum, 102
scaphium, 118
scapus, 205
Scharlatan, 245
schedae, 205
Schenke, XIV, XV
Scherenschleifer, LXV
Schiffszimmermann, LXVI
Schlangenbändiger, 63
Schlosser, Werkstatt, LXIV, LXV
Schmuck, der Frauen, 130, LVII
Schreibfeder, 210 f.
Schreibgerät, 201 ff., *28, 29*, LXXII
Schuhwerk, 127 f.
Schulen, 194 ff., LXXI
– Elementar-, 194 ff.
– öffentliche, 195 ff.

Schüler, Bestrafung, 196
Schwimmen, 267, LXXXV
scimpodium, 102
Segovia, römischer Aquädukt, 55
Seide, aus China, 183
sella, 102, 196
– *curulis*, 154
– *gestatoria*, 258
Senaculum, 329, 334
seplasarii, 237
Septimontium, 22, *1*
Septizonium, 47, 355, CXXVIII
sepulcrum, 154
serracum, 259
servi ab epistolis, 214
Siegel, der Augenärzte, 247 f., *32, 33*
– der Korrespondenz, 129, 218
Silbergerät, aus Boscoreale, 94, XLIV, XLVII–XLIX
sinus (der Toga), 125
Sklaven, 34, 142 ff., 185 f.
– -ärzte, 245
– -verkauf, 142 f.
socci, 128
Sonnenuhr, 106 f., *22*
specularia, 183
speculariarii, 190
sphaeristerium, 95, 253
Spiegel, 106, XLIV
Spiele, Glücks-, 263 ff.
– im Gasthaus, XV
– Kinder-, 261 ff., LXXIX–LXXXI
– Überlegungs-, 265 f.
spuma Batava, 184
Statua Mamuri, 172
– *Pisonis*, 172
– *Planci*, 172
Statue, der Cloelia, 172
– des Marcus Aurelius, 28, 343
– des Marsyas, 32, 172
– des Romulus, 172
– der Sonne, 178
– des Titus Tatius, 172
Stempel, der Augenärzte, *32, 33*
Steuereinnehmer, 184, LXIII

stilus, stilum vertere, 212, LXXII
stola, 123, 127, LVIII
– *matronalis*, 127
Strafprozeß, s. Prozeß
stragula, 102
stramenta, 102
Striegel, 254, *35*
Stuckarbeiten, 89 f., XXIX
Stuhl, für die Toilette der Frau, LIII
Stühle, 102
subligar, 123, 127
subucula, 123, 127
Subura, 22, 25, 33, 36, 40, 170, 181
supellex, 101
suspensurae, 256, LXXVI
sutores, 190
synthesis, 118, 126, 129

tabellarii, 145, 217
taberna, 65, 85, 88 f., 195, *14*
– mit Verkaufstisch, XXIV
tabernae librariae, 64
Tabernae Novae, 26, 326
– *Veteres*, 26, 326, 331, 334
tablinum, 76, 78 f., 84 f., 100, XX, XXI
tabula latruncularia, 266
– *lusoria*, 265 f.
tabulae dealbatae, 205
– *nuptiales*, 140
Tabularium, 28, 333, 337
taedae, 104
taenia, 127
tali, 263 ff.
Tanz, 268 ff.
Tarquinius Priscus, 25, 131
– Superbus, 170
Taschenspieler, 63
Teller, 117
Tempel, des *Apollo Capitolinus*, 334 f.
– des Bacchus, 43
– des Castor und Pollux, 28, 45, 327, 331, 334, 336
– der Diana, 33, 173
– der *Dii Consentes*, 329, 331
– der *Fortuna Virilis*, CXX, CXXI

Tempel, des *Hercules invictus*, 357
- des Ianus, 25, 326, 357, *41*
- der Isis und des Serapis, 33, 357
- des *Iupiter Capitolinus*, 349, 357
- des *Iupiter Optimus Maximus*, 347
- des *Iupiter Stator*, 172, 329, 335, *43*
- der *Iuno Moneta*, 47
- der *Magna Mater*, 43
- des *Mars Ultor*, 30, 333
- der Minerva, 338, 358, CXXIV
- des Saturn, 28, 47, 323, 329, 333, 336
- der Venus und Roma, s. *Templum Urbis et Veneris*
- des Romulus, XCIV
- der Vesta, 25, 327, 334, 349, *46*, CXVI–CXVIII

Templum Antonini et Faustinae, 28, 339, 354, CI, CII
- *Concordiae*, 28, 325, 329, 331, 334, 337, 357, *49*
- *Divi Augusti*, 336, 338, 342, 354, *48*, *53*, XCV
- *Divi Iuli*, 28, 333, *45*
- *Sacrae Urbis*, 353, XCIV
- *Traiani*, 341, *51*
- *Urbis et Veneris*, 37 f., 178, 342, 355, III
- *Veneris Genetricis*, 30, 333
- *Vespasiani*, 28, 337, III

tepidarium (Teil der Thermen), 95, 252, LXXIV, LXXV
- (Warmwassergefäß), 256
Terrakotta, 180
tesserae, 263 ff.
tessellarii, 190
Theater, des Balbus, 289
- des Marcellus, 289, 355
- des Pompeius, 289, 355
- in Griechenland, 285 ff.
- freier Eintritt ins, 294 ff.
- reservierte Plätze, 295
- Vorstellungen, 287 ff., XCI, XCII
- nächtliche Vorstellungen, 294
theca calamaria, 211
thermae, 19, 250 ff., 339, 347
Thermen, des Antoninus, s. – des Caracalla

Thermen, des Caracalla, 24, 39, 343, 357, *6*
- des Diocletian, 39, 343
- des Konstantin, 49, 343, 355
- des Traian, 37, 342, *54*, CXIX
- von Herculaneum: *tepidarium*, LXXIV; *caldarium*, LXXV; *apodyterium*, LXXVII
- Stabianer Th. in Pompeii, *34*, LXXIV
thermopolia, 111, 158
tinctores, 189
Tinte, s. *atramentum*
Tintenfaß, *28*
Tische, 103, XXXVII
- dreibeinige, XXXIX
Tischtuch, 117
toga, 123 f., 151, 258
- *picta*, 125
- *praetexta*, 125, 151
- *pura*, 125
- *trabea*, 125
Tonkrüge, Produktion, 184
tonsores, 64, 131, 190
Töpferhandwerk, 188 f.
Topfspiel, 263
Topographie Roms (Bibliographie), 20
Tore, des konstantinischen Rom, 19
- der *Roma Quadrata*, 43
- der aurelianischen Mauer, 54
- der servianischen Mauer, 53 f.
Trastevere, 22, 58 f., 173, 348
tricliniarcha, 119
triclinium, 76 ff., 95 f., 115 f., *23*, XXI, XXXII, XXXVII
Trimalchio, Gastmahl des, 119 f., 129
Triumphbogen, des Claudius, III
- des Konstantin, 37, 355
- des Nero, III
- des Septimius Severus, 28, 360, CXII, CXIII
- des Theodosius, 357
- des Titus, 25, 37, 339, 355, 360, CIII–CVI
trochus, 261
Tryphon (Verleger), 215
Tuchhändler, Laden, XIII

tunica, 123 ff.
– interior, 123, 127
– interula, 127
– molesta, 149
– palmata, 124
– recta oder regilla, 140
turbo (Kreisel), 261
Türflügel, 82, XIX

Uhr, 106
– Sonnen-, 106 f., *22*
– Wasser-, 106, 108
umbilicus Romae, 29
unctor, 254
unguentarii, 237
uvae ollares, 112

Vacci prata, 45
valetudinarium, 94, 245
vasa Arretina, 189
Vaticanus, 59 f., 348
Velabrum, 25, 33, 36, 41
Velia, 22, 29, 37, 329, 335
venabulum, 272, 274
venatio, 272 f.
venator, 273
Verfluchung, 313 ff., *38, 39*
Vergil, 124, 174
Verkehr, der Fahrzeuge, 66 ff., 259
versipelles, 308
vestibulum, 81 f.
vestigatores, 274
vestiplicus, 124
viae, 20, 29
Via Flaminia, 51
– Lata, 23, 51, 169
– Nova, 170
– Sacra, 25, 29, 40, 172, 359
vici, 19, 24
Vicus Iugarius, 29, 35, 40
– Longus, 172

Vicus Pullius, 170
– *Sandalarius*, 64
– *Tuscus*, 29, *35*, 40
– *Unguentarius*, 63
– *Vitrarius*, 64
vigiles, 24
Villa, in Boscoreale, s. Boscoreale
– des Diomedes (Bad), *18*
– des Plinius in der Toscana, 95 ff., *19*
– – in Laurentum, 95 ff., *20*
Viminal, 22, 49, 170
vitrarii, 190
Vitruvius Vaccus, M., 44
volsellae, 132
volumen, 206
Vorspeisen, 119

Wachstäfelchen, zum Schreiben, 211, 213, *28, 29*, LXXII
Waagen, XXXVI
Wägelchen (Kinderspiel), 261, LXXIX
Wagenrennen, 280, LXXXVI, LXXXIX
Wandalen, 346
Wein, 111, 118
– aus Kampanien, 180
– warmer, 111
– -ausschank, IX
– -händler, 65, IX
– -trauben, 112
Werwolf, 308
Wolle, spanische, 184
Würfelspiel, s. *tesserae*

xystus, 97

Zahlen, Gebrauch der, 163 ff.
Zahnschmerzen und Behandlung, 241
Zeitungen, 213 f.
Zivilprozesse, s. Prozesse
zotheca, 95

Erratum: Seite 157, Zeile 5 von oben, und Tafel LXVIII: *fullonia* statt *fullonica*.

INHALTSVERZEICHNIS

Vorwort 7
Bibliographische Bemerkungen 13

URBS

URBS 19
    1. Von Romulus zu Konstantin. – 2. Von der Roma Quadrata zu den vierzehn Stadtteilen des augusteischen Rom und zum Rom Aurelians. – 3. Das Zentrum des vergrößerten Rom. – 4. Das Forum. – 5. Die Kaiserforen. – 6. Das Leben auf dem Forum. – 7. Die Volksviertel. Die Läden auf dem Forum. Die Subura. – 8. Die monumentale Zone Roms. – 9. Der Circus Maximus. Der Aventin. – 10. Die großen Märkte am Tiber. Die Zone der großen Lagerhäuser und des Überseehandels. – 11. Der Palatin von den Anfängen Roms bis zu Nero. – 12. Die Domus Aurea Neros. – 13. Der Palatin von der flavischen bis zum Ende der Kaiserzeit. – 14. Das Capitol. – 15. Das erweiterte Zentrum Roms. Caelius. Quirinal und Viminal. Der Pincius, *collis hortorum*. – 16. Der Campus Martius (Marsfeld). – 17. Der Esquilin. – 18. Mauern und Tore. – 19. *Trans Tiberim*. – 20. Das Leben in den Straßen Roms. – 21. Rom bei Nacht.

VITA ROMANA · I

I. DAS RÖMISCHE HAUS 75
    1. Die beiden Grundtypen des römischen Hauses. – 2. Das vornehme römische Haus (pompejanischer Typus). – 3. Das Mietshaus (Typus von Ostia). – 4. Die Grundmerkmale des herrschaftlichen Hauses; die verschiedenen Teile: *vestibulum* und *fauces*, die Tür, *posticum*, *atrium*, *tablinum*, *alae*, *andron*, *peristylium*, *exhedra*, *oecus*, die Schlafzimmer, *triclinium*, die Küche, die Kammern für die Sklaven, *tabernae*, zusätzliche Räume. Wandmalereien, Stukkaturen, Mosaiken. – 5. Grundrisse des pompejanischen Hauses.

II. DIE RÖMISCHE VILLA 92
    1. Ländliche und städtische Villa. – 2. Grundschema der ländlichen Villa. Die ländliche Villa von Boscoreale bei Pompeii. – 3. Die städtische Villa. Die Villen des Plinius. – 4. Die Umgebung der Villa.

III. DIE EINRICHTUNG DES HAUSES 100
    1. Der Unterschied zwischen den römischen und den modernen Möbeln. – 2. *Instrumentum* und *supellex*. – 3. Die Einrichtungsgegenstände des römischen Hauses: Bett, Stühle, Tische, Schränke, Lampen. – 4. Spiegel und Uhren.

IV. DIE SPEISEN 109
    1. Unterschied des Geschmackes zwischen den Römern und uns. – 2. Die wichtigsten römischen Speisen. – 3. *Garum* und *allec*.

V. DAS GASTMAHL 115
    1. Die Tagesmahlzeiten. – 2. Der Verlauf des Gastmahles.

VI. KLEIDUNG, SCHUHE UND SCHMUCK 123
    1. Von der römischen Kleidung im allgemeinen. – 2. Die *tunica*. – 3. Die *toga*. – 4. Der Mantel. – 5. Die weibliche Kleidung. – 6. Schuhe und Kopfbedeckung. – 7. Der Schmuck.

VII. BART UND HAAR 131
    1. Der Bart. – 2. Die Haare.

VIII. DIE FRAU IN DER RÖMISCHEN FAMILIE 136
    1. Die Erziehung der römischen Frau. – 2. Die Eheschließung. – 3. Die Hochzeit.

IX. DIE SKLAVEREI IN ROM 142
    1. Vom Sklavenhandel im allgemeinen. – 2. Die Anzahl der Sklaven in den römischen Familien. – 3. *Familia rustica* und *familia urbana*. Industrielle Spekulation mit der Arbeit der Sklaven. – 4. Die juristische Stellung der Sklaven. Ihre Behandlung in der römischen Familie. – 5. *Peculium; contubernium;* Strafen der Dienerschaft. – 6. *Manumissio*.

X. DAS BEGRÄBNIS 151
    1. Die letzte Pflege; die Aufbahrung. – 2. Der Trauerzug. – 3. Die Bestattung. Der Scheiterhaufen.

XI. POMPEII, DIE VERSUNKENE STADT 156
    1. Die pompejanischen Altertümer als Zeugen des römischen Privatlebens. – 2. Pompeii vor dem Vesuvausbruch. Der Ausbruch. – 3. Pompeii nach dem Ausbruch. Die Ausgrabungen.

VITA ROMANA · II

I. STRASSEN, HÄUSER UND WOHNUNGSANGABEN 163
    1. Straßen ohne Namen, Häuser ohne Nummer und Menschen ohne Anschrift. – 2. Der große praktische Nutzen der Numerierung für den modernen Menschen. – 3. Antike topographische Bezeichnungen durch allgemeine Anhaltspunkte. – 4. Die Nähe von Denkmälern und öffentlichen Plätzen: Statuen, Heiligtümer, Tempel, heilige Haine, öffentliche Gebäude und Tore. Gärten, städtische Sehenswürdigkeiten. – 5. Die Läden. – 6. Die Bäume. – 7. Eigentümlichkeiten der städtischen Topographie.

INHALTSVERZEICHNIS

II. DIE INDUSTRIE 179
    1. Fortschreitende Entwicklung der Industrie in Italien und in Latium. – 2. Die Industrie in Rom und den italischen Zentren. – 3. Die Industrie in den Provinzen. – 4. Der Imperialismus Roms war kein industrieller Imperialismus. – 5. Die Sklaven in der Industrie. – 6. Das freie Handwerk. – 7. Die antike und die moderne Industrie. – 8. Hausindustrie.

III. DAS GEISTIGE LEBEN 194
    1. Die ersten Studien. – 2. Die Lehrtätigkeit des *grammaticus*. – 3. Das Lehramt des *rhetor*. – 4. Die öffentlichen Vorlesungen.

IV. PAPIER, BÜCHER, KORRESPONDENZ, ZEITUNGEN UND POST 201
    1. Papyrus und Pergament; anderes Schreibmaterial. – 2. Beschränkte Produktion der Schreibmaterialien. – 3. Der Papyrus. – 4. Das Pergament. – 5. Das Buch. – 6. Die Tinte. – 7. Die Feder. – 8. Die Wachstäfelchen. – 9. Öffentliche Akten und Zeitungen. – 10. Schreibsklaven. – 11. Buchhändler, Verleger. – 12. Private und öffentliche Bibliotheken. – 13. Die Post in römischer Zeit.

V. DIE RECHTSANWÄLTE 219
    1. Würde der römischen Advokatur. – 2. Der vorwiegend politische Charakter der Advokatur zur Zeit der Republik. – 3. Der römische und der moderne Rechtsanwalt. – 4. Mit dem Kaiserreich wurde die Advokatur ein Beruf. – 5. *Iuris consultus* und *orator*. – 6. Der *iuris consultus*. – 7. Der *orator*. – 8. Beistand, nicht Vertreter. – 9. Der römische Rechtsanwalt in den Strafprozessen. – 10. Die Advokatur, ein schweres Amt. – 11. Die Vorbereitung auf den Prozeß *(meditatio)*. – 12. Die öffentliche Verhandlung. – 13. Die *causidici*, die Winkeladvokaten.

VI. DIE ÄRZTE 236
    1. Die ärztliche Kunst in Rom. – 2. Empirische Mittel. – 3. Die Berufsärzte.

VII. DIE BÄDER 250
    1. Das römische Bad. – 2. Die wichtigsten Teile der Thermen. – 3. Der Betrieb der Thermen. Das Leben in den Thermen. – 4. Die Heizung.

VIII. DAS REISEN 257
    1. Die Reisen. – 2. Die Fahrzeuge.

IX. UNTERHALTUNG UND ZEITVERTREIB DER KLEINEN UND GROSSEN 261
    1. Kinderspiele. – 2. Gesellschaftsspiele für Jugendliche; aus Griechenland stammende Spiele; das Königsspiel, das Topfspiel usw. – 3. Die Glücksspiele. – 4. Die Spiele an der *tabula lusoria*. – 5. Der Sport auf dem Marsfeld. Anderer Zeitvertreib. – 6. Der Tanz.

X. JAGD UND FISCHFANG 272

    1. Ungewisse Zeitangabe über den Beginn der Jagd als Sport in Rom. – 2. *Venatio* und *aucupium*. – 3. *Venatio*. – 4. *Aucupium*. – 5. Der Fischfang.

XI. DIE CIRCUSSPIELE 278

    1. *Ludi circenses* und *ludi scaenici*. – 2. Gestaltung der *ludi*. – 3. Die *ludi gladiatorii*. – 4. Die Rennen mit den Streitwagen. Die *venationes*. – 5. Öffentliche Hinrichtung von Verbrechern. Blutrausch des Publikums.

XII. DAS THEATER 285

    1. Die Tradition des griechischen Theaters. – 2. Das römische Theater übernimmt die Tradition des hellenistischen Theaters. – 3. Der Bau der Theater in römischer Zeit. – 4. Hauptteile des römischen Theaters. – 5. Die Gestaltung der Aufführungen. – 6. Das Publikum.

XIII. ITALUM ACETUM 296

    1. Der römische Witz. – 2. Das satirische Epigramm. – 3. Der Witz bei den Triumphzügen, den Begräbnisfeierlichkeiten, bei der Hochzeit. Schmähschriften und Salonklatsch. – 4. Gegen Schwätzer, Eitle und Geizkragen. – 5. Verhöhnung der Häßlichen. – 6. Menschliche Schwächen am Pranger.

XIV. SCHAUERGESCHICHTEN, ABERGLAUBE, WAHRSAGEREI 307

    1. Der «Schwarze Mann» der Kinder. – 2. Lemuren und Geister. – 3. Der Werwolf, der Klabautermann usw. – 4. Zaubersprüche und Aberglaube. – 5. Verfluchung und Verwünschung. – 6. Zauberkünste verliebter Frauen.

DAS BAUWESEN IM ALTEN ROM

I. BAULICHE VERÄNDERUNGEN IM ALTEN ROM 323

    1. Dauernde Bautätigkeit in Rom. – 2. Das Zentrum Roms am Ende des Zweiten Punischen Krieges. – 3. Unter der Diktatur Sullas. – 4. Zur Zeit des Augustus. – 5. In den letzten Jahren der iulisch-claudischen Epoche. – 6. Am Ende der flavischen Zeit. – 7. In der Zeit der Adoptivkaiser. – 8. Von Septimius Severus bis Konstantin. – 9. Schluß.

II. DER BAULICHE VERFALL ROMS 345

    1. Von Konstantin bis zum Einfall der Goten und Wandalen. – 2. Die Belagerung Witigis' und ihre Folgen. – 3. Der Hunger nach Steinen. – 4. Baudenkmäler, die zu Festungen werden. – 5. Das Schicksal der kleineren Gebäude. – 6. Aus Marmor wird Kalk. – 7. Man handelt mit architektonischen Bruchstücken. – 8. Das Zerstörungswerk im fünfzehnten und sechzehnten Jahrhundert. – 9. Die große Schlammschicht. – 10. Die Bergung des antiken Rom. – 11. Die Niobe der Nationen.

Verzeichnis der Abbildungen im Text.......................... 365

TAFELN I–CXXVIII

Verzeichnis der Bildtafeln 369
Namen- und Sachregister 375